中国会计学会会计教育专业委员会会计高等教育改革研究系列报告

中国会计教育改革与发展研究(2022)

——科技创新与高校应用型会计教育

王华　赵栓文　舒伟　曹健　赖晓然／编著

图书在版编目（CIP）数据

中国会计教育改革与发展研究. 2022：科技创新与高校应用型会计教育 / 王华等编著. -- 上海：立信会计出版社，2024. 12. -- ISBN 978-7-5429-7564-5

Ⅰ. F230

中国国家版本馆CIP数据核字第20249ZT541号

策划编辑　　窦瀚修
责任编辑　　胡　静
美术编辑　　吴博闻

中国会计教育改革与发展研究（2022）——科技创新与高校应用型会计教育

出版发行	立信会计出版社		
地　　址	上海市中山西路2230号	邮政编码	200235
电　　话	(021)64411389	传　　真	(021)64411325
网　　址	www.lixinaph.com	电子邮箱	lixinaph2019@126.com
网上书店	http://lixin.jd.com		http://lxkjcbs.tmall.com
经　　销	各地新华书店		
印　　刷	常熟市人民印刷有限公司		
开　　本	787毫米×1092毫米		1/16
印　　张	25	插　　页	2
字　　数	550千字		
版　　次	2024年12月第1版		
印　　次	2024年12月第1次		
书　　号	ISBN 978-7-5429-7564-5/F		
定　　价	118.00元		

如有印订差错，请与本社联系调换

序

一、引言

书稿收笔正值党的二十大胜利闭幕之际。党的二十大是在全党全国各族人民迈上全面建设社会主义现代化国家新征程、向第二个百年奋斗目标进军的关键时刻召开的一次十分重要的大会。在党的二十大报告中,习近平总书记再次庄严提出要"办好人民满意的教育"。办好人民满意的高校会计教育也是其应有之义。如何贯彻落实党的教育方针,加快构建高质量的高校会计教育体系,值得我们每位会计教育工作者深思。

2021年5月出版的《中国会计教育改革与发展蓝皮书(2020)——应用型本科人才培养》是新中国成立以来第一部关于会计改革与发展的蓝皮书,其主要聚焦应用型会计本科教育。从2022年开始,我们改"中国会计教育改革与发展蓝皮书"(以下简称"蓝皮书")为"中国会计教育改革与发展研究"接续出版。书名作此修改的原因在于:蓝皮书通常有固定的研究主题、观察视角和篇章结构,一般按照"背景—现状—趋势"或者"现状—问题—对策建议"的思路对某一主题进行连续跟踪研究,分析现象、预测趋势和提出建议;而我们原始构想中的"蓝皮书"是逐年聚焦一个主题,并对我国高校会计教育的改革发展进行多维度、多视角的调查、分析和研究的书籍,这显然与"蓝皮书"的写作范式存在差异。基于此,应立信会计出版社的建议,我们对书名作了以上修改。但无论其叫什么名称,我们的初衷都不会改变:聚焦中国会计教育改革与发展中的各种问题并对此进行研究。

2022年我们的研究聚焦的主题是科技创新与高校应用型会计教育改革。党的十九届五中全会提出:"发展数字经济,推进数字产业化和产业数字化,推动数字经济和实体经济深度融合,打造具有国际竞争力的数字产业集群。"[1]5G、物联网、云计算、大数据、人工智能、区块链等新一代信息通信技术是数字经济的基础,其可推动技术的应用、创新与突破,有助于促进数字经济的发展。数字经济时代,科技创新给会计行业和会计教育带来了巨大的冲击和挑战。会计行业以及高校会计教育必须抓住科学技术迅速发展的历史机遇,顺应

---

[1] 参见2020年10月29日中国共产党第十九届中央委员会第五次全体会议通过的《中共中央关于制定国民经济和社会发展第十四个五年规划和二〇三五年远景目标的建议》。

时代发展潮流做出改变与创新,主动变革以满足社会需求。[1]

值得郑重一提的是,在上述背景下,正保远程教育集团顺应时代要求,已成立"创智财经研究院""会计教育专家委员会"(以下简称"一院一委"),作为该集团的智库。该智库将得到正保远程教育集团的全力资助,而本书作为"会计教育专家委员会"的重点研究项目,将持续进行下去。"一院一委"的组织结构,将强化"院"的落地实施效力,优化"委"的规划决策功能,使思想与行动得以匹配,两者相扶相持,相得益彰。

特别说明,本书也得到了广东服务业数字化发展与管理创新研究基地的资助。

二、深化对高校会计教育的认识

研究会计教育,要从理解教育的本质入手。只有深刻理解教育的本质,会计教育改革与发展才会有的放矢且内涵丰富。

(一)教育的本质与新时代教育的使命

《中国大百科全书·教育》对"教育"的释义为:"现在一般认为,教育是培养人的一种社会活动,它同社会的发展、人的发展有着密切的联系。从广义上说,凡是能增长人的知识和提升人的技能,影响人的思想品德的活动,都是教育;狭义的教育主要是指学校教育,其含义是教育者根据一定的社会(阶级)的要求,有目的、有计划、有组织地对受教育者的身心施加影响,把他们培养成为一定社会(阶级)所需要的人的活动;教育这个词,有时候还作为思想品德教育的同义词使用;教育学中所研究的教育,主要是指狭义的教育。"[2]

教育又是一种思维的传授,而人因为其自身的意识形态,有着别样的思维倾向,所以,教育当以最客观、最公正的意识思维教化于人。如此,人的思维才不至于过于偏差,并因思维的丰富而逐渐成熟、理性,并由此走向最理性的自我和拥有最正确的思维认知,这就是教育的根本所在。

教育是一种全过程的"教书育人"活动。"教书"是过程、是手段,"育人"是目的、是根本。教育机构和老师通过形式多样、内容丰富、德智体美劳全面发展、理论与实践相结合的"教书"手段,达到价值观塑造、人格培养、知识增长和能力提高的"育人"目的。

归根结底,教育的本质是培养人,这是古今中外的共同认识。《管子·权修》中有言:一年之计,莫如树谷;十年之计,莫如树木;终身之计,莫如树人。育人以德为先,党的十八大把"立德树人"确定为教育的根本任务,这是对"教育如何培养人"这一根本问题的新认识。"立德"为我国古代所谓"三不朽"之一,《左传·襄公二十四年》中载有:太上有立德,

---

[1] 王华,赵栓文,舒伟,等.中国会计教育改革与发展蓝皮书(2020):应用型本科人才培养[M].上海:立信会计出版社,2021:82.
[2] 中国大百科全书出版社编辑部.中国大百科全书·教育[M].北京:中国大百科全书出版社,1985:1.

其次有立功,其次有立言,虽久不废,此之谓不朽。立德与树人是一体的,立德树人是立育人之德与树有德之人的有机统一。虽然立德才能树人,但在立德之时,须先考虑树何许人。皆因德为人之德,而无离人之德。

习近平总书记说:"古人说:'大学之道,在明明德,在亲民,在止于至善。'核心价值观,其实就是一种德,既是个人的德,也是一种大德,就是国家的德、社会的德。国无德不兴,人无德不立。如果一个民族、一个国家没有共同的核心价值观,莫衷一是,行无依归,那这个民族、这个国家就无法前进。这样的情形,在我国历史上,在当今世界上,都屡见不鲜。"[1]立德树人揭示了教育的本质,也是办好人民满意的教育的根本要求。

"教育是国之大计、党之大计。今天,没有哪一项事业像教育这样,影响甚至决定着接班人问题,影响甚至决定着国家长治久安,影响甚至决定着民族复兴和国家崛起。"[2]为了进一步提升我国教育质量和水平,中共中央、国务院于2019年2月印发的《中国教育现代化2035》中明确提出:"优先发展教育,大力推进教育理念、体系、制度、内容、方法、治理现代化,着力提高教育质量,促进教育公平,优化教育结构,为决胜全面建成小康社会、实现新时代中国特色社会主义发展的奋斗目标提供有力支撑。"

中国经济社会的发展已经进入新时代,高质量发展、经济结构战略性调整以及重视创新成为新时代发展的特征,"实现中华民族伟大复兴"是这个新时代的主题词。习近平总书记在党的二十大报告中指出:"培养什么人、怎样培养人、为谁培养人是教育的根本问题。育人的根本在于立德。"[3]在新时代,立德树人的本质就是要为中华民族伟大复兴培养德才兼备、德智体美劳全面发展的人,培养合格的社会主义建设者和接班人。为党育人、为国育才是高等教育的神圣使命,培养有理想追求、有家国情怀、有较高综合素质、有过硬专业本领的新时代会计人才,也是高校会计教育的应担之责。

(二)高校会计教育的变化

1. 与高质量发展密切相关

中国经济发展已经迈入高质量发展阶段。高质量发展的内涵是:高效率增长、有效供给性增长、中高端结构增长、绿色增长、可持续增长、和谐增长。高质量发展的核心特质是:第一,提高全要素生产率是高质量发展的核心途径。这一关键变化符合经济发展的理论逻辑,表明中国经济从高速增长向高质量发展转变的核心途径是从依赖于要素投入扩张、不可持续的旧驱动力,转变为拥有以全要素生产率为主、可持续的新驱动力。第二,改善民生是高质量发展的核心目的。淡化经济增长目标,加强经济发展的平衡性、充分性和公平性,

---

[1] 王洋.习近平在北京大学师生座谈会上的讲话(全文)[EB/OL].(2014-05-05)[2022-10-31].http://www.gov.cn/xinwen/2014-05/05/content_2671258.htm?ivk_sa=1024320u.

[2] 人民日报评论员.教育是国之大计、党之大计:论学习贯彻习近平总书记全国教育大会重要讲话[EB/OL].(2018-09-12)[2022-10-31].http://xinhuanet.com/politics/2018-09/12/c_1123421095.htm.

[3] 习近平.高举中国特色社会主义伟大旗帜 为全面建设社会主义现代化国家而团结奋斗:在中国共产党第二十次全国代表大会上的报告[M].北京:人民出版社,2022:34.

归根结底是为了谋求人民的福祉,满足人民对美好生活的向往和需求。

习近平总书记在党的二十大报告中进一步指出,高质量发展是全面建设社会主义现代化国家的首要任务。发展是党执政兴国的第一要务。没有坚实的物质技术基础,就不可能全面建成社会主义现代化强国。必须完整、准确、全面贯彻新发展理念,坚持社会主义市场经济改革方向,坚持高水平对外开放,加快构建以国内大循环为主体、国内国际双循环相互促进的新发展格局。〔1〕习近平总书记还指出:"发展数字经济意义重大,是把握新一轮科技革命和产业变革新机遇的战略选择。"他进一步提出,推动我国数字经济健康发展的战略意义在于:第一,有利于推动构建新发展格局;第二,有利于推动建设现代化经济体系;第三,有利于推动构筑国家竞争新优势。〔2〕

新时代的高质量发展与数字经济发展有着密不可分的战略关联。数字经济是高质量发展的有机组成部分,数字经济可以为高质量发展提供更好的战略机遇和更大的发展平台。从高质量发展的内容看,无论是构建高水平社会主义市场经济体制,建设现代化产业体系,全面推进乡村振兴,促进区域协调发展,还是推进高水平对外开放,都与会计发展水平及其在治理体系中发挥的作用密切相关。

"经济越发展,会计越重要"是对会计与社会生产力发展之间的辩证关系的极佳诠释。在近代会计产生的500多年来,会计一直伴随着经济发展水平的提升,不断增强自己为经济发展服务的能力,并在高科技发展的过程中,不断吸纳科技力量以提升自己助力企业价值创造和社会治理的水平。毋庸置疑,中国进入新时代,高质量的经济发展迫切需要高质量的会计水平,而高质量的会计水平则需要高科技的赋能。从这个意义上说,"科技越发展,会计越有用"可以阐释数字经济时代会计、社会生产力和科技发展之间的辩证关系。

2. 与科技共进步

"科技越发达,会计越发展",历史为这一观点提供了有力佐证。15世纪,意大利的造船术和航海术领先于世界,带动其海上贸易繁荣。正是在这一时期,意大利人发明了复式记账,奠定了现代会计的基础。18世纪,工业革命推动英国成为世界经济强国,英国人开创了成本会计的先河,并在苏格兰创建了世界上第一家会计师事务所。自19世纪末起,美国成为世界科技和经济的霸主。美国人在会计准则、审计、内控制度、管理会计、公司理财等方面均有所创新,至今引导着世界会计的潮流。

当今社会进入第四次科技革命时代,数字技术不断更新迭代,发展数字经济已成为不可阻挡的时代趋势。数字技术、数字经济可以推动各类资源要素快捷流动、各类市场主体加速融合,帮助市场主体重构组织模式、实现跨界发展、打破时空限制、延伸产业链条,是生

---

〔1〕 习近平.高举中国特色社会主义伟大旗帜 为全面建设社会主义现代化国家而团结奋斗:在中国共产党第二十次全国代表大会上的报告[M].北京:人民出版社,2022:28.
〔2〕 习近平.不断做强做优做大我国数字经济[J].求是,2022(2):4-8.

机无限的新的经济增长点。数字经济带来的前所未有的盈利模式、产业格局、企业生态、滋生业态、增长方式的变化,在给会计工作带来新课题的同时也给会计教育带来新挑战。比如,信息技术促进了会计确认、计量和报告生成方法的突破,使财务会计发生颠覆性重构,同时促进了管理会计为决策支持提供更加巨大的价值。在数字经济环境下,数据记载、数据清洗、数据分析和数据管理成为会计人才知识能力框架体系的重要组成部分。科学技术发展推动了会计的变革,改变了会计的存在形态和表现形式,形成了会计理论创新发展的新基础。

党的二十大报告提出:"推进教育数字化,建设全民终身学习的学习型社会、学习型大国。"〔1〕会计教育立身于高质量发展和科技迅猛迭代的浪潮中,如何在"教育、科技、人才"三者联立中审视会计教育的价值、地位及其使命任务,用先进科技成果引领和推进高校会计教育高质量发展,是当下会计教育工作者的主要任务。

3. 高校会计教育的社会责任

教育是教化与培育。教化指儒家所提倡的政以体化,教以效化,民以风化。教化乃是对心灵的培育,按心灵的内在本性对心灵品质进行提升。自古以来,凡是有见识的政治家都十分重视教化的作用,把教化当作正风俗、治国家的重要国策。培育原意指培养幼小的生物,使它发育成长。培养是指以适宜的条件促使其发生、成长和繁殖,也指按照一定的目的进行长期的教育和训练,使其成长。所以,教育也是一种提高人的综合素质的实践活动。

管理大师彼得·德鲁克认为,教育的产物不是知识与学历,不是技巧与能力,不是工作成功,也不是金钱与商品,教育的产物一定是人,是人能够获得知识、技能和美德。他认为,教育的成果是在别人那里、在外头体现出来。在老师和学生的关系上,老师施教的成果不在老师,而在学生。教育的成效是能够帮助学生自己吸收、汲取东西,而不在于老师输出了多少,这才是教育成果的标准。同时,他认为教育的目的一是"为人"(to be a human),二是"为人"(for human beings)。〔2〕

毋庸置疑,借用德鲁克的观点,教育必须要对"美好的人""美好的生活""美好的社会"充满理想。高校会计教育一定要培养心灵、能力、素质皆美好的人,对美好的生活有无限创造力,对美好社会的建设有持续贡献。

(三)高校会计教育在数字经济时代应有的作为

2019年2月,中共中央、国务院印发《中国教育现代化2035》,提出了十项战略任务,其中第八项是加快信息化时代教育变革,具体包括:①建设智能化校园,统筹建设一体化智能化教学、管理与服务平台。②利用现代技术加快推动人才培养模式改革,实现规模化教

---

〔1〕 习近平.高举中国特色社会主义伟大旗帜 为全面建设社会主义现代化国家而团结奋斗:在中国共产党第二十次全国代表大会上的报告[M].北京:人民出版社,2022:34.
〔2〕 德鲁克.教育的产物是什么? 一定不是知识、技能、金钱、商品[EB/OL].(2022-07-16)[2022-10-31]. https://mp.weixin.qq.com/s/xLmOyoJ3speKQboBgSEUjg.

育与个性化培养的有机结合。③创新教育服务业态,建立数字教育资源共建共享机制,完善利益分配机制、知识产权保护制度和新型教育服务监管制度。④推进教育治理方式变革,加快形成现代化的教育管理与监测体系,推进管理精准化和决策科学化。

1. 高校会计教育数字化

"在智能化会计和全面数据化的大环境下,会计岗位不能单单满足会计业务能力和从业资格证书的基本要求,还应当具备 IT 等相关技能和掌握人工智能技术。会计教育必须跳出对会计信息的计量与处理等即将被人工智能取代的技术性知识的传授。"[1]

1983年,邓小平同志就提出"教育要面向现代化,面向世界,面向未来"。其中,面向现代化是教育的核心任务,党在新时代的总任务是实现中国式现代化和中华民族伟大复兴,要在21世纪中叶建成富强、民主、文明、和谐、美丽的中国式现代化强国。所以,教育必然成为党的伟大奋斗目标的重要基础保障。高校会计教育概莫能外,同样要为国家的现代化建设培养现代化的专业人才。

面向现代化的会计教育,决定了会计教育必须面向世界、面向未来。党的二十大报告中提出中国"致力于推动构建人类命运共同体""坚持对外开放的基本国策""推动全球治理朝着更加公正合理的方向发展"[2],这些也要求中国的教育要继续面向世界,高校会计教育亦然。党的二十大报告还提出"推进教育数字化,建设全民终身学习的学习型社会、学习型大国"[3]。2022年1月,国务院印发了《"十四五"数字经济发展规划》,提出了深入推进智慧教育,全国教育工作会议提出了实施国家教育数字化战略行动。在数字经济背景下,我国教育信息化从1.0时代走到2.0时代,从"简单应用"走向"深度融合",教育数字化转型开启了新征程。

教育数字化转型有4个重要目标:一是充分应用数字化技术,改变传统的工作思路和流程,树立数字化意识,实现数字思维引领的价值转型;二是教师、学生及教育管理者的数字化能力的培养,这是数字化转型的基本能力;三是构建智慧教育,发展新生态,涉及数字战略与体系规划、新型基础设施建设、技术支持的教学法变革、技术赋能的创新评价等;四是形成数字化治理体系和机制,对教育治理的体制机制、方式流程、手段工具进行全方位、系统性的重塑。[4]

在此背景下,教育部正在扎实推进教育数字化战略行动,在全面提升教育信息化素养、加强教育设施信息化建设、推动数字化资源建设与应用等方面,不断完善教育信息化顶层

---

[1] 杰奎琳·波特,腾晓东,黄泰然.会计教育新趋势[J].会计之友,2021(16):2-6.
[2] 习近平.高举中国特色社会主义伟大旗帜 为全面建设社会主义现代化国家而团结奋斗:在中国共产党第二十次全国代表大会上的报告[M].北京:人民出版社,2022:34.
[3] 习近平.高举中国特色社会主义伟大旗帜 为全面建设社会主义现代化国家而团结奋斗:在中国共产党第二十次全国代表大会上的报告[M].北京:人民出版社,2022:34.
[4] 黄荣怀,杨俊锋.教育数字化转型的内涵与实施路径[N].中国教育报,2022-04-06(4).

设计和体制机制,以高水平的教育信息化引领教育现代化,推动教育高质量发展。[1] 高校会计教育数字化已成必然趋势,这在本研究中有充分的阐述。在"不忘本来、吸收外来、面向未来"的改革发展过程中,高校会计教育必须立足于未来培养人才,才会为实现中国式现代化作出应有贡献。

2. 数字化时代高校会计教育的任务

查特菲尔德(Michael Chatfield)在《会计思想史》(*A history of Accounting Thought*)中指出:会计的发展是反应性的,也就是说,会计主要是应一定时期商业需要而发展的,并与经济的发展密切相关。一般地说,文明水平越高,簿记方法就越精湛。随着记账必要性的增强,会计资料促进或妨碍经济发展的能力也会增强。有时,新的会计方法可以改变产生它的环境。

作为经济社会和科技发展的"反应性的"会计职业,在数字经济时代,用人单位对会计人才在知识结构和素质能力等方面表现出与以往大不相同的需求,具体体现在:①企业需要精通会计专业技能和数字技术的复合型会计人才。在精通会计专业理论知识的基础上,会计人员能够熟练运用计算机、大数据分析管理技术,对会计云平台不断进行系统优化,将企业的业务、管理、治理、决策融为一体,真正实现为企业价值创造服务的目标。②企业需要可以在数字化新平台上游刃有余地操作的会计人才。众多能够熟练操作平台的会计人员,能够高效地与新平台对话,进而筛选、传递、反馈有价值的信息,降低信息传递成本,提高决策效率。③企业需要能够运用数字技术为企业管理、决策提供服务的会计人才。企业数字化产生了海量数据,需要有具有对数据进行筛选、挖掘、分析、处理能力的会计人才。这些人才运用大数据的决策语言、管理语言、商业语言将其转化为宝贵的商业信息。

作为会计人才供给侧的高校,应当义不容辞地进行人才培养模式、课程体系、教学体系的改革,以适应数字经济时代对会计人才供给的迫切要求。以信息技术为底盘、以企业行业和社会需求为导向、以产教融合为手段、以管理场景为教学元素、以数字化资源平台为依托的现代化教学体系呼之欲出。培养学生对新技术与专业学习之间的逻辑关联的敏感性,深化学生对数字化教育和企业数字化迅速发展的认知,提高他们在产教融合场景中学习的兴趣和能力,鼓励他们提升自我学习、持续学习、跨界学习的能力。

数字化时代的高校会计教育需要数字化的会计教师。如何引导教师增强对新技术的从教职业的敏感性,强化其对新技术的应用能力,使之能够将会计教育教学与信息技术有机融合,是决定数字化时代会计人才培养质量的关键因素。做到这些,需要学校和社会、行业、企业共同构建多元化、灵活的师资体系,同时要优化、创新数字时代会计人才培养的课程体系,构建产教融通的专业教育资源共享平台,改革和创新教学模式。

---

[1] 中华人民共和国教育部.关于政协十三届全国委员会第五次会议第02315号(教育事业类228号)提案答复的函[EB/OL].(2022-08-19)[2022-10-31]. http://www.moc.gov.cn/jyb_xxgk/xxgk_jyta/jyta_gaojiaosi/202208/t20220819_654029.html.

三、本书的主要内容与特色

(一) 主要内容

本书共分为九章,其主要内容分述如下。

1. 第一章 《中国会计教育改革与发展蓝皮书(2020)》回顾与科技创新背景下高校应用型会计教育改革展望

本章主要内容:第一,从改革开放40多年来中国会计本科教育改革发展、中国会计教育发展现状及面临的挑战以及新形势下我国会计教育课程体系重构思路三个方面对《中国会计教育改革与发展蓝皮书(2020)——应用型本科人才培养》进行简要回顾,以期为读者关注"科技创新与高校应用型会计教育"提供思索;第二,通过简要论述科技发展对我国会计实务及高校应用型会计教育的重要影响,使读者认识到"高校应用型会计教育融入科技革命"的迫切性与必要性,为科技创新背景下高校应用型会计教育改革展望提供依据。

2. 第二章 会计人才培养理论基础与文献综述

本章主要内容:第一,基于创新教育理论、多元智能理论、马克思关于人的全面发展理论和习近平总书记关于教育的重要论述四个方面对科技创新背景下会计高等人才培养的理论基础进行探讨,为会计人才培养"要拥抱科技革命"奠定理论基础;第二,通过梳理人才培养的发展历程、会计人才培养现状及问题研究以及会计人才培养趋势及对策研究三方面的现有国内外文献,对学者在研究会计人才培养发展过程中发现的问题进行剖析,以期为我国高校应用型会计教育改革提供一定的理论基础和参考依据。

3. 第三章 科技创新与会计高等教育相关政策

本章主要内容:第一,对科技创新相关政策及高等教育相关政策进行总结,为本书观点提供政策支持;第二,在分别对会计硕士专业学位(MPAcc)、会计本科、会计高等职业教育的相关政策及要求进行详细梳理的基础上,通过对比国家对三个层次的会计教育改革的目标、信息化需求、教师素养及技能的不同要求,为科技创新背景下会计专业硕士(MPAcc)、会计本科及会计高职人才的培养改革提供政策依据及支撑。

4. 第四章 科技对会计实务的影响、应用及融合现状

本章主要内容:第一,对"大智移云物区"科技对企业会计和审计实务的影响以及科技在企业会计和审计实务中的主要工作场景进行详细描述,并进一步通过对具体案例的剖析,展现科技创新与会计审计实务工作的应用场景;第二,采用问卷调查的方式对科技与企业会计实务的融合现状进行详细分析,了解科技在会计实务中的应用情况、现存问题和重点工作,以期更好地展现科技与会计实务的融合现状及发展趋势,进而为高校会计教育改革提供参考和方向。

5. 第五章 高校应用型会计教育应用科技现状及典型高校案例分析

本章主要内容:第一,采用问卷调查的方式对高校应用型会计教育应用科技的现状进行调查,从培养目标、专业设置、课程体系、教学内容、教材体系、教学方法、师资建设、教学环境、教育评价、应用中的难点和痛点以及融合建议多个模块研究科技与高校会计教育的融合现状及趋势;第二,选取目前在国内科技创新与会计教育改革融合中具有代表性的部分高校,梳理和总结其在科技赋能会计教育改革中的主要举措、在改革中存在的困难以及未来改革的进一步举措三个方面的先进经验,以期在高校会计教育改革中融入科技创新,为会计教育改革提供一定的参考和借鉴。

6. 第六章　高校应用型会计教育产学研典型案例

本章主要选择厦门网中网软件有限公司、新道科技股份有限公司、北京合联益诚科技有限公司,以及北京知链科技有限公司等在会计教育产学研方面较为领先、活跃的公司作为典型案例,通过分析各个案例公司在产学研上的具体实施经验、取得的成效、面临的问题和困难,以及未来规划等方面的具体情况,以总结"科技公司"在高校应用型会计教育的产学研中的推动作用,进而探究产学研的推进对高校应用型会计教育的影响,为未来进一步推动产学研合作助力会计高等人才培养提供相应的借鉴和参考。

7. 第七章　科技创新背景下会计人才的能力需求和培养建议分析

本章主要内容:第一,通过人工搜索方式收集了智联招聘网和51job网站中的1 491家企业财会类岗位招聘信息,从需求端对这些企业财会类岗位的基础信息进行描述性统计;第二,对招聘企业所需会计人才的岗位职责和任职要求进行分析,综合运用文本分析和统计分析研究方法,分析归纳目前企业对会计人才能力的需求情况;第三,借鉴国内外机构发布的会计人才能力框架及相关研究成果,结合当前企业对会计人才的能力需求的现实情况,从职业道德、通用能力和专业能力三个方面构建数字经济时代我国会计人才能力框架;第四,通过问卷调查的方式,从会计人才供需匹配情况、高校改革重点方向、教学理念、教学方法、课程体系、师资队伍改革六个方面,了解企业对高校会计人才培养的相关建议,以期为更好地从供给端推动我国高校应用型会计教育改革提供相应的指导。

8. 第八章　科技创新背景下高校应用型会计教育改革调查研究

本章主要内容:第一,针对教师层面采用问卷调查的方式对高校应用型会计教育改革现状进行调查,以期了解教师对高校的教育理念、教育组织设计、师资情况、教学评价和教辅资源等方面的具体态度和观点;第二,针对学生层面采用问卷调查的方式对高校应用型会计教育改革现状进行调查,旨在了解学生对高校的教育理念、教育组织设计、师资情况、教学评价和教辅资源等方面的态度和观点,以期通过对"教与学"两个方面的态度与观点进行分析,展现目前高校应用型会计教育改革的现状、存在的问题及未来努力的方向。

9. 第九章　研究总结、展望与保障机制建议

本章主要内容:第一,对前述章节的内容进行归纳和总结;第二,从新时代我国高校应用型会计教育改革的主线与深化路径角度提出展望;第三,提出坚持政府顶层设计、突出高校主体作用、强化实务引领作用和筑牢学术根基的保障机制建议,为进一步推动新时代我国高校应用型会计教育改革新局面提供相应的政策建议。

(二) 本书特色

特色一：聚焦科技前沿，引领新兴技术在高校应用型会计教育中的落地与融合。本书聚焦科技与会计融合的维度，借鉴中国信息通信研究院、前瞻产业研究院等机构出具的相关新兴技术研究报告，厘清和把握科技发展的历程、现状与趋势。在把握相关科技与企业会计工作融合程度的基础上，为高校应用型会计教育的转型及措施落地提供理论、实务和场景支持。

特色二：着眼多维视角，横纵向剖析高校应用型会计教育的阵痛点与落脚点。本书从多维视角出发，以国家相关政策为导向，坚定服务国家战略需求，助力会计高等人才培养。一方面，从实际统计调研数据及现实案例出发，横向结合实务界和高校的双重视角，剖析我国当前高校应用型会计教育的阵痛点；另一方面，以人才培养层次为划分标准，纵向对MPAcc、会计本科和会计高等职业教育三个层级进行深入研究，综合分析科技创新背景下高校应用型会计教育的落脚点，助力科技赋能高校应用型会计教育，为培养数字经济时代背景下满足国家需要、社会认可的会计高等人才提供智力支持与保障。

特色三：贴近实务动向，提升会计高等人才供需双方的协同性与匹配性。本书立足于会计教育前端需求，贴近实务动向，通过人工搜索智联招聘、51job等招聘网站关于会计类岗位的招聘需求，采用文本分析、统计分析等研究方法，对实务界所需的会计高等人才的能力与素质进行挖掘与分析，以了解科技创新背景下市场对会计高等人才的实际需求及最新动态，抓住关键节点，精准把握改革方向，为我国高校应用型会计教育改革提供相应的数据支持及建议参考，进而有效提升会计高等人才供需双方的协同性和匹配性。

(三) 对本书的期望

本书的前八章可以归纳为：如实梳理国家政策，客观反映发展事实，忠实描述现实情况，真实表达调研结果。最后一章则是在对前八章内容进行归纳总结、深化提炼的基础上，提出了坚持政治高度、怀顾国家大局、基于科技力量、兼顾学校类型、立足人才培养、重在实用管用的政策建议。

期望本书能帮助高校应用型会计教育的利益相关者和有心人士，在深入了解信息科技发展的现状及趋势，国家引领信息科技发展的战略部署和政策，信息科技在企业行业中应用的状况及其产生的效能，信息科技时代对会计人才培养的要求及特征，高校应用型会计教育遭遇高科技浪潮时的应对策略等的基础上，可以从中得到某些启发和思考，并为会计教育数字化转型更深入的改革提供一定帮助。如果能达到以上效果，我们将感到欣慰。

四、致谢

本书由广东外语外贸大学南国商学院执行校长、广东服务业数字化发展与管理创新研究基地主任王华教授,西安财经大学商学院赵栓文教授,西安财经大学商学院副院长舒伟教授,哈尔滨工业大学(深圳)经济管理学院曹健助理教授和广东外语外贸大学南国商学院讲师暨广东服务业数字化发展与管理创新研究基地研究团队成员赖晓然撰写。在本书撰写过程中,得到了会计教育专家委员会及国内诸多著名学者、专家的关心和支持,刘永泽、孙铮、陈信元、谢志华、张新民、王化成、魏明海、张国才、董必荣、杨政、赵丽生、程平、时现、温素彬、刘中华、杨世忠、潘煜双、程淮中、杨则文、张敏、俞明轩、靳庆鲁、刘运国、兰艳泽、邢凤云、雷宇、南星恒、王泽霞、尹美群、杨仕鹏、唐大鹏、孟祥霞、卫建国、张程睿等教授以不同方式给予我们的无私帮助。

我们的研究还得到了北京东大正保科技有限公司、厦门网中网软件有限公司、新道科技股份有限公司、北京合联益诚科技有限公司、北京知链科技有限公司等一众教育科技企业的热心帮助,他们各自所提供的"产教学研"素材和实际案例,极大程度上丰富了本报告的研究内容,也促进了高等会计教育与教育科技产业之间的联系。

立信会计出版社原社长窦瀚修研究员一直关注和跟踪本研究的进展,他的帮助始终伴随着我们前行。

会计教育专家委员会秘书处的徐建宁、温静敏两位女士也为本研究工作付出了辛勤劳动。

与我们的研究团队同在的还有一群朝气蓬勃的硕士研究生,他们是西安财经大学的王郝婕、常众月、陈雪姣、郭小瑛、胡立可、黄瑜、姬薇、李富坤、李云霞、刘民泽、刘舒、王璐、王袁玺、闫祖威、杨思楚、张可、张昕英,以及哈尔滨工业大学(深圳)的蔡仲伯等同学。他们在文献检索、资料收集、数据分析等方面,为本研究做了大量细致的工作。

在此,我们向以上关心、支持、帮助我们,对本研究作出贡献的所有专家学者、青年学子一并表示由衷的感谢!

编者

2022 年 11 月 30 日

目录
Contents

第一章 《中国会计教育改革与发展蓝皮书(2020)》回顾与科技创新背景下高校应用型会计教育改革展望 ………… 1
 一、《中国会计教育改革与发展蓝皮书(2020)》回顾 ………… 1
 二、科技创新背景下高校应用型会计教育改革展望 ………… 4

第二章 会计人才培养理论基础与文献综述 ………… 8
 一、会计人才培养理论基础 ………… 8
 二、会计人才培养文献综述 ………… 16
 三、本章小结 ………… 45

第三章 科技创新与会计高等教育相关政策 ………… 47
 一、科技创新相关政策 ………… 47
 二、高等教育相关政策 ………… 51
 三、会计改革与发展的相关政策 ………… 57
 四、MPAcc 教育相关政策 ………… 59
 五、会计本科教育相关政策 ………… 61
 六、会计高等职业教育相关政策 ………… 63
 七、本章小结 ………… 69

第四章 科技对会计实务的影响、应用及融合现状 ………… 73
 一、科技对会计实务的影响及应用 ………… 73
 二、科技对审计实务的影响及应用 ………… 89
 三、基于问卷调查分析的科技与会计实务融合现状探究 ………… 102
 四、本章小结 ………… 112

第五章 高校应用型会计教育应用科技现状及典型高校案例分析 ………… 113
 一、高校应用型会计教育应用科技现状 ………… 113
 二、典型改革高校案例 ………… 132

三、本章小结 ·· 229

第六章　高校应用型会计教育产学研典型案例 ············ 231
　　一、厦门网中网软件有限公司会计教育产学研典型案例 ······ 231
　　二、新道科技股份有限公司会计教育产学研典型案例 ········ 238
　　三、北京合联益诚科技有限公司会计教育产学研典型案例 ···· 246
　　四、北京知链科技有限公司会计教育产学研典型案例 ········ 252
　　五、本章小结 ·· 257

第七章　科技创新背景下会计人才的能力需求和培养建议分析 ··· 260
　　一、企业对会计人才的能力需求——基于招聘信息调查分析 ···· 260
　　二、企业对高校会计人才的培养建议——基于问卷调查分析 ···· 301
　　三、本章小结 ·· 306

第八章　科技创新背景下高校应用型会计教育改革调查研究 ···· 309
　　一、高校应用型会计教育改革现状调查——基于教师层面的分析 ··· 309
　　二、高校应用型会计教育改革现状调查——基于学生层面的分析 ··· 334
　　三、本章小结 ·· 350

第九章　研究总结、展望与保障机制建议 ···················· 354
　　一、我国高校应用型会计教育改革与发展研究总结 ············ 354
　　二、我国高校应用型会计教育改革与发展研究展望 ············ 357
　　三、新时代我国高校应用型会计教育改革保障机制建议 ········ 360

主要参考文献 ·· 365

第一章

《中国会计教育改革与发展蓝皮书（2020）》回顾与科技创新背景下高校应用型会计教育改革展望

一、《中国会计教育改革与发展蓝皮书（2020）》回顾

2020年，中国会计学会会计教育专业委员会和会计教育专家委员会（以下简称"专家委"）从建设教育强国这一中华民族伟大复兴的基础工程出发，组织撰写了《中国会计教育改革与发展蓝皮书（2020）——应用型本科人才培养》[以下简称《蓝皮书（2020）》]。《蓝皮书（2020）》是新中国成立以来第一部探讨中国会计高等教育改革与发展问题的创新型著作。该书从会计高等教育课程体系重构的视角，对会计教育的现状、环境、政策及调研情况等进行了梳理，明确了会计教育改革的必要性，分析了数字经济时代我国会计教育的改革方向，设计了课程体系重构的基本原则与实施思路，提出了保障课程体系重构顺利进行和有效实施的相关建议。本章主要从改革开放40多年来中国会计本科教育改革回顾、我国会计教育发展现状及面临的挑战和新形势下我国会计教育课程体系重构思路三个方面对《蓝皮书（2020）》的内容进行回顾，详细内容见原书。

（一）改革开放40多年来中国会计本科教育改革回顾

1. 改革开放后中国会计本科人才培养简述

改革开放40多年来，我国会计本科教育事业取得了瞩目的成就，主要体现在以下五点：第一，会计本科教育教学规模迅速扩张。随着我国改革开放的深入及市场经济的发展，国家对会计人才的需求日益增长，会计本科教育规模迅速扩大。第二，会计本科教育培养目标愈发精准。从培养"通才"还是"专才"的讨论，到进入21世纪后，提出高校应依据教育层次选择培养目标。第三，会计本科教育专业及课程设置逐步调整。从改革初期"以行业分类"转向"大会计"专业，到20世纪90年代按市场需求设置，再到21世纪呈现"国际化""交叉融合"的特征。第四，会计类专业核心教材多次改版，贴合人才培养需求。刘永泽教授、王化成教授、秦荣生教授，以及胡玉明教授对其各自主编的《会计学》《财务管理》《审计学》和《高级管理会计》教材的改版历程的回顾与总结，展现了学科建设的创新发展历程

及会计教材建设的变化。第五，会计教育教学手段不断推陈出新。从"粉笔+黑板"的传统模式，发展到现在的多媒体、慕课、"互联网+远程教育"等多种依托于现代信息技术的新模式。

2. 改革开放以来会计本科教育改革研究热点的发展趋势

本书基于中国会计学会会计教育专业委员会的会议主题内容，对本科会计教育改革研究热点进行了梳理与总结，发现其发展的主要趋势为会计人才培养目标日渐明晰、会计教育国际化不断成熟、会计专业建设与课程设置不断完善、会计教学方法逐步多样化以及会计教育信息化与时俱进。随着时代发展，新技术引发的会计变革加速了会计教育的数字化转型，如何从党和国家事业发展的全局出发，培养具有新时代特色的高质量会计人才，成为全国会计教育工作的重点。

（二）我国会计教育发展现状及面临的挑战

1. 我国会计教育现状

《蓝皮书（2020）》从以下几个维度对我国会计教育的现状进行了分析：第一，我国院校会计类专业开设现状。这部分主要通过省份、地理和经济区域以及院校类型的划分等多个角度对我国本科院校会计类相关专业的开设现状进行分析。第二，我国院校在会计类一流本科专业建设方面的情况。这部分分别从行政区域、地理区域、经济区域和院校类型四个维度介绍国家一流、省一流会计类专业开设现状。第三，我国本科院校会计类专业改革现状。这一部分从国际化人才培养、信息化课程改革和产学合作三个方面描绘我国本科院校会计类专业改革的现状。第四，对我国本科会计类专业线上课程开设现状进行了描述。这一部分从慕课和国家精品课的角度出发，展示了我国本科会计类专业线上课程的开设情况。第五，会计教育改革取得的成果。这一部分结合我国教育部及财政部相关数据，从教育部高等教育会计类专业国家级教学成果奖、教育部国家级教学名师、财政部会计名家培养工程和财政部学术类全国会计领军（后备）人才及国际化高端会计人才五个维度出发，对截至2020年6月30日的会计教育改革取得的成果进行了梳理。

2. 会计教育改革调查情况分析

本书从实务界和高校的双重视角出发，对我国会计教育改革现状进行调查数据分析，分别从会计人员市场供需情况、会计教育体系以及新冠疫情对会计教学方式的影响三个方面总结当前我国会计教育改革的必要性及未来方向。

第一，会计人员市场供需结构失衡，高校培养的会计人才无法满足现实需求。本书对会计人员市场供需情况进行了数据统计分析，分析结果表明无论是宏观环境的变化还是数字经济时代技术的新发展，都给新时代会计人才的培养带来了巨大的挑战并提出了新的要求。然而，现阶段我国会计人员的供需仍然存在严重的结构性失衡、需求侧与供给侧脱节错位等问题。

第二，会计教育体系与社会的发展脱节，过于陈旧。本书针对会计教育体系现存问题及专业课程重构方向进行调查数据分析。数据表明，我国高校会计人才培养仍然存在人才培养特色不鲜明、缺少复合型人才课程体系、教学内容与社会发展脱节、专业课程设置和理论教学过多、结构不合理、内容陈旧、"就会计教会计"的教学现象等问题,高校和实务界都对会计教育提出了强烈的改革诉求。

第三,新冠疫情对会计教学方式带来深刻影响,促进了线上教学的发展。本书就新冠疫情对会计教学方式的影响进行调查,数据表明:新冠疫情的蔓延,改变了高校传统线下授课的方式,在线教学成为2020年应用最广泛的教学方式,对会计教学方式产生了巨大影响,同时线上教学作为智能化时代的新兴教学方式,在应用初期也存在一定的不足,如何利用好其便利性、多样性特性,发挥其最大价值,也是未来我国会计教育改革中值得深入探讨的重要问题。

针对调查数据统计分析结果,本书总结出当前高校会计人才培养存在的问题,其主要集中表现为:人才培养目标不明确、教学方式传统单一、教学内容与实务脱节、课程体系有待完善等,亟须对我国应用型本科会计教育进行创新。具体来说,首先,在课程设置上,增加数据分析、智能化时代技术等相关课程,注重学生数据分析能力和IT新技术的培养。其次,在教学内容上,对业财融合知识的讲授具象化,增加实践教学,同时注重对学生的人文素养、道德情操和"软技能"的培养。最后,在教学方式上,要加大促进产学研一体化、产教融合的力度。

3. 新形势下会计教育面临的挑战

自改革开放以来,我国高校应用型会计教育成绩斐然,但随着全球经济的快速发展及数字经济时代技术的兴起,高校会计教育受到了巨大的冲击,亟须进行深入的改革。本书运用PEST模型分别从政治环境、经济环境、社会环境、技术环境四个方面分析宏观环境对会计的影响。在政治环境方面,国家战略、制度规范以及宏观经济政策等都会影响会计职业和会计教育的发展;从经济环境视角出发,经济转型对资本市场功能的发挥不断提出新的要求,而资本市场的发展也加速了会计审计行业的变革,同时由于经济的高质量发展、资本市场的开放、国际化程度的加深,社会对高级会计人员的需求不断加大,也对会计教育提出了更高要求;社会文化、道德修养等社会环境因素也对会计职业发挥着潜移默化的影响,同时与培养高级会计人才的高校会计教育息息相关;在技术环境方面,影响来源于宏观行业技术和微观人才需求以及新冠疫情对新技术的应用和推动层面。面对挑战,我国高校会计教育须积极探索、改革和创新会计人才培养目标、会计教学课程设置、会计教学方法设计,以及师资队伍建设,实现会计人才培养的转型升级。

4. 我国会计本科人才培养改革典型高校案例

紧跟数字经济时代的变革与教育部的新目标、新要求,各高校开始深入思考如何培养满足数字经济时代需求的会计人才,国内部分高校正在尝试对人才培养方案进行创新改变。本书选取目前国内会计本科教育改革中具有一定代表性的12所高校,分别为西南财经大学、山东财经大学、兰州财经大学、广东财经大学(4所财经类院校);南京理工大学、重庆理工大学、杭州电子科技大学、上海交通大学(4所理工类院校);中国人民大学、厦门大学、浙江大学、嘉兴学院（4所综合类院校），从它们的会计学科发展历程、发展阶段与改革原因及内容、现阶段改革存在的问题与困难，以及未来的改革方向四方面进行了梳理和总结，以期为其他高校的会计学科教育改革提供一定的指导和借鉴。

通过对各学校情况的梳理，本书总结出高校典型的会计教育改革具有以下几点共性：①会计教学走向国际化；②财务核算型会计向管理型会计转型；③培养跨学科多领域的复合型财会人员；④发展数字经济时代下的大数据智能财务。在此基础上，通过对12所院校会计学本科人才培养方案改革的典型案例进行分析，可以发现这些院校普遍在人才培养方案、课程体系、师资队伍、教材体系、教学内容及方式等方面存在问题和困难。针对出现的问题和困难，各院校明确了未来的改革方向：①改革现有的会计人才培养模式；②完善课程体系；③加强师资队伍建设；④编写和出版特色教材；⑤改革教学内容和模式。

（三）新形势下我国会计教育课程体系重构思路

1. 我国会计人员能力框架构建

高校会计教育课程体系的构建取决于会计人员的能力框架，而会计人员的能力框架是基于会计职业目标构建的。本书在总结环境变迁对会计职业提出的职业道德、国际视野、职业判断与管理会计，以及数字能力四个新要求的基础上，借鉴国外成熟的会计人员能力框架，结合我国会计职业及人才发展的趋势，构建出适应目前会计教育发展的会计人员能力框架，包括职业道德、通用能力和专业能力三个方面，其中每个能力又细分为具体的子能力，重点突出对数据处理能力的培养。

2. 会计教育课程体系重构

根据构建的我国会计人员能力框架以及会计教育课程体系重构的基本原则，本书进一步设计会计教育课程体系重构的实施思路，为我国高校会计课程教育体系的改革提供思路。总体思路为：面向信息时代国家与社会发展对会计专业人才的需要，重塑教学目标，优化课程设置，编写特色教材，构建实践体系，建设高质量师资队伍，遵循教育规律，提升学生能力，建立适应于各类、各层次高校并具有广泛推广应用价值的会计人才培养体系。在重构的实施思路中，本书从培养目标、专业标准、专业融合和重构、课程体系、教学内容、教材体系，以及教学方法七个方面进行阐述，提出会计学专业（管理会计方向）、会计学专业（智能会计方向）、财务管理专业和审计学专业的课程体系重构方案。为保证课程体系重构的有效实施，本书从会计人才培养目标、课程体系、师资队伍、教材建设，以及教学方法五个方面提出相应的改革建议，包括：尽快转变高校会计人才培养的目标理念、加快推进课程体系改革、加强师资队伍建设、加速推动教材建设、创新教学方法等。

二、科技创新背景下高校应用型会计教育改革展望

2021年4月，中国信息通信研究院发布的《中国数字经济发展白皮书（2021）》显示，

2020年我国数字经济规模达到39.2万亿元,占国内生产总值(GDP)的比重为38.6%,数字经济增速为国内生产总值(GDP)增速的3.2倍有余。[1] 党的十九届五中全会提出要"发展数字经济,推进数字产业化和产业数字化,推动数字经济和实体经济深度融合,打造具有国际竞争力的数字产业集群"。在我国经济数字化的发展趋势下,技术赋能是关键。撰写组通过分析数字经济时代下科技发展对会计实务[2]及高校应用型会计教育的影响,展望科技创新背景下的高校应用型会计教育新变革。在本书中,我们主要聚焦高校应用型会计教育的视角,具体包含会计高等职业教育、应用型会计本科教育、应用型会计硕士教育(即MPAcc)三方面,基于此界定展开相关分析。

(一) 科技发展对会计实务的影响

在数字经济高速发展的今天,会计作为社会经济发展中重要的经济信息系统,在引导社会价值创造、促进资源有效配置、优化经济结构中发挥着重要的作用。回顾中国会计的发展过程,会发现科学技术对会计发展的影响是巨大的,几乎成了"第一会计环境因素"[3]。随着科技的快速进步,5G、物联网、云计算、大数据、人工智能、区块链等新一代信息通信技术对社会经济产生重大影响,不断催生新的商业模式,大力推动企业的升级转型,强烈激发了服务于企业的会计变革需求,给会计环境带来巨大的改变。新兴技术的深入影响着市场竞争环境、商业模式及企业管理方式,并逐渐被广泛运用于会计、审计、税务等行业,在新兴技术的影响下,新的会计环境对会计行业和会计职能提出了新要求。

2021年11月,财政部印发的《会计改革与发展"十四五"规划纲要》中提出了"以数字化技术为支撑,以会计审计工作数字化转型为抓手,推动会计职能实现拓展升级"的总体目标和"切实加快会计审计数字化转型步伐"的主要任务。2021年12月,财政部又印发了《会计信息化发展规划(2021—2025年)》与《会计行业人才发展规划(2021—2025年)》。在国家大环境、大政策和大背景下,推进会计工作运用新技术,强化对会计人才会计信息化能力的要求,分层次、分类别构建会计人才能力框架,推动会计人才适应会计工作数字化转型是重要的发展方向。对此,会计人员需要积极应对挑战,用乐观的心态拥抱新技术,实现自身的职业发展。

(二) 科技发展对高校应用型会计教育改革的影响

科技发展不仅对会计实务界产生了深远影响,而且对我国高校应用型会计教育改革有着重要意义。国家对会计人才的需求是推动高校应用型会计教育变革的根本驱动力。高校作为培养中国特色社会主义事业的合格建设者和可靠接班人的重要阵地,在贯彻实施新

---

[1] 中国信息通信研究院.中国数字经济发展白皮书[EB/OL].(2021-04-23)[2021-12-31]. http://www.caict.ac.cn/kxyj/qwfb/bps/202104/t20210423_374626.htm.
[2] 此处会计为统称,类似于理论界早期探讨的"大财务"或"大会计"的概念,包含但不限于企业财务管理、财务会计、管理会计、成本会计、审计等与会计相关的领域。
[3] 王华,赵栓文,舒伟,等.中国会计教育改革与发展蓝皮书(2020):应用型本科人才培养[M].上海:立信会计出版社,2021:216.

时代人才强国战略中具有特殊的地位和作用,肩负着重要的历史使命。高校应用型会计教育作为向会计职业输送人才的主要途径,必须顺应时代发展潮流,对科技发展带来的挑战及时作出调整与改变,培养出适应当今会计职业要求的人才。数字经济时代,科技创新对会计职业的影响直接催生出对会计专业培养目标的新要求。当会计专业培养目标变革后,相应的教学课程设置、教学方法、师资队伍等会计教育的其他方面也将随之改变。[1] 现阶段,我国高校应用型会计教育必须主动改革,紧跟科技发展的步伐,充分认识传统会计教育中存在的不足,对会计专业课程体系进行重构,才能避免会计专业被颠覆。

中国会计学会会计教育专业委员会成立以来,一直在思考、探讨、总结,引领我国会计专业教育教学的改革。[2] 近年来,中国会计学会会计教育专业委员会(以下简称"委员会")年会紧跟时代潮流,开始将大数据、互联网、智能化等概念与会计人才培养挂钩。委员会2020年和2021年年会的会议主题呈现出明显的新时代特征,进一步探讨智能时代会计教育的改革、新时代会计教育改革及会计一流学科一流专业建设(表1-1)。现今,我国高校应用型会计教育改革在数字经济时代科技高速发展的背景下迈入新阶段。高校在会计人才的培养理念、培养目标、培养模式,以及会计专业和师资队伍的建设等方面,都体现出科技发展带来的深刻影响。

表1-1 中国会计学会会计教育专业委员会年会主题(2020—2021年)

年份	主题	会议讨论内容
2020	智能时代会计教育的改革	智能时代会计职业面临的重大挑战
		智能时代会计人才培养的供需矛盾
		智能时代会计教育供给侧改革
2021	新时代会计教育改革及会计一流学科一流专业建设	面向新时代的会计人才培养理念、培养目标、培养模式
		面向新时代的会计专业建设
		面向新时代的会计专业课程建设
		面向新时代的会计专业课堂教学改革
		新时代背景下会计专业实践教学改革
		新时代背景下会计教育中的校企合作、产教科融合
		新时代会计专业师资队伍建设
		会计一流学科及一流专业建设问题
		课程思政与会计教学融合问题

---

[1] 王华,赵栓文,舒伟,等.中国会计教育改革与发展蓝皮书(2020):应用型本科人才培养[M].上海:立信会计出版社,2021:92.
[2] 《中国会计教育改革与发展蓝皮书(2020):应用型本科人才培养》对中国会计学会会计教育专业委员会在2008年至2019年的年会主题及主要讨论内容进行了归纳,总结出历年年会贯彻"会计教育改革"的会议主题并探讨如何更好地培养符合社会需求的会计人才的改革发展趋势。

(三) 科技创新背景下的高校应用型会计教育改革

在数字经济时代,科技的不断创新激发了服务于企业的会计变革需求,也带来了企业会计人员的分野。行业、企业对会计本科教育提出了新期待、新要求。这些均对高校应用型会计教育提出了新的挑战。作为培养会计人才的前沿阵地,高校改革的方向和出路在哪里?

回答这一问题需要对科技创新背景下的高校应用型会计教育改革进行全面总结、深入研究、仔细梳理。这就是我们撰写本书的缘由。探讨数字经济时代科技创新对会计高等教育改革带来的重大影响,我们要对科技发展的趋势和科技在会计实务中的应用等有深刻的了解。本书的基本思路是:第一,从会计高等教育的根本即会计人才培养出发,梳理国内外会计人才培养理论,为高校应用型会计教育改革奠定理论基础。第二,将与科技创新、高校应用型会计教育相关的国家政策制度进行系统整理,得出国家政策指导下高校应用型会计教育改革的发展趋势。第三,基于科技创新这个重要背景,我们要对科技的发展趋势、科技对会计实务及企业整体的影响有深刻认识。第四,一部分"嗅觉"敏锐、先知先觉的高校已经行动起来,开展了技术赋能的高校应用型会计教育改革,这些案例很值得我们学习、总结和提炼。因此,我们对高校会计教育应用科技的现状进行了问卷调查和分析,并选择了部分典型高校案例进行深入分析,以期从中发现普遍规律。第五,除了高校本身,企业也是会计人才培养的重要参与者。我们收集了产学研典型案例进行分析。第六,在以上各环节的基础上,通过深入分析科技创新背景下对会计人才能力的需求来构建数字经济时代的会计人才能力框架,为高校应用型会计教育改革提供借鉴。第七,对高校教师和学生进行问卷调查,以期更好地了解高校应用型会计教育改革现状并提出改革的新思路。第八,对本书的研究内容作出总结,提出高校应用型会计教育在科技创新背景下的改革思路和保障机制方面的建议。

伴随着科技发展为会计高等教育改革带来的巨大动力,作为人才供给侧的高校,只有充分吸收新技术赋予的新能量,发挥中华民族优秀的创新精神,积极主动推进高校应用型会计教育改革,才能实现会计人才培养的转型升级,加速改变会计人员结构性供需矛盾,满足会计行业切实需求,从而为促进我国数字经济的繁荣发展贡献力量。

第二章

会计人才培养理论基础与文献综述

随着教育改革的不断深入和发展,我国的会计人才培养有了质的飞跃。习近平总书记提出"实施新时代人才强国战略,加快建设世界重要人才中心和创新高地"[1],国家的发展离不开人才的培养,"如何培养能够适应社会发展的高素质人才"成为当今社会发展的重要议题。随着数智时代的到来,企业对会计人才的需求发生了巨大变化,我国会计教育的发展和人才培养也面临巨大挑战(唐大鹏等,2020;王化成和刘桂香,2021)。在此过程中,学者们从教学方法、人才培养、考核机制、教学水平等方面对会计人才培养进行了不同程度的深入研究。本章旨在通过梳理国内外人才培养的相关理论和文献,对学者们在会计人才培养发展研究中发现的问题进行剖析,以期为后文提供一定的理论基础和参考依据。

一、会计人才培养理论基础

经济全球化和数字信息化推动了会计国际趋同和职能多元化。数字技术改变着会计职业发展的方向并对会计人才培养提出了全新要求,促使会计人才培养由单一的专业教育向通识教育与专业融合教育转变。当前,跨界融合人才的培养已成为学科发展与人才培养的新趋势,旨在培养具有跨学科专业背景和合作能力的新时代大学生(吕海舟和杨培强,2017;张多蕾等,2019)。因此,会计人才培养的研究与模式构建应以大学生的多元与全面发展为基础,高校也应制定适当的培养方案以满足高等教育"为党育人,为国育才"的时代需求,为建设社会主义现代化强国作出贡献。下文将从创新教育理论、心理学的多元智能理论、马克思关于人的全面发展理论,以及习近平总书记关于教育的重要论述等视角,对数智时代会计人才培养的理论基础进行探讨。

(一)创新教育理论及其启示

创新教育源于美国的创造力教育,以培养人们的创新精神和创新能力为基本价值取向。20世纪30年代,美国通用电气公司以早期的创造力研究成果为基础,开设创造力培训课程,以提高员工的创造发明能力,这就是创造力教育的最初发端。此后,在亚历克斯·奥斯本

---

[1] 习近平.深入实施新时代人才强国战略 加快建设世界重要人才中心和创新高地[N].人民日报,2021-09-29(1).

(Alex Osborn)在1941年出版的《创造性想象》和马克斯·韦特海默(Max Wertheimer)在1945年出版的《创造性思维》等著作中,分析了创造的心理过程及其与教学培养的关系,向人们展现了培养创造能力的可能性与规律性。针对传统教育方式缺乏创造性培养这一现状,学者们提倡以学生自由发现为主的科学研究式教学,为创新教育的发展奠定了初期的理论基础。

1. 创新教育理论的主要观点

创新教育能够通过能力培养,培养学生的创造力,实现有价值的教育。它可以作为一个研究领域来丰富大学教育。创新能力不仅指为整个社会、整个人类文明带来变革的新质因素的产出,也包括对于自我具有提升生命质量的发现和开拓(肖川,1999),能够为教育提供一个新的范式。学者多从创新思维、创新精神以及创新技能三个方面对创新教育展开研究和探讨。创新思维是指一种能够发现新事物的思维模式,包括思维的敏锐性、流畅性、变通性、发散性、独创性等;创新精神是指人能够自主学习,把学习过程变成一种再次发现人类以往积累的知识的参与式活动;创新技能是反映创新主体行为技巧的动作能力,是在创新智能的控制和约束下形成的,包括具备作为创造基础的基本知识技能,具有获取和利用新知识信息的能力、操作应用能力和一般创造技法等(朱永新和杨树兵,1999;姚燕平,2000)。总体而言,创新思维、创新精神和创新能力是创新教育实现的基础,是教育目标、教育内容、教育原则和方法,以及教育评价标准改革的重要依托(肖川,1999),对创新性的综合理解能够助力教育改革更好地适应信息社会的要求。

从教育哲学的观点看,创新教育由固定教育转化而来,它不但注重教育的文化传承功能,而且更重视教育本身的文化革新功能。在传统教育中,知识和技能的传授是教育所追求的根本目的,而在创新教育中,追求知识已经不是教育追求的单一问题,基于问题的学习是必要的,在专注和沉浸中培养学生的思考能力。相对于传统教育,创新教育根据人的发展和社会发展的需要提出了新的时代要求,即要将知识创新、技术创新和创新人才培养结合起来,通过树立创新意识、改善教育手段、引进教育评价体系等手段培养适合时代发展需要的创新型人才(朱永新和杨树兵,1999)。

2. 创新教育理论对本研究的启示

创新教育理论对高校高素质会计人才培养具有引导作用。在"大智移云物区"被广泛应用的数字经济时代,传统教育水平已经不能满足日益增长的经济社会发展需求,数字化转型仍存在障碍,创新型人才短缺等问题的涌现使人才培养模式面临巨大挑战(吴画斌等,2019)。党的二十大报告指出,必须坚持科技是第一生产力、人才是第一资源、创新是第一动力。[1]作为一种以培养创新型人才为目标指向的教育理念,创新教育理论提出了实施创新教育的

---

[1] 习近平.高举中国特色社会主义伟大旗帜 为全面建设社会主义现代化国家而团结奋斗:在中国共产党第二十次全国代表大会上的报告(2022年10月16日)[M].北京:人民出版社,2022:33.

一系列原则及方法体系,对于培养包括创新型科技人才在内的创新型人才培养具有普遍的指导意义。创新教育理论能从创新教育的视角来检视我国高校创新型科技人才培养的现实状况,据此分析在高等教育中影响学生知识体系的建构、个性品格的塑造以及创新实践能力培养等方面的种种不利因素;同时,以创新教育理论为指导,根据其所提供的原则与方法体系,围绕创新型科技人才素质模型中关键素质体系的培育来探讨高校高素质会计人才培养的改革路径。

(二) 多元智能理论及其启示

智能的内涵是多元的,其由七种(后为八种)独立的智能成分构成,不同的人在不同领域的智能发展水平是不同的。多元智能理论由哈佛大学发展心理学家霍华德·加德纳(Howard Gardner)在其1983年出版的《智能的结构》(*Frames of Mind*)一书中率先提出,并于20世纪90年代初传入我国。多元智能理论是现代心理学中智力理论的重要突破,是对传统中偏向认知的智力理论的挑战。传统智力理论认为语言能力和数理逻辑能力是智力的核心,智力是以这两者整合的方式而存在的一种能力;而多元智能理论将智能分为音乐智能、肢体动觉智能、数学逻辑智能、语言智能、空间智能、交际智能、内省智能、自然智能(第八种)八个部分,不同的人在不同领域的能力或强或弱。自创立以来,多元智能理论在世界范围内产生了重要影响,并成为许多西方国家教育改革的指导思想之一(张春玲,2002;钟志贤,2004)。

1. 多元智能理论的主要观点

多元智能理论认为,智能是在某种社会或文化环境的价值标准下,个体用以解决自己遇到的真正难题或生产及创造出有效产品所需要的能力。多元智能理论注重人的全面、个性发展,注重培养人的实践和创造能力,重视社会与人的结合(Gardner,1999)。

首先,每个人的智能结构都是不同的。多元智能理论认为,在每个人的智能结构中都同时存在着七种相对独立的智能,并且每一种智能都有其独特的运作方式和解决问题的方法(张玲,2003)。Gardner在《智能的结构》中以个人对词意的敏感性程度来衡量语言智能的高低;将音乐的逻辑思维即对持续的音乐冲动产生的连续反应作为一种音乐智能方面的天赋;认为等量思维在数学逻辑智能中发挥着重要的作用;认为准确地感知视觉世界,对最初感知到的物体进行转化或修正,即使在有关物体的刺激不存在的情况下,也能够重造视觉体验的能力是空间智能的核心能力;将从表达目标明确的思想和情感为目的出发,通过运用身体高超技巧的细致划分的智能定义为肢体动觉智能;将个体能够感知、理解他人的情绪、意图、动机和感受,并与他人有效互动的能力定义为交际智能;将能够直接辨别生活中的感受,并最终用符号化的记号去标记这些感受,利用它们理解与指导自己的行为的能力定义为内省智能。同时,将人类智能通过符号进行社会化,在智能与教育实践之间搭建一座桥梁。这七种智能在每个人身上的组合方式是多种多样的,有人可能在一个、两个甚至数个方面具有较高的天赋,在其他方面则可能水平较低;有人可能各个方面都平平无奇,但如果将这些智能相互结合，则能够在某些领域表现出色。

其次，在智能的发展上，环境的影响尤其是教育的影响可以发挥重要作用。在多元智能理论看来，学生在接受学校教育时，让每位学生发现自己至少有一个方面的潜能至关重要（张春玲，2002），但潜能的激发和实现有赖于个体所处的教育环境。因而在大学教育中，鼓励自由发展的学习环境、科学的课程和教学安排、和谐的师生关系、优良的校风学风等，都会对个体智能的发展方向和发展程度产生积极和重要的影响。

最后，多元智能理论强调用多维视角看待智能问题。传统的智力理论只强调语言智力和数理逻辑智力，用这样的视角去看待人的智力发展是不全面和不科学的。多元智能理论强调智能的多元化，不认同智能仅由一两种核心能力构成，这些理论对于我们发现人的智能并培养人的多元化发展具有积极意义（Silver 等，2003）。

2. 多元智能理论对本研究的启示

随着社会的不断发展，人才培养要做到与时俱进。因此，在人才培养中，我们应当全方位地发展智能领域，从多角度出发，强调以学生为中心的人才培养模式，尊重个体差异，将理论与实践相结合，使个体潜能得以最大化发展。同时，对于当前我国一流大学个性化会计人才培养模式的理论研究和实践探索而言，多元智能理论具有重要的指导价值。它强调会计人才培养应当重视学生自身能力的实现，培养具有个性化和远大抱负的创新型、科技型、智能化人才。实践没有止境，理论创新也没有止境。[1] 新的时代背景下，高校会计人才培养工作需要考虑培养不同智能领域、不同潜力的学生，将内在素质培养和外在能力培养相结合，为学生提供实践和理论创新的场所，从而培养我国现代化建设所需的高素质会计人才。

（三）马克思关于人的全面发展理论及其启示

人的全面发展是马克思主义的最高价值理想，是马克思和恩格斯研究中人的最高理想和最终目标所在。马克思在《1844年经济学哲学手稿》中提出：人的全面发展是人以一种全面的方式，也就是说，作为一个完整的人，占有自己的全面的本质。马克思和恩格斯在《共产党宣言》中从唯物史观的角度指出"每个人的自由发展是一切人的自由发展的条件"。随后，《政治经济学批判大纲》《资本论》等的发表标志着马克思科学地确立了人的全面发展理论（郑琦，2009）。

1. 马克思关于人的全面发展理论的主要观点

马克思、恩格斯关于人的全面发展理论可归纳为：人的全面发展就是指人的智力、能力、综合素质，以及社会关系等的全面发展，人以一种全面的方式，也就是说，作为一个完整的人，占有自己的全面的本质（马克思，1844）。马克思认为，作为类存在物，人的本质是自

---

[1] 习近平.高举中国特色社会主义伟大旗帜 为全面建设社会主义现代化国家而团结奋斗：在中国共产党第二十次全国代表大会上的报告（2022年10月16日）[M].北京：人民出版社，2022：18.

由自觉的活动,即实践活动,最集中的表现是劳动作为社会存在物,人的本质在其现实性上是一切社会关系的总和(张楚廷,2004)。人的活动特别是人的劳动活动的全面发展,以及人的需要和能力的全面发展;人的社会关系的全面丰富、社会交往的普遍性和人对社会关系的全面占有与共同控制;人的素质的全面提高和个性的自由发展,共同构成了人的全面发展多方面的规定性(吴向东,2005)。

作为完整的个体,人是自然因素、社会因素和精神因素的统一体,人的本质就是每个人具有不同的个性。根据马克思的观点,个人全面发展是与个人片面发展相对而言的,它的本来含义是指每一个人、全体社会成员的智力、体力在社会生产过程中尽可能充分地、多方面地、统一地和自由地发展,要求人们在政治、经济和文化方面协调发展,并以此不断推进人的全面发展。综上来看,第一,"全面发展"是"个性发展"的基础。只有能力的发展达到一定程度的全面性,个性的发展才能得到保证。第二,"个性发展"又是"全面发展"的动力。个人若要想突出自身的个性特点并使之可持续,就必须使自身素质达到一定的全面性(扈中平,2005)。

2. 马克思关于人的全面发展理论对本研究的启示

马克思认为人的全面发展是人的活动的全面发展、社会关系的全面丰富、个性的自由发展等多方面的发展,真正地肯定了教育对人全面发展的作用(孙安宁,2012)。随着人类文明的不断进步,科学技术也迅速发展,科学技术发展在推动人类社会进步与推动人实现自身全面发展中起着关键作用,而人的创造性劳动推动科学技术的进步。当下,我国正面临着人才培养改革创新的难题,如何培养满足社会需求的高水平领先人才,是高校当下亟待解决的现实问题。

人的个性的全面发展充分发挥了人的主体作用,有助于充分激发个人的潜力。因此,高校人才培养应当以马克思主义中人的全面发展理论为基础,重视大学生个人的行为能力发展、个性潜能发挥,着力引导大学生素质能力提高,倡导个性化教育,从培养大学生的广泛兴趣出发,培养其创造能力,培养能够适应"数智时代"的全面发展的科技型人才。高校对于会计人才培养也应以此为基础,重视会计人才综合素质的培养和提升,着力打造复合型会计人才,通过提升会计人才的理论知识、实操能力,加强会计人员职业道德、法律意识等,结合科技创新时代背景,适应社会发展的需要,充分发挥马克思主义中人的全面发展理论的价值和现实意义。

培养全面发展的科技型会计人才既是顺应时代的潮流,也是高等教育改革的重要内容;既是我国会计教育高质量、高水平快速发展的充分体现,更是助力人才强国战略得以充分实现的必要手段。

(四)习近平总书记关于教育的重要论述及其启示

伟大事业呼唤人才,伟大时代造就人才。党的十八大以来,党中央把教育事业、科技事业、人才培养放在优先和突出位置。习近平总书记从"为党育人、为国育才"的高度,围绕

"培养什么人、怎样培养人、为谁培养人"这一系列根本性问题发表了一系列重要讲话,作出了关于教育改革发展的重要论述。[1]

1. 习近平总书记关于教育的重要论述内容

我们党始终坚持教育发展的人民立场,历来强调发展教育为了人民。新中国成立以来,我国教育事业用几十年时间走过西方发达国家几百年的历程,开辟了中国特色社会主义教育发展道路。党的十八大以来,以习近平同志为核心的党中央高度重视教育和人才工作,坚持聚天下英才而用之,加快人才强国建设步伐,推动我国人才事业蓬勃发展,不断开创人才工作新局面,"培养造就一大批具有国际水平的战略科技人才、科技领军人才、青年科技人才和高水平创新团队"[2]。

教育兴则国家兴,教育强则国家强。党的十八大把"立德树人"确立为教育的根本目标。2013年4月,习近平总书记在致清华大学苏世民学者项目启动仪式的贺信中指出,教育决定着人类的今天,也决定着人类的未来。[3] 同年9月,习近平总书记在十八届中央政治局第九次集体学习时强调,要深化教育改革,推进素质教育,创新教育方法,提高人才培养质量,努力形成有利于创新人才成长的育人环境。2014年5月,习近平总书记在北京大学考察时强调:"我们有凝心聚力办大事的自信,要把最好的资源凝聚起来,发挥各类人才的智慧,聚天下英才而用之"。[4] 同年8月,习近平总书记在中央全面深化改革领导小组第四次会议上指出,必须通过深化改革,促进教育公平、提高人才选拔水平,适应培养德智体美全面发展的社会主义建设者和接班人的要求。2015年5月,习近平总书记在致国际教育信息化大会的贺信中强调,当今世界,科技进步日新月异,互联网、云计算、大数据等现代信息技术深刻改变着人类的思维、生产、生活、学习方式,深刻展示了世界发展的前景。随着信息技术的发展,推动教育变革和创新,构建网络化、数字化、个性化、终身化的教育体系,建设"人人皆学、处处能学、时时可学"的学习型社会,培养大批创新人才,是人类共同面临的重大课题。[5] 同年12月,习近平总书记在中央全面深化改革领导小组第十九次会议上强调,要服务党和国家工作大局,统筹国内国际两个大局,提升教育对外开放质量和水平。要增强服务中心工作能力,自觉服务"一带一路"建设等倡议,推动实施创新驱动发展战略、科教兴国战略、人才强国战略。2016年4月,习近平总书记在致清华大学建校105周年的贺信中提到,我国高等教育要紧紧围绕实现"两个一百年"奋斗目标、实现中华民族伟大复兴的中国梦,源源不断培养大批德才兼备的优秀人才。2016年5月,习近平总书记在

---

[1] 本书编写组.《习近平总书记教育重要论述讲义》[M].北京:高等教育出版社,2020:8.
[2] 习近平.决胜全面建成小康社会 夺取新时代中国特色社会主义伟大胜利:在中国共产党第十九次全国代表大会上的报告[N].人民日报,2017-10-28(1).
[3] 赵婀娜.清华大学苏世民学者项目启动仪式在京举行[N].人民日报,2013-04-23(1).
[4] 于晓媛.习近平在北京大学考察时强调青年要自觉践行社会主义核心价值观与祖国和人民同行努力创造精彩人生[N].人民日报,2014-05-05(1).
[5] 习近平.习近平致国际教育信息化大会的贺信[N].人民日报,2015-05-24(12).

全国科技创新大会、两院院士大会、中国科协第九次全国代表大会上指出,要完善创新人才培养模式,强化科学精神和创造性思维培养,加强科教融合、校企联合等模式,培养造就一大批熟悉市场运作、具备科技背景的创新创业人才,培养造就一大批青年科技人才。同年12月,习近平总书记在全国高校思想政治工作会议上指出,重视教育就是重视未来,重视教育才能赢得未来。党中央作出加快建设世界一流大学和一流学科的战略决策,就是要提高我国高等教育发展水平,增强国家核心竞争力。

千秋基业,人才为本。党和国家的事业发展迫切需要培养造就大批德才兼备的高层次人才。2017年10月,习近平总书记在党的十九大报告中指出,要坚持党管人才原则,聚天下英才而用之,加快建设人才强国;要优先发展教育事业,加快一流大学和一流学科建设,实现高等教育内涵式发展。[1] 2017年12月,习近平总书记在第十九届中央政治局第二次集体学习时指出,要坚持数据开放、市场主导,以数据为纽带促进产学研深度融合,形成数据驱动型创新体系和发展模式,培育造就一批大数据领军企业,打造多层次、多类型的大数据人才队伍。[2] 2018年5月,习近平总书记在北京大学师生座谈会上讲到,要培养造就一大批具有国际水平的战略科技人才、科技领军人才、青年科技人才和高水平创新团队,力争实现前瞻性基础研究、引领性原创成果的重大突破。[3] 2018年9月,习近平总书记在全国教育大会上强调,要努力构建德智体美劳全面培养的教育体系,形成更高水平的人才培养体系。[4] 2019年5月,习近平总书记在致国际人工智能与教育大会的贺信中指出,要把握全球人工智能发展态势,找准突破口和主攻方向,培养大批具有创新能力和合作精神的人工智能高端人才。[5] 同年10月,习近平总书记在第十九届中央政治局第十八次集体学习中提到,要加强人才队伍建设,建立完善人才培养体系,打造多种形式的高层次人才培养平台,培育一批领军人物和高水平创新团队。2020年6月,习近平总书记在第十九届中央政治局第二十一次集体学习时指出,要深化人才发展体制机制改革,破除人才引进、培养、使用、评价、流动、激励等方面的体制机制障碍,实行更加积极、更加开放、更加有效的人才政策,形成具有吸引力和国际竞争力的人才制度体系。2020年7月,习近平总书记对研究生教育工作作出重要指示,强调研究生教育在培养创新人才、提高创新能力、服务经济社会发展、推进国家治理体系和治理能力现代化方面具有重要作用。要完善人才培养体系,加快培养国家急需的高层次人才,为坚持和发展中国特色社会主义、实现中华民族伟大

---

[1] 习近平.决胜全面建成小康社会 夺取新时代中国特色社会主义伟大胜利:在中国共产党第十九次全国代表大会上的报告[N].人民日报,2017-10-28(1).
[2] 习近平.习近平在中共中央政治局第二次集体学习时强调:审时度势精心谋划超前布局力争主动 实施国家大数据战略加快建设数字中国[N].人民日报,2017-12-10(1).
[3] 习近平.在北京大学师生座谈会上的讲话[N].人民日报,2018-05-03(2).
[4] 张烁.坚持中国特色社会主义教育发展道路 培养德智体美劳全面发展的社会主义建设者和接班人[N].人民日报,2018-09-11(1).
[5] 岳弘彬,曹昆.习近平向国际人工智能与教育大会致贺信[N].人民日报,2019-05-17(1).

复兴的中国梦作出贡献。2020年10月,习近平总书记在深圳经济特区建立40周年庆祝大会上讲到,要实施更加开放的人才政策,引进培养一批具有国际水平的战略科技人才、科技领军人才、青年科技人才和高水平创新团队。2021年4月,习近平总书记在清华大学考察时强调,要打破学科专业壁垒,对现有学科专业体系进行调整升级,瞄准科技前沿和关键领域,推进新工科、新医科、新农科、新文科建设,加快培养紧缺人才。当月,十三届全国人大常委会第二十八次会议通过了新修订的《中华人民共和国教育法》,把"培养德智体美劳全面发展的社会主义建设者和接班人"写入其中。2021年9月,习近平总书记在中央人才工作会议上强调,我国拥有世界上规模最大的高等教育体系,有各项事业发展的广阔舞台,完全能够源源不断培养造就大批优秀人才,完全能够培养出大师。要走好人才自主培养之路,高校特别是"双一流"大学要发挥培养基础研究人才主力军作用,全方位谋划基础学科人才培养,建设一批基础学科培养基地,培养高水平复合型人才。

功以才成,业由才广。习近平总书记多次提到,教育改革和人才事业发展要坚持党的领导,坚持马克思主义指导地位,坚持为党和人民事业服务,落实立德树人根本任务,传承红色基因,扎根中国大地办大学,走出一条建设中国特色、世界一流大学的新路。2022年10月,习近平总书记在中国共产党第二十次全国代表大会上的报告中指出,坚持党管人才原则,完善人才战略布局,加快建设世界重要人才中心和创新高地,加快建设国家战略人才力量,加强人才国际交流,深化人才发展体制机制改革,真心爱才、悉心育才、倾心引才、精心用才,求贤若渴,不拘一格,把各方面优秀人才集聚到党和人民事业中来。[1]

2. 习近平总书记关于教育的重要论述对本研究的启示

聚天下英才,筑强国之基。党的二十大报告提出,要加快建设教育强国、科技强国、人才强国,坚持为党育人、为国育才,全面提高人才自主培养质量,着力造就拔尖创新人才,聚天下英才而用之。[2]它对于全面提高我国人才发展水平、加快建设人才强国和人力资源强国,具有重大而深远的实践意义。增强忧患意识,重视人才自主培养,加快建立人才资源竞争优势,能够推动人才工作高质量发展,加快建设人才强国,不断开创党的人才工作新局面。

因此,高等教育人才培养应当紧扣习近平总书记关于人才观的重要指导,把握其核心价值和精神实质,着力为"培养造就一大批具有国际水平的战略科技人才、科技领军人才、青年科技人才和高水平创新团队"作出贡献。会计人才培养要"走好人才自主培养之路",高校特别是"双一流"大学要发挥培养基础研究人才主力军的作用,全方位谋划会计学科的人才培养,建设一批基础学科培养基地,努力培养一批高水平复合型会计人才。

---

[1] 习近平.高举中国特色社会主义伟大旗帜 为全面建设社会主义现代化国家而团结奋斗:在中国共产党第二十次全国代表大会上的报告(2022年10月16日)[M].北京:人民出版社,2022:36.

[2] 习近平.高举中国特色社会主义伟大旗帜 为全面建设社会主义现代化国家而团结奋斗:在中国共产党第二十次全国代表大会上的报告(2022年10月16日)[M].北京:人民出版社,2022:33-34.

二、会计人才培养文献综述

现代高等教育以培养高质量人才为使命。迄今为止,人类社会共经历了四次工业革命,人才培养从培养单一的通用人才到培养高质量的专业人才,经历了不断的改革和变迁(杨东,2020)。高质量专业人才的培养需要遵循和适应当代社会人才培养的核心理念,以教学为主线,课程改革为核心(吴岩,2018),做好跨学科跨专业融合,统筹培养现代化复合型应用人才。本节先对目前国内外人才培养发展模式和目标的转变历程进行梳理,而后在众多学者的研究成果以及我国高等教育体系的基础之上,从培养目标、培养能力、课程体系、师资队伍、教学条件和质量保障体系六个方面对 MPAcc、会计本科和会计高等职业教育三个层面的会计人才培养现状、问题和对策建议的相关研究进行总结,以了解、梳理和探讨我国会计人才培养发展的演进历程和方向。

(一)人才培养模式和目标演进过程

《礼记·中庸》云:仁者,人也,亲亲为大。伟大的思想家、教育家孔子主张"仁",即做人。春秋战国时期,百家争鸣,人才辈出,孔子开办私学,培养弟子"温故而知新""不耻下问",不断探索未知,是受教育者成为人才的基本途径(韩理洲,1998)。柏拉图曾说:"只有接受过教育的人才是完整的人。"关于"教"与"学",柏拉图提倡的教育模式是教学和探索思辨相结合,讲授与自由讨论相结合,推崇循序渐进的阶段性教育。柏拉图认为,教育有一种保守的作用,它将过去的关键思想和有价值的文化产品传递给下一代。而人类社会的发展史也表明:全球性危机往往伴随着重大变革,而且与教育紧密相连(周洪宇和鲍成中,2013),科学技术变革对高等教育具有深刻的影响,是推动高等教育不断发展的根本动力(崔卫生,2019)。人类社会经历了四次主要的工业革命,在工业革命与工业化进程不断变化的过程中,高等教育扮演着不同的角色、拥有不同的地位,其办学模式与人才培养模式也在不断受到影响,因此,本节从四次工业革命的角度来介绍国内外人才培养模式和目标的演进情况,见表2-1。

表2-1 工业革命时期各阶段高等教育人才培养情况

发展阶段	培养模式	培养目标
第一次工业革命时期 (18世纪60年代至19世纪40年代)	注重理论知识传授,培养知识型人才,封闭式教学	培养通用人才
第二次工业革命时期 (19世纪60年代后期至20世纪初)	注重工业化,培养机械化人才,半封闭式教学	培养专业人才
第三次工业革命时期 (20世纪中叶至21世纪初)	注重发展通识教育和专业教育相结合,培养现代化人才,半开放式教学	培养复合型人才
第四次工业革命时期 (21世纪)	科技融入社会和生活,培养智能化人才,开放式教学	培养科技型、智能型人才

1. 第一次工业革命时期的人才培养

18世纪60年代,蒸汽机的改良与广泛应用标志着世界进入第一次工业革命时期,人类要学习的技能开始从手工劳动向机器劳动转变。英国是第一次工业革命的发源地和主要代表国家,此时的牛津大学和剑桥大学已经开始注重人才培养,但是当时的英国尚未提出培养工业化人才(李立国,2016)的理念,大学教育体系没有为工业革命培养人才,工业革命也没有对大学教育提出迫切要求,因此当时的大学教育和工业革命还没有紧密的联系。

第一次工业革命时期(18世纪60年代至19世纪40年代),大学的人才培养模式仍然处于封闭式教学。杜威(Dewey,2013)认为,生活在不断变革的工业革命时代,需要重新思考我们的学校结构、课程和教学方法,以满足时代变化的需求。学校必须承担起从前家庭传授技能的任务,如编织和木工(Dewey所生活的时代的职业技能)。当时的大学仍是象牙塔,对工业革命基本没有影响。李立国(2016)认为当时的大学对于人才培养的模式仍然是传统的理论知识传授,培养目标是绅士等社会精英。

2. 第二次工业革命时期的人才培养

19世纪60年代后期至20世纪初,电力引发了第二次工业革命。电力技术的发明和使用,使大规模流水线生产成为主流,人类已经不再依赖单一知识和理论进行手工劳动,人类社会进入工业文明为主的电气时代,社会经济得到了较快的发展(王开田,2005)。因此,人类的第二次工业革命就是以分工明确、大批量流水线生产为特征的电气时代。

1)人才培养目标

第二次工业革命时期,人才培养目标由古典大学培养通才转向培养专业人才,更多地强调专业设置,不同专业的课程也主要根据工业化需要和职业需求来设置。从某种意义上讲,大学从培养"通才"过渡到培养"专才"是一场教育革命,也是第二次工业革命的必然结果。这种专才培养模式适应了当时流水线工业模式的需求,其优点是学生适应工作的能力强,缺点是学生发展后劲不足。

2)人才培养模式

第二次工业革命时期,大学教育走向高度专业化,形成半封闭式的教学方式。一方面,教学向工厂企业等工作一线开放,强调实践教学、教学实习等;另一方面,学校内部不同的科系之间自我封闭。在国内外工农业的快速发展期,除剑桥大学、牛津大学、哈佛大学等传统大学外,德国、英国和美国等国家纷纷开始建立工业大学、农业大学。以英国为例,当时出现了兴办大学运动,伦敦大学、曼彻斯特大学、威尔士大学、伯明翰大学等逐步成立。与第一次工业革命不同,第二次工业革命时期成立的大学以培养现代技术和工业技术专业为基础,开设工业相关课程,如机械、造船、采矿和冶金、物理化学、生物化学等基础课,为当时的国家工业建设提供了培养专才的途径(黄福涛,2003)。教育政策的主要新定位包括促进"终身学习"和"学习型社会",这与社会能力、冲突解决、综合思维作为处理不确定性的能力密切相关(Yang和Mok,2000)。此外,一些传统的、以理论教育为主的大学也难逃工业化的洗涤，开始逐步接受和培养工业化所需的人才。随着欧洲工科院校的兴起和美国赠地学院的创办，高等教育开始走出象牙塔，与工农业发展建立起密切联系。

3. 第三次工业革命时期的人才培养

20世纪中叶，信息技术的发展标志着世界进入第三次工业革命时期。第三次工业革命的信息化与全球化的融合，新能源、新材料、新技术的出现，个性化和定制化的生产方式和生活方式，虚拟化生活的普及，等等，给全球人才培养模式带来了严峻的挑战（顾明远，2013；周洪宇和鲍成中，2013）。时代的变革趋势对人才提出了新的素质和能力要求，高校人才培养改革也面临着重要挑战。

1) 人才培养目标

1973年，哈佛大学首次提出教育目标要明确文理学院。1978年4月发布的《哈佛大学文理学院关于共同基础课的报告》，提出了本科生教育的五项基本目标和建立共同基础课程的设想。顾明远（2013）提出我国应该改进之前学习苏联的固有模式，建立课程标准，培养多样化、个性化、国际化和具有创新性的人才。刘京京和张万红（2013）也提出我们要培养德才兼备、具有国际视野、善于交流合作的全面发展的高素质人才。因此，第三次工业革命背景下的人才培养目标要与第三次工业革命所需的人才要求相适应，培养信息化能力和综合职业能力，能够将自身价值与社会价值、人类价值紧密结合起来；具有较高的科学文化素养、跨学科的知识背景、终身学习能力和创新精神；具有较强的团队精神、合作意识和与他人分享的意识；具有健康的身心；具有亲近自然、热爱社会的高素养的新时代人才。这些人才培养目标主要体现在四个层次上，即创新型的劳动者、创造型的研发者、优秀的生物圈管理者和践行者、优秀的公共服务者（周洪宇和鲍成中，2013）。

2) 人才培养模式

20世纪90年代，马丁（Martin，1995）认为教育者需要重新思考学校教学结构、课程设计和教师培训。美国向来重视通识教育，在其高等教育史中发生过四次通识教育运动，都倡导要增加学生的通识教育学时，做好文理融合教育（黄福涛，2003）。面对不断变化的社会和经济环境，大学应该通过加强知识的创造、传播和应用，在知识时代扮演重要战略角色。本科和研究生教育的毕业生都必须学会学习的方式，培养自己的社会能力（Joshua和Michael，2003）。因此，当时高等教育的人才培养模式开始转变为专业教育与通识教育共同发展，大学教育要打破从前专攻工业化、数理化的理念，做好文理融合，注重跨专业教学，培养新技术、新能源型创新人才（刘京京、张万红，2013），半开放式教学开始流行。

4. 第四次工业革命时期的人才培养

21世纪进入新科技革命时代，数字化、网络化和智能化开始普及，工业智能化与互联网产业迅速发展，生物技术、智能机器人等开始出现在大众视野内，国际产业分工格局正在重塑，发达国家的人才培养和教育改革也面临新的挑战和压力（Horlach等，2016；林健和胡德鑫，2018）。为了应对新的挑战，我国于2010年颁布了《国家中长期教育改革和发展规划纲要(2010—2020年)》,提出了"深化教育教学改革,创新教育教学方法,探索多种培养方式""激发学生的好奇心,培养学生的兴趣爱好,营造独立思考、自由探索的良好环境"等要求。

1)人才培养目标

进入第四次工业革命以来,人工智能、生命科学、物联网、机器人、新能源、智能制造等的出现,对人类社会的生产生活方式产生了深刻影响,人才培养不断向智能化和创新创造模式演进,高等教育在推陈出新的同时面临着新的挑战(任羽中和曹宇,2019)。发达国家在淘汰少量传统陈旧的学科专业的基础上,对其余传统的工程学科专业进行了学科改革和专业的交叉融合(林健和胡德鑫,2018)。李立国(2013)提出学校要明确人才培养目标,在课程设置、学习内容、教学计划等方面具有自身特点,树立和追求办学特色,特别是要加强教育课程的个性化:它是大学的办学理念、教育理念、培养目标的具体体现和培养学生质量的保障。同时,加强课程模块化和选修课程建设,使学生可以根据自己的水平和兴趣选修相关课程,从而增强学习兴趣,发挥个人特长(刘迎春和熊志卿,2004)。因此,高校的人才培养目标应该转向培养综合素质高、知识面广、自主学习能力强的人才,局限于较少的学科领域将导致培养的人才知识结构单一、适应面窄、迁移能力差。由此可见,为了培养时代所需要的合格人才,高校应比以往更重视人才的综合性培养。

2)人才培养模式

随着信息革命的不断深化,人类进入工业4.0时代,机械性操作能力已逐步为自动化、智能化的生产机器所取代。刘德宇等(2010)认为有效地培养社会实践能力在高校人才培养中起着关键性作用。Illich(1970)建议利用现代技术"使言论自由、集会自由和新闻自由真正普及,从而真正具有教育性",将教育从老师手中转移到学生手中。除此之外,学生还要学习批判性思维技能,并通过接触不同的视角来拓展他们的思维(Thayer-Bacon,2003,2013)。除读写能力和批判性思维技能外,学生还需要学习基本的研究技能,而这些技能应该是并行教授的(Thayer-Bacon,2019)。因此,第四次工业革命发生以后,高等教育更加强调对学生的基础知识、基础能力与实践能力、创新能力的培养,更加强调基础化、综合化、个性化、实践化,形成在通识教育、终身学习基础上的专业教育人才培养新模式(李立国,2016)。

历史证明,综合化是当今世界高等教育发展的趋势,符合高等学校办学规律。人类社会经历了四次工业革命,每一次工业革命的演进,都是人类将自身的创造力转化为工业生产效率的过程。每一次工业革命都有各自的显著特征:第一次工业革命是机械开始取代人力;第二次工业革命是生产效率的改善;第三次工业革命是自动化取代手工劳动;第四次工业革命则是由自动化升级为智能化。而如今随着科技的进步,人类逐渐进入智能化、科技化时代。

随着四次工业革命的不断推进,人才培养也历经四次变革,我们应该认真思考科技革命时代的教育教学模式和人才培养目标,把高等教育的目标转向多元化、综合化、特色化。同时,在互联网技术带来教育生态新变化的同时,高校也要认真研究互联网技术给人才培养带来的新挑战、新要求,积极面对新环境,及时调整培养目标,培养数智时代下符合跨界融合要求的高素质复合型会计人才。

(二) 会计人才培养现状及问题研究

会计作为一门关注时代问题的学科(McBride 和 Verma,2021),深深植根于组织和社会中,并对它们的活动和发展产生了广泛的影响(Tsahuridu 和 Carnegie,2018;Carnegie 等,2020),因此,会计人才培养工作就显得尤为重要。会计对社会生活的深远影响决定了会计人才培养的重要性,而科学技术的进步为会计行业的发展提供了新的机遇。随着人工智能技术开始被应用于财会领域(刘勤和杨寅,2019),在以大数据、人工智能、移动互联、云计算、物联网、区块链为代表的新兴科技力量的推动下,我国会计进入智能化阶段,会计职业在这个变动的环境中发生颠覆性变革(谢志华,2021)。

随着会计教育知识基础和会计人才培养边界的不断拓展,国内外学者纷纷对此展开探讨和研究,以了解如何应对数字经济深度变革与智能化给高校会计人才培养带来的巨大冲击,来共同推动高校会计人才培养改革和会计课程改革,将学生培养成掌握会计知识和技能、具备复合型特征的高级会计人才(Tharapos 和 Marriott,2020;刘勤和李俊铭,2022)。我们通过 Citespace 对会计人才培养的相关文献进行关键词共现得到相关关键词频数,并根据频数结果作出了会计人才培养相关文献关键词云图(图 2-1)。从图 2-1 中可以看出

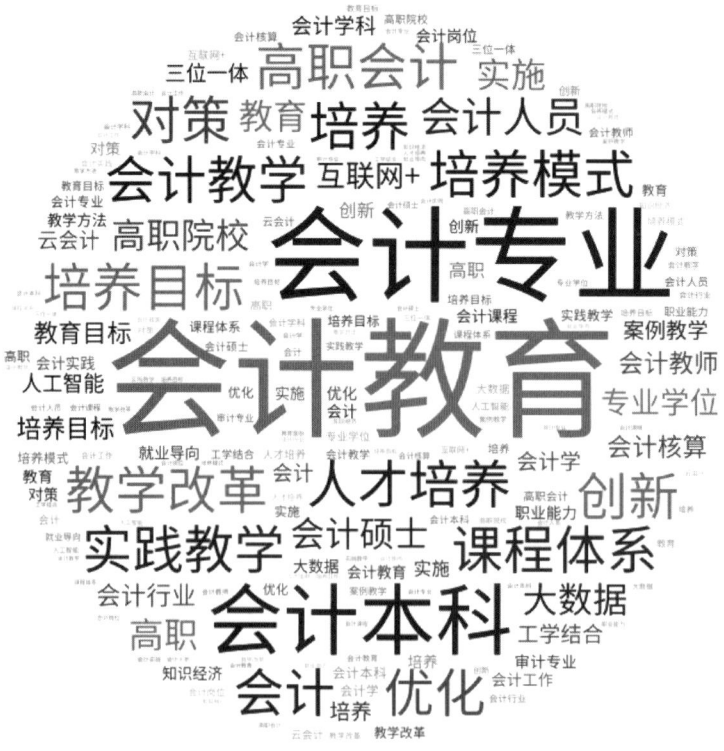

图 2-1 会计人才培养相关文献关键词云图

资料来源:作者整理而得。

学者们对会计硕士专业(MPAcc)学位、会计本科和会计高等职业教育三类的相关人才培养研究较为活跃,此外也更加倾向于从培养目标、职业能力、课程体系、会计教师、培养模式、教学改革、实践教学等方面进行分析。

据此,在学者们的研究基础之上,本节以2014年8月22日全国会计专业学位研究生教育指导委员会发布的《会计硕士专业学位研究生参考性培养总体方案》、2018年10月8日教育部发布的《关于加快建设高水平本科教育全面提高人才培养能力的意见》以及2019年1月24日国务院印发的《国家职业教育改革实施方案》等相关文件为指导,结合培养目标、培养能力、课程体系、师资队伍、教学条件和质量保障体系六个部分对MPAcc、会计本科以及会计高等职业教育三个层面的会计人才的培养情况进行梳理,并总结在会计人才培养过程中三者的突出特点和发展情况(表2-2),以期为我国未来会计人才培养的发展路径提供参考和借鉴。

表2-2 MPAcc、会计本科、会计高等职业教育人才培养的特点和发展方向

项目	培养目标	生源特点	发展方向
MPAcc	兼具理论基础、管理能力和行业经验的高素质应用型国际化管理会计人才或技术技能人才(刘永泽和赵合喜,2012;张俊瑞,2022)	理论知识扎实、实践能力较强、具有一定研究能力	复合型、创新型
会计本科	以培养高级技术技能型和现代管理型会计人才为主(刘永泽和孙光国,2004;王华等,2021)	理论基础较好、实践能力较强、认知能力较强	应用型、管理型、复合型
会计高等职业教育	以培养高素质技能型和基层管理会计人才为主(刘永泽和孙光国,2004;杨爽、辛伟童,2022)	理论基础要求较低、基本技能熟练、职业定位较明确	职业型、技能型

1. MPAcc人才培养

为培养复合型、应用型的高端会计人才,2003年12月,教育部、国务院学位办批准设立了旨在培养面向会计职业的高层次应用型会计人才的MPAcc,我国形成会计硕士学术型与应用型双轨并行的格局(陈吉凤等,2013)。MPAcc教育遵循直接面向会计职业需求的原则,对提高我国会计人才的总体素质,完善我国高层次会计人才的培养体系,建设高层次、应用型的会计专门人才队伍具有重要意义。自MPAcc教育开办以来,经过近二十年的不断探索,各高校均已积累了很多办学经验。然而,随着我国经济环境和教育环境的日新月异,高校在MPAcc培养过程中仍存在诸如培养目标定位不准确、培养能力框架不全面、课程体系设置不合理、师资队伍建设不理想、教学方法落后和质量保障体系不健全等一系列问题,MPAcc教育仍然任重而道远,具体如下所示。

1)培养目标定位不准确,偏离实际情况

"培养什么人"是一切教育工作的出发点,科学定位人才培养目标是专业学位研究生培

养模式改革的根本(孟焰等,2013)。2003年年底,国务院学位委员会正式批准在我国设立MPAcc,在《会计硕士专业学位设置方案》中指出MPAcc旨在培养高层次、应用型会计专门人才。2011年,全国会计专业学位研究生教育指导委员会在《会计硕士专业学位研究生参考性培养方案》中提出,我国MPAcc的培养目标是培养具有较强发现问题、分析问题与解决问题能力的高素质、应用型、国际化的会计专门人才。[1] 由此可见,国家对于MPAcc以培养应用型会计人才为主要导向。

会计教育培养出的人才似乎与社会需求的人才之间供需不匹配(Smythea和Nikolai,2002)。在MPAcc人才培养的前期探索阶段,各试点院校的培养目标虽然都定位于培养应用型高层次人才(刘永泽和孙光国,2004;盛明泉和翟胜宝,2011;薛清梅,2015),但表达方式多种多样,并且制定的培养目标不明确也不符合实际。钟子亮和周咏梅(2012)认为MPAcc的培养目标比较夸张,有些偏离实际,制定者应认识到MPAcc并不都是无所不能的全能型人才。张俊瑞和吴珉瑄(2022)指出各高校对应用型硕士与学术型硕士的人才培养未作出严格区分,忽视了两者在培养目标上的差异,MPAcc是典型的实务导向的教育模式,与传统的学术型模式是两种学位类型(盛明泉和翟胜宝,2011)。随着数智时代的到来和会计职业的变革,权小锋和舒越(2020)认为仅机械地依靠文件要求进行改革会使会计教学目标偏离现实,无法及时融入新技术和新业态。基于全国会计专业学位研究生教育指导委员会的指导性培养目标,高校应结合自身实际特点将目标特色化、具体化。但目前,大多高校的培养目标与国际环境脱节,缺乏对外交流的深度与广度,不利于国际化会计人才的培养(张俊瑞和吴珉瑄,2022)。

2)培养能力框架不全面,未达理想状态

明确培养目标是确定教学内容、选择教学方法的基础,只有在符合现实需要的培养目标的指导下,MPAcc教育才能取得预期的效果(王海民和郑佩荣,2005)。由于目前高校对MPAcc的培养目标定位仍不准确,因此对于其能力的培养也会存在疏漏,在职业需求和培养的能力之间存在一定差距(Tan和Laswad,2018),高校未充分教授给学生职业所需的广泛的通用技能。薛清梅(2015)认为,MPAcc教育的目的是培养高层次会计专业人才,但目前我国大学的会计教育仍然缺乏对学生的专业判断能力和沟通能力等能力的培训,无法满足培养目标的要求。与美国相比,我国MPAcc培养起步较晚,对会计职业能力框架的研究时间也不长,因此提出的MPAcc培养能力要求不够具体与全面,还需要职业界和理论界等多方的努力来真正建立以能力培养为主要目标的MPAcc教育体系。

随着我国经济国际化程度的提高,对高水平会计人才的需求也会越来越大。1999年美国注册会计师协会(American Institute of Certigfied Public Accountants,AICPA)在《进入

---

[1] 2022年4月25日,第四届会计专业学位研究生教育指导委员会第一次全体会议上审议通过的《会计硕士专业学位研究生参考性培养总体方案》中指出,我国MPAcc研究生的培养目标是培养具有发现问题、分析问题与创造性解决问题能力的高素质、应用型、国际化会计专门人才。

会计职业核心能力框架》中提出了三种能力：职能性胜任能力、个人胜任能力和宽广的经营视野。孙建华(2013)参考国际会计师联合会(International Federation of Accountants, IFAC)的《国际教育报告框架》中关于职业能力的解释，将我国高端会计人才应具备的职业能力框架划分为知识结构、能力构成、职业价值观三个方面，其中能力构成又包括基本能力和专业能力。程平和王爽(2018)基于 SECI 理论[1]，认为在大数据智能管理会计人才培养框架模型中的能力形成层里应包括人际能力、业务能力和与大数据相关的技术能力。但目前，高层次会计人才的能力未达到理想状态(梁毕明等，2019)，缺少具备数字会计能力的高层次研究生人才(李立成等，2021)，MPAcc 教育在高层次会计人才培养中仍然任重道远。数智时代下，依托大数据、人工智能等新兴技术的发展，会计专业型硕士教育改革应更加注重大数据与人工智能相结合，建立全方位的培养能力框架迫在眉睫。

3) 课程体系设置不合理，缺少专业特色

课程学习是保障研究生培养质量的必备环节，在研究生成长成才过程中具有全面、综合和基础性的作用。课程框架决定着人才培养的知识结构和能力结构，构建科学的课程框架是 MPAcc 人才培养目标的重要保证(孟焰等，2013；李强和宋怡璇，2017)。目前，国内各高校的 MPAcc 课程大致可分为公共课、必修课和选修课(方向课)三类。各高校的必修课程设置差异不大、基本一致，选修课程细化为专题模式，紧贴某类实务，部分高校还发挥自身优势开设了多样化的特色课程。然而在课程设置上，白君贵和白璐(2011)认为 MPAcc 的课程设置结构不科学，必修课过多，选修课较少，并且缺乏开发综合技能素质方面的课程(宋建波等，2012；Behn 等，2012)，同时各院校的课程设置雷同，没有突出实践型特点，体现不出方向特色(孙建华，2013)。刘永泽和赵合喜(2012)研究发现，会计专业型硕士的课程体系沿袭学术型硕士的课程体系架构，仍以理论课程为主，专业实践性课程的占比微乎其微，并且部分选修课的设置也缺乏明确的职业导向。

数智时代的到来与科技创新的驱动改变了传统的会计业态，对会计人才培养提出了新的要求，促使会计人才培养方向的变革，而我国现阶段的相关教材建设仍然难以跟上时代发展与科技变化，很多高校在开设特色课程方面差距明显(张俊瑞和吴珉瑄，2022)。王海民和郑佩荣(2005)提出我国 MPAcc 课程的设置与教材的选择不能完全照搬国外，各培养院校应根据自身实力和职业界的实际需要开设主攻方向，有关专家学者需要尽快编写出适合我国国情的教材。然而，目前我国教学案例开发的工作进程并未尽如人意(陈吉凤等，2013)，案例教学资源单一，缺少有本土特色的案例，案例也未进行及时更新(权小锋和舒越，2020)，因而教学案例无法使学生适应新时代的变化，落后于 MPAcc 的教学需要。所以，现阶段各高校需要逐步构建能够融合"大智移云物区"技术的特色化新课程体系。

---

[1] SECI 理论由日本学者野中郁次郎提出，他将企业知识划分为隐性知识和显性知识两类。该理论的核心为知识的转换过程，从隐性知识到显性知识再到新的隐性知识，其间经过四个知识转化阶段，分别为隐性知识社会化阶段、隐性知识外化阶段、显性知识融合阶段，以及显性知识内化阶段。

4) 师资队伍建设不理想,能力差异较大

教师在人才培养过程中扮演着极其重要的角色,教师队伍的质量和素质直接决定着MPAcc人才培养的水平。MPAcc培养离不开优秀的师资队伍,但高校缺乏一支既具有深厚的会计学理论,又具有丰富实践经验的高素质、应用型师资队伍(刘永泽和赵合喜,2012)。白君贵和白璐(2011)认为部分高校的教师非会计科班出身,缺乏深厚的会计理论功底,也缺乏企业管理的实践活动经验。没有实践经验会导致部分教师在教学时无法用理论联系实际,教学空洞化与理论化,引起学生的反感与投诉。有研究表明,学生对课程导师的评价越好,其对该门课程的评价也会越好(Loo 和 Bots,2018)。高校教师中的MPAcc导师大多是学术型导师,其实践基础存疑,师资力量堪忧(钟子亮和周咏梅,2012)。

目前,国内各高校基本建立了MPAcc双导师制,对导师从品德、职称、学术水平、年龄等方面设置了具体要求,也特别注重其实践经历(李强和宋怡璇,2017)。但师资配备还存在缺口,张俊瑞和吴珉瑄(2022)通过对新丝绸之路沿线省区的36所MPAcc授权高校进行研究发现,各院系的师资力量在培养经验、培养规格与标准、培养模式上差异较大,急需补充具有博士学位和高级职称的教师,重视青年师资的作用。此外,他们还认为双导师制的培养模式未能充分发挥作用,还亟待充实校外导师资源。

5) 教学方法落后,培养观念滞后

高校MPAcc的教学方法基本包括校内和校外两部分:校内教学有课堂讲授、案例分析、模拟训练等方法;校外教学有实习、调研、参加会议等方法(盛明泉和翟胜宝,2011)。随着我国MPAcc发展的逐步完善,传统的教学方法已经无法满足学生的多元需求。目前MPAcc的教学模式依然以传统实体课堂的满堂灌式授课为主(刘永泽和赵合喜,2012;程平和王健俊,2018),教师传授知识、课堂教学、理论分析方式居多(白君贵和白璐,2011),教师多以传授理论知识为主,而缺少对知识的灵活运用与创造能力的培养环节,没有充分开展实务方面的训练。国外MPAcc的教育主要是案例教学,但我国教师对案例的讲授以及学生对案例教学方法的接受程度与国外存在差距(宋建波等,2012),培养方案中案例教学课时的比例不高(陈吉凤等,2013),虽然MPAcc教学方法逐渐从单纯的"教师讲授型"过渡到"学生参与型",但如何将案例内容与我国国情完美结合,仍是目前案例教学中的一个难题(李强和宋怡璇,2017)。

随着信息技术的不断发展,网络教学平台的出现为教学提供了更广阔的发展前景,学生更喜欢视觉化的呈现效果而不是单纯的音频或视觉呈现(Wynder,2017)。然而部分高校在购置先进教学软件、信息系统、数据库等方面较为滞后,网络教学平台存在短板,培养思路亟须向数字化、智能化转变(张俊瑞和吴珉瑄,2022)。程平和王健俊(2018)发现传统教学运作中最突出的问题就是学科专业知识的学习与学生个人能力、团队协作及实践能力的培养脱节。学校缺乏高质量的、固定的深度合作实践平台,学生没有获得充分的实习机会,终使得实践教学流于形式,无法达到应有的效果。

6) 质量保障体系不健全，亟待整体优化

教育质量保障体系的建立、健全对会计教育改革的成功与否十分重要，教学评价能有效检验高校的会计教育是否有成效，合理、科学的评价体系能对培养质量进行动态、有效的监督。为保证MPAcc培养的教学质量，王海民和郑佩荣(2005)结合美国建立MPAcc培养等评估体系的成功经验，认为我国不仅应建立MPAcc教育质量评估机构，还应建立学院联合会或学位培养单位的联合会来进行MPAcc教学质量的评估。但在具体实施操作层面，刘永泽和赵合喜(2012)认为高校大多沿用学术型研究生的闭卷考试形式，内容不灵活、形式单一，无法调动学生的学习兴趣，也无法培养学生的各项能力，如利益相关者要求学生拥有的团队合作技能等，MPAcc的课程考核机制亟须完善。

综合来看，国内高校对MPAcc的培养基本采用学分制和毕业论文两项硬性指标，除此之外，虽然发表学术论文、校外实践等方法也在被逐步采纳，但仍无法全面保障教学质量。李强和宋怡璇(2017)通过对比中美MPAcc的培养模式发现，美国有强大的、受公众普遍认可和接受的社会评估力量以及一些专业领域内的评估机构来保障MPAcc培养质量，能够直接影响到学校的办学声誉和未来招生，具有很强的约束力。全国会计专业学位研究生教育指导委员会也可作为我国MPAcc培养质量的重要外部评价主体，对各高校进行检查，作出评价并给出相应的指导建议，推动各高校"以评促建"。同时高校还需改革和完善管理制度，实行学生评教、同行评教、督查评教，建立健全考试选拔、课堂教学、实习实践等环节的质量监控体系以确保教学质量(张耀峰等，2017)。

2. 会计本科人才培养

"人才培养为本，本科教育是根"[1]，会计本科人才培养是当前会计人才培养的主体(李芸达等，2015)，提高本科生培养质量是刻不容缓的工作。在国际化和数智化竞争日渐激烈的背景下，我国现有的本科会计人才培养模式已不能适应社会经济发展的需要(龙月娥，2017)，本科院校有必要加快会计教学改革的步伐，努力将融合"大智移云物区"的会计教育全新构想落到实处。本部分也将在此基础上，探讨会计本科教育面临的培养目标定位不准确、人才培养能力较单一、课程体系结构不合理、师资队伍转型滞后、教学条件落后、质量保证体系不全面等问题。

1) 培养目标定位不准确，人才供需不符

培养目标决定了会计本科人才培养的模式，也最终影响着会计本科教育的质量(高樱，2013)。本科教育的目标是"以本为本，四个回归"，会计本科教育也不例外。改革开放以来，我国会计人才培养目标经历了多次变革(刘永泽和翟胜宝，2009)，但仍存在诸多亟须解决的问题。一方面，受时代发展和会计环境的影响，会计人才培养目标定位不准确(刘永泽

---

[1] 中华人民共和国教育部.关于加快建设高水平本科教育情况介绍[EB/OL].(2018-06-22)[2022-11-30]. http://www.moe.gov.cn/jyb_xwfb/xwfbn/moe2069/xwfb201806221sfcl/201806/t20180621_340511.html.

和翟胜宝,2009),不能准确反映培养方向及内容(纪丽芳,2012;高樱,2013)。另一方面,会计本科人才培养目标(培养德才兼备的精英式高级会计专门人才)和社会需求(需要具备行业经验,具备分析解决问题及创新能力等技能的会计人员)不一致(Archer 和 Davison,2008;张倩等,2014)。部分高校的本科会计专业人才培养目标未能结合行业需求及会计人才发展趋势等因素进行制定,无法发挥具体的指导作用。

随着经济全球化的加速及数智时代的到来,企业对会计人才提出了更加多元化的要求,而会计本科人才培养目标却逐渐显现出与数字经济时代要求不匹配、不协调的弊端(李定清,2016)。本科高校以传授技能为主的教育目标培养出的会计人才无法满足数字经济时代会计职业发展的要求(刘永泽等,2018;王华等,2019),且无法及时反映会计职业界的需求(李学芳和黄卉敏,2021)。同时,会计人才培养目标存在同质化等问题,导致具有国际视野的高层次管理型会计人才的数量与我国经济高质量发展的现实需求严重不匹配(舒伟等,2021)。

2) 人才培养能力较单一,通用能力不足

学术界对会计人员能力的研究始于20世纪60年代,会计人才能力培养是基于会计职业目标所构建的包括知识、技能和价值观等在内的从事会计工作或履行会计相关岗位职责的人应具备的能力和要求的组合,是职业道德、通用能力和专业能力的总和(杨政等,2012;王华等,2019)。

对会计本科教育而言,"通才 + 专才"是大多数学校认可的培养模式(孟焰和李玲,2007;汤湘希,2012)。但会计本科人才能力培养较为单一(林志军等,2004),会计学生通用能力的训练有待加强。高校过分强调专业知识的掌握程度,不注重提高知识结构的通用性(孟焰和李玲,2007),使得毕业生的整体能力与其职业要求之间存在着一定的差距(柳青2007;Jones,2007)。何玉润和李晓慧(2013)认为,虽然通识教育和实践教学已经普及,但会计专业毕业生普遍缺乏大局观和战略眼光,缺乏独立思考和批判思维。Jackson 等(2006)指出,会计专业毕业生的非技术性能力训练相对不足,尤其是英语和职业沟通能力不足。(Archer 和 Davison,2008)的调研结果则显示很多雇主对毕业生的表达和沟通能力等通用能力不满意。

新兴技术的应用带来了更加庞杂和多样化的会计信息,这同时意味着会计人员的转型迫在眉睫。会计人才在大数据和数据分析中扮演着重要的角色(Alles,2015),但他们的知识和理解能力仍然落后于当前的商业基础(Cohn,2017)。一方面,国际视野、跨文化认知、团队沟通和应变能力的缺乏让会计专业学生在国外处境艰难(James 和 Otsuka,2009;Jackling 和 Natoli,2015)。另一方面,互联网时代要求的计算机编程、数据分析和管理决策等能力的缺乏制约了毕业生的职业选择(曾爱军,2015;应益华,2016;王小红等,2019)。此外,学者们认为会计专业不再拥有清晰的学科边界(王艳,2016),会计学科的知识结构过于单一(王华等,2021),会计人才的职业能力存在短板,拥有数字化技能的人才短缺,无法匹配企业发展需求(舒伟等,2021)。

3) 课程体系结构不合理,培养内容狭窄

与会计专业本科人才培养目标相适应的课程体系,是人才培养目标得以有效落地的根本支柱之一(王秋霞和莫磊,2019)。我国高校现行的本科教育课程体系一般采用固定实施、定期修改的模式,对社会需求变化反应滞后(张传明,2009)。一方面,围绕会计准则和制度制定的传统本科人才培养课程体系,其培养内容过于狭窄(Albrecht和Sack,2000)。另一方面,会计本科教育的课程体系门类不全、内容重复(易玄和刘东荣,2012)。课程设置上仍以数量众多的专业课为主(何玉润和毛新述,2012),会计职业道德及会计实践课程的设置多流于形式,未能有效增强学生的职业道德素质及实务操作能力(李明辉,2004;郭永清,2008;唐秋烨,2011)。而与国际化人才培养目标相矛盾的是,专业英语课时过多导致教学效果不好,在国际交流中也略显无力(刘慧凤和姜苏娱,2015)。

进入数智时代后,稳定的会计本科课程体系已不能适应社会经济发展的需要(张新民和祝继高,2015)。与国外高校的"宽口径"模式(刘峰,2019)相比,国内高校会计本科课程体系的课程设置存在滞后性,缺少新兴技术在会计学课程中的应用(刘国城和董必荣,2017)。会计学本科专业的核心课程设置从结构到内容均存在着显著缺陷(张新民和祝继高,2015),会计教育的专业理论、专业教学和实训实习之间的融合性较差,各门课程之间也缺乏交叉和融合(鲁芳,2017)。

Fogarty(2018)指出,会计课程体系需要进行重大变革,对课程进行小幅调整并不能解决本科会计人才培养所面临的诸多问题。在智能化环境下,基础会计和规则导向方面的课程需要减少,而依托"大智移云物区"的决策导向方面的课程则是未来研究的重点。但大多数高校的本科课程还未真正将会计教育和信息化课程进行有效融合(刘国城和董必荣,2017),信息化和数据分析的相关课程的设置不够科学与全面(Brink和Stoel,2019)。舒伟等(2021)认为,目前的会计课程缺少案例教学、角色模拟、实验室教学等实践型课程,未来的课程改革亟须向信息化创新和实践教学转型。

4) 师资队伍转型滞后,能力参差不齐

"师者,所以传道授业解惑也"。师资队伍是使得人才培养目标有效落地的另一根本支柱(王秋霞和莫磊,2019)。改革开放以来,高校本科教育一直面临着师资分配不均、结构单一的困境。独立学院面临着"没有较好的人才梯队,专职教师年龄偏大,兼职教师又很难兼顾生源差异和培养目标"的困难(赵顺娣等,2011),而普通本科院校的师资队伍建设主要受限于"师资组成单一"。高校本科会计专业拥有大量理论和科研基础扎实的高学历专职教师,但他们在会计实践技能业务上较为薄弱。缺乏实务型教师,是很多学校建设师资团队时面临的困境(李芸达等,2015)。

进入数智时代后,高校会计本科教师在会计和数字技术及交叉学科方面逐渐显现出短板。教师课堂教学面临"替代渠道"的挑战越来越严峻(张多蕾等,2019),但当前高校的本科会计教育工作者对数字技术和互联网教学手段不熟悉,无法做到与"互联网+"等技术发展相适应的转型升级(Paver等,2014;Hauptman,2015),不具备智能会计教学能力(汪国城和董必荣,2017;苑泽明等,2018)。同时,高校会计专业新晋青年博士的学科背景都较为单一,虽然具备管理会计、金融等理论知识,却不了解智能财务共享、实践模拟及云平台等知识。青年教师普遍缺少组织战略、应用技术等企业实践经历(宫义飞,2020),对智能数字技术的研究也较少。另外,高校会计本科教育的奖惩机制和激励措施也是导致教师没有足够时间进行融合课程和案例教学研究的因素(蔡显军等,2022)。

5)教学条件落后,教学方法落伍

教学条件和教学手段现代化是实现人才培养目标的物质保障(聂秋华,2004)。不同的教育阶段会影响学生的就业观念,现阶段的会计本科教育更多地采用"粉笔+黑板+PPT"的课堂讲授等传统教学手段与方法,而新生代对于传统教学方法的接受度越来越低(孙铮和李增泉,2014)。传统教学中重"教"轻"学"的注入式教学依然普遍(何玉润和李晓慧,2013),这种单一的教学手段难以调动学生的学习热情,限制了学生的思维活力和创新精神(况玉书和刘永泽,2019),也无法培养其自主思考的能力(张多蕾等,2019;唐大鹏等,2020)。

随着数智时代的到来,依托信息技术的会计教学新模式不断涌现(张多蕾等,2019)。但现阶段,多数高校面临校内实验室设施不完善、校外基地缺乏有效运行机制的困境(李芸达等,2015),因而不能有效提升教学效果与人才培养质量。舒伟等(2021)认为,要加快建立新型实习、实践基地,提供更佳的教学环境。同时,信息化手段在会计教学实践中的运用情况要落后于其他学科。在使用信息化教学手段方面,年轻教师也并未显现出比其前辈教师更多的优势。绝大多数高校的会计本科教育仍然以传统市场需求为背景,以实体企业账务模拟为主(程瑶,2019),互动式和情景式教学等方式在高校中的普及程度仍处于较低水平(李玉菊和朱俞青,2021)。

6)质量保障体系不全面,效果有待提升

合理的教学质量评价体系能够对人才培养的效果进行动态监督与实时反馈,从教师和学生的视角分别建立教学质量保障体系对于教学质量的持续提高和人才培养目标的实现是十分必要的(舒伟等,2021)。传统的本科会计人才培养评价体系与培养目标存在契合程度不高、内容和时效上的差距较大等问题。对于教师来说,既往的教学评价存在"重考核轻提高、重结果轻过程、重知识轻能力、没有反映会计学科特征、反馈时效性差"等问题(刘文琦,2015)。对于学生来说,以考试成绩的高低为评价依据的"学校主导型"的评价体系,无法全面评估学生的素质,也无法满足用人单位的要求(刘永泽和池国华,2008)。

进入数智时代后,传统的会计专业教学评价体系已经不能满足数智时代的需要(刘文琦,2015)。高校有必要使用专门的分析方法,构建系统质量、课程质量、教学质量、学习效率,以及学习效果等模块,确定科学的评价指标,规划动态的会计教育评价体系(刘国城和董必荣,2017)。以课后评价方式为主的评价方法,无法满足对新时代学生解决问题能力、团队合作能力、创新能力等核心素养的考核和评价(周守亮和唐大鹏,2019)。相反,与成绩提高成正相关的课堂提问、参与课程会议及出勤率等课中"过程控制"应该更受重视(Precourt 和 Gainor,2019;Jordan 和 Samuels,2020)。

3. 会计高等职业教育人才培养

西方发达国家的高等职业教育的产生可追溯到19世纪末至20世纪初。由于第二次工业革命的推动,社会生产力的提高对高素质人才有了更高的要求,高等职业教育应运而生。发达国家先进的教育模式对我国高等职业教育的发展也产生了深远影响。随着高新技术企业的迅猛发展,企业在管理思想和模式方面都发生了重大变化,企业对职业人才的需求不断改变(韩宗宾和李荣,2009)。然而,愿意选择会计职业的会计毕业生却日益短缺。这表明高等职业教育院校在会计人才培养中也出现了培养目标定位不清晰、培养能力框架不完善、课程体系设置较单一、师资队伍力量显薄弱、教学理念陈旧、质量保障体系不完善(林艳红,2016;吴苡芳和李文博,2017)等一系列问题。

1)培养目标定位不清晰,忽视实践教学

合理定位高职会计专业人才培养目标,才能科学选择具有高职特色的会计专业人才培养模式(张卫平和沈艾林,2009)。20世纪四五十年代以后,欧美不少国家的经济实现突飞猛进,国外的职业教育最先得到迅猛发展,如英国作为会计职业的发源地,倡导"三明治"发展模式,德国以双元制为主等,这些国家大都以培养能适应经济发展的职业人才为目标,但是忽视了素质教育和实践教育(张艳秋,2004)。到21世纪初,随着现代企业和高新技术产业的迅速发展,我国高等职业会计人才培养的目标为"从职业学生特点出发,培养面向生产、建设、服务和管理的高技能应用型人才"(韩宗宾和李荣,2009)。但是,本科与专科的教学理念不同,而一些专科学校在人才培养目标上未分清其与本科教育的区别,对学生要求不高,没有明确的会计人才教育和会计业务能力培养差异,缺乏高等职业教育的特色,导致培养目标具有重理论轻实践、忽视职业道德教育等缺点(张首楠,2012;林艳红,2016)。

数智时代到来后,互联网催生了大批新职业和新岗位,各财经类职业院校在人才培养方面仍然存在目标定位与社会需求脱节的问题(武莉莉和任洁华,2020)。如以实践为主要特征来培养技术技能应用人才的德国"双元制"职业教育已经难以及时满足市场需求,职业教育人才培养目标面临新的挑战(陈莹,2015)。从实际情况看,我国高等职业会计专业人才培养目标定位和培养规格设计没有充分依据学习情况进行改变(王超和金荣,2019),也没有依据企业财务部门的职能转变进行充分调整,会计专业还是依据传统的人才培养定位,很多职业院校的会计专业人才培养与普通本科院校在人才培养定位上的区分度不大、职业特色不明显,导致很多高等职业毕业生不足以胜任工作岗位,入职后仍需要招聘单位对其进行重新培训以强化工作能力(林艳红,2016)。因此,在新技术应用下的数字经济时代,会计领域趋向业务化、智能化、管理化、共享服务化发展,会计人员开始从部门级走向企业级,企业对职业会计人才的专业性、实践性提出了更高的要求(陈海雯,2020),对现有人才培养目标也提出了更大的挑战。

2）培养能力框架不完善，脱离实际需求

对于高等职业教育来说，其应当培养职业道德、基础或通用能力、专业能力全面发展的专业型人才（徐文杰，2009；王华等，2021）。早在1999年，美国注册会计师协会就发布了会计职业胜任能力框架，提出了三项会计职业准入的核心胜任力要求：一是专业素质，二是人格素质，三是商业视角。随后，刘永泽和池国华（2008）提出，统一的人才培养方式会忽视专业的自身条件，导致社会需求和学校供给之间的矛盾。李萍等（2009）认为，高职会计教学中往往过多地重视学生专业知识的培养，传统的会计教学理念占主导地位，忽视对学生进行职业道德和职业判断方面的教育，会计专业教育与就业产生矛盾，如何解决会计人才市场存在的供需矛盾、解决就业问题，是当下社会的需求。

随着人工智能、大数据、移动互联网时代的迅速到来，我国高职院校在人才培养能力方面还缺乏有针对性的能力框架，这很容易导致学生职业道德缺失、专业能力不精。近年来，国家大力推行和倡导职业教育的重要性，但是由于高等职业教育生源素质不高、学生自主学习能力不高、培养模式缺乏专业化等原因，会计行业及会计教育仍面临着前所未有的挑战（赵建新，2012；杨爽和辛伟童，2022）。例如，会计教育应重点培养学生通用能力的倾向越来越明显，但很多职业院校的财经类专业人才培养规格和方式较为单一，课程标准对专业能力和道德素质的要求不明确、不具体，导致学生综合能力和素质不高，难以适应互联网时代的新要求（武莉莉和任洁华，2020）。因此，对于高等职业院校来说，只有了解企业在数智化时代对人才的实际需求，才能培养出具有高职特色的专业型会计人才。

3）课程体系设置较单一，不具有高职特色

在21世纪初，多数高等职业院校在课程设置方面的观念沿用传统的本科教育模式，忽略了高等职业教育"应培养出应用型人才"的层次教育理念（熊婷和程博，2010）。国际上许多学者认为，教育和实践之间的差距正在扩大，急需进行课程改革（Albrecht和Sack，2000）。在德国、美国和日本等国家，政府大力推行学徒制以促进职业教育的发展，而国内的学徒制仍处于发展探索阶段。Steedman（2011）提出，学徒制的应用一般分为供给引导型和需求引导型，但是学徒制在大大提高实践能力的同时缺乏了相应的理论指导。此外，高职会计专业在课程教学安排中，虽然大都包括公共基础课、专业理论课、专业实践课等，但是课程体系中理论与实践课程、基础与专业课程的结构比重失调，案例教学、见习课程等实践性课程教育有待加强（张春，2011）；在具体的学习内容方面，偏重对学生进行专业教育，不重视职业道德和人文素质类课程的安排，大部分毕业生所学的知识没有明显个体差异，不具专业特色性，使学生在就业过程中面临的竞争压力增大，就业难度增加（王勋，2009）。

数智时代要求高职院校培养高素质技术技能人才，但当前的课程体系设置与高素质人才培养目标并不匹配。王超和金荣（2019）指出，由于高职会计专业的课程资源过于单一，学生不知道如何将理论知识应用于实践，不会合作、表达和沟通，按学科课程构建的课程体系无法有效支撑高素质人才培养目标的实现。林艳红(2016)提出,高职院校当前的课程大都划分为基础课和专业课,课程体系上由于生源素质、师资力量等原因,普遍存在"专业课程内容重复简单、文化基础课程衔接薄弱和专业技能训练重复"等问题(吴苾芳和李文博,2017)。这种不注重学生实践能力、综合职业能力培养的课程设置不适用于高素质应用型人才的培养,只会导致学生跟不上当代经济高速发展的步伐。

4)师资队伍力量显薄弱,专业能力不足

教育要发展,人才是关键。高水平的师资队伍既是学校发展的"软件",也是其发展的"硬件"(熊婷和程博,2010)。1989年,张微之研究员发表了名为《建设有中国特色的职业大学》的文章,该文章明确提出"职业大学的专业设置是有区别的,职业大学的专业设置必须强调应用,教师队伍的建设应作为职业大学建设的重点",并提出了应建设"专职和兼职结合的教师队伍"。但是,国家推行高职院校大力发展的同时,与高职学生应该相配套的高职师资队伍却远远赶不上学生数量的发展速度,师资队伍来源单一,结构不够合理,培养创新型科技师资人才面临瓶颈(菅娉娉和史宏捷,2012),不能满足社会对高职院校毕业生的需求。当前,很多高职院校在招聘时要求教师要有硕士或博士学位,但是绝大部分教师是"从学校到学校",虽然理论知识比较丰富,却缺乏在企业一线工作的经历(孙毅颖,2012)。

互联网时代对教师的能力和教学团队提出了更高的要求(武莉莉和任洁华,2020)。新时代不仅要求教师掌握专业知识和具备实践能力,而且提倡吸纳具有计算机专业背景的复合型教师。而当前我国高职院校师资队伍建设中存在教师的专业素质不高,师资力量薄弱;教师的准入门槛不高,引进制度不完善;教师的结构不合理,兼职教师比例较低;教师的实践机会较少,职业技能提高困难等问题(岳永红等,2019)。由于专业技能与教育理论、教师职责与个人发展的融合度不够,高职院校会计专业的教学改革未落到实处(王超和金荣,2019)。复杂的教学局面为高职院校课程思政改革的推进带来了更多的不确定性因素,面对复杂的思政育人教学局面,当前高职院校的师资队伍已然不足以应对(平静,2021)。

5)教学理念陈旧,教学内容滞后

教学理念与教学内容的更新换代是满足现代化人才培养的必要途径。我国会计专业在教材建设和教学理念方面远远滞后于会计实务的发展,不能及时满足经济发展对会计理论指导和会计实践的需要。在教学方式和内容上,国内各高职院校仍采用"填鸭式"的课堂教学,没有利用科学技术等现代化的教学手段,不利于学生综合素质的培养(刘秋月,2006)。单靠传统的、以教师为主的课堂教育已经难以达到会计职业道德教育的目标(赵建新,2012)。

数字经济时代,新技术、新工艺、新规范不断出现,财经类专业的课程和教学内容需要及时更新。面对互联网技术的快速发展,重视学生的创新思维和可持续学习能力的培养,使学生能及时适应互联网时代成为时代发展的新要求,如财务共享、会计电算化、财税一体化教学模式的出现,大大提高了会计人员的工作效率(Kokina 等,2021),使很多手工作业被机器人取代,例如手工记账员的消失等(Frey 和 Osborneb,2017;张仪,2022)。但是在实际教学中,一方面,很多职业院校的教学理念落后,在教学过程中仍然沿袭传统的教学模式,使学生对会计专业的认知不足,不利于学生今后的就业发展(王宇佳,2022);另一方面,很多职业院校的人才培养仍然停留在对经济业务的熟悉和手工操作上,高职院校专业的模拟软件极为缺乏,使学生所掌握的专业知识无法在具体操作中得到运用,难以满足当代企业对人才的需求(武莉莉和任洁华,2020)。因此,高职教育中会遇到学习基础参差不齐、年龄分布不均、职业多元并存、职业生涯发展阶段不同步和分散教学等问题,面临如何有效实施教学活动、改善教学理念及确保教学质量等一系列挑战(黄清泉,2021)。

6) 质量保障体系不完善,缺乏层次关系

高职院校的质量保障体系是提高教学质量的有效途径。目前,大部分高职院校的教学评价中存在着教学质量评价不够科学全面、缺乏多样性和层次性、评价主体缺少行业企业的参与、忽视对实践性教学质量评价等问题(黄玲青和唐闪光,2011;董刚等,2013)。赵建新(2012)指出,我国高职院校在职业道德教育方面缺乏有效的考评机制,与其他专业课一样,对高职会计学生的职业道德水准进行评价和考核是会计职业道德教育体系中重要一环。董刚等(2013)提出,由于我国高等职业会计教育评价机制起步较晚,仍存在高职特色不够突出、评价方式有待改进、评价体系有待完善等问题。可见,不完善的课程评价内容与形式影响了高职人才培养目标的实现(胡颖森和黄瑞,2012)。

数字经济时代,如何高效可靠、客观准确地评价教学质量成为亟待解决的问题。众多研究显示,目前高职院校积极推行混合制教学模式。杨浩(2019)等学者构建了混合式教学质量指标体系,但该体系仍存在可操作性不强、不够成熟等问题。诸如此类,目前尚未形成公认的理论体系,评价维度、评价要素及评价指标的取舍都比较随意,针对评价指标体系信度与效度的研究也很少(杨浩和付艳芳,2021)。教学质量评价指标中,专业能力与通识能力都不可或缺。但是高职院校在教学设计中,素质目标仍多是围绕与知识目标和能力目标相关的素质进行设计的,与通识能力培养相关的教学活动设计较少或不存在,教学设计基本未体现出"课程思政"的育人理念(王超和金荣,2019)。因此,构建多元化、针对性强的高职院校质量评价体系对实现人才培养新目标至关重要。

(三) 会计人才培养趋势及对策研究

近年来,我国全球化水平逐步提高,经济建设成效显著。新时代技术的创新正以难以想象的速度和规模与社会科学深度融合,社会的变革和国家制度的系统性改变对会计职业界产生了颠覆性影响(Guskin,1996;谭吉玉和刘高常,2018),会计实务面临新的挑战,会计教育的发展也备受关注。专家学者们就会计教育发展现状及面临的问题进行了深入分析和探讨,并就会计教育改革与教学工程建设提出了宝贵的意见和建议。刘永泽和池国华(2008)在回顾了会计教育改革30年内所取得的成就后,提出会计教育在资源投入、教育理念、教育结构、培养目标、教育手段、教育评价等方面仍然存在一些亟待解决的问题,并建议以科学发展观为统领,在建立多层次人才培养目标体系、引入科学评价制度等方面不断完善。本部分梳理了我国会计人才教育研究相关文献后,围绕培养目标、培养能力、课程体系、师资队伍、教学条件和质量保障体系六个方面探讨 MPAcc、会计本科和会计高等职业教育所面临的会计人才培养问题的解决方案,寻找未来会计人才培养的发展方向。

1. MPAcc 人才培养

1) 明确培养目标,注重多元创新

21 世纪以来,全球化趋势和新兴技术力量的崛起显著地改变了包括会计在内的许多职业(Pincus 等,2017)。随着我国经济进入高质量发展阶段,高水平会计人才的需求量正在大幅增加,MPAcc 教育在高层次会计人才培养方面仍然任重道远(盛明泉和翟胜宝,2011)。在信息技术的迭代加速中,数智时代对会计人员的各种能力提出新要求、新期待,会计专业更加强调技术和数据分析的技能(Andiola 等,2020)。新经济体的不断涌现导致对高端会计人才的需求持续上升,我国 MPAcc 教育急需跟上国际发展的步伐(徐希等,2014),这就迫切要求 MPAcc 人才培养必须直面社会对人才素质的真实需求,培养真正对社会有用的人才(张俊瑞和王永妍,2022)。MPAcc 教育作为培养我国高层次会计人才的摇篮,应当培养出具有企业家战略高度和管理能力,能够熟练运用现代信息技术,胜任数据分析和辅助决策工作的高层次、复合应用型会计人才。

数智时代下,我国 MPAcc 的培养目标应更加创新化与多元化。张俊瑞和王永妍(2022)认为,未来一段时期的 MPAcc 人才培养模式应以"数智+差异化"为主要选项,以服务行业、区域、国家发展为根本宗旨,制定创新性、差异化的培养目标(张俊瑞和吴珉瑄,2022),以满足当今社会对人才知识结构、能力结构、素质结构的真实需求。新时代下,为深化人才培养模式改革,适应会计人才需求的市场规律,我们需要培养一批具有国际竞争力的复合型高层次会计人才(程平和王健俊,2018),这部分人才既具备完善的知识结构、扎实的专业理论,又具有丰富的实战经验、全面的职业素养,并具备全球化视野及战略视野,能够从容应对不断变化的国内外商业环境,不断引领企业乃至行业在日益加剧的国内外竞争中取得成功。

2) 优化能力框架,重塑培养方案

在数智时代背景下,财务智能化的发展对会计人才的素质和能力提出了新的要求。综合学者们的研究,我们认为新时代的 MPAcc 人才培养能力框架应包括三部分,分别是职业胜任能力、个人通用能力和专业能力。

首先,职业胜任能力需要会计人才持有正确的职业价值观,这是最基本的要求,并且从根本上决定了会计人才的工作态度和行为方向,因为价值观影响着道德决策(Sheehan 和 Schmidt,2015)。职业胜任能力要求 MPAcc 人才能够保持公正客观、诚信守法、细心严谨、遵循法律法规和执业规范、富有社会责任感、维护公司、行业与整个社会的正当利益(宋建波等,2012;张俊瑞和吴珉瑄,2022)。对高级会计人员而言,在具备初、中级会计人员应有的职业道德的同时,还需要具有使命感和原则性强等职业道德(王华等,2021)。

其次,MPAcc人才应具备较高的个人通用能力。一般的通用能力是指高水平的会计人才应具备的满足业财融合需要的内外部沟通协调能力、团队合作能力、领导组织能力、综合管理能力、文字表达能力、逻辑思维能力、创新实践能力、国际竞争能力等(王海民和郑佩荣,2005;许萍和曲晓辉,2005;郭永清,2008;陈吉凤等,2013;薛清梅,2015;程平和王爽,2018;Stout,2020;Dolce等,2020;张俊瑞和王永妍,2022)。随着数字经济的高质量发展,亟需一批具备数字会计能力的高层次研究生人才(李立成等,2021)。哈格尔(Hagel,2015)研究发现,68%的美国和87%的英国首席财务官表示由于技能差距,财务职位招聘困难,智能化迅速拉大了会计/财务工作的技能差距。因此,通用能力还应包括应用信息技术能力、数据处理与数据分析能力、大数据挖掘与分析能力、大数据储存与处理能力等(程平和王健俊,2018;Uwizeyemungu等,2020;陈俊和董望,2021;张俊瑞和吴珉瑄,2022)。

最后,开展会计工作的条件和前提是拥有充足的会计专业理论知识,MPAcc人才还应具备丰富的专业能力。高层次会计人才需要做到理论联系实际,熟悉国际会计法规和惯例,具有较好的会计理论基础、解决财务会计实际问题能力、财务预测与决策能力、战略制定与评价能力、风险识别与控制能力、职业判断能力(钟子亮和周咏梅,2012;孙建华,2013;程平和王爽,2018),并且还要掌握其他相关专业的知识,如经济学、管理学、法律、税务、公司治理、内部控制等知识(宋建波等,2012)。

3) 革新课程体系,设置特色课程

课程设置是培养学生能力过程中较关键的部分,课程体系决定着人才培养的知识结构和能力结构,革新构建科学的课程体系是实现MPAcc人才培养目标的重要保证。课程体系是否合理,直接影响到MPAcc培养目标的实现,也直接影响到MPAcc的就业和职业选择(刘永泽和赵合喜,2012)。孙建华(2013)认为MPAcc教育在课程设置方面应面向实务需要,坚持通专结合的原则,反映职业领域对专门人才的知识与能力要求,以实际应用为导向,以满足职业需求为目标,以综合素养和应用知识与能力的提高为核心。中央财经大学根据高层次应用型会计人才培养目标的要求构建了模块化的课程体系,实现了MPAcc研究生综合能力的"纵向可提升",知识结构的"横向可转移"(孟焰等,2013)。李强和宋怡璇(2017)也认为应基于不同的培养方向将会计类专业课程分为不同的课程池,通过课程模块化来贴近学生需求。

数智时代的到来改变了企业的运作模式,MPAcc课程设置也需要应时代特色而发生改变。会计课程需要发生重大变化(Fogarty,2018),越来越多的学者要求将信息系统和技术能力整合进会计课程中(Behn等,2012;Lawson等,2014)。孟焰等(2013)认为需要将信息技术融入现有的会计课程体系中,通过会计与信息技术的深度融合,推进MPAcc课程改革。着重架构体现学校或区域特色的课程设置,以独具特色的课程提高人才培养的市场适应性(白君贵和白璐,2011)。与本科课程相比,硬件和软件工具在研究生课程中的使用更为普遍,电子表格软件的使用比其他任何软件都多(Blankley 等,2018)。Dzuranin 等(2018)通过对美国和加拿大的会计课堂进行实地调研,认为应将数据分析引入研究生教育,并将数据分析作为一门独立的课程。

4) 重构师资建设,完善双导师制

师资是决定 MPAcc 人才培养模式改革成功与否的直接因素,建设强有力的师资队伍是培养合格 MPAcc 人才的可靠保证。以大数据、人工智能为特征的"大智移云物区"环境对传统财务工作带来了冲击,师资建设也要相应地进行重构,新时代下更要加强培养能适应时代变化的师资力量。高校要建立健全人才引入机制,拓宽人才引进渠道,加强数智化师资力量培养,提高师资的学历层次、博士比例,加大对师资科研能力的培训力度;鼓励教师深入参与社会调查等活动,促进教师积累实务经验,提升师资队伍实践能力(张俊瑞和吴珉瑄,2022)。

高质量的 MPAcc 教育离不开优秀的导师队伍,MPAcc 培养目标的实现、课程体系顺利实施的关键在于建设好双导师相结合的师资队伍(刘永泽和赵合喜,2012)。导师应该指导学生,帮助每个学生看到他们的工作经验与个人职业道路的相关性。校内导师对包括课程讲授、论文指导和学生教育与管理等在内的每个环节负主要责任,而校外导师主要是在资源配置、实务指导、能力提升和职业规划等方面指导学生(孟焰等,2013)。学校应根据自身要求,主动从外界引进有实际管理工作经验,又有管理理论修养的专家担任兼职教授、客座教授,以增强教学的针对性和实战性(白君贵和白璐,2011)。高校应师资内外协同,继续完善双导师制(李强和宋怡璇,2017),完善导师评定和考核制度,健全以导师为第一责任人的责权机制(翟胜宝和王帅,2013),加强校外导师教学业务培训,加快培养校内双师型导师队伍,保证导师队伍质量(张耀峰等,2017),组建既具有理论深度又具有较强实践能力的师资队伍。

5) 变革教学方法,注重案例引导

MPAcc 作为未来会计行业的领军储备人才,其培养方法要适应当今时代的需求。一方面,数智时代下,权小锋和舒越(2020)认为各高校可以在线上云共享案例库,实施优质资源共享;可以利用互联网,和企业联合打造案例教学平台,打破学习资源壁垒。高校在借鉴企业的平台和方法时,也可以为企业提供学习资源,完善以校企共赢为目标的发展模式(翟胜宝和王帅,2013)。高校应当与企业合作建设研究生工作站和优质实习就业基地,秉持"按需培养"的思路,实现实习就业基地建设一体化,实现工学交替的开放式教学方式,形成以实习促就业的机制(张耀峰等,2017)。

另一方面,受新兴技术加速迭代影响,教学场所更加多样,教学方法不断向线下和线上相结合的方向延伸。MPAcc 教育如果想培养具有独立专业判断能力的会计人才,就必须改变传统的授课模式,更多地通过课堂讨论方式训练学生的批判性思维和表达能力(薛清梅,2015),让学生在项目过程中面对面地向组内成员反馈他们的表现(Ellis 等,2015)。教师需要采用网络课程结合线下的方式,坚持案例教学方法并不断扩大其教学范围(程平和王健俊,2018),拓展案例教学深度(权小锋和舒越,2020)。高效运用数字化网络教学平台,以学生为主体,引入研讨式教学、PBL(问题导向法)等先进的教学方法(张耀峰等,2017),小组作业、案例材料的使用和口头报告等方法可以更为普遍地使用(Blankley 等,2018),小组活动能够促进学生之间的互动,提高他们学习、沟通、人际交往和领导技能(Healy 等,2018)。使用多种学习方法融合教学以激发学生的学习热情、主动性、积极性,帮助学生灵活运用知识点,提升其职业胜任能力(李强和宋怡璇,2017)。创新教研形态,广泛开展"线上+线下"结合的教育教学、研究交流活动,完善网络教学平台功能,保障教学内容的更新速度和质量,多方满足学生的学习需求(张俊瑞和吴珉瑄,2022)。

6) 完善质量保障机制,提高培养质量

全面评价学生的学习成绩和学习效果至关重要,学位论文质量是衡量 MPAcc 培养质量的一个重要指标(张俊瑞和王永妍,2022)。一方面,应当完善学位论文质量的保障机制。学位论文作为 MPAcc 人才培养的关键环节,其质量能够综合评估学位项目的培养成效,集中体现该领域的研究前沿与实践动态,各高校需要进一步加强对学位论文的管理和质量控制。针对一些论文存在选题过时、选用数据不充实、内容分析浮于表面、格式不规范等问题,高校需要进行严格把控,强化从论文开题到答辩全过程的质量控制,以制度控制作为质量控制的手段,促进提升 MPAcc 论文的整体质量(朱明秀和马德林,2020),完善学位论文盲审制度,在学位论文质量控制的内容与形式保障上齐头并进(张俊瑞和范苏扬,2022)。

另一方面,各高校还需要完善社会实践质量评价与外部评价机制,提高 MPAcc 培养质量。在保证校内课程考试完成情况的同时,应对学生的社会实践成绩也作出要求,可以像校内考试一样通过打分的方式考核,或建立学生—指导教师—实习企业三方协同的评价方式,避免实践教学因考核方式不当而流于形式。对校内校外的各项教学环节实施定期检查与不定期专项抽查相结合的方法,保障教学运行的规范性(张耀峰等,2017)。对日常教学实行多维度、全过程监控,例如,教师可以在学生的小组任务中分配更多同行评估方面的分数占比,以防止出现"搭便车"现象,改善团队内部的沟通,并增加团队成员的贡献(Sridharan,2018),保障教学培养质量。此外,对于外部评价机制,相关部门和会计教指委应以相关文件为依据,全方位构建招生、考核、培养、激励等各项制度,同时与新兴数智化教育资源进行深度融合与优势互补,建立符合我国实际的 MPAcc 教育质量认证体系(宋建波等,2012),完善外部评价机制,建立人才培养的完整框架(张俊瑞和吴珉瑄,2022),推动我国高层次会计人才教育向前发展。

2. 会计本科人才培养

本科教育是高等教育的立身之本,要急本科教育之所急,想本科人才培养之所需。新时代的会计行业急需能够适应时代发展、引领会计工作的高端会计人才,因此,高校在培养会计本科人才的过程中要做到合理定位目标、培养复合人才、重构课程体系、优化师资队伍、提高教学条件、强化质量保障机制,推进会计人才培养综合化、专业化和国际化(徐玉德和马智勇,2019)。

1) 合理定位目标,强调市场导向

人才培养目标是会计教育的出发点和归宿,是应用型本科会计人才培养模式面临的首要问题。国外的高等教育在培养目标上更注重对学生各种能力的培养,而不是单纯的专业知识获取(刘峰等,2019),而我国的本科会计人才培养目标正在逐渐由培养应用型会计人才(刘永泽和孙光国,2004)转向培养管理型会计人才(王永德等,2015;唐大鹏等,2020;舒伟等,2021)。2004年,刘永泽和孙光国提出,会计本科教育应树立"分阶段、分层次确定教育目标"的观念,区分精英教育和大众教育两个层次。González等(2009)认为有必要对学生进行更广泛的教育,包括发展智力、人际关系和个人技能的教育。在本科人才培养目标从"精英教育"转向"大众教育"的背景下,纪丽芳(2012)提出,会计人才培养目标应是培养和造就适应社会需求的,具有较高职业道德水准的,具备会计、管理、经济、理财和金融等方面的综合知识和能力的,具有创新意识和较高应用能力的高级管理人才和综合型应用人才。

随着教育信息化步入新时代(任友群等,2018),本科教育人才培养目标应兼顾现实性和前瞻性,注重学生人文精神和社会责任的培养(龙月娥,2017)。在帮助学生发展创造力和学习能力的同时要重视学生与人工智能错位竞争和协同合作能力的培养(何伟光和唐玉溪,2019)。王秋霞和莫磊(2019)认为新时代会计人才培养目标应是"培养具备较强理论基础(张敏等,2021),较为宽广的专业视野和知识面(陈俊和董望,2021),能够运用基本理论、基本方法和基本技能解决会计类相关实际问题,工作在现代服务业第一线、并具有较好发展潜力的会计类高级复合型、应用型、创新型和外向型人才"(王爱国和牛艳芳,2021)。

综上所述,现代本科会计教育应当以市场为导向,培养专业知识扎实,有实际应用能力并富有创新思维,能够适应和引领"数智时代"变革(王长莲等,2021),在本土化的同时具有国际视野的、"会计+信息化"的现代管理型会计人才。

2) 培养复合型人才,注重"专通结合"

会计人才培养应以培养能力和素质为先(Howieson,2003),培养兼具专业知识、通用商业意识和跨学科融合能力的高水平复合型会计人才(Bolkan和Goodboy,2009)。会计本科生除了学习传统的会计专业技术,还需要加强对职业综合能力和素质的训练(孟焰和李玲,2007)。高校应培养具有多思性、多问性、开放性与综合性的思维能力(邵瑞庆,2008);具有良好的职业道德、领导能力、人际交往能力、职业判断能力(杨政等,2012);具有终身学习所需的技能和能力的会计人才。何玉润和李晓慧(2013)认为,在本科阶段,学校应该重点培养学生的专业意识、分析能力、综合能力、评价能力,锻炼学生的团队合作与沟通、自我学习、自我评价、管理信息,以及逐步强化专业能力。田高良等(2014)基于西安交通大学ACCA[1]教学模式成功的实践效果,呼吁高校培养本科会计人才的双语能力及综合能力。

随着"数智时代"对会计本科人才要求的不断提高,学者们提出了新的本科人才能力培养要求。学者们认为会计人员应注重职业道德(Howcroft,2017)、职业判断能力(Dzuranin等,2018)、沟通能力、批判性思维(况玉书和刘永泽,2019)、决策能力(Liu等,2019)、团队合作(Opdecam和Everaert,2019)、阅读写作水平及自我发展能力等职业能力(Stout,2020)。此外,高校要注重对学生的计算机基础应用能力的培养,以应对不断变化的行业要求(舒伟等,2021)。总而言之,本科会计教育应以"数智时代"对会计人员能力的要求为准(王华等,2021),培养"专通结合"(陈信元,2018)、国际化和本土化并重(徐玉德和马智勇,2019)、有协调管理能力、持续学习能力的复合型人才(Kolk,2019;Efrat等,2020)。

3) 重构课程体系,促进跨界融合

课程体系是人才培养的核心环节和重要抓手(舒伟等,2021),高校需要对课程体系进行调整以适应"数智时代"的新发展和新变化(Pincus,2017)。各国会计教育机构都被要求改变课程结构以提供更为全面的能力和素质培养(Albrecht和Sack,2000),以应对信息技术飞速发展和社会对信息化人才的需求。国外的课程注重商科与文理结合,从领导力、财政报告、税务、审计和管理方向设置课程体系,对实践课程以及跨学科课程也非常重视。如美国2017年的会计本科课程体系就增加了财务报表理解和商业决策的会计理解,课程不再局限于知识的教授,更强调学生应用知识的能力;英国的课程体系如The LSE Course就旨在培养学生以多学科的视角看待复杂社会问题的意识(刘峰等,2019)。

理想的本科会计课程内容应该是一个尽可能系统、完备的整体,使课程体系中的各个知识系统之间保持本质的联系(邱德玉和王云儿,2011)。从整体培养环境出发,我国高校本科会计教育课程设置要摒弃"大而全"的做法,落实"以学生为本"的培养思想(何玉润和李晓慧,2013)。首先,增加相关人文社科的通识课程(孟焰和李玲,2007),加强会计职业道德学习(Connell等,2015),构筑会计人才多元化知识结构(唐秋烨,2011)。其次,要以学生为导向(谭吉玉和刘高常,2018),注重理论联系实际(Wells,2018),增设或加大能力类训练课程和实践性课程的比重。例如,英国利兹大学的知识发现模块(Discovery Modules)会充分考虑学生情况或兴趣的不同而给予其选择对应课程的权力。最后,在教学内容拓展上,要紧跟当前国内外会计理论的最新动态,增加会计课程的国际化内容,借助案例分析与实务模拟等方法,引导学生探索会计发展的前沿问题,提升学生决策与创新能力(张多蕾等,2019)。

在"数智化"环境下,本科院校需以新时代培养目标为基础设计新的课程体系,做到有

---

[1] ACCA:The Association of Chartered Certified Accountants,英国特许公认会计师公会.

增有减,实现"跨界"融合(唐大鹏等,2020)。首先,新的课程体系应增加"大智移云物"相关课程,同时适当减少核算类课程的比重(张多蕾等,2019)。创建一个围绕着数字知识和高级分析的会计课程体系(Kokina 等,2021),建立和完善以公司战略与经营为引导、会计专业知识为核心、管理信息系统为支撑的课程体系(陈信元,2018)。比如英国高校开设了较多的数据处理和分析能力课程,如 Mathematical Economics 等。其次,新的课程体系应拓宽会计专业的专业口径,创建跨年级、跨专业、跨学科的创新教育课程体系(谭吉玉和刘高常,2018)。高校应做好会计与金融学(Rakow,2019)、管理学、环境和廉政审计(刘慧凤和姜苏娱,2015)、社会学方法(Boyce 等,2019)等相关课程的衔接,营造一个开放、共建、共享的会计教育生态系统(舒伟等,2021)。最后,新的课程体系应充分利用现代信息技术,采用实体课程与网络课程相互融合的机制(刘国城和董必荣,2017)。

4)优化师资队伍,强化综合能力

会计人才培养的成效主要依赖于教师是否具有高水平的政治素养、卓越的专业教学水平,以及是否有一支高素质的教师队伍(秦荣生,2022)。教育者需要调整他们的教学模式,以适应他们在新一代学生中遇到的新型学习者(Prensky,2001)。独立院校可以建立一支相对稳定的、高素质的、具有创新思维的教师队伍。在聘请企业的会计师到学校做实务操作讲座或交流等的同时,有选择性地聘请优秀教师作为专职教师。这样既能保持独立学院师资结构的灵活性,也能提高师资团队的教学能力(赵顺娣,2011)。普通本科院校可以完善"双师型"教师培养培训体系,形成一支技术技能型师资队伍和教学团队(李芸达等,2015)。

"大智移云物区"时代,教育管理理念亟待创新,本科高校和教师都应该勇于接受新思想、掌握新技术,为人才培养做好充分准备(张多蕾等,2019)。首先,要紧抓网络技术发展契机提升教学能力。本科院校在会计教育管理中要强化网络化管理意识,提升教师对信息化技术应用的能力(刘国城和董必荣,2017),引进具有信息系统、大数据、统计学等专业背景的年轻教师,教授会计类专业课程(王爱国和牛艳芳,2021)。教师应该勇于接受新技术和先进的现代教育观念,与时俱进,掌握和熟练应用新技术(Zeff,2018),达到利用新技术为教学服务的目的(程瑶,2019)。

其次,要确保教师队伍拥有一定的实践经验。高校可以安排学术型导师到实际工作单位进行实践和锻炼,也可以从企业中引进实务能力强的财务专家担任兼职导师,来加强会计实践师资队伍的建设,形成具有较高学术水平、教学经验、实践经验的师资队伍(舒伟等,2021)。

最后,要重视教师队伍的跨学科融合能力。本科高校应主动优化师资结构,组建会计学科、计算机科学与技术等跨学科教学、科研团队,进行互补教学、科研交流(苑泽明等,2018)。通过制定合理的招聘计划,完善人才引进的政策机制,从外部引进具有相关技术教育背景的高水平复合型教师,填补师资力量的缺口(苑泽明等,2018;唐大鹏等,2020)。

5) 提高教学条件，鼓励混合模式

"大智移云物区"时代下，课堂边界在扩大，传统教育模式将成为过去。互联网和移动终端的运用、视频重复视听的全新教育模式快速呈现，微课、慕课、翻转课堂等新颖的教学方法持续涌现。在新技术背景下，高校应尽可能借助于"互联网+"，有效推进现代信息技术与教育教学深度融合（刘国城和董必荣，2017），积极探索多元化教学模式（唐大鹏等，2020）。例如，英国采用"学生自学为主"教学模式和"课堂圆桌会议""小组作业"等灵活的教学方式（李晓慧，2009）。澳大利亚利用多媒体与网络技术的优势进行远程会计教育（Berry 和 Routon，2020）。我国高校要主动打破陈旧的教学理念，提升软、硬件设施的建设水平。采用多元化的组织方式，实现"三位一体"（线上与线下一体化、理论教学与实践教学一体化、课堂教学与其他教学环节一体化）的混合式教学模式（张多蕾等，2019）。

在教学技术条件方面，技术的发展扩展了课堂存在的形式，可以利用互联网搭建第三方平台。本科高校的电脑设备和网络等软硬件设备对学生的学习效果十分重要（Coetzee 等，2019）。首先，要保证有充足的以专业配套教材为代表的会计教学信息资源，配备满足多媒体教学需要的专业实验室（舒伟等，2021）。其次，更重要的是建设偏软的数据资源，可以通过建立产学研多方合作下的会计教学团队，在获得企业脱敏后的存货、销售、财务数据之后，让学生更好地理解"业财融合"的实施效果（王爱国和牛艳芳，2021）。最后，要拥有充足的教学经费以满足会计本科人才培养工作的需求（舒伟等，2021）。

在教学方法方面要更加多元化，除传统的课堂讲授外，学生拥有课堂讨论和互动的时间是十分必要的（徐经长，2019）。多元化课堂可以通过小组 PPT 汇报、案例分析（Zeff，2018）、体验式角色渗入（Gittings 等，2020）等方式来实现，也可以采用实务模拟（Stephenson，2019）、社会调研和实习、游戏情景体验（Silva 等，2019）等实践教学方法（谭吉玉和刘高常，2018；Lee 等，2019）丰富传统课堂。教师要引导学生探索前沿问题（程瑶，2019），提升学生的决策能力与创新技能（Freeman 和 Burkette，2019），提高团队的合作能力（王爱国和牛艳芳，2021）。此外，高校要重视教学保障和效果的检验，包括班级大小和课堂教学设计等。

6) 强化质量保障机制，提高评估效率

数智时代的"线上+线下"课堂模式下，高校需要找到新的方法来评估教学表现（Falkoff，2018）。学者们普遍认为，教育质量保障体系有必要向"教学科研主导、强调过程评价"的方向进行调整。舒伟等（2021）认为，高校要在《关于加强新时代高校教师队伍建设改革的指导意见》（2020）下重建学校管理与教育评价制度，完善专业动态调整机制，健全协同育人机制，优化实践育人机制，强化质量评价保障机制，形成人才培养质量持续改进机制。

面对数字经济时代的冲击，可以建立针对教师教学质量和学生学习效果的保障体系（况玉书和刘永泽，2019）。一方面，健全师资队伍评价机制（张新民和祝继高，2015）。高校可以将教师的教学过程记录作为对教师教学评价的依据,进行多样化、多层次的教学质量评价(苑泽明等,2018);还可以鼓励教师通过学术访问、学术交流等形式与国外会计前沿领域对接,并将教师培训、企业实践成果纳入职称评定体系,激励教师实践能力的自我提升(李宁和刘娟,2018)。Boyle等(2020)认为,可以从教师发展、教师管理、教师组合、院系文化和学术自由五个层面对教师进行考核。

另一方面,增加对学生学习效果的衡量维度。高校在学生考核形式上要多元化,可以通过安排学生预习、布置作业、小组讨论、案例分析等多渠道衡量学生的能力。考核应加大平时成绩的比重,以加强对学生学习质量的过程控制(况玉书和刘永泽,2019;张多蕾等,2019),如课堂提问、课程会议参加情况及出勤率(Precourt和Gainor,2019)。苑泽明等(2018)认为,可以利用互联网技术搭建学生创新实训模拟平台,客观评估学生的创新和实践能力,同时可以利用各大学习系统的历史数据进行分析,将学生平时的学习过程、课堂考勤、互动频率等予以记录。此外,奖励激励计划也可以用来帮助会计专业学生评估他们未来的表现(Caplan等,2018)。

3. 会计高等职业教育人才培养

随着《国务院关于加快发展现代职业教育的决定》《国家中长期教育改革和发展规划纲要(2010—2020年)》以及《现代职业教育体系建设规划(2014—2020年)》等文件的陆续出台,我国职业教育步入快速发展期。2022年5月24日,教育部在"教育这十年"新闻发布会上指出"我们已建成全世界规模最大的职业教育体系,2021年高等职业学校招生557万人,相当于十年前的1.8倍"[1],各高职院校和机构也积极响应国家号召,将社会培训和技术服务作为重要办学内容,不断改革高等职业教育的发展方向,从改革培养目标、健全培养模式、重构课程体系、提升教师素养、创新教育理念、健全保障机制六个方面提出了相关对策。

1)改革培养目标,注重创新能力

在人工智能背景下,会计高等职业教育的人才培养目标是培养财经类高素质技术技能人才(杨爽和辛伟童,2022)。2004年,教育部的《关于全面提高高等职业教育教学质量的若干意见》提出了高职院校要坚持育人为本,德育为先,把立德树人作为根本任务。刘永泽和孙光国(2004)认为,高职院校应以学生的技能培养为主,以就业岗位、职业能力为导向,注重培养学生的实践操作能力,增强校企合作,强调实训(张首楠,2012),突出实践能力的培养,以达到满足企业日常会计工作需要的目的。

在大数据、人工智能、云计算、区块链、5G等新兴技术和第四次工业革命的推动下,会计人员逐渐从低层次的简单重复劳动中解放出来。为适应数智时代带来的教育变革,会计高等职业教育应将提高学生的实践能力与业务水平放在第一位(翟翠娟和王夏静,2015)。

---

[1] 中华人民共和国教育部."教育这十年""1+1"系列发布会[EB/OL].(2022-05-24)[2022-08-17]. http://www.moe.gov.cn/fbh/live/2022/54487/mtbd/202205/t20220525_630312.html.

同时，要对会计高等职业教育的人才培养目标进行细化，明确各个阶段的人才培养要求，制定不同的培养目标（吴苤芳和李文博，2017），并按照《国家职业教育改革实施方案》提出的相关制度试点要求，将职业资格证书的相应内容融入专业课程教学。最后，加强对学生的批判性思维、自主学习能力、创新能力、沟通合作能力进行培养（武莉莉和任洁华，2020）。只有这样，才能培养出专业知识扎实、实践体验丰富、能够适应各类会计岗位，真正做到业财融合的专业化应用型会计技术技能人才。

2）健全培养模式，适应新型需求

高等职业教育必须高度重视对学生职业能力的培养。2003 年，国际会计师联合会发布的《职业胜任能力的评估》认为，一个要进入会计职业的人应该证明其符合九个条件，主要涉及具备相应的职业技术性知识、综合运用职业技术性知识的能力、分析问题和解决问题的能力、有效交流的能力、良好的职业道德等方面。Green（2000）认为，各国职业技术教育的构成不同，发达国家的人才培养模式主要是以英国为代表的企业导向型、以法国为代表的政府导向型、以丹麦和德国为代表的二元制。Lee（2001）提出"就业能力是指个人找到适合个人专业素质的能力、适应工作的能力和失业后再就业的能力"。国内学者在借鉴国际经验的同时，设计出了企业会计人员能力的建议框架，包含知识、技能、职业价值、胜任能力等方面（许萍和曲晓辉，2005；周宏等，2007；程淮中，2009）。

随着数智时代的到来，人才培养模式的优化和健全更加成为国家和社会关注的重点，转型、创新的高职会计专业人才培养模式成为适应高等职业教育新常态要求的趋势走向（丁俊等，2017）。建立会计职业教育体系，实际上就是呼吁对学生会计专业能力培养的回归，要求高校做好会计技能的培养和教学工作（李芸达等，2015）。2019 年，中国会计学会会计教育专业委员会 2018 年年会暨第十一届会计学院院长论坛以"智能化时代会计教育的转型与发展"为主题，探讨了"高职特色人才培养方案制定"，设计特色性、参考性、融合性的会计学培养方案，为高等学校会计专业变革提供依据与路径。

对于会计人才能力培养框架的建立，前文提到高职院校忽视人才培养的实际需求，缺乏对职业教育和素质能力的培养。对此，结合我国会计岗位需求的现状和社会经济环境变化对职业会计人员能力的要求，高等职业会计人才不仅要具备基础知识、专业知识以及商务知识等专业能力，还应该具备一定的人际交往能力、自我管理和决策能力、良好的职业道德观和价值观。因此，高职教育应该将会计职业素养融入专业课程教学，立足于职业岗位的需求，同职业资格认证和专业技能大赛相结合，进行会计人才培养，以提升会计人才的岗位适应力，培养具有良好会计职业道德和敬业精神，具有专业能力、社会能力和方法能力、熟知专业知识、法律法规等会计基本技能，并能运用所学会计知识进行财务分析，熟练操作常用会计软件的财经类高质量、高技能应用型人才（杨爽和辛伟童，2022）。

3）重构课程体系，实现产教融合

高职会计专业课程改革的有效实施需要在明确培养目标的基础上完善课程体系，突出能力的培养(王勋,2009;熊婷和程博,2010)。陈强(2012)指出,课程体系在人才培养方面起重要作用,学校要突出能力的培养,体现学生的主体地位,加强专业知识的学习和职业道德的培养。教学内容应引入企业真实案例,将能力的培养贯穿于整个教学活动中。高等职业院校应该改变传统的以理论知识为中心的课程设置模式,转而以会计工作的实践过程为中心,建立实践导向的课程体系(徐文杰,2009)。同时,构建科学的课程体系,引入分层教育的改革机制,通过产教融合完善基础知识建设,不断更新课堂教学内容,使学生掌握全面扎实的专业知识,教材编写上要注意创新,加入职业道德等内容,从而培养以市场需求为导向,适应职业岗位需求的高素质专门人才(汪榜江,2017)。

随着大数据、人工智能、云计算、区块链、5G等新兴技术的盛行,如何将信息化智能技术与财务教学进行融合,是当今高等职业院校会计专业建设过程中重点关注的问题(吴让军和简单,2020)。国务院2019年1月24日颁布的《国家职业教育改革实施方案》里,针对我国职业院校和应用型本科高校,提出"双高建设""学分银行""书证通融"等教育改革,并提出启动"学历证书+若干职业技能等级证书"制度试点的要求,均是为了更好地实现职业教育培养一线技术技能创新创业人才的初心(谢鑫建,2021)。武莉莉和任洁华(2020)提出,财经类专业的课程体系和教学内容要及时进行优化和更新,如成立财务共享服务中心,着重培养管理会计型人才,以适应新技术的变化。刘纯超等(2020)在此基础上总结出可以在高职院校实施学徒制。现代学徒制不仅可以将院校内的学历教育与企业岗位技能培训紧密结合,而且能将学历教育和企事业单位工作岗位的技能培训紧密结合,实现产教深度融合。因此,高职院校应当结合会计专业高职特征规律实行相对差异化的路径,融合革新课程体系建设,做到因地制宜、因材施教。

4)提升教师素养,优化师资结构

师资队伍整体素质的高低是教育教学质量优劣的决定性因素(方飞虎等,2015)。Istanto(2016)提出,教师要不断提升能力以提高专业发展的质量,并且还需要与其他教师合作,提高学习成果的质量。因此,一方面,高等职业院校师资引进应以高学历、高职称、"双师型"为主要对象;另一方面,高校必须鼓励教师进行创新创业,提升培训和教育研究,如被誉为创业教育典范的斯坦福商学院于1966年先成立了创业研究中心,然后逐步设置了系列创业课程(谢鑫建,2021)。

数字经济时代要求重构师资队伍,重点引进复合型创新人才。具体来说,高等职业教育应以职业导师为主,导师引导和提升学生的专业水平和业务能力,并通过产教融合平台、深化与互联网企业合作、引进行业企业高水平兼职教师到校授课(任君庆和胡晓霞,2019),以培养具有计算机、数学等专业背景的高等职业院校高水平师资队伍(武莉莉和任洁华,2020)。由于我国的创新创业教育仍处于探索改革阶段,高校二级院系都应该挂牌成立"创新创业教育研究中心",并给予配套政策支持,加快"双创"师资的培养,通过整合资源,开发设计出更多丰富多样的"专创融合"课程和教材等(谢鑫建,2021)。因此,师资队伍的重构对于思政教学的实效性、人才培养的全面性以及社会效益的显著性而言具有重要意义。在推动职业教育高质量发展的进程中,高等职业院校要坚持以"双师型"素质教师发展为重点,建设符合实际育人需求的师资队伍,以更好地提升高等职业人才的培养质量(平静,2021;余娜,2021)。

5) 创新教育理念,改善教学质量

"以就业为导向,以能力为本位"的职业教育理念已深入人心,引领高等职业会计人才培养的目标和方向(赵建新,2012)。教育部在《关于全面提高高等职业教育教学质量的若干意见》(教高〔2006〕16 号)中也明确提出:"要高度重视学生的职业道德教育和法制教育,重视培养学生的诚信品质、敬业精神和责任意识、遵纪守法意识,培养出一批高素质的技能性人才。"Korovyakovskiy(2015)提出,职业学校不是关注劳动力的简单再生产,而是直接关系劳动部门、经济部门以及科技进步的组织。随着人工智能技术的快速发展,财务机器人开始普及,对普通基础会计人员的需求将大大减少,会计的职能将会更多地转向计划预测、内部控制、投资分析、决策等方面(杨爽和辛伟童,2022),高等职业院校亟须改善教学质量和手段,推动会计专业从传统核算转向管理型,培养更多的复合型智能财务人才。

随着"大智移云物区"等新技术不断发展,推动校企合作,引入财务相关软件逐渐成为高等职业会计优化教学手段的主要途径。2018 年 8 月,中国商业会计学会第十四届高职教育改革研讨会在江苏经贸职业技术学院召开,厦门网中网、用友新道、厦门科云、广州福思特、浙江衡信五家企业从产业视角介绍了企业最新的成果,与会代表参观了江苏经贸职业技术学院的"互联网+会计工厂"会计智慧实训中心,详细了解了在"双创"赛教一体化、"双导师"制、校企合作、社会服务等方面取得的成效,会议的召开对进一步促进高等职业院校的会计专业建设和教育教学改革具有积极作用。武莉莉和任洁华(2020)提出,高等职业院校可以通过同企业共建二级学院、实训基地等方式,共同培养"互联网+"时代的财经人才。

6) 融合多元教学,健全反馈机制

建立科学完善的教学质量评价体系,是提升教学质量的重要保障。信息技术的发展不断推动会计工作的变革,会计人才模式应当顺应这一趋势,重视综合能力与素质培养,制定出合格的高等职业会计人才职业道德考核标准,并作为学生毕业的必要条件,在此基础上形成科学的职业院校人才评价机制,发挥好职业道德在职业院校人才培养中的引导作用(赵建新,2012)。黄玲青和唐闪光(2011)指出,教学质量评价体系要得以正常有效地运行,须具备以下几点:首先,健全的组织机构是必不可少的有力保障;其次,要加强对评价过程的管理和控制;最后,要建立合适的反馈机制。

构建大数据时代的高等职业院校多元教学质量评价体系,在提高教学质量、推动人才培养等方面具有重大意义。郭赞伟(2019)也提出,随着互联网的发展,大数据、大会计、大平台的出现预示着新技术将会把业务与财务完全融合,业务在发生的同时进行着精准记录,并且自动登记形成一系列的大数据提供给使用者,简单重复的一系列操作将为财务机器人所代替。因此,大数据的应用不仅可以实现师生信息、评教信息、学生成绩、校企合作、专家评估等相关数据材料的收集、分析、量化等,也可以让这些"沉睡在互联网"中的庞大数据创造出无限的价值,形成全面化、系统化、多元化的高等职业院校教学质量评价体系(苏翠红,2022)。

三、本章小结

本章主要对会计人才培养的理论基础和相关文献进行研究,探讨国内外会计人才培养研究现状、问题及相应的对策。首先,分析了创新教育理论、多元智能理论、马克思关于人的全面发展理论和习近平总书记关于教育的重要论述等对人才培养的影响和借鉴性,指出会计人才应具有的基本素质,并通过分析目前我国高校在会计人才培养方面的不足,提出教育创新、全面发展是人才培养的重要途径。其次,基于以上理论对国内外人才培养发展的相关文献进行梳理,以四次工业革命为时间轴进行分析,发现现代人才培养已经由培养"专才"转为培养"通才",向培养德才兼备的综合性人才迈进。最后,本章结合培养目标、培养能力、课程体系、师资队伍、教学条件和质量保障体系六个部分,对 MPAcc、会计本科、会计高等职业教育三个层面的会计人才培养发展的现状、问题和对策进行研究,以期为后续研究提供重要的理论和文献支撑。

通过本章的理论探讨和文献分析,我们发现:人才培养质量是高校人才培养质量保障研究的一个重要内容,随着经济体制改革的不断深化,学者们对会计人才培养的研究已经从对传统人才培养模式和目标的探讨转向数字经济时代会计人才的转型和变革研究。近年来,"人才培养""复合型人才""互联网""大数据""智能教学"等词频频出现在学者们的研究范围内,我国的会计人才培养也在随着时代的发展不断优化和改善。因此,我国会计教育改革取得了显著成就,会计教育也在对问题与对策的研讨中不断推陈出新,主要表现如下:

第一,MPAcc 人才培养应以会计职业需求为原则,以高层次、应用型会计专门人才为导向,培养对标国际、紧跟时代发展的现代高水平复合型会计人才。数智时代的到来给传统会计职业带来了巨大冲击,改变了企业的运作模式。因此,MPAcc 教育必须要顺应时代的发展变化,重塑 MPAcc 培养方案,设置具有数智时代特色的课程模块池,加强数智化师资力量培养,建立健全导师的第一责任人制,完善双导师制,保证师资队伍质量。同时,高校间应打破资源壁垒,增强校校合作、校企合作,创新完善多种教学方法,以学生所需为主,满足其学习与就业的需求。因此,MPAcc 人才培养应该通过建立一套健全完整的人才培养框架体系,推动我国 MPAcc 教育向更高水平、更高层次发展。

第二,会计本科人才培养应以市场为导向,培养专业知识扎实、实践经验丰富、具有创新思维和国际视野的、"会计+信息化"的现代管理型会计人才。数字技术迭代快,需要课堂教学、实习实践和产业保持同步。"数智化"环境下,本科院校要以新时代培养目标为基础设计新的课程体系,强化通识教育、专业教育和跨学科培养的结合,倡导课堂教育、校内实践、校外实习、国际交流四课堂的融通,完善全员、全过程、全方位的教育体系(吴朝晖,2022)。同时,本科高校应提高教学条件,利用"三位一体"的混合式教学模式,以高效的质量评估体系作为基础支撑,培养一支素质高、能力强的教师队伍,为培养复合型会计人才提供重要的保障。

第三,会计高等职业教育人才培养应以用人单位需求为目标,培养具有前瞻性、创新型的技术技能人才。人工智能时代的来临加速了会计人员的工作转型,企业对会计人才的需求不断变换,创新技能与管理等能力也逐渐成为会计人才的必备技能。但是,我们通过研究发现,新时代高等职业院校在会计人才培养模式、课程体系设置、教学体系构建、师资队伍建设等方面仍存在一定的问题,这些问题在一定程度上制约了会计高等职业教育的改革。因此,高职院校应当根据数字经济时代的特征,以企业用人需求为导向,着重提升学生的综合素质和技术技能,构建以实践为导向的课程体系,形成具有高学历、高职称的"双师型"师资队伍,融合多元教学,从而为我国会计高等职业教育改革走向高质量发展轨道提供有力保障。

第三章

科技创新与会计高等教育相关政策

自 2016 年以来,大数据、人工智能、移动互联、云计算、物联网和区块链等新兴科学技术的蓬勃发展对我国高等教育的影响逐渐凸显和深入,"如何实现会计教育体系建设与最新科技发展相适配"成为我国教育改革与实现中国教育现代化的切实需要。[1] 国家有关部门先后出台了多项政策,为科技创新在教育改革事业中的应用提供指导。因此,本章梳理了近 7 年间(2015 年 8 月至 2022 年 6 月)中共中央、国务院以及相关部委出台的与科技创新、高等教育、会计改革与发展相关的政策文件[2],并对有关高校应用型会计教育的三个层面即应用型会计研究生硕士教育(MPAcc)、应用型会计本科教育和会计高等职业教育的政策文件进行了整理和分析,以期在科技创新背景下为我国高校应用型会计教育的未来改革方向提供政策依据,为提升我国会计教育的国际地位和话语权、培养满足数字经济时代要求的会计人才,进而实现我国会计体系适应社会主义市场经济发展的趋势和规律,推动我国会计体系与数字经济健康发展相融合提供指引。

一、科技创新相关政策

近年来,中共中央、国务院从国家战略层面出发,针对大数据、人工智能、移动互联、云计算、物联网、区块链等新兴科学技术制定了多项政策。党的十八大以来,党中央高度重视发展数字经济,将其上升为国家战略。党的十九届五中全会对"十四五"时期乃至 2035 年教育发展作出了重大部署,提出了建设高质量教育体系的明确要求,并强调"要提高高等教育质量",提出到 2035 年,我国总体实现教育现代化,迈入教育强国行列,推动我国成为学习大国、人力资源强国和人才强国;到 21 世纪中叶,建成富强、民主、文明、和谐、美丽的社会主义现代化强国的宏伟目标。多项政策的出台体现出我国实施国家大数据战略,推动信

---

[1] 以"大智移云物区"为代表的新一代信息技术正在深度影响着会计的发展走向,并逐步形成了会计行业独特的技术集合——Acctech。会计变革的重要方向有:业务和财务的深度融合、管理会计的深入发展、财务组织的高度共享化、信息系统的智能化、对复合型人才的需求激增、财务新生态的形成等。信息技术的发展同时给会计变革带来了很多挑战,包括会计政策法规、会计人才培养、信息系统建设、会计发展伦理等方面,必须深刻认识这些挑战的本质,并采取有效措施积极应对(刘勤,2019)。

[2] 本章相关政策文件来源于各部门官方网站,均通过手工方式收集,时间截至 2022 年 6 月 30 日。

息技术与教育教学深度融合,提升高等学校信息化建设与应用水平,支撑高等教育高质量发展的战略要求。

高等教育作为最高层次的国民教育,集中代表着一个国家的发展水平和潜力,肩负着人才培养、科学研究、社会服务等重要使命。[1]高校会计教育从属于高等教育,从高等教育宏观层面的政策分析入手,有利于更精确地对我国未来高校会计教育改革的方向与趋势进行把握,有利于探索、改革和创新会计专业人才培养目标、会计教学课程设置、会计教学方法设计,以及师资队伍建设等环节,实现我国会计人才培养的转型升级,响应"十四五"时期国家对会计人才的发展规划与需要。因此,本节通过对近六年间中共中央、国务院、教育部、财政部等部门印发的有关科技创新与高等教育改革的相关政策的文件进行梳理,从科技创新、高等教育、会计改革与发展三个维度对科技创新背景下我国高等教育改革的方向进行分析和探讨。

"十四五"规划和2035年远景目标纲要确立了强化国家战略科技力量、完善科技创新体制机制、激发人才创新活力等重要目标,阐明了国家关于科技创新的战略意图。各部门围绕政府工作重点出台了多项关于科技创新的政策,体现出我国实施国家大数据战略,推动信息技术与教育教学深度融合,提升高等学校信息化建设与应用水平,支撑教育高质量发展的战略要求。经济的复杂性很大程度体现在经济的数字性上,当新技术进入经济体后,不仅会使经济增长,而且会使经济变得更有生产力,因此未来经济的最大变革在于数字技术的深度介入,以"大智移云物区"为代表的新兴科学技术将在数字经济时代发挥越来越重要的作用。下文从数字经济、大数据、人工智能,及区块链四个方面对近年来国家出台的科技创新相关的政策文件进行梳理和归纳,如表3-1所示。

表3-1 近年国家出台的与科技创新相关的政策文件

成文时间	文件名称	发布单位	主要内容
2015年8月31日	《促进大数据发展行动纲要》	国务院	① 鼓励高校设立数据科学和数据工程相关专业 ② 促进国际交流合作 ③ 完善教育管理公共服务
2017年7月8日	《新一代人工智能发展规划》	国务院	到2030年,中国将在人工智能方面成为世界领先的国家,该规划首次将人工智能发展提高到了国家战略层面
2018年10月31日	中共中央政治局就人工智能发展现状和趋势举行学习	中共中央政治局	加快发展新一代人工智能是事关我国能否抓住新一轮科技革命和产业变革机遇的战略问题
2019年10月24日	中共中央政治局就区块链技术发展现状和趋势进行学习	中共中央政治局	把区块链作为核心技术自主创新的重要突破口,明确主攻方向,加大投入力度,着力攻克一批关键核心技术,加快推动区块链技术和产业创新发展

---

[1] 杨晓慧.高等教育"三全育人":理论意蕴、现实难题与实践路径[J].中国高等教育,2018(18):4-8.

(续表)

成文时间	文件名称	发布单位	主要内容
2021年5月27日	《关于加快推动区块链技术应用和产业发展的指导意见》	工业和信息化部、中央网络安全和信息化委员会办公室	① 多方协同,推动整合产学研用尽各方力量,促进资源要素快捷有效配置 ② 区块链与互联网、大数据、人工智能等新一代信息技术深度融合,在各领域实现普遍应用 ③ 依托"新工科"和特色化示范性软件学院建设,支持高校设置区块链专业课程,开展区块链专业教育
2021年12月12日	《"十四五"数字经济发展规划》	国务院	① 以数据为关键要素,以数字技术与实体经济深度融合为主线 ② 加强数字基础设施建设,完善数字经济治理体系 ③ 协同推进数字产业化和产业数字化,赋能传统产业转型升级

资料来源：根据相关资料整理而成。

第一，在数字经济方面，党的十八届五中全会提出，实施网络强国战略和国家大数据战略，拓展网络经济空间，促进互联网和经济社会融合发展，支持基于互联网的各类创新。党的十九大提出，推动互联网、大数据、人工智能和实体经济深度融合，建设数字中国、智慧社会。党的十九届五中全会提出，发展数字经济，推进数字产业化和产业数字化，推动数字经济和实体经济深度融合，打造具有国际竞争力的数字产业集群。

2021年12月12日，国务院出台了《"十四五"数字经济发展规划》(国发〔2021〕29号)，明确了在"十四五"时期推动数字经济健康发展的指导思想、基本原则、发展目标、重点任务和保障措施。该规划以数据为关键要素，以数字技术与实体经济深度融合为主线，加强数字基础设施建设，完善数字经济治理体系，协同推进数字产业化和产业数字化，赋能传统产业转型升级，培育新产业、新业态、新模式，不断做强、做优、做大我国数字经济，为构建数字中国提供有力支撑。《"十四五"数字经济发展规划》明确了坚持"创新引领、融合发展；应用牵引、数据赋能；公平竞争、安全有序；系统推进、协同高效"的原则。《"十四五"数字经济发展规划》提出到2025年，数字经济核心产业增加值占国内生产总值的比重要达到10%，数据要素市场体系初步建立，产业数字化转型迈上新台阶，数字产业化水平显著提升，数字化公共服务更加普惠均等，数字经济治理体系更加完善；到2035年，力争形成统一公平、竞争有序、成熟完备的数字经济现代市场体系，数字经济发展水平位居世界前列的发展目标。《"十四五"数字经济发展规划》部署了优化升级数字基础设施、充分发挥数据要素作用、大力推进产业数字化转型、加快推动数字产业化、持续提升公共服务数字化水平、健全完善数字经济治理体系、着力强化数字经济安全体系、有效拓展数字经济国际合作八个方面的重点任务，并明确了信息网络基础设施的优化升级等十一个专项工程。

第二，在大数据方面，2015年8月31日，国务院制定了《促进大数据发展行动纲要》(国发〔2015〕50号)，提出要"加大大数据关键技术研发、产业发展和人才培养力度，着力推进数据汇集和发掘,深化大数据在各行业创新应用,促进大数据产业健康发展,并需要在此基础上加强专业人才的培养;创新人才培养模式,建立健全多层次、多类型的大数据人才培养体系,鼓励高校设立数据科学和数据工程相关专业,重点培养专业化数据工程师等大数据专业人才;坚持平等合作、互利共赢的原则,建立完善国际合作机制,积极推进大数据技术交流与合作,充分利用国际创新资源,促进大数据相关技术发展;完善教育管理公共服务平台;各有关部门要进一步统一思想,认真落实各项任务,共同推动形成公共信息资源共享共用和大数据产业健康发展的良好格局"。

2017年12月8日,中共中央政治局就实施国家大数据战略进行了第二次集体学习,中共中央总书记习近平强调:"大数据发展日新月异,我们应该审时度势、精心谋划、超前布局、力争主动,深入了解大数据发展现状和趋势及其对经济社会发展的影响,分析我国大数据发展取得的成就和存在的问题,推动实施国家大数据战略,加快完善数字基础设施,推进数据资源整合和开放共享,保障数据安全,加快建设数字中国,更好服务我国经济社会发展和人民生活改善。"[1]

第三,在人工智能方面,人工智能是引领新一轮科技革命、产业变革、社会变革的战略性技术,正在对经济发展、社会进步、国际政治经济格局等方面产生重大且深远的影响。与发达国家相比,我国在人工智能基础理论、原创算法、高端芯片和生态系统等方面仍有较大差距,学科交叉融合亟待深化,人才培养导向性亟待加强。在会计教育领域,人工智能等新技术成为会计教育变革的新力量,会计行业正在加快智能化步伐。[2]

2017年7月8日,国务院制定了《新一代人工智能发展规划》(国发〔2017〕35号),设立了中国人工智能的发展目标,即到2030年,中国将在人工智能方面成为世界领先的国家,该规划首次将人工智能发展提高到了国家战略层面。2018年10月31日,中共中央政治局就人工智能发展现状和趋势举行了第九次集体学习,中共中央总书记习近平强调:"人工智能是新一轮科技革命和产业变革的重要驱动力量,加快发展新一代人工智能是事关我国能否抓住新一轮科技革命和产业变革机遇的战略问题,要深刻认识加快发展新一代人工智能的重大意义,加强领导,做好规划,明确任务,夯实基础,促进其同经济社会发展深度融合,推动我国新一代人工智能健康发展。"[3]

第四,在区块链方面,区块链技术的集成应用在全球范围内呈现强劲发展势头,在新的技术革命和产业变革中起着重要作用,未来将在建设网络强国、发展数字经济、助力经济社

---

[1] 新华社.习近平主持中共中央政治局第二次集体学习并讲话[EB/OL].(2017-12-09)[2022-10-31].http://www.gov.cn/xinwen/2017-12/09/content_5245520.htm.
[2] 北京大学光华管理学院会计系卢海教授在2021智源大会上表示,可以通过人工智能助力可持续高质量的企业发展,解决环境、社会和治理(ESG)问题。目前,企业广泛利用人工智能增加商业利润,人工智能相关技术方法给出关于社会现象、管理现象的结论,帮助企业作出更好的预测。未来,人工智能在会计金融甚至管理等学科中的应用前途会更加广阔,影响会更加深远。
[3] 新华社.习近平主持中共中央政治局第九次集体学习并讲话[EB/OL].(2018-10-31)[2022-10-31].http://www.gov.cn/xinwen/2018-10/31/content_5336251.htm.

会发展等方面发挥更大作用。2019年10月24日,中共中央政治局就区块链技术发展现状和趋势进行了第十八次集体学习。中共中央总书记习近平强调:"区块链技术的集成应用在新的技术革新和产业变革中起着重要作用,要把区块链作为核心技术自主创新的重要突破口,明确主攻方向,加大投入力度,着力攻克一批关键核心技术,加快推动区块链技术和产业创新发展。"[1]

2021年5月27日,工业和信息化部、中央网络安全和信息化委员会办公室联合出台了《关于加快推动区块链技术应用和产业发展的指导意见》(工信部联信发〔2021〕62号),提出到2030年,区块链产业综合实力持续提升,产业规模进一步壮大。区块链与互联网、大数据、人工智能等新一代信息技术深度融合,在各领域实现普遍应用的发展目标。《关于加快推动区块链技术应用和产业发展的指导意见》要求以多方协同为原则,推动整合产学研用各方力量,促进资源要素快捷有效配置;加强政府、企业、高校、研究机构的协同互动,探索合作共赢新模式;并提出依托"新工科"和特色化示范性软件学院建设,支持高校设置区块链专业课程,以开展区块链专业教育等方式为保障,通过建设人才实训基地等方式,加强产业人才培养,加强区块链职业技术教育。

二、高等教育相关政策

近十年,具有较高信息技术应用水平的机构,从需求方角度对毕业生的IT知识和能力有了越来越高的要求;与此同时,从就业的人才供给方角度,我国的本科院校、职业院校,尤其是在开展会计本科教育的高校之中,仍存在诸多与信息技术发展不相适应的问题,如课程体系结构不合理、师资队伍结构不平衡、教材体系配套不足、教学方式较为落后等(王华等,2021)。因而,欲改变这种人才供需相脱离的现状,需要高校积极配合相关部门,积极构建全新的高等教育人才培养体系,在新文科建设、高等学校师资转型培养、现代教学环境搭建和教育模式转变等方面进行实质性的变革。下文主要从新文科建设、人才培养模式转型、教育新基建、师资转型培养四个方面对各部门出台的与高等教育相关的政策文件进行梳理,见表3-2。

表3-2 近年国家出台的与高等教育相关的政策文件

成文时间	文件名称	发布单位	主要内容
2017年1月24日	《统筹推进世界一流大学和一流学科建设实施办法(暂行)》	教育部、财政部、国家发展改革委	① 突出学科交叉融合和协同创新 ② 强化学科建设绩效考核,引领高校提高办学水平和综合实力

---

[1] 新华社.习近平主持中央政治局第十八次集体学习并讲话[EB/OL].(2019-10-25)[2022-10-31].http://www.gov.cn/xinwen/2019-10/25/content_5444957.htm.

(续表)

成文时间	文件名称	发布单位	主要内容
2018年4月2日	《高等学校人工智能创新行动计划》	教育部	① 完成适应新一代人工智能发展的高校科技创新体系和学科体系的优化布局 ② 显著提升高校在新一代人工智能领域的科技创新能力和人才培养质量 ③ 为我国跻身创新型国家前列提供科技支撑和人才保障
2018年8月7日	《教育部办公厅关于开展人工智能助推教师队伍建设行动试点工作的通知》	教育部办公厅	① 开展人工智能助推教师队伍建设行动试点工作 ② 探索人工智能助推教师管理优化、助推教师教育改革、助推教育教学创新
2019年2月23日	《加快推进教育现代化实施方案(2018—2022年)》	中共中央办公厅、国务院办公厅	① 加快"双一流"建设,推动建设高等学校全面落实建设方案 ② 大力推进教育信息化,促进信息技术与教育教学深度融合
2019年2月23	《中国教育现代化2035》	中共中央、国务院	① 加快信息化时代教育变革 ② 建设智能化校园 ③ 加快推动人才培养模式改革
2020年4月30日	《高等学校区块链技术创新行动计划》	教育部	① 加强区块链与教育治理的联系 ② 有关高校要将区块链技术作为重要发展方向和核心技术自主创新的重要突破口 ③ 深化产学研合作
2020年8月5日	《关于公布"基于教学改革、融合信息技术的新型教与学模式"实验区名单的通知》	教育部办公厅	① 将信息技术全面融入教学过程的路径、方式和方法 ② 促进教学组织方式重构和教学方法创新 ③ 探索运用人工智能、物联网、区块链等技术
2020年9月29日	《科技部关于印发〈国家新一代人工智能创新发展试验区建设工作指引(修订版)〉的通知》	科技部	① 以解决人工智能科技和产业化重大问题为导向,创新体制机制,深化产学研用结合 ② 在教育等领域促进人工智能与5G、工业互联网、区块链等的融合应用
2020年11月3日	新文科建设宣言	教育部新文科建设工作组	① 融入现代信息技术赋能文科教育,推动文科教育创新发展 ② 培养适应新时代要求的应用型复合型文科人才
2021年3月2日	《教育部办公厅关于推荐新文科研究与改革实践项目的通知》	教育部办公厅	综合运用大数据、人工智能等信息技术对经管法专业在人才培养理念、模式、内容及手段等方面进行升级改造
2021年3月12日	《高等学校数字校园建设规范(试行)》	教育部	推动信息技术与教育教学深度融合,提升高等学校信息化建设与应用水平,支撑教育高质量发展

(续表)

成文时间	文件名称	发布单位	主要内容
2021年4月15日	《教育部办公厅关于开展第二批人工智能助推教师队伍建设试点推荐遴选工作的通知》	教育部办公厅	① 充分利用新一代信息技术的优势,探索通过人工智能提升教师队伍整体素质与教师队伍治理能力的途径 ② 构建信息技术与教育教学深度融合、赋能教师队伍管理 ③ 支持教学示范、模拟教学和虚拟教研等功能,促进教师专业发展 ④ 服务地方教育教学改革与创新,创新"人工智能+教师研修"模式
2021年7月1日	《关于推进教育新型基础设施建设构建高质量教育支撑体系的指导意见》	教育部、中央网信办、国家发展改革委、工业和信息化部、财政部、中国人民银行	① 深入应用新一代信息技术,充分发挥数据作为新型生产要素的作用,推动教育数字转型 ② 建设教育专网和"互联网+教育"大平台,为教育高质量发展提供数字底座 ③ 提供便捷、优质、可选择的云应用,支持学校开展教育教学、行政管理和公共服务
2022年1月26日	《关于深入推进世界一流大学和一流学科建设的若干意见》	教育部、财政部、国家发展改革委	① 强化立德树人,造就一流自立自强人才方阵 ② 服务新发展格局,优化学科专业布局 ③ 完善大学创新体系,深化科教融合育人

资料来源:根据相关资料整理而成。

第一,在新文科建设方面,2020年11月3日,由教育部新文科建设工作组主办的新文科建设工作会议在山东大学(威海)召开。会议研究了新时代中国高等文科教育创新发展的举措,发布了《新文科建设宣言》,对新文科建设作出了全面部署。会议指出,新文科建设对于推动文科教育创新发展、构建以育人育才为中心的哲学社会科学发展新格局、加快培养新时代文科人才、提升国家文化软实力具有重要意义。会议强调,新文科建设不仅影响文科本身、影响理工农医教育,更影响高等教育全局。推进新文科建设要遵循守正创新、价值引领、分类推进"三个基本原则",促进现代信息技术赋能文科教育,推动文科教育创新发展,要把握专业优化、课程提质、模式创新"三大重要抓手",培养适应新时代要求的应用型、复合型文科人才。

2021年3月2日,教育部办公厅出台了《教育部办公厅关于推荐新文科研究与改革实践项目的通知》(教高厅函〔2021〕10号),对教育部决定开展新文科研究与改革实践项目立项工作的有关事项向相关部门进行了通知,并根据新文科建设的目标任务形成了《新文科研究与改革实践项目指南》,对我国新文科建设发展理念研究与实践、新文科专业优化研究与实践、新文科人才培养模式改革研究与实践三个方面的工作加以明确,并强调在经管法领域开展的新文科建设实践,要适应新科技革命所带来的新经济业态、新生活方式、新运营模式的需要,要综合运用大数据、人工智能等信息技术对经管法专业在人才培养理念、模式、内容及手段上进行升级改造,要挖掘中国改革开放和现代化建设的伟大实践,构建中国特色社会科学理论体系,建设优质教学资源和内容,坚持以提升学生解决实际问题的能力为导向,强化课程体系的实践性和应用,加快培养具有强烈本土化意识和国际视野的经管法人才,要加大学科交叉融合和跨界整合的力度,培育新的学科专业增长点。

第二,在人才培养模式转型方面,2018年4月2日,教育部出台了《高等学校人工智能创新行动计划》(教技〔2018〕3号),以此引导高等学校瞄准世界科技前沿,不断提高人工智能领域的科技创新、人才培养和国际合作交流等能力,为我国新一代人工智能发展提供战略支撑。在此基础上,需要推进智能教育发展。《高等学校人工智能创新行动计划》要求"推动学校教育教学变革,在数字校园的基础上向智能校园演进,构建技术赋能的教学环境,探索基于人工智能的新教学模式,重构教学流程,实现因材施教;推动智能教育应用示范,加快推进人工智能与教育的深度融合和创新发展,探索人工智能技术与教育环境、教学模式、教学内容、教学方法、教学管理、教育评价等的融合路径和方法,发展智能化教育云平台,全面推动教育现代化"。

2019年2月23日,中共中央、国务院印发了《中国教育现代化2035》,提出了推进教育现代化的八大基本理念、推进教育现代化的总体目标,并聚焦于教育发展的突出问题和薄弱环节,重点部署了面向教育现代化的十大战略任务。《中国教育现代化2035》指出,有关部门要加快信息化时代下的教育变革,建设智能化校园,统筹建设一体化智能化教学、管理与服务平台;要利用现代技术加快推动人才培养模式改革,实现规模化教育与个性化培养的有机结合。创新教育服务业态,建立数字教育资源共建共享机制,完善利益分配机制、知识产权保护制度和新型教育服务监管制度;要推进教育治理方式变革,加快形成现代化的教育管理与监测体系,推进管理精准化和决策科学化。

为加快高校区块链技术创新,服务国家战略需求,教育部于2020年4月30日制定了《高等学校区块链技术创新行动计划》(教科技函〔2020〕17号),提出要"加强区块链与教育治理的联系;有关高校要将区块链技术作为重要发展方向和核心技术自主创新的重要突破口,研究区块链技术发展现状和趋势,提高区块链技术创造和运用能力,加快推进落实;支持高校围绕'区块链技术攻关能力提升行动'所列的方向培育建设创新平台;鼓励高校加强与行业优势企业的合作,通过共建实验室、研究中心或联合攻关等方式,积极落实'区块链技术示范应用行动',推动区块链技术转化为企业发展活力、转化为现实生产力,深化产学研合作"。

2020年8月5日,教育部办公厅出台了《关于公布"基于教学改革、融合信息技术的新型教与学模式"实验区名单的通知》(教基厅函〔2020〕24号),要求各实验区认真落实党的十九届四中全会关于"发挥网络教育和人工智能优势,创新教育和学习方式"的要求和《中共中央 国务院关于深化教育教学改革全面提高义务教育质量的意见》等文件精神;积极探索新形势下将信息技术全面融入教学过程的路径、方式和方法,深入研究信息技术在各学科教学中的合理应用,注重激发学生学习的主动性、积极性和创新性;充分利用信息化,以服务学生学习、服务教师改进教学、服务全面提高教育质量,以教育信息化带动实现教育现代化,强调要积极探索运用人工智能、物联网、区块链等技术促进教学组织方式重构和教学方法创新。

2020年9月29日,科技部出台了《科技部关于印发〈国家新一代人工智能创新发展试验区建设工作指引(修订版)〉的通知》(国科发规〔2020〕254号),明确了各地科技局要在教育等领域开展人工智能技术研发和应用示范,以解决人工智能科技和产业化重大问题为导向,创新体制机制,深化产学研用结合,促进人工智能与5G、工业互联网、区块链等的融合应用,拓展应用场景,加快推进人工智能与实体经济深度融合,探索促进人工智能与经济社会发展深度融合的新路径等重点任务。《国家新一代人工智能创新发展试验区建设工作指引(修订版)》还强调各地科技局要积极围绕人才引育等方面开展人工智能政策先行先试,努力营造有利于人工智能科学研究、技术开发、产品创新、产业发展和社会应用等创新发展的制度环境。

第三,在教育新基建方面,2021年3月12日,教育部出台了《高等学校数字校园建设规范(试行)》(教科信函〔2021〕14号),旨在贯彻落实《中国教育现代化2035》的要求,扎实推进教育信息化2.0行动计划,积极发展"互联网+教育",推动信息技术与教育教学深度融合,提升高等学校信息化建设与应用水平,支撑教育高质量发展;要求全国各有关单位及高等学校充分利用云计算、大数据、物联网、移动互联网、人工智能等技术,对学校办学条件进行改善,营造网络化、数字化、智能化、个性化、终身化的教育教学环境,促进信息技术与高等学校人才培养、科学研究、文化传承与创新、社会服务、国际交流等方面的深度融合和创新应用,提高教育教学质量和科研服务水平,提升科学决策和教育治理能力,培养出具有创新精神和实践能力的高素质人才。

2021年7月1日,教育部等六部门联合制定了《关于推进教育新型基础设施建设构建高质量教育支撑体系的指导意见》(教科信〔2021〕2号),指明了教育新型基础设施建设是国家新基建的重要组成部分,是信息化时代教育变革的牵引力量,是加快推进教育现代化、建设教育强国的战略举措。《关于推进教育新型基础设施建设构建高质量教育支撑体系的指导意见》确立了坚持创新引领,深入应用5G、人工智能、大数据、云计算、区块链等新一代信息技术,充分发挥数据作为新型生产要素的作用,推动教育数字转型的基本原则。《关于推进教育新型基础设施建设构建高质量教育支撑体系的指导意见》提出,教育新型基础设施建设要服务于地方教育教学改革与创新,创新"人工智能+教师研修"模式,并强调通过新一代信息技术开发数字教育资源,推动各级各类教育平台融合发展,构建互联互通、应用齐备、协同服务的"互联网+教育"大平台的重点工作方向。

第四,在师资转型培养方面,2018年8月7日,教育部办公厅出台了《教育部办公厅关于开展人工智能助推教师队伍建设行动试点工作的通知》(教师厅〔2018〕7号),要求宁夏回族自治区教育厅、北京外国语大学开展人工智能助推教师队伍建设行动试点工作,对目标任务进行了规定，要求两家单位通过开展人工智能助推教师队伍建设行动试点工作，探索人工智能助推教师管理优化、助推教师教育改革、助推教育教学创新、助推教育精准扶贫的新路径，为在全国层面推开人工智能助推教师队伍建设行动探索模式、积累经验、奠定基础。该通知要求宁夏回族自治区教育厅从教师智能助手应用行动、未来教师培养创新行动、教师智能研修行动、智能教育素养提升行动、智能帮扶贫困地区教师行动、宁夏教师大数据建设与应用行动六个方面开展工作；要求北京外国语大学开展智能教室建设行动、智能教育素养提升行动、教师发展智能实验室建设行动、教师大数据建设行动。

2021年4月15日，教育部办公厅制定了《教育部办公厅关于开展第二批人工智能助推教师队伍建设试点推荐遴选工作的通知》（教师厅函〔2021〕7号），面向各地教育部门提出了深入推广宁夏回族自治区和北京外国语大学的试点经验，充分利用人工智能、大数据、5G等新一代信息技术的优势，提升教师队伍整体素质与教师队伍治理能力，服务高质量教育体系建设的总体要求。该通知明确了各地教育部门要面向新时代和信息社会的人才培养需求，以智能技术推动教师队伍现代化建设，构建信息技术与教育教学深度融合、赋能教师队伍管理、促进五育并举的教育新生态，推动政产学研用深度融合，整合优质资源，以推动试点工作持续发展为原则，探索服务地方教育教学改革与创新所追求的"人工智能＋教师研修"新模式。

第五，在"双一流"（世界一流大学和一流学科）建设方面，2017年1月24日，教育部、财政部、国家发展改革委联合制定了《统筹推进世界一流大学和一流学科建设实施办法（暂行）》（教研〔2017〕2号），提出要"面向国家重大战略需求，面向经济社会主战场，面向世界科技发展前沿，突出建设的质量效益、社会贡献度和国际影响力，突出学科交叉融合和协同创新，突出与产业发展、社会需求、科技前沿紧密衔接，深化产教融合，全面提升我国高等教育在人才培养、科学研究、社会服务、文化传承创新和国际交流合作中的综合实力，强化学科建设绩效考核，引领高校提高办学水平和综合实力，推动一批高水平大学和学科进入世界一流行列或前列"。

2019年2月23日，中共中央办公厅、国务院办公厅发布了《加快推进教育现代化实施方案（2018—2022年）》，要求各地区各部门推进高等教育内涵发展，加快"双一流"建设，推动高等学校全面落实建设方案，研究建立中国特色"双一流"建设的综合评价体系。建设一流本科教育，深入实施"六卓越一拔尖"计划2.0，实施一流专业建设"双万计划"，实施创新创业教育改革燎原计划、高等学校毕业生就业创业促进计划。提升研究生教育水平，完善产教融合的专业学位研究生培养模式、科教融合的学术学位研究生培养模式，加强紧缺高端复合人才的培养，完善高等教育质量标准和监测评价体系。《加快推进教育现代化实施方案（2018—2022年）》还强调，各地区、各部门要大力推进教育信息化，着力构建基于信息技术的新型教育教学模式、教育服务供给方式以及教育治理新模式；要促进信息技术与教育教学深度融合,支持学校充分利用信息技术开展人才培养模式和教学方法的改革,逐步实现信息化教与学应用师生全覆盖;要创新信息时代的教育治理新模式,开展大数据支撑下的教育治理能力优化行动,推动互联网等信息化手段服务于教育教学全过程;加快推进智慧教育创新发展,设立"智慧教育示范区",开展国家虚拟仿真实验教学项目等建设,实施人工智能助推教师队伍建设行动。

2022年1月26日,教育部、财政部、国家发展改革委联合印发了《关于深入推进世界一流大学和一流学科建设的若干意见》(教研〔2022〕1号)(以下简称《关于深入推进双一流建设的若干意见》),针对准确把握新发展阶段战略定位,全力推进"双一流"高质量建设;强化立德树人,造就一流自立自强人才方阵;服务新发展格局,优化学科专业布局;坚持引育并举,打造高水平师资队伍等九个方面对"十四五"时期深入推进"双一流"建设提出了意见。在服务新发展格局、优化学科专业布局方面,《关于深入推进双一流建设的若干意见》支持建设高校瞄准世界科学前沿和关键技术领域优化的学科布局,整合传统学科资源,强化人才培养和科技创新的学科基础;强调要对现有学科体系进行调整升级,打破学科专业壁垒,推进新工科、新医科、新农科、新文科建设,积极回应社会对高层次人才的需求;并要求促进自然科学之间、自然科学与人文社会科学之间交叉融合,围绕人工智能、国家安全、国家治理等领域培育新兴交叉学科。

三、会计改革与发展的相关政策

会计改革与发展需要符合国家政策要求、顺应时代发展潮流趋势。财政部出台的《会计改革与发展"十四五"规划纲要》《会计信息化发展规划(2021—2025年)》等多项政策文件,均体现出实现我国会计体系适应于社会主义市场经济发展趋势和规律,推动我国会计体系与数字经济健康发展相融合是我国会计相关工作的主要任务和总体目标。下面主要对财政部出台的与我国会计改革与发展相关的政策文件进行梳理(表3-3)。

表3-3 会计改革与发展相关政策文件

成文时间	文件名称	发布单位	主要内容
2016年10月8日	《关于印发〈会计改革与发展"十三五"规划纲要〉的通知》	财政部	① 加强会计信息化建设 ② 加强管理会计理论研究、教学教材改革 ③ 加大案例研究和教学
2021年11月24日	《关于印发〈会计改革与发展"十四五"规划纲要〉的通知》	财政部	① 助推会计工作运用新技术、融入新时代、实现新突破,扎实推进会计改革与发展各项工作 ② 以数字化技术为支撑,推动会计工作与国家宏观经济管理工作、单位经营管理活动深度融合 ③ 切实加快会计审计数字化转型步伐

(续表)

成文时间	文件名称	发布单位	主要内容
2021年12月23日	《关于印发〈会计行业人才发展规划(2021—2025)〉的通知》	财政部	① 强化对会计信息化能力的要求,推动各级各类会计人才适应会计工作数字化转型 ② 充分利用大数据、人工智能等新技术,推进会计教育信息化平台的建设和应用 ③ 把握数字化、网络化、智能化融合发展的契机,促进会计学科与其他学科的交叉融合
2021年12月30日	《关于印发〈会计信息化发展规划(2021—2025年)〉的通知》	财政部	① 运用新技术推动会计工作数字化转型 ② 结合我国会计数字化转型需要,加快建立会计数据标准体系,推动会计数据治理能力建设 ③ 加强会计信息化人才培养,繁荣会计信息化理论研究

资料来源:根据相关资料整理而成。

2016年10月8日,财政部出台了《关于印发〈会计改革与发展"十三五"规划纲要〉的通知》(财会〔2016〕19号),以建立健全与社会主义市场经济相适应的会计体系,深入推进会计工作法治化、信息化、现代化为总体目标。该纲要提出,要不断提高单位会计信息化水平,认真抓好《企业会计信息化工作规范》等制度的贯彻落实,在不断提高企业会计信息化水平的同时,积极探索推动行政事业单位的会计信息化工作,促进财务、业务数据的融合与互联;同时,要密切关注大数据、"互联网+"发展对会计工作的影响,及时完善相关规范,研究探索会计信息资源共享机制、会计资料无纸化管理制度;要"认真抓好管理会计指引体系实施,加强管理会计理论研究、教学教材改革,支持管理会计创新中心建设;推动加速培养应用型高层次会计人才;研究完善MPAcc质量认证体系,加大案例研究和教学,创新会计专业学位研究生培养模式;积极推进设立会计博士专业学位,完善会计专业学位系列"。

2021年11月24日,财政部出台了《关于印发〈会计改革与发展"十四五"规划纲要〉的通知》(财会〔2021〕27号),首先对"十三五"时期的会计改革与发展进行了回顾,总结了相关工作的经验并指明了存在的不足;其次根据"十四五"时期的会计改革与发展面临的形势与挑战对"十四五"时期的会计信息化工作进行了展望,并提出了持续推动会计审计标准体系高质量建设与实施、造就高水平会计人才队伍、切实加快会计审计数字化转型步伐等主要任务;最后提出了以信息化支撑会计职能拓展为主线,以数字化和标准化为突破口,引导和规范我国会计信息化关键技术、数据标准、管理制度、信息系统、人才建设等持续健康发展,积极推动会计数字化转型,构建符合新时代要求的国家会计信息化发展体系的总体目标与要求。值得一提的是,在推动学科发展和学历教育改革的工作中,《会计改革与发展"十四五"规划纲要》明确提出,要构建适应经济发展、产业结构调整、新技术革命和国家治理能力现代化等新形势的会计学科专业体系;配合教育部门深化会计学历教育改革,按照"产、学、研"一体化发展思路,优化会计学历教育人才培养结构,完善会计应用型人才培养机制;要积极推进设立会计博士专业学位,完善会计专业学位体系,加强核心课程教材建设和会计专业学位教育质量认证,持续提升会计专业学位研究生培养质量。此外,《会计改革与发展"十四五"规划纲要》再次强调了数字化转型对于会计审计工作的重要性,从积极推动会计工作数字化转型、积极推动审计工作数字化转型、积极推动会计管理工作数字化转型三个方面为有关工作的开展指明了可行途径。

2021年12月23日,财政部出台了《关于印发〈会计行业人才发展规划(2021—2025)〉的通知》(财会〔2021〕34号),旨在为"十四五"时期的我国会计人才工作作出科学规划和全面指导;为各地区、各有关部门制定会计人才发展规划或配套政策措施提供指引。该规划以我国会计人才发展的总体情况与"十四五"时期的会计人才发展面临的形势为落脚点,强调了"十四五"时期通过深化改革,会计人才发展体制机制改革取得突破性进展的发展目标;明确了"十四五"时期我国会计人才发展要强化对会计信息化能力的要求,推动各级各类会计人才适应会计工作数字化转型,要充分利用大数据、人工智能等新技术,推进会计教育信息化平台建设和应用,要把握数字化、网络化、智能化融合发展的契机,促进会计学科与其他学科交叉融合;提出了会计人才发展的主要政策措施,重点提及"推进会计学科专业体系建设与提升会计专业学位研究生教育质量"。《会计行业人才发展规划(2021—2025)》从政策角度为会计学科建设提供了保障,为"十四五"时期的会计人才培养指明了方向。

2021年12月30日,财政部出台了《关于印发〈会计信息化发展规划(2021—2025年)〉的通知》(财会〔2021〕36号),为各地区、各部门科学规划"十四五"时期的会计信息化工作提供了全面指导。该规划提出,"十四五"时期,我国会计信息化工作的总体目标是:服务我国经济社会发展大局和财政管理工作全局,以信息化支撑会计职能拓展为主线,以标准化为基础,以数字化为突破口,引导和规范我国会计信息化数据标准、管理制度、信息系统、人才建设等持续健康发展,积极推动会计数字化转型,构建符合新时代要求的国家会计信息化发展体系。《会计信息化发展规划(2021—2025年)》强调了"要运用新技术推动会计工作数字化转型,在建立会计数据标准体系的工作中,要结合我国会计数字化转型需要,推动我国会计数据治理能力的建设,要加快会计信息化人才培养,繁荣会计信息化理论研究"。该规划提出的具体任务包括:基本建立会计数据标准体系、持续完善会计信息化制度规范、加快推进会计数字化转型升级、有效发挥会计数据价值、实现会计监管信息互通共享、不断壮大会计信息化人才队伍。

四、MPAcc 教育相关政策

教育部、财政部、国家发展改革委制定了《关于"双一流"建设高校促进学科融合 加快人工智能领域研究生培养的若干意见》《关于加快新时代研究生教育改革发展的意见》等指引性纲领与政策文件,要求各地教育部门及有关单位积极贯彻落实,结合国家政策主动推进研究生教育改革。相关部门制定的有关研究生教育,特别是 MPAcc 教育改革的政策文件较少,但已有的政策文件为锚定改革方向,指引改革办法发挥着重要作用。MPAcc 教育作为我国研究生教育的重要组成部分,旨在教育面向会计职业的应用型高层次会计人才,健全和完善我国高层次会计专业硕士教育体系,建设高素质的会计人才队伍,以更好地适应社会主义市场经济发展和经济全球化的需要,为全面建成小康社会服务,为实施科教兴国战略和人才强国战略服务。因此,本节主要通过对教育部、财政部、国家发展改革委印发的相关政策文件进行梳理,以便于分析和探讨新形势下我国 MPAcc 教育面临的任务与挑战,并对未来 MPAcc 教育变革方向进行展望,见表 3-4。

表 3-4 科技创新背景下 MPAcc 教育相关的政策文件

成文时间	文件名称	发布单位	主要内容
2020年 1月21日	《关于"双一流"建设高校促进学科融合 加快人工智能领域研究生培养的若干意见》	教育部、国家发展改革委、财政部	① 深化人工智能与哲学社会科学等相关学科的交叉融合 ② 科学设计多学科交叉融合的课程体系 ③ 推动人工智能向更多学科渗透融合
2020年 9月4日	《关于加快新时代研究生教育改革发展的意见》	教育部、国家发展改革委、财政部	① 加快学科专业结构调整,设立新兴交叉学科门类 ② 深入推进学科专业调整,坚持创新引领,坚持改革驱动 ③ 完善科教融合育人机制,加强系统科研训练 ④ 加强课程教材建设,提升研究生课程教学质量
2020年 9月25日	《专业学位研究生教育发展方案(2020—2025)》	国务院学位委员会、教育部	① 优化硕士专业学位研究生教育结构 ② 发展博士专业学位研究生教育 ③ 提升专业学位研究生教育质量

资料来源:根据相关资料整理而成。

2020 年 1 月 21 日,教育部、财政部、国家发展改革委共同制定了《关于"双一流"建设高校促进学科融合 加快人工智能领域研究生培养的若干意见》(教研〔2020〕4 号),提出要"完善人工智能领域学科布局;实行联合科研攻关和融合育人,强化课程体系、计算平台、实验环境等条件建设;面向全产业链和社会发展需求,科学设计多学科交叉融合的课程体系,加强课程体系建设,推动人工智能向更多学科渗透融合;健全学位质量保障机制;鼓励高校在人工智能相关学科设立教学指导委员会,开展多样化教学评价"。

2020 年 9 月 4 日,教育部、国家发展改革委、财政部联合出台了《关于加快新时代研究生教育改革发展的意见》(教研〔2020〕9 号),要求各教育部门与高等学校面向世界科技竞争最前沿,面向经济社会发展主战场,面向人民群众新需求,面向国家治理大战略,瞄准科技前沿和关键领域,深入推进学科专业调整。《关于加快新时代研究生教育改革发展的意见》指出,高校应适应社会需求变化,加快学科专业结构调整;设立新兴交叉学科门类,支持战略性新兴学科发展;要不断深入推进学科专业调整,坚持创新引领,坚持改革驱动。各地教育部门应不断完善科教融合育人机制,加强系统科研训练;加强课程教材建设,提升研究生课程的教学质量,实现产教融合育人机制的健全与强化,科学规划布局建设集成电路、人工智能、储能技术等国家产教融合创新平台的目标。

2020年9月25日,国务院学位委员会、教育部为加快推进新时代专业学位研究生教育高质量发展,共同制定了《专业学位研究生教育发展方案(2020—2025)》(学位〔2020〕20号),对我国专业学位研究生教育取得的成就进行了回顾,并对未来面临的挑战进行了展望。该方案从三个方面明确了我国专业学位研究生教育的发展与目标,即发展专业学位研究生教育是经济社会进入高质量发展阶段的必然选择;发展专业学位研究生教育是主动服务创新型国家建设的重要路径;发展专业学位是学位与研究生教育改革发展的战略重点。《专业学位研究生教育发展方案(2020—2025)》要求各地教育部门与研究生教育单位要从着力优化硕士专业学位研究生教育结构、加快发展博士专业学位研究生教育、大力提升专业学位研究生教育质量三个方面入手,开展我国专业学位研究生教育改革与发展相关工作。

五、会计本科教育相关政策

近年来,中共中央、国务院、教育部、财政部、科技部等制定了《关于加快建设高水平本科教育全面提高人才培养能力的意见》《教育部关于一流本科课程建设的实施意见》等多项指引性纲领与政策文件,要求各地教育部门及有关单位积极贯彻落实,结合国家政策主动推进本科教育改革,推动包括会计专业在内的各专业积极探索、改革和创新人才培养目标、教学课程设置、教学方法设计及师资队伍建设。在深圳经济特区建立40周年庆祝大会上,习近平总书记重点提出要"大力发展会计现代服务业"[1],对会计职业给予了极高的重视,为会计职业未来的进一步发展指明了方向。高端会计人才是会计现代服务业全面形成及人才强国战略全面实现的保证。高校作为教育会计人才的主力军,承担着培养符合社会所需高端人才的重任。会计本科教育作为高端会计人才培养的基础与核心,是我国本科教育事业中不可或缺的环节。因此,本节主要对近几年国家各部门印发的本科教育相关政策文件进行了梳理,便于分析和探讨新形势下我国本科教育面临的任务与挑战,对未来本科会计教育变革方向进行把握(表3-5)。

表3-5 科技创新背景下本科教育相关的政策文件

成文时间	文件名称	发布单位	主要内容
2018年9月17日	《关于加快建设高水平本科教育全面提高人才培养能力的意见》	教育部	① 实施一流专业建设"双万计划"以及动态调整专业结构 ② 重塑教育教学形态 ③ 实施"六卓越一拔尖"计划2.0

---

[1] 新华社.深圳经济特区建立40周年庆祝大会隆重举行习近平发表重要讲话[EB/OL].(2020-10-14)[2022-10-31]. http://www.gov.cn/xinwen/2020-10/14/content_5551298.htm.

(续表)

成文时间	文件名称	发布单位	主要内容
2018年9月17日	《教育部等六部门关于实施基础学科拔尖学生培养计划2.0的意见》	教育部、科技部、财政部、中国科学院、中国社会科学院、中国科协	① 促进学科交叉、科教融合 ② 创新学习方式。以现代信息技术为支撑,创设线上线下、课内课外、虚拟与现实相结合的学习环境和机制,提高学习成效
2019年10月24日	《教育部关于一流本科课程建设的实施意见》	教育部	① 教学内容体现前沿性与时代性,及时将学术研究、科技发展的前沿成果引入课程 ② 淘汰"水课",立起课程建设新标杆 ③ 改革方法,让课堂活起来
2020年6月23日	《教育部高等教育司关于开展2020年度普通高等学校本科专业设置工作的通知》	教育部高等教育司	支持高校积极面向经济社会新发展、科技和产业新变革,推进新工科、新医科、新农科、新文科建设,增设文理、理工、医工等交叉融合的新专业
2021年1月21日	《普通高等学校本科教育教学审核评估实施方案(2021—2025年)》	教育部	① 坚持推进改革。紧扣本科教育教学改革主线 ② 坚持方法创新。综合运用互联网、大数据、人工智能等现代信息技术手段

资料来源:根据相关资料整理而成。

2018年9月17日,教育部制定了《关于加快建设高水平本科教育全面提高人才培养能力的意见》(教高〔2018〕2号),提出了建设高水平本科教育的重要意义和形势要求、建设高水平本科教育的指导思想和目标原则,"要把思想政治教育贯穿于高水平本科教育全过程、围绕激发学生学习兴趣和潜能深化教学改革、全面提高教师教书育人能力、大力推进一流专业建设、推进现代信息技术与教育教学深度融合、构建全方位全过程深融合的协同育人新机制、加强大学质量文化建设、切实做好高水平本科教育建设工作的组织实施"。

2018年9月17日,教育部出台《教育部等六部门关于实施基础学科拔尖学生培养计划2.0的意见》(教高〔2018〕8号),明确指出了要促进学科交叉、科教融合、创新学习方式。

2019年10月24日,教育部出台《教育部关于一流本科课程建设的实施意见》(教高〔2019〕8号),要求"全面开展一流本科课程建设,树立课程建设新理念,推进课程改革创新,实施科学课程评价,严格课程管理,立起教授上课、消灭'水课'、取消'清考'等硬规矩,夯实基层教学组织,提高教师教学能力,完善以质量为导向的课程建设激励机制,形成多类型、多样化的教学内容与课程体系。经过三年左右时间,建成上万门国家级和上万门省级一流本科课程。教学内容要体现前沿性与时代性,及时将学术研究、科技发展前沿成果引入课程;立足经济社会发展需求和人才培养目标,以目标为导向加强课程建设,优化重构教学内容与课程体系;改革方法,强化现代信息技术与教育教学深度融合,解决好教与学模式创新的问题,杜绝信息技术应用的简单化、形式化"。

2020年6月23日,教育部高等教育司制定了《教育部高等教育司关于开展2020年度普通高等学校本科专业设置工作的通知》,要求各地教育部门及高校设置本科专业时应坚持需求导向,主动服务国家战略、区域经济社会和产业发展需要,并支持高校积极面向经济社会新发展、科技和产业新变革,推进新工科、新医科、新农科、新文科建设,增设文理、理工、医工等交叉融合的新专业。

2021年1月21日,教育部出台了《普通高等学校本科教育教学审核评估实施方案(2021—2025年)》(教督〔2021〕1号)(以下简称《本科教育教学审核评估实施方案》),该方案基于坚持推进改革,紧扣本科教育教学改革主线;坚持方法创新;按照综合运用互联网、大数据、人工智能等现代信息技术手段的原则,制定了普通高等学校本科教育教学审核评估的实施方案,进一步明确了大数据、人工智能等现代信息技术在高等学校教育中的重点地位。《本科教育教学审核评估实施方案》明确了坚持方法创新,综合运用互联网、大数据、人工智能等现代信息技术手段,深度挖掘常态监测数据,采取线上与入校结合、定性与定量结合、明察与暗访结合等方式,切实减轻高校负担,提高工作实效的基本原则。

六、会计高等职业教育相关政策

《2020年全国教育事业发展统计公报》显示,截至2020年年底,全国共有高职高专院校1 489所(含本科层次职业学校21所);普通本专科在校生3 285.29万人,其中专科在校生数1 459.55万人。从地位和作用上看,随着我国进入新的发展阶段,产业升级和经济结构调整不断加快,各行各业对技术技能人才的需求越来越紧迫,职业教育的重要地位和作用也越来越凸显。为贯彻全国职业教育大会精神,服务于对接国家需求的战略目标,充分落实近年来国家政府部门出台的《中国教育现代化2035》《国家职业教育改革实施方案》(国发〔2019〕4号)《关于推动现代职业教育高质量发展的意见》等政策文件精神,稳步实现到2025年,职业教育类型特色更加鲜明,现代职业教育体系基本建成,技能型社会建设全面推进,办学格局更加优化,办学条件大幅改善,职业教育吸引力和教育质量显著提高的主要目标成为全国各高职高专院校的首要任务。

2021年3月24日,国务院常务会议通过《中华人民共和国职业教育法(修订草案)》,对产教融合和校企合作、支持社会力量举办职业学校、促进职业教育与普通教育学业成果融通互认等作了规定。2021年12月,十三届全国人大常委会第三十二次会议对《中华人民共和国职业教育法(修订草案二次审议稿)》进行了审议。职业教育法的出台及多次修订显示出我国职业教育所具备的战略地位与全新的发展机遇。2021年4月12日至13日,全国职业教育大会在北京召开,习近平总书记对职业教育工作作出重要指示,强调"在全面建设社会主义现代化国家新征程中,职业教育前途广阔、大有可为。各高职高专院校要全面助力新发展阶段,在全面建成小康社会、实现第一个百年奋斗目标之后,乘势而上,开启全面建设社会主义现代化国家新征程、向第二个百年奋斗目标进军"。[1]

会计高等职业教育作为我国职业教育体系的重要组成部分,能够为我国的教育事业在"十四五"时期的变革提供强劲的内生动力,扩大内在需要。有关部门出台的直接关于会计高等职业教育改革的政策文件较少,但已有的政策文件立足于职业教育改革的整体宏观大背景之下,对会计高等职业教育改革同样发挥着重要的指引性作用。下面从国家职业教育改革、职业教育现代化、职业教育信息化、职业教育教师素质及职业技能培训五个方面对近年来国家各部门出台的科技创新背景下职业教育相关的多项政策文件进行梳理(表3-6)。

表3-6 科技创新背景下职业教育相关的政策文件

成文时间	文件名称	发布单位	主要内容
2017年8月31日	《关于进一步推进职业教育信息化发展的指导意见》	教育部	① 准确把握进一步推进职业教育信息化发展的重要机遇与基本要求 ② 全面落实推进职业教育信息化发展的重点任务 ③ 着力完善推进职业教育信息化发展的各项保障措施
2019年1月24日	《国家职业教育改革实施方案》	国务院	① 把职业教育摆在教育改革创新和经济社会发展中更加突出的位置 ② 完善职业教育和培训体系,健全国家职业教育制度框架 ③ 把发展高等职业教育作为优化高等教育结构的重要方式
2019年2月23日	《加快推进教育现代化实施方案(2018—2022年)》	中共中央办公厅、国务院办公厅	① 深化职业教育产教融合,构建产业人才培养培训新体系 ② 完善学历教育与培训并重的现代职业教育体系 ③ 推动教育教学改革与产业转型升级衔接配套
2019年2月23日	《中国教育现代化2035》	中共中央、国务院	① 实现2035年职业教育服务能力显著提升的主要发展目标 ② 健全职业教育人才培养质量标准 ③ 推进中等职业教育和普通高中教育协调发展,鼓励普通高中多样化有特色发展 ④ 加快发展现代职业教育,不断优化职业教育结构与布局
2019年3月29日	《关于实施中国特色高水平高职学校和专业建设计划的意见》	教育部、财政部	① 加快智慧校园建设,促进信息技术和智能技术深度融入教育教学 ② 打造技术技能创新服务平台,打造高水平双师队伍 ③ 提升校企合作水平与服务发展水平
2019年5月18日	《职业技能提升行动方案(2019—2021年)》	国务院办公厅	① 推动职业院校扩大培训规模 ② 推进产教融合、校企合作,实现学校培养与企业用人的有效衔接 ③ 加强职业训练院的建设,积极推进职业技能培训资源的共建共享

---

[1] 曹建.央视快评:职业教育前途广阔 大有可为[EB/OL].(2021-04-14)[2022-10-31]. http://www.moe.gov.cn/jyb_xwfb/xw_zt/moe_357/2021/2021_zt04/mtbd/202104/t20210414_526358.html.

(续表)

成文时间	文件名称	发布单位	主要内容
2019年6月5日	《关于职业院校专业人才培养方案制订与实施工作的指导意见》	教育部	① 推进信息技术与教学有机融合,适应"互联网+职业教育"的新要求 ② 优化教师能力结构,健全教材选用制度 ③ 加快建设智能化教学支持环境,创新服务供给模式
2019年8月30日	《深化新时代职业教育"双师型"教师队伍建设改革实施方案》	教育部、国家发展改革委、财政部、人力资源社会保障部	① 把教师队伍建设作为基础性工作来抓,支撑职业教育改革发展 ② 建设分层分类的教师专业标准体系 ③ 构建以职业技术师范院校为主体、产教融合的多元培养培训格局
2020年6月16日	《职业院校数字校园规范》	教育部	① 构建基于互联网的产教融合系统,实现产业与教学密切结合、相互支持、相互促进 ② 对教学内容、课程体系等方面进行重新审视和构建,创新人才培养模式 ③ 搭建信息化支撑环境和基础条件平台,构建教科研信息系统及产学研用合作与协同的信息化环境
2020年9月16日	《职业教育提质培优行动计划（2020—2023年)》	教育部等九部门	① 稳步发展高层次职业教育,培养高素质创新型技术技能人才,畅通技术技能人才成长通道 ② 建立产业人才数据平台,发布产业人才需求报告,促进职业教育和产业人才需求精准对接 ③ 加强职业教育教材建设,提升职业教育专业和课程教学质量 ④ 实施职业教育信息化2.0建设行动,提升职业教育信息化建设水平,推动信息技术与教育教学深度融合
2021年3月12日	《关于印发〈职业教育专业目录（2021年)〉的通知》	教育部	① 加强职业教育国家教学标准体系建设,落实职业教育专业动态更新要求,推动专业升级和数字化改造 ② 优化专业布局结构,落实专业建设要求,做好新旧目录衔接
2021年7月29日	《关于实施职业院校教师素质提高计划（2021—2025年)的通知》	教育部、财政部	① 优化完善教师培训内容 ② 健全教师精准培训机制 ③ 健全教师发展支持体系
2021年10月12日	《关于推动现代职业教育高质量发展的意见》	中共中央办公厅、国务院办公厅	① 到2025年,职业教育类型特色更加鲜明,现代职业教育体系基本建成,技能型社会建设全面推进 ② 到2035年,职业教育整体水平进入世界前列,技能型社会基本建成
2021年12月17日	《"十四五"职业技能培训规划》	人力资源和社会保障部、教育部、发展改革委、财政部	① 健全完善终身职业技能培训体系 ② 提高职业技能培训质量 ③ 加强职业技能培训标准化建设
2022年4月25日	《关于学习宣传和贯彻实施新修订的职业教育法的通知》	教育部办公厅	① 充分认识职业教育法修订的重大意义 ② 深入组织职业教育法的学习宣传 ③ 扎实做好职业教育法的贯彻实施

(续表)

成文时间	文件名称	发布单位	主要内容
2022年5月17日	《关于开展职业教育教师队伍能力提升行动的通知》	教育部办公厅	① 完善职教教师标准框架 ② 提高职教教师培养质量 ③ 健全职教教师培训体系

资料来源：根据相关资料整理而成。

第一，在国家职业教育改革方面，2019年1月24日，国务院出台《国家职业教育改革实施方案》（国发〔2019〕4号），强调各地政府、国务院各部委及各直属机构要把职业教育摆在教育改革创新和经济社会发展中更加突出的位置，以促进就业和适应产业发展需求为导向，把发展高等职业教育作为优化高等教育结构的重要方式，对接科技发展趋势和市场需求，为促进经济社会发展和提高国家竞争力提供优质人才资源支撑；要大幅提升新时代职业教育现代化水平，促使职业教育提高质量。《国家职业教育改革实施方案》还从完善国家职业教育制度体系、构建职业教育国家标准、促进产教融合校企"双元"育人、建设多元办学格局、完善技术技能人才保障政策等方面指明了实现国家职业教育改革目标的可行途径。

2019年6月5日，教育部制定了《关于职业院校专业人才培养方案制订与实施工作的指导意见》（教职成〔2019〕13号）（以下简称《职业院校专业人才培养的指导意见》），要求各地、各部门以该文件为指引，落实《国家职业教育改革实施方案》，推进国家教学标准落地实施，提升职业教育质量。《职业院校专业人才培养的指导意见》指出，各地、各部门要明确教育教学目标，规范课程设置；要加强实践性教学；鼓励学校积极参与实施"1＋X证书制度"试点，将职业技能等级标准的有关内容及要求有机融入专业课程教学，各职业院校要优化教师能力结构，健全教材选用制度，优化专业人才培养方案，同步参与职业教育国家"学分银行"试点，加快建设智能化教学支持环境，创新服务供给模式，并提出建立有关工作机制的具体要求。

2020年9月16日，教育部等九部门联合制定了《职业教育提质培优行动计划（2020—2023年）》（教职成〔2020〕7号），旨在贯彻落实《国家职业教育改革实施方案》，建设公平有质量、类型特色突出的职业教育，通过提质培优、增值赋能、以质图强等方式，加快推进职业教育现代化，为我国经济社会持续健康发展提供支撑。《职业教育提质培优行动计划（2020—2023年）》强调，主要目标是"通过建设，职业教育与经济社会发展需求对接更加紧密，制度更加健全，标准更加完善"；要稳步发展高层次职业教育，培养高素质创新型技术技能人才，畅通技术技能人才成长通道；要建立产业人才数据平台，发布产业人才需求报告，促进职业教育和产业人才需求精准对接；要加强职业教育教材建设，提升职业教育专业和课程教学质量。《职业教育提质培优行动计划（2020—2023年）》重点明确了各有关单位要落实立德树人的根本任务；要推进职业教育协调发展、完善服务全民终身学习的制度体系及实施职业教育信息化2.0建设行动等重点任务；并为有关单位组织实施贯彻落实《国家职业教育改革实施方案》的具体举措指明了方向与途径。

2021年3月12日,教育部出台了《关于印发〈职业教育专业目录(2021年)〉的通知》(教职成〔2021〕2号),旨在贯彻《国家职业教育改革实施方案》,加强职业教育国家教学标准体系建设,落实职业教育专业动态更新要求,推动专业升级和数字化改造。《职业教育专业目录(2021年)》按照"十四五"国家经济社会发展和2035年远景目标对职业教育的要求,在科学分析产业、职业、岗位、专业关系的基础上,对接现代产业体系,服务于产业基础高级化、产业链现代化,统一采用专业大类、专业类、专业三级分类,一体化设计中等职业教育、高等职业教育专科、高等职业教育本科三个不同层次专业。在财务会计专业类,将原有的财务管理专业更名为大数据与财务管理,将原有的会计专业更名为大数据与会计,并增设了大数据与审计专业。

2022年4月20日,十三届全国人民代表大会常务委员会第三十四次会议修订通过了《中华人民共和国职业教育法》(中华人民共和国主席令第112号)。2022年4月25日,教育部办公厅印发了《关于学习宣传和贯彻实施新修订的职业教育法的通知》(教政法厅函〔2022〕4号),要求各地、各单位充分认识修订职业教育法的重大意义,深入组织职业教育法的学习宣传并扎实做好职业教育法的贯彻实施。该通知强调,在全面建设社会主义现代化国家的新征程中,职业教育前途广阔、大有可为。各地、各单位要立足新发展阶段、贯彻新发展理念、服务构建新发展格局,把职业教育摆在更加突出的位置,通过学习宣传和贯彻实施新修订的职业教育法,深入推进育人方式、办学模式、管理体制、保障机制的改革,增强职业教育适应性,加快构建现代职业教育体系,培养更多高素质技术技能人才、能工巧匠、大国工匠,为全面建设社会主义现代化国家、实现中华民族伟大复兴的中国梦提供强有力的人才和技能支撑。

第二,在职业教育现代化方面,2019年2月23日,中共中央、国务院印发《中国教育现代化2035》,提出推进教育现代化的八大基本理念、推进教育现代化的总体目标,并聚焦于教育发展的突出问题和薄弱环节,重点部署了面向教育现代化的十大战略任务。《中国教育现代化2035》指出,到2035年,要实现职业教育服务能力显著提升,职业教育人才培养质量标准得到健全的目标。相关部门制定了紧跟时代发展的多样化高等教育人才培养质量标准:要努力实现中等职业教育和普通高中教育协调发展,加快发展现代职业教育,不断优化职业教育结构与布局;推动职业教育与产业发展有机衔接、深度融合,集中力量建成一批具有中国特色的高水平职业院校和专业。

2021年10月12日,中共中央办公厅、国务院办公厅印发《关于推动现代职业教育高质量发展的意见》,强调职业教育是国民教育体系和人力资源开发的重要组成部分,肩负着培养多样化人才、传承技术技能、促进就业创业的重要职责。在全面建设社会主义现代化国家新征程中,职业教育前途广阔、大有可为。《关于推动现代职业教育高质量发展的意见》中提出:到2025年,职业教育类型特色更加鲜明,现代职业教育体系基本建成,技能型社会建设全面推进;到2035年,职业教育整体水平进入世界前列,技能型社会基本建成。

第三,在职业教育信息化方面,2017年8月31日,教育部出台了《关于进一步推进职业教育信息化发展的指导意见》(教职成〔2017〕4号),表明进一步推进我国职业教育信息化发展,是适应当今教育改革和信息技术创新应用的趋势;是如期实现职业教育现代化,为国家经济社会发展提供有力技术技能人才支撑的必然选择和战略举措。《关于进一步推进职业教育信息化发展的指导意见》要求职业教育信息化工作要围绕经济社会的发展大局,主动服务于国家重大发展战略,加大云计算、大数据、物联网、虚拟现实/增强现实、人工智能等新技术的应用,体现产教融合、校企合作、工学结合、知行合一等职业教育特色;并从提升职业教育信息化基础能力、推动优质数字教育资源共建共享、深化教育教学模式创新等方面对全面落实推进职业教育信息化发展的重点任务进行了明确。

2020年6月16日,教育部出台了《职业院校数字校园规范》(教职成函〔2020〕3号),旨在为职业院校在新形势下的信息化工作给予规范和引导。《职业院校数字校园规范》指出,以大数据、云计算、物联网、人工智能等各类信息技术的应用为基础的数字化、网络化与智能化应渗透在职业院校教育教学等各方面。因此,《职业院校数字校园规范》要求各地、各部门要构建信息技术支持的教学和学习空间、工作场所和虚拟场景及与其相互融合的教学环境;要构建网络化职业教育和培训平台;要建设以大数据管理为核心,将数据融合、互通共享、管理和服务业务系统集成的一体化信息服务平台,从而实现促进职业院校的改革发展,进一步提高办学水平,适应经济社会发展的要求。

第四,在职业教育教师素质方面,2019年3月29日,教育部与财政部就实施中国特色高水平高职学校和专业建设计划提出了意见,并对各地区、各部门提出了以下任务:① 打造技术技能人才培养高地;② 打造技术技能创新服务平台;③ 打造高水平专业群;④ 以"四有"为标准打造数量充足、专兼结合、结构合理的高水平双师队伍;⑤ 提升校企合作水平,培养适应高端产业和产业高端需要的高素质技术技能人才;⑥ 提升学校治理水平;⑦ 加强与职业教育发达的国家进行交流合作,引进优质职业教育资源。

2019年8月30日,教育部、发展改革委、财政部、人力资源和社会保障部联合制定了《深化新时代职业教育"双师型"教师队伍建设改革实施方案》(教师〔2019〕6号),该方案指出,教师队伍是发展职业教育的第一资源,是支撑新时代国家职业教育改革的关键力量,教师队伍建设改革为职业教育改革的发展提供了有力的人才保障和智力支撑。《深化新时代职业教育"双师型"教师队伍建设改革实施方案》进一步明确要把教师队伍建设作为基础性工作来抓,要支撑职业教育改革发展、全面提升教师信息化教学能力,以促进信息技术与教育教学融合创新发展的任务。

2021年7月29日,教育部、财政部制定了《关于实施职业院校教师素质提高计划(2021—2025年)的通知》(教师函〔2021〕6号)(以下简称《职业院校教师素质提高计划》),启动实施了"十四五"时期的职业院校教师素质提高计划,切实加强"双师型"教师培养培训，建设分层分类的教师专业标准体系，为职业教育提质培优和类型发展提供坚强的人才保障。在总体要求上，《职业院校教师素质提高计划》提出，要聚焦职业教育改革的核心任务，突出"双师型"教师个体成长和"双师型"教学团队建设相结合，构建以职业技术师范院校为主体、产教融合的多元培养培训的格局，推进校企共建"双师型"教师培养培训基地，把"三教改革""1＋X证书制度"、教师企业实践等作为重点内容。

第五，在职业技能培训方面，2019年5月18日，国务院办公厅出台了《职业技能提升行动方案（2019—2021年）》（国办发〔2019〕24号），指出各有关单位要对职工等重点群体开展有针对性的职业技能培训，要大力开展企业职工技能提升和转岗转业培训，要对就业重点群体开展职业技能提升培训和创业培训。《职业技能提升行动方案（2019—2021年）》还明确了关于支持企业兴办职业技能培训，推动职业院校扩大培训规模，鼓励支持社会培训和评价机构开展职业技能培训和评价工作，加强职业技能培训基础能力建设，推进产教融合、校企合作，实现学校教育与企业用人的有效衔接；加快建设智能化教学支持环境，创新服务供给模式；完善职业培训补贴政策，加强政府引导激励；加强组织领导，强化保障措施的具体目标任务。

2021年12月17日，人力资源和社会保障部、教育部、发展改革委、财政部联合制定了《"十四五"职业技能培训规划》（人社部发〔2021〕102号），明确了"十四五"时期开展职业技能培训工作的基本原则，即坚持立德树人、德技并修，坚持就业导向、提质扩容，坚持共建共享、协同发力，坚持市场引导、政府支持。《"十四五"职业技能培训规划》提出，到2025年，要实现终身职业技能培训制度更加完善，职业技能培训质量得到提高，职业技能培训标准化建设得到加强，共建共享的职业技能培训体系更加健全，创新型、应用型、技能型人才队伍不断发展壮大，职业技能培训服务更加有效等目标。

2022年5月17日，教育部办公厅印发了《关于开展职业教育教师队伍能力提升行动的通知》（教师厅函〔2022〕8号），从完善职教教师标准框架、提高职教教师教育质量、健全职教教师培训体系、创新职教教师培训模式、畅通职教教师校企双向流动与营造全社会关注职业教育教师队伍的良好氛围六个方面明确了2022年开展职业教育教师队伍能力提升行动的重点工作。在健全职教教师培训体系方面，该通知重点强调了要推动职教教师数字化学习平台建设；要在国家职业教育智慧教育平台开辟教师学习研修板块，面向所有老师共享共用；要发挥国家级项目承担单位、"双高"计划建设单位等单位的引领带动作用，分层次、分专业建设教师培训优质资源。

七、本章小结

近年来，国家出台的各项政策持续强调要推进高等院校整合优化科技资源配置，要在教育领域突出新兴科学技术的指引和领导作用；持续强调方法创新对教育改革的重要作用,尤其是综合运用互联网、大数据、人工智能等新兴科学技术手段,实现科技创新在教育改革事业中的应用,实现新兴科学技术服务于科教兴国战略、人才强国战略、创新驱动发展战略的目标。随着大数据、人工智能、移动互联、云计算、物联网、区块链等新兴科技的发展和应用的广度和深度逐步加深,科技进步不断创造着研究学习的新方法、新手段,新科技发展和新产业新业态持续引发着新的研究课题,不仅促进自然科学进步,也促进文科学术视野的拓展和思维范式的变化,推动文科研究内容与方法的融合创新。因此,"新文科"之"新"在于新科技发展与文科融合引领的文科新增长点,传统文科专业、课程以及人才培养模式的更新换代。[1]"新文科"背景下,国家教育部门对高校专业学科的建设与改革是否结合智能技术的关注度与日俱增。

通过对近几年国家在有关科技创新背景下针对教育改革的多项政策文件进行梳理与概括,可见我国高校应用型会计教育未来发展具有以下几点趋势。

第一,MPAcc层面。近年来,发展迅猛的新兴科技对于推动我国MPAcc教育产生了深远的影响。① 在MPAcc教育目标方面,各院校要注重加强复合型会计信息化人才培养,增加MPAcc研究生培养大纲中对会计信息化和会计数字化转型的能力要求比重,加强核心课程教材建设和MPAcc教育质量认证,引入和配备具有大数据分析等学科背景的会计青年教师,实现MPAcc研究生教育质量与MPAcc研究生专业能力的持续提升。② 在学科融合和课程体系方面,各院校要在MPAcc核心课程建设、教材建设、教育质量认证等方面开展工作,要完善会计专业学位体系,建立培养方案动态调整机制,通过科学设计的会计学科与新一代信息技术交叉融合的课程体系,丰富MPAcc教育教学的课堂形式,采用案例教学、沙盘模拟、线上线下混合式教学等教学方法,充分释放会计人才创新活力,形成全方位的会计人才培养、评价、使用体系。

第二,会计本科层面。数字经济赋予了科学技术新的内生动力,数字经济时代的到来与新兴科学技术的迅猛发展为我国会计本科教育带来了新的挑战,给会计职能的转变带来了新的需求。在习近平总书记提出要"大力发展会计现代服务业"[2]的背景下,我国的会计本科教育要充分利用新兴科学技术赋予的新能量,坚持以《关于加快建设高水平本科教育全面提高人才培养能力的意见》《中国教育现代化2035》提出的总体原则作为会计本科教育改革的指引。① 在新文科建设方面,要积极发挥会计本科教育的作用,把握专业优化、课程提质、模式创新"三大重要抓手",综合运用大数据、人工智能等信息技术,对会计专业在人才培养理念、模式、内容及手段方面进行升级改造,积极探索开设"智能会计""大数

---

[1] 新文科建设的核心要义是立足新时代,回应新需求,促进文科教育的融合化、时代化、中国化和国际化,引领人文社科新发展,服务人的现代化新目标。新文科建设必须将人才培养与科学研究紧密结合,统筹谋划,协调推进。人才培养孤军作战,新文科建设就深不下去,实不起来,成效会大打折扣(樊丽明,2021)。
[2] 新华社.深圳经济特区建立40周年庆祝大会隆重举行习近平发表重要讲话[EB/OL].(2020-10-14)[2022-10-31].http://www.gov.cn/xinwen/2020/10/14/content_5551298.htm.

据会计"等新的会计专业或方向,培养适应新时代要求的应用型、复合型会计人才。② 在人才培养模式转型方面,要坚持方法创新,加快推进人工智能与会计教育的深度融合和创新发展,探索人工智能技术与教育环境、教学模式、教学内容、教学方法、教学管理、教育评价等方面的融合路径和方法,利用大数据等新技术为培养会计人才服务,将大数据等新技术的优势带入会计人才培养的工作中,深入研究信息技术在会计教育中的合理应用。③ 在教育新基建方面,要坚持推进教育信息化 2.0 行动,积极发展"互联网＋教育",推动信息技术在会计领域与教育教学深度融合,提升高等学校会计教育信息化建设与应用水平,支撑会计教育高质量发展;要坚持推进教育新型基础设施建设,配备满足多媒体教学需要的会计专业实验室,同时在校内和校外拥有稳定的与会计教育相关的实习基地;要坚持以教育数字转型为基本原则开展数字校园建设,通过新一代信息技术开发数字教育资源,推动各级、各类教育平台融合发展。④ 在师资转型培养方面,要坚持以新兴技术推动教师队伍现代化建设,推动人工智能等新兴技术与会计交叉深度融合的教育和教学研究,鼓励教师开设能够体现会计学科前沿理论和最新会计实践的相关课程。在会计本科教育课程体系改革中要体现出"交叉融合"的特点,围绕会计类教学质量目标,制定包括课堂教学规范、实现教学规范等在内的覆盖教学过程关键环节的质量标准和规范,进一步提升我国会计本科教育的国际竞争力。

第三,会计高等职业教育层面。近年来,我国职业教育的地位得到进一步凸显,并被提升至国家战略的高度,其发展前景广阔,大有可为。2021 年全国教育工作会议着重强调要推动教育深度融入新发展格局,推进落实"职教 20 条"[1]。《职业教育专业目录(2021 年)》对财务会计专业类进行的多项调整,体现出教育部对会计高等职业教育专业建设要求的落实工作、对会计高等职业教育专业升级和数字化改造推进工作的重视。在我国会计高等职业教育的改革中,各职业院校要坚持以《国家职业教育改革实施方案》的总体原则为指引。① 在职业教育现代化方面,以习近平总书记"大力发展会计现代服务业"的要求[2]为指引,通过制定紧跟时代发展的多样化会计高等职业教育人才培养质量标准,建设现代会计高等职业教育体系,加强会计高等职业教育教师队伍建设,加快发展现代会计高等职业教育,不断优化会计领域职业教育的结构与布局。② 在职业教育信息化方面,职业院校要顺应当今教育改革与信息技术创新应用的趋势,加大云计算、大数据、物联网、人工智能等新兴技术在会计高等职业教育领域中的应用,建设职业院校数字校园,推动优质数字教育资源共建共享,提升职业教育信息化基础能力。③ 在职业教育教师素质方面,职

---

[1] 以部省共建职业教育创新发展高地为抓手,整省推进构建职业教育发展空间格局。扎实推进高职扩招三年行动,加快推进高职院校分类考试,培养更多高素质技术技能人才。继续落实"双高计划"、提质培优十大行动,总结推广 1＋X 证书制度试点,开展本科层次的职业教育试点。探索中国特色学徒制,建立省级产教融合型企业认证制度,建设校企合作命运共同体(中国教育报,2021)。

[2] 新华社.深圳经济特区建立 40 周年庆祝大会隆重举行习近平发表重要讲话[EB/OL].(2020-10-14)[2022-10-31].http://www.gov.cn/xinwen/2020-10/14/content_5551298.htm.

业院校要把教师队伍建设作为基础性工作来抓,促进新兴科学技术与会计高等职业教育教学融合与发展,积极建设"双师型"教师队伍,突出"双师型"教师个体成长,推进职业院校供给方与企业需求方共建"双师型"会计高等职业教育培养培训基地,全面提升教师信息化教学能力。④ 在职业技能培训方面,职业院校在开展职业技能培训的工作中坚持就业导向,使培养目标精准对接科技发展趋势和市场需求,培养出具有科技创新能力与会计现代服务能力的会计高等职业人才队伍。坚持促进信息技术与会计高等职业教育教学融合创新发展,运用新兴科学技术推动会计高等职业教育向更高质量转变,推进会计专业的职业教育和高等教育协调发展,实现终身职业技能培训制度更加完善、职业技能培训服务更加有效的目标。

第四章

科技对会计实务的影响、应用及融合现状

近十年来,信息革命席卷全球,信息通信技术与数字技术的深度融合与创新发展推动了以互联网、物联网为基础的数字经济的高速增长,数字经济成为继农业经济和工业经济之后的另一经济形态。数字经济时代不仅对企业的生产经营等方面产生了巨大影响,而且互联网和信息技术的广泛应用也为会计审计在企业中的智能化发展带来了新的契机。《"十四五"数字经济发展规划》指出,数字时代对会计数字化转型提出了必然要求,须加快推进会计数字化转型。此外,《会计改革与发展"十四五"规划纲要》提出了"以数字化技术为支撑,以会计审计工作数字化转型为抓手,推动会计职能实现拓展升级"的总体目标和"切实加快会计审计数字化转型步伐"的主要任务,要加快推动单位会计工作、注册会计师审计工作和会计管理工作的数字化转型。为跟上数字化技术发展的步伐,各行各业都在推进新技术、新方法的应用。本章前两节主要介绍"大智移云物区"科技对企业会计[1]和审计实务的影响及应用场景,并分别介绍典型案例以印证企业对新技术的应用程度。第三节通过问卷调查进行数据分析,进一步了解科技在与会计实务融合中的应用情况、现存问题和重点工作,以期更好地展现科技与会计实务的融合现状及发展趋势,进而为高校应用型会计教育改革提供参考和方向。

一、科技对会计实务的影响及应用

信息技术赋能会计融合创新。信息技术不仅深刻改变了社会生产和生活方式,也改变了会计行业。在此背景下,企业须引领会计更好地认识会计及信息技术发展的潮流,借助信息技术更好地推进企业的发展,推进中国会计行业的发展。信息技术的应用对会计行业的影响将涉及工作流程、组织架构、运营模式、管理理念等各个方面,有助于企业降低成本、提高效率、提升质量、改善服务,同时可以支撑财务转型、加强风险管控、拓展会计职能等。

---

[1] 此处会计为统称,类似于理论界早期探讨的"大财务"或"大会计"的概念,包含但不限于企业财务管理、财务会计、管理会计、成本会计等与会计相关的领域。

（一）会计智能化中的新技术应用

智能财务基于先进的财务理论、使用多种智能工具、采用人机协同的工作方式，可以解决财务的核算、分析、风控、预测、管理等多种工作，是一种涉及财务全流程的智能化管理。会计将借助大数据、人工智能、移动互联网、云计算、物联网、区块链等实现财务智能化。

1. 大数据在会计实务中的应用

1）大数据在会计实务中的应用分析

在诸多新兴技术中，大数据是受关注度高且公众接触度高的一种技术，其具有数据容量大、类型多、存取速度快、应用价值高等特征。企业通过应用大数据，不仅可以获取结构化信息，也可以获取非结构化信息，为企业决策提供更加全面的依据。

大数据技术在企业会计实务中的应用具有几方面的意义。第一，促使信息传输速度提升。大数据技术的应用可以使企业通过使用互联网来获取更多的信息资源，且在信息获取和处理的过程中不容易受到时间和地域等方面的影响，可以提高企业财务信息的可靠度和准确度，进而促使企业整体财务管理水平和管理质量得到提高。大数据技术可提高数据获取的数量与质量，为管理层决策提供数据支撑。相较于传统会计信息的结构化数据，企业经济活动中的非结构化数据日益增长，多样化数据的采集、清理、入库、分析和展示，让企业会计对大数据技术有了内生的需求（白晓飞，2021）。第二，有利于财务部门和业务部门的融合。大数据技术的使用，打破了各职能部门间的信息孤岛，建立起企业内部互联互通的数据共享中心，促使企业的业务部门和财务部门相互结合。运用大数据技术能够将业务部门中的所有信息数据直接传送到财务部门中，有利于业务部门以及财务部门两者实现良好的融合。大数据的会计应用作为连接企业各个业务部门的关键，需要面对海量、复杂和多变的数据内容，大数据技术的出现给企业会计带来了新的变革和创新，其中数据挖掘、机器学习、深度学习等关键技术与方法在财务智能领域的应用得到进一步的深化。第三，助推财务会计和管理会计的融合。在财务会计与管理会计的融合实践中，企业财务人员依托大数据平台，借助大数据技术提供的高效性与便捷性，能够及时改变传统会计的思维模式，提升业务能力，合理配置财务会计和管理会计资源，实现提升企业经营管理效率的目标（闫慧，2021）。数据挖掘技术可以通过描述性分析、诊断性分析、规范性分析、预测性分析对会计进行动态反映，形成大数据融合的智能财务分析与决策模型（张超等，2019）。

将大数据运用于会计中存在两方面的问题：一是忽略会计管理本身，未能适应大数据时代的发展趋势。传统会计虽然耗时，但已经形成了相对成熟的工作流程和体系。然而，在大数据时代，将新技术融入会计管理工作中，其为会计从业人员所广泛接受需要漫长的时间。同时，现有会计从业人员的综合素质参差不齐，无法确保新技术与会计管理工作完全匹配，他们对新技术大多停留在碎片化认知的阶段。这直接导致了对会计管理的认知滞后，严重阻碍了会计管理工作的开展，使其在短时间内难以适应大数据时代下的会计行业的发展趋势。二是技术不成熟,安全性与个性化需求无法保障。非结构化信息收集与创新收集的低效率是会计管理进入大数据时代后,企业所面临的信息收集的"悖论"。此外,企业利用大数据开发新应用和创新技术的实践很少,国内企业在创新方面还存在短板,与美国、新加坡等国家相比有着巨大的差距。而如何在海量数据中高效、快速地收集有用信息,是会计管理过程中的关键挑战(艾宇涵,2021)。

2) 大数据在会计实务中的应用场景

随着大数据技术的不断发展,其中数据挖掘、机器学习、深度学习等关键技术与方法在财务智能领域的应用得到了进一步的深化。大数据技术在财务领域的典型应用场景包括预算的自动推导、风险的自动筛选、客户的精准画像、仓储的排列优化、派单路径的优化等(刘梅玲等,2020)。本部分重点列举大数据技术在企业资金管理、预算管理和信用管理中的应用场景,重点介绍大数据技术对企业资金管控、预算编制和客户信用管理的影响。

第一,资金管理。利用大数据技术可以帮助企业实现资金的实时预测及欺诈管控。一方面,大数据技术可以对企业的销售收入、采购付款等涉及资金收支的业务进行分析,通过构建现金流预测模型,利用算法计算出预测结果,并将其进行可视化展示,从而进行资金管理预测。另一方面,借助大数据分析与处理技术,智能识别交易频率、金额和重复支付等异常支付,从而帮助企业进行欺诈管控,进一步保障企业资金安全。第二,预算管理。利用大数据技术可以帮助企业实现预算编制精准化、预算管控自动化和预算分析可视化。首先,企业在进行预算管理的过程中综合利用大数据采集技术获取相关数据,通过构建模型与算法计算,可以更加精确地预测企业的收入、费用及资金,提高预算编制的效率和准确性。其次,利用大数据技术可以自动抓取业务部门的实际预算执行数,与预算数进行追踪对比,当差异过大时将进行预警提示,使预算管控更加高效。最后,企业利用大数据技术、算法设置和体系构建,可以自动出具预算分析报表(陈虎和陈健,2022)。第三,信用管理。应用大数据技术可以为企业提供精确"画像",为税务稽查提供便利。依托大数据分析与处理技术,企业可以从不同的数据源中进行数据的自动采集,汇集企业所属行业的信息、财务、诚信、成长、风险和行为习惯等多个成像要素,对企业的客户财务信息、历史贷款还款信息、历史征信等情况进行分析和展示。在获取大量数据的基础上建立并持续优化风险评价模型及算法应用,形成"企业风险画像",为企业的客户背景调查或者税务稽查提供便利。

2. 人工智能在会计实务中的应用

1) 人工智能在会计实务中的应用分析

近年来,随着会计信息化的发展,人工智能在会计领域也有了非常多的融合及创新,应用场景日趋广泛,有效提升了会计管理能力。如财务机器人、信息一体化等智能化手段提升了会计管理水平并创新了财务管理的应用模式。

人工智能在企业会计应用过程中的作用主要体现在以下几个方面。第一,高效率。传统财务会计存在信息传递迟缓的弊端,人工智能出现的意义就在于它对会计数据高效的处理能力,这种高效的处理能力可以打破传统的局限性,并且可以在某种意义上把静态的报表看成实时的动态报告。人工智能将传统的事后核算制度完美演变成事中参与控制与分析,起到了极强的控制作用,帮助管理层有效经营、深度决策,更能帮助其把握住在商业环境中的主动权。第二,高信息质量。人工智能当下在业务系统、OA系统等软件和财务系统中实现全面对接,实现开票、流转、报销、入账、归档的全流程智能化管理。从电子扫描到语音录入,人工智能简化了会计工作,极大地减少了人工录入过程中不可避免的错误,同时极大地抑制了会计信息遭到人为造假的可能,从而在一定程度上保障了会计信息的真实性和可靠性,这对公司的分析会愈加有效,助推业财融合。

人工智能也给会计工作带来了重大变革和挑战。第一,会计人员工作遇阻。人工智能的出现虽然在提高财务工作质量和效率等方面产生了积极影响,但是它将会对会计人员以及财务相关工作岗位产生冲击(张庆龙等,2021)。财务机器人大面积上岗就业意味着传统财务人员面临失业的风险。同时,人员需要面对的是会计行业打破壁垒的提升,在所处的会计行业中会对中级会计人员和高级会计人员所应具备的基本素质有更高期许。第二,会计信息安全存在隐患。在2016年新公布的《会计档案管理办法》中,明确了电子会计档案的法律地位,电子发票及其他电子文件形式的单据可以作为会计记账和归档的依据。然而,当日后的会计凭证、会计档案通过人工智能录入保存,必然存在网络安全问题,企业信息的保密工作如何有效保障依然存在一定的问题。

2) 人工智能在会计实务中的应用场景

人工智能在会计领域中的应用场景可细分为感知智能、运算智能和认知智能三类,其中感知智能在会计领域中的应用场景最为丰富,主要有人脸、图像和语音识别等;运算智能在会计领域中的应用场景包括各类财务机器人(robotic process automation,RPA)、财务的多维分析和关联分析等;认知智能在会计领域中的应用场景较少,主要包括财务报告分析领域的专家系统、智能客服、虚拟个人助手(virtual personal assistan,VPA)等(刘梅玲等,2020)。秦荣生(2020)认为,人工智能关键技术在会计工作中应用的场景主要有会计核算语音指令、账证核对验证机器视觉、大数据财务分析、智能财务风险控制、提供精准预测方案等。由于以上应用场景存在部分技术和场景交叉,本部分主要介绍以下六种应用场景,见图4-1和图4-2。

第一,会计核算语音指令。会计核算语音指令是人工智能在接收到会计人员发出的语音指令后,自动提取其中的关键信息并完成归纳分类,并直接存储在"大脑"中枢指令系统中完成操作。该场景包括语音指令记账、核算和编制财务报表。

第二,账证核对验证机器视觉。账证核对验证机器视觉是通过机器视觉来模拟眼睛识别发票、原始凭证和制度文件等,运用机器算法模拟人脑进行分析,最后自动录入和输入,

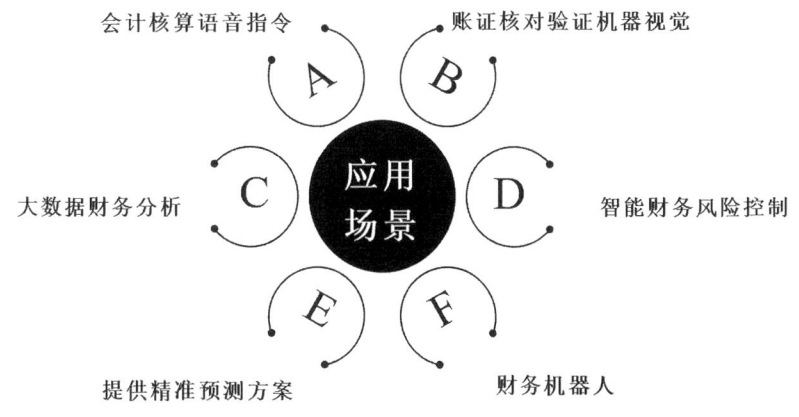

图 4-1 人工智能主要应用场景

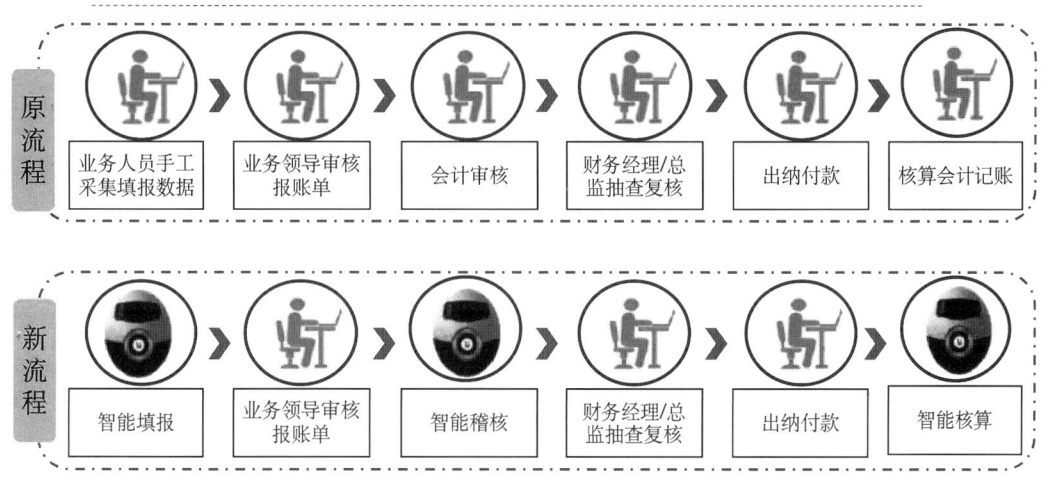

图 4-2 财务流程转变[1]

将影像文件转化为结构化数据,并作出测量、判断、核对和验证。其在会计中的应用场景可以细分为两方面:一是会计凭证查重、验证;二是自动实现记账、价税分离。

第三,大数据财务分析。企业可以利用人工智能对企业以及其所在行业的情况和生产经营等数据进行挖掘、分析、整理、对比,形成企业级数据库,利用人工智能大数据分析技术,得出数据财务分析结果,管理层可根据分析结果进行决策。

第四,智能财务风险控制。智能财务风险控制是把人类具有的直觉推理和试凑法等加以形式化或机器模拟,并用于财务风险控制系统的分析与设计,使之在一定程度上实现财务风险控制系统的智能化。

第五,提供精准预测方案。人工智能可以从多维度、多角度对公司数据进行全面收录,

---

[1] 唯你科技创始人赵勇于 2022 年 7 月 24 日在智能财会联盟第二届年度会议上的讲座内容。

除了数字还包括文本和图像,甚至包括与客户的通话记录。而且,人工智能可以根据不同参数及时提供多种精准的预测方案,这是传统生产经营预测无法做到的(秦荣生,2020)。

第六,财务机器人。财务机器人的主要应用场景可细分为:① 原始数据获取、导入和处理场景;② 对账、审查与复核场景;③ 会计核算、报表及附注生成场景;④ 其他常规工作场景,主要包括系统内、外部平台的登录,文件下载与上传,信息通知等工作场景。人工智能技术在财务机器人中的应用会更加倾向于使其会"听"(如语音交互的感知智能)和会"看"(如信息自动识别)(张庆龙,2021)。

3. 移动互联网在会计实务中的应用

1)移动互联网在会计实务中的应用分析

移动互联网作为一种通过智能移动终端、移动无线通信方式获取业务和服务的信息技术,已随着智能手机的广泛使用对许多传统业务包括会计业务产生了重要影响,主要可以从会计核算流程方面、资金收支管理方面、会计档案管理方面对其进行分析。在会计核算流程方面,移动互联网的运用主要是体现在会计信息获取的及时性以及会计信息处理的高效率;在资金收支管理方面,移动互联网的运用主要体现在对资金存量以及流量信息的及时感知;在会计档案管理方面,移动互联网的运用提高了日常档案查询等工作的效率,并增加了档案保管的安全性。[1] 其具体作用如表4-1所示。

表4-1 移动互联网在会计流程中的作用

业务流程	作用
会计核算流程方面	在财务报表获取和查看方面,使财务报表的展示更加灵活,以及移动终端和ERP系统的集成,使得管理层能及时获取查询到订单情况、商机、线索等业务信息,为业务决策提供实时信息
资金收支管理方面	操作人员通过移动终端直接与银行系统联动进行对账处理,减少数据误差,主管人员或管理层可不受地域限制,随时随地通过移动终端了解公司资金的流量和存量信息
会计档案管理方面	日常档案的查询、借阅等都通过移动终端进行操作,不会受到地理位置及环境的影响,整个操作过程方便快捷,提高了工作效率,同时随时对档案室进行监控,并在出现异常情况时通过移动终端预警,保障档案室的物理安全,减少档案室的管理成本

移动互联网与会计融合中,存在以下三个需要重点关注的方面。第一,发展理念落后。许多企业忽略了信息和数据的应用管理,忽略了对信息更深层次挖掘的价值,这种理念不能匹配当前企业多元化和个性化的需求,不利于实现企业资源和信息的共享。第二,更新速度较慢。在实际生活中,部分企业没有建立完善的信息处理机制,无法及时地获取企业的相关信息,导致财务会计工作相对滞后。第三,专业人才缺失。目前,很多企业的专业人

---

[1] 麦肯锡.数字化转型的1个目标,3大领域,6大因素和9个环节[EB/OL].(2022-04-16)[2022-05-20].http://qikan.cqvip.com/Qikan/Article/Detail? id=7107869265.

才培养工作并未得到有效落实,企业忽视了对人才使用新技术手段和创新能力的培养,这在一定程度上制约了企业的财务会计工作。

2) 移动互联网在会计实务中的应用场景

移动互联网在会计实务中的典型应用场景如图4-3所示,包括移动资讯浏览和推送、移动任务审批、移动差旅业务处理、移动费用报销、移动发票开具、移动电子ID等(杨强和刘泽栋,2021)。移动端应用所依附的操作系统不再是Windows和Linux等计算机PC端操作系统了,而是iOS和Android等移动手机操作系统。移动端应用的大量普及使财务工作得以脱离PC端的空间限制,使用手机即可进行财务操作,实现数据共享。

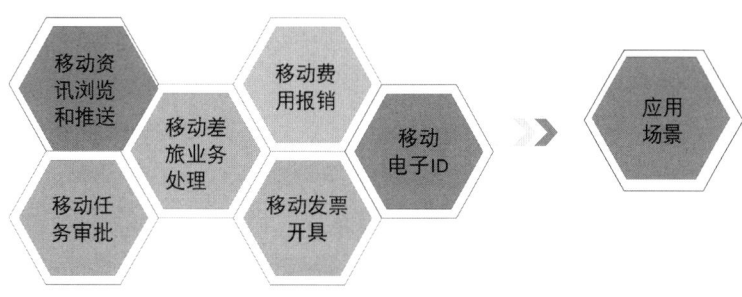

图4-3 移动互联网的典型应用场景

以费用报销为例,移动互联网主要有以下四个应用场景:第一,发票影像采集。通过智能财务App能够即时完成纸质发票拍照与电子发票采集,并自动进行发票查验与智能稽核处理;第二,文件资料采集。通过智能财务App能够即时完成相关文件资料的采集,方便报销时直接调用;第三,移动智能差旅处理。通过智能财务App,可以提供从出差申请、审批到报销的全过程应用,能够满足员工多地点选择出差、多项申请合并报销等各种差旅业务场景;第四,移动智能报账。通过智能财务App,可以提供从申请、审批到报销的全业务报账应用,能够满足企业不同标准的业务事项,从项目或合同发起的报销处理。此外,移动互联网在会计领域的一大应用场景为移动资产盘点。通过智能财务App可以提供从盘点任务下载、二维码扫码盘点到盘点结果上传的全流程管理应用,满足企业多部门、多资产类别移动盘点的需求(刘梅玲等,2020)。

4. 云计算在会计实务中的应用

1) 云计算在会计实务中的应用分析

云计算是分布式计算技术的一种,其借助互联网将庞大的计算处理程序拆分成若干个较小的子程序,再交由多部服务器所组成的庞大系统经搜寻、计算处理之后将处理结果回传给用户。在这个过程中,提供无限扩展的资源的网络被称为"云"。在会计实务中,企业可以通过搭建云平台,实现"业财融合",高效获取财务与非财务信息,降低企业获取信息所需的成本,达到提高企业价值的目标。

云计算、大数据、人工智能三者有着紧密的联系。云计算设施上运算的、存储的就是大数据，而人工智能又是大数据应用的体现。因此，在六大技术中，云计算技术是一项基础技术，有了云计算技术及云计算产业的成熟发展，才能够支撑其他技术的产业转化，也才能真正将人们带入数智化时代。云计算技术及产业的发展，将企业的信息化时代由软件时代全面带入"云时代"，将企业数字设施部署模式由私有化部署模式带入"公有云租赁模式＋专属云部署模式＋混合云部署模式时代"，并将引导企业数字设施最终全面"上云"，由企业数智化时代升级为产业链、生态链数智化时代（付建华，2021）。越来越多的企业尝试用"云"搭建数据平台，用以支撑企业进行"业财融合"，打造共享中心，来解决生产经营中存在的难题。只要到云服务平台注册一个账号，企业和个人用户就可以通过互联网方便快捷地获取所需的IT资源和技术能力，既降低成本，又满足灵活部署、高效率的业务需求。总之，在数字经济时代，云计算在企业财务转型中正扮演着越来越重要的角色（张英明，2021）。

2）云计算在会计实务中的应用场景

云计算的典型应用场景包括底层数据的云端存储与利用、云端应用的原生开发支持。按照服务类型对云计算进行分类，普遍意义上有三种模式：基础设计即服务（IaaS）、平台即服务（PaaS）和软件即服务（SaaS）三类，从云计算发展而来的云财务也由这三层体系框架组成。其中，在SaaS模式下，用户可以在世界的任何地方进行远程财务会计报销、核算、审计等操作，只要可以连接到互联网，就可以随时进行"移动办公"。云平台SaaS云层提供电子发票、财税一体化、供应链管理、成本管理、报表出具、全面预算管理、账务核算、费用决策、客户画像、舆情分析、竞争情报等功能，为企业提供云端、智慧财务等服务（杨强和刘泽栋，2021）。下文将主要介绍SaaS模式下云计算在财务领域中的应用——财务云。

在财务领域，一些规则已经定义清楚，可以实现系统化的日常工作，例如账务处理、报销审核、税金计算和申报，云服务商其实就可以SaaS的方式提供此类服务。例如，传统的ERP企业用友和金蝶分别推出了用友云和金蝶云，可以使原来属于传统ERP的功能在线化。这样，一些中小企业就无须搭建ERP系统，而是直接以租赁的方式购买在线的云服务，这对于传统的会计来说，财务云就会取代其一部分工作。目前，在"企业上云"氛围的推动下，越来越多的传统ERP服务商向云端转型，加上新兴的财务共享服务商的出现，财务云市场的SaaS服务也表现出差异化。这里主要以中兴新云、金蝶云、用友云和浪潮云四家典型的财务云服务商为例进行简单介绍。

图4-4为中兴新云财务云信息系统。中兴新云以共享服务为起点，实现财务数字化转型。中兴新云FOL财务云信息系统作为企业建设财务共享服务的重要工具，集合费用、采购、销售、核算、资金和税务六大体系，共分为业财连接、财务控制、共享核心、会计核算、资金管理、税务管理、能力中台、财务大数据八大模块，根据不同的业务流程及会计循环需要，在每个模块下设不同的域，每个域中下设不同的系统。通过不同系统之间的互联互通，实现业务数据与财务处理的协同。

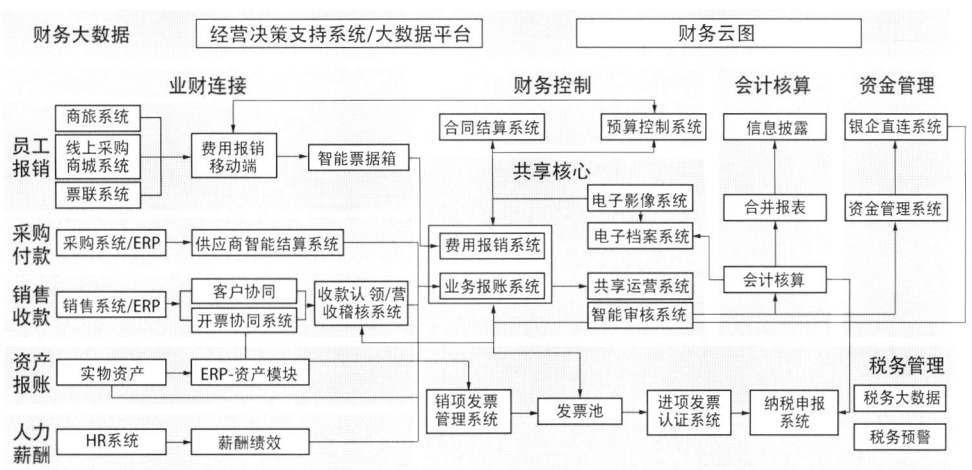

图 4-4 中兴新云财务云信息系统

资料来源：中兴新云财务云。

图 4-5 为金蝶财务云应用蓝图，也被称为全价值链财务服务。金蝶财务云秉承 EBC[1] 的核心思想，以"无人会计、人人财务"为理念，构建费用管理、财务会计、财务共享、财务中台、税务管理、管理会计、企业绩效、资金管理等新一代财务云应用，助力大企业财务转型。金蝶财务云采用 SaaS 模式，结合 AI 技术，以财务机器人的形式贯穿企业财务全流程，从感知能力、计算能力、认知能力三个层面来推动智能财务的应用。[2]

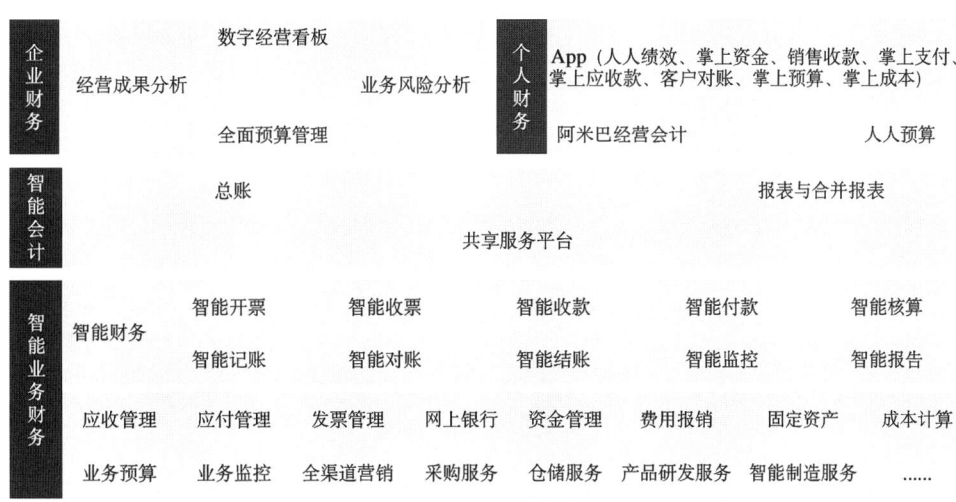

图 4-5 金蝶财务云应用蓝图

资料来源：金蝶财务云。

---

[1] EBC，即 Enterprise Business Capability，是企业顺应数字化时代发展而构建的全新数字化生态体系，旨在为市场上迅速涌现出的新技术和新应用提供五大数字化平台：面向客户的体验平台、面向员工的信息化平台、面向伙伴的生态平台、面向万物的物联网平台、数据与智能分析平台。

[2] 参见金蝶官网：https://www.kingdee.com/sem/cwy。

用友财务云服务架构如图 4-6 所示。用友财务云是实时会计、智能财务,采用领先的"大智移云物"技术,基于事项法会计理论,以业务事项为基础,以实时会计、智能财务、精准税务、敏捷财资为核心理念,构建财务会计、管理会计、税务服务、报账服务、财资服务、企业绩效、电子档案服务、共享服务的全新一代财务体系。其打造具备实时、智能、精细、多维、可视、生态的企业数智化财务云服务平台,助力企业财务数字化转型。

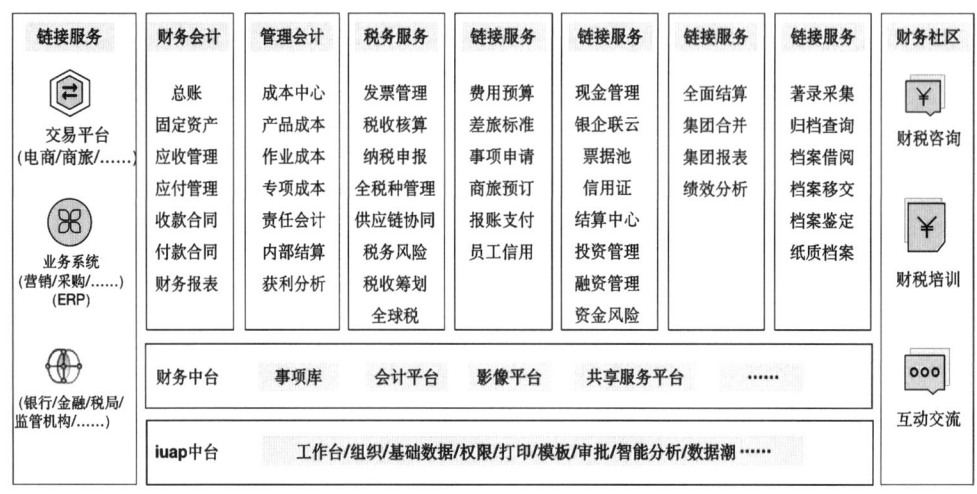

图 4-6　用友财务云服务架构

资料来源:用友财务云。

浪潮财务云(图 4-7):柔性共享,精细管控。浪潮认为,财务云是财务共享管理模式与

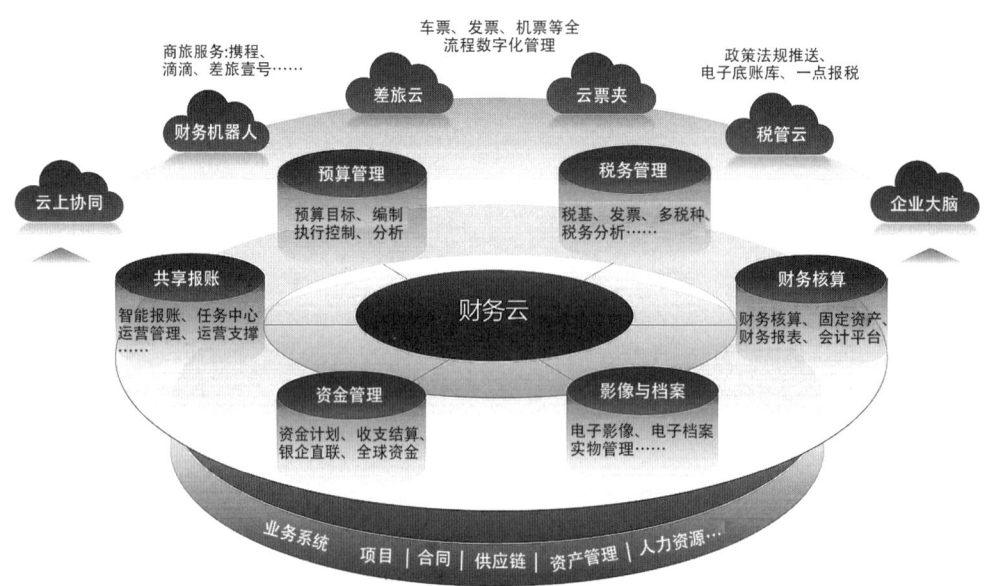

图 4-7　浪潮财务云信息系统

资料来源:浪潮财务云。

云计算、移动互联网、大数据等技术有机融合的结果。通过建立集中、统一的企业财务共享中心,可以实现财务共享服务、财务管理、资金管理的三者合一,实现"报账、资金、决策"在全决策流程中的协同应用。浪潮财务云以财务共享为核心,融合商旅管理、网上报账、预算管理、电子发票、电子影像、税务管理、资金管理、电子档案等全面财务管理内容,利用财务机器人,打造智能化财务平台,实现业、财、资、税、档的一体化管理。

5. 物联网在会计实务中的应用

1) 物联网在会计实务中的应用分析

物联网是指通过二维码识读设备、射频识别装置、红外感应器、全球定位系统和激光扫描器等信息传感设备,按约定的协议,任何物品都可以与互联网相连接,进行信息交换和通信,以实现智能化识别、定位、跟踪、监控和管理的一种网络,主要解决物品与物品、人与物品、人与人之间的互联(刘梅玲等,2020)。

物联网在企业中的应用改变了会计信息的处理模式,增加了财务数据的真实性与可靠性。利用射频识别、激光扫描实现物品的分类规整,利用传感设备对所有物品的数据进行动态获取和监控,利用网络平台实现数据的共享与传递,利用移动终端实现业务的随时随地处理。在物联网技术支持下,企业可以利用电子标签(Radio Frequency Identification, RFID),从原材料采购开始就给每件物品嵌入电子标签,在之后的生产到销售的环节中都将设置多个感应器与标签进行"互动",全程没有工人的参与,加强数据的真实性。同时,通过应用物联网,企业业务活动的信息能够实时处理,增加会计信息处理的时效性。另外,电子标签包含的信息巨大,从原材料的采购到销售的各个方面的数据都可以被反映,所以使得非财务化数据的收集变得容易(王海洪和肖洋洋,2018)。

物联网可以促进企业会计提高效率。第一,物联网可以实现财务数据的智能处理,提高企业财务管理效率。财务数据是企业经营的核心数据,将财务管理与移动终端技术、物联网技术融合后,有利于提升财务数据录入传递的有效性和可靠性,有利于提升财务数据的准确性和实时性,同时实现财务数据的集成化和共享化,从而提高企业财务管理的质量和效率。第二,物联网环境能够实现企业财务管理的过程化、智能化。与传统财务管理的事后监管相比,物联网带来了各种智能计算技术、感知系统、互联网的运用,打破了财务管理的时间和空间限制,使财务信息能够及时有效地处理,同时使财务及非财务信息实时在线,为随时随地获取信息和实时财务管理提供了条件,也为企业实现过程化管理带来了可能。

2) 物联网在会计实务中的应用场景

当前,物联网技术的应用场景主要表现为智能工业制造、智能农业、智能零售、智能医疗、智能能源环保等,其在财务中的典型应用场景包括重大资产或关键备件的全生命周期追溯跟踪(杨强和刘泽栋,2021)。比如资产的识别、定位、追踪、监控和管理,以及会计档案的定位、追踪和管理等(刘梅玲,2020)。本部分重点介绍二维码和云打印等物联网技术的主要应用场景。二维码有四个应用场景：第一，资产盘点。用户可以通过手机扫描资产标签上的二维码，系统将会自动匹配资产卡片完成实物盘点处理。第二，CA认证。资金支付结算时，资金管理岗员工可通过扫码进行身份认证，数字签名后可自动完成资金支付。第三，单据定位。稽核及归档打印员工通过扫描凭证或粘贴单上的二维码，系统即可定位到相应的凭证或单据界面。第四，系统登录。用户访问智能财务共享平台时，系统自动生成二维码，员工通过手机扫描调取用户账号，身份认证通过后完成系统登录。云打印有两个应用场景：第一，电子会计凭证云打印。公司员工可在各公司的归档打印工作台共享打印机，为三级稽核人员打印电子会计凭证提供便利。第二，移动报销云打印。公司员工在智能财务移动App上完成电子文件上传、电子会计凭证导入或生成报销单后，即可通过云打印完成相关单据的打印工作（刘梅玲，2020）。

6. 区块链在会计实务中的应用

1）区块链在会计实务中的应用分析

区块链的核心技术主要包括分布式记账、全网共识、时间戳、密码技术、数字签名和智能合约等。企业通过应用区块链，可以解决企业内外信息不对称以及企业内部信息传递不及时、不全面的问题，提高会计效率和质量，实现信息的高速传递。同时，区块链相关技术可以保证信息传递过程中的安全性。

自动化记账方式降低了数据被篡改的可能性，数据的时序性和时间戳技术具有不可逆性和不可篡改性。共识机制与会计信息的可靠性高度契合，所以区块链技术可以保障会计信息的可靠性。智能合约可以验证和执行合同，具有透明性和信息可溯源性，区块链技术在会计领域中存在巨大的应用空间（刘光强等，2020）。在区块链财务管理运行的过程中，区块链程序的设计保障了每个财务管理主体（节点）的信息实时更新与同步备份，可以提供财务管理决策所需的完整信息与数据。区块链将在数字化信息传递、数字资产转移、投融资决策信息收集、并购与业绩评价、营运业务判断、财务决策大数据、资产运营管理等财务管理方面实现信息技术创新（乔鹏程和马锦，2020）。杨润辉（2020）从属性、对象、功能三个维度研究了区块链技术在财务共享领域的应用，并从技术障碍、监管制度和成本投入方面分析了在财务共享领域中应用区块链技术所面临的挑战。

区块链在企业会计中的应用优势主要体现在以下几个方面。第一，优化流程，降低交易成本。区块链从根本上抛弃了第三方的确认机制，实现了技术信任代替制度信任，大大降低了管理成本，杜绝了信息不对称、权力寻租、舞弊和管理信任危机等问题。第二，提高财务数据质量。区块链技术可以保障信息的真实性和可靠性，通过分布式的加密账本，以共识机制搭建由系统自动审核、资金自动收支和全网自动记录的机制，交易过程无中心审批，具有数据匿名性、不可逆性和安全性。第三，确保会计数据安全。区块链以公钥和私钥的数字签名技术确保了会计数据的安全。第四，推动企业报告模式的智能化。区块链可实时提供个性化财务报告，企业利益相关者根据授权可随时获得报告。实现由定期的价值报告转向个性化的事项报告,通用式报告转向交互式按需报告,股东报告角度转向利益相关者角度,单一计量转向多重计量,事后报告转向实时在线报告,被动报告转向智能化的主动报告(刘光强等,2020)。第五,提高企业财务工作效率。区块链的智能合约技术能够集中解决高度重复的手工操作耗费大量人工时间、沟通成本高且效率低下等问题,提高财务流程的处理效率,解决财务流程受困于时间和人力的问题(杨润辉,2020)。

2)区块链在会计中的应用场景

区块链电子发票借助分布式记账、多方共识和非对称加密等技术,打通了企业的财务系统,可以安全快捷地实现发票查验、入账、报销和申报。员工可以将微信等平台开具的电子发票与企业财务系统对接,企业可以及时接收和查询员工上传的电子发票,及时进行审核和报销。当报销完成时,这张电子发票就归入已报销栏,有效避免一票多报的问题。企业在申报纳税时,可以在系统之中一键实现电子发票的纳税申报,使纳税更高效便捷。如图4-8所示,以腾讯区块链电子发票为例,深圳市税务局携手腾讯落地的区块链电子发票,将"资金流、发票流"二流合一,将发票开具与线上支付相结合,打通了发票申领、开票、报销和报税全流程。腾讯区块链电子发票的业务流程包括领票、开票、流转、验收和入账等,大致分为四个步骤。首先,税务机关在税务链上写入开票规则,将开票限制性条件上链,实时核准和管控开票;其次,开票企业在链上认领发票,并写入交易订单信息和链上身份标识;再次,纳税人在链上认领发票,并更新链上纳税人身份标识;最后,报销企业验收发票,锁定链上发票状态,审核入账,更新链上发票状态,支付报销款。

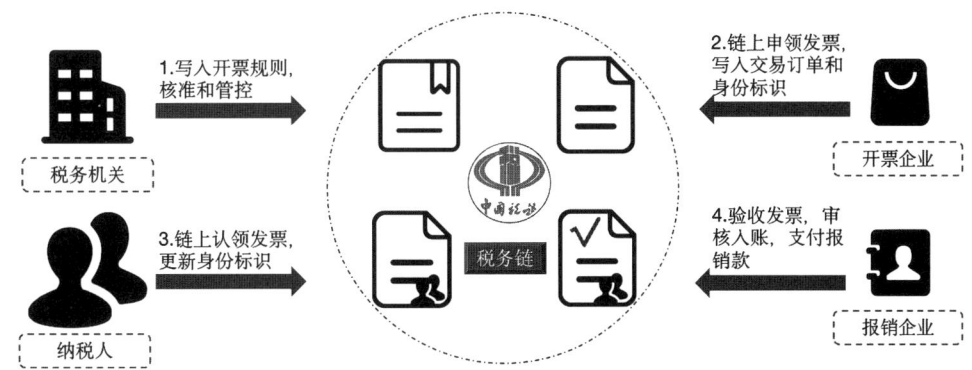

图4-8 腾讯区块链电子发票业务流程[1]

(二)会计智能化应用案例——哈药集团[2]

哈药集团股份有限公司(以下简称"哈药集团")是一家国有控股企业混改后形成的中

---

[1] 腾讯研究院.2019腾讯区块链白皮书:产业区块链的破局之路[EB/OL].(2019-11-24)[2022-03-25].https://tisi.org/11408.

[2] FSSC共享服务中心.抗疫明星:哈药集团财务数字化创新与实践完整案例[EB/OL].(2020-05-22)[2022-03-30].https://maimai.cn/article/detail? fid=1471041456&efid=gV-Dev_s46vmxDqZjbONCg.

外合资企业,拥有两家在上海证券交易所上市的公众公司(即哈药集团股份有限公司和哈药集团人民同泰医药股份有限公司)和五十余家全资、控股及参股公司。作为医药行业的龙头企业,哈药集团具有较高的公众知名度,旗下拥有"三精""护彤""世一堂""人民同泰"等多个受百姓认可的品牌。截至 2020 年年底,哈药集团员工总数接近 2 万人,注册资本共计 37 亿元,资产总额达 119 亿元。哈药集团融合医药制造、营销、科研于一体,主营业务涵盖抗生素、化学药物制剂、非处方药品及保健食品、中药、生物工程药品、动物疫苗及兽药、医药流通七大产业领域。

在哈药集团面对着多业务板块、多业务模式,并且需要以规模化、国际化的管理模式运营的情况下,哈药集团的财务管理创造了新的职能要求,如图 4-9 所示:要提升战略支持能力,在集团的战略制定上给予财务支持;要提升价值创造能力,通过业务分析提升公司的盈利能力;要提升决策支持能力,通过财务测算有效地支持业务决策;在财务转型上,也要提升业务的反应能力、财务运营能力以及风险防范能力。

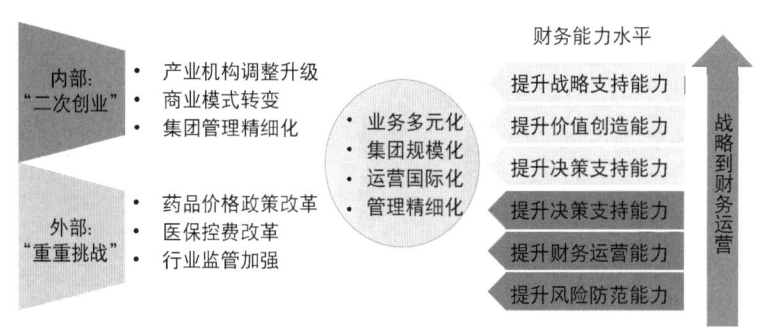

图 4-9 哈药集团财务管理职能提升要求

在这样的背景条件下,哈药集团提出的财务管控目标如图 4-10 所示,就是形成业务财务、战略财务、共享财务三位一体的模式,以财务共享建设为手段推动财务转型。建立一个以财务共享服务中心为数据基础保障,以业务管理分析为管控手段,以战略财务顶层设计为发展导向的业务财务一体化的综合管控模式。

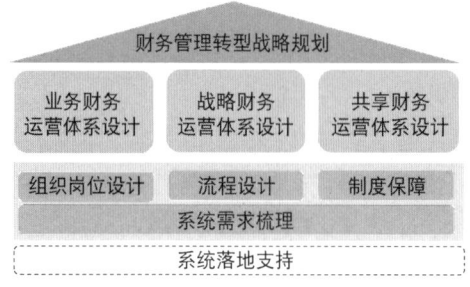

图 4-10 哈药集团财务管控三位一体模式

财务共享中心的建设思路——协作共赢。如表 4-2 所示，哈药集团具体数字化转型从 2016 年开始，至 2020 年已基本实现全面数字化转型。哈药集团以整体系统落地做支持，将岗位设置、流程设计、制度保障作为提升整个财务管理模式的战略规划。据此，财务共享中心的建设思路包括四条：一是流程梳理和标准化，全面梳理业务与财务流程，针对业务类型进行标准化，依托系统集中规范财务处理；二是推动业财一体化，从单点的业务联系，变成网状业务交流，实现业务财务一体化，与业务充分交流沟通，使得财务业务数据来源统一、口径一致；三是提升效率，降低成本，要统一核算口径、提高处理效率、提高核算质量、降低核算成本、提升财务服务水平及服务标准；四是提供业务决策支持，为业务单元的财务管理、经营决策、业务支持提供专业、及时、可靠的财务数据支持及业务决策支撑。共享中心共设计七个专业组，包括运营管理组、总账报表组、销售应收组、采购应付组、费用报销组、资金结算组、非上线核算组。

表 4-2 哈药集团数字化转型时间进度

年份	财务转型措施
2016 年	哈药集团通过咨询专业机构，进行财务转型设计，其中包括开展现状调研与现状诊断、财务转型整体方案与详细方案设计
2017 年	通过内部宣导、外部学习方式，同年启动 SAPS/4HANAERP 系统和 SAPSSF 财务共享中心建设项目，并将财务共享作为 ERP 模块之一纳入项目组，参与整体 ERP 的方案设计、流程梳理以及核心方案的确立
2018 年	ERP 和财务共享中心系统建设完成，人员竞聘、到岗开展工作
2019 年	系统与应用持续改进，按照税改政策调整。完成了首年年结工作，同时不断收集各业务的反馈，开始升级业务系统、优化流程，并且开展定期的系统学习和流程培训，让全员能够更好地适应财务共享模式
2020 年	开始做预算管控和移动报销，AP 自动化和电子发票

接下来，将详细介绍"大智移云物区"六大新兴技术为哈药集团财务转型所带来的成效，将从成本降低、效率提升、流程再造、业务支持、决策支撑五大方面展开分析。

在成本降低、效率提升方面，上线前共享范围内的核算业务包括 188 个人员的工作量，共享上线后由 83 人承担；在单据处理时长上，上线前平均需要 6 日，上线后平均需要 2 日；在收付结算上，收款实时推送，业务付款结算可在 24 小时内办理完毕；在报表月结效果上，上线前成本核算需要 3～7 日，上线后成本核算仅需 1 日。

在流程再造方面，将所有业务流程、财务流程进行集中梳理和分类，分为交易处理流程、合并与报告流程、规划与执行流程、资本与风险流程、业绩与决策流程、监管与治理流程。涵盖了从销售到收款、采购到付款、费用到支出、成本到存货、资产核算、总账核算、资金结算、税务管理、合并与报告、预算管理、资金管理、资本管理、财务分析、会计管理、综合管理等一系列业务流程。其中一级流程 15 项、二级流程 42 项、三级流程 122 项，同时有

76%的流程纳入共享范围内统一进行流转。

在业务支持方面,新兴技术带来了这些成效:① 精细化管控,通过业财一体化使得财务结果均来自业务数据的生成;财务数据能逐层钻取、穿透查询至每项基础业务;保证财务数据与业务数据的口径一致和实时统一。② 智能化核算,系统集成使业务发生实时转成财务数据;自动化财务核算对业务开展可及时响应;高效高质财务数据指导业务推进、调整。③ 数字化运营,通过统一核算标准、业务流程、审批层级,为业务单元经营提供更为专业和更为可比的数据支持,进而为业务单元的日常运营和业务开展提供决策支持。

在决策支撑方面,新兴技术带来了这些成效:① 平台化共享,共享模式能够快速响应公司的发展、拓张的战略决策;建立财务核算、资金结算、税务申报等全业务的财务共享平台;促使新增、并购公司能规范、标准、快速对接进入集团公司财务体系。② 协同化服务,"最好的管理就是服务";将财务管控内嵌于服务过程中,在服务中传达公司决策;将原有的面对面的信息交互变为平台化信息交互,扩大了服务范围、提升了服务时效。③ 流程化管理,使公司管理决策能够迅速、准确地推行至各业务单元;将财务核算所涉及的业务流转和审批全部实现系统流转和线上审批;将关键流程控制节点内置在系统中,实现流程自动推送、自动流转。

以财务共享为核心进行系统布局,如图 4-11 所示,将所有系统分为三个层面,即交易处理层、报表管理层、决策支持层。交易处理是基础层次,通过共享平台与 ERP 系统进行实时对接,实现了销售业务、采购业务、财务业务、资产报账、费用报销、付款业务等业务与 ERP 系统中的 AR、AP、总账、资产、成本、资金等模块对接。结合 OA 系统实现了审批流程管理;结合影像系统实现了实物单据影像管理、发票的自动验真,认证、查重以及相应的会

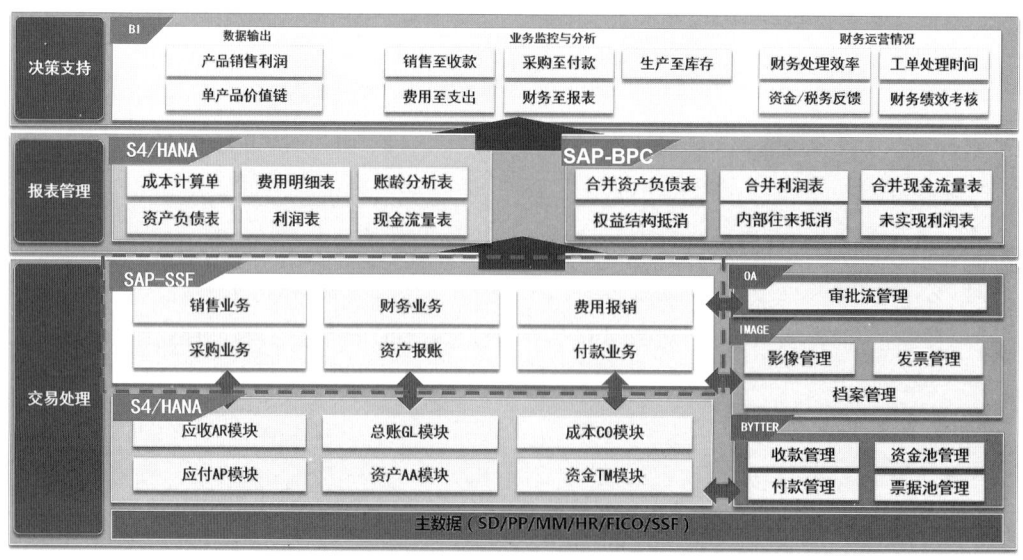

图 4-11　哈药集团财务共享系统布局

计档案管理;结合资金系统实现了收款管理、付款管理、资金池管理、票据池管理。所有的交易处理以共享平台为核心,该平台贯穿所有业务和系统进行整体处理,是所有业务处理的集中平台。共享平台能够将所有业务工单在单据池中自动派工,实现了业务的自动流转。报表管理层主要包括 ERP 系统中的报表管理以及 BPC(创新的电子商务模式)系统中的合并报表数据。决策支撑层是在报表管理的基础上,利用 BI(商业智能)系统在交易处理层生成相关数据,并进行可视化的系统输出,主要包括数据输出、业务监控与分析、共享中心财务运营情况的处理。

哈药集团通过利用"大智移云物区"实现了财务共享中心建设,实现了业务财务、战略财务、共享财务三位一体,以财务共享建设为手段推动财务转型。其建立了一个以财务共享服务中心为数据基础保障,以业务管理分析为管控手段,以战略财务顶层设计为发展导向的业务财务一体化的综合管控模式。财务转型使哈药集团经营成本降低、效率提升,且在流程再造、业务支持、决策支撑方面的效率以及质量得以提升,助力集团实现高质量可持续发展。

二、科技对审计实务的影响及应用

现代科技正在影响审计工作的方方面面,通过信息化、数字化提高了审计监督、过程控制等各方面的能力,有效推动了数字化审计模式,有力促进了审计工作提质增效。在科技对审计的影响及应用方面,本节先分析了大数据、人工智能、移动互联网、云计算、物联网和区块链六大技术在审计工作中的应用,然后讨论了审计智能化的主要工作场景,以期为审计智能化的理论研究和实践提供参考。

(一)审计智能化中的新技术应用

多种智能技术的出现打破了传统数据审计在数据规模、范围及类型方面的限制,融合了高级数据分析、认知技术、智能预测、敏捷方法和机器人流程自动化等新技术、新概念的智能审计应用将为审计迈向更高层次提供全方位的数字化赋能。下文将介绍大数据、人工智能、移动互联网、云计算、物联网和区块链六大技术在审计工作中的应用。

1. 大数据在审计实务中的应用

1)大数据在审计实务中的应用分析

大数据在审计中的应用主要从审计样本、审计证据、审计效果三部分进行讨论。大数据可以改变审计样本的选取,增加审计过程中所需要的审计证据,以此来提升审计的效率和效果。

在审计样本方面,利用大数据技术可以提升抽样效率,规避抽样风险。在审计抽样方面,在有限的技术条件下,审计人员通过抽样来推知总体的情况,而运用大数据技术,审计人员可以对被审计单位某项业务的总体数据进行采集和分析,这样可以有效地规避审计抽样的风险,还可以对数据进行多角度、深层次的分析,发现隐藏在细节数据中的信息(秦荣生,2014)。审计人员不再仅关注独立问题点,而是打破部门和行业的限制,充分整合审计资源,获取更广泛、更全面的信息,对被审计单位进行整体地、宏观地分析核查,实现由点到面的转变,更加有效地实现审计的指导、帮促作用(李倩,2022)。

在审计证据方面,可以有效提升数据的真实性、可靠性和准确性。大数据审计平台和审计数据运营与管理机制可搜集和存储企业内外部各类结构化和非结构化数据,实现各类数据的专业化处理,包括采集、加工、转换、存储、交换、关联、共享和管理(张庆龙等,2021)。在数据采集方面,依赖于被审计单位的服务器环境,保证实时审计效果采集过程。为保证可靠完整的审计数据,确保采集数据的真实性、有效性,需要完善现有信息技术下联网审计的实现途径(张月玲和王晓菁,2019)。

在审计效果方面,大数据扩大了审计数据范围,从而提升了审计质量和效率。大数据审计是全样本审计,对所有直接、间接相关的信息进行处理、加工,使得审计数据更加全面,防范因审计样本量少、面窄带来的审计风险,实现非现场审计和持续审计,从而提高审计效率,节省审计成本,更好地发挥审计的监督作用(李倩,2022)。大数据时代下,海量数据蕴含着无数的审计线索,将大数据技术与内部审计工作相结合,可以减少审计数据的获取时间和降低获取成本,扩大审计的数据范围,实现对企业数据的"审计全覆盖",提高审计效率、改进审计质量(张月玲和王晓菁,2019)。

2)大数据在审计实务中的应用场景[1]

在应用大数据技术方面,从审计流程角度介绍四个工作场景,如图4-12所示。第一,全面风险评估。审计部门可以借助大数据技术建立评估模型,分析总体情况和风险分布,进而确定审计事项。第二,预警系统性风险。数据化审计可借鉴既往审计中发现的单点的、离散的问题表现形式,从客户关系、资金流、业务流等多角度对这些系统性风险进行揭

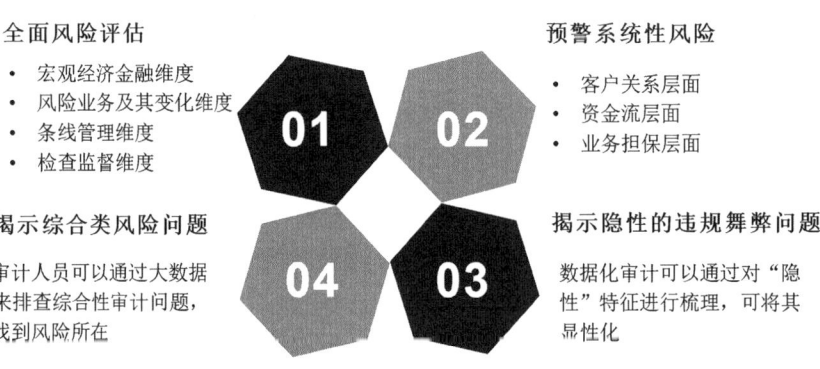

图4-12 大数据应用场景

---

[1] 广州思迈特软件有限公司. Smartbi 大数据百科[EB/OL]. (2021-05-17)[2021-12-25]. https://www.smartbi.com.cn/wiki/3239.

示。第三,揭示隐性违规舞弊问题。数据化审计可以通过对"隐性"特征进行梳理,并将其显性化。第四,揭示综合类风险问题。随着企业业务的增加,各个业务板块的界限逐渐变得模糊,出现了风险交叉等综合类问题,审计人员可以通过大数据审计来排查综合性问题,找到风险所在。

2. 人工智能在审计实务中的应用

1) 人工智能在审计实务中的应用分析

人工智能在审计中的应用主要体现在以下几个方面:在审计成本方面,其可以通过建立自动化审计,使重复劳动由机器人代替,节约人力成本;在审计范围方面,通过人工智能相关技术的应用,可以获取企业内部、外部的结构化和非结构化信息,扩大企业审计的范围;对于企业内部审计,人工智能技术提高了内部审计的效果及效率。

在审计成本方面,第一,人工智能代替传统人力可以节约人力成本,达到降本增效的效果。利用人工智能可以把审计人员从繁重的手工劳动中解放出来,把需要耗费长时间手工作业的任务用自动化代替,审计人员可以把更多的精力放在"通过高质量的评估达到提高审计质量"这一目的上。第二,人工智能通过自然语言处理技术能够阅读并辨识文件中出现的关键概念,可以在一组样本合同中很快地对审计人员所需的关键术语进行识别与确认。在人工智能技术下,一方面,可以规避抽样审计风险,审计人员能够收集总体的所有数据,对数据进行多角度的深层次分析,从而发现隐藏在数据中的对审计更具价值的信息,将审计风险控制在可接受的范围;另一方面,还可以立足于总体样本的审计检查,不用受困于因某一数据点的错误而带来的抽样风险,可以从所有的数据中获得相关的信息(黄琛琛,2017)。

在审计范围方面,人工智能可以扩大审计数据的范围,从而使审计工作更加全面。采用模式识别(文字识别、人脸识别、语音识别)等人工智能技术,可以为审计人员提供文本、图像和语音自动识别及检查工具,从而支撑各类审计项目中对企业数字化改造后的业务过程所产生的海量合同文本、电子证照、录音等非结构化数据的全样本检查(张庆龙,2021)。文本识别、图像识别、音频识别等深度学习技术可以扩大审计数据收集的范围。随着经济事项的日益复杂,审计线索的发现和审计判断的作出越来越依赖于各种半结构化、非结构化的数据,深度学习技术可以将这些数据转化为结构化数据,然后将这些数据导入相应的分析模型进行分析(黄长胤,2020)。

在企业内部审计中,人工智能能更及时有效地完成一些烦琐的工作,从而提升内部审计效率,保障内部审计质量。大数据和人工智能等信息技术简化了企业内部审计的流程,绝大多数业务处理将实现移动化、无纸化,审计职能转向"实时型",定期报告无法继续支持企业运营及决策制定,实时的审计报告将成为常态化,内部审计工作将由内审人员、智能机器人共同完成,企业内部审计也将开始重新考虑离岸运营的审计模式。数字经济的发展使企业内部审计工作可以实现跨平台、跨系统的实时数据搜集,实现结构化数据和非结构化数据的全覆盖。在智能化趋势下,内部审计部门可以采用信息化技术自行获取所需数据,常态化地进行实时审计或者远程审计,这种审计模式不仅缩短了数据获取时间和数据处理分析时间,还采用可视化的手段直接呈现审计结果,极大地提升了审计效率,扩大了审计范围(邢春玉等,2021)。将人工智能应用于审计数据分析,可以及时发现异常值,辅助开展审计工作。与手工审计相比较,智能审计提高了审计效率,保证了审计质量(毕秀玲和陈帅,2019)。

2)人工智能在审计实务中的应用场景

在人工智能技术应用方面,从审计流程角度介绍四个工作场景,如图4-13所示。第一,挖掘历史数据实现预测分析。一方面,可以利用历史数据,采取回归的方式生成函数表,从而实现预测分析;另一方面,利用历史数据进行训练,形成新的判断规则,从而实现预测分析(蒋志刚和覃萍,2021)。第二,对海量文本数据的提取和情感分析。人工智能利用爬虫技术、文本提取技术和文字分词等技术,可以进行情感分析,并能从海量文本数据中提取审计工作需要的信息。第三,对大量图形完成状态识别和分类。利用人工智能中的图形识别技术,对审计中获取的影像图片等进行识别和分类,从而解决审计人力资源不足、无法有效覆盖审计面的难题,也能极大地提高审计效率。第四,对高频交易等异常交易进行警示。利用人工智能,将历史业务数据按照相应算法进行聚类分组,再结合可视化的分析工作,分离出偏离正常值的异常交易记录,快速锁定审计疑点。

图4-13 人工智能应用场景

3. 移动互联网在审计实务中的应用

1)移动互联网在审计实务中的应用分析

移动互联网信息技术使得企业内部、外部审计工作上线成为可能。本部分主要从移动互联网在外部审计和内部审计中的应用两个层面进行介绍。

在外部审计层面,移动互联网技术可规范各环节审计行为和记录。审计管理信息系统可以将审计办公及底稿编制转移到线上,从而实现审计资源共享,使审计项目各阶段线上与线下进度保持同步、审计项目成员组成情况与实际情况相符,大大提高企业的审计管理工作效率,对于下属单位或机构较多的企业效果尤为显著(于兰英和田书源,2020),大数据使得注册会计师的审计风险降低,审计工作及结果的质量也会全面提升(龙子午和王云鹏,2016)。

在内部审计层面,移动互联网有效地整合了审计信息,提升了内部审计效率。企业的内部审计对象在"互联网+"的影响下,已经改变了传统的单渠道、单空间的模式,逐渐转向不同的空间和平台,并实现双向交流,这些分散和动态的信息需要内部审计把握信息的精准度,做好信息资源收集与利用。内部审计拥有了单位常态化活动数据支撑,借助智能化的内部审计平台与软件,增强单位内部工作数据化审计,并且将审计的结果运用到单位日常发展中,从而推动单位各项业务的发展,降低发展中的风险(张萼,2019)。

2)移动互联网在审计实务中的应用场景

在移动互联网技术应用场景方面,通过全面构建具备"数据互联感知、作业精准智能、风险智慧预警、成果多维展示、项目在线指挥"五大功能的数字化审计平台,贯通数字化审计"作业—分析—管理—展示"全业务链,移动互联网技术可以全面提升数字化审计工作的集团化、标准化、智能化水平,为经济责任审计的深入开展提供支撑(刘博宇等,2021)。以下将介绍移动互联网技术在审计中的主要工作场景:第一,拓宽资源,实现数据互联感知。使电子影像系统与报账系统融为一体,通过应用信息化手段,在数字化持续审计工具中融入电子报账系统,实现数字化审计与凭证影像关联密切。第二,构建模型,实现作业精准智能。按照统一数据模型的要求,完成一级部署系统下发的数据表梳理和数据表整合、建模工作。针对开展财务、营销、工程、物资、人资等专项审计所涉及的重要业务领域和关键业务流程,总结专项审计经验,针对重要业务领域和关键业务流程,拓展研发非通用模型。第三,聚类分析,实现风险智慧预警。构建经营风险监督智慧预警功能,研发预警主题和智能监测模型,推动"事后审计"向"事前审计"转变,逐步实现自动匹配、自动监测、自动推送的智能预警模式。第四,智能挖掘,实现成果多维展示。建立多视角、分场景、频道化的审计价值信息反映体系,提升审计成果的可视化程度和转化效率(刘博宇等,2021)。

4. 云计算在审计实务中的应用

1)云计算在审计实务中的应用分析

云计算在审计中的应用可以分为对社会审计的应用以及对企业内部审计的应用,如图4-14所示。在外部(社会)审计层面,云计算最大的优势是节省了审计时间,提升了审计的效率;而在内部审计层面,云计算可以为内部审计提供实时监督的作用,提高内部审计的准确性。

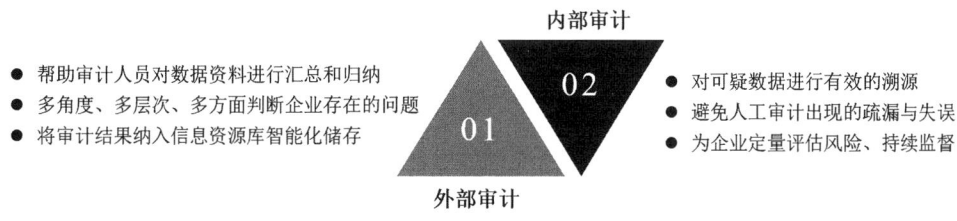

图4-14 云计算在审计中的应用

在外部审计方面,云计算可以提高审计工作的灵活性和可比性。通过云计算技术将问题规则化并固化到系统中,以便计算或判断问题的发展趋势,向被审计单位进行预警。审计人员将审计成果、被审计单位与审计问题进行关联,并进行信息化处理,在进行下次审计时,减少实地审计的时间和工作量,提高审计工作的效率(秦荣生,2014)。云计算技术对外部审计效果的影响体现在三个方面:第一,帮助审计人员对数据资料进行汇总和归纳,从中找出被审计单位在经营和管理方面的规律,对企业财务状况进行摸底,预测企业发展趋势,发表合理的审计意见,规避审计风险。第二,审计人员通过云计算技术可从多角度、多层次、多方面判断企业存在的问题,并将问题连接汇总,找出内在联系与规律。第三,云计算技术可以将审计结果智能化储存,纳入信息资源库,为相关审计工作节省时间,帮助提高审计效率,发挥预警作用(左咏梅,2020)。

在内部审计方面,云计算可节约企业人力财力,增加内部审计效率。首先,云计算技术具有极强的数据采集、挖掘、分析功能,云计算在内部审计中的有效应用意味着审计工作不再受时间与空间的限制,可以对可疑数据进行有效的溯源。其次,大数据与云计算技术可以突破人力的局限,不仅能够很好地避免人工审计中出现的疏漏与失误,保证了审计质量,同时还显著地提升了审计的效率,降低了审计中所需要投入的人力成本与时间成本(张嘉和李洼,2021)。最后,云计算可以为企业降低成本、节约时间、提高效率、评估风险、持续监督提供可能,同时能规避审计抽样风险、促进持续审计方式(康萍和王雯婷,2016)。

2)云计算在审计实务中的应用场景

云计算技术可以通过基础设施即服务(infrastructure as a service,IaaS)、软件即服务(software as a service,SaaS)、平台即服务(platform as a service,PaaS)三个层次的服务形式对企业审计业务的数据中心、业务流程以及业务平台三方面的技术场景产生一定的影响,使它们得到进一步发展(陈桂东,2019)。

第一,云计算视角下的审计数据。云计算的基础设施及服务可以有效、系统地对各个地区的数据信息进行整合归纳管理,信息覆盖范围广,包涵结构化、半结构化、非结构化的信息数据,保证了审计工作所需数据的完整性。第二,云计算视角下的审计业务流程。软件即服务可以在云平台上对各种软件进行整合,并且将信息的收集、交换、管理、分析等功能归纳其中,用户可以随时随地使用定购的服务和软件。有关企业在使用该项服务的过程中不断把数据储存到云审计系统中,使云审计的数据库更加完善充实,为接下来的审计工作的开展提供良好的前提保障,形成良性循环,推动审计业务的发展。第三,云计算视角下的业务平台。各个企业都是独立而特殊的存在,在开展审计业务时难免出现差异。平台即服务的运用能够构建具体的应用类型,在保证审计资料存储与访问功能的基础上,还能进行审计资料的管理,使其更加规范、精准,还可以开发各种审计业务所需的功能,使企业的审计工作更加贴合企业发展的实际情况。

5. 物联网在审计实务中的应用

1) 物联网在审计实务中的应用分析

物联网将现实世界数字化，它拉近了分散的信息，统整物与物的数字信息。物联网发展势头强劲，2018年中国信息通信研究院发布的《物联网白皮书》表明，全球物联网产业规模快速增长，应用场景持续扩展。万物互联的态势将对各个行业产生深刻的影响。借助5G，物联网的实用性更强，使用场景更多样。本部分主要从审计信息、审计程序、内审外审结合三个方面来介绍物联网技术在审计中的应用。

物联网技术增加了审计信息获取的来源，提高了审计信息的质量。物联网技术从增加审计信息获取的来源来说，射频识别、智能传感器、定位系统等技术可以帮助审计人员直接从机器、设备等更多来源采集审计数据，减少了数据采集和汇总的层级，降低了数据采集成本。从提高审计信息的可靠性来说，由于审计数据从智能设备发送到传输，再到接收可以自动化完成，减少了人为的干预，审计数据被篡改的概率也随之下降（黄长胤，2020）。物联网也增加了审计取证的路径：一是物联网增加了核实功能，如实物存在性核实，实物完整性核实，实物所有权核实，实物真实性核实，实物状况核实；二是物联网增加了跟踪功能，审计取证中的内部控制执行测试、行为合规性测试都会受到影响；三是物联网增加了信息功能，审计证据的信息来源大大增加，为绩效审计的开展提供了机会。

物联网技术增加了审计程序有效性。物联网技术被运用到了企业物流、存货管理中，为注册会计师抽盘存货和固定资产带来了极大便利。企业的存货和固定资产都能被贴上电子标签，注册会计师再手持专门的传感设备，相关的单价、数量、型号等信息就会即时输入云审计平台，快速生成存货和固定资产的盘点表，并可立即进行在线分析；现场盘点和后台数据分析可以同步进行，从而做到盘点一结束，有关的分析报告就会回传给现场盘点工作组，以便判断是否需要采取进一步审计程序。在物联网条件下，有关信息无须手工输入便可轻而易举地传给云审计平台，包括机器的各项参数、外观以及同类设备的投入产出比率等都能从云审计平台中得到合适的分析结果，供审计人员使用；在函证方面，一般的债权债务函证可以通过云审计平台，同银行和债权人或债务人进行在线函证，并形成电子文档（文锋，2011）。

物联网技术能有效结合内部审计和外部审计，减少重复审计。通过物联网的传感技术和普适计算技术，在不影响企业内部控制运作的前提下，可以使审计师们得到企业内部控制实施的具体信息（文锋，2011）。物联网依托自身网络中的各种设备，模拟审计人员的技能，完成审计全过程自动化所需的功能。例如，物联网中的红外感应器、全球定位系统、激光扫描器等信息传感设备能及时捕捉外界信息；加载人工智能算法的各类处理器可以进行数据处理与分析；机械臂等工业机器人能对处理结果作出反应（毕秀玲和陈帅，2019）。

2) 物联网在审计实务中的应用场景

物联网可以实时采集任何实物的信息，如果为某些实物或票据贴上电子标签，就可以跟踪与该实物或票据相关的内部控制或行为的状况,所以,物联网可以用于内部控制执行测试及行为合规性测试(杨春雷和郑石桥,2021),如图4-15所示。接下来介绍物联网技术在内部控制执行测试及行为合规性测试方面的应用。

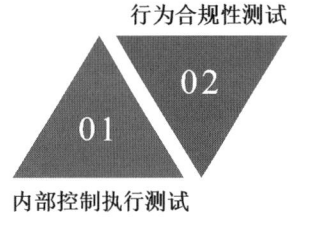

- 在物联网环境下,为一些关键业务事项贴上电子标签,有了这种电子标签,就可以追索这些关键业务事项在各环节的履行过程及时间顺序
- 在物联网环境下,为某些实物贴上电子标签,则该实物相关的行为也就记录于物联网中,通过物联网中的这些信息,就能判断该实物相关的行为是否合规

图4-15 物联网应用场景

在内部控制执行测试中,结合物联网技术为一些关键业务事项贴上电子标签,就可以追溯这些关键业务事项在各环节的履行过程及时间顺序。这些履行过程及时间顺序的信息,就是该关键业务事项在各环节的内部控制中履行的信息,可以用于测试该关键业务事项的内部控制执行情况。在行为合规性测试中,结合物联网技术为某些实物贴上电子标签,则该实物相关的行为也就记录于物联网中,通过物联网中的这些信息,就能判断该实物相关的行为是否合规。[1]

6. 区块链在审计实务中的应用

1) 区块链在审计实务中的应用分析

区块链对审计的影响主要体现在两个方面。在审计流程方面,区块链可以优化审计流程,区块链的去中心化等特征保证了财务数据的真实性和安全性,提升了审计的效果和效率;在内部审计方面,区块链使企业财务数据更加透明,使管理层可以进行实时的数据审核,也从源头上保证了数据的安全性,增强了内部审计的作用。

区块链对审计流程的优化可以存在于以下三个方面。首先,区块链技术的应用减少了不必要的沟通等活动,减少了流程的步骤,减少了审计的步骤(张凤元等,2018)。区块链是审计数据的"免疫系统",区块链技术的加密性、不可篡改性和多样化存储能够保障审计数据的真实和完整(毕秀玲和陈帅,2019)。其次,区块链技术能够保障审计数据的真实性,基于区块链技术的数据共享方案,通过默克尔树机制[2]对数据的完整性进行检查与验证,降低了审计数据的损坏和篡改风险,提升了审计数据质量(王涵等,2020)。区块链技术有助于降低会计行业中的财务风险,降低信息不对称程度,降低交易费用。区块链技术下,数据交易采用加密技术,在区块链中的各节点形成分布式账簿传输方式,有利于数据更新、检

---

[1] 徐珉.物联网技术将如何改变现代企业审计[N].中国审计报,2016-04-27(8).
[2] 默克尔树(又叫哈希树)是一种典型的二叉树结构,由一个根节点、一组中间节点和一组叶节点组成。默克尔树最早由Merkle Ralf在1980年提出,曾广泛用于文件系统和P2P系统中。比如git、区块链、IPFS等。

查、备份等工作自动、实时完成,从而降低交易费用(陈元媛,2018)。最后,区块链技术实现了分布式记录联网审计,扩大了审计的范围,提升了审计透明度、准确度。在透明度方面,区块链技术在企业联网审计中的应用使记录、更新的数据同步到整个区块,每一个有密钥的人都可在对应区查询各种信息,这样来看其具有较高的信息透明性;在准确度方面,区块链技术中的每个区块都保存了全部信息,大大降低了信息不对称性,区块链技术在企业联网审计中应用后,区块链数据一经被录入,是很难再进行篡改的,且不可撤销。区块链的广泛应用,很大程度上也降低了财务舞弊的可能性(宋建琦,2020)。

在区块链技术对内部审计的影响方面,区块链技术保证了内部审计数据的及时性、准确性和有效性。在及时性方面,区块链解决了人工重复核验、核验困难、虚假审计证据等问题,区块链的智能合约功能可大幅提高审计效率,优化审计流程,降低人工成本(赵建辉,2019)。利用区块链技术的数据安全优势,审计人员可以从数据采集、数据处理和数据验证工作中解放出来,节省内部审计的人力成本和时间成本,大幅提高内部审计数据的及时性。在准确性方面,区块链技术的内部审计系统中,智能合约技术按照预设的规则代码自动进行数据验证、数据存储、数据使用和价值传输,提升了审计数据传输的自动化和智能化水平,智能合约机制可极大地提升审计数据的可靠性,有助于内部审计人员降低数据的处理成本,提高审计工作效率,不断提升审计工作质量(吴花平和刘自豪,2022)。在有效性方面,一方面,区块链有助于打造"诚信社会"的属性,可以提高企业管理层的诚信意识,形成良好的内部审计环境,为内部审计的有效性打下坚实的基础;另一方面,区块链应用本身就是多种信息技术的融合,是对手工操作的替代,可以大大降低人为控制失效的风险。

此外,通过区块链实现分布式存储,从源头上保证了会计信息质量,降低了财务报表内在风险,从而降低了审计的内在风险。区块链的信息透明、信息实时共享也强化了对管理层的外部监督,导致其不能进行盈余操纵,因此,从内因与外因两个方面降低了管理层盈余管理的动机,提升了财务信息质量,降低了审计风险。基于区块链技术,传统内部审计模式下数据的安全问题、完整问题和隐私问题得到了解决,内部审计数据的有效性得到了提升,内部审计工作的客观性和独立性也得到了增强(吴花平和刘自豪,2022)。

2) 区块链在审计实务中的应用场景

区块链在审计工作中,审计单位作为一个只读节点直接嵌入被审计单位的区块链生态,通过实时审计访问模块,实现审计数据库与被审计单位的信息系统联通。审计人员利用区块链技术评价系统独立性、环境可靠性,通过分析发现审计疑点、识别错报风险,进而精确延伸取证,最终形成实时审计报告。

区块链技术在审计中的应用场景有:第一,审计平台数据库。审计平台数据库与被审计方实时审计访问模块通过数据接口相互联通。联网环境下,审计人员通过电脑或手机终端对被审计单位的业务状况进行实时监督。一方面,收集、更新并存储已验证的交易数据;另一方面,与链上其他节点及时沟通,对所需补充证据进行在线询问或多方函证。数据库也将实时更新有关行业准则、监管政策等外部信息。第二,审计分析模块。在充分了解被审计单位的行业状况、监管政策、业绩评价标准及内部控制等具体信息的前提下,审计部门与技术部门密切合作,共同构建合理可行的指标体系及数据分析模型。通过审计分析挖掘隐含的函数关系、相关关系,实现期间数据的合理预测。通过比较预测值和审计值,识别风险点,并结合实际情况判断是否需延伸取证。第三,审计预警模块。审计人员综合分析报告的异常结果以及其他多维度信息,利用预警模型进一步判断交易的合规性和真实性。若业务真实、合规,则结束分析;若发现风险点,则将异常结果进行反馈、预警,督促被审计单位进行追查更正。被审计单位将整改与问责后的结果储存于区块链中,以便审计人员进行审计结果的追踪落实,如此循环往复,形成闭环,直至确认业务真实、合规。

(二)审计智能化应用案例——德勤[1]

作为全球领先的专业服务机构和数字化创新先锋,德勤放眼未来、关注当下,主动探索前沿技术如何与审计行业擦出火花,并以此促进审计质量的提升、审计效率的提高以及核心价值的彰显。包括"小勤人"[2]在内的德勤审计创新工具箱已覆盖审计作业全流程,成为传统审计服务迈向数字化、智能化全新审计模式的催化剂,引领德勤继往开来,重塑未来审计。据此,德勤提出了审计创新四平台。

平台一:Deloitte Auvenir,是德勤着眼于全行业数字化转型趋势提出的生态性平台解决方案,是帮助行业内中小型会计师事务所提升审计数字化程度、打破资源和能力限制、革新审计服务模式的重大创举,用以带动整个会计师行业的审计数字化提升。Auvenir集成了自动化、智能化的专业审计流程服务,还有项目管理、客户协作、数据分析,以及信息安全管理等全面功能,中小型事务所可以迅速高效地应用数字化审计方案。

平台二:Deloitte Cobalt,利用人工智能对财务风险、运营风险、声誉风险等进行全面的智能风险感知,将人工智能的运用场景拓展到企业持续经营判断及业务发展等更广阔的领域。

平台三:Deloitte Coinia,对存储于区块链上的各类数字化信息(如智能合约)进行验证,实现了包括连接、下载、分析等功能,极大地增强了德勤在区块链应用领域的审计能力。

平台四:Deloitte iCredit,深度融合了德勤在金融行业,特别是在大型商业银行积累多年的信贷资产审计经验,结合人工智能技术,将隐形专家经验转化为显性技术实现,发挥信贷领域洞察的最大价值。基于iCredit,审计项目组实现了从主观判断到统一标准,从抽样到100%全量信贷扫描,聚焦高风险客群,将更多审计资源投入高风险领域的审计中,从而充分挖掘潜在风险户,为管理层和治理层提早预警各类风险信息。

基于上述四大平台,德勤在"大智移云物区"等创新技术的驱动下打造了全新的智慧审计生态体系,将智慧审计和理念融入日常审计工作,推动了审计理念和方法的创新和变革。

---

[1] 德勤.小勤人进驻银行内审部!RPA结合智能技术,自动提取审计凭证、审阅文档[EB/OL].(2019-02-11)[2021-12-25]. https://mp.weixin.qq.com/s/v7ARGpFdfVLk1RMsf3KDhQ.
[2] 小勤人是2016年由德勤与Kiarsys-tems联手推出的财务机器人。

德勤将机器人流程自动化(robotic process automation,RPA)与德勤在行业中领先的智能应用业务(assets-based business,AbB)相结合,使 RPA 插上人工智能的翅膀,向认知自动化(robotic cognition automation,RCA)方向进化。

银行的内部审计部门每年都需要结合当年的监管热点、行内业务发展情况,用以更新审计资料,向各业务条线发出资料调阅清单。之后,业务部门将根据清单向内部审计部门反馈情况,这些工作存在周期长、沟通成本高、重复工作量大的业务痛点,长期阻碍着内部审计部门有效发挥监督和查错纠弊的职能,也无法满足监管部门"及时、全面获取经营管理相关信息"的要求。内部审计部门的自动化诉求是:在工作开始前,按照往年的资料获取方法或逻辑,自动从系统中抽取今年的审计资料,并写入相应底稿。而"小勤人"的主要优势(图 4-16)满足了内部审计部门的需求。

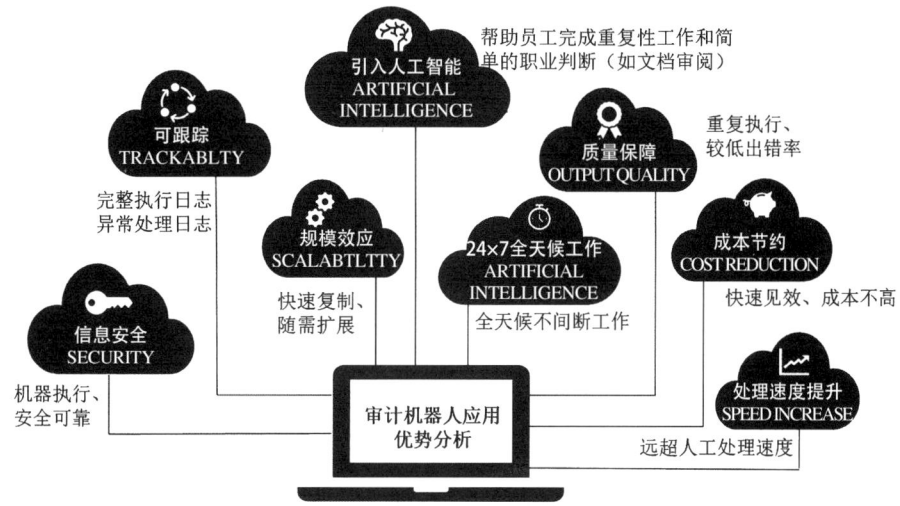

图 4-16 "小勤人"的主要优势[1]

资料来源:德勤官网。

得益于"小勤人"跨系统、跨平台的强大扩展性,"小勤人"已经将机器人流程自动化技术与德勤的端脑智能 Cerebrum 智能合同审阅技术和光学字符识别(optical character recognition,OCR)技术深度整合,从而协助内部审计部门实现:① 审计证据自动化、持续采集。根据预设规则,在每天的非业务时段抓取系统中的各业务流程性文件(比如业务台账、信贷合同、授信审批文件等多样化的审计调阅资料)。② 审计底稿初步填写。结合既定规则,将审计证据填入审计底稿。③ 审计项目管理。记录审计资料的获取情况和底稿的填写情况,通过邮件和短信向审计经理自动汇报,使审计经理及时更新取数逻辑。④ 文

---

[1] 德勤.小勤人进驻银行内审部!RPA 结合智能技术,自动提取审计凭证、审阅文档[EB/OL].(2019-02-11)[2021-12-25]. https://mp.weixin.qq.com/s/v7ARGpFdfVLk1RMsf3KDhQ.

档初步审阅。对非结构化数据(如信贷合同、手工单据)与结构化数据(如业务报表)进行智能化勾稽比对,并形成初步的审计结论。

"小勤人"解决方案不受系统基础架构、地域和时间的限制,使银行的"持续审计"成为现实。智能化文档审阅技术的引进,有效实现了对银行业务流程的内部控制进行合规预警。这样,内部审计人员可以将更多的精力集中在银行新业务面临的新风险、监管机构的新要求上,同时内部审计工作对各业务条线人员的日常工作的干扰将降低。得益于内部审计部门与业务部门之间沟通成本的显著降低,单个审计证据的获取时间由以前的平均40分钟降低到30秒以下;得益于文档工作的大量减少,单个流程的底稿编制由以前的1.5个小时降低到30分钟以下。

"小勤人"与德勤的智能化"一揽子"方案在整个内部审计的生命周期中的引入,不仅使银行沉淀了一套持续的、一脉相承的内部审计方法论,更重要的是,使银行的内部审计人员能够充分发挥优势,将更多的精力和智慧集中到银行的新业务、新风险、新环境和新挑战上。德勤协助银行业完成了内部审计工作的持续性、立体性、全面性和智能性方面的价值升级,将使内部审计部门更好地发挥加强风险管理、促进监管合规、完善内控体系、协助全行达成战略目标的重要作用。

除此之外,德勤的智慧审计利用自然语言处理技术使烦琐的文本处理过程智能化。德勤的自然语言处理系统如图4-17所示,该系统使计算机自动完成文本资料处理并提示潜在风险,从而实现更高效、更智能、更标准化的内部审计。

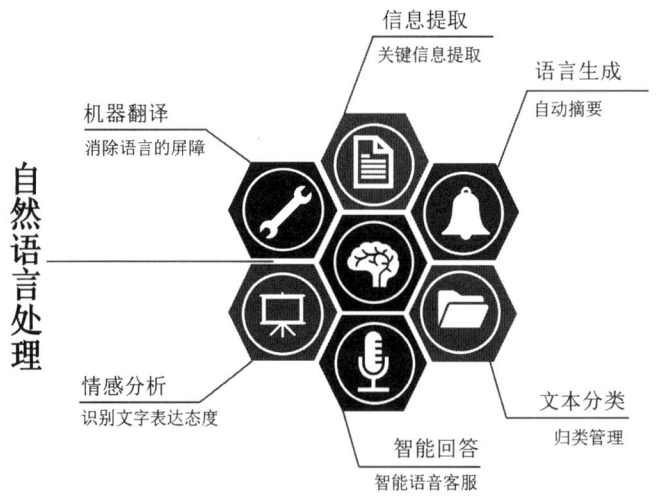

图4-17 德勤自然语言处理系统
资料来源:德勤官网。

随着银行业的迅猛发展,银行积累了海量结构化和非结构化数据,这为内审工作带来了巨大的挑战,尤其对于需要人工查阅的非结构化数据,例如合同、内部公文制度以及中国人民银行和中国银行保险监督管理委员会发文等。在海量、复杂非结构数据的背景下,传统的审查方式意味着大量的人工查阅工作,效率低下。同时,传统内审形式还存在一定的局限性:一是存在盲区,例如,人工审查过程中存在知识局限及漏判误判等人为差错;二是人工无法做到对全量信息进行查阅。

针对传统审查方式的短板,德勤智慧审计利用端脑智能自然语言处理模块提出了解决方案。应用此模块后的智慧审计可以处理海量的非结构文本数据,提高了处理多数据源的审查分析能力。在内审过程中,端脑智能自然语言处理模块可以替代人工做繁杂的文本阅读和重要信息提取等工作。由计算机替代人工后,可以实现对相关材料的全量核查。更进一步地,端脑智能自然语言处理模块借助强大的机器学习、深度学习算法,通过模型训练,可以实现风险点的自动识别。自然语言处理技术的应用在银行业智慧审计中具有深远意义,端脑智能自然语言处理模块将发挥极大的价值。

在某银行的内审实践中,先是利用机器人流程自动化技术(robotic process automation, RPA)监控监管机构发文,RPA技术定期检索并采集各监管机构的最新发文,例如,中国人民银行办公厅发文《中国人民银行办公厅关于加强小额支付系统集中代收付业务管理有关事项的通知》《中国人民银行关于加强支付结算管理防范电信网络新型违法犯罪有关事项的通知》等。RPA将节省人工检索耗时,同时可以避免漏检、更新不及时等现象。

接下来,使用自然语言处理(natural language processing, NLP)归类整理文本资料、挖掘审查要点,NLP对最新发文应用自动摘要算法拆分文本、提取核心内容,形成包含标题及核心内容的简练报告,实现文档归类。这一过程为审阅人员做了初步整理工作,简化了大量且繁复的阅读过程,可以让审阅人员快速抓住重点,工作效率得到显著提高。

经过以上步骤,已经实现自动化更新发文、自动化归纳审核要点,再经过人工干预整理出审查要点,为进一步NLP智能判别做准备。最后,在NLP智能判别中,我们以代收付业务管理发文的第一条规定为例,其目标是审查小额支付系统的集中代收付业务是否符合监管要求(仅用于公用事业类和公益类机构),具体过程及结果如图4-18所示。

在上述NLP智能判别实例中,第一步为内部信息提取,利用NLP可以自动批量地提取合同文档中的所需文本内容,得到合同相对方的基本信息,包括名称和协议合作内容;第二步为外部信息提取,利用爬虫及NLP技术得到结构化文档,包括相对方对应的工商许可经营范围;第三步为利用语言模型算法对上两步得到的初步数据进行模型判断,得到所审查合同对应条款的签订是否符合相关规定,抓取出高风险合同。

融入自然语言处理的智慧审计实现了内审过程的系统化,扩大了内审的范围,同时极大地提高了内审效率。案例中涉及大量合同、法律法规、相对方信息等非结构化文本材料,不同于传统内审中的抽样,利用自然语言处理技术可以自动处理非结构文本信息,系统化、自动化地检索、整理审查要点,将内审人员从繁重的阅读、审阅工作中解放出来。同时,利用语言模型可以识别出不符合目标条款、发文的高风险案例,为内审人员进行初步筛查,使

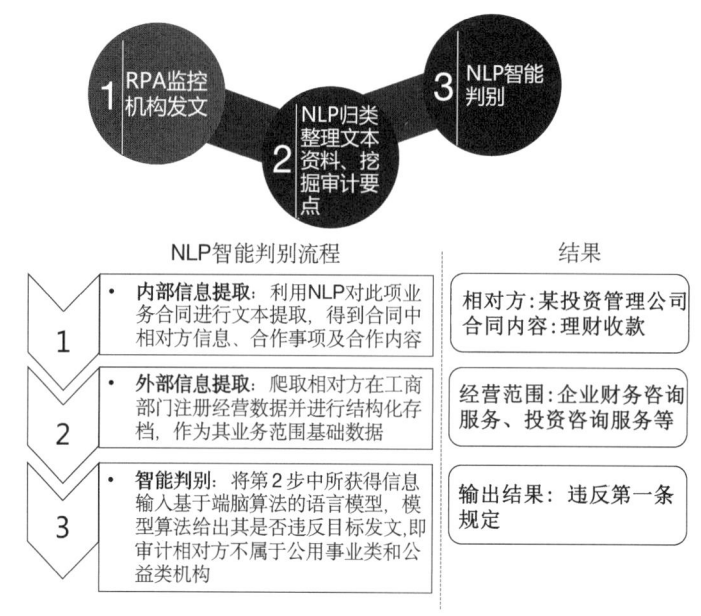

图 4-18 NLP 智能判别流程及结果

他们可以集中关注高风险案例并进行深入跟踪,实现高效率的内审工作。端脑智能自然语言处理模块技术为银行业在多数据源结构的内审工作中提供了高度支持。

三、基于问卷调查分析的科技与会计实务融合现状探究

在信息技术持续迭代的基础上,以"大智移云物区"为代表的新一代信息技术正强势渗透与深度融合于财务领域中。许多公司也开始积极探索科技与会计实务融合的实际应用,推动公司会计数字化转型和高质量发展。我们于 2022 年 2 月开展了科技与企业会计实务融合现状问卷调查,截至 2022 年 8 月 31 日,共收回 345 份有效问卷。本节主要从调研企业基本信息、信息技术应用阶段、信息技术采用和规划、信息技术在财务中的应用场景、财务工作领域智能化程度、三大因素(组织、人员与技术)对科技与会计实务融合的支撑情况、未来重点工作七大方面分析,探寻科技在会计实务中的应用情况、现存问题和重点工作等,以期为企业智能财务建设和高校会计教育改革提供相应的启示和参考。

(一)基本信息介绍

1. 公司所有权类型

此次线上调查问卷将公司所有权类型分为民营企业、国有企业、外商企业,和其他(集体所有制企业等)四个层次。被调查对象中,民营企业占 68.98%,国有企业(国有独资或国有控股)占 21.74%,外商企业(外商独资或中外合资)占 5.80%,其他(集体所有制企业

等)的占 3.48%(图 4-19)。数据显示,被调查者的所在公司主要集中在民营企业和国有企业。

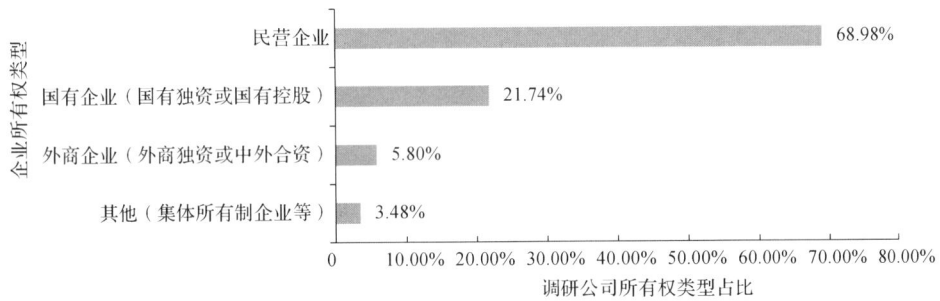

图 4-19　调研公司所有权类型及占比

2. 公司所属行业

此次线上调查问卷依据证监会的《上市公司行业分类指引》(2012 年修订),将公司所属行业分为制造业、信息技术业、金融保险业、社会服务业等 13 个行业类型。在被调查对象中,来自制造业的占 25.51%,来自信息技术业的占 13.91%,来自金融、保险业的占 8.98%(图 4-20)。数据显示,被调查者的所属行业主要集中在制造业,在其他行业也均有一定的样本分布。

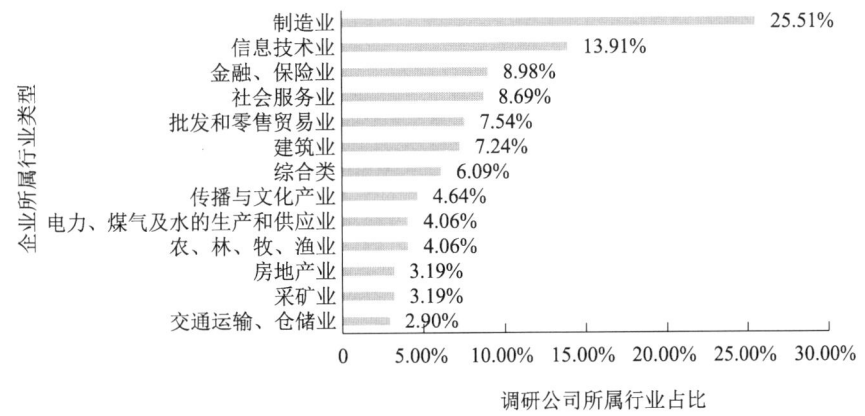

图 4-20　调研公司所属行业类型及占比

3. 公司员工规模

此次线上调查问卷将公司规模(以员工人数体现)分为 100 人以下、100~499 人、500~999 人、1 000~4 999 人、5 000~10 000 人和 10 000 人以上六个区间。被调研者的公司员工规模在 100~499 人的占 28.41%,100 人以下的占 21.74%,1 000~4 999 人的占 20.29%(图 4-21)。数据显示,员工规模多集中在 500 人以下和 1 000~4 999 人两个区间。

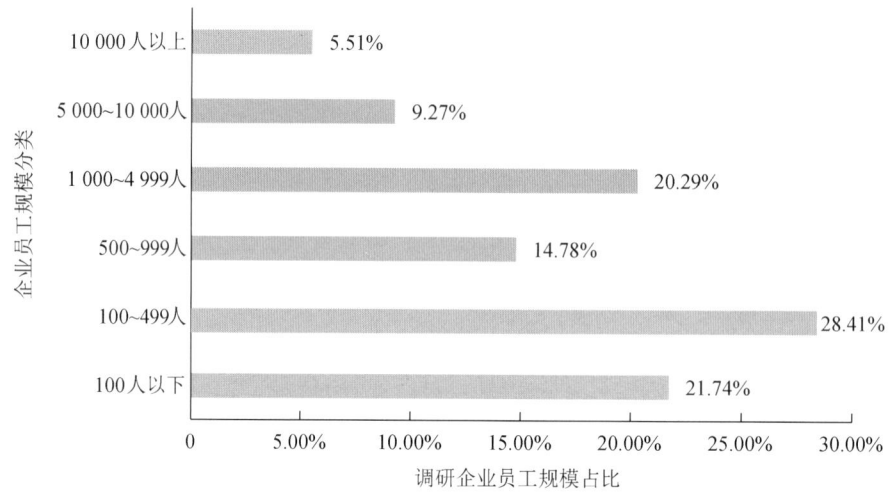

图 4-21 调研公司的员工规模分类及占比

4. 调研者职位层级

此次线上调查问卷将调研者职位层次划分为两个类别四个层级。第一个类别是管理人员,占 71.02%,其中高层管理岗位占 6.96%,中层管理岗位占 40.29%,基层管理岗位占 23.77%。第二个类别是普通人员,包括普通人员和其它,占 28.98%(图 4-22)。从职位层级的分布来看,调研对象多集中在公司管理人员,中层管理岗位占比最多。

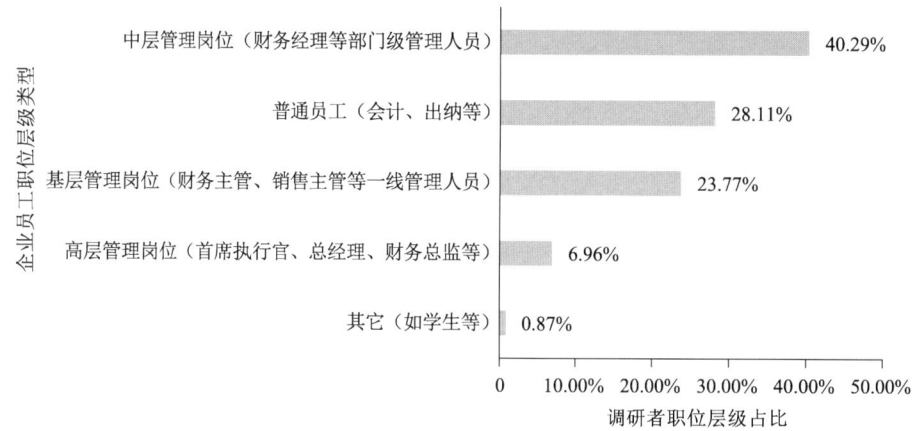

图 4-22 调研者职位层级及占比

5. 调研者工作年限

此次线上调查问卷将调研者工作年限划分为六个区间,其中,工作 6～10 年的员工占 45.80%,2～5 年的员工占 28.98%,11～15 年的员工占 13.91%,1 年及以下的员工占 4.06%,16～20 年的员工占 3.77%,20 年以上的员工占 3.48%(图 4-23)。从工作年限的分布情况来看,调研者的工作年限多集中在 2～15 年,工作年限在 1 年及以下和 16 年以上的员工比例较小。

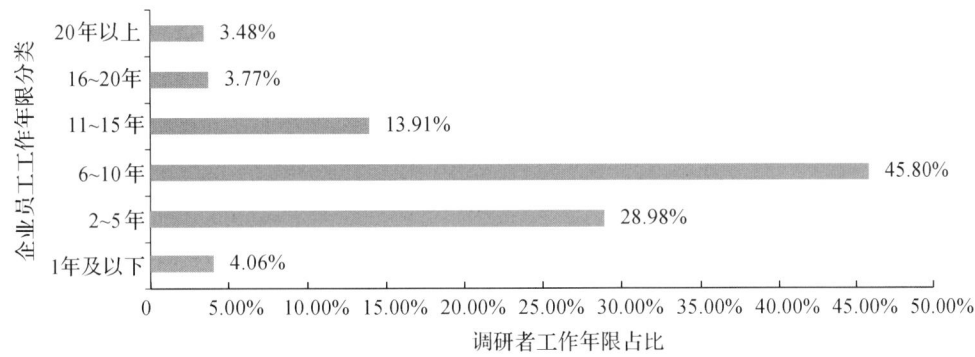

图 4-23　调研者工作年限及占比

（二）信息技术应用阶段

从历史演进视角来看，科技在会计实务中的应用可分为三个阶段，即电算化、信息化和智能化阶段（刘勤，2021）。第三阶段是财务发展的高级阶段，被称为"下一代财务"。撰写组考虑到不同类型、规模的公司在信息化和智能化阶段的应用程度不同，在问卷中将信息技术应用细分为五大阶段，由被调研者根据其所在公司的实际情况进行选择。

如图 4-24 所示，从三大阶段的整体情况看，大部分公司处于信息化阶段，占 63.19%；其次是智能化阶段，占 24.93%；最后是电算化阶段，占 11.88%。

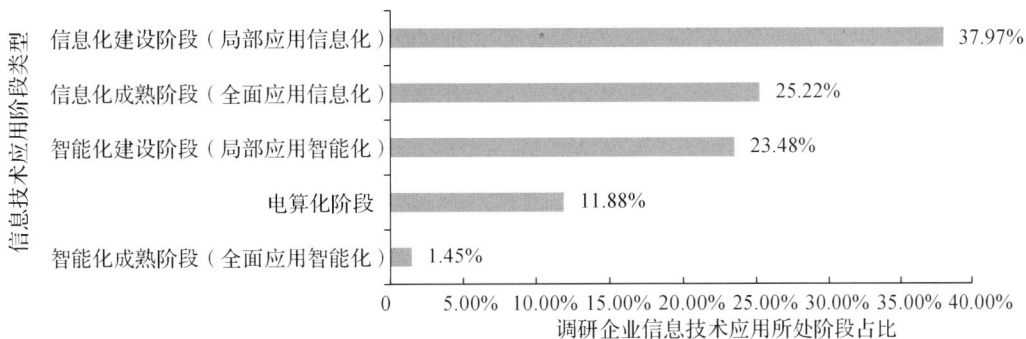

图 4-24　目前公司的信息技术应用阶段及占比

从五大细分阶段来看，选择"信息化建设阶段"的公司占 37.97%，位于首位；选择"信息化成熟阶段"的公司的比例达到 25.22%；选择"智能化建设阶段"的公司占 23.48%，居于其后。可以看出，目前我国企业主要处于信息化阶段，通常以财务共享中心为典型代表，已经实现会计信息的异地实时处理和会计组织的集约化管理（刘勤，2021）。同时，不少企业已步入智能化建设阶段，随着新一代信息技术的快速发展和国家对数字化转型的战略部署，我国企业已经开始逐步加快财务数字化转型的进程。总体来说，目前我国大多数企业仍处在信息化阶段,但已开始向智能化阶段转化和过渡。

(三) 信息技术应用和规划情况

智能技术在财务领域的应用经历了由浅入深、由表及里的探索过程,有些技术的应用已非常成熟,有些则尚需条件配套(孙娜和曹桂莲,2021)。企业对"大智移云物区"等技术的应用和规划情况如何?撰写组通过对大量智能财务的相关文献和资料进行整理,最终选取了 30 项在会计领域内具有影响力的技术,并详细调查了这 30 项技术的应用和规划情况,从而深入了解了科技与企业会计实务的融合现状。

本节将技术在财务领域的应用和规划分为已实施、未实施有计划和未实施无计划三大类。如图 4-25 所示,从已实施情况来看,电子发票占 83.19%、电子会计档案占 80.58%、在线办公占 80.00%、移动支付占 69.85%、会计大数据分析与处理占 66.95%、财务云占

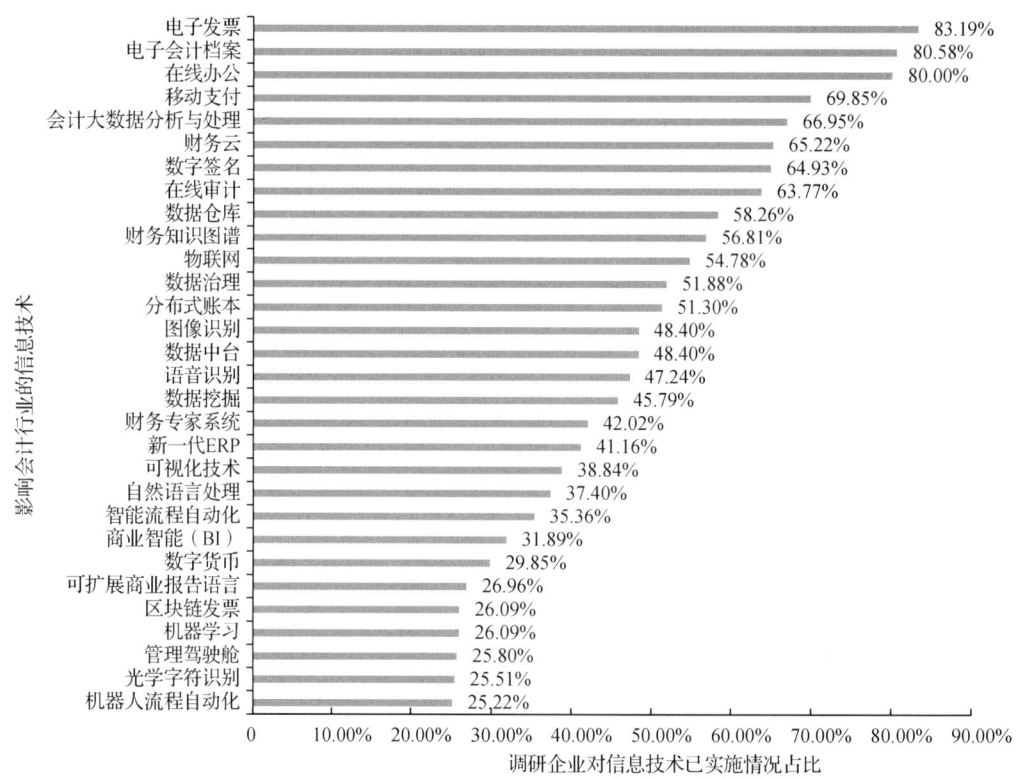

图 4-25 公司对技术的应用和规划情况(已实施)

65.22%,位列前六。可见,电子发票、电子会计档案等技术对会计的影响已经较为深入。值得注意的是,在外部突发事件的推动下,公司在线经营系统(如在线办公和在线审计)得到了广泛应用,有望实现常态化发展。

从未实施已计划的情况来看(图 4-26),前三大技术为机器学习占 49.28%、智能流程自动化占 47.25% 和商业智能(BI)占 44.93%。虽然人工智能近些年一直被广泛关注,但

从调研情况来看,机器学习、流程自动化等人工智能领域的相关技术在财务领域中的应用[1]并未普及。从技术细分情况来看,人工智能的应用多集中在图像识别、语音识别上,而对机器学习、流程自动化、光学字符识别的应用程度相对较低,人工智能的应用仍处于初级阶段。

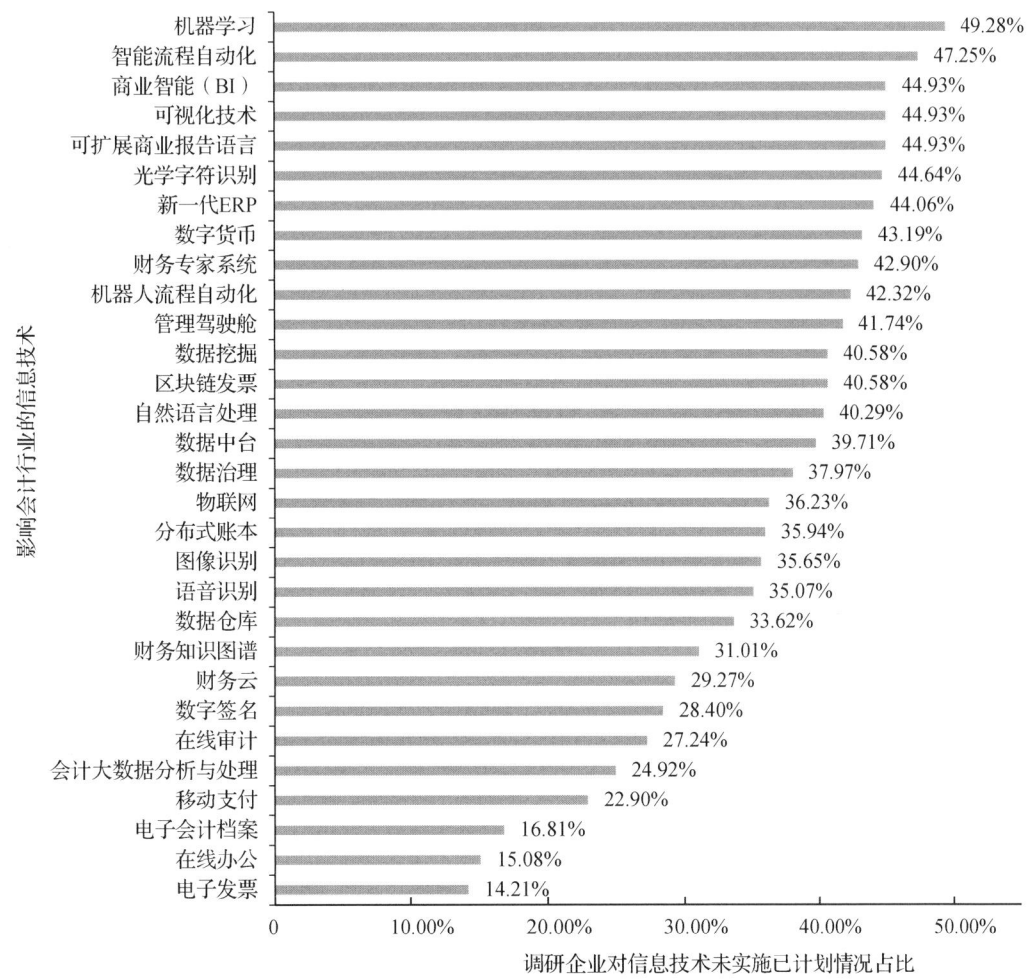

图 4-26　公司对技术的应用和规划情况(未实施已计划)

从未实施且完全没有计划的情况来看(图 4-27),区块链发票占 33.33%、管理驾驶舱占 32.46%、机器人流程自动化(RPA)占 32.46%,位列前三。对调研人员来说,区块链相关技术(如区块链发票、数字货币等)目前对会计的影响似乎不是特别明显,其应用场景仍有发展空间。

---

[1] 本次调研中,人工智能领域的相关技术主要包括：图像识别、语音识别、光学字符识别、机器人流程自动化、智能流程自动化和机器学习。

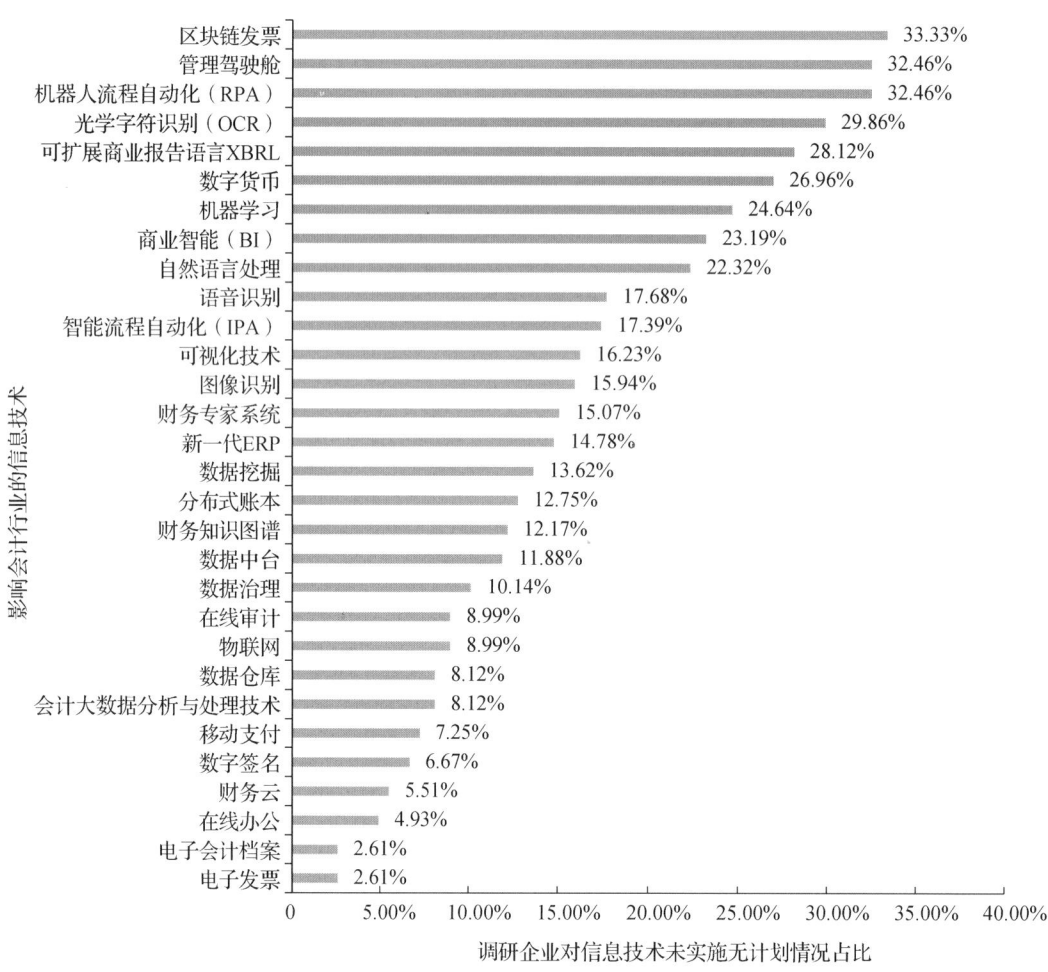

图4-27 公司对技术的应用和规划情况(未实施无计划)

调研显示,已实施的信息技术多集中在电子发票、电子会计档案、在线办公和移动支付等技术上;未实施已计划的技术集中在机器学习、智能流程自动化和商业智能上;未实施无计划的技术则集中在区块链发票、机器人流程自动化和管理驾驶舱上。总体来说,目前,企业实施的信息技术多以解决实际应用为主(杨寅等,2021),而对机器学习、流程自动化等人工智能和区块链的应用程度仍较低。

(四)信息技术在财务中的应用场景

随着新一代信息技术在财务工作中不断发挥作用,会计核算、财务管理、风险控制、智能决策等会计领域的各个方面都受到了广泛的影响。综合目前学术界对信息技术在会计中的应用场景的相关研究,可将信息技术在财务领域中的应用场景分为:财务流程自动化、智能业务处理、智能报表辅助、智能问答咨询、经营分析与决策支持、全面预算、成本和资金的预测和管理、智能反舞弊与风险控制和智能公司大脑。撰写组将这些典型应用场景作为选项,由被调研者根据所在公司的实际情况进行选择。

如图4-28所示,目前,信息技术应用最普遍的领域是智能报表辅助(占65.22%)和财务流程自动化(占65.22%),这使会计核算实现了标准化、自动化和智能化,帮助会计人员从重复、烦琐的工作跳出来。这说明在科技与会计实务融合的过程中,会计核算为主要应用场景。另外,全面预算、成本和资金的预测和管理(占54.20%)及经营分析与决策支持(占48.70%)也占据较大比例,这说明技术在预测管理、经营分析等管理会计领域有广泛应用。智能业务处理(占51.59%),位列第三,这说明信息技术在提高业务效率、优化员工体验等方面也发挥着较大作用。总体来说,会计核算是科技在会计实务融合中的主要应用场景,同时,信息技术在部分管理会计领域也有一定应用。

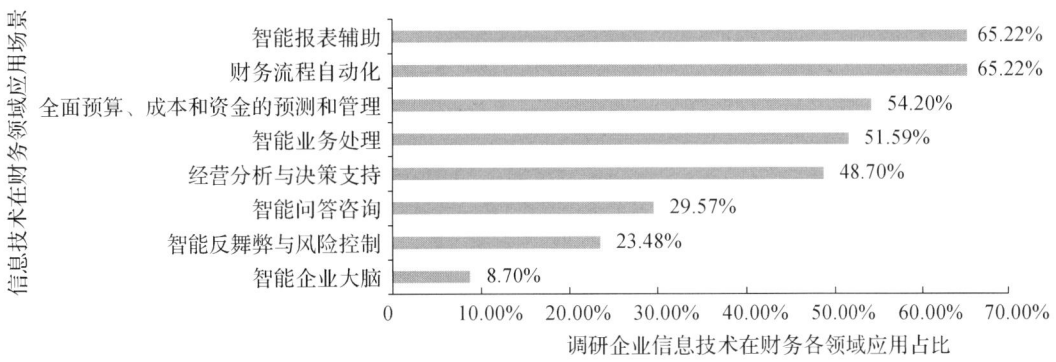

图4-28 现阶段信息技术在财务领域中的应用场景

(五)财务工作领域的智能化程度

在"大智移云物区"等新一代信息技术快速发展的数字经济时代,智能技术已经逐渐被应用到会计核算、资金结算、财务稽核、预算管理等领域,但智能技术在不同财务工作中的应用深度上存在差异。为了进一步了解实务中智能技术在各类财务工作中的应用程度,撰写组详细列举了14大财务工作,由被调研者根据其所在公司的实际情况打分(1—5分,评分越高,智能化程度越高),其中,会计核算、财务会计报告、发票管理和电子档案管理工作为财务会计工作,资金管理、合同管理、资产管理、绩效管理、成本管理、税务管理、预算管理、风险管理、投融资管理和管理会计报告工作为管理会计工作。

如图4-29所示,各类财务工作的智能化程度评分均在3—4分,发票管理作为智能化程度最高的财务工作,其评分也仅达到了中等偏上的水平,这说明财务工作领域的智能化程度普遍较低,智能技术的应用深度仍有待欠缺。另外,从两类工作来看,财务会计工作都位于评分的前列,智能化程度较高的为发票管理3.89分和电子档案管理3.82分。而从管理会计工作来看,除了资金管理,其他工作的评分都位于财务会计工作后。可见,财务会计工作整体比管理会计工作的智能化程度高。综上所述,根据调研结果,我们发现会计工作领域的整体智能化程度偏低,同时,相对于管理会计工作,财务会计工作的智能化程度更高。

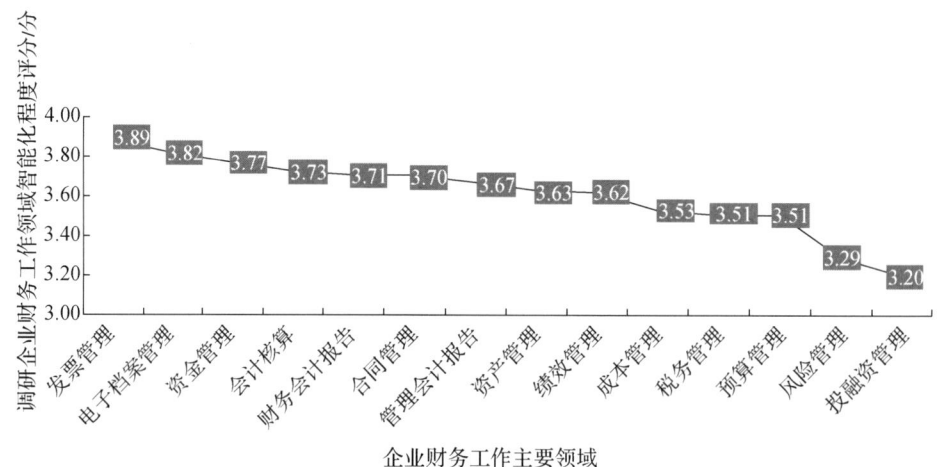

图 4-29 现阶段财务工作各领域的智能化程度

(六) 组织、人员与技术因素对科技与会计实务融合的支撑情况

任何事情的发展都是在一定的条件下进行的,都要受到一些因素的影响和制约。组织、人员和技术这三大因素,是影响科技与会计实务发展的关键因素(杨寅等,2021)。为详细了解科技与会计实务融合中三大因素的支撑情况,撰写组列举了六大角度描述,供被调研者根据自身情况进行评分(1=非常不同意,2=不同意,3=中立,4=同意,5=非常同意,评分越高越相符)。

组织因素从高层认知和资金支持力度两方面进行评价,如图 4-30 所示,"领导和管理层对智能财务的价值认知较高"的评分为 3.85,而"企业大力支持智能财务建设并持续稳定投入大量资金"的评分为 3.57。这说明在数字经济时代下,高管对智能财务的价值有一定的认知和了解,但在企业科技与会计融合的过程中,资金投入对其支撑力度稍显不足。

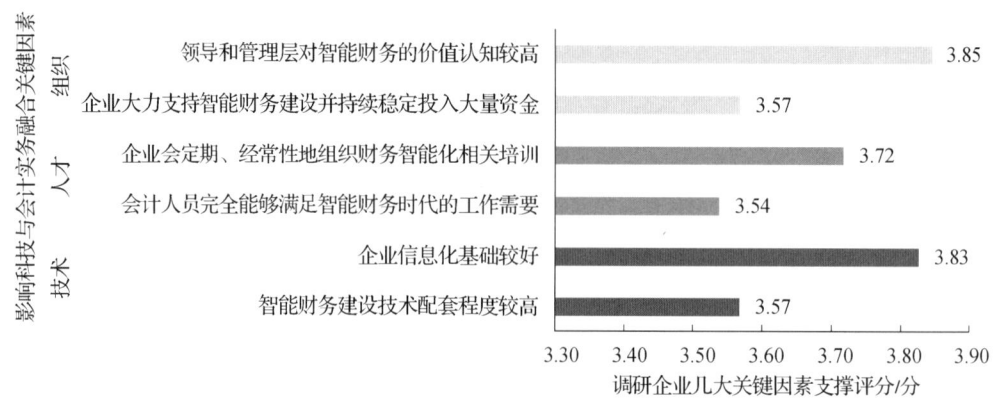

图 4-30 组织、人才、技术要素对科技与会计实务融合的支撑情况

人员因素从会计人员能力满足和企业相关培训情况两方面进行评价,如图4-30所示,调研者对"会计人员完全能够满足智能财务时代的工作需要"这一选项的评分最低,为3.54分,这说明实务界认为当前企业会计人员无法完全满足新时代的需求,智能财务人才不足是企业科技与会计融合过程中面临的首要问题。

技术因素主要从企业信息化基础和智能财务建设技术配套情况两方面进行评价,如图4-30所示,调研者对"企业信息化基础较好"的评分相对较高,为3.83分,而对"智能财务建设技术配套程度较高"的评分较低,为3.57分,表明公司目前的技术更迭与变革进程缓慢,智能财务建设的技术配套难以有效满足融合需求。

整体来看,六大角度描述的评分都小于4分,这意味着,组织、人员和技术这三大因素对企业科技与会计实务融合的支撑力度有限,其中,资金投入、人员能力和技术配套的支撑力度相对较低。

(七) 科技与会计实务融合的未来重点工作

无论是从政策导向层面还是从公司财务转型升级的需求出发,科技与会计的深度融合已成为势在必行的趋势。目前,我国企业处在智能财务的萌芽阶段,科技应用的广度和深度有所欠缺,我国的科技与会计融合之路仍任重道远。为进一步了解实务界对科技与会计融合的重点工作的看法,撰写组列举五大方面,供被调研者根据自身情况进行排序。

如图4-31所示,在对几项未来重点工作进行评分时,"智能财务人才招募与培养"位列首位4.05分,第二、第三依次为"技术更迭与变革"3.64分和"业务、流程标准化建设"3.38分。可见,实务界认为智能财务人才队伍建设是融合中的首要工作重点。值得注意的是,这一结果也与前文相呼应。前文在探讨三大因素对科技与会计实务融合的支撑情况时,人员能力的支撑力度最低,人才不足是科技与会计实务融合中面临的首要问题,而实务界同样认为智能财务人才招募和培养是首要重点工作,这说明人才已成为推动企业智能财务建

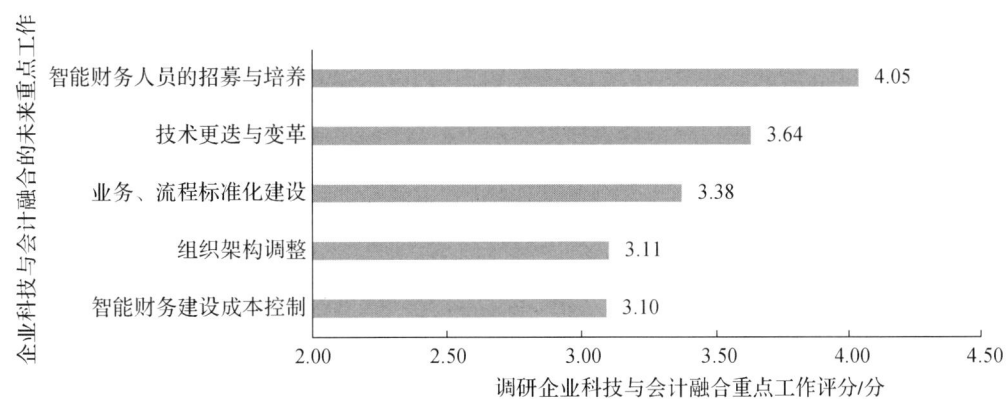

注:平均综合得分,得分越高综合排序越靠前。

图4-31 科技与会计实务融合的未来重点工作

设的关键因素,企业通过推进智能财务人才队伍建设,以解决人才不足问题,为科技与会计融合提供有力支撑。

四、本章小结

本章主要从企业会计和审计两个角度分析和探讨了它们与科技的融合现状。一方面,通过文献等资料,探讨"大智移云物区"等新兴技术对会计审计的影响、其应用场景以及所面临挑战等,归纳理论上新技术在会计审计中的应用现状;另一方面,列举运用新技术的典型案例企业,通过对案例企业的深入剖析,总结了实践中应用新技术的现状。本章通过总结新技术在会计审计领域的应用,并阐述应用场景,以此证明技术的进步会使得会计对企业业务活动的反映更加全面、连续、系统、及时和智能,也会使审计工作获取信息、处理信息、储存信息和传输信息的手段更加先进,不断促进企业的业财融合。通过对科技与企业的案例进行剖析,为高校会计教育改革提供参考和方向。

本章基于对345家企业的问卷调查,进一步从企业基本信息、信息技术应用阶段、信息技术采用和规划、信息技术在财务中的应用场景、财务工作领域智能化程度、三大因素(组织、人员与技术)对科技与会计实务融合的支撑情况、未来重点工作这七大方面展示了科技在企业会计中的应用现状。根据调查结果,我们发现,从信息技术应用阶段来看,科技在会计领域中的应用主要处于信息化阶段,但已开始向智能化阶段转化和过渡。从信息技术的应用规划情况来看,目前企业实施的信息技术多以解决实际应用为主,而对于机器学习、流程自动化等人工智能和区块链的应用程度仍较低。从信息技术应用场景来看,会计核算为主要应用场景,但在预测管理、经营分析等管理会计领域也有广泛应用。从财务各个工作领域的智能化程度来看,财务会计工作的智能化程度要高于管理会计工作。从三大因素的支撑情况来看,组织、人员与技术因素对科技与会计融合的支撑力度有限,资金投入、人员能力和技术配套的支撑力度相对较低。从科技与会计融合的重点工作来看,数字经济时代下,智能会计人才的招募和培养是首要重点。根据调查结果,我们发现,人才已成为推动企业智能财务建设的关键因素,企业应通过"内培外引"等方式加快推进智能财务人才队伍建设,为科技与会计的融合提供重要的人才保障。同时,高校作为会计人才的供给端,更应该紧跟社会需求,积极推进会计教育改革,培养懂财务、懂业务的复合型会计人才。

第五章

高校应用型会计教育应用科技现状及典型高校案例分析

新科技(如"大智移云物区")的发展给企业活动带来了巨大影响,越来越多的企业在应用中促进新科技和会计、审计实务的融合。在科技创新的背景下,高校应用型会计教育相关政策持续强调科技在教育中的应用,鼓励高校开展各类改革(详见第三章)。由此可见,在相关政策的引导下促进科技与高校会计教育的融合是十分必要的,只有两者深度融合,才有助于培养出适应新时代会计职业要求、能为企业活动创造价值的人才。为了解高校会计教育应用科技的现状,撰写组开展了线上问卷调查及高校实地调研。本章将对问卷调查数据进行分析,展现科技与高校应用型会计教育的融合现状及趋势。在此基础上,撰写组选取了目前国内会计教育改革中具有一定代表性的高校,归纳和凝练其在科技赋能会计教育改革中的主要举措、在改革中遇到的困难以及未来改革的进一步举措,旨在为其他高校会计教育改革提供参考和借鉴。

一、高校应用型会计教育应用科技现状

为了解在"大智移云物区"等新技术风起云涌的数字经济时代下,科技发展对会计类(会计学、财务管理、审计学)专业教学带来的影响,以及高校在应用型会计类专业教学中应用新技术的现状和趋势,撰写组于2022年7月开展了关于新技术在应用型会计类专业教学中的应用现状的问卷调查。截至2022年8月6日,撰写组共回收了2 213份有效问卷。以下将从培养目标、专业设置、课程体系、教学内容、教材体系、教学方法、师资建设、教学环境、教育评价、应用中的难点和痛点以及建议等多个方面对高校应用型会计教育应用科技的现状和趋势进行介绍。

(一)培养目标

根据教育部等六部门发布的《关于推进教育新型基础设施建设构建高质量教育支撑体系的指导意见》中提出的"深入应用5G、人工智能、大数据、云计算、区块链等新一代信息技术"的相关内容,本调查问卷对新技术作了以下定义:新技术指的是新一代信息技术,如大数据、人工智能、移动互联、云计算、物联网、区块链等。

以人工智能为代表的新一轮技术革命催生了新产业、新业态、新模式,对会计理论、会计职能、会计组织方式、会计工具手段等产生了重大而深远的影响[1],而会计职业方方面面的改变直接催生出对会计专业培养目标的新要求,因此高校的培养目标势必受到技术发展的影响。为调查培养目标受新技术影响的现状及趋势,我们先提出了以下两个问题。

第一,在新技术对高校会计类专业培养目标带来的影响程度方面,数据显示,60.14%的教师认为,高校培养目标已经受到新技术的较大影响,18.92%的教师认为受到了重大影响,7.43%的教师表示不清楚,以及13.51%的教师认为基本没有受影响(图5-1)。该结果表明,大多数高校的会计专业人才培养目标已经受到较大影响,这一点也体现在很多高校所开展的会计教育改革中。撰写组在对《蓝皮书(2020)》中高校人才培养方案分析的基础上,选取了部分高校近一两年的会计类专业人才培养方案进行对比,发现部分高校在培养目标中增加了应用信息技术方面的能力要求,培养目标逐渐转向培养新时代复合型、技术型人才。

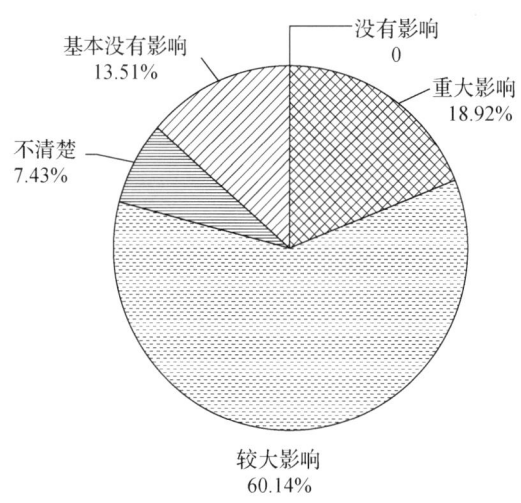

图5-1 教师关于新技术对培养目标影响程度的看法及占比

从教师所在院校的层次角度交叉分析来看(图5-2),新技术对培养目标带来重大影响的比重为:高职院校占40.00%、省属本科院校占21.05%、"双一流"大学占16.67%、民办本科院校占16.13%、地方本科院校占8.33%。由以上数据可知,比起其他类型的院校,高职院校的会计类专业人才培养目标受到新技术的影响更大。

第二,在新技术将会对高校会计类专业培养目标带来影响的趋势方面,如图5-3所示,被调查对象中,认为培养目标将受到新技术的重大影响的占53.38%、认为受到较大影响的占41.89%、不清楚受到什么影响的占0.68%、认为基本没有影响的占3.38%,认为没有

---

[1] 中华人民共和国财政部. 会计行业人才发展规划(2021—2025年)[EB/OL]. (2021-12-23)[2022-06-30]. http://jsz.mof.gov.cn/zhengcefagui/202112/t20211228_3778893.htm.

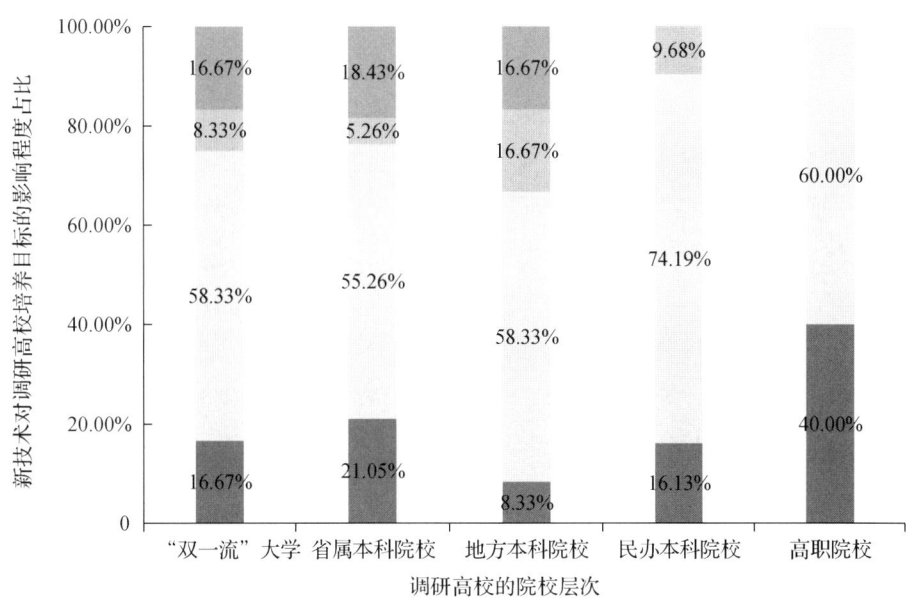

图 5-2 教师所在院校的层次及新技术影响培养目标现状的交叉分析情况

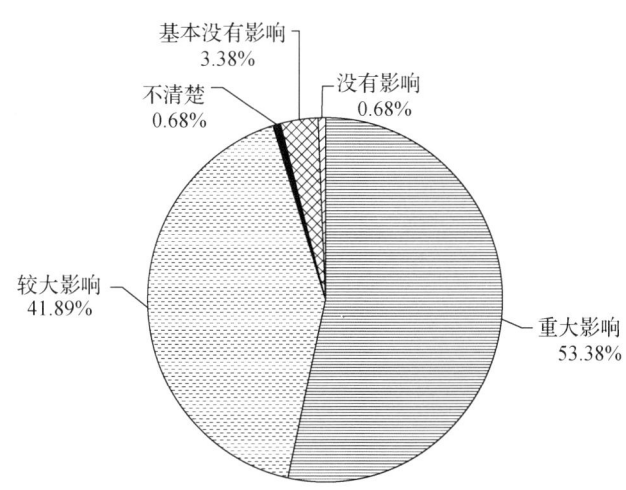

图 5-3 被调查对象对新技术影响培养目标趋势的看法

影响的占 0.68%。数据显示，大多数被调查对象认为高校的会计专业人才培养目标将会受到新技术的重大影响。

对比图 5-3 和图 5-1，不难发现"重大影响"与"较大影响"的合计比例有所上升，两者合计的比例由图 5-1 中的 79.06% 上升至图 5-3 中的 95.27%。由此可发现，比起现状，将来的趋势是新技术会持续影响高校会计类专业的培养目标，并且影响程度可能进一步加深，形成重大影响。因此，随着新技术不断发展，高校需持续推进并实现科技赋能会计教育改革。

第三,为了解新技术对培养目标产生何种影响,我们基于互联网时代下会计人员的三维能力框架(王华等,2021)调查了高校人才培养侧重的素质与能力情况。互联网时代下会计人员的能力总体框架由"职业道德、通用能力、专业能力"三个维度构成。在职业道德要求的基础上,通用能力包括互联网与信息技术、学习与行动、沟通与领导力三个方面,专业能力包括核算与报告、分析与决策、控制与评价三个方面。

被调查对象认为(图5-4),在高校侧重的素质与能力中,分析与决策的专业能力占76.35%,核算与报告的专业能力、职业道德的占比均为72.30%,排在前三位。互联网与信息技术的通用能力排在第四位,占比65.54%,这反映了新技术对培养目标的影响。学习与行动的通用能力占比64.86%、沟通与领导力的通用能力占比46.62%、控制与评价的专业能力占比43.92%,排在后三位。

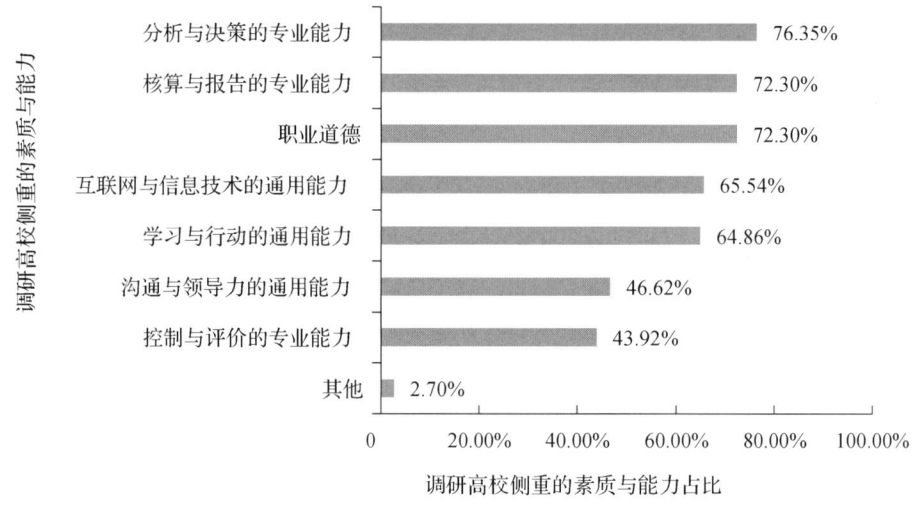

图5-4 调研高校侧重的素质与能力及占比

调查发现,在互联网与信息技术、学习与行动、沟通与领导力这三个通用能力中,互联网与信息技术排在首位,这体现了在新技术的影响下,高校对会计人才的培养更加重视互联网与信息技术的通用能力。这一发现与近年来高校人才培养方案中的变化相契合,许多高校在培养目标中增加了应用信息技术的能力要求。

(二)专业设置

近年来,随着技术的发展和"新文科"建设的开展,会计学科、专业也随之发生变革。对于"促进学科交叉融合、加快会计学科专业结构调整"这一观点,被调查对象中,表示非常必要的占62.84%、比较必要的占32.43%、不清楚的占2.70%、基本没有必要的占2.03%(图5-5)。数据显示,大多数被调查对象认为会计学科专业结构的调整非常必要。

从教师所在院校的层次角度交叉分析来看(图5-6),80%的高职院校教师认为"促进

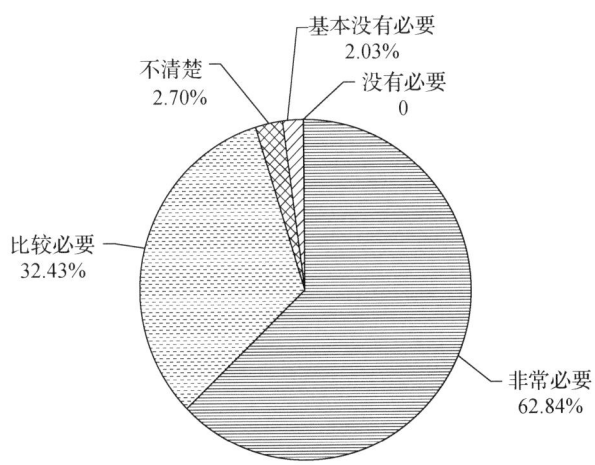

图 5-5 被调查对象对于"促进学科交叉融合、加快会计学科专业结构调整"的看法

学科交叉融合、加快会计学科专业结构调整"是非常必要的,其他院校的教师中,认为上述观点非常必要的比重依次为:省属本科院校占 69.74%、地方本科院校占 66.67%、民办本科院校占 51.60%、"双一流"大学占 50.00%。

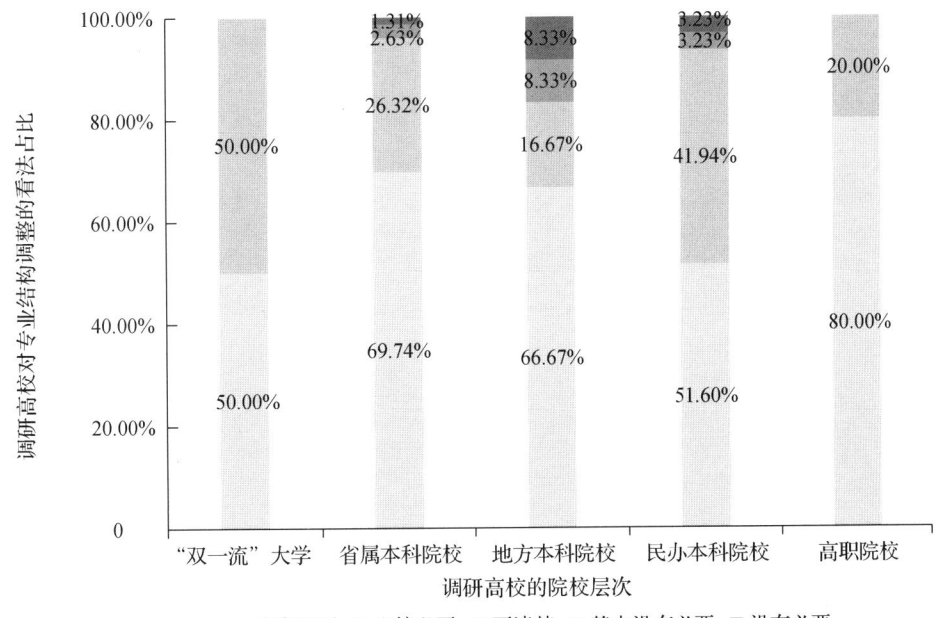

图 5-6 教师所在院校的层次及对专业结构调整的看法的交叉分析情况

既然大多数教师认为会计学科专业结构的调整非常必要,那么高校应如何进行会计专业的调整?撰写组在梳理部分高校近一两年的会计类专业人才培养方案的过程中发现,不少高校新开设了与新技术相关的专业或方向,综合看来,其大致可以分为四个类别:人工

智能类、大数据类、云计算类及信息化类。因此,在调查高校开设的专业或方向的情况时,主要提供了以下12个选项:智能会计、智能财务管理、智能审计、大数据会计、大数据财务管理、大数据审计、云会计、云财务管理、云审计、会计信息化、财务管理信息化及审计信息化。

数据显示(图5-7),高校已经开设的新技术相关的专业或方向中的前三位为会计信息化(占43.92%)、大数据会计(占29.05%)及智能会计(占27.70%),其次分别为财务管理信息化(占23.65%)、智能财务管理(占19.59%)、大数据财务管理(占15.54%)、审计信息化(占12.16%)、大数据审计(占10.14%)、智能审计(占9.46%)、云会计(占6.08%)、云财务管理(占5.41%)和云审计(占2.03%)。此外,以上课程均未开设的高校占比为23.65%。会计信息化主要是融入了互联网与信息技术的会计专业,该专业比其他类别的专业(如融入人工智能、大数据及云计算的会计专业)更早出现,课程设置也更为成熟。因此,会计信息化排在首位这一结果比较符合预期。接下来,我们调查了高校计划开设的新技术相关的专业或方向的情况,以期了解高校专业设置的发展趋势。

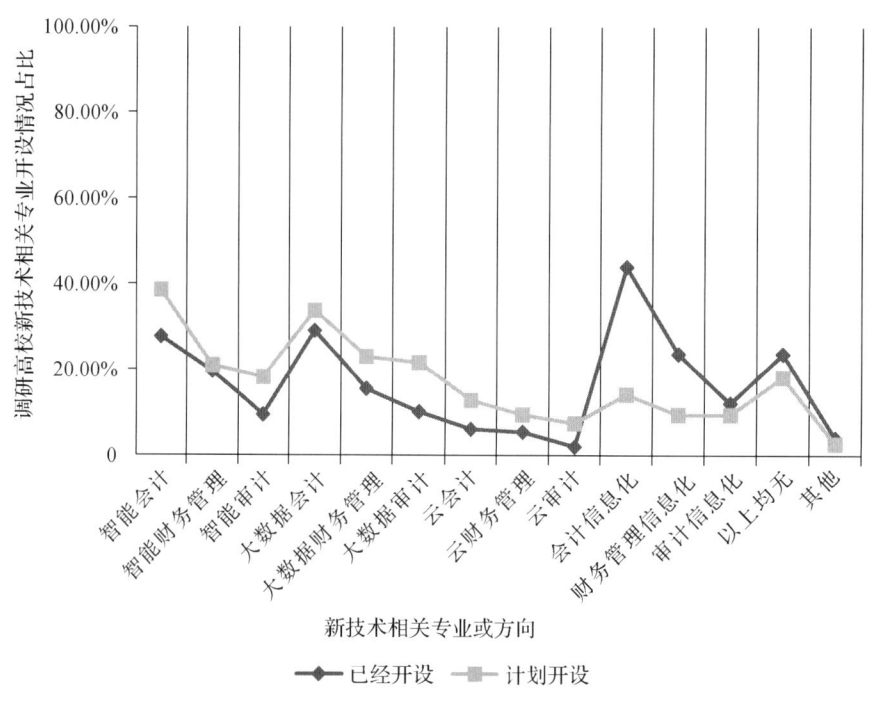

图5-7 高校已经开设及计划开设的新技术相关的专业或方向

如图5-7所示,高校计划开设的新技术相关的专业或方向中的前三位为智能会计(占38.51%)、大数据会计(占33.78%)及大数据财务管理(占22.97%),其次分别为大数据审计(占21.62%)、智能财务管理(占20.95%)、智能审计(占18.24%)、会计信息化(占14.19%)、云会计(占12.84%)、云财务管理(占9.46%)、财务管理信息化(占9.46%)、审计信息化(占 9.46%)和云审计(占 7.43%)。此外,无计划开设以上专业或方向的高校占比 18.24%。

在对比高校专业设置的现状及趋势时(图 5-7),我们发现,会计信息化这一专业发生了较大变化,从高校已开设专业的首位变成了高校计划开设专业的第七位。一方面,大部分高校已经开设会计信息化专业,因此在后续计划中不再需要设置该专业,只有少部分未开设过会计信息化专业的高校将其纳入计划。另一方面,高校逐渐倾向于开设融入人工智能和大数据的会计专业课程,这体现出随着技术的变革,会计专业课程设置也在反映技术的更迭。不管是现状还是趋势,高校的专业设置都在突出新技术的地位、融入最新的技术。

特别是对高职院校来说,会计类专业已经发生了巨大改变。为贯彻《国家职业教育改革实施方案》,加强职业教育国家教学标准体系建设,落实职业教育专业动态更新要求,推动专业升级和数字化改造,我国教育部组织对职业教育专业目录进行了全面修(制)订,形成了《职业教育专业目录(2021 年)》,并于 2021 年 3 月印发了相关通知。在高等职业教育本科财经商贸大类专业下的财务会计类专业中,原专业名称"财务管理"更名为"大数据与财务管理",原专业名称"会计"更名为"大数据与会计",以及新增了"大数据与审计"专业,在这样的政策背景下,高职院校的会计类专业设置突出了大数据的地位。问卷结果显示,如表 5-1 所示,在高职院校这一层次,80.00%的院校开设了大数据会计专业,80.00%的院校开设了大数据财务管理专业,20.00%的院校开设了大数据审计专业。

表 5-1 高职院校已经开设的新技术相关专业或方向及占比

新技术相关专业或方向	所占百分比	新技术相关专业或方向	所占百分比
大数据会计	80.00%	会计信息化	40.00%
大数据财务管理	80.00%	财务管理信息化	20.00%
大数据审计	20.00%	审计信息化	20.00%
云会计	0	智能会计	0
云财务管理	20.00%	智能财务管理	0
云审计	0	智能审计	0

对于会计类专业未来的发展前景判断陈述,被调查对象表示认同的情况如图 5-8 所示:①"专业结构、课程体系等须实施大改革才能跟上时代步伐"占比 64.19%,排在首位;②"只要与新兴科技深度融合,作用越来越重要,前景美好"占比 28.38%,排在第二;③"作为支持决策的信息系统,可维持现有体系,不必过虑"占比 5.41%,排在第三;④"受新兴科技影响,很可能被其他学科取代,前景堪忧"占比 1.35%,排在第四;⑤"无论社会如何发展进步,都需要会计,无所谓"占比 0.67%,排在第五。大多数被调查对象认为,专业结构、课程体系等须实施大改革才能跟上时代步伐,这体现了他们对"会计教育必须改革"

这一理念的认同。针对"会计教育应如何改革"这一问题,除第一节的培养目标分析和本节的专业分析外,我们将在接下来的小节中继续进行探讨。

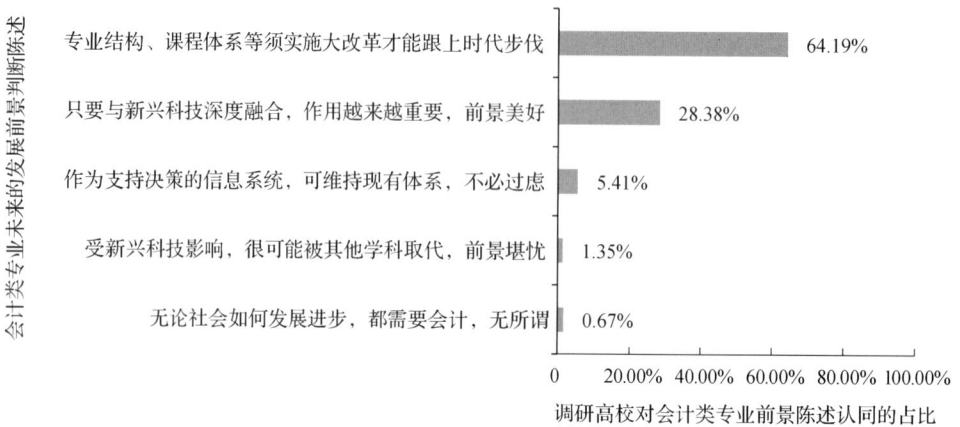

图 5-8　会计类专业未来的发展前景判断陈述及认同占比

(三)课程体系

高等院校要适当增加会计信息化课程内容的比重,加大会计信息化人才的培养力度。[1] 随着新一代信息技术的发展,会计信息化人才的培养刻不容缓,高校是否需要增设与新技术相关的课程? 57.43%的被调查对象认为课程体系必须增设与新技术相关的课程,41.22%的被调查对象认为可以增设与新技术相关的课程,1.35%的被调查对象认为不清楚是否应增设与新技术相关的课程(图 5-9)。数据表明,大多数被调查者认为高校会计

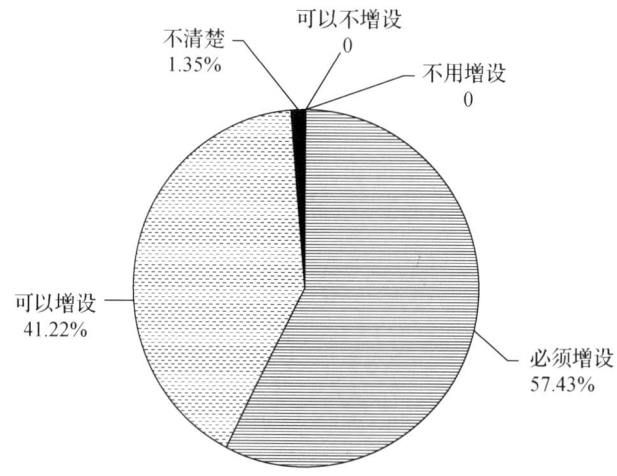

图 5-9　被调查者对增设与新技术相关的课程的看法及占比

---

[1] 中华人民共和国财政部.会计信息化发展规划(2021—2025 年)[EB/OL].(2021-12-30)[2022-06-30]. http://jx.mof.gov.cn/xxgk/zhengcefagui/202202/t20220221_3788724.htm.

类专业课程体系必须增设与新技术相关的课程。高校只有紧跟新时代的发展趋势,顺应科技发展的潮流,对会计教育作出相应的变革,才能培养出满足社会需求的会计人才。

从教师所在院校的层次角度交叉分析来看(图 5-10),来自高职院校的教师均认为必须增设与新技术相关的课程,这个结果符合我们的预期,因为高职教育本科会计类专业的更名与新增将导致课程的重构,增设大数据等新技术相关的课程是十分必要的。其他院校的教师中,认为必须增设的比重依次为:地方本科院校占 66.67%、省属本科院校占 56.58%、民办本科院校占 54.84%、"双一流"大学占 50.00%。

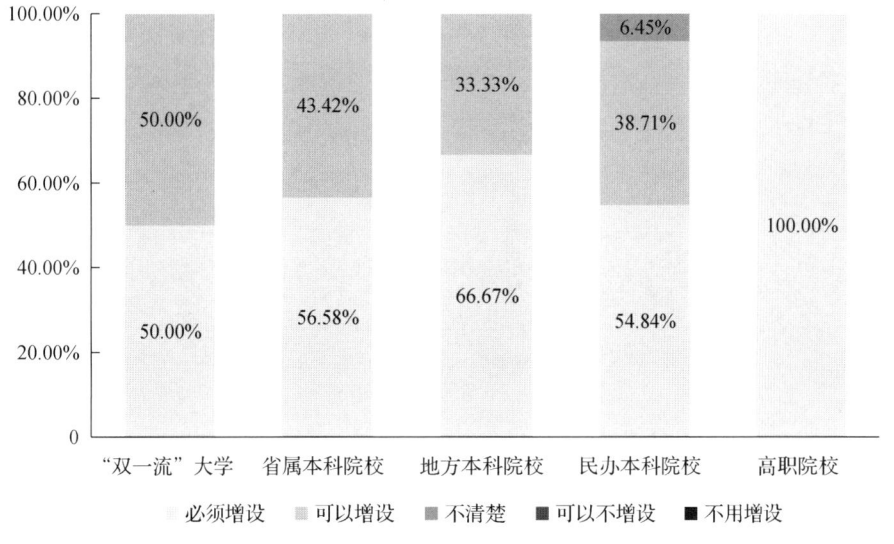

图 5-10 调研高校教师对增设新技术相关课程的看法占比

在会计类专业教育中,被调查者所在院校增设与新技术相关的课程的情况为(图 5-11):① 1~3 门占比 53.38%;② 4~6 门占比 31.08%;③ 7~9 门占比 8.78%;④ 0 门占比 6.08%;⑤ 10 门及 10 门以上占比 0.68%。该调查数据说明,大多数高校的课程体系中对新技术相关的课程的增设达到了 1~3 门,小部分高校完全没有增设。

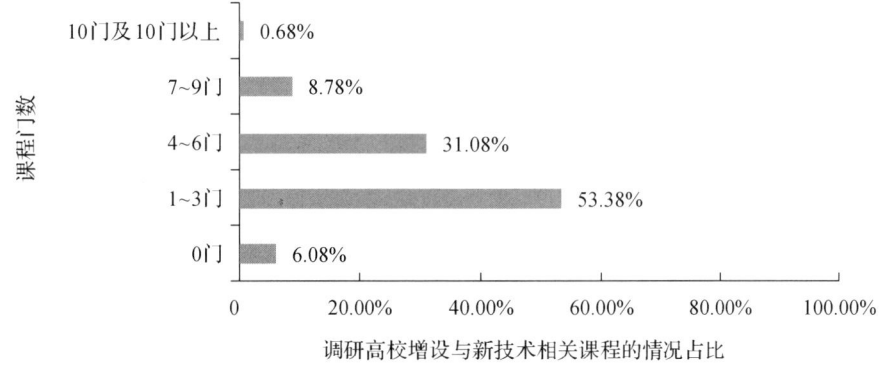

图 5-11 高校增设与新技术相关的课程门数及占比

从教师所在院校的层次角度交叉分析来看(图5-12),"双一流"大学中增设1~3门的情况最多,占54.16%;省属本科院校中增设1~3门的情况最多,占64.47%;地方本科院校中增设4~6门的情况最多,占50.00%;民办本科院校中增设1~3门的情况最多,占41.94%,值得一提的是五类院校中只有民办本科院校存在增设10门及10门以上的情况,占3.23%;高职院校中增设4~6门的情况最多,占60.00%。

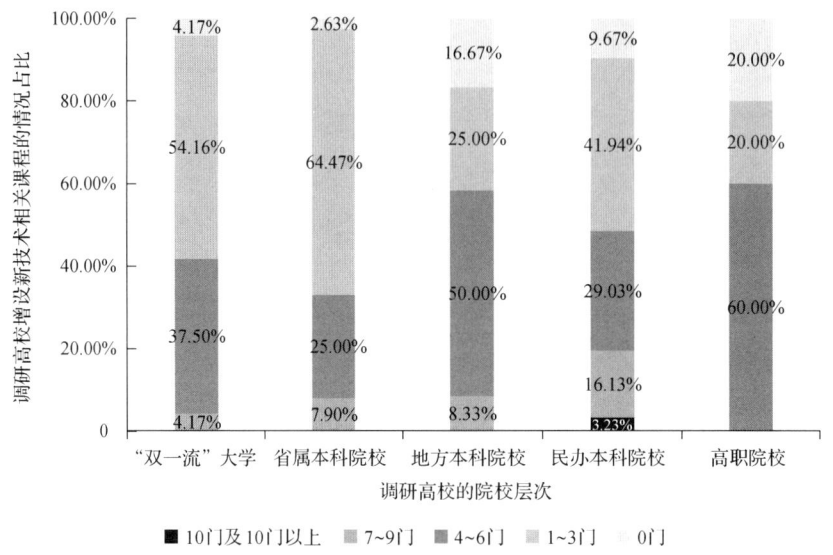

图5-12　教师所在院校的层次及高校增设新技术相关的课程的交叉分析情况

我们将高校课程分为通识教育课程、学科基础课程、专业基础课程、专业必修课程、专业选修课程和实训课程六个类别,并调查不同类别的课程中增设新技术相关的课程的门数情况。如表5-2所示,高校在这六类课程中增设1~3门新技术相关的课程的比重最大,依次为:实训课程占64.19%、专业选修课程占57.43%、通识教育课程占54.05%、专业必修课程占53.38%、专业基础课程占52.70%、学科基础课程占51.35%。

表5-2　高校在不同类别的课程中增设新技术相关的课程的门数情况

门数	课程类别					
	通识教育课程	学科基础课程	专业基础课程	专业必修课程	专业选修课程	实训课程
0门	28.38%	27.03%	22.97%	22.97%	18.92%	14.86%
1~3门	54.05%	51.35%	52.70%	53.38%	57.43%	64.19%
4~6门	12.16%	17.57%	18.92%	18.92%	17.57%	16.22%
7~9门	5.41%	4.05%	4.73%	4.73%	6.08%	4.73%
10门及10门以上	0	0	0.68%	0	0	0

从图 5-13 中可以看出,在六类课程中增设了 1~3 门新技术相关的课程的排在首位,且在这一维度中,实训课程增设新技术相关的课程的情况最多,占比 64.19%。结合图 5-11 所体现的无论是哪一种类别的课程,增设 1~3 门与新技术相关的课程的高校占多数的情况分析,这些高校增设的课程的类别是实训课程的可能性较大。

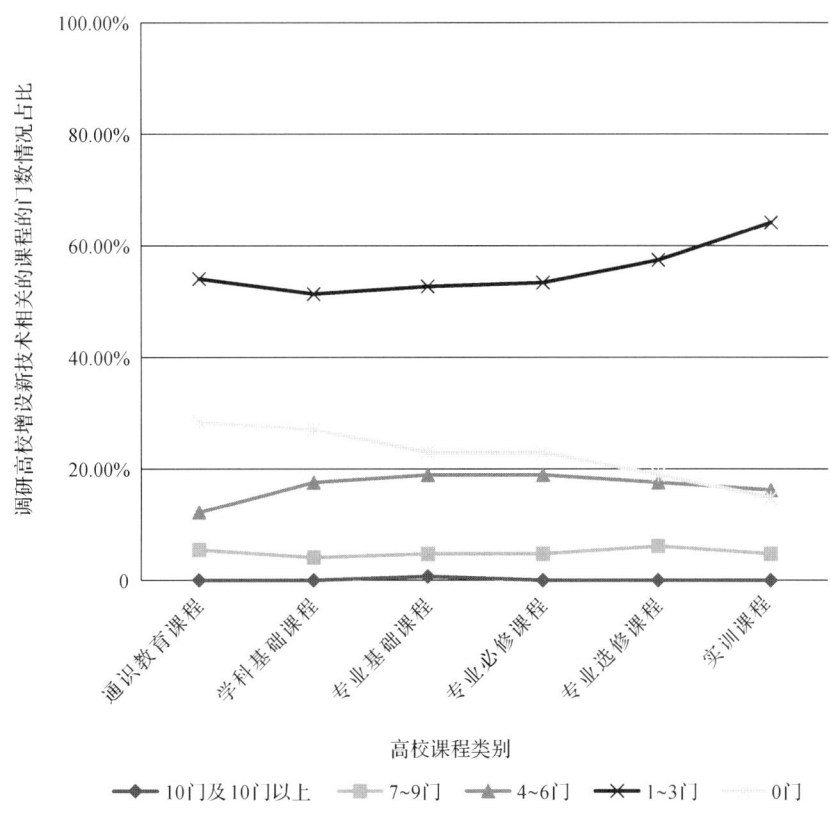

图 5-13　高校在不同类别课程中增设新技术相关的课程的门数及占比

大多数高校在增设与新技术相关的课程,那么它们增设的都是什么课程? 撰写组在梳理部分高校近一两年的会计类专业人才培养方案的过程中,发现许多高校增设了与新技术相关的课程,综合来看,这些课程大致可以分为五个类别:计算机基础类、大数据类、人工智能类、虚拟仿真类及区块链类。其中,计算机基础类课程中增设较多的有 R 语言、Python 和可扩展商业报告语言(eXtensible business reporting language,XBRL)基础;大数据类中有大数据分析与决策以及大数据审计;人工智能类中有 RPA 财务机器人和 AI 审计;虚拟仿真类中有财务共享平台、商业智能系统和模拟商业环境实训;区块链类中有区块链与财会审计。我们先从五个课程类别调查高校新增课程的现状及趋势,再探讨具体的课程情况。

问卷调查发现(图 5-14),高校已经开设的新技术相关的课程类别中的前三位为大数据类(占 73.65%)、计算机基础类(占 70.27%)及虚拟仿真类(占 39.86%),其次分别为人工智能类(占 39.19%)、区块链类(占 10.14%)。调查结果显示,大数据类以及计算机基础类课程开设较多,其中计算机基础类开设多的现状与信息化会计的专业或方向开设多的现状相符;此外,大数据类课程普及程度广,居于高校开设课程的首位。

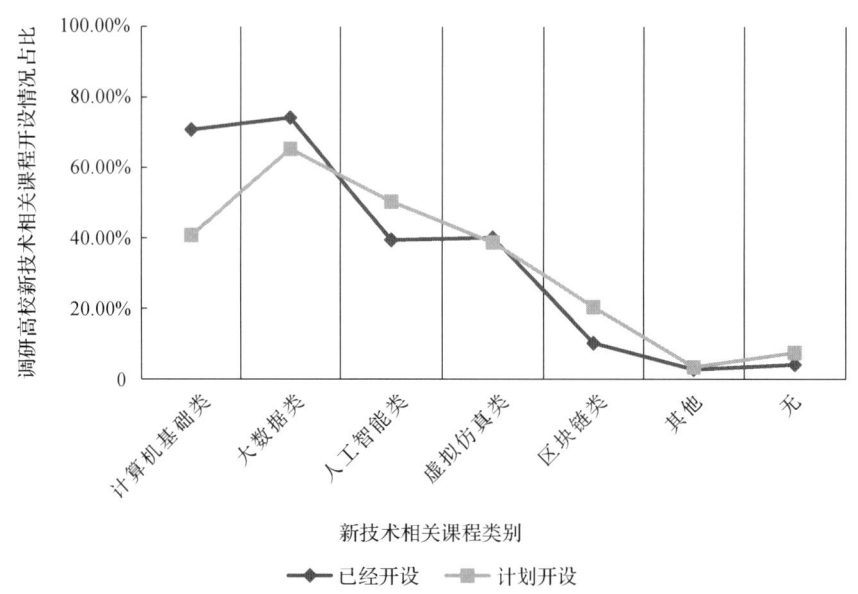

图 5-14　高校已经开设及计划开设的新技术相关课程类别及占比

高校计划开设的新技术相关的课程类别中的前三位为大数据类(占 64.86%)、人工智能类(占 50.00%)及计算机基础类(占 40.54%),其次分别为虚拟仿真类(占 38.51%)和区块链类(占 20.27%)。对比高校的现状及趋势,大数据类均处于首位,第二位则是已经开设中的计算机基础类和计划开设中的人工智能类,反映了课程体系也在随着技术发展而不断变化,增设了更多能够体现最新技术内容的课程。

为促进新技术与会计类专业教学深度融合,如图 5-15 所示,高校开设的新技术相关的课程中的前三位为 Python(占 66.22%)、大数据分析与决策(占 54.05%)及财务共享平台(占 52.03%),其次分别为模拟商业环境实训(占 26.35%)、RPA 财务机器人(占 22.30%)、大数据审计(占 17.57%)、R 语言(占 14.19%)、区块链与财会审(占 6.76%)、商业智能系统(占 6.76%)、XBRL 基础(占 6.08%)、AI 审计(占 4.05%)、其他(占 3.38%)。数据显示,前三位所对应的课程类别分别为计算机基础类、大数据类和虚拟仿真类,这一情况与图 5-14 课程现状中排名前三位的课程类别基本相符,体现了调查数据前后的一贯性。

通过上述分析,我们发现高校正在增设更多与新技术相关的课程,并计划进一步增设能够体现最新技术内容的课程。

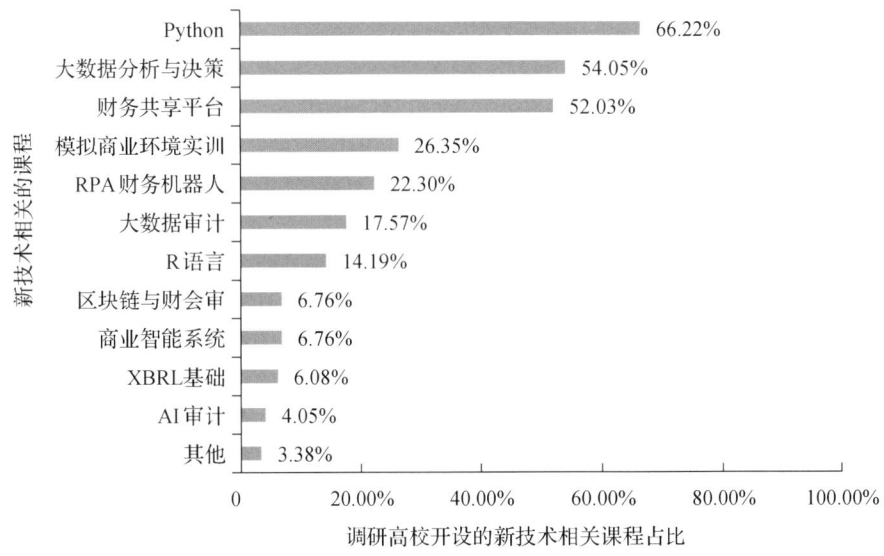

图 5-15 高校开设的新技术相关的课程及占比

(四) 教学内容

在增设与新技术相关的课程后,高校如何优化会计类专业的教学内容? 如何实现教学内容与新技术的深度融合? 2021 年 12 月,第十二届新华网教育论坛上,教育部高等教育司司长吴岩在《抓好教育教学"新基建"走好人才自主培养之路》的讲话中强调,要重点抓好内容体系、两性一度、课程思政、实践教学四个方面。结合以上政策,我们对高校融合新技术与教学内容的举措进行了调查。

被调查者所在的院校将新技术融入教学内容的举措为(图 5-16):① 体现新时代复合型会计人才培养目标占 70.95%;② 抓好新技术与会计专业融合的内容体系占 51.35%;

图 5-16 教学内容与新技术融合的举措及占比

③分析新技术应用于会计的实际案例占44.59%;④突出"大智移云物区"等新技术的地位占43.92%;⑤做好新技术相关的课程的实践教学占37.16%;⑥推进新技术相关课程的课程思政建设占31.08%;⑦模拟企业环境中的新技术应用做实验占30.41%;⑧打造新技术相关的"金课"占29.73%;⑨结合新技术运用于会计的产学研成果占19.50%。

问卷结果表明,教学内容与新技术的融合可以体现在多方面,形成多种举措。第一,"教学内容体现新时代复合型会计人才培养目标"是高校实施最多的举措,根据培养目标的能力要求设计教学内容,才能从根本上实现新时代复合型会计人才的培养需求。第二,"抓好新技术与会计专业融合的内容体系"也十分重要,如何将两者融合才能达到最好的教学效果,是很多高校都在探索、研究的问题。后续我们将对典型高校案例进行分析和整理,梳理和借鉴其改革经验。

(五) 教材体系

除了专业设置、课程体系和教学内容等方面与时俱进,教材体系也需要进一步改革。被调查对象认为(图5-17),要实现新技术与会计类专业教学深度融合,教材应体现新时代复合型人才培养目标占70.95%、注重新技术的理论与应用占68.92%、体现新技术与会计专业的融合占62.84%,以及完善立体可视化数字化教材占60.81%。

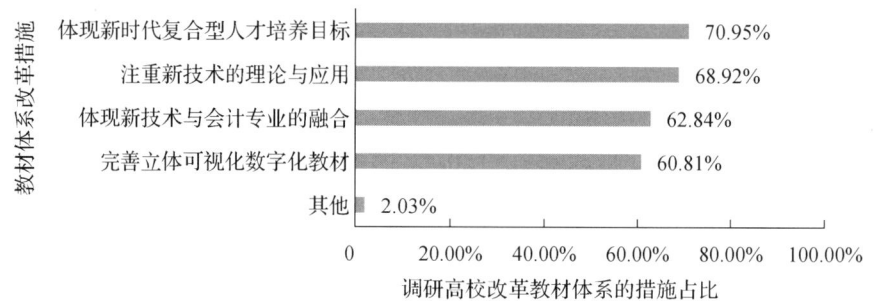

图5-17 教材体系改革的措施及占比

数据显示,大多数被调查对象认同以上体现新技术内容的教材体系改革措施。首先,与上节中教学内容的变革类似,体现新时代复合型人才培养目标是根本,教材的设计要以此为据。其次,教材要注重新技术的理论与应用,这部分内容也是传统的教材中所缺失的,新技术的理论与应用是融合的基础,不懂技术谈何融合?再次,教材要体现新技术与会计专业的融合。最后,随着科技进步,新时代的教材朝着立体化、可视化、数字化发展,会计专业教材体系必须跟上改革的步伐。

(六) 教学方法

推进现代信息技术与教育教学深度融合,重塑教育教学形态。[1] 如何融入新技术进

---

[1] 中华人民共和国教育部.关于加快建设高水平本科教育全面提高人才培养能力的意见[EB/OL].(2018-9-17)[2022-06-30]. http://www.moe.gov.cn/srcsite/A08/s7056/201810/t20181017_351887.html.

行教学方法的重构,塑造新型教学形态?教育部的《关于加快建设高水平本科教育全面提高人才培养能力的意见》中提到,重塑教育教学形态要加快形成多元协同、内容丰富、应用广泛、服务及时的高等教育云服务体系,打造适应学生自主学习、自主管理、自主服务需求的智慧课堂、智慧实验室、智慧校园,大力推动互联网、大数据、人工智能、虚拟现实等现代技术在教学和管理中的应用。此外,会计教学方法的改革可以通过构建"讲授教学+案例教学+项目研发"三位一体的教学方法[1],调动学生的积极性,推动研究性学习。

教学方法的改革要融入新技术,塑造新型教育教学形态。根据上述思路,我们对高校教学方法的改革进行了调查。数据显示(图5-18),被调查者认为教学方法的改革可以从以下几方面进行:① 构建"讲授教学+案例教学+项目研发"三位一体的教学方法(占67.57%);② 大力推动新技术在教学和管理中的应用(占62.84%);③ 打造适应学生自主学习的智慧课堂、智慧实验室、智慧校园(占54.05%);④ 形成多元协同的高等教育云服务体系(占52.70%)。

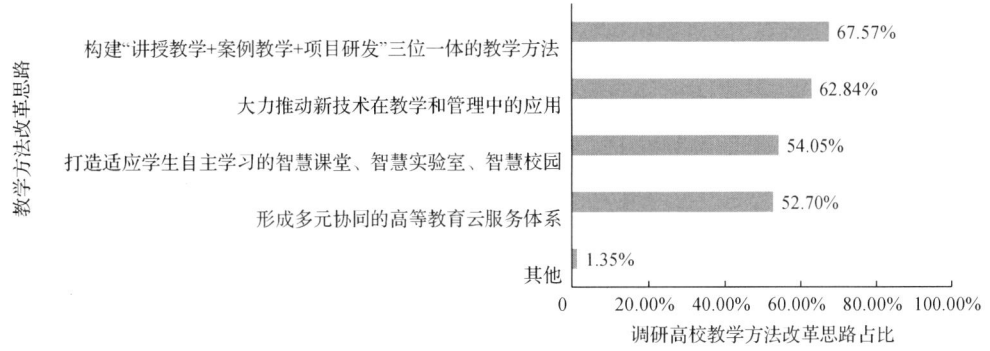

图5-18 高校融入新技术的教学方法改革思路及占比

(七) 师资建设

随着科技在高校会计教育中的应用,教师必须加强信息技术方面的能力,以适应新技术相关的能力要求。如图5-19所示,被调查对象认为,高校需"组织校内信息化课程培训,提升教师能力"占73.65%;"'跨界融合'优化教师结构,引进有技术背景的教师"占64.86%;"创建信息化教师团队"占55.41%;"组织校外的信息化课程培训,获取相关能力证书"占54.05%。

2021年12月,第十二届新华网教育论坛上,教育部高等教育司司长吴岩在《抓好教育教学"新基建"走好人才自主培养之路》中提出:"把教师教育做好了,我们的教师能够成为主力军,成为新的教育技术、教学方法、教育内容的实施者,中国高等教育质量就能得到有

---

[1] 王华,赵栓文,舒伟,等.中国会计教育改革与发展蓝皮书(2020):应用型本科人才培养[M].上海:立信会计出版社,2021:208.

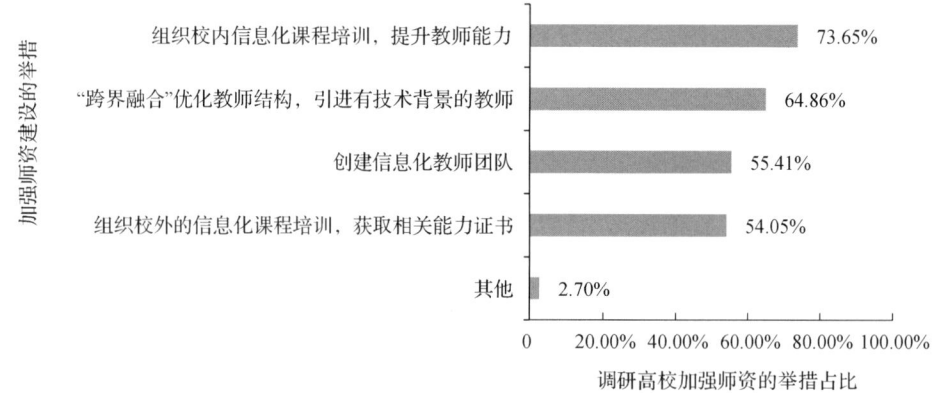

图 5-19　高校加强师资建设的举措及占比

力的保障和提升。"这说明针对教师信息化能力、新技术水平的相关培训是十分重要的。首先,高校应该组织校内外培训,提升教师信息技术方面的能力。其次,师资结构需要进一步调整,在对无技术背景的教师进行培训的同时,可以引进有技术背景的教师。最后,高校应以课程和专业建设为基础,以实验班和产业学院为平台,创建新型的信息化教师团队。

(八) 教学环境

为更好地将新技术应用于会计类专业教学,高校需要进一步改善教学环境。问卷调查发现(图 5-20),高校已经建立的教学实验室的情况如下:虚拟仿真实验室占 69.59%、产学研实训平台占 64.86%、虚拟教研室占 31.08%、现代产业学院占 27.70%、其他占 5.41%。

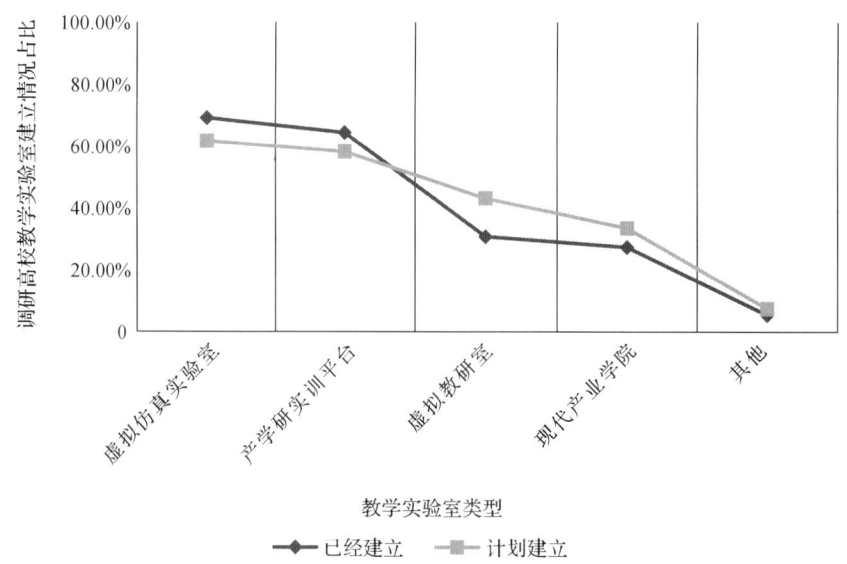

图 5-20　高校已经建立及计划建立的教学实验室类型及占比

虚拟仿真实验室、产学研实训平台、虚拟教研室，以及现代产业学院是高校建立较多的融合新技术的实验室或实训平台。其中，虚拟仿真实验室和产学研实训平台的建设比较完善，普及程度较高。而虚拟教研室和现代产业学院是近年的热点，两者处于发展阶段，普及程度较低。

如图5-20所示，高校计划建立的教学实验室的情况如下：虚拟仿真实验室占62.16%、产学研实训平台占58.11%、虚拟教研室占43.24%、现代产业学院占34.46%、其他占7.43%。对比高校教学环境建设的现状，我们发现虚拟仿真实验室、产学研实训平台在计划建立中的占比下降，而虚拟教研室和现代产业学院在计划建立中的占比上升。因此，预期随着虚拟教研室和现代产业学院的发展，它们在高校中的普及程度将有所提高。

（九）教育评价

科技与高校会计教育的融合贯彻在整个教育教学的过程中，如何进行教育评价，才能使评价结果真实地反映教育成果？中共中央、国务院印发的《深化新时代教育评价改革总体方案》提出，要坚持科学有效，改进结果评价，强化过程评价，探索增值评价，健全综合评价，充分利用信息技术，提高教育评价的科学性、专业性、客观性。根据以上完善教育评价的思路，我们设计了问卷。

调查数据显示（图5-21），被调查者对完善教育评价的看法如下：① 合计87.84%的被调查对象同意强化过程评价，利用技术持续追踪学生的学习与发展过程；② 合计87.83%的被调查对象同意健全综合评价，完善综合素质评价体系；③ 合计86.48%的被调查对象同意改进结果评价，利用技术创新评价手段、工具，提升评价质量；④ 合计84.46%的被调

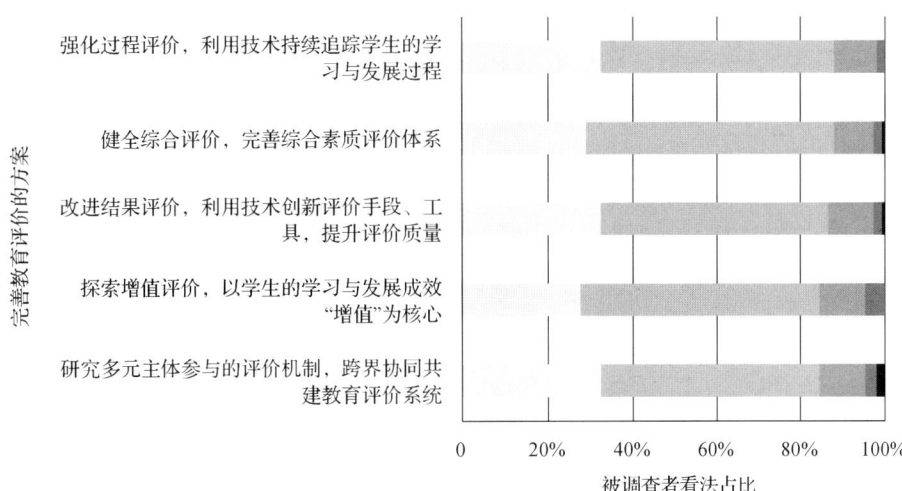

图5-21 被调查者对完善教育评价的方案及看法占比

查对象同意探索增值评价,以学生的学习与发展成效"增值"为核心;⑤ 合计84.46%的被调查对象同意研究多元主体参与的评价机制,跨界协同共建教育评价系统。我们发现,大多数被调查者对上述教育评价的完善和深化举措表示赞同,但是这些完善教育评价的方案在高校中的普及程度并不高,教育评价的改革还有待进一步的开展。

(十)会计类专业教学应用新技术的难点和痛点

在对会计类专业教学全过程中所涉及的培养目标、专业设置、课程体系、教学内容、教材体系、教学方法、师资建设、教学环境、教育评价等方面的现状进行了调查分析之后,我们发现新技术在会计类专业教学中的应用是一个趋势。部分高校正在进行科技赋能的教学革命,在教学全过程中应用一定程度的新技术,以应对技术发展对高校应用型会计教育带来的影响。但是,一小部分高校仍停留在落后的阶段,在教学中极少应用到新技术;并且从整体看来,高校会计教育与新技术的融合程度尚浅,需要进一步的改革以实现两者的深度融合。因此,为推进高校的科技赋能教学改革,帮助高校实现突破,我们想要了解高校在改革道路上面临的阻碍。通过对以下两个问题的分析,探索高校在会计类专业教学融合新技术过程中的难点和痛点。

第一,高校在会计类专业教学中应用新技术的主要困难有哪些?如图5-22所示,被调查对象认为主要困难中排在前三位的为:缺少硬件条件占60.81%、缺乏新技术类内容与会计类内容融合的具体指导方案占54.73%、缺少教学资源占54.05%,其次分别为不具备所需师资能力(占52.70%)、缺少软件工具(占51.35%)和校方支持力度不够(占49.32%)。调查显示,高校会计教育应用科技的过程中存在许多困难,这些困难可能导致改革无法开展。只有解决了这些困难,高校会计教育的改革才能顺利进行。

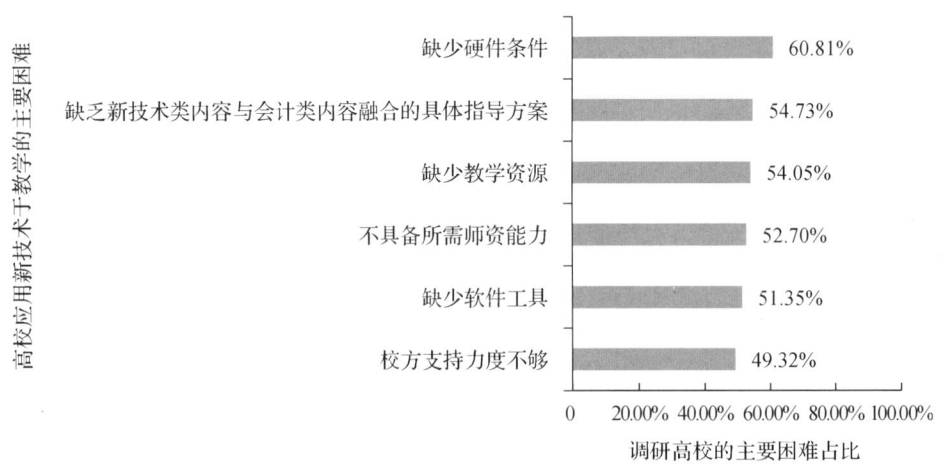

图5-22 高校在会计类专业教学中应用新技术的主要困难

第二,假设改革顺利开展,高校在会计类专业教学中应用新技术还会遇到哪些阻力?如图5-23所示,被调查对象认为改革的阻力主要来源于:① 教师对将新技术融入教学的挑战缺乏主动性占 62.16%;② 与固有僵化的传统思维间难以调和占 53.38%;③ 与学校现有的课程设置间存在矛盾占 50.00%;④ 学校相关学科的实力难以满足办学需要的条件占 43.92%;⑤ 作为非主干学科,没有得到校方足够的支持占 39.19%;⑥ 受到来自可行性、实用性以及就业方面的质疑的压力占 25.00%。教师是实施教育改革的主力军,但确实存在教师对将新技术融入教学的挑战缺乏主动性的现象,这成为改革的最大阻力。解决这一问题,不仅要靠教师个人的努力,而且需要高校进行合理的引导。

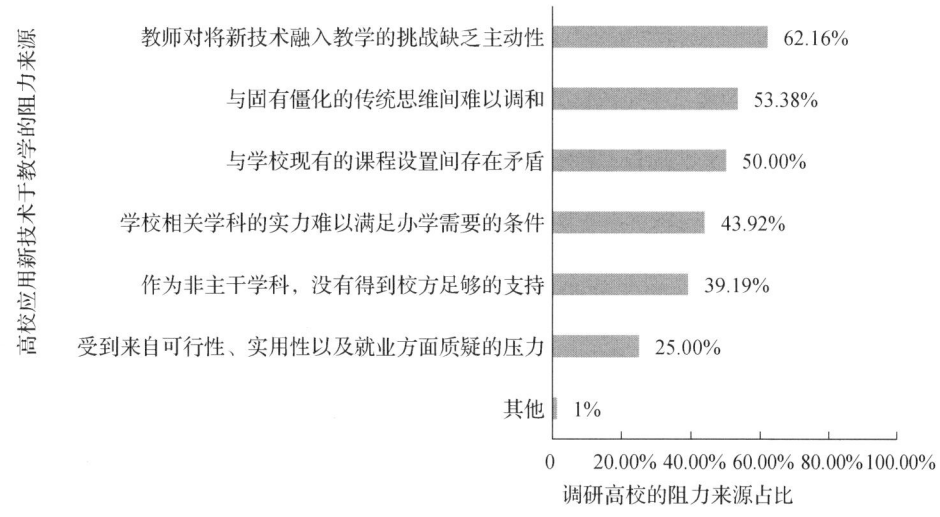

图 5-23　高校在会计类专业教学中应用新技术时受到的阻力来源及占比

高校在会计类专业教学应用新技术的过程中仍面临着许多困难与阻碍,这些问题的解决需要各高校自身的努力和学术界、实务界的帮助。高校应当根据国家相关政策,结合各自的实际情况,制订适宜自身发展的教改方案。最后,我们将在下一节中调查分析高校会计类专业教学融合新技术所最需要的支持,并总结出相应的建议。

(十一) 会计类专业教学应用新技术的建议

被调查对象认为,高校在会计类专业教学中应用新技术所最需要的支持是什么?各项支持的排序如何?调查数据显示(表 5-3),第一是校方的支持,平均综合得分[1]最高,为 7.07 分;第二是科学的人才培养方案,得分为 5.70 分;第三是合理的课程体系,得分为 5.04 分。其次分别为促进师资转型的相关培训 4.82 分、教学内容及模式的改革 4.32 分、先进的专业设置 4.19 分、相关实验室与平台的建设 3.15 分、相关教材和教辅资料 2.61 分、与企业的合作 1.92 分。

---

[1] 平均综合得分:本次调查问卷中,排序题的选项的平均综合得分是由问卷星系统根据所有填写者对选项的排序情况自动计算得出的,它反映了选项的综合排名情况,得分越高表示综合排序越靠前。计算方法为:选项平均综合得分 = ($\sum$ 频数×权值)/本题填写人次。权值由选项被排列的位置决定。例如,有 3 个选项参与排序,那排在第一个位置的权值为 3,排在第二个位置的权值为 2,排在第三个位置的权值为 1。

表 5-3　高校在会计类专业教学中应用新技术所需要的支持类型及平均综合得分

高校在会计类专业教学中应用新技术所最需要的支持类型	平均综合得分/分
校方的支持	7.07
科学的人才培养方案	5.70
合理的课程体系	5.04
促进师资转型的相关培训	4.82
教学内容及模式的改革	4.32
先进的专业设置	4.19
相关实验室与平台的建设	3.15
相关教材和教辅资料	2.61
与企业的合作	1.92

通过调查,对高校应用新技术于会计类专业教学的促进可以提出以下建议:① 高校最为需要的是加大校方的支持力度,提高对科技赋能会计教育教学改革的重视;② 结合新时代复合型人才培养目标,建立科学的人才培养方案;③ 增设新技术相关课程,形成合理的课程体系;④ 增加新技术相关的培训,促进师资转型;⑤ 融入新技术进行教学内容及模式的改革;⑥ 促进学科交叉融合,完成先进的专业设置;⑦ 加强新技术相关实验室与平台的建设;⑧ 根据教学内容打造配套的教材和教辅资料;⑨ 加深高校与企业的合作。

二、典型改革高校案例

撰写组选取了目前国内应用型会计教育改革中具有一定代表性的 15 所高校,梳理和总结了其在科技赋能会计教育改革中的主要举措、在改革中存在的困难及未来改革的进一步举措,旨在为其他高校的会计教育改革提供指导和借鉴。撰写组选取了 MPAcc、本科和高职三个层次的院校,其中,MPAcc 院校包括:中国人民大学;本科院校包括:中国人民大学、上海财经大学、南京审计大学、东北财经大学、广东财经大学、嘉兴学院、广东外语外贸大学南国商学院、广州南方学院和西安培华学院;高职院校包括:江苏财经职业技术学院、秦皇岛职业技术学院、武汉软件工程职业学院、长春金融高等专科学校和深圳信息职业技术学院。

(一) MPAcc 院校

1. 中国人民大学[1]

1) MPAcc 的发展历程

中国人民大学会计学科是我国会计管理活动学派的发源地,其会计教育始于 1950 年,

---

[1] 资料来源:中国人民大学商学院。

是我国最早具有会计学博士、硕士学位授权点的高校之一。该校的理论研究、智库支撑、实践运用水平走在全国会计学科的前列。2001年,该校会计学科点被教育部评定为国家重点学科。2004年,中国人民大学商学院被遴选为首批MPAcc试点单位,并成为全国会计专业学位研究生教育指导委员会秘书处所在地。2015年,中国人民大学成为首批通过全国MPAcc教育质量认证(AAPEQ)的单位,被评为首批A级认证成员单位。2020年,再次获得最高等级A级认证。2018年7月,教育部学位与研究生教育发展中心公布了全国首次专业学位水平的评估结果,中国人民大学的MPAcc项目获评了最高等级A+;有关MPAcc人才培养模式的教学成果荣获了2018年高等教育国家级教学成果奖一等奖。

2) 科技赋能会计教育改革的主要举措

(1) 以培养理念为指引,确立与新科技时代下人才需求匹配的培养目标和能力要求

中国人民大学的MPAcc项目围绕战略视野(strategy)、价值构建(value)、合作创新(cooperation)、业务精深(operation)和实践前沿(practice)五个维度组织教学创新活动,项目致力于培养具有战略思维和国际视野的会计技能与新数字技术充分融合的复合型高端人才。项目以培养理念为指引,确立了"培养具备良好职业道德,熟练掌握扎实的会计、财务及相关领域的专业知识,有较强数据处理和分析能力,能解决人工智能和会计交叉领域的问题,具有全球视野和创新精神的复合型人才"的培养目标,着重培养学生在数字化转型背景下,满足业财融合需求的领导力与执行力、反思与整合能力、沟通与决策能力,以及能够解决会计与金融复杂实务问题的综合运用能力。

(2) 发挥学院整体师资优势,在课程体系中新增智能会计方向的课程

MPAcc项目充分发挥了学院的整体师资优势,建设形成了一套受到广泛认可的理论素养和实践技能并重的会计领军人才培养模式,显著提升了学生的专业素养、创新能力和综合素质。项目深入探索会计专业学位研究生教育的特有规律,深化专业硕士教学改革,组建专家顾问委员会,采用集中授课、案例研讨、实务模拟、整合探究、企业参访等多样化的教学方式。开设智能会计方向的课程,邀请顾问委员与资深实务专家进课堂,与德勤、用友、远行科技等知名企业合作开发财务机器人、智能财务共享、云会计、数字化转型的财务共享、人工智能的财务与会计等方面的特色课程,着力培养学员在数字化转型经济、"互联网+"背景下,有基于大数据、云会计和人工智能的前沿专业意识、系统思考能力与知行合一的实际运用能力。

(3) 搭建教学经验交流平台,建设会计核心课程组

中国人民大学商学院的MPAcc项目注重师资建设。2021年,MPAcc项目着力开展核心课程大课程组建设,邀请核心课程组教师共同参与,各年龄层教师一同讨论,交流教学方法,共同推进教学改进。

(4) 建立可持续发展的教学质量保障体系

MPAcc项目持续提升MPAcc教育质量,建立了可持续发展的教育质量保障体系,并持续

优化师资队伍。中国人民大学商学院的教育服务和管理质量获得了国际商学院协会(The Association to Advance Collegiate Schools of Business,AACSB)和欧洲质量改进体系(European Quality Improvement System,EQIS)两个认证体系的最高认证(即最长时效的认证)。参照AACSB和EQUIS认证的质量标准,学院积极征求MPAcc学员、实践导师、用人单位、任课教师等利益相关者的反馈意见,及时反馈改进意见,形成了有效的闭环管理。对已存在的或潜在的招生、培养、管理、环境等各方面的风险,形成了一套完整的保障制度及措施,具有较好的风险应对能力。

MPAcc项目设立有教学质量保障体系课程图谱及评价标准,针对MPAcc项目的培养目标,细分为可以测量的学习效果,再具体到落实该学习效果的课程。该课程通过一定的测量手段检测是否很好地实现了学习效果,提交课程大纲及学习效果分析报告,并形成闭环,以供项目持续改进。

此外,中国人民大学的MPAcc项目严格执行课堂评估制度。每学期课程结束,学生以匿名方式参与评估,对课程内容,教师授课进行全面评估,在线提交。课堂评估与教师绩效奖励直接关联,督促教师重视教学质量的持续提高和教学方法的不断改进。

3) 科技赋能会计教育改革的成效

2021年,中国人民大学的MPAcc项目开启了智能会计方向,修订了非全日制培养方案,确立了与科技赋能教育相匹配的培养目标,开发了智能会计模块课程,建设了优质智能会计课程,实现了项目方向性创新举措,形成了MPAcc项目的教育教学特色。

(1) 修订与科技赋能会计相匹配的培养方案

2021年,项目组织了对智能会计人才培养的进一步论证,在此基础上,修订了培养方案。

(2) 确立与科技赋能教育相匹配的培养目标

2021年,项目确立了非全日制MPAcc的培养目标要与科技赋能教育的趋势相匹配的目标,具体为：培养具备良好职业道德、掌握扎实的会计和财务知识、有较强数据处理和分析能力、能解决人工智能和会计交叉领域问题、具有全球视野和创新精神的复合型人才。以此培养目标指引课程设置,建设科学合理的课程体系。

(3) 新增智能会计方向课程,形成由八大模块支撑的MPAcc课程体系

在原有的会计学科传统课程基础上,分析智能会计方向的特点,从技术和决策两个层面开发新课程,新开发了"智能财务基础""机器学习的模型、算法与实训""基本面量化投资""财务机器人(RPA)实训""Python数据分析方法与应用""BI可视化分析应用前沿"方向的六门课程,形成由核心课程模块、专业精深、新经济技术、金融模块、管理模块、知识整合、实战/实训和智能会计八大模块支撑的MPAcc课程体系。

(4) 主讲教师精雕细琢,开发深受学生喜爱的优质智能会计类课程

2021学年,智能会计模块课程陆续开课。开课前,MPAcc中心将学生的基本情况分析

数据共享给主讲教师。主讲教师根据学科特点、课程特点、学生特点精雕细琢,设计课程。教学实施后,智能会计模块课程深受学生喜爱。以"Python 数据分析方法与应用""智能财务基础""机器学习的模型、算法与实训"和"基本面量化投资"为例。

"Python 数据分析方法与应用":该课程以 Python 编程工具为平台,结合独立开发的商业数据分析案例,讲授商业数据分析的管理原理、常用方法、经典案例、实操工具。课程目标为提升学生运用 Python 进行商业数据分析的实战能力,具体为:① 对 Python 熟练使用的能力;② 对商业数据分析问题进行管理与技术两方面分析的能力;③ 对商业数据分析过程中的常见误区和问题的识别和纠错能力;④ 对已有的商业数据分析方案的理解和改进能力等。

"智能财务基础":该课程旨在培养兼具数字化与智能化思维的复合型专业会计人才,使学生掌握系统的会计和工商管理基础知识、扎实的数据处理和分析方法以及会计、审计和税务方面的专业理论知识,能够理解数字智能时代的企业会计、审计和税务实践,善于批判性地分析问题和解决问题,具有沟通能力和社会责任感的管理人才。课程偏重智能财务方法介绍,包括智能技术基础、智能会计核算、智能财务管理(包括智能预算、智能风险管理、智能业绩评价、智能资金管理等内容)、智能财务分析、智能财务决策等内容。

"机器学习的模型、算法与实训":该课程有机融合了信息科技、数据科学和商业实践三大领域,旨在培养能熟练使用机器学习方法对大数据进行分析、实现商业价值的复合型数据分析人才。本课程围绕数据价值与机器学习展开,分为三大模块:第一模块主要介绍数据价值的核心思想,培养学生的批判性数据思维,学会厘清从数据到价值的逻辑关系,善于从探索性数据分析中发现问题;第二模块为机器学习的各种模型、算法精要,会详细讲解机器学习理论、机器学习、深度学习、强化学习、自然语言处理和网络分析,以及相应的 Python 程序实现;第三个模块为邀请数据科技头部公司或者领先团队走进课堂,邀请其介绍它们的数据产品化思路,提供若干实践案例的产品化路线,指导践行数据产品商业化。

"基本面量化投资":本课程将分为三个部分,第一部分介绍财务分析的基本方法和逻辑,立足于基本面的量化投资模型有别于基于统计套利或高频交易的量化投资模型,对基本面的理解是基本面量化的关键。第二部分介绍主要的阿尔法因子:价值因子、质量因子和动量因子。价值因子利用投资者的认知偏差寻找价格被低估的股票,质量因子评价公司业绩,寻找预期产生价值增值的股票,而动量因子则利用投资者对信息的反应不足寻找价格继续上涨的股票。其中,价值因子和质量因子都需要以严谨的基本面分析为基础,体现出现代价值投资的理念(价值 + 质量);而动量因子则是衡量投资者情绪的有效手段。第三部分介绍基本面量化的基本方法,包括多因子模型的因子评价、回溯测试、权重配置、风险控制和动态调整,这些均为理论和实务界的最前沿。同时,该部分将介绍如何利用专业软件实施和检测这些阿尔法策略。

4）科技赋能会计教育改革中遇到的困难

在科技赋能教育发展趋势的驱动下，中国人民大学商学院的 MPAcc 项目于 2021 年推出了智能会计方向。在近一年的智能会计教育改革中，MPAcc 项目遇到的主要困难有以下几方面。

（1）跨学科的智能会计方向师资缺乏

从历史来看，中国人民大学商学院会计学科背景强大，人才辈出；从现状来看，中国人民大学会计学科拥有一支各年龄层相结合的教学科研梯队。但是，商学院财务会计的大多数师资的学科背景集中在会计相关专业，缺乏人工智能、大数据等背景支撑，在开发与智能会计相关的课程时，需要寻求院外和校外资源。

（2）智能会计人才培养体系建设面临困惑

目前，中国人民大学的 MPAcc 项目已经开发了多门智能会计方向的课程，建立起了在财务会计专业基础上的、以"技术应用"和"分析决策"为两大支撑的智能会计课程框架，并建设起了相应课程模块。但从整体上看，目前各院校的科技赋能人才培养均在探索阶段，尚无定论，各院校间尚无"绝对样板"，中国人民大学的 MPAcc 智能会计人才培养也面临一些困惑。第一，面对时代发展带来的持续的技术性压力，若要继续深化科技赋能人才培养的探索，那么未来将继续以财务会计为基础，导入技术应用和分析，还是需要以计算机技术为基础，做财务会计知识的后期导入，两种路径需要认真分析。此决策既要与市场需求紧密相连，又必须符合教育规律，既要回应时代关切，又要具有前瞻性的预判。第二，面向未来的智能会计人才培养，需要落实学科的交叉融合。但目前人大的 MPAcc 为两年制，课程培养时间集中在 1 学年或者 1.5 学年，无法为学科交叉培养提供足够的时间，也影响了智能会计培养效能的充分发挥。

（3）智慧教室和实验室等硬件设施不足以支撑智能会计教育

在新校区建成之前，中国人民大学的智慧教室数量少，智能会计方向没有专属的智慧教室，所有的智能会计课程均在传统教室上课，对教学效果有一定的影响。此外，尽管商学院高度重视实验和实践教学，并在学校教学设施、公共基础设施和图书信息资源的基础上建立了学院实验教学中心，为教学提供保障。但目前，学院尚缺乏与智能会计紧密结合的实验室，这在一定程度上限制了智能会计实验教学的开展。

（4）校内外资源盘活利用不够

目前，中国人民大学的 MPAcc 智能会计人才培养探索所依托的力量和资源仍局限于学院内部，尚未充分盘活校内外的资源和进一步地积极外拓。中国人民大学的 MPAcc 项目深知，面向未来的智能会计的人才培养需要在学科交叉的理念引导下，打破项目中心目前的课程资源边际，积极拓展，与数学院、大数据研究院等校内资源积极开展合作。同时，MPAcc 作为专业学位需要紧密结合专业实践，对外充分联络实务界，开展产教协调培养，在实践教学、企业合作等方面积极作为。

5）推进科技赋能会计教育建设和改革的主要思路及举措

在未来的教育改革中，MPAcc项目将在课程创新、师资梯队建设和校内外资源整合三个方面披荆斩棘，锐意改革创新，将科技与会计教育进一步结合，充分实现科技赋能会计教育。

（1）课程创新

项目将把智能会计方向的课程做深、做细、做优，主要包括：一是丰富课程内容，把思政内容融入智能会计课程，启智润心；二是与学院实验室中心合作，鼓励教师开发智能会计相关的软件模拟课程，如财务管理虚拟实验室等；三是细磨已有的课程，发挥优质课程的影响力，整体提升智能会计模块的课程质量，打造金牌智能会计课程。

（2）师资梯队建设

项目中心将从新教师招聘和已有教师转向两个层面发力，拟招聘有人工智能、大数据背景的新教师，用制度牵引鼓励已有教师向智能会计转型，双向发力，解决会计教育改革中师资缺乏的问题。

（3）校内外资源整合

在培养学院自有师资团队的同时，中国人民大学的MPAcc项目将积极整合校内外资源，探索学科交叉培养，丰富实践教学。MPAcc项目拟与校内理工科院系合作开设技术通识类和跨学科的智能会计类课程，积极探索跨学科师资同堂上课的教学方式，从不同领域激发学生对信息科技以及信息科技赋能会计领域的认知。同时MPAcc项目将充分发挥中国人民大学校友的资源优势，与科技类头部企业开展以新课程为主体的全方位立体化合作，具体为：

开展课程合作。MPAcc项目将于2022年与用友集团深入合作人工智能财务与会计课程，为课程配备课程教授，采用校内师资+企业师资"双师同堂"的形式，由课程教授与企业师资共同就课程内容进行打磨，将该课程打造为"用友—人大MPAcc"合作的精品课程。

建设模拟实验室。未来将打造人大的MPAcc和企业合作的实验室。从软件合作着手，将合适的软件应用于教学中，在实训中提升学生能力。

课题共研。双方结合年度专业、行业发展趋势，共同讨论确认课题研究方向，组建课题研究小组。

案例开发。双方将开展案例开发合作，尝试通过案例选拔活动，强化学院在大型企业间的学术品牌与活跃度，将筛选的案例编入教材。

组织沙龙活动。双方将共同组织沙龙活动，院方和企业分别组织师资代表、企业代表开展对话和沙龙交流等活动。

（二）本科院校

本科院校包含了《蓝皮书（2020）》中部分会计教育改革的典型案例院校：中国人民大学、广东财经大学与嘉兴学院，以及今年新增的院校：上海财经大学、南京审计大学、东北财经大学、广州南方学院、广东外语外贸大学南国商学院和西安培华学院。

1. 中国人民大学[1]

1）科技赋能会计教育改革的主要举措

在大数据、人工智能、云计算等新兴技术迅猛发展的背景下，财务、会计工作越来越智能化，就业市场对智能会计专业人才的需求日益迫切。因此，传统的财务、会计专业教育也遇到了前所未有的挑战。2020年，为应对会计专业教育所面临的数智化新挑战，中国人民大学商学院会计系在保持传统优势的基础上，整合了学界和业界资源，开设了会计学专业（智能会计方向）。

作为中国人民大学的王牌专业，会计学专业于2019年入选首批国家级一流本科专业建设点。同时，该专业所在的会计学科是我国"会计管理活动论"的发祥地，与之相关的一大批科研成果在国内外会计学术界均具有重要影响。

（1）培养方式

该方向班学制四年，一般在大二下学期面向全院学生进行选拔，招生名额不超过20人。学生毕业时，授予管理学学士学位。

该方向班旨在培养具有数字化、智能化思维，掌握系统的会计和工商管理基础知识、扎实的数据处理和分析方法及深入的会计、审计和税务方面的专业理论知识，能够理解数字智能时代企业会计、审计和税务实践，能够在数字社会中将人工智能、大数据技术等新技术灵活应用于会计、审计、税务等工作中，善于从理论与技术角度分析问题和解决问题，具有沟通能力和社会责任感的复合型管理人才。

（2）课程设置

该专业方向以国内外顶尖高校的相关学科的培养方案为蓝本，遵循中国人民大学工商管理大类的培养体系，制定学生培养方案。

保留财会类核心课程。方向班充分利用学院优秀专业的教师资源，在课程中融入深厚的会计理论专业知识，培养学生的专业素养和思维模式。

增添人工智能类关键课程，辅以实务界智能化系列讲座。在专业课程的基础上，人工智能等相关课程的开设可以将会计专业和智能技术相融合，同时持续注入优秀的企业实践经验，可以系统地培养兼备技术创新能力和专业能力的跨界复合型、创新型高级会计人才。

提供个性化选修课程。相关量化课程以及金融科技课程的选修，实现了学生培养方案的部分个性化设置，有助于拓宽学生的学习视野、提高综合分析能力。

（3）"双导师"制

该专业方向班实行校内导师+企业实践导师的"双导师"制。依托丰富的校友资源，商学院为该专业方向班的学生聘请了具有多年工作经验或独立创业经验，在企业担任重要财务、会计和管理职务，有责任心、善于交流的企业家导师与校内导师并行，对学生进行"双导

---

[1] 资料来源：中国人民大学商学院。

师"制培养。同时,实行分小组培养模式,关注每一个学生的成长与发展。

(4) 理论与实践融合

该专业方向班对学生的培养立足于课堂理论的学习,同时关注理论与企业实践的有机结合。一方面,邀请行业内知名专家与同学们分享成功的工作经验,传递最新的行业资讯;另一方面,积极建设联合培养实践基地,鼓励学生深入企业进行实地调研,并将专业理论与企业实践有效融合。同时,与优秀企业全方位合作,为学生提供来自优秀企业的高质量实习机会。

(5) 多样的未来发展机会

该专业方向班的学生毕业之后拥有广阔的就业前景、多样的发展机会。学生可以选择去合作企业、其他新兴的金融科技公司和信息技术公司、政府财务部门等从事智能会计相关的工作,也可以选择在国内外知名高校内继续深造;优秀学生在满足相关要求的基础上,还将有机会获得海外名校的直升或优先推荐机会。

(6) 课程模块

核心课程主要包含三个模块:一是传统会计学主干课,只保留了几门会计主干课程;二是大数据、人工智能等方法课;三是将大数据、人工智能等技术和会计进行结合的应用性课程。具体培养方案如表5-4至表5-6所示。

表5-4 中国人民大学会计学(智能会计方向)培养方案(1)

课程设置与培养环节	学习内容[课程编码]	学分	各学期学分配置								学习要求	学分设置
			第一学年		第二学年		第三学年		第四学年			
			秋	春	秋	春	秋	春	秋	春		
思想政治理论课	思想道德修养与法律基础[MS101103]	3	3								必修	16
	中国近现代史纲要[MS101102]	3		3								
	马克思主义基本原理[MS101110]	3				3						
	毛泽东思想和中国特色社会主义理论体系概论[MS101109]	5				3	2					
	形势与政策[MS101121]	2										
通识基础课	新生研讨课[BA105001]	1	1								必修	44
	经典历史著作阅读	2		1	1							
	大学英语[FL101101]	12	4	4	4							
	微积分 C[IF100117]	8	4	4								
	概率论与数理统计 C[IF100134]	4			4							
	线性代数 C[IF100124]	4				4						
	计算机基础[IF111198]	2	2									

(续表)

课程设置与培养环节	学习内容[课程编码]	学分	各学期学分配置								学习要求	学分设置
			第一学年		第二学年		第三学年		第四学年			
			秋	春	秋	春	秋	春	秋	春		
通识基础课	Python	2					2				必修	44
	体育[PE101101]	4	1	1	1	1						
	心理健康教育[SD101101]	1	1									
	国防教育[SD101102]	2	2									
	职业生涯规划[AC101101]	1		1								
	中文写作[LA102711]	1		1								
通识核心课	国际小学期全英文课程群	2									选修	20
	通识核心课程群	18										

资料来源：中国人民大学。

表5-5 中国人民大学会计学(智能会计方向)培养方案(2)

课程设置与培养环节	学习内容[课程编码]	学分	各学期学分配置								学习要求	学分设置
			第一学年		第二学年		第三学年		第四学年			
			秋	春	秋	春	秋	春	秋	春		
学科基础课	管理学原理[BA103504]	3	3								必修	31
	微观经济学[EC101521]	3	3									
	宏观经济学[EC101522]	3		3								
	组织行为学[BA103503]	3		3								
	会计学[BA106501]	3			3							
	市场营销学原理[BA102501]	3			3							
	管理沟通[BA103506]	1			1							
	统计学[ST101599]	3				3						
	财务管理概论[BA107501]	3				3						
	企业战略管理[BA103505]	3				3						
	初级计量经济学[BA106611]	2					2					
	论文写作[BA101504]	1						1				
专业必修课	大数据技术	3					3				必修	29
	机器学习与自然语言处理	3					3					
	商业数据分析	3						3				
	数据库技术	2						2				

(续表)

课程设置与培养环节	学习内容[课程编码]	学分	各学期学分配置								学习要求	学分设置
			第一学年		第二学年		第三学年		第四学年			
			秋	春	秋	春	秋	春	秋	春		
专业必修课	成本与管理会计	3						3			必修	29
	财务会计学	4				4						
	高级会计学[BA106606]	3							3			
	智能会计	3						3				
	大数据审计	3					3					
	智能财会实训	2							2			
专业选修课	RPA(机器人流程自动化)	2									选修	12
	人工智能概论	2										
	BI与可视化	2										
	金融科技	2										
	量化投资	2										
	量化营销	2										

资料来源：中国人民大学。

表5-6 中国人民大学会计学(智能会计方向)培养方案(3)

课程设置与培养环节	学习内容[课程编码]	学分	各学期学分配置								学习要求	学分设置
			第一学年		第二学年		第三学年		第四学年			
			秋	春	秋	春	秋	春	秋	春		
实践教育	社会研究与创新训练[BA106902]	2						2			必修	12
	社会实践与志愿服务[BA106904]	2						2				
	专业实习[BA106901]	4						4				
	毕业论文[BA106803]	4							4			

资料来源：中国人民大学。

2）科技赋能会计教育改革的成效

2020年，在大数据、人工智能、云计算等新兴技术迅猛发展的背景下，为应对会计专业教育所面临的数智化新挑战，商学院会计系在保持传统优势的基础上，整合了学界和业界的资源，开设了会计学专业(智能会计方向)。截至2022年，已经完成三届本科生招生。

2022年，智能会计专业方向班的第一届20名毕业生中，有14名同学分别被中国人民大学、北京大学录取，继续攻读硕士或博士学位；有5名同学选择了出国(境)深造，目前已被美国哥伦比亚大学、新加坡国立大学等高校录取；有1名同学选择直接就业。本科读研率高达95%。

3）近一年科技赋能会计教育改革中遇到的困难

（1）学生升学需求旺盛对教育改革形成挑战

2020年，智能会计班有95%的学生顺利升学，这在值得庆贺的同时也形成了压力，即如何满足学生升学的需求。这就要求学校一方面在课程体系设置时加强本科课程和研究生课程体系之间的互补和衔接，另一方面，要让学生有更多的学校可以选择，以满足其深造需求。

（2）未来几年将面临极为严重的师资短缺问题

目前，中国人民大学会计系的师生比高达1∶25，是兄弟高校同类学科中最高的。特别是会计系老师还承担了大量的全校会计学学科基础课的授课任务。另外，未来三年内会计系将有两名教授到达退休年龄。这批资深教授若退休，将对科研和教学造成巨大影响，将进一步加剧现有师资短缺的问题。特别是审计、政府会计、管理会计等领域亟须补充师资。

（3）教师海外教育背景占比偏低

拥有海外博士学位的教师偏少。目前，会计系仅有4位老师在海外获得了博士学位，仅占全部教师的16%。相比之下，清华大学会计系共有8位教师获得了海外博士学位，占全部教师的73%；北京大学会计系共有7位教师获得了海外博士学位，占全部教师的50%。

（4）能够讲授智能会计课程的教师偏少

作为一个新的领域，智能会计融合技术与会计，需要教师具备扎实的大数据、人工智能等知识储备，但从目前来看，具备这种能力的教师还非常少。

4）推进科技赋能会计教育建设和改革的主要思路及举措

（1）加强与企业和国外名校合作，推动课程建设和学生培养

通过联合课程和融合性课程建设，加强AI领航企业对智能会计专业的赋能。同时，通过和国外名校合作，为学生升学拓展更广阔的空间。

（2）积极引进高水平全职教师

中国人民大学商学院的会计系本科生人数最多，所承担的院内外本科生和研究生的教学课堂也最多。然而，会计系目前仅有专职教师27位，师资人数近几年一直呈递减态势。因此需要积极引进高水平全职教师。

（3）充分激发每位教师的潜力，人尽其才

系里将根据每位教师的特长鼓励他们充分发挥自己的优势，为学系的发展贡献力量。每位教师可以在科研、教学、案例、实践等方面重点选择某个领域产出优秀成果，学系将为每位老师努力提供所需资源。

（4）大力推进大数据、人工智能会计教学与科研

目前，随着大数据、人工智能等技术的发展，会计实践、会计教育、会计研究都面临转型。从全球来看，这种新型的教育和科研模式尚处于起步阶段，对于所有高校来说都是一次难得的机会。会计系计划利用这次转型机会，同时在教学和科研方面进行转型，争取在

国际上形成影响力。

2. 广东财经大学[1]

1）科技赋能会计教育改革的主要举措

近一年来,广东财经大学会计学科立足粤港澳大湾区经济发展,以社会需求为导向,以协同创新为引领,依托国家特色专业、国家级一流专业建设点、国家级实验教学示范中心和虚拟仿真实验教学中心、省级协同育人平台和教学团队等平台资源,以"数智赋能会计专业教育,培养知行合一的创新型会计人才"为目标,新设了智能财会管理学院,打造了"以财会为核心,以管理为引领,以智能为支撑"的培养模式,形成了"一体两翼"独具特色的"广财模式",与会计学院错位互补,着力构建新时代会计人才核心知识、能力和素质框架,在专业方向、人才培养方案、课程体系、跨学科课程建设、教学资源、教学手段、实验实践平台、协同育人机制等方面进行升级改造,形成了"数智赋能、知行合一"的创新型会计人才培养模式。

（1）培养目标方面

在培养目标设置方面,强调"价值引领、数智赋能、知行合一",立足粤港澳大湾区经济社会发展,培养适应"大智移云"时代（大数据、智能化、移动互联网和云计算）市场经济需要,具备人文精神、科学素养和诚信品质,具备经济、管理、法律和会计学等方面的知识和能力,能在营利性和非营利性机构从事会计方面工作的复合型、应用型、创新型专业人才。具体包括如下几点。

第一,立德树人。构建财会审专业在智能化时代的思政课程与课程思政体系,培养具有政治认同、家国情怀、文化素养、法治意识、道德修养,担当民族复兴大任的新时代"财会审"专业人才。

第二,守正创新。构建"财会审"专业在智能化时代的核心能力框架,积极推动人工智能、大数据等现代信息技术与"财会审"专业深度融合,对"财会审"专业的人才培养方案进行升级改造,推动"财会审"专业知识体系和能力要求的更新。

第三,产教融合。紧跟新一轮科技革命和产业变革新趋势,构建学校与行业领先企业协同培养新时代"财会审"专业人才的培养新机制,培养学生在动态环境中解决复杂问题的综合能力,提升"财会审"专业人员的职业适应性和胜任力。

（2）能力要求

"大智移云物区"等现代信息技术的快速发展对传统"财会审"专业人才的知识结构体系、职业能力体系、科技人文素养和价值目标塑造都提出了更高的挑战和要求。在能力培养方面,广东财经大学会计学科着力解决会计专业知识与现代信息技术知识深度融合、"财会审"专业智能化应用核心能力提升和智能化技术环境下专业教育与价值教育的协同发展及"财会审"专业人才综合素质提升等问题。

---

[1] 资料来源:广东财经大学会计学院。

在专业能力方面,学生应具备如下专业能力:① 能够运用科学的方法,通过课堂、文献、网络、实习实践等渠道获取知识,构建自己的知识体系;② 能够养成职业判断能力,提升专业水准,通过敏锐的洞察力对信息进行恰当分析,为决策支持和风险管理提出合理建议,能够运用所学专业知识从事实际工作和进行简单的科学研究;③ 具有较高的数学运用、英语读写及应用、计算机和信息技术应用能力,能够运用相关工具和技术获取、甄别和加工信息。

在综合能力方面,学生需要具有较强的组织沟通能力与探索性、批判性思维能力,能够开展社会调查,能够对本专业的问题进行初步的分析和判断,尝试理论或实践创新;具有国际视野和综合运用所学知识解决现实问题的能力。

(3) 课程体系方面

第一,打造专业特色。坚持立德树人,以学生成长成才为根本任务,对标国家级一流专业建设的标准,在课程设置、理论教学、实践教学等环节重点打造湾区融合、商技融合、实践融合的办学特色。在专业选修课中设置了"大数据"模块,包括"数据结构""会计智能化基础""财务大数据分析基础与应用""财务共享服务""RPA 财务机器人开发""数据采集与挖掘"等课程,与通识课、专业必修课中的"Python 程序设计""数据库技术与应用""人工智能与商业智能"相互衔接、相互补充,体现商技融合的特色。专业选修课开设"湾区资本市场与财务治理",与通识课、专业必修课中的"湾区财经概论""湾区经济与社会实践调查"相互呼应,使人才培养方案能够与湾区人才需求精确对接,体现湾区融合特色。继续沿用原有培养方案中的会计综合实验实践教学体系,体现实践融合特色。

第二,压缩总学分。现行培养方案要求的总学分较高,为 167 学分,不利于学生自主学习;另外,学生普遍反映大三、大四课程较多,影响学生实习、就业或考研。本次修订把总学分压缩到了 155 学分,将课程(特别是必修课)尽量前移到第 1—5 学期,第 6 学期只有一门名为"企业行为模拟"的专业必修课,第 7 学期只有一门名为"校内仿真综合实习"的专业必修课,且集中于第 1—5 周,方便学生实习、就业或考研。

第三,对照《普通高等学校本科专业类教学质量国家标准》(以下简称《国标》),调整课程比例。原有培养方案中的选修课比例与《国标》不符,达不到《国标》要求的 25%。本次修订增加了专业选修课的比重,符合《国标》要求。如表 5-7 所示。

表 5-7 广东财经大学会计学专业 2022 版培养方案对照国标情况

课程体系	《国标》要求	本专业情况
总学分	不低于 140 学分	155 学分
核心课程设置情况(国标要求必须开设)	基础会计(会计学原理)、中级财务会计、高级财务会计、管理会计(含成本会计)、审计学、公司财务(财务管理)、会计信息系统、会计职业道德	初级财务会计学、中级财务会计学、高级财务会计、成本管理会计、审计学、财务管理、会计学专业导论与职业道德、Python 程序设计、数据库技术与应用、会计智能化基础、数据结构、财务大数据分析基础与应用、RPA 财务机器人开发

(续表)

课程体系	《国标》要求	本专业情况
实践教学学分占比	至少应占总学分的15%	满足要求
选修课学分占比	在课堂教学课程中的比例应不低于25%	满足要求

资料来源：广东财经大学。

(4) 师资队伍方面

第一，适应数智化时代要求，引育复合型师资。建立拥有智能财会知识背景的人才长短期相结合的引进机制，探索"全聘""双聘"、项目制和柔性聘用相结合的岗位聘用模式。同时采用"外引＋内培"的灵活方式打造师资团队。

引进学科带头人。在首批"全国高校黄大年式教师团队"成员，财政部全国会计学术领军人才，财政部全国会计领军人才特支计划，全国先进会计工作者丁有刚教授的带领下，学校引进了中国财政科学研究院教授、博士生导师，国务院政府特殊津贴专家张庆龙教授，以及柔性引进了教育部长江学者讲座教授，诺贝尔经济科学奖评审专家，香港大学经济与工商管理学院副院长林晨教授及其团队，在国（境）内外交流合作、科学研究、师资队伍、学科团队建设、创新性人才培养、社会服务等方面进行了机制创新，推动了会计学科发展。

引育复合型师资。本学科点现有教工89人，专任教师75人，其中教授15人，副教授28人，具有博士学位的教师54人；博士生导师4人，博士后合作导师6人，硕士研究生导师48人；全国先进会计工作者1人，全国会计领军人才特支计划入选者1人，全国高端会计人才4人，广东省高端会计人才3人，广东省高校优秀青年教师培养对象4人，广东省"千百十工程"培养对象8人；具有信息技术等专业背景的复合型教师8人，具有高层次行业经验的"双师型"教师20余人；学院聘任研究生校外实践导师共124人。

第二，完善"三全育人"和协同育人机制。专业教师、专职书记、辅导员、行政人员、朋辈导师、学生自己、校外专家各司其职，全员育人；"线上线下招生宣传—新生入学教育—严格执行培养方案—全员落实就业—毕业生跟踪反馈—校友交流互动"，环环相扣，全过程育人；开展课程思政系列活动，指导学生参加各类学术或创新竞赛，举办会计学院学生运动会和文化节，开展"三下乡"等实践活动，培养学生德智体美劳素质全面发展。

校政行企专家共同参与培养模式改革、课程设置、师资队伍和资源建设，协同开展实践教学和创新创业教育。定期举办知名专家主讲的"财会审知行论坛""财会审名家论坛""财会审博士论坛""智能财会学术论坛"，与广东省审计厅、ACCA等共同开发课程，全链条协同育人机制日益完善。

第三，完善班主任制度，组建学生数智化科研小组。在学校率先开展班主任试点，组织二十多位年轻博士担任新生班主任，并制定细化班主任相关制度。组建学生数智化科研小组，包括：数据爬虫团队、大数据财务可视化团队、机器学习与资本市场团队、智能财会前沿论文团队、智能财会案例分析团队、"财会+管理"业财融合研究团队。在班主任的指导下,学生在上述六个领域开展学习和研究。

(5) 教学条件和质量保障体系

第一,丰富数智化教学资源,建设跨学科课程,创新教学手段。新建财务大数据分析基础与应用、审计数据采集与分析、非结构化数据挖掘与分析、RPA 财务机器人开发等跨学科课程,使学生的信息技术能力得到提升,充分运用正保云平台、雨课堂、启课程等资源,创新教学手段,逐步实现教学信息化、业务情景化、案例故事化、讲解可视化。目前,学院统一组织使用的线上线下混合式教学平台的核心课程包括:"初级财务会计学""中级财务会计学""管理会计""财务报表分析""审计学基础""内部控制"和"RPA 财务机器人"。

第二,打造数智化实验实践教学平台,深入开展创新创业教育。依托国家级经济与管理实验教学示范中心和虚拟仿真实验教学中心、中央财政支持的复合型应用型审计学专业人才综合能力提升和实践基地(审计智慧教室)、广东省反垄断执法与大数据分析研究中心、粤港澳大湾区资本市场与审计治理研究院、校外实践基地等资源,打造数智化实验实践教学平台。校内建设了大数据 Hadoop 平台,配置了金蝶、浪潮、迪博等提供的数智化实验软件,与金蝶共建了数智化专业实验室;与知名企业共建了四十多家校外实习基地。

第三,建立长效运行机制和质量保障体系。完善教学组织、教学活动、研修访学、绩效分配、学业导师、学生成果等方面的制度。对在校师生、毕业生、用人单位进行调查访谈,及时进行质量监控和调整优化。严格执行专业建设经费管理制度,积极拓展资金来源,确保学院给予专业建设的经费能够按照 1∶1 的比例进行配套。

2) 科技赋能会计教育改革的成效

2021 年 4 月,广东财经大学成立智能财会管理学院,打造了"以财会为核心,以管理为引领,以智能为支撑"的培养模式,形成了"一体两翼"、独具特色的"广财模式"。新开设了四个专业方向:会计学(智能会计)、财务管理(智能财务)、审计学(智能审计)和税收学(智能税收)。其中,智能会计方向在第一年招生时就位列广东财经大学十大热门本科招生专业,排名第三位,具体成效如图 5-24 所示。

推进智能化教材建设和案例库建设。一方面,通过"引进来"积极开展教材建设。目前,学校正在组织教师翻译《智能会计》《智能审计》《商务分析》等教材;另一方面,通过"走出去"开展案例建设。以大湾区的企业为案例,鼓励教师和学生开展案例研究,为专业建设提供应用场景。

学生获得了全国大学生互联网大赛、全国 MPAcc 案例大赛、全国高等院校财务数智化大赛(财务大数据赛项)、全国经管类本科生论文研讨会、广东省"福思特杯"大学生数智财税技能创新大赛等各类竞赛的二十多项奖项;毕业生就业率和质量较高,升学质量、数量进一步提升。

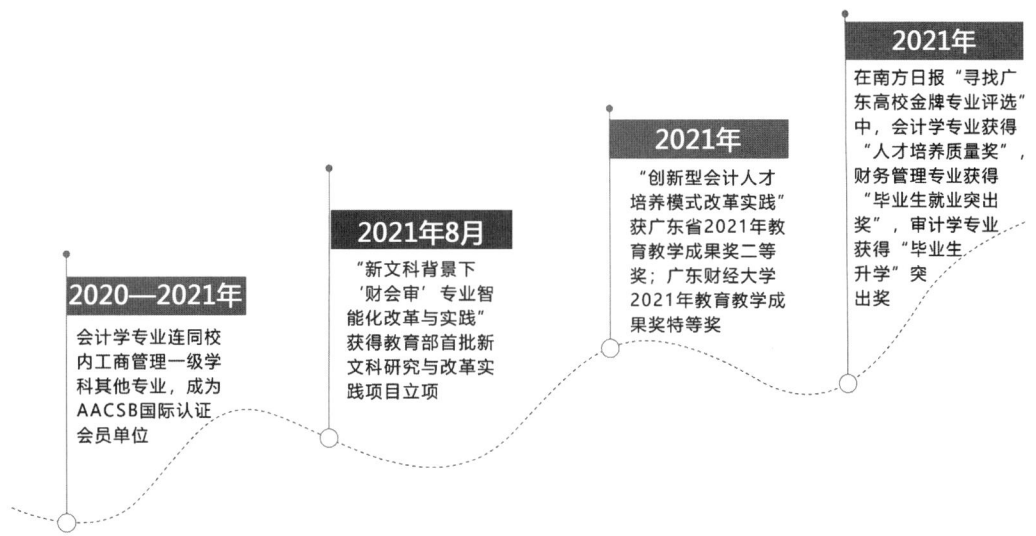

图 5-24　广东财经大学近一年科技赋能会计教育改革的成效

资料来源：广东财经大学。

3）近一年科技赋能会计教育改革中遇到的困难

在"大智移云物区"时代如何坚持价值引领、完善培养方案、优化课程体系，培养德才兼备、知行合一的会计人才；会计人才培养专业性强，改革中容易重专业技能、轻价值塑造。如何坚持立德树人的根本任务，强化价值引领，是第一个挑战。

在"大智移云物区"时代，如何优化会计类专业的方向设置，坚定专业自信？在"大智移云物区"时代，会计专业教育改革容易出现过于强调信息技术、忽视会计专业基础的现象，这种现象在目前很多高校的会计教育改革中都有出现。如何优化会计类专业方向设置，坚定专业自信，是第二个挑战。

如何创新协同育人机制，构建跨院校、跨专业、跨行业的协同育人模式。数智赋能会计专业教育，单靠学校自身的资源难以实现。如何创新协同育人机制，搭建数智化实验实践教学平台，实现多方共赢，是第三个挑战。

会计学专业教学中应加强数理基础，但一些学生普遍反映这类基础类课程（如数据结构）难学，虽然现在存在学习困难，但这些课程利于学生未来的职业发展，能提升学生的工作潜力。如何平衡两者的关系，对课程体系进行科学、合理的设置，是第四个挑战。

如何开发与创新型会计人才培养相适应的教学资源，优化教学设计、改革教学手段，实现教学信息化、业务情景化、案例故事化、讲解可视化，建设新形势下教育教学的长效运行机制和质量保障体系，是第五个挑战。

4）推进科技赋能会计教育建设和改革的主要思路及举措

为应对"大智移云物区"对会计人才培养的挑战，推进科技赋能会计教育，我校会计学科将坚持守正创新、强化价值引领，以专业优化、课程提质、模式创新为抓手，融入现代信息技术,赋能会计专业教育,在人才培养方案、课程体系、跨学科课程建设、教学资源、教学手段、实验实践平台、协同育人机制等方面进一步对会计专业进行升级改造。具体思路和举措如下。

(1) 开展系统性改革

以"大智移云物区"时代对"财会审"职能的新定位为蓝图,系统地审视"财会审"工作在每一个环节对现代信息技术知识、能力和素质的具体需求和总体需求,进而从人才培养理念、模式、内容及手段方面进行系统地升级改造,而不是仅局限于几门现代信息技术课程的引进或者是人才培养过程的局部改造。

(2) 开展前瞻性改革

始终坚持产教融合,以大湾区一流企业实践为牵引,不断与前沿实践和需求保持密切的联系与沟通,确保总体改革始终具有前瞻性,确保人才培养紧跟时代步伐。

(3) 开展科学性改革

着力研究智能化时代下"财会审"人才的核心能力框架,以核心能力框架为引领开展专业的改革与实践。按照"五个度"的要求进行专业智能化改造升级,形成人才培养全流程闭环改革：一是提高专业培养目标与培养效果的达成度；二是提高专业定位与社会需求的适应度；三是提高教师及教学资源的支撑度；四是提高质量保障体系运行的有效度；五是提高学生和用人单位的满意度。

(4) 开展综合性改革

在专业智能化改造过程中,牢牢把握"财会审"专业教育的价值导向,推进专业思政和课程思政建设,提高学生的思想觉悟、道德水准、文明素养,培养担当民族复兴大任的新时代"财会审"人才。

3. 嘉兴学院[1]

1) 会计学科发展历程

嘉兴学院会计教育肇始于百年前(1914年),2007年,以会计实验室为基础的实验中心获批国家级经济管理类实验教学示范中心(浙江省唯一);2021年,嘉兴学院会计学专业获批国家一流专业建设点,曾是国家级特色专业、省级教学团队、省"十二五"优势专业、省"十三五"特色专业。"互联网＋会计一体化教学改革"全国首席试点案例入选《蓝皮书(2020)》,嘉兴学院的毕业生以"动手能力强、岗位适应快、业财融合好"受到用人单位的欢迎,嘉兴学院被称为中国有色金属工业行业培养财会人才的"黄埔军校"。

2) 科技赋能会计教育改革的主要举措

(1) 培养目标

传统会计培养定位难以满足数智化对大数据穿透感悟能力形成的要求。新人才培养

---

[1] 资料来源：嘉兴学院商学院。

定位要求学生具有"双向"思维以及感悟数据的"灵性",能够利用非结构化信息预测目标,解决复杂情境变化与能力培养定位不匹配的问题。在2022年上半年新修订的人才培养方案中,嘉兴学院将会计学专业培养目标确定为:本专业基于OBE理念(Outcome Based Education教育理念,又称为成果导向教育、能力导向教育、目标导向教育或需求导向教育),培养学生德智体美劳全面发展,适应经济建设和多元化的社会发展需求,具有较高的政治素养、良好的道德修养、基础扎实、知识结构合理、身心健康,有较强学习能力、沟通能力、数据处理能力、实践能力和一定的创新精神,掌握系统的会计学基本理论,有较强的实务工作能力和可持续发展能力,具备现代管理、经济、法律、金融等方面的知识及国际化视野和"互联网+"的思维,能够胜任各类营利性与非营利性机构的会计实务工作并具备在5～8年内成为企业财务经理或财务总监潜力的高素质、应用型、复合型高级专门人才。

(2) 能力要求

会计学专业学生需要严谨务实的专业态度和工作作风,具备诚实守信的职业道德以及首创奋斗奉献的"红船精神"。此外还需要具备以下能力。

专业应用能力。"大智移云区"等信息技术的快速发展深刻影响着社会经济发展的各个领域和企业生产制造的各个环节。财务会计职能包括:价值创造、战略规划、资源优化配置和企业全面信息化。从业人员应具有全球视角和战略思维。会计人才应具备以下专业能力:会计处理与财务分析能力、财务预算能力、财务风险识别和应对能力、成本控制能力、税务筹划能力、融投资决策能力。

数据挖掘和分析能力。财务人员的工作不再局限于记账和各种报表,而是学习使用专业的数据分析工具进行有效的数据分析、数据分析的可视化。数据可视化能够为企业提供更加直观、更加高效的数据显示效果,帮助企业决策者在尽可能短的时间内了解企业的财务状况,帮助企业作出更科学、更合理的决策。专业应用能力除了传统的会计处理能力外,都需要以数据挖掘与分析能力为基础。

沟通协调能力。财会部门是企业上下、左右和内外联系的重要纽带。会计从业者要具备沟通协调能力,善于处理各种经济关系。

创新应变能力。会计从业者既要能坚持原则,又要有灵活地应对多变的经济社会关系的能力,要创造性地运用专业能力分析和解决不断出现的新情况和新问题。

终身学习能力。一个学生在校学习所获得的知识中只有5%～10%是将来必需的,此外,知识更新周期已经缩短为3～5年。会计从业者所需要的知识则更新得更快,这就要求其必须具有较强的学习能力,养成快速学习和终身学习的习惯。

(3) 课程体系

嘉兴学院将大数据、人工智能课程导入数智化情境案例,重构专业主干课程(教材)的内容框架,破解传统课程(教材)体系难以满足数智化业财沟通融合能力培养要求的难题。2022年版会计人才培养方案中增设了智能财务系统设计与实现、财务大数据与可视化设计、大数据财务分析和财务机器人课程，审计实训增加了大数据审计内容，利用"互联网+会计"教学改革开展多种形式的教学（包括案例教学、分组任务、头脑风暴等），加强对学生创新能力、学习能力尤其是自主学习能力、主动思考分析问题和解决问题的能力、实践动手能力的培养。嘉兴学院课程体系能力培养匹配路径如图 5-25 所示。

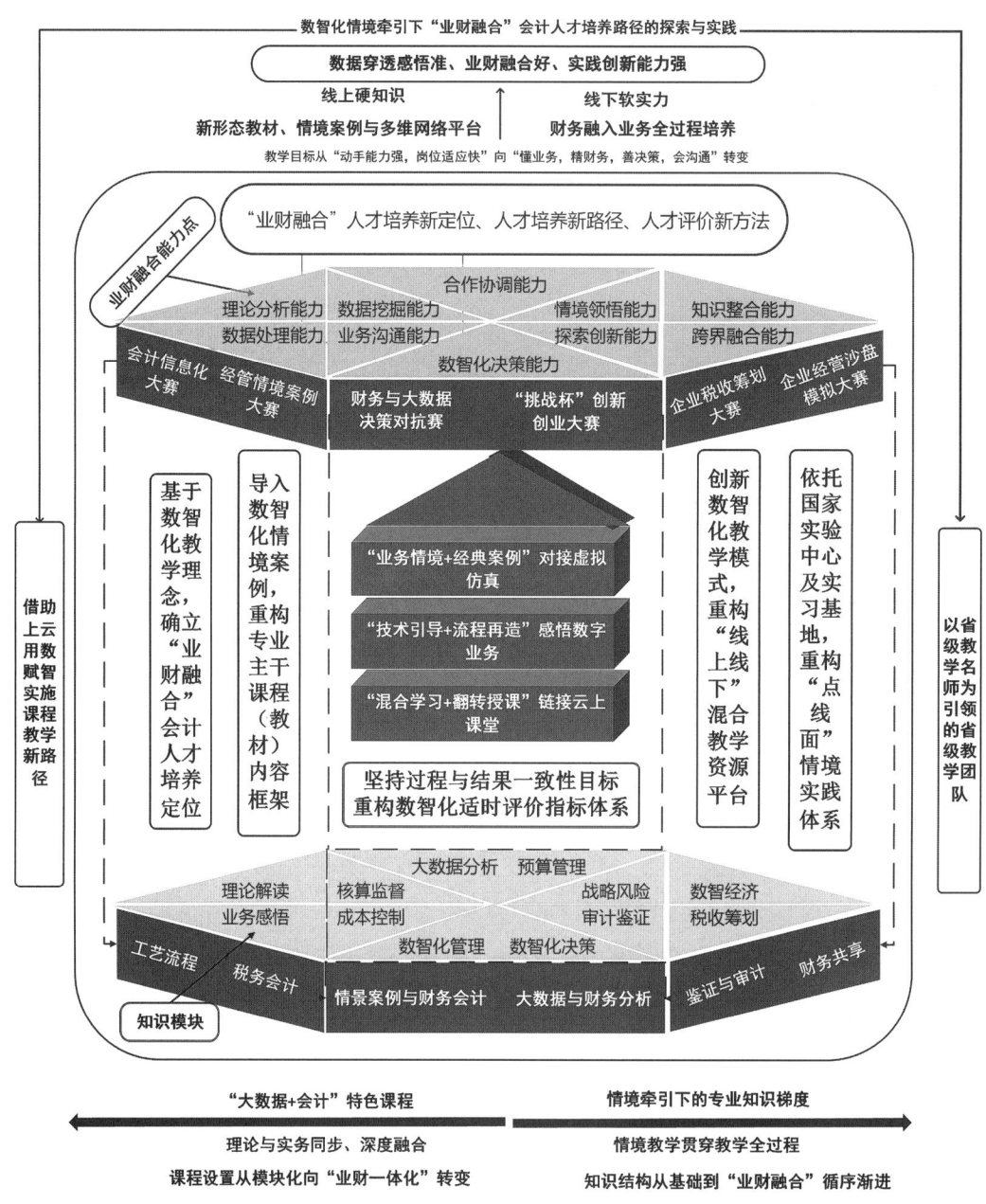

图 5-25 嘉兴学院课程体系能力培养匹配路径

资料来源：嘉兴学院。

(4) 师资队伍

嘉兴学院完善教师外引内培机制,柔性引进名校教授和长江学者,培养高层次人才领军人才,建立青年教师导师制,优化教学奖惩机制和岗位聘任制,营造和谐公平、以人为本的工作环境,确保高层次人才"引得进、留得住、用得好"。完善协同育人机制,建立了稳定实习基地,聘请了七十多名企业财务总监、高级会计师担任学生的校外导师,培养了"双师型"教师,打造了实务型教学团队。完善了基层教学组织,构建了专业基础和专业核心"课程组"的基层教学组织,探索了互联网+会计的虚拟教研室建设,有规律地开展数智化能力提升等教学研讨,推动师资队伍的专业知识与实务无缝对接。

(5) 教学条件

嘉兴学院会计学专业为国家一流专业建设点,年度专业经费投入充足(含日常教学经费、专项经费、实习经费、实验经费等),其中专业建设的年度经费总额为24万元,有关智能化和大数据分析软件的开发和购置耗费176万元。依托专业教师和正保网中网共同建设的正保云课堂教学资源开展了"互联网+"一体化教学改革,依托浙江省唯一的经济管理国家级实验教学示范中心及校外实践基地,重构了"点、线、面"情境实践体系。"点、线、面"实践体系的最大特点就是借助现代信息技术将企业真实情境地引入教室、实验室和实践基地,学生进行各类角色扮演,完成跨专业实训。依托国家智能化实验室,将理论教学与"知识点单项仿真实验""综合实验实训"相融合,在会计业务实训、财务决策、税务技能、财报分析、审计实训等方面实现可视化、情境化、智能化教学。新课程(教材)体现了数智化方法与情境案例的应用,培养了学生的大数据处理能力、业务分析与决策能力,解决了课程(教材)不适应数智化业财融合能力培养的问题。通过"3+1"人才培养模式改革,提升了应用型人才培养质量。通过31个产教融合实践教学基地,持续实施了18年校内外"双导师"制协同育人,实现了校内校外的跨时空情境体验。

(6) 质量保障体系

嘉兴学院以实现"全面监控、全程监控、全员监控、闭环控制"为目标,坚持培养过程与结果的一致性,重构数智化适时评价指标体系,破解传统人才培养质量评价体系难以满足数智化教学效果适时考核要求的问题。界定"专业知识应用能力、跨界业务掌控能力、信息挖掘整合能力"内涵,与企业专家共同设计了"业财融合"能力评价指标,通过情境牵引、大数据分析,刻画学习轨迹,结合案例分析、现场答辩、无领导小组讨论等,对培养效果进行现场分析评价,构建"业财融合"能力培养质量监控和持续改进体系闭环。"互联网+智能+技术"的在线教学与教学平台情境业务的融合,实现了学生个性化学习全过程记录,解决了人才质量评价与数智化教学适时同步性考核的问题。

3) 科技赋能会计教育改革的成效

近一年,科技赋能会计教学改革覆盖了会计学、财务管理两个专业,受益学生有千余名。新的培养路径充分调动了学生自主学习的兴趣,通过专业知识测试和会计知识辩论赛的结果发现,学生学习的遗忘率明显降低,学习效率和再学习能力显著提升。嘉兴学院学生获国家级大学生创新创业项目、浙江省新苗人才计划项目4项,发表论文20篇。学生参加了2021年浙江省大学生财会信息化竞赛并获一等奖1项、二等奖9项、三等奖8项。2018级的两位学生参加了2021年全国"互联网+"创新创业大赛并获得金奖。2021年,会计学专业的录取分数线稳居学校前列,第一志愿率均为100%。考研录取率逐年上升,毕业生就业率稳定在95%左右。

2021年,嘉兴学院会计学专业入选国家级一流本科专业建设点,MPAcc获批。《数智化情境牵引下"业财融合"型会计人才培养路径的探索与实践》的成果获浙江省教学成果奖二等奖,"互联网+"会计学专业虚拟教研室入选首批省级名师网络工作室(虚拟教研室)试点建设点。会计学等3门课程入选浙江省一流课程。2021年,会计学、财务管理两个专业的会计财务教师党支部入选第二批全省高校党建工作样板支部培育创建单位。融合互联网技术,基于"业财融合"的知识、理论与技能培养所编写的《管理会计学》等4本"互联网+"会计学系列的浙江省"十三五"新形态教材完成出版。

2022年5月27日,《中国教育报》以《数智化情境牵引"业财融合"培养会计人才》为题,从"溯源·淬炼·守正创新""探索·实践·优势路径""成果·运用·春华秋实"等3个方面,深度报道了会计人才培养的创新举措、典型经验和可喜成绩。

4) 科技赋能会计教育改革中遇到的困难

(1) 专业教师运用新技术的能力需进一步提高

随着大数据、云计算、人工智能、移动互联网等新技术的推广,"财务机器人要取代会计""会计要消亡"等言论一度充斥网络,会计职业发展和会计教学受到了前所未有的冲击。但是,当前的教学过程中呈现出教学任务严重影响教师使用最新软件的现象。人工智能时代下,会计教学面临的最大问题不是技术支撑匮乏,而是教师缺乏使用新技术的能力。当前,很多教师仍以传统教学为主,不能满足互联网教学手段和人工智能时代教学的新需求。

(2) 数智化资源的建设与整合需进一步推进

会计学和财务管理专业近两年在购置大数据与人工智能的软件上的耗费高达200余万元,各类软件经常出现内容交叉的现象常见,存在重复购置名称不同而内容相近的软件,甚至有些软件的实践内容存在冲突。相关软件资源、教学平台内容需要进一步整合,教师需要时间适应有关大数据与人工智能软件的使用,数智化资源的建设和整合依赖教师数智化能力与水平的提高。

(3) 引导学生自主学习的过程的措施需进一步强化

多年来,学生围绕高考分数的"填鸭式"、强制被动学习的习惯已经形成。学生习惯于课程"填鸭式"教学,课后以"刷题"方式提升对课堂内容的理解,这种学习方式无疑只有助于实现"高考分数"这单一目标。就业目标的多元化和创新创业能力的培养则要求大学采取开放式教学,允许学生根据自己将来的毕业去向决定大学的学习重点,而习惯于"填鸭式"教学方式的学生,进入大学便不知道如何自主学习。学校需要采取某种方式,促使学生由被动学习向自主学习过渡。同时,在过程性考核占比50%的情况下,如何强化学生自主学习的过程性控制与考核也值得深思。

5) 推进科技赋能会计教育建设和改革的主要思路及举措

(1) 主要思路

依据新文科建设及经济转型的需要,打造以一流课程为抓手,优化校企协同资源平台及"线上线下"混合教学模式,打造智能化教学质量评价生态圈,培养"懂业务、精财务、善决策、会沟通"的创新型卓越会计师,使本专业成为区域特色鲜明的高水平国家一流专业。

(2) 具体举措

建设与业财融合相匹配的立体化、可视化新形态教学资源。重构体现智能环境下的教学标准或范式,按照"业财融合"的要求组织编写融合现代网络技术的新形态教材,即通过移动互联网技术,以嵌入二维码的纸质教材为载体,结合习题、实验、模拟试卷、延伸阅读、案例分析,以及音频、视频等数字资源,实现线上线下相结合的多种教学资源新模式。

建立企业业务真实情景视频再现的虚拟仿真实训平台。依托经管类国家级实验教学示范中心,以企业真实数据和真实业务流程视频再现为背景,构建会计程序实验平台、审计仿真实验平台、金税三期、财务共享实验平台和财务决策实训平台等,使"业"贯穿财务教学的全过程,实训教学过程通过体现"以学生为中心"激发学生的学习兴趣,实现"业财融合"的能力培养目标。

依托行业与区域优质资源改进校企合作育人闭环。依据 OBE 理念和需求导向,利用与有色行业和区域相关的合作办学优势,强化校内外"双导师"的有效机制,利用"3+1"教学设计持续改进校企合作育人闭环,提高教师和学生的新技术应用能力;通过到企业挂职以及承担政府项目,打造有较高实务能力的"双师"型教学队伍;通过打造科研创新、创业的文化氛围,以及云课堂等新型智能化教学方式,解决理论教学与实务相脱节的问题。

借助专业能力测试和英国商学院毕业生协会(The Business Graduates Association, BGA)认证持续完善数智化评价机制。以 BGA 国际商科认证和专业能力测试为抓手,依据"互联网+会计教学一体化改革"的智能化教学和实践平台记录教与学的完整过程,构建动态科学的立体教学评价指标体系,分析教师的教学轨迹和学生的学习、成长轨迹,并建立评价结果的反馈和使用机制,引导学生自主学习。辅以国际化教育协同等效工作,实时修正人才培养方案,提升专业教育的成熟度。

4. 上海财经大学[1]

1) 会计学科发展历程

上海财经大学会计学科源于1917年,现有百年历史,是全国首批 MPAcc 试办点。

---

[1] 资料来源:上海财经大学会计学院。

1981年,上海财经大学获批全国首批会计学博士点;1988年;上海财经大学会计学科入选全国首批会计学国家重点学科;1992年,获批设立博士后流动站。此后,会计学还入选财政部重点学科、上海市重点学科、国家级特色专业、国家级一流本科专业建设点等,学科现已斩获 ACCA 白金级(中国首家)、美国管理会计师协会(The Institute of Management Accountants,IMA)、会计专业学位教育质量认证(Accreditation for Accounting Professional Education Quality,AAPEQ)等国际认证。

2000年,上海财经大学会计与财务研究院入选普通高等学校人文社会科学重点研究基地,成为全国首批的两个会计学科重点研究基地之一;2018年,上海财经大学会计改革与发展学科创新引智基地入选教育部、国家外专局"111计划";2021年,上海财经大学会计与财务研究院入选教育部哲学社会科学实验室(培育)。

上海财经大学会计学科拥有一支包括国家级教学团队、教育部黄大年式教师团队、教育部长江学者特聘教授、国家杰出青年科学基金获得者等内在结构合理、学科交叉、梯队衔接的高水平复合型研究队伍(六十余人),各项研究一直处于国内领先地位。上海财经大学在第四轮学科评估中工商管理学科位列 A 档;2018年教育部首次专业学位评估 MPAcc 专业位列 A 档。据 2019 年杨百翰会计学顶尖期刊(TOP6)排行统计,上海财经大学会计学科位于全球第 38 位(中国大陆第 1 位);据美国 UTD 全球顶尖会计学期刊(TOP3)2016—2020 的发文排名,上海财经大学会计学科位居全球第 87 位(中国大陆第 1 位)。

2)科技赋能会计教育改革的主要举措

在新科技革命和产业革命的时代浪潮翻涌而至的大背景下,上海财经大学既遵循学科发展和财经人才培养的一般规律,同时积极探索以把握技术变革带来的挑战和机遇,服务中国社会发展和地方经济建设,逐步探索出"国际前瞻、本土引领、专业为核、数智赋能"的新型会计人才培养战略性举措,形成了以"国际化、本土化、专业化、智能化"(以下简称"四化")为鲜明特色的人才培养模式。上海财经大学会计学院精准定位数智化新时代下的会计人才培养路径,聚焦以数据分析与决策优化为核心的智能化,明确提出"数智赋能、融合聚变、四化育人"的整体理念,对专业培养方案、课程体系、课程内容进行了实质性的深度调整、重塑和优化。通过以思想融合为龙头、专业融合为基础、产学研融合为纽带、国际化合作为支撑的数智化财会人才培养路径,实现了教学科研、师资团队、产教合作等多方融合,探索出了数智化环境下会计专业人才培养的"上财模式"。深度融合产生的聚变效应,将人才培养质量提升到新的高度,并形成了一定的社会影响,发挥了引领和示范作用。

上海财经大学会计学院通过科技赋能会计教育,创新性地提出"融合发展"的理念(图 5-26),努力将数智化技术应用与会计财务专业深度融合。通过课程体系、课程内容、师资团队等的融合,培养既掌握会计专业核心知识,又能灵活运用数智化技术解决会计专业问题、进行科学管理决策的战略型管理人才。

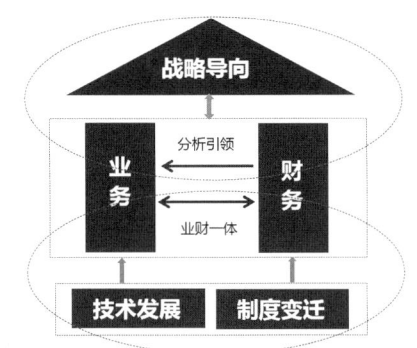

图 5-26　上海财经大学的"融合发展"理念
资料来源：上海财经大学。

(1) 课程体系的融合

上海财经大学在课程体系的融合方面，主要进行了以下改革：一方面，精简传统的会计专业核心课程；另一方面，确定出系列化的智能化基础课程和实验课程，涵盖数据获取、加工、分析、优化和呈现全过程，实现专业与数智技术课程的深度融合，系统性地培养学生的数智化技术运用和数据分析能力。

(2) 课程内容的融合

在专业核心课程中，融入智能化相关技术和应用场景，改造课程知识体系和教学方式；在数智化技术课程中，运用数智技术构造商业场景，强化会计专业知识的掌握和运用。开设商务数据分析、综合实验课等交叉学科课程，多层次、全方位地加强会计专业知识与数智技术的深度融合。

(3) 师资团队的融合

通过"引、培、转"结合的方式，实现师资团队的融合发展。在大力引进具有数智化与财会复合知识背景的专业教师的同时，鼓励所有教师培养数智化意识和能力，提升数智化教学能力。组建数智化相关课程的综合课程组，组织相关教师共同参与，相互学习提高。

上海财经大学会计学院高度重视实践实验教研，并于 1995 年配合财政部企业推广应用了会计电算化的工作要求，成立了"会计与财务实验室"，现已建成"会计与财务基础实验室""会计与财务决策模拟实验室""财务共享服务模拟实验室""财务大数据分析实验室""XBRL 教学及应用研究实验室""审计数据分析实验室"等子实验室，办公及实验室面积达 800 余平方米。实验室拥有性能优良的计算机软硬件设备，建成了业务化运行强大的会计与财务科学数据库及其服务平台，有力支撑了实验室的各项工作，并面向国内外相关研究人员提供共享服务。

上海财经大学会计学院拥有国家经管教学实验中心和国家级虚拟仿真教学实验中心。虚拟仿真实验课程是推进现代信息技术融入实验教学项目、拓展实验教学内容广度和深度、延伸实验教学时间和空间、提升实验教学质量和水平的重要举措。

上海财经大学会计学院具有较强的国内外资源整合能力,与ACCA、英国皇家特许管理会计师公会(Chartered Institute of Management Accountants, CIMA)、IMA等全球近10所行业协会建立了紧密合作;与财政部、文化和旅游部、审计署等部委建立了深度战略合作关系;会计学院是教育部会计学专业教学指导分委员会、中国会计学会教育分会等国内重要机构秘书处常设单位。在充分发挥高校对外交流合作的优势、协助政府搭建与国际组织互通"桥梁"方面成效显著。

近年来,为适应智能化技术发展及其对人才培养提出的新要求,上海财经大学会计学院积极探索数智化环境下的教育教学改革方向,并在教育教学中付诸实施。学科委托专门小组深入调查研究并形成专项报告,以此为基础定期研讨,不断谋划和推进相关工作。同时,拨出专门的经费予以大力支持,为科技赋能会计教育改革的开展提供了很好的保障。

3) 科技赋能会计教育改革的成效

(1) 学生综合能力提升,培养质量获各界认可

在以"跨学科综合应用能力、前瞻性思维和创造性思维"为主要考察对象的各类竞赛中,上海财经大学会计学院学生取得了突出成绩,显示出很高的运用数智化技术解决实际问题的综合能力。近五年来,在省部级及以上的各类竞赛中,上海财经大学会计学院学生荣获冠军15次,亚军23次,季军24次,优胜奖及其他奖项十余次。

2018—2022年,上海财经大学会计学院共有35.3%的学生选择进一步深造,其中出国(出境)留学的占其51.40%;60%以上的毕业生任职于注重战略创新思维和综合分析能力的岗位。

(2) 学科发展更上层楼,榜样示范效应显著

近五年来,上海财经大学会计学院获得10余项与智能化相关的国家级科研项目(其中国家自然科学基金重点项目1项、重大研究计划培育项目1项)、20余项省部级及重要横向科研项目。

2018年,上海财经大学会计学院教师组成的团队入选首批"全国高校黄大年式教师团队",并于2020年成为上海市"为人、为师、为学"重点宣传典型,团队先进事迹受到"全国高校思想政治工作网"等媒体专题报道。

2019年,会计学和财务管理专业入选教育部首批一流专业建设点。2021年,教改项目入选首批教育部文科研究和改革实践项目,同年,以会计与财务研究院为研究平台的实验室项目成功入选教育部哲学社会科学实验室(培育)。

(3) 共享教改经验,社会影响广泛深远

上海财经大学会计学院自智能化教改启动以来,吸引了厦门大学、暨南大学等十余所兄弟高校前去调研,学院举办或参加了全国各类教学研讨会,分享了相关教改经验,对国内会计专业的发展产生了显著的辐射效应。学校、学院的官微推送了教改专题推文40余篇,

累计阅读量达到4万余次,受到了社会的广泛关注。

2019年10月,上海财经大学会计学院协助财政部举办了第32届XBRL国际会议,受到了新华社等海内外30余家主流媒体的报道,向国际展示了数智化教改的经验和最新成果。

2021年4月,上海财经大学会计学院主办了"会计智能化教育改革论坛",吸引了共计150余名海内外高等院校会计专业负责人、专家学者、业界领军人物参会,共享智能化教改经验和成果。学院的教改成果和经验,受到了与会者的广泛赞誉。

(4)顺应国家需求,社会服务效能突出

上海财经大学会计学院联合财政部、教育部、中宣部、上海市审计局等政府部门,组织开展了对会计信息化和数字化发展等国家重大财经问题的研究,提交了资政反馈,5项研究成果得到了有关领导的高度重视。两位教师被聘为财政部第三届企业会计准则咨询委员会委员。

智能化教改共完成了产学研合作课题12项,包括财务共享服务中心教学沙盘等,受益学生已超过1 500人次,并在其他高校也得到广泛应用。2018年3月,联合发起成立了"中国高校共享财务创新创业子联盟",推动数智化环境下的会计教育转型。2019年8月,联合举办了中国管理会计研究基础数据库新闻发布会暨首批样本单位签约和授牌仪式。2021年4月,与新道科技共同发布了《数智时代驱动下的会计与财务行业跃迁分析报告》,为了解会计与财务行业智能化转型、探索学科交叉的高素质型人才培养方式提供了重要参考。

4)科技赋能会计教育改革中遇到的困难

会计职业与会计教育唇齿相依,会计职业正在发生或将要发生的变化,也必然给会计教育带来重大挑战。会计教育培养会计人才,会计人才服务会计职业。新技术背景下,会计工作的边界越来越模糊,跨界与融合是大势所趋,未来的会计人才不仅要懂"财务",更要懂"业务",未来的会计"领军"人才应该是"业务中的财务专家,财务中的业务专家"。新技术的飞速发展,也给会计教育带来了巨大的挑战。

(1)认清市场化背景下会计人才需求与素质要求的变化

信息技术发展对会计的影响不仅限于条件和手段的改善,也不只是提高了财务系统远程和实时处理数据,以及分析存储和共享数据的能力,还从理论基础、方法体系和操作流程等各个方面冲击和改变了会计的观念和模式,并在一定程度上促进了财务会计与管理会计由分到合。为此,在会计教育中也须改变仅将信息技术应用视为手段的观念,要更加注重对会计模式创新的认知。从市场化角度看,科技赋能会计教育改革最终必须实现与实务界的顺畅衔接和有效融合。考虑到会计教育目标的多样性和动态性,我们认为不宜要求所有的会计教育主体采取"一刀切"式的思路,而是应当根据不同的市场需求、具体目标以及资源特征,采用不同的、灵活可变通的方式,也就是一种"弹性"教育模式,培养更具可塑性而非模式化的会计人才,满足会计工作的多样性和不断变化的需求。

(2)直面高校课堂教学中前所未有的窘境

在当前互联网等新技术兴起的背景下,学生获取知识的渠道多元化,学习方式多样化,教师不再是学生获取知识的唯一渠道,课堂听课也不再是学生学习的唯一方式。在新技术背景下,教师的信息和知识优势正在逐渐丧失,如果教师的课堂没有足够的吸引力,学生可能会选择逃课。如果教师不能及时转变观念,不愿学习和利用新的教学方法和教学手段,依然以"自我为中心",缺乏互动,没有激情,依赖于"粉笔+黑板""教材+PPT"等传统教学手段,那么课堂教学将枯燥乏味,学生自然会去寻求其他"替代"渠道。随着互联网等新技术的出现,教师课堂教学面临来自"替代渠道"的挑战越来越严峻。

5) 推进科技赋能会计教育建设和改革的主要思路及举措

数字智能化深度变革时代,新技术正给全球范围内带来新机遇与挑战,会计和财务工作者面对的环境更具不确定性,对其能力素质也提出了更高的要求。面对数智时代科技发展和会计教育百年未有之变局,学院全体深知这是一个来自时代巨大的挑战,是一个不进则退的时局,只有积极地迎接和拥抱数字化、智能化的潮流,才能在"双一流"高层次人才培养上抢占先机、保有优势,并为学科发展注入新的强劲生命力。学院将紧紧围绕"培养什么人""如何培养人"的核心导向,坚持用全球视野、系统思维和全局意识构建数智时代人才培养体系,通过课程、教材、平台等多维度的全面迭代升级,有条不紊地开启数智化时代下高端财会人才培养体系改革的探索。

(1) 以技术变革下的立德树人为主攻点

为了应对深度数智变革对会计的挑战,扩大智能化教改课程团队的辐射范围,依托学科建立以通识课程为基础,以战略管理为引领,以信息系统为支持,以会计专业课程为核心的全新课程体系,实现战略思维、智能化应用和专业课程教学的有机融合。学校拟通过团队合力,建设实验课程、案例教学以增加数智化的课程元素,持续推进课程体系的迭代升级,打造专通结合的菜单式课程体系,突出培养学生数智化环境下的复合应用能力,实现数智化相关课程与会计专业核心课程的深度融合。

(2) 以"双万计划"下的课程建设为根本点

推进高水平智库育人体系的建设,结合国内外经济发展和社会需求,引领会计与财务智能化人才培养改革,做到理实一体、研学一体,依托学科平台实验室的建设,搭建可视化技术环境,推动科研、授课、问题驱动教学法(problem-based learning,PBL,即基于问题的教学方法)、组合作学习(team-based learning,TBL,又称为团队导向学习)、产学研合作等融于一体,打造全新的"网+端"实验教学新模式,构建线上交互学习、线下实践创新的混合式金课建设路径,不断培养理想信念坚定、具有全球视野和民族精神、富有创造力、决断力、组织力和坚韧力的卓越财经人才。

(3) 以学科发展下的教材建设为着重点

根据学科特色,坚持"国际化、本土化、专业化和智能化"的学科发展理念,专业主干教材的编写既要注重专业的系统性和完整性,也要具有一定的前瞻性与创新性。依托团队成员多样化的课程教学内容,结合突出科研成果,强调教学选题质量,不断创新形式,编写修订适合学科发展特征、适应精品课程建设需要的优质教材。

积极编写数字化教材,充分发挥教材建设辅佐课程建设的作用,拓展学生智能化软件应用能力和交叉学科思维能力。鼓励学校建立会计教材数据库,并定期对数据库中的知识点进行更新,建立完善教材的管理制度,方便学生及教师阅读、下载。

(4) 以开放联合下的攻关合作为结合点

以教育部哲学社会科学实验室(培育)、教育部会计学专业虚拟教研室为平台,协同和聚集校内的不同学科、其他高校、科研院所、企事业单位、社会资源,开展联合建设或联合攻关,进一步提升产学研合作深度,充分发挥多方优势,搭建智能化技术平台。在已有的智能化基础实验设施合作共建的基础上,推进与专业智能化系统开发机构等业界的深度合作,进一步建立和完善虚拟仿真教学平台;强化产学研合作开发教学资源,通过及时更新教学内容和形式,使会计和财务人才培养更符合数智时代的新要求。

5. 南京审计大学[1]

1) 会计学科发展历程

南京审计大学是我国唯一一所以"审计"命名的全日制普通本科院校,为我国审计高等教育发源地之一,因审而立、为审而存、依审而兴、靠审而强。

学校创建于1983年,现设有政府审计学院、会计学院等18个学院(教学部),其中设有内审学院、国富中审学院、经济与金融研究院等5个特色研究院。学校遵循"特色、质量、国际化"的办学理念,践行"诚信、求是、笃学、致公"的校训精神,经过40年的发展,学校构建了以审计为品牌,经管法工文理等学科相互支撑、协同发展的学科专业体系。现有一级学科博士学位授权点1个(统计学)、硕士学位授权一级学科8个、硕士专业学位授权点13个;拥有工商管理、应用经济学两个江苏高校优势学科,统计学、理论经济学等6个江苏省重点学科;在第四轮全国学科评估中,工商管理一级学科的评估结果为B。

会计学院是南京审计大学最早设置的院系之一,始建于1985年。1993年开始招收会计学专业本科生,1997年开始招收财务管理专业本科生,2013年取得了会计学硕士学位授予权,2014年开始招收会计学学术硕士研究生,2015年开始招收MPAcc研究生,2022年成为了MPAcc高质量认证会员单位。

学院拥有会计学、财务管理两个国家级一流本科专业建设点,会计学专业是江苏省首批课程思政示范专业、江苏省国际化品牌专业、江苏省特色专业、江苏省重点专业类工商管理专业类核心专业,会计学(中澳合作项目)是江苏省中外合作办学高水平示范建设项目;财务管理专业为江苏省重点专业类工商管理专业类专业,"会计实验与创新实践教育中心"为江苏省高等学校实验教学示范中心。

学院的学科建设和人才培养成效显著,会计学和财务管理专业所属学科"工商管理"是

---

[1] 资料来源:南京审计大学会计学院。

江苏省高校优势学科建设项目,在"软科"中国最好学科排名中,工商管理学科进入前11%。"会计(审计)学"为江苏省重点学科,2022年"软科中国大学专业排名"中会计学专业排名前8%,财务管理专业排名前5%,全部进入A类层次。

随着互联网、大数据、人工智能等信息技术的快速发展,企事业单位的运营环境发生了颠覆性变化。会计学院坚持"思政引领、科技赋能、学科交叉、产教融合、国际视野、特色发展的"的原则,在全国率先进行财会专业的全面智能化升级,在培养方中全面融入"大数据分析与可视化""Python程序设计""数据库原理与应用""会计智能化基础""智能财务共享""大数据财务决策""智能商务分析""智能审计"等课程,突出"财会本色、审计底色、智能亮色、行业特色",构建了"一体两翼四协同"的培养体系和五大保障体系,引领财会类专业人才培养的智能化升级。

2)科技赋能会计教育改革的主要举措

(1)人才培养目标的确定

人工智能、大数据等应用技术的迅猛发展,不可避免地改变了会计学专业人员的职业技能要求和职业目标,需要培养品格高尚、社会责任意识强、拥有扎实的新文科基础,系统掌握财务会计专业理论知识、大数据分析与智能技术,能够熟练运用智能会计理论和方法进行会计学活动,具有国际视野与跨文化交流能力,适应社会经济发展需要,具有大数据分析能力、大数据财务决策和商务智能分析能力的创新复合型会计专业人才。

宏观、中观和微观环境的变化对未来的会计学专业教育提出了新要求。

职业道德。数字经济时代下各种不确定因素增多,对会计学专业人员的伦理道德和职业认识有了更高的要求。

国际视野。全球化发展迫切要求会计学专业人才要具有国际视野,熟悉国际商务环境和通用的专业标准,具备跨文化交流能力。

大数据财务决策和商务智能分析能力。科技手段正在不断弱化传统的核算反映职能,企业发展需要的不再是仅以核算为主的会计学专业人才,而是需要会计学专业人才根据众多可能会影响企业运营的信息进行合理的风险预测,并进行有效的职业预判,会计学专业的职业定位需要更多的战略层面上的管理与决策,进一步发展专业预测与管理决策。

数字能力。在大数据分析的情境下,会计学专业人才需要快速学习和更新会计学专业知识,深入理解经营业务内涵,提高信息需求规划能力、数据挖掘能力、信息集成和整合能力等才能适应行业需求与企业发展。

根据上述分析,会计学专业人才培养目标确定如下:培养适应社会主义市场经济建设需要,品格高尚,社会责任意识强,具有扎实的新文科基础,系统掌握财务会计专业理论知识、大数据分析与智能技术,了解会计学术前沿,能够熟练运用智能会计理论和方法进行会计管理活动,能够在企事业单位、政府部门等各类组织机构从事财务共享、智能财务与会计决策、会计鉴证以及管理咨询等工作的"会计+智能+行业"的复合型高级会计人才。

会计学专业毕业生在毕业5年左右能够达到的培养目标：成为具备较高职业道德、理论水平和较高会计职业判断能力的会计师；成为能在企事业单位或政府部门独立从事会计管理工作，担任财务经理或相当职位的高级会计管理人才；成为具备国际视野、紧跟会计科技前沿，具备创新能力的会计理论研究或应用研究专家。

（2）能力要求

根据会计人才培养目标，确定南京审计大学会计学专业人才培养的能力框架如表5-8所示。

表5-8 南京审计大学会计学专业人才培养的能力框架

一级能力指标	二级能力指标
职业道德与综合素养	道德与诚信为基础的职业道德行为、沟通与表达技巧、团队合作和关系管理、人力资源管理、管理咨询与实务
专业技能	会计学基础、中级财务会计、高级财务管理、财务管理、审计学、成本与管理会计、财务报表分析、会计智能化基础
数智技能	数据库技术与应用、大数据分析与可视化技术、Python程序设计、数据挖掘与机器学习、智能财务共享
决策能力	投资决策、筹资决策、资金管理、企业风险管理、预算管理、绩效管理、商务智能分析、大数据财务决策
审计监督能力	内部控制、内部审计、绩效审计、政府审计、大数据审计
治理能力	公司治理、法务治理、数据分析与治理、税务合规及筹划、税务监督

资料来源：南京审计大学。

在职业道德与综合素养培养方面，首先，要着力培养学生热爱社会主义祖国的情怀，自觉拥护中国共产党的领导，深刻理解并掌握马列主义、毛泽东思想和习近平新时代中国特色社会主义思想的基本原理；愿为社会主义现代化建设服务，为人民服务；有为国家富强、民族复兴而奋斗的志向和责任感；具有良好的思想品德、社会公德、职业道德，以及社会责任感。其次，使学生具备良好的身体素质和心理素质：使他们具有体育和军事的基本知识，掌握科学锻炼身体的基本技能，养成良好的体育锻炼和生活习惯，受过必要的军事训练，符合国家规定的大学生体育和军事训练合格标准，具备健全的心理和健康的体魄，能够履行建设祖国和保卫祖国的神圣义务。最后，使学生具有一定人文社会科学和自然科学的基本理论知识，具有独立获取知识、发现问题、分析问题和解决问题的基本能力及开拓创新的精神，具有一定从事本专业事务工作的能力和适应相邻专业业务工作的基本能力与素质；具有较强的沟通协调能力和团队合作意识。

在专业技能方面，要求会计学专业学生必须掌握的会计学方面的基本理论、基本知识和基本业务技能，知识结构、能力结构和素质结构合理。要求学生熟悉国家有关财务、会计、金融方面的方针、政策和法规；掌握会计学学科必须具备的经济学基础知识和会计、会计学等方面的专业知识；具有处理会计学等方面业务的基本技能，创新实践能力强；了解本学科的理论前沿和发展动态,具有一定的科学研究能力。

在数智技能方面,主要培养学生对数字经济下的数字技术、功能、实践,及战略的认知和应用。大数据的飞速发展改变了企业所处的环境,围绕"大智移云"时代的行业动态需求,培养财务人才的数据挖掘与机器学习、智能财务共享、应用财务软件设计与开发等数智技能,不断提升学生的大数据分析能力与智能化财务风险管理水平,向社会输送智能化时代需要的会计学人才。

决策能力是指培养学生综合运用会计学专业知识,根据环境变迁和企业主体的实际情况进行综合决策与判断的综合能力素质等,具体涵盖正确的评估能力、精确的预测能力、准确的决断能力三个方面。

治理能力与审计监督能力是指培养学生参加政府部门、企业内部、会计师事务所等的治理与审计监督业务等的能力。培养学生对会计学专业法律法规的熟悉度,提高专业判断力,以及借助专业理论发现问题、分析问题与解决问题的能力。

(3) 课程体系

培养方案主要包括通识教育(通识教育必修课、通识教育选修课)、学科专业教育(学科基础课、专业主干课、专业选修课、专业实验)、实践教学环节(劳动与社会实践、就业创业、毕业环节)三大板块9个模块课程。核心课程包括政治经济学、微观经济学、宏观经济学、管理学、金融学、经济法概论(经管类)、计量经济学、管理信息系统、会计学基础、会计智能化基础、中级财务会计、高级财务会计、成本与管理会计、财务管理、会计信息系统、审计学、商业伦理与会计职业道德、智能财务共享、大数据财务决策、大数据分析与可视化、数据挖掘与机器学习等。具体学分分布如表5-9所示。

表5-9 南京审计大学会计学专业课程模块与学分一览

课程板块	课程模块	学分/分	理论教学学分/分	实践(验)教学学分/分	修学要求
通识教育 (74学分)	通识教育必修课	54	43	11	必修
	通识教育选修课	20	15	5	选修
学科专业教育 (72学分)	学科基础课	27	26	1	必修
	专业主干课	23	22	1	必修
	专业选修课	18	16	2	选修
	专业实验	4	—	4	必修
实践教学环节 (14学分)	劳动与社会实践	4	1	3	必修
	就业创业	4	0.5	3.5	必修
	毕业环节	6	—	6	必修
	学分合计	160	123.5	36.5	

资料来源:南京审计大学。

同时，学院设计了四个模块的会计智能化课程体系和"一体两翼四协同"的教学模式，如图 5-27 所示。

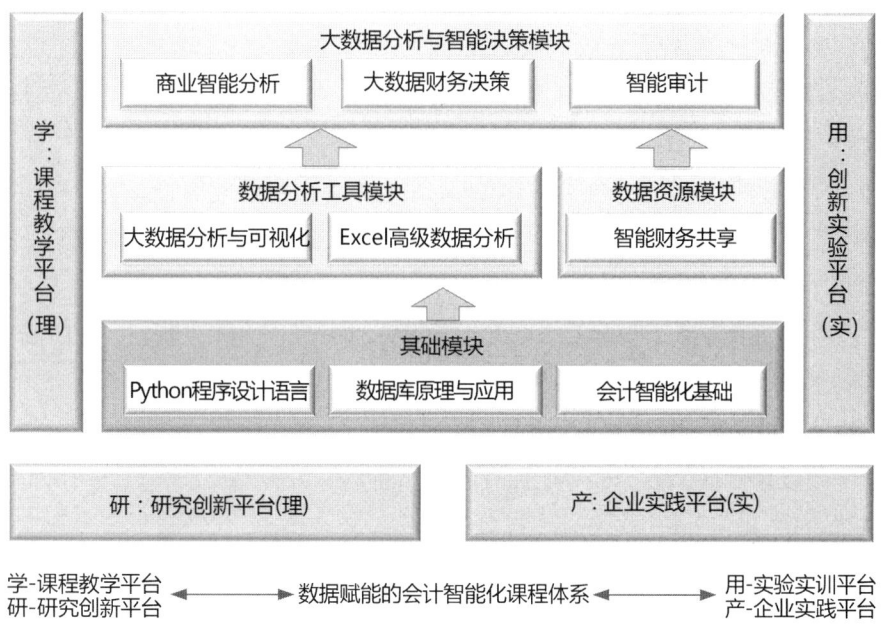

图 5-27　南京审计大学"一体两翼四协同"的教学模式
资料来源：南京审计大学。

在专业课程设置上，具有以下特点。

注重管理决策型财务。互联网与信息技术的发展对传统的会计学专业人才提出了挑战，且极大地促进了对管理决策型会计学人才的需求。在智能化机器时代，拥有正确的专业分析与价值判断、能提升企业价值的会计学专业才能适应时代需要。因此，管理决策型会计学专业将是数字经济时代下会计学专业的重点发展方向。

加快会计学＋专业模块融合。新时代下，以素质塑造和能力培养取代知识传授为基础来构建会计学教育理念；将数字时代的数智技术嵌入会计学专业人才的能力框架及相应的知识体系。同时，在会计学专业中多展开"会计＋智能技术、会计＋审计、会计＋法务税务、会计＋治理"等学科交融模块，使融入会计学专业的学科模块是动态的，可以更好地满足学生个性发展与社会的多元化需求。

会计与计算机交叉融合。依托"大数据"相关理念，应用互联网＋信息科学技术方法和手段，以会计学专业课程为核心，融合应用计算机、信息管理等相关学科的先进工具方法，提升学生数据挖掘、信息检索与综合决策支持的能力。

实验教学，培养学生的信息素养与专业迁移能力。信息技术的发展为在会计学专业课程中全面推进实验和实践教学提供了技术上的可能。因此，会计学专业的课堂教学根据基本原理设计仿真模拟实验,以强化基本原理的学习,提高学生的专业实践技能,培养学生的创新思维能力。

(4) 师资队伍

学院师资力量雄厚,现有教职工76人,教授17人,副教授17人,82%的教师具有博士学位。其中,教育部课程思政教学团队1个,江苏省"青蓝工程"优秀教学团队1个,教育部课程思政教学名师8人,教育部会计学专业教学指导委员会委员1人,财政部"全国会计名家工程"1人,财政部"全国会计领军人才"2人,3名教师担任财政部管理会计咨询专家、内部控制标准委员会咨询专家、政府会计准则委员会咨询专家,有江苏省六大高峰人才1人,江苏省"333"工程第三层次培养对象4人,江苏省"青蓝工程"中青年学术带头人4人,江苏省"青蓝工程"优秀青年骨干教师7人。多名教师入选省级部人才工程,担任中国会计学会专业委员会委员、江苏省财政厅咨询专家等学术职务。

(5) 教学条件

实验室建设及管理。会计学专业拥有会计实验与创新实践教育中心、会计模拟基础实验室、会计信息采集与分析中心、会计与财务科研创新实验平台、经管类跨专业实验室、审计仿真实验室,其中会计实验与创新实践教育中心是省级实践教育中心。实验室有完善的管理制度,实验室建筑面积约2544平方米,教学仪器设备总值491万余元,实验室生均面积1.37平方米,生均教学仪器设备值0.27万元。

实习实训基地建设。学院有校外实习实训基地共20个,包括天健会计师事务所、瑞华会计师事务所、江苏天衡会计师事务所等多家业内知名事务所。此外,学院还将与中兴新云、网中网等企业、江苏省注册会计师协会等行业协会联合,开发建设一系列可供推广示范的会计智能化实验实训平台、实习基地。

图书与信息化资源。校图书馆现拥有各类图书172万余册,电子图书150万种,中文电子期刊9 000余种,外文电子期刊5 000余种,中文数据库22个,外文数据库14个,订购中外文期刊1 515种,中外文报纸145种,为本专业师生提供了学习支持和交流互动平台。

此外,专业建有国家精品在线开放课程、国家一流在线课程"高级财务会计",以及省级一流课程"会计学""中级财务会计""财务管理"等在线课程,江苏省虚拟仿真实验项目"产能成本决策虚拟仿真"。

(6) 评价体系方面

教学质量标准完整。会计学专业严格执行学校的《课程设置与审批管理办法》《实验教学管理规定》《南京审计大学考试工作规范》《本科生毕业论文(设计)工作管理办法》等各类教学管理规章制度。同时,会计学专业所在的会计学院出台了《会计学院教师首开课、开新课管理办法》《会计学院本科生毕业论文工作规程》《会计学院本科生创新实践训练实施办法》《会计学院课程组工作考核办法》《班导师工作条例》《会计学院绩效考核分配办法》《会计学院教学科研奖励办法》等制度。以上制度构建了会计学专业较为完善的教学质量标准体系。

质量监测记录翔实。会计学专业开展常规化的自我评估和质量检测工作,不断促进管理工作和教师教学的改进:① 统计人才培养方案总学分数、各课程模块及实践教学分数、学时数学期分布,检查课程体系的逻辑性、与人才培养目标的吻合性。② 统计分析学期开课数量、教师数量及结构、教师开课门数、学生学期课程门数、周学时,考察师资力量与办学规模的适应性,学生学习负荷的适宜性。③ 开学初对教学大纲、教案、教学课件,以及首开课、新开课的教学准备情况进行检查。④ 开学初、期中、节假日前后的学生到课率进行检查、统计。⑤ 期中主要对教学进度、教学大纲执行、作业布置、实践教学等教学运行情况进行集中检查。⑥ 组织首开课、开新课试讲、评议,诊断性听课、评议。⑦ 期末对检查试卷质量,期末考试考规考纪执行,教师教学效果等教学工作进行检查、评价。⑧ 组织所有学生对所有任课教师的教学质量进行评估,对学生的评教结果及时统计、分析,及时反馈给任课教师。⑨ 组织教师对试卷、毕业论文进行自查,教务办进行汇总,并向学院领导、全院教师进行信息反馈。⑩ 适时统计毕业生就业、考研、出国、报考公务员等情况,分类整理就业情况,监测就业质量。

会计学专业充分利用了学校的教务信息管理系统、教务管理平台、课程数据库、学生数据库,做到了状态有数据、过程有记录、质量有检测。

3) 科技赋能会计教育改革的成效

(1) 师资队伍

建成了一支师德高尚、专业水平与教学水平协同发展的高水平"智能会计"师资队伍。"会计学"教学团队及其成员被评为教育部课程思政示范教学团队及教学名师,"卓越会计人才培养教学团队"被评为江苏省"青蓝工程"优秀教学团队。

(2) 专业建设

专业建设成效显著。"会计学""财务管理"被评为国家一流专业建设点、江苏省品牌专业建设工程,"会计学"专业被评为江苏省首批课程思政示范专业、江苏省国际化人才培养品牌专业,"思政引领+科技赋能的会计学专业智能化转型研究与实践"被评为教育部首批江苏高校新文科研究与改革实践项目、首批江苏高校新文科研究与改革实践省级重点培育项目。

(3) 课程建设

围绕"智能会计"新文科建设,积极开展课程建设与教材建设,"高级财务会计"在线课程被评为国家一流在线课程,"高级财务会计"线上线下混合式课程被评为国家线上线下一流混合课程,"会计学""中级财务会计""财务管理"被评为江苏省首批一流线上课程,"产能成本决策虚拟仿真"被评为江苏省虚拟仿真实验项目。

《会计学》教材被再次立项为江苏省高校重点教材建设项目,《会计学》《管理会计:理论·模型·案例》《成本管理会计》《财务管理》被评为江苏省高校重点教材。与出版社签订协议,拟出版《智能会计概论》《会计智能化基础》《高级数据分析与可视化》《智能财务共享》

《大数据财务决策》《商业智能分析》等会计智能化系列教材。

（4）成立产业学院

面对现代信息技术的挑战和国家战略发展的需要，南京审计大学积极响应党和国家的号召，主动担当，以"会计学""财务管理"两个国家一流本科专业建设点为依托，与网中网、中兴新云、南钢集团等公司联合率先在国内成立"智能会计产业学院"，在"新文科"建设中彰显南京审计大学的特色。

4）科技赋能会计教育改革中遇到的困难

（1）缺乏系统成熟的教材

会计智能化尚处在建设过程中，需要将思政教育、大数据、信息化等融入专业教学之中，这些内容都属于新鲜事物，如何建设尚处于探索之中，在实施过程中缺乏相应的教学资源，特别是智能化会计课程相关的教材。

（2）缺乏智能化会计实训平台

会计智能化课程属于实践性很强的课程，但是现在还没有智能化会计实训平台，无法满足智能化会计的教学需要。

5）推进科技赋能会计教育建设和改革的主要思路及举措

（1）建设思路

以服务高质量发展为目标，紧跟新一轮科技革命和产业变革新趋势，通过思政引领和科技赋能，将会计学专业与思政教育、现代信息科技深入融合，构建以立德树人为根本任务，以学生发展为中心，与"价值塑造+知识传授+能力培养"深入融合的"思政+智能+会计"人才培养体系；建设和实施"哲学、马克思主义理论、经、管、文、法、理、工"融合的多学科育人平台、"课程、教材、案例、场景、实训"融合的多资源育人平台、"产、学、研、创、用"融合的多主体育人平台相结合的多维度协同育人模式；实施并最终形成可推广应用的示范成果。南京审计大学科技赋能会计教育建设的主要思路如图5-28所示。

（2）建设举措

第一，实施学科协同工程，构建"思政+智能+会计"的多学科协同课程生态。

实施专业教育与思政教育的协同，开发专业教育的课程思政课纲。以立德树人为根本任务，以学生为中心，在公共基础课、学科基础课、专业基础课、专业核心课、专业方向课、素质拓展课、实训实践课等环节全面融入课程思政。

实施专业教育与现代信息科技的协同，开发特色方向课程。将现代信息科技、统计学、应用数学等与传统的会计学专业课程有机融合，开发会计学专业智能化转型的特色课程体系："会计智能化基础""高级数据分析与可视化""智能财务共享""大数据财务决策""商业智能分析""大数据审计"等。

实施会计学与相关学科的协同。将哲学、马克思主义理论、社会学、法学、数学、统计学、计算机科学与技术、经济学、管理学等多个学科与会计学专业有机融合，形成新文科会

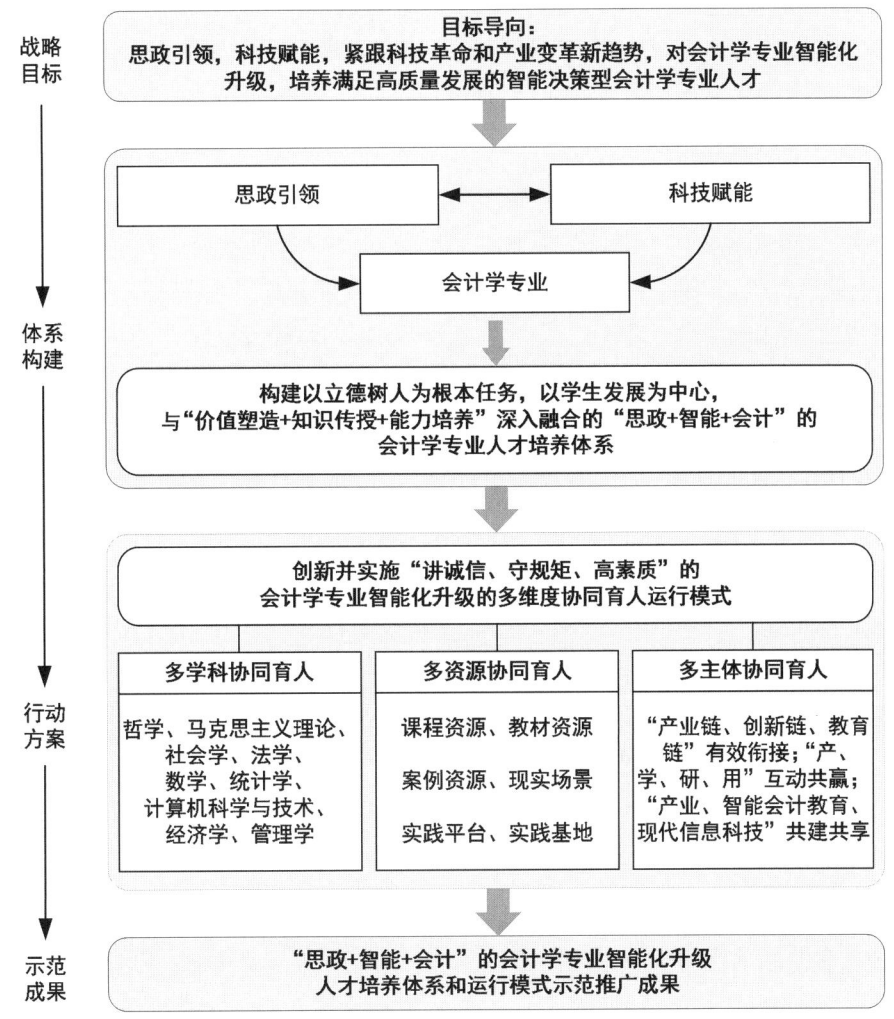

图 5-28　南京审计大学科技赋能会计教育建设的主要思路
资料来源：南京审计大学。

计学专业的多学科课程生态。

第二，实施资源协同工程，开发"思政＋智能＋会计"的多资源协同育人平台，建设"课程、教材、案例、场景、实训、实践基地"等多资源协同的育人平台。

开发一套"思政＋智能＋会计"的课程体系。将课程思政和现代信息科技全面融入专业课程中，建设专业教育、思政教育、现代信息科技相融合的"三线相融、三维协同"的课程体系。

打造一批智能会计系列的"金课"。聘请产业教授，与企业联合，推动课程内容与智能制造、工业互联网、企业数字化等产业需求的科学对接，打造一批高质量校企合作课程和课程教学案例集，打造一批会计学专业智能化转型的特色"校企共建课"。

开发一套会计学专业智能化转型升级所使用的系列教材。《智能会计概论》《会计智能化基础》《高级数据分析与可视化》《智能财务共享》《大数据财务决策》《商业智能分析》等教材已经与东北财经大学出版社签订出版合同。

开发课程思政、会计智能化等系列案例。按照"价值塑造＋知识传授＋能力培养"的人才培养目标，开发课程思政、职业道德、会计智能化等系列案例。

建设智能会计实验平台和实践基地。学校已经与中兴新云科技有限公司、经邦大数据、跃克科技有限公司、厦门网中网软件有限公司等智能化服务商和徐工集团、南钢集团、江苏大生集团等智能制造企业达成了协议，校企联合攻关，建设立体化的应用场景、实验平台，共建实践基地。

第三，实施产教融合工程，建设"产学研创用"共赢的多主体协同育人平台。

建设"现代产业学院"，实现"智能会计产业链、智能会计研究创新链＋智能会计教育链"的有效衔接和"智能产业、智能会计教育、现代信息科技"的共建共享，构建"共创人才培养新模式、共商专业建设新规划、共议特色课程新开发、共组双能师资新队伍、共建专业实训新基地、共评人才培养新质量、共享校企合作新技术、共搭会计教育新平台"的"产学研创用"共赢的"现代产业学院"运行机制。

第四，构建多重保障体系，保障智能会计学人才培养的成功实施。

机制保障。优化人才培养机制，建立"产学研用"合作共赢的人才培养机制。

制度保障。优化师资队伍建设制度、人才培养评价制度，建立以立德树人为根本目标，以学生为中心的全过程质量保障制度。

资源保障。与相关产业联合共建现代产业学院，在财力、物力、人力、平台等方面建立多资源投入和协同运行的资源保障机制。

队伍保障。通过"带引培研"组建师德高尚、专业水平和教学水平协同发展的师资队伍和实践指导专家队伍，实现多主体协同育人。

6. 东北财经大学[1]

1）会计学科发展历程

东北财经大学会计学院成立于1995年12月，是全国第一家高等院校下设的会计学院，目前是东北财经大学最大的教学单位之一。会计学科点于1981年获得了硕士学位授予权，1993年获得了博士学位授予权，是东北地区第一个会计学博士点单位。会计学科于1997年被评为财政部重点学科，2002年被教育部评为国家重点学科，2007年再次被确定为国家重点学科。2019年，学院会计学专业、财务管理专业入选首批国家级一流本科专业建设点。2021年，学院资产评估专业入选国家级一流本科专业建设点。

东北财经大学会计学院现有会计学系、财务管理系、审计系、资产评估系4个教学组

---

[1] 资料来源：东北财经大学会计学院。

织,设中国内部控制研究中心(省人文社会科学重点研究基地)、会计信息化重点实验室(省重点实验室)、中德管理控制研究中心、税务会计研究中心、会计准则研究中心、资产评估研究中心、管理会计研究中心、财务管理研究中心等科研机构,基础设施一流、实验配置先进、数据资源丰富。

学院师资力量雄厚,现有专任教师76人。其中教授29人,副教授24人,博士生导师13人。获得国家"万人计划"哲学社会科学领军人才、"百千万人才工程"国家级人选、全国文化名家暨"四个一批"人才、教育部"长江学者"青年学者等荣誉称号各1人次。享受国务院政府特殊津贴专家2人、国家级教学名师1人。教育部"新世纪优秀人才"2人、财政部全国会计名家培养工程2人、财政部全国会计领军人才特殊支持计划1人、财政部全国会计领军人才10人。省级教学名师9人,"辽宁特聘教授"2人、辽宁省"百千万人才工程"入选百人层次3人、辽宁省高等学校创新人才支持计划4人、"辽宁省五一劳动奖章"获得者1人。会计学教学团队荣获省级黄大年式教学团队称号。

会计学院经过长期建设,形成了以会计理论、财务理论为研究基础,以财务呈报、公司理财、会计监管、内部控制、价值评估等相关领域为重点的研究特色,科研工作成绩斐然。近五年来,在经济研究、管理世界和 *The Accounting Review*(《会计评论》)、*Journal of Operations Management*(《运作管理杂志》)、*Journal of Financial and Quantitative Analysis*(《金融与定量分析杂志》)等国内外顶级期刊上发表了学术论文近20篇。获批包括国家社科基金重点项目、国家自然科学基金面上项目等在内的33项国家级科研项目。获省政府哲学社会科学学术成果奖18项。

学院在人才培养过程中,注重开展专业教育教学改革,大力推行现代化教学手段,成果显著。会计学专业为首批国家级特色专业和辽宁省重点支持专业;财务管理专业为辽宁省综合改革试点专业,财务管理教学团队为首批国家级优秀教学团队。学院曾10余次获得国家和省级优秀教学成果奖。注重实践型、启发型教学,培养和造就了具有国际水平的战略科技人才、科技领军人才、青年科技人才和高水平创新人才,为人才强国战略添砖加瓦。

学校会计学科已基本实现了"国内一流、国际有影响"的建设目标。在中华人民共和国财政部发布的《注册会计师专业方向毕业生问卷调查研究报告:能力调查与分析》中,会计学专业(CPA方向)毕业生的平均得分排名第一。2017年,中国科学评价研究中心发布了《2017—2018中国大学本科教育专业排名报告》,学校会计学专业在其中排名第一,资产评估专业排名第二,财务管理专业排名第六。2018年,在全国第四轮学科评估中,以会计学科为重要支撑的工商管理学科获评A类学科。2019年,在"2020软科中国最好学科排名"中,学校工商管理学科排在全国第24名,学科的办学水平居全国前8%。2019年,中华人民共和国教育部公布了2019年度国家级一流本科专业建设点名单,学校会计学、财务管理两个专业入选。2020年3月,全国第三方大学评价咨询机构艾瑞深校友会网发布了"2020中国一流专业排名",会计学专业全国排名第八,会计学的办学层次达到"世界高水平专业"。2021年6月,高等教育评价专业机构软科正式发布了2021"软科中国大学专业排名"。学院资产评估、财务管理专业获评A+,进入全国排名前2%,会计学专业获评A,进入全国排名前2%~10%。

2)科技赋能会计教育改革的主要举措

在科技赋能会计教育改革方面,学院目前多措并举。采取的主要举措具体包括以下几个方面。

(1)以新文科建设的先进理念为指引,全面改进人才培养模式

第一,推动专业课程与思想道德教育相融合。重视教师应如何运用理论教学、案例分析等方法引导学生理解和掌握专业人才培养定位。第二,建立和完善全方位、多层次育人的本科生导师制。充分利用校内外教师资源,为学生提供学业导师、生活导师、班级导师和创业创新导师。第三,促进专创融合与产教融合协同育人。使用国际经典"双创"实训课程,在核心课程中引入系统的创新创业教育实训内容。

(2)以学生为中心,推进课程体系从"教的范式"向"学的范式"转移

第一,整合线上线下的资源,将创新精神、国际视野和实践能力的培养思路融入课程模块和课程内容的设计中。其中,线上课程以"慕课"建设为突破口,线下课程着力打造线下精品课程。第二,引入智能资产、智能审计、智能财税、"互联网+"等,提升学生的财经素养,培养学生的现代智能、大数据、信息化技术应用与财经实践的能力。

(3)以新兴技术发展和社会经济需求为引领,加快建设新型师资队伍

第一,结合现有师资队伍和新文科发展需求,在广泛调研的基础上预测未来师资的实际需求,制订合理的师资引进计划,吸引大数据、人工智能等跨领域人才。

第二,开展教学质量提升的专题培训,聚焦新文科建设的理论与实践、具体内容与行动思路、改革创新和人才培养等。

第三,建立"双师型"实践教学师资队伍。首先,定期组织专业技能培训。定期对教师进行实务操作、案例开发以及多媒体技术、网络技术等方面的培训。其次,鼓励教师赴企业顶岗实习。鼓励教师到典型企业顶岗实习,争取"双师"资格。再次,加强与兄弟院校之间的经验交流。鼓励本校教师与北京大学、中国人民大学、厦门大学等会计学科实践教学水平较为先进的单位之间进行经验交流,学习和吸收其他学校先进的实践教学经验。最后,制定激励措施。根据实践教学的特殊性,制定一系列激励措施,调动教师参与实践教学的积极性和主动性。

(4)基于移动互联网和云技术,重塑教学平台体系

第一,创建"双创"教学平台。以"双创"业务模型匹配会计学科操作动作模型,通过实验任务引导学生处理业务模块中产生的数据。第二,创建研讨式教学平台。嵌入思维导图、征集令、即时讨论等,实现线上和线下学习的无缝对接。第三,创建实践实验教学平台。以上市公司数据为基础,引导学生对数据进行系统性分析。

（5）打造与实践教学相配套的教材体系

第一，确定新兴科学技术背景下教材体系的逻辑起点、逻辑主线和逻辑重点。通过专家访谈和问卷调查，分别从教育主管部门、教师、学生和用人单位多角度出发，确定实践教学教材体系的逻辑起点、主线和重点，为后续教材的汇编指引方向。第二，汇编实践教学系列教材。在课程系统操作手册的基础上，结合个性化的课程实施内容，将实验、实践数据、讲义、实务工具和研讨问题汇编成实践教学系列教材，作为会计学科实践教学的指导教材。第三，教材的修正和推广。经过多学期的试点推广，以实践教学指导教材中存在的不足之处，组织专家和教师进行有针对性的修改，在修改完善后进行推广。

（6）深度融合专业与技术，建立会计学专业创新型虚拟仿真教学体系

第一，建立由统一的仿真教学资源平台支撑的"知识点讲解+案例分析+数据分析"（以下简称"三位一体"）的教学模式。运用仿真教学素材和技术手段，采用三位一体的方法，通过案例、数据与知识点的对接，实现理论教学、案例教学和实验教学的协调融合。第二，采用云服务等新技术建设财会云仿真实验中心。建立基于实验项目云的独立综合实验课程体系，推出基于手机端的实验项目云应用和移动互联教具卡片。

（7）完善制度建设，建立健全相关保障体系

学院历来重视人才培养工作，针对新兴科学技术发展变化的新形势，专门制定了《在线开放课程建设与本科课堂教学改革实施方案》等一系列制度，同时注重引进掌握新技术、新方法的师资，培养现有教师的技术水平。此外，还建立了智慧教室和生态教室，并与浪潮、跃客科技等高新技术企业合作实施了"智慧教室"助力计划，目前可提供财务共享中心、大数据可视化分析平台、大规模开放在线课程平台（Massive Open Online Courses, MOOC）、小规模限制性在线课程平台（Small Private Online Course, SPOC）、两个省级虚拟仿真中心，以及校外203个实习实训基地。

3）科技赋能会计教育改革的成效

（1）人才培养效果显著提升，办学质量广受社会认可

过去五年，学校约有30%的毕业生进入"985""211"以及"双一流"高校继续深造，另有大约10%的毕业生申请出国继续学习。选择本科毕业直接就业的学生约占60%，就业率几乎达到100%，并连续多年获得用人单位的高度评价。在2017年和2018年的武汉大学中国科学评价研究中心和中国教育质量评价中心发布的中国大学本科专业排行榜中，东北财经大学本科会计学专业均名列第1位。在"中评榜"公布的2021至2022年会计学专业排名中，东北财经大学本科会计学专业等级为5星+，在653家高校中排名第2位。

（2）人才培养体系持续升级，教学资源建设成果丰厚

持续多年对培养方案进行修订，确保人才培养目标和课程体系符合当前最新需求。同时，整合新技术和新方法与教学资源进行系统创新，建成大数据可视化和虚拟仿真实验等新技术育人环境，5门课程获批国家级精品资源共享课程，4门课程获批国家级一流课程，14门

课程获评省级一流课程,1门课程获评国家级思政示范课,7名教师获评省级教学名师等。

(3) 示范与辐射作用凸显,社会推广应用价值扩大

相关经验已为全国多所高等学校所采纳,这些院校普遍认为学校所采取的相关措施适合解决新兴技术背景下会计学专业人才的培养问题。同时,学校所建立的案例分析体系被教育部会计学专业教学指导分委员会采纳,并连续应用于三届全国高校企业价值创造实战竞赛,获得参赛人员和教学指导委员会的高度认可;孵化的线上一流课程和虚拟仿真实验一流课程资源等被数百家高校采用,为当前会计学高等教育作出了一定的贡献。

4) 科技赋能会计教育改革中遇到的困难

会计学专业在科技赋能教育改革过程中不断努力前行,取得了初步的建设成绩,但是也存在一些问题:第一,课程资源建设过程中,新技术融合的深度不足,没有深入地发挥信息技术的辅助支持作用。有的课程资源只是被简单地复制到网络平台上,或者在课堂教学中简单地使用了线上课程资源。第二,在课程资源建设的过程中,信息技术融合的广度有待进一步拓展,需要不断更新和完善包括教材、教学平台、授课方式等在内的一系列课程资源的信息技术应用广度。特别是大数据、人工智能技术在会计专业中的可视化分析、虚拟仿真等辅助教学的应用。第三,新技术对会计发展变革的影响与传统会计学专业课程改革的不足。需要持续提升教师专业能力,通过对现有教师的培训以及引进新型师资作为课程改革的主要推动力量。第四,随着社会的发展和对人才需求的变化,会计学专业对人才的培养模式、学业管理制度机制、学生日常管理制度和学生评价方式等都需要紧随时代变化而调整和改进。

5) 推进科技赋能会计教育建设和改革的主要思路及举措

在下一步的工作中,学校将采取以下措施,多措并举,以科技发展的需求为发展契机,争取在会计教育改革过程中取得更大的进展。具体措施包括以下几个方面。

(1) 加强课程资源中信息技术的融合,持续提升教学效果

引入新兴技术变革元素,增设 Python、大数据风险管理等多门课程,并定期邀请实务界专家开设讲座。持续推动实验类课程的动态优化。一方面,优化包括基础会计实验、中级财务实验、高级财务实验、管理会计实验在内的"多位一体"实验课程网络;另一方面,借助业界经验和技术优势,开展虚拟仿真实验,打造智慧教室。

(2) 加强课程资源中信息技术的融合,扩大覆盖范围

推进课程资源建设中信息技术的融合。不仅是对新方向的探索,更要在所有的课程中融入新技术。包括在课程思政建设过程中也要充分引入信息技术作为辅助手段。以"注册会计师职业道德"课程为例,引入3D虚拟仿真技术开发注册会计师职业道德虚拟仿真实验,使学生们不出校门就能感受到模拟的真实场景,生动形象地理解专业问题。

(3) 新技术背景下会计学科课程内容革新,持续推动知识升级

除了在深度、广度两个维度上持续拓展信息技术在专业教学中的应用,也要注重交叉

学科对会计学专业课程本身的推动和改革作用。引入人工智能与会计发展、智能财务与会计等新型课程,以培养新技术背景下的新型财会人才。

(4) 人才培养质量跟踪数据化管理,监督人才培养过程管理

人才培养的过程需要有科学的方法、手段加以评价和保障,人才培养的结果需要有效的方法加以跟踪和反馈。所以,在新技术背景下,学校将持续研究和加强人才培养质量,跟踪数据化管理工作的建设。从培养过程的跟踪到培养结果的社会反馈调查,做到网络化、科学化、持续化、系统化。将此作为很好的反馈,以调整和改进人才培养过程。

7. 广东外语外贸大学南国商学院[1]

1) 会计学科发展历程

秉承"明德尚行、学贯中西"的校训,广东外语外贸大学南国商学院会计学专业自2006年设立至今已有十多年的历史。学校通过努力,不断改革与创新、与时俱进,现已形成有鲜明特色的学科优势。2013年,学校会计学专业获批了"广东省专业综合改革试点项目";2018年,学校会计学获批为"硕士点培育专业";2020年,学校"会计学信息化教学团队"获批省级教学团队。

立足于广东,辐射粤港澳,服务于广东区域经济发展及粤港澳大湾区建设,培养适应现代市场经济需要、具备会计专业知识与能力的具有国际视野的应用型、创新型、复合型人才。

广东外语外贸大学南国商学院会计学专业具有以下四个特色优势:① 抓合作。借助广东省管理会计师协会的优质校企资源共创管理会计创新班,逐步完成"核算"会计向"管理""智能"会计的转型。② 强外语。本专业开设24学分大学外语类课程,4学分学术英语;辅修第二外语;开设会计学"2+2"国际班及ACCA周末班。③ 重实践。增设6学分"专业实践",实践教学比例提高至34.1%,与网中网公司共建了8个课程实践教学平台,获省部级实验和实践教学平台3个。④ 尊个性。利用智慧平台开发了线上教学资源,借助信息技术开展了个性化教育教学改革,获省级教改项目2项。

2) 科技赋能会计教育改革的主要举措

(1) 以培养应用型、复合型人才为目标

建立立足广东,辐射粤港澳,服务于广东区域经济发展及粤港澳大湾区建设,培养适应现代市场经济需要,掌握经济学、管理学相关理论,具备会计专业知识与能力,熟悉大数据、人工智能、云计算等新技术的知识及应用,具有国际视野的应用型、复合型人才的培养目标。

(2) 以思政要求为纲领落实立德树人根本任务

强化理想信念教育、道德教育和社会责任教育,注重把社会主义核心价值观教育融入

---

[1] 资料来源:广东外语外贸大学南国商学院管理学院。

各类党团活动及专业教育教学全过程各环节。

重视课程思政和专业思政教育。深入挖掘专业中的每一门课程的德育内涵和元素,设计和优化课程的各个环节,形成专业课教学与思想政治理论课教学紧密结合、同向同行的育人格局。

以教育部新文科培育计划为着力点,引导学生关注社会现实,培育学生经世济民、诚实守信、德法兼修的职业素养。

(3) 构建复合型和实践型课程体系

构建"专业+外语+技术"的复合型课程体系。围绕新时代数据分析能力的重要性,增加数据库类、Python基础、人工智能、大数据分析等课程的占比;围绕新技术、新模式、新场景、新理论带来的新会计,在坚持会计学基础课程和核心课程重要地位的同时,按照"会计+数智"模式进行教学内容的改造与新增;围绕企业财务数智化转型的实践案例、应用场景、工作方法、技术工具、数据等,完成财务会计向管理会计、智能会计的转型,设置模块化的专业方向选修课程;根据学生的特点,结合学校优势资源,开设模块化的专业拓展选修课程。

将理论教学与实践教学相结合,构建系统性实践教学体系。以能力培养为目标,构建"课程实践—独立实践—综合实践"的实践型课程体系,完善并实施"实训(校内)—实践(校外)—实习(校外)"三级递进的实践教学体系。树立全程实践观念,丰富实践教学内容,加强实践教学管理,将实践教学刚性化,积极引导学生参加学科竞赛、"1+X"证书考试和特色社会实践实训活动。

(4) 以教书育人为宗旨强化师资队伍建设

加强师德师风建设。坚持把师德师风作为教师素质评价的第一标准,推动师德建设常态化、长效化,引导广大教师将教书育人和自我修养相结合,做到以德立身、以德立学、以德施教,更好地担当起学生健康成长的指导者和引路人的责任。

全面提升教师教学能力。要求教师参加新技术、新知识、新理论的学习,提升专业水平和现代信息技术与教育教学深度融合的能力。

推进"六个一"建设,注重对青年教师的培养。学校要求青年教师在3年左右时间内,要主讲一门课程、设计一门教学资源、主持一个科研或教研项目、参加一次短期挂职锻炼、指导一项学科竞赛,提高一个层次。鼓励青年教师通过青年教师教学基本功竞赛、优秀教案评比、多媒体课件评比等活动不断提高业务水平。

多途径构建产教融合型师资队伍。一是从合作的企事业单位中聘任一些具有丰富实践经验的企业精英、行业专家、高级技师或能工巧匠担任"兼职教师"。二是与一些知名的教育服务公司开展产教融合,如网中网软件公司、福斯特科技有限公司、浪潮集团、翰智集团、悦岚(上海)数据服务有限公司等,引入他们的技术人员担任"兼职教师"。三是借助各类产教融合平台,从本专业的中青年教师中产教整合型教师。

加大力度引入高层次人才。大力引进高层次人才,尤其是引入在全国同类型高校的相关学科专业领域中具有较大影响力的教授担当专业负责人,使其承担专业建设的主体责任,主讲专业基础课或专业主干课程,能够引领课程体系、教材建设、教学内容、教学方法和手段的改革创新。

(5) 以《国标》要求为标准改善教学条件

加大力度建设校内实践育人平台。综合运用校内已有资源,建设满足实践教学需要的实验、实习、实训平台。加强校内实验教学资源建设,构建功能集约、资源共享、开放充分、运作高效且符合专业需求关键的实验教学平台;建设高规格的专业实验室且专业的实验室,固定资产总额不得少于200万元,面积不得小于100平方米。

继续扩充校外协同育人平台。积极与行业协会、相关行业及企事业单位等共同建设协同育人平台,创立"2.5(校内)+0.5(校外)+0.5(校内)+0.5(校外)"联合培养人才的新机制,促进科研与教学融合、培养与需求对接,通过共建专业、共建基地、共享师资、共建课程及共研项目等方式,实现人才培养与产业发展的无缝衔接。

重视数字化教学与信息化管理平台的建设。建立可满足"互联网+"时代教育要求的数字化教学与信息化管理平台,平台使用效果显著。

(6) 以提升人才培养质量为目标建设质量保证体系

坚持以学生为中心、产出导向、持续改进的基本理念,建立健全自查自纠的专业建设质量保障机制并持续有效实施。制定完善的教学管理制度,各主要教学环节有清晰明确、科学合理的质量标准。健全教学质量监控与评价机制,实现对各主要教学环节质量的全程监控与常态化评价。健全毕业生持续跟踪反馈机制,每年对毕业生进行跟踪调查,了解社会、企业对人才的评价,确保人才培养质量的持续改进和提高。

(7) 以高阶性、创新性、挑战性为总体要求加强课程建设

课程是人才培养的核心要素,也是体现"以学生发展为中心"理念的"最后一公里"。建立课程(组)负责人制度,以课程组为单位开展课程研讨、组织教学研究与学习。加大课程改革力度,积极跟踪学术研究新进展、实践发展新经验、社会需求新变化以更新教学内容,提高课堂教学质量。通过改善教学方法、提高教学能力、完善过程性评价等方式,打造高阶性、创新性、挑战度的"金课",淘汰低阶性、陈旧性和不用心的"水课"。加强线上线下混合课程的建设,积极参与国家级和省级一流课程的建设,积极推进课程资源共享。

(8) 以政治性、学术性、权威性为标准加强教材建设

正确选用教材,注重教材的政治性、学术性和权威性。新增国家级规划教材或省级重点教材。逐年提升选用国家级规划教材或省级重点教材等优秀教材和新教材的比例。马克思主义理论研究和建设工程重点教材在相应课程的统一使用率达100%。鼓励和支持专业造诣高、教学经验丰富的教师参与教材编写,提高教材编写质量。加强教材研究,创新教材的呈现方式和话语体系,实现理论体系向教材体系转化、教材体系向教学体系转化、教学体系向学生的知识体系和价值体系转化,使教材更加体现科学性、前沿性,进一步增强教

材的针对性和实效性。

（9）激发学生学习兴趣和潜能，深化教育教学改革

推动课堂教学革命。以学生发展为中心，积极推行基于实际应用的案例教学、项目教学和虚拟现实技术应用，丰富教学手段，提高教学效率，促进教学效果。以信息化为手段，加强教学资源建设，加强对现代教育技术、手段的研究和应用，加快财务会计教学软件的使用，采用MOOC（慕课）教学、翻转课堂、线上线下混合模式等教学方式，积极引导学生自我管理、主动学习，激发求知欲望，提高学习效率，提升自主学习能力。

加强学习过程的管理。加强考试管理，严格过程考核，科学设计课程考核的内容和方式，健全能力与知识考核并重的多元化学业考核评价体系，强化学生学业的"过程考核"和"发展性评价"。

加强创新创业教育，严格毕业论文管理。将创新创业教育与专业教育紧密结合，全方位深层次融入人才培养全过程，实施高素质技能型人才培养计划，制定学科竞赛奖励办法，鼓励学生积极参与国家和省的各类技能大赛，做到以赛促教、以赛促学、以赛促练，提升学生在影响力较大的国家级和省级创新创业竞赛、学科竞赛中的获奖比例。优化毕业论文指导，严格毕业论文管理，提升学生综合应用专业知识的能力。毕业论文总体选题科学，能够较好地体现本专业基本知识、基本技能的综合应用，也需要具有一定的创新性或具有一定的学术水平和独到见解。在省毕业论文抽检中无不合格情况。

凝练和总结在人才培养过程中的优势特色、重点难点和教学前沿问题，充分整合一流专业建设成果及资源，积极申报并争取获得省级以上的教育教学改革项目及相关成果。

3）科技赋能会计教育改革的成效

（1）打造双师双语教学团队，培养"双强"人才

学校会计学专业着力实现师资队伍的职业能力和国际化视野，先后培养了9名双师型教师。为了拓宽教师的国际化视野，先后有20位教师进行双语教学；同时开设了13门会计学科的双语课程和特色专业课程，67位同学参加了ACCA周末班，29位同学参加了会计学"2+2"学分互认项目。通过双语教学，学生的英语能力得到了提高，会计专业学生的英语4级通过率达100%，到美、英、法等十多个国家交流的学生达40人，成功申请国外硕士学位的学生达55人，在全国英语大赛中，5位同学获得国家级奖项，10位同学省级奖项。学生获得省级以上大学生创新训练项目奖37项、各类创新奖44项。

（2）注重信息化教学与教材的建设，丰富教学资源

学校会计学专业注重信息化教学和系列教材的开发和建设。教学团队先后在学校的Blackboard教学平台、微信公众号平台、智慧教学平台上更新迭代地建设会计学专业课程，为学生提供了丰富多彩的网络教学资源。开发的课程案例、微课、课件获国家级奖项7项、省级以上奖项10项。目前，与校技术中心合作开发了云教学中心，创建了移动平台课程体系，将会计学专业的10门核心课程投入了云教学中心使用，创建了课程的互联网（含移动

网络)课程考核题库。会计学教师主编省级以上教材5部,获国家行业协会创新名优录像课一等奖1门。

(3) 建设实践基地,提升培养质量

学校的会计学专业长期以来与业界保持良好的往来关系,与包括世界500强企业、中央企业和"四大"国际会计师事务所等企事业单位保持良好的合作关系。学院目前建有国际"四大"会计师事务所中的毕马威会计师事务所(佛山)、中职信会计师事务所(广州)、中行白云支行、农行三元里支行、四季酒店、文华东方酒店、广州恒永信会计师事务所(普通合伙)等的校外大型实习基地15家,小型实习基地10多家,每年承接500余人的实践周、寒暑假实习、校企共建课程项目实践和毕业实习任务。2018年,学校正式成立了管理会计师产业学院,汤臣倍健、广州铁道机车、小鹏汽车、浩云科技等单位都是产业学院的共建单位。

(4) 力推教学改革,积极申报教改项目

本专业结合时代背景和学生特点,积极推动本专业教改。近年来,获批省级教研教改项目18项,省部级协同育人项目4项,如广东省会计学专业综合改革试点项目1项、广东省省级精品视频公开课1项、广东省省级精品资源共享课1项、广东省省级实验教学示范中心1个、广东省省级大学生实践教学基地2个。

(5) 加强师德教育,重视教师能力培养,组织教研活动

开展师德师风教育,强化师德管理,组织学习"四有"好老师、"教师行为规范准则"等,建立健全师德考核长效机制。本专业教师注重知识更新和教学方式革新,近三年,专业教师中有87人次参加了校外学习培训,理论水平、实践能力及教学方法和手段得到了全面提升。本专业以系为组织单位,服务于教师教学的学习、交流及教研室活动,系内设置课程组对当前的课程建设、课程大纲规划、课程内容设计等进行交流,并合作开发了多种教学案例、课件和微课,获省级以上奖项10项。

(6) 外引内培高素质人才,构建优秀师资团队

通过多渠道引进和培养高素质人才,近四年引进博士6名,培养博士1名、副教授6名,国内访问学者3名。目前,共有专职教师22名,其中教授6名,副教授6名;博士5名,在读博士1名;国务院侨务办公室优秀教师1名,全国优秀教师2名,南粤优秀教师4名,省级民办教育优秀教师1名,构建一支专业素质过硬、教学经验充足、年龄结构及学缘结构合理的优秀师资团队。

(7) 鼓励实践学习,促进学生多元化发展

学校出台了《广东外语外贸大学南国商学院大学生创新创业训练计划项目管理办法》《广东外语外贸大学南国商学院课外实践教学工作实施办法》《广东外语外贸大学南国商学院实践教学基地建设与管理办法》等,从制度上激励学生不断自主学习、走进社会,将理论知识应用到工作实践中,学以致用,并深入企业发现问题,以实践促学习。例如,每学期安排学生到实习基地开展实践周及寒暑假实习活动,并安排校企双导师对学生的实践活动进

行跟踪指导并审核评阅实践报告。

本专业基于自身特点,制订复合、创新型人才培养计划,设立管理会计创新班和经管复合型人才创新班,该项制度实施情况良好,获得各类创新奖44项,大学生创新训练项目获得国家级奖6项、省级奖31项。

4)科技赋能会计教育改革中遇到的困难

(1)实验(实训)教学环节建设有待加强

为让学生学习并掌握相关技术在会计实务中的应用,仍需要加强实验(实训)教学环节的建设,以及完善实验室软件、硬件的配备。现阶段学校的实验(实训)环节停留在传统的会计账本记录及网中网、金蝶云等财务软件的应用,尽管学校新增加了财务共享平台的实操课程,但会计专业的实验(实训)环节仍远落后于其他院校。先进的智能实验室、虚拟仿真实验室、数据挖掘软件等的缺乏,是改革中遇到的一大困难。

(2)技术型师资的缺乏

改革中的另一个困难是"技术型"师资的缺乏,尽管会计专业组织教师们参加了很多与新技术相关的培训,但在一些比较难、需要专业性的技术领域,依然需要有相关学历背景或经验的教师。绝大部分会计教师的计算机水平有限,教师对新知识的吸收能力也不同,如何持续地提高教师技术水平,激发教师学习新事物的热情是学校今后要探讨的问题。

5)推进科技赋能会计教育建设和改革的主要思路及举措

(1)进一步加强实验(实训)教学环节建设,突出职业能力培养

配备齐全的实验室硬件、软件,以能力培养为目标,精心设计实验(实训)教学环节,编写实验(实训)教学大纲,使职业能力培养呈阶梯递增;突出职业能力培养,注重实验(实训)教学环节,以校内外实训基地及校内实验(实训)室为依托,完善并实施"实训—实战—实习"三级递进的实践教学体系。鼓励中青年教师进入相应的实验室和校外实习基地进行实践,为实践教学、课程建设、提升教研能力提供"储备资源"。

(2)进一步推进专业师资队伍建设,提高会计专业在国内外的影响力

学校鼓励青年教师攻读博士,严格控制新招聘教师的学位要求;支持青年教师国内外访学进修;鼓励教师积极参与各种学术交流活动;促进教师教学水平的提升,要求教师开展新的教学模式、手段和方法研究,积极发表教学研究论文,以"送出去、请进来"的方式,加大力度培养"双师型"和双语教师。引进具有技术背景或经验的教师,构建信息化团队。

(3)进一步加强基层教学组织建设,积极探索并打造专业系列"金课"

以教研室为单位组织教学研讨与学习,推动中青年教师与知名教师和老教师进行经验交流,推动教师与企业和高管人员的对话;通过改善教学方法、提高教学能力、完善过程性评价等方式,打造"高阶性、创新性、挑战度"的"金课",淘汰"低阶性、陈旧性和不用心"的"水课"。例如,打造"基础会计"课程"混合式金课",重构课程标准,突出"高阶性";开发"智慧教学"资源,突出"创新性";建设"智慧教学"团队,突出"挑战度"。进一步推动本专业精

品课程和教学成果的建设。

（4）进一步加强科研、教学团队建设，提高教师的科研、教学水平

充分利用"珠三角"会计人才资源的优势，与区域行业企业紧密合作，共同建设一支理论水平高、实践技能强、行业影响深的专兼结合的科研、教学团队。通过建立团队合作机制，改革教学内容和方法，开发教学资源，促进教学研讨和教学经验交流，推进教学工作的传、帮、带和老、中、青相结合，提高教师的科研、教学水平。依托学校会计专业优势，建设会计双语、智能会计、ACCA教学团队和科研团队。

8. 广州南方学院[1]

1）会计学科发展历程

广州南方学院会计学院的前身是2009年9月成立的会计学系，2016年4月更名为会计学院，现设会计学、审计学、财务管理三个专业。会计学专业为南方学院重点建设专业、广东省特色专业和广东省应用型人才培养示范专业，2019年入选首批国家级一流本科专业建设点；财务管理专业为广州南方学院首批特色建设专业、广东省特色专业和广东省人才培养模式创新实验区建设专业，2020年入选广东省一流本科专业建设点；审计学专业是与广州市内部审计协会共建的专业。在艾瑞深中国校友会网近几年的专业排名中，学院会计学、财务管理、审计学三个专业均列广东省应用型专业第1名，其中会计学和财务管理专业获评6星级中国顶尖应用型专业。

学院秉持南方学院"高起点、有特色、更开放"的办学理念和"宽口径、厚基础、精专业、强能力、以就业为导向"的培养思路，以培养"具有优秀职业道德、良好专业基础、熟练实务操作技能、深厚职业发展潜力，能胜任会计、审计、财务及其他经济管理工作"的应用型专业人才为目标，坚持"'道德、知识、能力'三位一体、'道德教育、专业教育、通识教育'相融合"，坚持"人才培养与人才使用相衔接，学位教育与考研、考证相结合"，实行差异化、立体化培养和深层次的协同育人，科学规划、强化管理，勇于探索创新，凝练特色，为社会培养高素质的会计、审计、财务管理方面的专业人才。

2）科技赋能会计教育改革的主要举措

"大智移云物区"新技术的发展推动了各行各业的变革。智能化时代下，用人单位对基础会计人才的需求进一步减少，会计人才在工作中不仅要适应基础性工作的变化，而且需要做好对整个企业各种资源的整合。智能化时代下对会计专业人才需求的变化对高校会计人才培养工作带来了较大的冲击，用人单位未来需要大量基础扎实、技能娴熟、善于管理、精通战略的复合型会计人才。

（1）培养目标调整

在培养目标方面，学院除了要求学生要具备良好职业道德、熟悉会计准则及相关财经

---

[1] 资料来源：广州南方学院会计学院。

法规、掌握财会专业理论知识和实务操作及其管理技能之外,还要求学生成为具有大数据系统思维和会计智能决策能力,能够胜任各类企事业单位、跨国公司、金融机构、会计师事务所及其他中介组织、政府管理部门的会计、审计、理财工作的高素质应用型人才。

(2) 能力要求提升

在知识要求方面,要求学生具有扎实的经济学和管理学的理论基础,系统掌握会计、审计及公司财务管理的基本理论和专业知识,熟悉我国企业会计准则及其相关会计法规和国际会计准则,了解本学科理论和实务的发展动态,熟悉会计信息系统、会计大数据分析与财务决策等专业技能。熟练掌握英语,熟练掌握对计算机、统计、会计信息化软件的操作。

在能力要求方面,要求学生具有较强的自主学习能力和大数据分析与挖掘的能力。掌握会计、审计及公司财务管理的理论基础和实务操作技能,能够运用所学知识和技能分析与解决实际业务问题,能够熟练使用财务会计软件、Excel 数据分析、Python 数据可视化、机器学习与财务分析等技能。

(3) 课程体系改革

针对"大智移云"背景,学院对原有课程体系进行了改造。第一,对原有课程进行数智化改造。如在会计学、财务管理、审计学等课程中融入专业新发展、新技术的应用,课程教学中也重视对学生的数智能力进行培养。第二,新增数智化课程。会计学、财务管理和审计学三个专业分别开设了智能会计、智能财务和智能审计专业方向,每个专业方向开设了一组专业方向课程,如表 5-10 所示。

表 5-10 广州南方学院专业方向数智化课程

智能方向	课程名称
智能会计	Python 数据可视化、数据分析与数据挖掘、机器学习与财务分析、财务共享理论与实务、RPA 财务机器人
智能财务	Python 数据可视化、数据分析与数据挖掘、机器学习与财务分析、财务共享理论与实务、RPA 财务机器人
智能审计	数据库基础、Python 数据可视化、数据分析与智慧审计、机器学习、大数据审计分析

资料来源:广州南方学院。

通过课内理论课程和实践环节、专业实习的设置,充分利用多样化的实践教学方式,引导和培养学生学以致用,同时通过大数据相关课程,提高学生的数据处理和分析决策能力,从而培养学生的实际操作能力和解决问题的能力。

(4) 师资队伍重构

过硬的师资队伍是培养数智化会计人才最有力的支撑和保障。为打造符合要求的师资队伍,学校会计学院采取了以下举措:第一,对现有教师进行数智化培训,近三年来,先后有 100 多人次参加了有关数智化教学方面的线上线下培训,提高了教师的认知能力和教学能力。第二,引入有计算机、信息系统、统计、和财会背景的复合型教师,近几年来,会计学院陆续引进满足此条件的硕博士 6 人,并组建了智能会计教学团队。第三,引入实务界导师,与专职教师协同。会计学院目前有实务导师 60 多人,他们具有系统的会计理论知识和丰富的实践经验。

(5) 教学条件改造

新技术的发展为学生提供了更多的学习渠道和学习形式。在教学条件方面,会计学院充分利用了新技术,在教学资源开发、教学设施建设、教学方法创新等方面开展了一系列工作。

在校企合作的背景下,会计学院充分利用了企业资源,开展了智能产业学院建设,与正保网中网共建的"正保现代智能会计产业学院"获广东省教育厅立项。与南沙科技园合作建立了"创新创业教学实践教学基地",与用友新道、毕马威、网中网、立信等 60 多家企业建立了校外实习基地,让学生前往校外实训基地进行学习实践。与企业联合开展教材和教辅资料的编写,先后与用友、网中网等企业联合编写了《会计信息系统》《财务决策实务教程》等"互联网+"新形态一体化教材。

(6) 质量保证体系优化

学校聘请了由全国会计名家、退休大学校长、高校知名教授、国家会计领军人才、行业协会领导、大型企业财务总监、政府主管部门老领导、知名会计师事务所合伙人等人员组成的高水平顾问委员会,为专业发展把握方向。

学校设立了院务委员会,优化了对课程体系设计、课程教学、课程评估的教学质量监督机制。建立了以学生为中心,以成果为导向,学习成果持续改进教学管理的考核评估机制。

3) 科技赋能会计教育改革的成效

(1) 积累了科技赋能会计教育的基础条件

会计学院以会计学在 2019 年入选首批国家级一流本科专业建设点为契机,新建了财会基础实验中心、财会综合实训中心、财务综合实践中心、智能财务与财务共享中心四间实验室和粤港澳大湾区环境社会与治理数据驱动决策实验室,以及四间智慧教室,并采购了 300 多万元的智能教学软件。相关教学基础设施的建设为科技赋能会计教育提供了良好条件。

(2) 初步探索出一些科技赋能会计教育的教学方式方法

会计学院积极鼓励教师开展教学方式的改革创新,将慕课、超星学习通等信息化元素融入课堂教学之中,提高学生的课堂参与度;授课地点不限于传统教室,还包括实验室、实习基地、企业等;课程成绩计算的方式由传统的"平时成绩+期末考试"改为由线上学习、课堂表现、课堂论文、考试多维度构成。多种模式的教学方式有助于推动教学体系的不断完善。

(3) 提高了社会需求适配度

学校通过课程体系改造和其他差异化培养方式,最大限度地适应了民办高校学生"人数多、离散型大"的特征,有效发挥了学生个体的特长。学校培养出的学生具有会计专业知识和能力的共性,具有大数据系统思维和会计智能决策能力,有不同就业方向的差别,体现出了多样性的特征,实现了与社会需求多样性的匹配,更好地为经济发展服务。

（4）提升了学校办学水平

近几年来,学校会计学院的专业认可度和知名度得到了提升。会计学专业在2019年入选首批国家级一流本科专业建设点;财务管理专业在2020年入选广东省一流本科专业建设点。在艾瑞深中国校友会网的专业排名中,会计学、财务管理、审计学三个专业近几年来均为广东省应用型专业中的第1名。2门课程入选省级课程思政示范课程,5门课程入选省级一流本科课程。

4）科技赋能会计教育改革中遇到的困难

（1）师资建设不够扎实

现有师资知识结构调整的困难：会计学院现有教师具有丰富的会计专业教学经验,但他们对数字智能技术不够熟悉,不具备智能会计教学能力。

引进智能会计师资存在的困难：新引进的青年教师的学科背景相对单一,在智能数字技术方面的研究较少,较难融合会计与数字智能技术,同时缺少实践工作经验。

（2）教学资源开发的困难

会计学院虽然开设了智能会计、智能财务和智能审计专业方向的课程,但在课程体系衔接方面,尤其是智能技术课程与会计课程、基础课程及高级课程等方面的衔接仍不够紧密,跨学科课程融合性不够。另外,作为人才培养的重要依托,教材的建设相对滞后。由于存在理论和实验方面的欠缺,智能会计教材建设跟不上学科发展需求,目前成熟的智能会计教材少之又少。

（3）硬件设施与资金限制

与大多数公办高校相比,民办高校在硬件设施和资金支持方面相对薄弱。而数智化会计教育需要软硬件方面较大的持续性投入。学校在智慧教室、实验室的软硬件设施方面还不能完全满足智能会计教育的需要,仍有不少改进空间。

5）推进科技赋能会计教育建设和改革的主要思路及举措

（1）外引内培,加强复合型高素质师资建设

第一,优化师资结构,引进具有智能技术与会计交叉背景的青年教师,充实智能技术教学团队的师资力量。第二,联合学校计算机系的专业教师与会计学院专业教师合作,展开智能会计课程的共同开发与授课。第三,通过引入校外师资开展产学研合作,联合开发课程,保障智能会计课程的开设质量。第四,对现有会计专业教师进行培训,不断提高会计专业教师的数字智能技术水平,建设高质量的智能会计师资队伍。

（2）进一步完善人才培养方案,开发教学资源

在现有模块课程的基础上,全面改革智能会计人才培养的课程结构,对智能会计人才

培养的方案、课程体系和课程标准进行修改迭代,最终形成适应现实需求的智能会计人才培养的方案和课程体系。

(3) 加强实验室建设,加深产教融合

在现有实验室的基础上,进一步加强实验室建设,与企业共建会计创新创业综合实验室,加深产教融合。充分利用现有的"智能会计产业学院",将技术资源、人力资源、硬件资源、市场资源、财力资源等融汇于人才培养体系中,将人才培养的教育链与产业行业链、企业创新链紧密结合。

9. 西安培华学院[1]

1) 会计学科发展历程

会计学专业是西安培华学院开设历史最悠久的专业,已有80余年的办学历史,早在培华诞生初期,就开设了会计性质的"商科";1945年,培华职校开设了"高级会计科";1951年,培华财校分设了工业会计、商业会计和预算会计等专业。目前,西安培华学院已形成了会计学大专、本科多层次的人才培养体系和比较完善的课程体系。

经过长期的建设和改革,西安培华学院会计学科已经获得社会的普遍认可并享有较高的社会声誉:与同类院校专业相比,学校于2007年最早获得"管理学学士学位授予权",2009年获批"省级特色专业"建设项目,2010年获批"省级重点扶持专业"建设项目,2012年获批"省级专业综合改革试点专业"建设项目,2017年获批陕西省一流本科建设项目,2019年获批"双万计划"陕西省一流本科专业建设点,2020年获批"双万计划"国家级一流本科专业建设点。现拥有2个大型综合性实训中心和12个专业实验室。

2) 科技赋能会计教育改革的主要举措

西安培华学院会计学专业的定位和人才培养目标是立足陕西,面向西北,辐射全国,培养应用技术型经济管理人才,具有地方性、应用型和开放式的特征。根据地方经济对会计人才的需求,会计学专业的人才培养方案以平台+模块+课程的模式构成,设有中小微企业、财务云、国际注册会计师(CMA[2]、ACA[3])、金融会计、社会组织会计等培养方向。专业建设以会计职业岗位要求为目标,以就业为导向,确立职业技能与职业态度双线培养的课程体系和考核标准,通过"订单培养"和实施"双证书"制度,构建符合会计职业培养要求的"工学结合,双证书"人才培养模式。会计学专业以技术应用型人才培养为中心,以专业建设为龙头,以师资队伍建设为重点,以转型发展为动力,坚持走校企合作、产学研相结合的特色之路,不断提高人才培养质量,努力实现学校规模、质量、结构、效益的协调发展。

基于办学定位和会计人才培养的目标,学校会计与金融学院在科技赋能会计教育改革中主要从转变人才培养观念和方式、课程建设和提高师资能力三个方面入手,强化改革

---

[1] 资料来源:西安培华学院会计与金融学院。
[2] CMA:Certified Management Accountant,美国注册管理会计师,国内也称之为"国际注册管理会计师"。
[3] ACA:Associate Chartered Accountant,英国皇家特许会计师。

设计。

(1) 转变人才培养的观念和方式

基于地方性、应用型、开放式的人才培养定位,教师的教学任务要从"知识传授型"向"能力培养型"转变,知识结构从传统的"知识进阶型"向"岗位进阶型"转变,课程设置从"知识型零散式"向"项目型集成式"转变。注重教学改革,弱化核算型会计课程、加强管理型会计课程设置,弱化传统讲授型教学、加强案例型教学,弱化理论教学内容、强化实践操作教学内容,强化案例库和行业资源库"两库"建设。

(2) 创新课程体系

狠抓应用型示范课、课程思政课、校企共建课、慕课和微课等"五课建设",将科技元素融入各类专业课程之中,使云计算下的实时做账、实时报账、实时审账等知识,以及云存货、云报销、云存储等实际业务操作融入相关新课程,保证课程体系紧跟时代潮流,更好地适应"大智移云物"的发展需要。校企共建课程"对接企业真实场景、贯穿实际整体业务、搭建共享资源平台、健全管会职业素养"。注意学科理论思维和数据思维之间的巨大区别,打破信息孤岛,融合信息的产生、传递,重点培养学生掌握会计知识能力和技术实践能力,将会计与技术不断融合,突破传统教学方法,让学生在日常学习中对技术产生兴趣,可以熟练使用和利用技术提升学习效率,加强学生对新技术的了解和适应。以竞赛带动实践,引入与课程相对应的封闭式(同时同地)、开放式(异时异地)和半开放式(异时同地)三种竞赛模式,组织和参与多项赛事并将其有机融入课堂。创新课程考核体系,将实习、实训成果作为课程考核的重要评价指标,培养出复合型的会计人才。部分课程的评价采用 3 000 字以上的论文、课堂 15 分钟以上的 PPT 展示、期末大作业或答辩等方式,专业课程作业部分采用自主命题、自我测试,以实现师师、师生、生生之间的深层次互动。

(3) 提升教师能力,建立新师生关系

实行"双进"制度:将企业精英和高管请进课堂授课,同时鼓励教师进企业挂职锻炼,校企联合制定人才培养方案,共同建设教材,共育会计人才。注重校企人才对接,通过企业财务人员经验分享会或培训班,共同探讨会计、财务管理的教学。以岗位技能要求指导实践,将课堂、实验实训室、企业环境相结合,学生、教师、专业技术人员相结合,教学、科研、项目相结合,以产学项目促进实践,进而提升师生实践能力。探索 MOOC 课程、SPOC 课程、直播授课及翻转课堂,实现时空融合的线上线下互动教学。

3) 科技赋能会计教育改革的成效

(1) 人才培养体系得到了一步优化

学校在人才培养体系中增加了有关"大智移云物"等科技元素融入的会计课程。例如,会计信息化、财务共享、智能财税、人机交互设计,以及会计智能系统、商务大数据分析、财务可视化等。强化了管理类通用课程,如经济学原理、管理学原理、数据库原理、会计学原理、统计学、经济法、财经法律与会计职业道德等。重构了传统会计专业课程,如会计实务操作实训、中高级会计、管理会计与大数据分析、审计实务实训、财务管理等。

（2）建立了专业实践新体系

学校与陕西多家企业、行业协会签署了合作协议，建立了40余个专业实习基地。聘请了校企业界50余人作为第二导师来校授课、指导学生的论文和科研。将企业真实案例和企业带进课堂，以实际企业数据贯穿课程的始终。实现了学校理事长提出的"真学真做掌握真本领"的要求。同时为企业提供高素质的人力资源，实现校企互利共赢、人才共育、科技赋能、会计重生。

（3）鼓励学生参加各类专业竞赛和综合性赛事，实现"以赛促教、以赛促训、以赛促学"

如"财务决策大赛""管理会计案例大赛""金蝶云管理大赛""用友 ERP 大赛"等考查了学生对于基础财务软件的操作。例如，财会综合分岗位软件、ERP 软件等赛事增强了学生的实战技能。"全国高校商业精英挑战赛""企业价值创造大赛"及"全国大学生沙盘模拟大赛"等赛事提升了学生将理论知识运用于实际企业中进行分析的能力、团队沟通协调的能力、PPT 制作及口头表达的能力等综合素养。沙盘模拟大赛让学生在模拟中展现企业经营中的产供销、人财物运作等情况。"挑战杯"全国大学生创业计划大赛、互联网＋大学生创新创业大赛等创新创业竞赛鼓励学生进行相关创新创业尝试，培养学生的创新创业意识和发掘学生的创新潜力。

（4）优化了师资团队

学校成立了科技应用部、大数据课程团队等。鼓励计算机、数据分析、会计学等学科进行跨学科教学，在学校学院形成了"互联网＋会计"的教学科研氛围。引进了不同教育、工作背景，特别是有企业工作经历的复合型教师，填补了复合型师资力量的缺口。通过定期举办线上和线下培训、进修等形式，要求教师学习计算机软件使用、硬件维护等方面的基本知识，掌握互联网新技术、大数据分析及应用技术等，强化教师的互联网思维，提高其互联网新技术应用和大数据分析能力。

（5）立项编写教材

智能化时代下对高校会计教材建设提出了更高的要求，大数据和人工智能的特点之一是海量信息交换，将相关互联网知识引入高校教材乃是大势所趋，因此，会计教材的编写要体现综合化。以国家一流本科专业（会计）建设为牵引，近三年，学院立项资助出版了17种新型教材，充分利用互联网新技术，吸收了慕课、微课等各种视频、动画资源，使线上资源与线下教材进行互补，同时拓展了学生的知识面。

4）科技赋能会计教育改革中遇到的困难

（1）教师知识结构断层严重

智能化时代背景下，部分教师掌握的知识存在"断层"现象，主要表现在以下两方面。

一是教师缺乏对实务工作的跟踪和了解。大部分教师没有社会实践的经验，通常是从一个学校到另一个学校的模式，无法将企业的新兴业务融入会计教学，对企业现行应用和主要业务、处理技术的了解不够,导致难以实现科技赋能会计教学的应用。

二是教师自身知识广度不够,讲授内容根据自己的兴趣和知识结构而不是市场驱动的要求,使得学生在正确认识"全球化、新技术"等相关概念、形成学校—企业—市场的有机互动等方面受限。教师在对学生进行专业技术能力的训练时过分强调会计规则,对会计的职业判断和职业后果以及科技手段技能等方面的应用不够重视。

(2) 教育理念落后

科学的教育理念能够正确地反映教育的本质和时代的特征,明确教育的方向。智能化时代背景下,社会呈现出资源共享、信息共享、信息全球化的特点。然而,现行学院的老师的会计教育理念却相对落后,与当下时代背景不符,主要体现在以下两方面。

第一,教学经验丰富的老师受知识结构的限制,在接收信息所花费的时间上和现代科技信息的日益增长之间存在矛盾,对一些新知识的学习动力不足,不愿放弃传统教育思想,仍沉醉于"一支粉笔、一本书、一块黑板"的"满堂灌"教学模式中,教育理念难以跟上时代的步伐,教学方式传统落后,知识传授的方式和渠道单一。

第二,青年新进老师接受新生事物速度快,其知识结构与时代要求合拍,但如何将现代科技手段与会计专业教学结合的理念尚未形成。青年新进老师虽然掌握了新型的多元化教学形式,但因教学经验不足,大多数教师只是将会计专业课程与互联网技术进行简单地叠加,无法将互联网理念和信息化思维贯彻到会计高校会计教育改革中。

(3) 教材内容明显滞后

传统财会教材主要以事后反应为主,教材内容主要涉及会计科目设置、记账凭证填制、会计账簿登记等内容。教材设置过于单一化,专业知识面太窄,缺少数据分析、云计算、云存储等内容。在教材建设方面,存在以下两方面的问题。

一是以规则为主导的教师,主张教学主要是给学生讲清规则。如部分教师主张直接选用当年注册会计师考试的用书《会计》作为教材,当然,这可以让学生清楚了解最新的会计制度、会计准则的内容及变化。但是,考试用书主要讲解交易事项的会计处理原则,讲解"是什么""怎么做";而另一部分教师认为,教学主要应讲清道理,而考证教材很少涉及"为什么",这对培养学生的动态意识、质疑意识显然是不利的。

二是以手段为主导的教师,主张教学主要是教学生怎么做、如何做,手段很重要。会计教学职业传统的手工方式也逐渐被现代科技手段取代,会计工作即将计算机程序化。因此,应加强新型教材建设,融入信息技术、网络技术、新媒体技术,构建适应时代需求的新型教材。但具体如何建设目前还没有一个成熟的标准,大家还处于探索之中,而这种探索主要是青年教师在参与。

5) 推进科技赋能会计教育建设和改革的主要思路及举措

下一步,学校将按照新文科建设发展思路,构建以国家一流本科专业建设点会计学专业为引领、以陕西省一流本科专业建设财务管理专业和电子商务专业为重点,以市场营销、金融工程、人力资源、国际经济贸易专业为支撑,辐射并覆盖管理学科和经济学科门类的学科群,构建以本科教育为主的多层次人才培养体系,实施本科专业方向化、专科职业化的应用型课程教学改革和校企联合培养,构建产、学、研良好的商科教育生态体系,逐渐实现聚焦西北地区数智化财经行业,符合市场需求的,具有国际视野、民办特色、地区优势的高水平商科学院。同时,会计金融学院结合本院的专业结构和专业建设规划,已向西安培华学院申请立项,建立"数智商科实践教学生态圈"。

（1）结合时代背景创新人才培养目标

科学的人才培养目标可以指导会计课程教学改革的正确方向,并且能帮助会计专业学生成长成才。学校会计专业的任课教师要注意提升教学水平,除了具备扎实的学科教学能力,也要从学生就业角度出发,有意识地了解、关注行业发展的前沿动态,以及企业对会计专业人才的招聘要求等。在此基础上,将"大智移云物"与会计课堂教学相结合,促进人才培养目标的实现。例如,现代企业通过引进会计信息化系统,利用大数据实现会计数据的收集、核算、分析。那么,学校在人才培养上,就要将熟练掌握大数据技术作为培养目标。除此之外,"大智移云物"背景下,学校还要注意培养会计专业学生的知识共享思维、知识整合能力,不仅要完成简单的会计核算工作,更要具备会计分析能力。

（2）优化课程体系,创新教学思维

会计教育改革先要调整会计教学计划,要依照对接企业的需求、立足本校的实际情况、构建信息技术和会计课程的刚性连接,消除"两张皮"情况,再从岗位、能力联合分析,加强对企业等用人单位的调研,充分考虑社会的需求与学生所需要具备的能力是否一致,探讨培养学生的素养和能力的方向和侧重点,从而进行人才培养方案的调整。

（3）依托"大智移云物"深化校企合作

"大智移云物"不仅对会计教学产生了深刻影响,而且为校企合作提供了新渠道、搭建了新平台。学校方面也要充分认识大数据、云计算、物联网等前沿信息技术的优势,打造全新的校企合作平台,为学生创造更加良好的实习氛围。采取"线上+线下"的校企合作新模式。利用大数据、人工智能等打造线上渠道,建立"企业实习岗位"数据库和"学生专业技能"数据库,进行自动配对,帮助学生选择适合他们的实习岗位。聘请企业会计部门的高管、专家,来校指导财会类专业学生参与实践。通过"校中厂"的模式,在学校内建立会计工厂：一方面,这为学校会计教学提供了真实的业务、真实的岗位和流程；另一方面,这为代理记账协会解决了场地租赁及会计人员聘用的问题,实现合作共赢。在校企连接方面,企业在接收学生之后仍需要花费大量时间进行培训培养；高校应全方位培养学生综合素质,深入业财融合,了解行业前沿。

（4）加强师资团队建设

在教师培养方面,学校可以成立智能会计信息中心,培养一批面向"大智移云物"技术+会计发展和研究的教师,形成专业化、新型化、智能化的教师队伍,加大对向智能会计方向发展的教师的培训力度,教授教师信息化技术的技能,派遣教师前往企业财务部门、信息化部门深入学习交流,确保教师可以掌握智能会计技能。后续再由教师在新型会计课程中选择某种智能技术作为教学融合手段。每年从新进教师中不断选拔和培养智能会计方向的教师,形成智能方向教师队伍"传、帮、带"的正向循环。

会计以用为本,面对技术的不断升级进步,学校会计专业在教学改革中应向宏观靠拢、向创新靠拢,高深难的技术应用不应成为会计教育的重要基点,在教学改革中需要注意会计与技术的融合比例,利用创新思维发现关键点,解决主要矛盾。学校可以成立智能会计信息中心,修改人才培养方案,修改教学体系,提升学生综合素质,实现会计人才培养向智能化转型,实现业财融合、跨界发展、跨学院课程互通、信息交互、产学研结合,培养的学生可以更好地适应技术进步、会计转型,可以为企业和社会创造价值。

(三)高职院校

各高职院校立足于现代财务服务业产业升级和数字财经新业态,树立起以科技创新促进新时代教育的发展理念,充分利用科技赋能,加速推进人工智能与教育深度融合,加快教育数字转型和智能升级的步伐,共建开放、包容、共享的教育形态。本部分从各职业院校的会计专业现状简述、科技赋能会计教育改革的主要举措、科技赋能会计教育改革的成效、科技赋能会计教育改革中遇到的困难以及推进科技赋能会计教育建设和改革的思路及举措五个方面进行介绍。

1. 江苏财经职业技术学院[1]

1)会计专业现状简述

江苏财经职业技术学院会计专业于1964年开办,现有在校生4 100人,是江苏省高职院校中唯一的省A类品牌会计专业、省优秀会计教学团队、省会计专业人才培养模式创新实验基地和省会计实训基地,2021年,入选江苏省高水平会计专业群。拥有全国模范教师、江苏省教学名师、独立董事、教授(博士)13名,省优秀教学团队2个。与南京审计大学、江苏理工学院举办了"3+2""4+0"本科教育以及海外本科直通车项目。荣获全国会计、智能财税、智能审计、财务决策、会计信息化等大赛的一、二等奖近30项,国家优秀教材二等奖1本、国家规划教材5本。承办全国(省)财会类技能大赛16次。与用友新道、北京正保等企业共建了数智财务产业学院和财务大数据人才培养基地。

2)科技赋能会计教育改革的主要举措

(1)创新人才培养模式,培养数智财务人才

第一,创新以"品德+人文+专业+技术"为底色的"企业本位、德技并修、文化引领、能力递进"的人才培养模式。

学校立足于现代财务服务业产业升级和数字财经新业态,树立以科技创新促进新时代

---

[1] 资料来源:江苏财经职业技术学院会计学院。

教育发展的理念,充分利用科技赋能,加速推进人工智能与教育深度融合,加快教育数字转型和智能升级的步伐,共建开放、包容、共享的教育形态。创新以"品德+人文+专业+技术"为要求的"企业本位、德技并修、文化引领、能力递进"的人才培养模式,推动会计专业群迭代升级和数字化改造,培养适应现代产业发展的复合型技术技能人才。学校人才培养模式如图5-29所示。

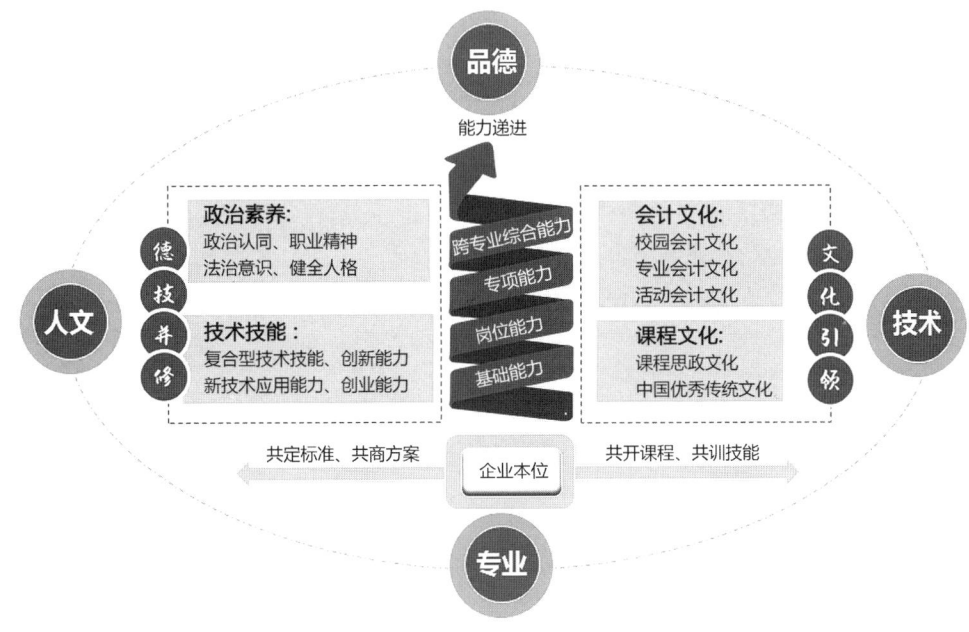

图 5-29 江苏财经职业技术学院人才培养模式
资料来源:江苏财经职业技术学院。

第二,共建数智财务产业学院和人才培养基地,深化校企育人协同机制。

学院与正保远程教育共同开发了财务机器人教材并共建了财务大数据人才培养基地,与用友新道共建了江苏财经·用友新道数智财务产业学院,与中天运共建了审计人才培养基地,与厦门科云共同开发了财务大数据分析教材,与中联教育集团共建了智能财税人才培养基地,与瑞华等十多家会计师事务所签订了战略合作协议,对接现代财务服务业转型升级要求,创新数智化人才培养;共同制定了人才培养方案,设计了课程体系,优化了课程结构,开发了基于信息技术变革下的数智化"云财务智能会计"等课程,建成了财务数智化实践教学平台,提升了学生的实践能力;探索了校企人才双向流动机制,助力教师培训和跟岗锻炼;搭建了产学研服务平台,服务社会经济发展。

第三,推进"1+X"证书制度试点,实施"岗课赛证"综合育人。

根据会计行业新技术、会计职业新岗位、会计大赛新内容,以及大数据与会计专业教学标准新要求,与企业共同开发并由教育部发布了财务数字化应用、数字化管理会计、大数据财务分析、企业财务与会计机器人应用、财务共享服务、业财一体信息化应用、审计信息化应用等职业技能等级证书,将"X"证书、技能大赛内容与人才培养方案相融合,设计了与证书相对应的课程模块和典型工作任务教学模块,采取了专兼团队分工协作的教学模式,满足了学生个性化的学习需求,为综合育人和学生可持续发展提供了精准服务。

(2) 对接产业先进技术,高标准建设智慧数字教学资源

重构大数据与会计专业群课程体系。坚持立德树人、知行合一,紧扣"讲诚信、懂技术、精核算、会审计、通管理"的复合型高素质技术技能人才培养目标,重构"主模块+书证融通模块"的课程体系(图5-30)。根据"基础共享"原则,选取"管理学基础""经济法基础"等专业基础课组成了专业群基础共享模块;根据"核心分立"原则,选取"云财务智能会计""Excel在会计中的应用""统计软件分析""企业绩效审计"等专业核心课组成了专业群核心分立模块;根据"交叉互选"原则,选取"大数据技术基础""人工智能""财务数据建模与可视化""智能审计"等课程组成了专业群交叉互选模块;三个模块共同构成了专业群课程体系的主模块。根据新技术的应用情况,选取"数字化管理会计""智能财税"等课程组成了书证融通模块。

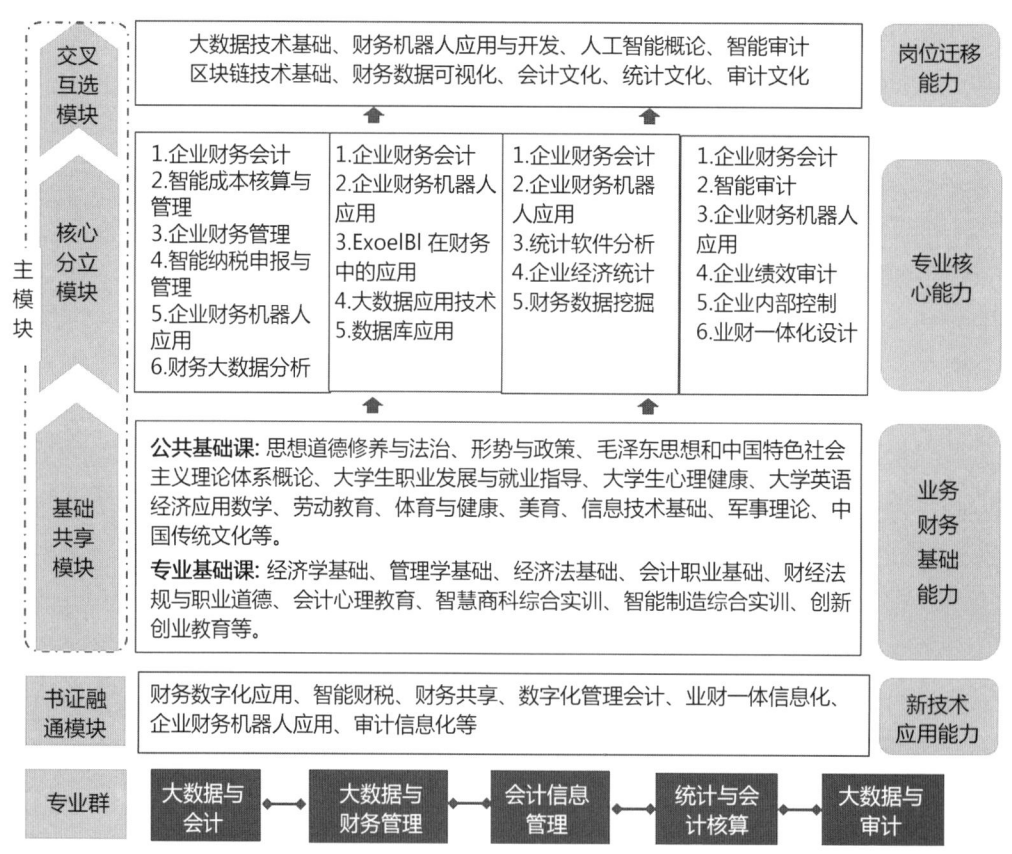

图5-30 江苏财经职业技术学院会计专业群"主模块+书证融通模块"课程体系

资料来源:江苏财经职业技术学院会计学院。

开发"文化育人"课程,创新"新技术"课程。坚持"价值引领、文化育人"办学特色,开发"会计文化""审计文化"等校本课程,培养学生的职业认同、职业情感和职业精神。为适应"大智移云区"等新技术的快速发展,培养学生技术素养和岗位适应性,以项目为载体、以任务为驱动,校企共同开发了"大数据技术基础""云财务会计""财务大数据分析""RPA 财务机器人开发与应用""大数据技术在财务会计中的应用""财务数据建模与可视化"等体现新技术的数字化课程。

借助现代信息技术,建设开放共享优质教学资源。全力打造国家、省、校三级在线开放课程,不断充实并迭代升级教学资源,持续开展说专业、说课、说教学改革"三说"活动,获全国教师教学能力大赛一等奖,实现了有效课堂认证全覆盖,夯实了高水平会计专业群建设基础。利用"财院大脑"向学生、教师、企业和社会学习者开放了共享优质的学习资源。

(3) 适应会计职业教育新需求,推进教材与教学方法改革

随着财务云、电子发票、会计大数据分析与处理技术、电子会计档案、机器人流程自动化(RPA)、新一代 ERP、移动支付、数据中台、数据挖掘、智能流程自动化(IPA)等新技术在财务会计领域中的广泛应用,教材建设应更多地运用 AR、VR、互联网、多媒体技术等手段,开发基于富媒体智能型的活页式教材和工作手册式教材,满足新时代下会计人才培养信息化教学的需求。为了适应"互联网+职业教育"新需求,学校需要实施"做中学、训中学、研中学、创中学"等多元教学模式,打造线上线下混合式教学、虚拟仿真实训等优质课堂,全方位、立体化营造现代化的数字教学环境,助力推动线上线下混合式等教学方法改革,构建符合教学方法创新的教学共同体,让课堂"活起来",让学生真正成为学习的主人。

(4) 深化"五突出"机制和"九个一"工程,赋能教师专业发展

"五突出"机制是指:突出质量导向,提升教师教育教学能力;突出能力导向,提升教师教科研能力;突出贡献导向,提升教师社会服务能力;突出文化导向,提升教师文化传承创新能力;突出国际化导向,提升教师国际交流合作能力。"九个一"工程是指:有效课堂认证一门数字化课程;熟练应用一个教学信息化平台;研究一门数字化课程思政;主持一项数字化教改(横向)课题;参与一本数字化教材开发;接受一次国内、国(境)外数字化学习研修;结对一名产业教授或企业专家;指导一个学生社团或一项创业实践;联系一家紧密型数字化合作企业跟岗锻炼。

(5) 强化职业技能训练,打造产教融合的科技赋能平台

围绕现代财务服务业转型升级对会计人才培养的新要求以及人工智能、大数据等新技术的应用,进一步优化省级产教融合智慧商科综合实训平台,适时升级技术手段和调整实训项目及考核评价标准。遵循"新文科"的建设宗旨,以高水平建成省级产教融合"智能制造虚拟仿真实训平台"和"华为大数据分析中心",促进现代信息技术在实践教学中的创新应用,为会计专业群人才培养提供强有力的支撑。

3) 科技赋能会计教育改革的成效

（1）创新人才培养模式

新华日报在 2020 年 10 月 23 日对以"品德+人文+专业+技术"为要求的"企业本位、德技并修、文化引领、能力递进"的人才培养模式进行了全面报道。"高职会计专业人才培养模式的创新与实践""'全仿真、全流程、全覆盖'商科多专业综合实训体系创新与实践"获省教学成果一等奖。

与政府财政税务审计部门、智慧职教、蓝墨云、用友新道、北京正保、中天运、厦门科云、中联教育、福思特、瑞华事务所、云账房、今世缘等 68 家单位合作，通过举办"订单班"、共建"数智财务产业学院"和"财务共享中心"、签订财务大数据人才培养基地、落户财务机器人、承办技能大赛和 X 证书推广服务等培养新时代会计人才。

推进"1+X"证书制度。目前，已有财务数字化应用、数字化管理会计、大数据财务分析、企业财务与会计机器人应用、财务共享服务、业财一体信息化应用、审计信息化应用等 7 个"X"证书落户会计专业群。

打造"价值引领，文化育人"素质教育新模式。以"脑子灵、懂管理、善经营、会动手、身心好、讨人喜"的人才特质为重点，将优秀传统文化、地方文化、行业文化、职场文化融入校园和课堂，让学生在文化熏陶中提升职业素养。依托省职业素养训练基地，每年举办丰富多彩的会计文化节，讲好有温度的"大数据与会计"专业思政导学课，激发学生学好会计专业的热情。"唯诚乃大"和"越飞越高"成为会计学院的院训和院歌，同时学院还自主设计了富有会计特色的院徽和班徽，高品位打造会计学生的文化素养。

（2）教学资源迭代升级

学校参与财政部、教育部立项的会计专业国家教学资源库项目建设，"高职会计专业国家教学资源库的研发与应用"获国家教学成果奖一等奖（主要参与），智慧职教平台上的"会计职业基础"课程，仅在疫情期间，全国就有 86 所学校的学生选学，点击量达 1 800 万次。"财经法规与会计职业道德"课程通过中华会计网校推送，得到了国内 50 多所学校师生的好评。《会计职业基础》教材获国家优秀教材二等奖，"基础会计"入选高教社"百门精品"课程，其配套教材获国家精品教材，《会计心理教育》等 5 本教材入选国家规划教材。"税法"获省级课程思政示范课程。

重新定位会计专业群课程内容，完善专业群教学资源。大数据与会计：拓展云财务、智能会计、财务大数据分析等；大数据与财务管理：强化数字化管理会计和风险管控；大数据与审计：夯实内部审计、绩效审计和智能审计；会计信息管理：融入大数据、区块链、人工智能等新技术应用。根据一体化设计、结构化课程和颗粒化资源的思路，按照解构与重构的逻辑，将会计专业群课程内容及教学资源共享到网络平台，服务于全国会计师生的教与学。

深化产教融合、校企合作，搭建数字化资源平台。与山西省财政税务专科学校等 7 所学校和相关企业成立了云财会产教融合（高职）协作委员会，担任常务副主任单位，共同开发了一套云财会人才培养方案、7门核心课程标准、7本核心课程数字化教材（高教版）、2个"X"证书，以及实习实训平台、配套教学资源。组织出版了3套富媒体智能型会计系列教材。

统筹专业教学、产业元素、思政教育协同相融。修订专业群内各专业教学标准和课程标准，把课程思政元素融入其中。加强课程总体设计和单元（模块、项目）设计，优化课堂教学。帮助学生了解本专业和行业领域的供给侧结构性改革以及政策法规和人才需求，引导学生深入社会实践、关注现实问题，培养学生诚信服务、德法兼修的职业素养。

（3）师资队伍实力雄厚

依托产业学院和省培基地，持续推进教师层级开发机制。近几年，安排了18名教师到国内外高校学习、事务所跟岗锻炼和攻读博士，"双师型"教师比例超过90%。拥有全国模范教师、江苏省教学名师、独立董事、教授（博士）、产业教授13名，省优秀教学（创新）团队2个。参加教育部2021版职业教育12个专业教学标准的研制，设置组长一名。2022年，教师参加了江苏省第一届会计技能大赛，以总分第一名的成绩获一等奖。教师指导学生参加了江苏省会计技能大赛，连续八年获一等奖，全国会计技能大赛获一等奖2次、二等奖5次。承办教育部国（省）培项目3项，对接中西部中高职院校5所，开展师生互访和技能培训。近5年，为社会提供各类培训和考试达8万人次。

（4）构建实践育人体系

初步形成"三维四层"的实践育人体系。第一维系技能维，能够核算与管理（基础核算、报表分析、管理决策等），解决怎样做的"知其然"问题。第二维系技术维，具有技术素养（平台搭建、软件应用、智能会计等），解决做得更好这个"知其所以然"的问题。第三维系素养维，聚焦立德树人，做到知行合一，胸怀"国之大者"。职业技能、技术思维和职业素养"三维"同频共振、同向同行，达到实践育人。四层是指基本技能、专业技能、综合技能和岗位技能，实现螺旋提升，能力递进。

4）科技赋能会计教育改革中遇到的困难

（1）人才培养模式创新滞后于数字时代发展的要求

随着大数据、云计算、人工智能等新一代信息技术引入传统会计、税务、审计等领域，传统会计记账方式将发生颠覆性变革，科技赋能对数字化管理会计师、大数据财务分析师、智能化会计等高端会计人才的需求增大。基于绝大部分会计老师计算机应用水平较差，大数据会计、智能会计等新会计业态难以在第一时间被教师接受，而计算机教师又不愿融入会计专业教育，其结果直接导致会计人才培养模式创新滞后、会计人才培养供需不匹配的结构性矛盾凸显。

（2）与产业链、创新链衔接深度不够，产教融合深度有待深化

会计专业不同于其他专业，它具有从业门槛及从业规模制约因素。如何围绕职业岗位

群创新人才培养模式,实现"岗课赛证"综合育人,促进高素质技术技能型人才培养,产教融合体制机制特别是产业学院亟待构建。

(3) 提升职业教育人才培养质量任重道远

质量是教育的生命线。要培养数智化会计人才,首先,教师要组建学习团队,人人都要有数字化思维,培养终身学习的习惯和能力;其次,学校要创建数字校园,建设一批数量充足的智慧教室、数字化课程和信息化程度较高的实训平台;最后,要遴选一批紧密型数字化企业,作为师生顶岗实习和跟岗锻炼的基地。上述三方面是当前亟待解决的问题。

5) 推进科技赋能会计教育建设和改革的主要思路及举措

坚持为党育人、为国育才,把立德树人融入人才培养全过程,以"大智移云区"等现代信息技术为手段,推动会计专业转型升级和数字化改造,聚焦"技术素养和管理能力",创新人才培养模式,引领会计教育新业态,助力传统会计走向智慧财经,全面提升新时代会计人才培养质量。

(1) 对接产业升级和数字化转型,人才培养聚焦复合型人才

产业升级和数字化转型直接促使传统会计提档升级,衍生出智能会计等新的职业岗位群,具有数字化思维和大数据分析与应用能力的数智财经复合型人才必将大行其道。

(2) 打造智慧教室、夯实智慧课堂,营造泛在学习环境

智慧教室集人工智能和自动导播等技术于一体,对师生互动场景智能跟踪、切换录制、自动生存课程资源,实现直播、点播功能,为师生提供自主、泛在、灵活的学习环境。重构智慧教学模式和个性化学习方式,用信息技术为日常课堂赋能,实现对课堂教学的有效评价与决策。

(3) 深化产教融合、校企合作,实现企业专家与双师团队"无缝"对接

主动走进头部企业,搭建共享会计专业群师资平台,发挥产业教授和大师工作坊的"头雁效应",助力教师到企业跟岗锻炼,并与企业共同开发新形态一体化的数字教材和"X"证书,持续提升社会服务贡献度。

(4) 创建产业学院,建设智慧财经产教融合实训基地

立足中高端财经服务新业态和工作场景,创建智慧财经产业学院,着力打造集"价值引领、文化育人,实践教学、社会培训,虚拟仿真、真实生产"为一体的高水平专业化实训基地。

2. 秦皇岛职业技术学院[1]

1) 会计专业现状简述

秦皇岛职业技术学院会计专业开设于 2002 年,属于老牌优势专业。2013 年,获批中央财政"支持高等职业学校提升专业服务产业发展能力"重点建设专业,是国家审计高水平

---

[1] 资料来源:秦皇岛职业技术学院经济系。

专业群的重点建设专业。2021年,会计专业根据新专业目录,更名为大数据与会计专业,创新性地建立了"123"人才培养模式即"1个中心,2个交点,3个环节"。在大数据与会计专业人才培养的全过程中,贯彻实践性、开放性和职业性,本着服务区域经济、对接岗位人才需求的原则设定专业人才培养目标,设定了相应的支撑课程和技能训练,培养了有职业道德和职业素养、有专业知识和专业技能,能够应用现代技术从事财务工作的高素质技术技能型会计专门人才。

2) 科技赋能会计教育改革的主要举措

(1) 明确了会计专业的人才培养目标

培养理想信念坚定,德、智、体、美、劳全面发展,具有一定的科学文化水平,良好的人文素养、职业道德和创新意识,精益求精的工匠精神,较强的就业创业能力和可持续发展的能力,适应现代服务产业转型升级需要,掌握本专业知识和技术技能,面向会计、审计、理财管理等职业群,能够从事企事业单位的资金、核算、稽核、报税、投融资决策、成本管理等工作以及会计师事务所、会计服务公司和财务共享服务中心的审计、会计咨询服务、代理记账等工作的复合型高素质技术技能人才。

(2) 从职业面向以及学生应具备的关键能力去确定人才培养规格

职业范围。服务面向:学生毕业后主要去制造业、商业、服务业、外贸、房地产等各类企业、事业单位、会计中介机构等生产一线,从事出纳、核算、稽核、报税、报表等财务技术或财务基层管理工作以及会计师事务所、会计服务公司和财务共享服务中心的审计、会计咨询服务、代理记账等技术及基层管理工作。主要就业岗位:资金出纳岗位、核算岗位、稽核岗位、报税岗位、总账报表岗位、代理记账岗位、财务共享专员等。相关工作岗位:统计岗位、预算岗位、资金管理岗位、审计助理岗位、内部审计岗位、财务数据分析师等。发展工作岗位:会计主管岗位、审计项目经理岗位、财务经理岗位。

关键能力分析。社会能力:践行社会主义核心价值观;具有过硬的政治素质和法律意识,良好的思想品德和敬业精神;具有竞争意识、责任意识和团队合作精神;有良好的文化素质、审美情趣、人文素养;坚持体育锻炼、身体健康,具备良好的心理素质。方法能力:具有自主学习、合作学习能力;具有学习新知识与技能的能力;具有分析与解决问题的能力;具有通过查找资料、文献获取信息的能力;具有合理制订工作计划、进行工作总结的能力。创新创业能力:具有一定的创新意识;具备一定的创业能力。职业道德:严格遵守会计职业道德规范:爱岗敬业、诚实守信、廉洁自律、客观公正、坚持准则、提高技能、参与管理、强化服务。通用知识:计算机应用和实际操作能力;英语听、说、读、写能力;规范使用语言文字的能力;经济管理通识知识。

(3) 基于人才需求和育人目标设置课程体系

基于岗位人才需求以及职业教育的育人目标,设置了"公共基础课+专业课程"的课程体系,如表5-11至表5-12所示。

表 5-11 课程整体安排

课程类别	会计专业	课程代码	课程名称	考核方式	学分	总学时	实践学时	第1学期 15周 周时	第2学期 20周 周时	第3学期 20周 周时	第4学期 20周 周时	第5学期 20周 周时	第6学期 20周 周时	说明
公共基础课	必修课	15J000002	军事技能训练	考查	6	112	112	112						2周
		15J000001	军事理论与国防教育	考查	2	36	0							
		11J000001	思想道德修养与法律基础	考试	3	48	16	4*12	2*18					
		11J000015	毛泽东思想和中国特色社会主义理论体系概论	考试	4	64	16		4*16					
		11J000011	形势与政策教育	考查	2	40	10	8	8	8	8	8		
		06J000013	大学英语	考查	6	96	40	2*12	2*18	2*18				
		10J000023	体育	考查	6	108	100	2*12	2*14	2*14	2*14			
		01J000013	信息技术基础	考试	3.5	60	40	2*12	2*18					
		09J000032	中华传统文化	考查	1.5	24	8							
		09J000010	高等数学	考试	3.5	60	12	2*12	2*18					
		15J010003	大学生心理健康教育	考查	2	32	8	2*16						
		15J010002	职业发展与就业指导	考试	2	32	8					2*16		
		20000035	创新创业基础	考试	2	32	12	4*8	32					
		20000036	劳动教育	考查	2	32	32	4	16	4	2	4		讲座形式
		20000038	健康教育	考查	0.5	4	0							讲座形式
		20000039	美育教育	考查	0.5	4	0					2		
		小计			46.5	784	414	18	16	4	2			

(续表)

课程类别		课程代码	课程名称	考核方式	学分	教学时数		按学年及学期分配(周数)						说明
						总学时	实践学时	第一学年		第二学年		第三学年		
								第1学期15周 周时	第2学期20周 周时	第3学期20周 周时	第4学期20周 周时	第5学期20周 周时	第6学期20周 周时	
公共基础课	限选课	09000040	应用文写作	考查	1.5	28	12		2*14					专业确定二选一
		20000037	职业素养	考查	(1.5)	(28)	(12)		(2*14)					专业确定二选一
		20000042	工匠精神	考查	0.5	8	4			2*4				
		20000040	党史国史	考查	(0.5)	(8)	(4)			(2*4)				
			小计		2	36	16	0	2	0	0	0		
			合计		48.5	820	430	18	18	4	2	2		
专业课程	专业群平台(专业基础课)	02001001	财务会计基础	考试	3	48	20	4*12						
		02001002	企业财务会计	考试	9	144	68		4*18	4*18				
		02001008	财务管理基础	考查	2	32	12			4*8				
		02001009	统计基础	考查	2	32	12			4*8				
		02001005	经济法	考试	4	68	20			4*17				
		02001006	纳税实务	考试	4.5	72	30			4*18				
		02001007	智能财税实务	考查	2	32	20				4*8			
		02001003	审计基础	考试	2	32	12				4*8			
		02001004	经济学基础	考查	2	32	12				2*16			
		02001101	小微企业经营管理	考查	2	32	12				2*16			
			小计		32.5	524	218	4	4	16	8	0		

（续表）

课程类别	会计专业		考核方式	学分	教学时数		按学年及学期分配（周数）						说明
	课程代码	课程名称			总学时	实践学时	第一学年 第1学期 15周 周时	第二学年 第2学期 20周 周时	第二学年 第3学期 20周 周时	第二学年 第4学期 20周 周时	第三学年 第5学期 20周 周时	第三学年 第6学期 20周 周时	
专业核心课	02021201	成本核算与管理	考试	4.5	72	30			4*18				
	02021202	企业财务管理	考试	4	68	30				4*17			
	02021203	管理会计	考查	4	64	30				4*16			
	02021204	会计信息系统应用	考试	4.5	72	40				4*18			
	02021205	审计实务	考查	4	68	36					4*17		
	02021206	企业财务分析	考查	2	32	15					2*16		
	02021207	行业会计实务	考查	4	64	20					4*16		
		小计		27	440	201	0	0	4	12	10		
专业实践课	02001108	企业认知实习	考查	0.5	8	8		(4)	(4)	(4)	(4)		
	02001109	社会调研	考查	0.5	8	8							
	02021301	出纳岗位实务	考查	2	36	18			4*9				
	02001110	企业模拟经营认知	考查	1.5	24	16				4*6			
	02001111	创新创业实践指导	考查	2	32	24				4*8			
	02021302	Excel在财务中的应用	考查	3.5	60	30					4*15		
	02021303	业财融合企业数字化管理	考查	4.5	72	40					4*18		
	02011112	商业社会虚拟仿真实战	考查	2	32	24					8*4		
	02121304	云财务会计岗位综合实训	考查	2	32	20					1周		

专业课程

（续表）

会计专业

课程类别		课程代码	课程名称	考核方式	学分	教学时数		按学年及学期分配（周数）						说明
								第一学年		第二学年		第三学年		
						总学时	实践学时	第1学期15周周时	第2学期20周周时	第3学期20周周时	第4学期20周周时	第5学期20周周时	第6学期20周周时	
专业课程	专业实践课	02021305	顶岗实习	考查	10.5	264	264						11周	
		02021306	毕业设计	考查	4	96	96						4周	
	小计				**33**	**664**	**548**							
	专业拓展课				16	260	106	0	0	4	2	8	0	选修课程
	合计				**108.5**	**1 888**	**1 073**	4	4	2	6	8	0	
总计					157	2 708	1 503	22	22	30	30	28	0	

实践学时占总学时的比例 56%

资料来源：秦皇岛职业技术学院经济系。

注：*即×（乘号），此处为每周课时数×周数。

表 5-12 专业拓展课课程整体安排

方向名称	课程类别	课程代码	课程名称	考核方式	学分	教学时数		按学年及学期分配（周数）						说明
								第一学年		第二学年		第三学年		
						总学时	实践学时	第1学期17周周时	第2学期20周周时	第3学期20周周时	第4学期20周周时	第5学期20周周时	第6学期20周周时	
专业任选课		02021401	数据思维	考查	2	32	10			2*16				
		02021402	大数据原理与应用	考查	2	32	10			2*16				

(续表)

方向名称	课程代码	课程名称	考核方式	学分	教学时数 总学时	教学时数 实践学时	第一学年 第1学期 17周 周时	第一学年 第2学期 20周 周时	第二学年 第3学期 20周 周时	第二学年 第4学期 20周 周时	第三学年 第5学期 20周 周时	第三学年 第6学期 20周 周时	说明
专业任选课	02021403	企业内部控制	考查	2	36	10				4*9			
专业任选课	02021404	会计制度设计	考查	2	36	10				4*9			
专业任选课	02021405	会计专题	考查	2	32	16				4*8			
专业任选课	02021406	管理会计案例分析	考查	2	32	16				4*8			
专业任选课	02001102	数据库应用技术	考查	2	32	16				2*16			
专业任选课	02001103	商业智能分析	考查	2	32	16				2*16			
专业任选课	02021407	财经英语	考查	2	32	10					4*8		
专业任选课	02021408	会计文化	考查	2	32	10					4*8		
专业任选课	02021409	公司战略与风险管理	考查	2	32	12					4*8		
专业任选课	02021410	税收风险防范与控制	考查	2	32	12					4*8		
专业任选课	02001104	Python在财务中的应用	考查	2	32	16					2*16		
专业任选课	02001105	电子商务	考查	2	32	16					2*16		
专业任选课	02001106	对外贸易实务	考查	2	32	16					2*16		
专业任选课	02001107	证券市场投资	考查	2	32	16					2*16		
小计				16	260	106	0	0	2	6	8		

资料来源：秦皇岛职业技术学院经济系。

注：*即×(乘号)，此处为每周课时数×周数

(3) 教学基本条件

大数据与会计专业有专任教师12名,高级职称教师比例占58%,硕士以上学历教师比例为75%,有5名教师取得了注册会计师、会计师、经济师等职业资格证书,8名教师具有"1+X"职业技能等级证书培训讲师资格;校外企业兼职教师12人,均具有中级及以上专业技术资格,实务经验丰富,教师"双师素质"比例为100%。

校企共建了"智能审计中心""函证中心""智能财税咨询中心""智能财税共享服务中心""财务云共享中心""财务大数据分析中心"6个虚拟仿真实训中心,财天下、票天下、金税师、用友、审计之友等企业真实的工作平台,管理会计、财务共享、企业模拟经营等教学和实践训练平台和区块链技术、大数据分析等研发平台,基地建设总面积3 300余平方米,实训工位数840个,设备和资产总值超过3 000万元。对内能满足学生实训实践的需求,使基地能开展学生实训实践,进行职业技能等级培训和鉴定,师生技能大赛培训,教师教学能力提升,开展科研创新等;对外能承接企业真实业务,开展社会培训,承接各项技能大赛,开展各项社会服务等。

校企联合、共建共享,依据专业人才培养目标和专业课程,系统设计和建设有利于自主学习、内容丰富、使用便捷、更新及时的数字化学习资源。大数据与会计专业课程教学资源的建设采用逐步推进的方式,先对课程教学资源的建设做整体规划,围绕大数据与会计专业人才培养目标,确定会计专业的教学理念和教学思想,提出课程在教学设计、教学内容、教学方法、教学过程和教学评价等方面的具体要求;根据课程资源建设规划,建设了包括课程标准、教学日历、课程项目实施指导书、教案或教学PPT、重点难点指导、作业系统、参考资料和"微课"课程视频等类型多样、用途多样、学生学习活动必需的资源,能够有力支撑培养目标的实现,课程教学资源系统、完整、科学。大数据与会计专业的各门核心课程均已建立了相对完整的教学资源,能够满足信息化教学、线上教学以及课程思政教学改革的需要。大数据与会计专业根据人才培养的需要,进一步开发具有专业及课程学习特点,支持课程教学和学习过程,提供多样性、交互性的辅助资源。这些资源包括管理会计、财务管理、报表分析等课程的案例库,最新技术以及财经领域人才需求等专题讲座库、素材资源库,财会岗位虚拟仿真实验实训实习系统,课证融通的试题库、在线自测考试系统、学科专业知识检索系统、专业学习和交流工具。大数据与会计专业还借助蓝墨云班课及学习通等信息化平台,进一步建设在线学习检测及学习成效分析机制。

3) 科技赋能会计教育改革的成效

(1) 推动了课程建设与教学改革

借助现代信息技术以及信息化教学平台,在"对接产业、多方参与、德育贯穿、形式灵活"的指导思想下,实施了线上线下相结合的混合式教学改革以及教师分工协作的模块化教学改革,同时开展了工作手册式、活页式等新型教材建设,助力教学改革实施。形成了"三主体开发、两课堂设计、点面结合"的课程思政建设模式,建设了1门以立德树人为引领的课程思政改革精品课程;形成了"一主线、两结合、双导师、四融通"的审计专业群多元化混合式教学模式,在全面推进混合式教学改革的同时建设了2门精品在线课程;形成了"基于行业、分岗设置、校企共育"的教师分工协作模块化教学模式,建设了2门教师分工协作模块化教学改革示范课程;实施了"岗、课、赛、训"一体的"三阶段"实践教学改革,提升了学生的动手实践能力;校企合作,双元开发新形态教材,助力教师教学改革和学生自主学习。专业课校企合作开发课程占比达97%,其中省级精品在线开放课程1门。

（2）加快了创新型团队建设

教学团队被评为省级教学团队;省级师德标兵1人、院级师德先进个人2人、院级"三育人"标兵1人、"三育人"先进个人1人;评选出了"四有共产党员"教师2名。专业教学团队立项各级各类科研课题10项,公开发明专利1项,实用新型专利2项,实现科研经费到账15万元;依托产业学院和师资培训基地,累计为区域内中小微企业的财税审从业人员等各类对象群体开展了多类型、多层次的职业素质、职业知识和职业技能培训3 000余人次;培训全国同类院校智能审计和智能财税的"1+X"种子师资累计2 000余人次。

（3）提升了人才培养质量

学校的大数据与会计专业累计向社会输送了4 000多名毕业生,学生、家长和用人单位的满意度都在95%以上;学校的对口就业率都在85%以上,到大华、立信、东审、中兴财光华、和兴等国内百强事务所实习就业的学生累计达100多名。近三年,有150余名学生取得财经类"X"证书,取得初级会计师资格证书的学生累计200余人;进入本科院校继续学习的学生累计258名,2021届应届毕业生的接本通过率达37.7%。

4）科技赋能会计教育改革中遇到的困难

（1）教师教育观念以及教学能力有待提升

数字经济时代的到来要求企业进行数字化转型,企业对会计人才的需求提出了新的要求。这就要求会计专业教师能够走入企业,了解企业的用人需求、企业经营方式的转变、企业财务工作需要的新技术和新工具,能够转变原有的以核算为主的教学观念,要树立业财融合的思想,把握育人本位的人才培养方向,掌握新的财务信息技术,能够应用财务大数据工具以及财务智能工具,并不断提升教学能力,把企业的新知识、新技能、新要求融入大数据与会计专业教学过程中并实施更有效的会计人才培养。目前,教师的教育观念还有待转变,专业实践能力和教学能力还有待提升。

（2）原有课程需要升级改造

原有课程基本是基于知识体系、根据教材内容来组织教学的。这样的课程强化了知识技能的培养,但与财会岗位对复合型财务人才的需求相脱节。因此,在课程建设中,需要对原有课程体系、课程教学内容、课程资源、教学方法以及教学评价方法进行完善,既要在课程体系和教学内容中融入新的大数据技术、人工智能技术在财会领域的应用,也要能够运用现在的信息技术改变原有的课程资源、教学方法以及学生的教学评价,以不断提升教学质量。目前的课程升级改造需要一个过程。

（3）实践教学需要创新

目前，大数据与会计专业的实践教学基本分成单一知识的技能训练、阶段性综合实训、半年的校外毕业实习三个阶段，实践教学项目循序渐进，但是与岗位工作要求以及行业标准要求之间存在一定差距，没有做到"岗课证训"的有效衔接，以至于培养的会计人才拥有很扎实的知识，也具备一定的操作技能，但是到用人单位很难做到直接上手。因此，需要在"岗课赛证训"融通的基础上重构实践教学并校企合作引入企业生产性实践案例，打通学校人才培养与企业人才需求的壁垒。

5）推进科技赋能会计教育建设和改革的主要思路及举措

（1）建设教师教学创新团队

加强师德师风建设，全面提升教师素养；实施特色"双师"素质提升工程，建设高水平结构化教师教学创新团队；打造领军式高层次人才和专业带头人队伍；优化校企双向流动机制，打造优质兼职教师队伍，校企共建"双师型"教师培养培训基地。优化教师成长机制，建立能力标准体系；完善教师考核评价激励制度，促进教师专业化发展。

（2）加快课程教学资源建设

密切校企合作，共同建设大数据与会计专业的教学资源库。遵循"一体化设计、结构化课程、颗粒化资源"的逻辑构建，对课程资源、企业实践、技能竞赛、职业认证、社会服务和运行平台功能等内容进行一体化设计。以职业岗位需求为主线，分解组织资源内容，构建结构化课程体系；将资源库资源设计成颗粒化素材，实现"能学、辅教、助培"的目标。开发在线教学资源平台，搭建大数据与会计专业教学的资源库框架，组建教学资源建设团队，开展教学改革及资源建设，建成包含优质的专业资源、丰富的课程资源、多元的培训资源三个层次的教学资源库。

（3）实施教材与教法改革

制定专业课程开发标准，建设以立德树人为引领的课程思政改革示范课程，实现专业课课程思政改革全覆盖；开展以学生为主体、项目化的线上线下相结合的混合式教学改革，建设混合式教学示范课程；开展校企共育的教师分工协作模块化教学改革，建设基于岗位任务或工作过程的模块化课程并实施；同时，构建实施多主体、多维度课程考核评价标准。根据项目化教学和模块化教学的需要编写配套新型活页式或工作手册式教材。

（4）创新实践教学

校企共建对内能提供师生实训教学、科研创新和生产实践，对外能提供产业与社会服务等功能的实训教学基地，为大数据与会计专业开展实训基地的建设、师资队伍的培养、技术技能服务等工作提供支撑。对接真实岗位和业务，构建"岗课赛证"融通的综合实践教学体系；校企双向流通，打造一支专兼结合的实训指导师资团队；对接产业需求和行业发展趋势，整合资源，承接企业真实业务，对外开展技术支撑服务和科研创新服务。

3. 武汉软件工程职业学院[1]

1) 会计专业现状简述

学校大数据与会计专业为"楚天技能名师"设岗专业。从1999年开始,学校进行高职会计专业招生,现有在校生713人,已建校内实训基地14间,占地面积达3 000平方米,有专、兼职教师25人,"双师"教师占比为96%。专职教师队伍中,武汉市先进会计工作者、武汉市高级会计人才入库人选1名,武汉市优秀青年教师1名,全省职业院校技能大赛优秀指导教师2名,湖北省教学能力比赛一等奖获奖者2名,湖北省教学能力比赛二等奖获奖者2名,历年共完成社会服务项目20余项。

2) 科技赋能会计教育改革的主要举措

(1) 创建"校企培"三元协同育人机制

第一,签署"校企培"三元协同育人合作协议。会计专业携手武汉地区知名的新型财务云共享服务企业——武汉融智共享科技有限公司,以及在中国财经类培训市场占有率排名第一、"财务共享服务职业技能等级证书('X'证书)"的研发机构——正保远程教育集团和中华会计网校,形成了"校企培"三元协同培养财务共享服务人才的机制。与武汉地区的大中型企业财务共享中心开展了人才战略合作,以专业化、标准化、规范化的人才培养和培训教育体系为企业输送财务共享服务人才。

第二,培育"专兼结合、双向流动、技艺精湛、协同创新"的"双岗双能"师资团队。以校企共建的方式培育了财务共享服务师资团队。聘用行业企业专家,引领培训师资团队建设和课程体系建设,遴选聘用了一批合作培训机构的骨干教师和企业财务共享中心的技术能手作为兼职教师入校教学,培养了一批本校专任教师承担财务共享服务课程的主要教学工作。截至2020年秋季学期,共计有9名企业教师和十余名教学助理人员长期担任财务共享服务实践课程的教学任务,两年以来的授课总数(班级/次数)达到102次。企业为学校教师开展的专题师资培训达到11次。学校11名教师取得"财务共享服务职业技能等级讲师资格证书",3名教师入选"全国种子师资库"。商学院副院长郭黎教授率领会计专业师资团队全程参与了"财务共享服务职业技能等级证书('X'证书)"的标准制定工作,并在学校举办了1次全国范围的专家论证会。2018年年底,由学校牵头组建成立了"湖北省会计职业教育协同发展中心",推广教育教学改革成果,协作推动会计职业教育转型升级。

第三,校企共建"五位一体"校内校外实践教学双基地。与武汉融智共享科技有限公司深度合作,由企业投资建设完成1个财务共享实践教学公共基地(校外),位于"中国光谷自主创新会计服务示范基地"(华工科技园)内,使用面积达到500平方米,实践教学工位120个。学校对原有的会计手工实训室进行了改造,投资建成了"互联网+财务云共享实践教学基地"(校内),使用面积200平方米,实践教学工位80个。学校携手武汉地区大中型企

---

[1] 资料来源:武汉软件工程职业学院。

业财务共享中心、财务云共享社会服务机构及新型财经科技企业,优化了校内外实训基地的格局和功能,集实践教学、社会培训、企业生产、技术服务和创新创业"五位一体";形成了校内校外双基地格局,基地能够满足200人同时开展财务共享服务实践教学,并对光谷地区院校合作以及向企业选拔输送人才创造了便利条件。

(2) 构建了"书证融通"财务共享服务人才培养模式

创新设计了"技能模块化、证书等级化、评价标准化"的财务共享服务实践课程体系。校企合作组建了课程研发团队,形成了"开放包容、动态调整、持续迭代、评价标准"的财务共享服务人才培训课程研发平台。学校与企业共同研发课程体系、制定课程标准、优化教学内容、改革教学方法,依据职业活动特征,贯彻产教融合目标,持续迭代地体现了"大智物移云"等新技术和新业态的岗位能力要求。目前已经开发设计了"财务共享认知与体验""业务识别与分析""会计核算与纳税申报""财务审核与风险管控"和"业财融合与商业规划"共5门模块化实践教学课程。2019年,学校又新增了研发"智能财务与财务机器人应用"的课程项目。学校根据财务共享服务企业中对不同层级工作岗位的职业能力要求,结合"财务共享服务职业技能等级证书('X'证书)"的初、中、高级三个梯度的等级标准,设计完成了"书证融通"的财务共享服务人才培养框架,包括教学标准、管理标准和评价标准,实现了质量目标化、方法体系化和流程规范化。

校企共建"设计一体化、课程结构化、资源颗粒化"的财务共享服务教学资源库。根据"设计一体化、课程结构化、资源颗粒化"的思路,校企共建财务共享服务教学资源库,将培训课程内容及教学资源共享到网络平台,既能服务于校内学生开展财务共享服务理论与技术的学习和实训,还能满足社会培训的需要。教学资源库实现了线上线下教学的深度融合,有利于推进教学环境互联网化、教学内容知识点化、教学形式多样化、教学管理信息化建设,覆盖了财务共享服务实践课程体系的核心课程,包含素材资源、课程资源、专业资源三个层级,包括课程标准、教学设计、视频课程(微课、动画演示)、PPT讲义、平台操作、典型案例、讨论话题、真账实训资料、案例库、辅助讲解及拓展阅读等多种形式。

创新融入了"价值观塑造、知识传授、技能培养"三位一体的课程思政教育。由学校教师专门设计并与合作企业共同开发的"拓展阅读与素质养成"线上资源平台已经正式投入使用,平台根据财务共享服务的教学进度,精心设计安排了散文、案例、故事等阅读材料,引导学生在今后的工作中熟悉并遵守会计职业道德和公民道德规范,着力培育社会主义核心价值观。教师结合每一个学习项目中的知识传授和技能训练,将培育会计职业的专业精神、职业精神和工匠精神潜移默化地融入学习目标、学习任务、项目测试和项目技能训练等模块中,为落实学校教育立德树人的根本任务、履行教师的育人责任提供了教学资源保证。

(3) 形成了"产教一体、育训结合"的财务共享服务课程教学模式

三方合作实施"产教一体"的财务共享服务实践课程教学。"校企培"合作开展了具有"真账入校"特色的财务共享服务课程教学。合作企业通过专用云平台将"财务云共享服务

中心"承接的来自全国多个地区的中小微企业的财税服务项目和任务引入课堂,并派出业务管理人员和教学辅助人员;合作培训机构派出经验丰富的教学培训人员,负责将企业的需求转化为任务技能点,并与学校教师一起结合"财务共享服务职业技能等级证书('X'证书)标准"设计和实施教学培训任务,合作开展"产教一体、育训结合"的课程教学。

项目实施两年以来,在学校组织开展了"大批量、多类别、高强度、信息化"的产教一体财务共享职业技能训练,受训班级次数达到102次(班级/次数)、受训人数达到3 000人次(人数/次数)以上。达到中级以上水平的学生能够在完成课程学习的同时,具备了至少11个行业的财会业务处理的实践经验。目前,学校平均每个教学班一次课程(一般为2周)的账务处理总量可达300盘以上,票据处理总量可达10 000张以上,账本装订量可达30套以上,工作效率是传统企业财会人员的2倍,在全国同类院校中名列前茅。

同步协调推动"线上线下混合式教学"改革取得显著成效。会计专业教师组成了教学改革研究团队,加大对"线上线下混合式教学"改革的研究力度,不断优化"产教一体、育训结合"的财务共享服务课程教学模式。同步协调推动会计专业教育教学改革,翻转课堂、线上线下混合式教学等具有时代特征的教学方法得到了普遍运用,教学改革成果十分突出。两年来,会计专业教师获得"一师一课"等校级教学奖励2项,校级以上教科研成果8项;2019—2020年,会计专业教师连续获得了湖北省职业院校教师教学能力大赛的二等奖和一等奖。

创新就业创业服务机制,助力财务共享服务中心产业升级和人才交流合作。学校携手合作企业开展对学生的就业推荐和创业支持;创新合作企业的员工招聘机制,实施财务共享服务人才"就业直通车"和"招聘绿卡"制度;研究并实施财务共享服务人才的创业扶持机制。引入岗位能力、工作技巧、职业素养、简历撰写、面试技巧等岗前集训课程,企业提供专职导师,为学生量身定制就业指导服务;通过信息管理平台和职业能力测评系统记录学生的学习情况、分析学生的岗位胜任能力,利用大数据刻画学生的"能力肖像"并实现精准对口就业;组织并积极参与各类财务技能大赛,促进产业升级和人才交流合作,促进职业院校专业建设,引领财会类专业教学改革,激发和调动行业企业关注财务共享服务行业的发展,推动和提升职业院校财经专业人才的培养水平。

学校会计专业学生在各类财务技能大赛中频传捷报,两年来共获得省级以上技能竞赛奖励10余项。多家知名财务共享服务企业慕名而来,到学校招聘应届毕业生和实习生。其中,学校2017届会计专业学生陈梦在合作企业快速成长为部门经理,并受聘成为企业派出的教学人员返回母校任教。

3) 科技赋能会计教育改革的成效

(1) 深化校企合作,践行产教融合

大数据与会计专业携手国内顶尖水平的培训评价组织和本地新兴财务云共享服务企业,形成了"三元协同、书证融通、产教一体"的创新型财务共享服务人才培养模式。"三元协同、书证融通、产教一体,创新型财务共享服务人才培养体系建设"获得校级教学成果一等奖。

(2) 聚焦三教改革,助推书证融通

依据财务共享服务企业中对不同层级工作岗位的职业能力要求,结合"财务共享服务职业技能等级证书('X'证书)"的初、中、高级三个梯度的等级标准,设计完成"书证融通"财务共享服务人才培养框架。将"1+X"证书的初、中级内容融入校企共建课程。与此同时,在毕业设计中贯穿"1+X"考证内容,确保提升学生的学习效率及考证通过率。此外,校企共建财务共享服务教学资源库将培训课程内容及教学资源共享到网络平台,有利于校内学生开展财务共享服务理论与技术的学习和实训,推进教学环境互联网化、教学内容知识点化、教学形式多样化、教学管理信息化建设。

(3) 加强课题研究,促进课证融通

大数据与会计专业教师团队积极探索专业人才培养模式改革和课程改革,形成科研课题,开展课证融通路径的研究与实践,并形成科研成果。学校教师团队近3年申请立项了教育部科技发展中心课题1项,市级课题2项,校级课题2项。

(4) 注重成果转化,形成社会效应

2018年以来,学校教师多次受聘担任国家级、省级骨干教师培训班讲师;多次担任国家级、省级会计职业技能大赛专家、裁判;学校骨干教师多次受全国、各省市职教集团和各类教育协作组织邀请,分享学校财务共享服务人才培养体系的建设经验。2021年,学校承办了"湖北工匠杯"首届会计职业技能大赛,包括央企、省直和地市三个赛道的232家单位、9 648名财会人员参赛,受到了主流媒体的广泛关注。

(5) 促进产教融合,提升师资力量

依托校企协同育人机制,持续推进教师层级开发机制。学校近几年安排了多名教师到企业进行跟岗锻炼,"双师型"教师比例超过90%。近5年,学校教师参加湖北省教师教学能力大赛,获得一等奖2项、二等奖2项。教师指导学生参加省会计技能大赛,获得一等奖2次、二等奖2次;教师指导学生参加湖北省第一届工匠杯会计技能大赛,获得一等奖,完成"十三五"规划教材1部。

4) 科技赋能会计教育改革中遇到的困难

(1) 职业院校财会类专业目前普遍存在的人才培养定位不清、就业对口率不高的问题

职业教育院校财会类专业传统的培养目标基本面向中小微企业的核算型财务人员。但是近年来,随着技术发展和商业模式的变迁,中小微企业的财务核算工作已经基本实现外包,传统核算型会计的就业岗位锐减。如何提高就业对口率是目前职业院校财会类专业面临的最大难题。

(2) 技术革新、产业变革对会计职业教育发展带来的机遇和挑战

随着新技术的广泛应用,新工具、新岗位、新业态使企业对财会人员的职业能力需求发

生改变。学校必须坚持推进"三教"改革,通过建立课程体系的持续迭代更新机制,对接产业发展和技术革新,确保会计职业教育教学质量不断提高。

(3) 全面落实立德树人根本任务的方法较为单一、创新不足

作为新时代的教育工作者,如何在教学中落实立德树人的根本任务,培育和践行社会主义核心价值观,将"价值塑造"与"知识传授""技能培养"有机结合,是当前职教战线教师需要深入思考和实践的问题。

(4) 与产业链、创新链衔接深度不够,产教融合有待深化

会计专业不同于其他专业,它受到从业门槛及从业规模的制约。如何围绕职业岗位群创新人才培养模式,实现"岗课赛证"综合育人,促进高素质技术技能型人才培养,产教融合体制机制特别是产业学院亟待构建。

5) 推进科技赋能会计教育建设和改革的主要思路及举措

落实立德树人的根本任务,建立以建构主义教育理论为引领,以学生职业能力成长"三阶递进"路线为主线,努力构建培养设计四融合、课程教学五改革、学习考核二严格、工作能力五证书的"4525"人才培养模式,打造高素质的应用型、智能型、创新型和管理型会计人才。

(1) 对接产业升级和数字化转型,人才培养聚焦复合型人才

产业升级和数字化转型直接导致传统会计提档升级,衍生出智能会计等新的职业岗位群,具有数字化思维和大数据分析与应用能力的数智财经复合型人才必将大受欢迎。

(2) 组建创新团队,打造名师教学队伍

学校与国内行业知名企业共同开展"双师型"教师培训,在行业企业内设立3个以上教师工作站,至少安排5名教师赴企业开展不少于1个月的挂职锻炼,提升教师对于新业态、新技术的学习与应用能力。同时,建立实训基地兼职教师库,共同参与实训基地建设、课程资源开发、实习实训指导等工作,实现校企人才双向流动。

(3) 开发校企精品课程,实现智慧课堂,实现移动泛在学习

依托校企双方共同组建的教学团队,对接技术前沿,将新技术、新工艺、新规范纳入课程内容,开展项目化课程改造和"大数据"转型,开发活页式教材,服务项目化教学。针对项目化的教学内容,对接职业岗位需求和"X"职业技能等级证书的要求,充分利用"互联网+"等现代技术手段,双方合作开发活页式立体教材,形成灵活、高效的智慧课堂,实现移动泛在学习。

(4) 创建产业学院,建设智慧财经产教融合实训基地

学校立足电子商务专业群,创建商业大数据产业学院,构建融"教育教学—科技研发—技术服务—技能培训—技能竞赛—定岗生产—创业孵化"于一体的产教深度融合的全省示范性创新实践教学基地,全面提升武汉市职业教育质量和现代化水平,打造职教先行区。

4. 长春金融高等专科学校[1]

1）会计专业现状简述

学校会计学院始建于1978年,具有悠久的办学历史和深厚的专业底蕴,是我校首批创办的主要院部。会计学院坚持"以服务为宗旨,以就业为导向,产教融合,校企合作"的高职教育之路,落实立德树人的根本任务,坚持"立足吉林,面向全国,建设特色鲜明、国内一流的特色专业群"的办学宗旨,为传统产业升级、新兴产业壮大、现代服务业发展,培养素质强、业务精的应用型、创新型、复合型财会人才。

会计学院以"专业基础相通、技术、服务领域相近、职业岗位相关、教学资源可共享"为基本原则,打造数智财务专业群和资产评估与管理特色专业,各有侧重,共同发展,同时设有大数据与会计(中职—高职"3+2"衔接)贯通专业、大数据与会计高职扩招专业,现有在校生2 700余人。学校围绕会计专业群对应的职业领域与岗位工作能力要求,以培养高素质的技能型人才为目标,改革教学组织方式、强化课程建设、改进教学方法,建立了以"P+M"模式的人才培养方案为总体框架的课程体系,参与了教育部职业院校专业教学标准的制定工作,形成了具有"金专"特色的会计人才培养模式。

2）科技赋能会计教育改革的主要举措

关于长春金融高等专科学校科技赋能会计教育改革的举措,我们将结合教育部印发的《高等职业学校会计专业教学标准》,分别从以下方面展开介绍。

（1）培养目标

本专业培养思想政治坚定,德、智、体、美、劳全面发展,践行社会主义核心价值观,具有良好的人文素养、职业道德和创新意识,精益求精的工匠精神,较强的可持续发展能力;掌握财务会计、税务、管理会计、财务管理、审计、互联网技术、创新创业等知识和技术技能,面向各行业企业、事业单位和机关团体财务部门的会计人员、审计人员、税务人员、数据分析人员和财务数字化转型管理人员,培养能够适应产业数字化转型升级,能够从事大数据时代的会计核算和管理、税务管理、成本管理、业财一体化管理、财务分析、内部控制审计、预算与绩效管理、投融资管理、企业管理咨询、数据采集、数据统计与分析、企业数字化管理、资产评估、产权交易、企业改制、资产抵押业务,以及相关工作的具有创新精神的高素质技术技能人才。

（2）培养规格

a. 素质

思想政治素质:具有正确的世界观、人生观、价值观;坚决拥护中国共产党的领导,树立中国特色社会主义共同理想,践行社会主义核心价值观;具有深厚的爱国情感、国家认同感、中华民族自豪感;崇尚宪法、遵守法律、遵纪守规;具有社会责任感和参与意识。

---

[1] 资料来源:长春金融高等专科学校会计学院。

职业素质：具有良好的职业道德和职业素养；崇德向善、诚实守信、爱岗敬业，具有精益求精的工匠精神；尊重劳动、热爱劳动，具有较强的实践能力；具有质量意识、绿色环保意识、安全意识、信息素养、创新精神；具有较强的集体意识和团队合作精神，能够进行有效的人际沟通和协作，与社会、自然和谐共处；具有职业生涯规划意识。

身心人文素质：具有良好的身心素质和人文素养；具有健康的体魄和心理、健全的人格，能够掌握基本运动知识和一两项运动技能；具有感受美、表现美、鉴赏美、创造美的能力，具有一定的审美和人文素养，能够形成一两项艺术特长或爱好；掌握一定的学习方法，具有良好的生活习惯、行为习惯和自我管理能力。

b. 知识

公共基础知识：掌握必备的思想政治理论、科学文化基础知识和中华优秀传统文化知识；熟悉与本专业群相关的法律法规以及环境保护、支付与安全等相关知识；掌握经济、财政、金融、税收、管理、经济法等方面的基础知识；掌握计算机、Office 软件、数据库系统、信息系统、Python 程序设计、数据分析及可视化呈现、互联网技术与大数据应用等方面的基础知识；掌握高职英语的基本知识。

专业知识：掌握会计法、合同法、公司法、财政法等财经相关法律的基础知识；掌握会计基础工作规范的基本要求和现金、银行存款、票据等支付结算工具的基本知识；掌握《企业会计准则》《小企业会计准则》等的相关规定；掌握不同行业企业的资产、负债、所有者权益、收入、费用、利润等会计要素的确认、计量和披露原则与方法，以及会计报表的编制方法；掌握互联网环境下，智能财务会计、业财一体化、财务报表分析、智能估值数字化相关的业务的处理方法；掌握会计信息系统应用、财务共享中心业务处理、财务机器人应用与开发，以及其他财务数字化相关的专业知识；掌握我国现行税收法律制度的基础理论体系；掌握办理税务登记事务的基础知识和各税种的纳税申报程序；掌握相关审计准则的基本内容，掌握风险评估、控制测试和实质性测试的基本程序和审计方法；掌握内部控制规范的基本内容，掌握内部环境、内部控制方法、主要内部控制活动的相关内容。

c. 能力

通用能力：口语和书面表达能力；解决实际问题的能力；终身学习能力；信息技术应用能力；独立思考、逻辑推理、信息加工能力等。

专业技术技能：具备资金管理能力，能够熟练运用各种资金结算工具，完成资金收付结算；具备会计核算能力，能够准确进行会计要素的确认、计量和报告，熟练进行会计凭证的编制与审核、账簿登记以及报表编制；具备成本核算与管理能力，能够合理选择计算产品成本的方法，正确计算产品成本，科学进行成本分析与管理；具备业务财务信息化处理的能力，能够熟练完成企业信息系统中财务链和供应链相关业务的处理，能运用新技术工具开展智能报账和智能核算工作；具备涉税事务处理能力，能够正确计算各种税费，并进行规范申报，能够进行基本的纳税筹划和纳税风险控制；具备财务管理工作所需的筹资、投资、分配、营运资金等决策、分析能力,能够运用财务管理的基本原理和方法参与筹资、投资及营运方案的分析;具备财务共享服务中心业务处理的能力,能运用新技术工具开展智能报账和智能核算工作;具备一定的管理会计能力,能够进行财务、业务信息的处理、分类、分析、输出,以提供企业决策所需的信息,并运用预算工具参与预算编制工作;具备一定的审计工作能力,能够收集整理审计证据和有关审计信息,编制审计工作底稿,协助审计人员编制审计报告。

d. 课程设置

在对本专业业务岗位进行任务与能力分析的基础上,按照"P+M"的模式构建人才培养方案的基本框架,其中"P"即平台(platform),包含三大平台:通识教育平台、职业能力培养平台和创新创业素质教育平台。"M"即模块(module),包含五大模块:综合素质课程模块、人文素质网络课程模块、职业能力课程模块、综合实践课程模块和创新创业素质拓展模块。其中,创新创业素质拓展模块渗透于其他四个模块,教学形式涉及课内必修、线上选修、线下选修、理实一体、综合实践,以及素质拓展等多种形式。通过在教学过程中穿插认知实习、课程单项实训、专业综合实训、顶岗实习等,使专业群形成了边讲授、边实训、边实习,理论和实践相融合、工学交替的课程体系(图5-31)。

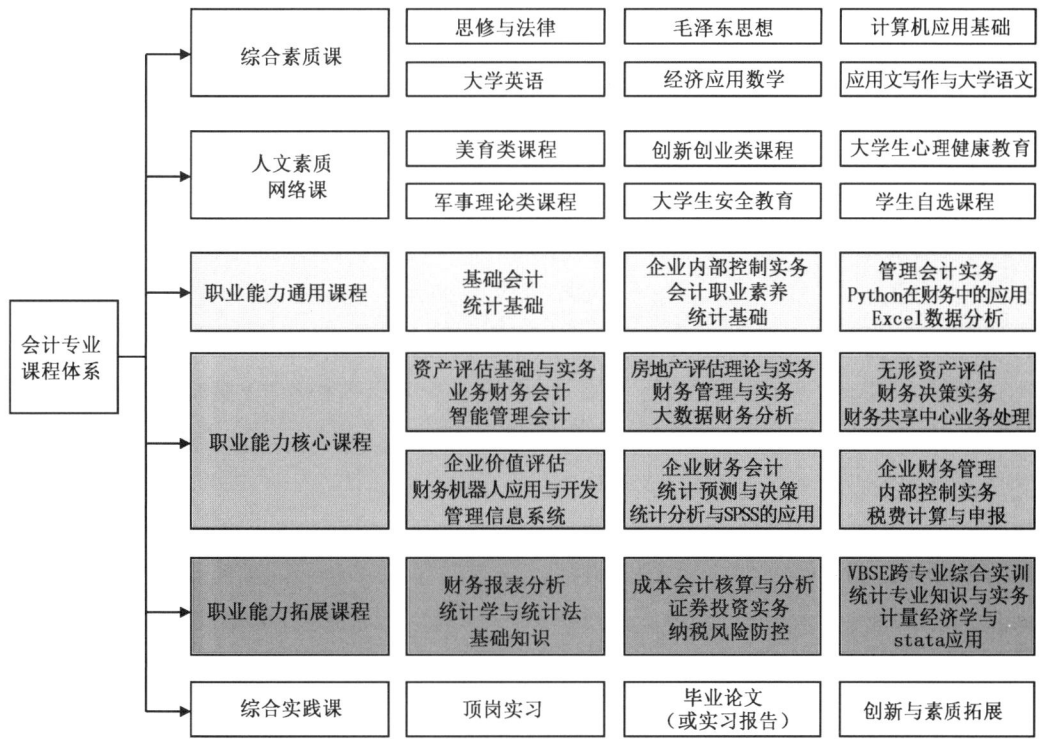

图5-31 会计专业课程体系

资料来源:长春金融高等专科学校会计学院。

(3) 教学基本条件

a. 师资队伍

会计学院现有专任教师36人,具有双师资格的教师的比例达到78%,研究生以上学历的教师达到95%,副高级以上的教师达到40%。数智财务专业群具有学历层次高、职称结构和年龄结构合理、业务精良的教师队伍(图5-32)。

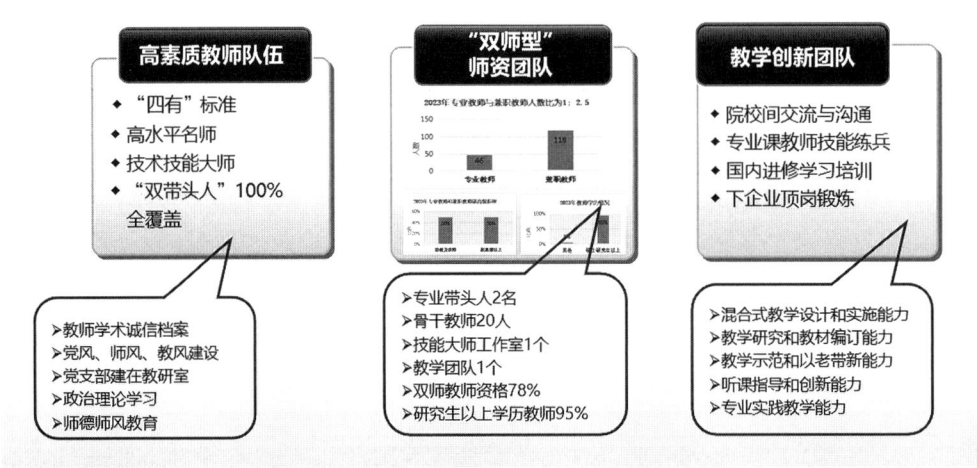

图5-32 会计学院师资队伍情况

资料来源:长春金融高等专科学校会计学院。

b. 教学设施

长春金融高等专科学校会计学院配备黑板、多媒体计算机、投影设备、音响设备,提供互联网接入或Wi-Fi环境的专业教室,同时拥有财务云共享中心、智慧财务跨专业综合服务中心、VBSE跨专业综合实验室、会计职业能力拓展中心、面向企业会计、资产评估、审计等的多个设备先进、软件先进、功能齐全的校内实验室,以及32家稳定的校外实习基地。会计学院还具有利用智慧教育平台、直播课堂、数字化教学资源库、文献资料、常见问题解答等方法开展教学的信息化条件。教师能够通过现代化信息技术手段开展教学,创新教学方法、提升教学效果。

c. 教学资源

长春金融高等专科学校会计专业结合课程特色,通过多渠道开展校企合作、工学结合的教材开发,鼓励教师编写课程讲义、新型活页式、工作手册式教材、校企合作数字立体化教材,开发相关配套课程资源,并在此基础上形成数字化课程同步网站。

(4) 质量保障体系

a. 教学秩序管理

严格遵守学校、二级学院的各项教学管理制度,从制定会计专业人才培养方案、任课教师编制教学计划到课程授课、课程考核、师生评教等,均在学校、二级学院的严格监控下进行。

b. 教学质量过程管理

开展期初、期中、期终的教学检查,依托学校教学质量诊改平台,利用大数据、人工智能等技术手段,构建以专业、课程、教师、学生为对象的大数据管理中心与教学质量监控体系,优化教学质量监控机制。

c. 人才培养质量评价

围绕会计专业课程体系建设、课堂教学方法改革、校内外实习实训基地建设和师资队伍建设等人才培养的实施载体合理构建人才培养质量评价指标体系,强化就业对口率、平均起薪率、就业满意度、毕业生社会地位、社会声誉等量化指标评价。

3) 科技赋能会计教育改革的成效

长春金融高等专科学校科技赋能会计教育改革的成效主要有如下几个方面。

(1) 优化会计专业建设、打造数智财务专业群

为贯彻《国家职业教育改革实施方案》,加强职业教育国家教学标准体系建设,落实职业教育专业动态更新要求,推动专业升级和数字化改造,长春金融高等专科学校会计学院根据教育部印发的《职业教育专业目录(2021年)》的规定,将原有的会计专业更名为大数据与会计专业,原有的财务管理专业更名为大数据与财务管理专业,落实了专业建设要求。同时,形成以大数据与会计为核心专业,大数据与财务管理和会计信息管理为特色专业,各有侧重、共同发展的数智财务专业群。数智财务专业群利用技术为专业赋能,聚焦会计领域数字化复合型人才的培养,为本土相关企业财务数字化转型提供人力资源保障,助力本土企业实现数字化转型。数智财务专业群组群逻辑关系及对应产业链图见图5-33。

(2) 深化"书证融通",践行"1+X"证书制度路径

为贯彻落实国务院的《国家职业教育改革实施方案》(国发〔2019〕4号)、教育部的《关于在院校实施"学历证书+若干职业技能等级证书"制度试点方案》(教职成〔2019〕6号)等相关文件的精神,长春金融高等专科学校于2019年成为了"1+X"智能财税职业技能等级证书在吉林省的首批试点学校,同时成为该证书的吉林省管理办公室。2020年,成功申报了财务共享服务、财务数字化应用、金税财务应用、智能估值数据采集与应用4个"1+X"职业技能等级证书,均成为省内牵头学校;2021年,成功申报了个税计算职业技能等级证书试点学校。同时,会计学院还将"1+X"证书制度试点与专业建设、课程建设、教师队伍建设等紧密结合,推进"1"和"X"的有机衔接,深化教师、教材、教法"三教"改革,提升本专业的教育教学质量和学生就业能力。

(3) 完成课程资源数智化转型建设升级、丰富泛在化学习资源

长春金融高等专科学校会计学院完成了3门在线精品开放课程,包括"基础会计""审

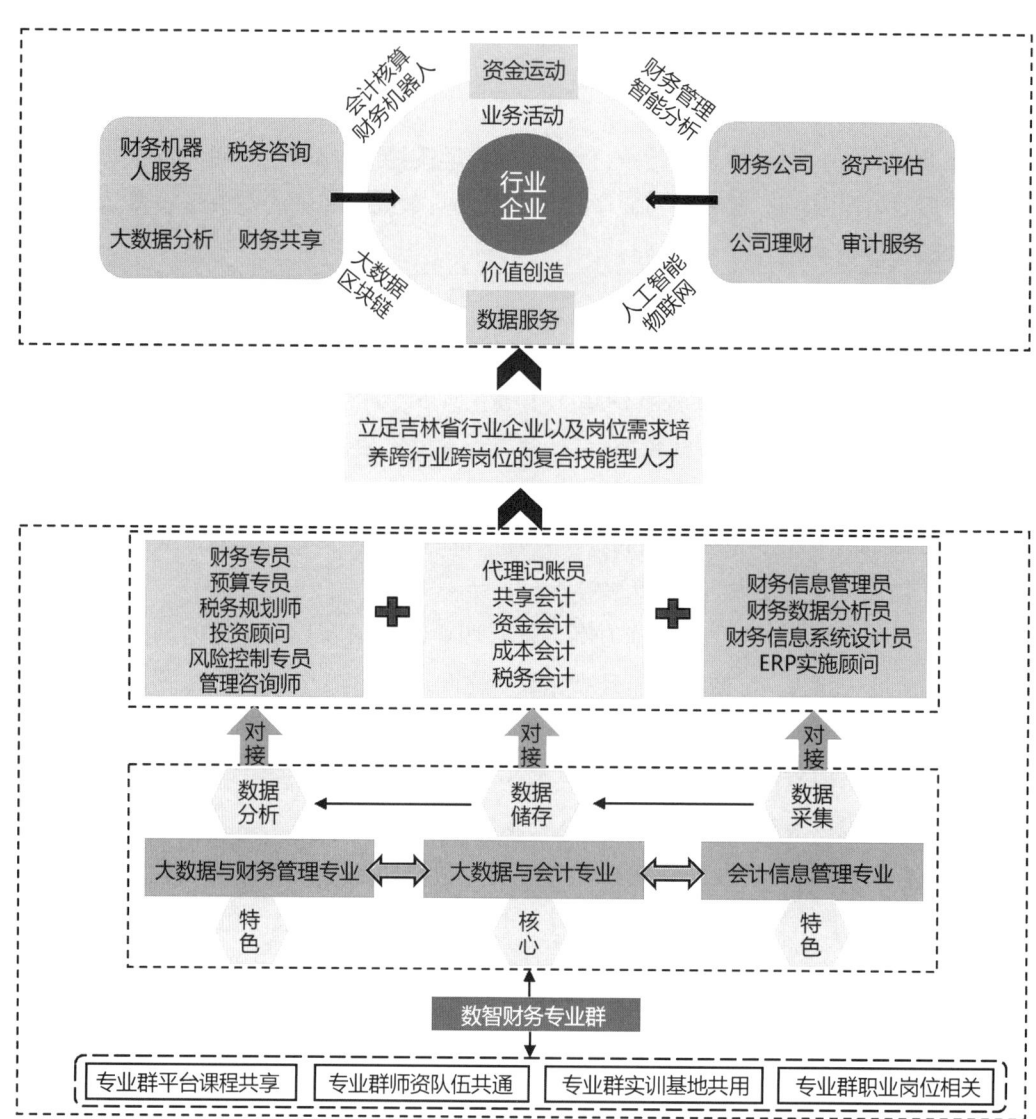

图 5-33 数智财务专业群组群逻辑关系及对应产业链图

资料来源：长春金融高等专科学校会计学院。

计""财务管理",更新了专业基础课程"企业财务会计""税费计算与申报"的在线课程资源,同时建成了84门数智化微课教学课程,建立并完善了慕课平台资源。依托吉林省财政行业职业教育委员会走访合作企业,向其发出共建课程邀请,以产学结合为主线,以岗位需求为目标,共同开发特色精品课程教材,在院校间实现共享,满足群内各专业学习者的个性化和泛在化的学习需求。

（4）融入新技术、新标准和新规范,打造共享型教学资源库

长春金融高等专科学校会计学院的校企共建课程团队瞄准行业发展前沿先进技术,及

时将以人工智能等新技术、新标准和新规范为主的教学素材融入,聚力打造了一批集课程标准、教学项目、企业案例、标准操作规程、管理规范、试题库等综合资源为一体的素材。重点打造了以微课等颗粒资源为主、适应自主学习和移动学习的课程教学资源库,打造了面向全行业的共享型网络教学资源库。

(5) 紧扣行业,聚焦前沿,建成国内一流数智化产教融合实践基地

长春金融高等专科学校会计学院具有校企共建设施完善、功能先进的校内实验室。按照先进性要求,完善了现有5个校内专业实验室的软硬件设施,确保了校内实验室的设备和技术水平与同期专业群的岗位标准保持一致,并有一定的超前性。融合了行业发展新业态、新技术、新设备,对接专业群岗位,预计在3年内,将现有全部实训系统、课程实训平台、教学管理平台升级为最新、先进的技术平台,实现职业教育的现代化和智能化。

(6) 紧跟信息化时代步伐,凸显平台技术服务功能

长春金融高等专科学校会计学院历经两年建设,建成了完备先进的"互联网+会计专业技术技能应用平台",并依托平台成立了一个以会计专业为中心,集财务管理、会计信息管理、资产评估与管理专业业务为一体的会计综合业务咨询服务中心。会计综合业务咨询服务中心的建立,为教师搜集"理实一体化"教学素材、学生顶岗实习、毕业生与母校沟通、学校与企业沟通等多项活动构建了平台,并有10篇咨政报告被相关部门采纳,发挥了强大的社会服务功效,提升了专业群服务地方经济发展的能力。

4) 科技赋能会计教育改革中遇到的困难

人工智能时代下,世界政治、经济、文化和教育都处于快速发展变化中。新一轮科技革新和教育变革成为推动经济和社会发展的重要力量。但是,在科技赋能会计教育改革中也难免遇到困难与瓶颈,主要如下。

(1) 新的人才规格及类型需求与培养体系的不适应性

未来的新教育生态主要体现为个性化、情境化和数据驱动。未来的智慧教育可以根据师生的个性化需求,结合学习者的自身特点,提供更精准、更有效的个性化教育服务。智慧学习环境可以根据具体的教学情境,融合多种技术和媒体,借助智能终端学习,实现人机共融的高效交互。大数据与人工智能技术的迅速发展增强了机器的学习能力,赋予了其提供智能化服务的巨大潜力,当前的人才培养体系还不能适应未来创新型人才培养的诉求。

(2) 学校系统中的规模化教育与个性化培养难以均衡发展

目前,学校教育多是规模化教育,难以满足对学生个性化培养的诉求,存在"吃不饱""消化不了""选择性不够"等现象。未来的教育信息化环境既需要满足大规模教育的诉求,又需要满足个性化培养的诉求,但是社会信息化仍然不能代替智慧校园环境下的规模化教育与个性化培养。如何在未来教育中恰当处理学校教育与个性教育之间的关系,是教育治理的重要任务。

（3）科技革命的加速与教育变革内生动力的不足

在此之前,教育、社会、科技的交互循环为教育培养人才并输入社会,社会中的人才又孕育科技,形成了人才培养的内循环。如今,科技革命推动社会快速转型,并蔓延至教育部门,致使教师"教"和学生"学"的方式发生创新变革,倒逼着教育发生变革。但这并不是长期稳定的形态,而是需要依靠教育和社会公共建立更好的协同机制,这就需要智能教育发展协同作用。科技革命的加速与教育变革内生动力的不足,成为未来教育发展亟待解决的困境。

5) 推进科技赋能会计教育建设和改革的主要思路及举措

教育信息化促进了教育现代化的战略理念,经历了从"带动"到"全面推动",再到"支撑和引领"的变迁,彰显了教育信息化的战略地位在推动教育现代化的进程中逐步升级。长春金融高等专科学校会计学院在接下来进一步推进科技赋能会计教育建设和改革的部署中,具体思路如下。

（1）进一步完善产业学院

数智财务专业群深化了现代学徒制人才培养模式改革,推进机制创新,实施了混合所有制人才培养模式。2020年,会计专业群与厦门网中网软件有限公司、新道科技股份有限公司、中联集团教育科技有限公司三家企业联合建立了数智财务产业学院,为学生提供了真实业务和环境的实训;实现了"实践→理论→再实践"的培养闭环,在数智财务专业群开展人才培养,重点研究大数据、云计算、人工智能、财务机器人等前沿技术在财经行业的运用,助力财经产业变革和创新发展,引领吉林省财经职业教育改革。

在接下来的时间里,会计学院数智财务产业学院要针对专业群各专业技术领域相近、服务产业相同、职业岗位同群的特点,秉承培养"懂技术、精技能、擅创新、德技双修"的现代工匠的主线,创新具有专业群内普适性的人才培养模式。同时,有计划地进行新一轮的慕课建设,利用现代网络技术,加大核心专业课程精品在线开放课程的建设,预计分三年共建设8门精品在线开放课程资源,并随着建设进度逐步向学生开放。学院负责每年对现有精品在线开放课程资源进行教学资源的更新和完善。对于其他课程,推进微课资源的建设,形成线上线下相结合的混合式教学模式。

（2）建设数智财务创新创业中心,推进创新素质和专业技能双提升

在未来的时间里,长春金融高等专科学校会计学院要成立数智财务创新创业中心,为企业及其他职业院校提供创新创业咨询服务,孵化小微企业创新项目。教师、辅导员、企业导师要全员参与,参加创新创业职业教育联盟活动,开发递进式的创业课程模块;建设校内共享中心及校外企业创新创业实践基地,开设创新创业训练营、沙盘模拟等各类创业活动,优化创新创业考核机制。通过场景化真实项目案例反哺专业群实践教学,提高专业群的复合型技术技能人才培养质量。

（3）示范校建设形成的制度和理念广泛被同类院校借鉴

为加强吉林省职业院校财政行业中的财税人才培养工作,强化院校和企业在财政领域

的合作,推进教育资源整合,推动校企深度融合,促进职业教育教学改革创新,更好地服务"一带一路"建设与吉林省经济社会发展,长春金融高等专科学院牵头成立了吉林省财政职业教育教学指导委员会,以促进人才培养供给侧和产业需求侧的结构要素全方位融合,全面提高高职院校的教学质量和办学效益。

在今后的时间里,会计学院要积极发挥领头雁作用,组织"新技术背景下特色会计专业建设研讨会""高职高专财经专业人才培养体系创新及教学成果奖的培育与申报研讨会""学分银行与'1+X'关联耦合推动新财金人才培养研讨会"等教学研讨工作,推进区域专业协同共进,齐头发展。

5. 深圳信息职业技术学院[1]

1) 会计专业现状简述

深圳信息职业技术学院的会计学科开设在财经学院,包括大数据与会计、会计信息管理两个专业。其中,大数据与会计专业是教育部第三批现代学徒制试点专业、省级高职教育品牌专业、"1+X"证书试点专业、省级大学生校外实训基地建设专业、校级重点专业。会计信息管理专业是新兴交叉学科专业、省级精品资源共享课程建设专业、市级大学生校外实训基地建设专业、校级专业建设规划一类建设专业。各专业在招生就业方面一直保持着"进口旺、出口畅"的良好局面,各专业在"以学生为中心"的教育理念的指导下,持续推进人才培养质量提升,实践中以"专业有故事、教师有大咖、实训有看点、学生有标杆"的"四有标准"作为行动指南和质量评价标尺,积极探索会计人才培养培育新模式,不断优化"赛证结合、协同育人"的人才培养模式,将技能竞赛、职业技能证书、学生实践、教师教学进行有机融合,形成"以赛促学、以赛促教、证赛协同、学教互促"的互动发展机制,切实保障高素质技术技能人才培育实施方案有效落地。

2) 科技赋能会计教育改革的主要举措

深圳信息职业技术学院的大数据与会计、会计信息管理两个专业积极开展科技赋能会计教育改革,深化"三教"改革、推动"岗课赛证"综合育人,在培养目标、培养规格、课程设置、教学基本条件、质量保障体系等方面勇于创新、敢于挑战。

(1) 培养目标

适时修订人才培养方案,明确各专业培养目标。其中,大数据与会计专业的培养目标是培养思想政治坚定、德技并修,德、智、体、美、劳全面发展,具有创新精神、创新能力和创业意识,适应数字经济时代对会计人才的需要,具有良好的专业、人文素质,掌握为企业管控提供决策支持的会计智能核算、财务大数据采集分析管理应用等方面的知识和技术技能,面向财务共享、智能财税核算、大数据业财分析领域的高素质技术技能人才。会计信息管理专业的培养目标是培养思想政治坚定、德技并修,德、智、体、美、劳全面发展,具有创新

---

[1] 资料来源:深圳信息职业技术学院。

精神、创新能力和创业意识,适应人工智能技术广泛运用于企业经营决策背景下对管理型财务人才的需要,具有良好的职业素质,掌握会计账务处理、预算管理、财务管理、成本管理,以及智能财务分析与挖掘、RPA 财务机器人等知识和技术,面向管理会计及财经数据分析领域的高素质技术技能人才。

(2) 培养规格

在修订人才培养方案时优化和细化了素质要求、知识要求和能力要求,充分体现了专业升级和数字化改造。除高职会计专科人才培养,还积极探索了会计本科专业人才培养模式,为申报高职会计本科专业奠定了良好基础。2020 年,深圳信息职业技术学院与韶关学院联合开展了"2+0"模式的会计本科人才培养工作,合作制定了人才培养方案。并在此基础上制定了每门本科生专业课程的课程标准、教学大纲、实施方案与教学计划,成功招收了 40 名本科生并组成了一个单独班。学校配置了专门的班主任与学业导师,选派专业优秀专任教师讲授专业理论课程,选派企业技能大师进行会计实践操作。许多学生积极备考注册会计师、注册税务师等行业顶级证书。该班全部学生都拿到"1+X"财务服务共享(中级)证书,目前该班学生已全部毕业,初次就业率达 100%。

(3) 课程设置

学校从构建"厚基础、宽口径、强能力、高素质"的人才培养模式出发,紧紧围绕智能化时代对财会人才职业能力的要求进行课程体系设计,构建了底层课程支撑共享、中层课程专业聚焦、上层课程特色拓展的"平台+模块"课程体系架构,课程内容与初级会计师考证、"1+X"证书试点、专业技能竞赛、产业学院岗位实践等内容深度衔接,实现"岗课赛证"综合育人。围绕科技赋能会计教育,大数据与会计和会计信息管理两个专业既对接会计发展趋势增设了"RPA 财务机器人""Power BI 数据可视化""Python 程序设计""RPA 审计机器人"等新课程,又通过升级改造传统会计课程设置了"大数据财务管理""大数据审计""数字化企业内部控制"等新课程,还结合"岗课赛证"设置了"'1+X'智能财税证书实训""'1+X'证书训练""产业学院岗位实践"等集中实践课程。

(4) 教学基本条件

大数据与会计和会计信息管理两个专业现有专任教师 28 名。其中,高级职称专任教师 9 名,博士学位专任教师 20 名,"双师型"教师的比例达到 100%。此外,学校还通过深度产教融合、校企合作,建设了一支由行业企业专业人士、专项技能高手 20 多人组成的高素质兼职教师队伍。共享财经学院拥有高水平实训室 14 间,总建筑面积超过 2 500 平方米,工位超过 800 个,电脑超过 800 台,设备总值超过 2 700 万元。拥有多间功能各异的高仿真实训室,实训室拥有完善的建设与维护、安全管理、日常管理的相关规章。近年来,两个专业积极开展项目化课程建设和线上线下混合式课程建设,与北京东大正保科技有限公司、金蝶软件(中国)有限公司、新道科技股份有限公司、翰智集团等多家企业合作共享了初级会计师考证、"1+X"证书试点、RPA 财务机器人、Python 教学平台等丰富多样的培训资源。

（5）质量保障体系

实行校、院、教研室三级教学管理，学校成立了教学工作委员会和学院督导机构，主要负责全校教学工作的规划、指导、组织、协调和督查。学校财经学院成立了专业教学指导委员会和"校企"合作办公室，主要结合本部门教学工作的实际情况，创造性、高质量地落实和完成学校规定的各项教学工作任务，研究和决定学院教学工作中的重大问题。各专业教研室负责按专业教学计划实施日常教学工作。各级教学管理机构分工明确，建立健全了覆盖专业教学全过程的教学管理制度规章，在人才培养方案、课程体系设置、教学文件管理、教学实施评价等各个方面强化了对教学质量的保障。

3）科技赋能会计教育改革的成效

（1）"三教"改革初显成效

围绕科技赋能会计，学校奋力打造高水平、高质量、高产出的教学创新团队。学校注重教材的开发和使用，实施项目化课程建设和线上线下混合式教学等方式，努力在高等职业教育的赛道上积极培养适应时代发展需要的新型复合型高素质会计专业人才。近年来，专业教师团队获校级教师教学创新团队立项。专业教师新编出版的《RPA财务机器人实训教程》《财务大数据分析》等教材在多种场合下被用来交流及推广，"会计专业群教学资源库"获校级专业教学资源库，目前已成为广东省高职院校高水平专业群的重要组成部分。

（2）"岗课赛证"综合育人效果明显

近几年，专业指导学生在会计技能、财务管理、税务技能、智能财税等省赛项目中累计获得一等奖十多项。2021年更是斩获了智能会计金砖国家赛的一等奖和会计技能国赛的二等奖，"1+X"财务共享服务职业技能等级证书和"1+X"智能财税服务职业技能等级证书的考培通过率高达99%。专业教师成功立项国家自然科学基金、教育部人文社会科学项目、教育部供需对接就业育人项目、广东省哲学社会科学项目、广东省教育规划项目等重要课题十多项；参加教学能力比赛并获得省赛一等奖，已有3人入选"深信学者"、8人入选"深圳市高层次专业人才"，团队创新能力及创新基础比较扎实。

（3）校企合作、产教融合进展较好

近年来，在完成教育部第三批现代学徒制试点的实践基础上，学校与北京东大正保科技有限公司继续深化合作，于2021年建成了正保大数据会计产业学院并良好运转。此外，学校在"1+X"证书考培、产业学院实训等诸多方面创出佳绩，成功入选了教育部产教融合实训基地优秀案例。2022年，深圳信息职业技术学院正保大数据会计产业学院的"青苗计划"正保定向人才培养项目正式获批教育部供需对接就业育人项目。聚焦服务粤港澳大湾区发展的"留下来"、返回家乡建设的"送回去"两项基本工作，打造了校企联合培养、协同一体化育人的长效机制，构建了从人才培养到人才输送的完整服务链，探索了人才培养和人才输送的新路径。此外，学校会计专业还与校外30多家校企合作单位在人才培养、专业标准、实训项目、教材课程、社会服务等多方面深入合作，共建校企联盟，推进了人才培养无缝对接产业，共建共享了1个省级校外公共实训基地和多个市级校外公共实训基地。

4）科技赋能会计教育改革中遇到的困难

会计本身是一个职业而非产业。这一特性决定了会计专业的就业呈现点状，而非片状的分布。没有一个企业能够容纳大规模的会计专业学生进行实习、就业。因此，受职业特性限制，会计专业学生在三年的培养过程中有很长一段时间无法直接到企业进行实地学习。而数字经济及现代科技水平的迅猛发展为解决这一问题提供了一个很好的机会，目前，学校会计专业教学模式为：校企联合在学校建立财务共享中心，将真实的企业业务场景搬到学校，校企共同在共享中心的平台上通过云端以及线上线下混合教学模式联合培养学生。目前来看，这种模式是会计专业进行实践学习的最佳模式，但它和真正走进企业进行学习依然有一定的差距，在一定程度上会影响到学校人才培养的质量和效果。

5）推进科技赋能会计教育建设和改革的主要思路及举措

（1）立德树人，将课堂思政有效贯通进人才培养体系

落实"思政课程"向"课程思政"转化。把习近平新时代中国特色社会主义思想、理想信念与社会主义核心价值观教育融入专业课程建设全过程，科学设计教学程序、制定评价标准，筛选有助于会计技能和思想政治素质双重提升的教学素材，让专业课程建设回归育人本位，将课程思政改革的内容、举措、成效纳入教师教学能力评价体系。做到课程思政在专业核心课程中的全覆盖。

（2）瞄准业态，运用数字技术打造公共技术服务平台

坚持校内校外实践基地并重发展，在产教融合硬件条件建设上，对所有实训室融入人工智能技术和云技术等，建设智慧财务实践教学基地，打造群共享的优质实践实训平台、云共享生产性实训基地。对现有实训中心进行升级，依托财经学院信息经济研究所，建立跨学科联合创新团队，联合行业龙头企业，共建财税大数据中心。面向深圳320万家商事主体，聚焦中小微企业，利用现代数字经济技术，挖掘、分析财经数据，实现价值发现和价值创造，着力打造公共技术服务平台。

（3）打造"金课"，校企结合深度打造线上线下教学课程

以人才培养为主要责任，课程设计与实施以学习者为主体。针对教师发展需求，构建高校教师的"进阶发展—师德贯穿—分层共享"混合式研修体系，探索"线上线下联动，即学即培即用"的混合式研修模式，建设"学—练—研—评"专业发展信息化支撑环境。注重知识与能力素质的有机融合，致力培养学生提出问题、解决问题的综合能力以及批判性思辨能力；适应新技术的发展，把专业或课程内容的未来性、前沿性和时代性凸显出来，淘汰那些教学内容陈旧、过时的课程；开发与当代大学生认知能力相适应的、具有一定挑战度的课程。

（4）双向流动，校企师资互聘互用打造创新教学团队

一是以模块化教学为切入点，打破条块分割化，实现校企人才在专业群和企业内部跨岗位交流。二是在薪酬待遇方面实行同工同酬，探索使用多种方式对校企人才的薪酬进行

补贴。三是强化校企合作机制,打通专兼教师的交流互访机制,学校企业互设访问工作站。按照课程组搭建专、兼教师授课团队,支持专职教师长期到对口合作企业进行深度实践技术服务或到高水平院校进行学术教学进修。四是支持企业教师来校强化课程授课和专业建设培训,全力贯彻执行学校财经学院"一师双岗"的管理制度。

(四)小结

通过对上述15所院校改革历程及经验的总结,我们发现不同类型院校的改革各有特色。接下来,我们将按照MPAcc院校、本科院校与高职院校三个层次分别从改革措施、共性困难、改革思路和举措方面进行归纳总结。

1. MPAcc院校

1)改革措施

MPAcc的目标是培养具有良好职业道德,系统掌握现代会计理论与实务以及相关领域的知识与技能,具备会计工作领导能力的高素质会计人才以更好地适应社会主义市场经济发展和经济全球化的需要。在MPAcc学生的培养过程中,中国人民大学对新数字技术与会计技能的融合充分重视,在科技赋能会计教育改革的过程中,主要有以下举措。

(1)培养目标的重构

中国人民大学在原有培养理念的指引下,提出了新科技时代下会计人才的培养目标和能力要求,将数据处理分析、人工智能和会计交叉学习等与新兴技术相关的能力和要求写入了培养目标。

(2)课程体系的更新

中国人民大学通过开设智能会计方向的课程,邀请资深实务专家进课堂,与德勤、用友、远行科技等知名企业合作开发财务机器人、智能财务共享、云会计、数字化转型的财务共享、人工智能的财务与会计等方面的特色课程等方式,增强了学生的前沿专业意识及实际运用能力。

(3)教学质量保障体系的提升

中国人民大学在改革的同时,对学生、导师、用人单位、任课教师等利益相关者持续地征求意见,并及时反馈改进意见。同时,学校还对课程内容、教授授课进行了全面评估,督促教师重视教学质量的持续提高和教学方法的不断改进。

2)共性困难

通过以上措施,中国人民大学的MPAcc教育教学取得了一定的成效,培养目标更加清晰、学生喜爱的优质课程不断增多,但目前仍存在一些问题。

(1)智能会计人才培养面临困惑

在科技赋能人才培养方面,一方面,是继续以财务会计为基础导入技术应用和分析,还是以计算机技术为基础后期导入财务会计知识,这两种路径尚需探索;另一方面,学科交叉融合学习所需时间较长,与学位培养时长较短形成冲突。

(2) 教学资源仍待进一步利用和丰富

智能会计人才培养的探索主要依靠的力量仍来源于学院内部，没有更深入地利用校内资源和吸引校外资源。此外，与智能会计等新课程相配套的智能教室和实验室等教学环境需要得到更充分的保障。

3) 改革思路和举措

面对以上问题，中国人民大学坚持改革创新的目标，通过以下的改革思路和进一步举措，希望能将科技与会计教育紧密融合，实现科技赋能。

(1) 加大课程创新

中国人民大学在把现有智能会计、数字会计等课程做深、做细、做优的基础上，把思政内容融入智能会计课程，启智润心；同时，学校与学院实验室中心合作，鼓励教师开发与智能会计相关的软件模拟课程。

(2) 加强师资建设

从新教师招聘和已有教师转向两个层面发力，拟招聘有人工智能、大数据背景的新教师，用制度牵引鼓励已有教师向智能会计转型，双向发力，解决会计教育改革中师资缺乏的问题。

(3) 整合校内外资源

在培养学院自有师资团队的同时，积极探索跨学科师资同堂上课的教学方式，通过课程合作、课题共研、案例开发等形式，从不同领域激发学生对信息科技以及信息科技赋能会计领域的认知。

2. 本科院校

1) 改革措施

本科院校在科技赋能会计教育改革过程中的措施有以下几点共性。

(1) 培养目标趋向多元化、综合化

各个本科院校在其培养目标的改革中多次提到"复合型、应用型"，培养目标向适应多元化社会发展和经济建设的需求转变。通过开设智能会计方向班、将思想道德教育与数智化技术融入培养方案等方式，培养适应现代市场经济需要、兼具会计专业知识与能力和新技术知识及应用的人才。

(2) 课程体系注重交叉融合，强化德育思政元素

课程设置在保留财会类核心课程的同时向多专业融合角度转变，强调专业交叉和知识融合，增加智能化课程、实验课程、商务数据分析等，培养学生的数智化技术运用和数据分析能力。学校在课程内容上融入智能化相关技术和应用场景，同时深入挖掘课程中的德育内涵和元素，重视课程思政教育。

(3) 教材呈现方式多样化

编写融合现代网络技术的新形态教材，创新教材呈现方式和话语体系。通过移动互联

网技术,以嵌入二维码的纸质教材为载体,结合习题及实验、模拟试卷、延伸阅读、案例分析及音频、视频等数字资源,重构智能环境下的教学标准或范式。

(4) 加大对教学环境投入

通过创建综合实训中心、实践实验教学平台、财务共享中心、大数据可视化分析平台、虚拟仿真中心等实现情境化、智能化教学。

(5) 加强师资建设

完善外引内培与协同育人机制,对现有教师进行数智化培训,引入有计算机、信息系统、统计和财会背景的复合型教师和从合作的企事业单位中聘任产教融合型导师协同教学。

综上所述,相关本科院校在会计教育改革上的相关措施对比见表 5-13。

表 5-13 本科院校会计教育改革相关措施对比表[1]

院校	相关措施				
	培养方案	课程体系	教材体系	教学环境	师资建设
中国人民大学	√	√		√	√
广东财经大学	√	√	√	√	√
嘉兴学院	√	√	√	√	√
上海财经大学	√	√		√	√
南京审计大学	√	√		√	√
东北财经大学	√	√		√	√
广东外语外贸大学南国商学院	√	√	√	√	√
广州南方学院	√	√		√	√
西安培华学院	√	√			√

2) 共性困难

通过对 9 所本科院校在科技赋能会计教育改革过程的案例分析,发现这些院校在改革过程中普遍存在以下几个方面的困难。

(1) 培养目标方面需要改变观念,注重模式创新

在会计教育中,需要改变将信息技术应用仅视为手段的观念,更加注重对会计模式创新的认知。科技赋能会计教育改革最终必须实现与实务界的顺畅衔接和有效融合,培养更具可塑性而非模式化的会计人才,满足会计工作的多样性和不断变化的需求。

---

[1] 该表只是对各高校重点实施措施的总结,并不代表高校没有采取其他措施。

(2) 课程体系、课程内容和新技术融合的广度与深度不足

在课程资源建设过程中,拓宽信息技术应用的广度、开发与创新型会计人才培养相适应的教学资源存在困难。同时,新技术融合深度不足,有的课程资源只是简单地复制到网络平台上,或者在课堂教学中简单地使用了线上课程资源,没有深入发挥信息技术的辅助支持作用。

(3) 教材建设滞后,限制学科发展

由于存在理论和实验方面的欠缺,智能会计教材建设跟不上学科发展需求,作为人才培养的重要依托的教材建设相对滞后。目前,成熟的智能会计教材少之又少,限制了学科发展。

(4) 教学方法需要更新转变

随着互联网等新技术的出现,学生获取知识的渠道多元化,学习方式多样化。如果教师不能及时转变观念,不愿学习和利用新的教学方法和教学手段,课堂将面临"替代渠道"等更多的挑战。

(5) 师资短缺,教师缺乏新技术应用能力且国际化程度偏低

师资方面的困难主要体现在师资数量短缺,专业教师缺乏对互联网、人工智能等新技术的应用能力与国际化程度偏低,难以满足互联网教学手段和人工智能时代下的教学新需求。

(6) 教学环境建设需多方参与,持续投入

搭建数智化实验实践教学平台、创新协同育人机制需要校政行企多方共同参与,单靠学校自身资源难以实现。同时,数智化会计教育需要软硬件方面较大的持续性投入,高校在硬件设施与资金上也有诸多困难,这一点在民办本科院校中更为明显。

(7) 教育评价亟待调整改进

随着社会的发展和对人才需求的变化,会计学专业的学业管理制度机制、学生日常管理制度和学生评价方式等都需要紧随时代变化而调整和改进。

综上所述,相关本科院校会计教育改革中现存的问题对比如表 5-14 所示。

表 5-14 本科院校会计教育改革现存问题对比[1]

院校	现存问题					
	培养方案	课程体系	教材体系	教学环境	师资建设	教育评价
中国人民大学		√			√	
广东财经大学	√	√		√	√	
嘉兴学院			√	√	√	

[1] 该表只是对各高校重点实施措施的总结,并不代表高校没有采取其他措施。

(续表)

院校	现存问题					
	培养方案	课程体系	教材体系	教学环境	师资建设	教育评价
上海财经大学	√	√			√	
南京审计大学			√	√		
东北财经大学		√	√	√	√	√
广东外语外贸大学南国商学院				√		
广州南方学院		√				
西安培华学院			√		√	

3）改革思路和举措

针对以上困难，各本科院校进一步明确了未来的改革方向。

（1）系统审视，对多方面进行系统的升级改造

本科院校未来要系统地审视"财会审"工作在每一个环节对现代信息技术知识、能力和素质的具体需求和总体需求，对智能会计人才培养方案、课程体系和课程标准进行修改迭代，从人才培养理念、模式、内容及手段方面进行系统的升级改造，最终形成适应现实需求的智能会计人才培养方案。

（2）加强合作，建设联合性课程和融合性课程

本科院校未来要加强深化与企业和国外名校合作，建设联合性课程和融合性课程，推动课程建设和学生培养。在教学内容中融入数智元素，持续推进课程体系的迭代升级。在深度、广度两个维度上持续拓展信息技术在专业教学中的应用，实现数智化相关课程与会计专业核心课程的深度融合。

（3）积极编写优质教材

本科院校未来要积极编写、修订适合学科发展特征的优质教材与数字化教材，充分发挥教材建设辅佐课程建设的作用。

（4）产学研赛一体，打造教学新模式

有的民办本科院校鼓励学生参加各类专业竞赛和综合性赛事，实现"以赛促教、以赛促训、以赛促学"，培养学生分析能力、团队沟通协调能力、口头表达能力等综合素养和创新创业意识，发掘学生潜力。

（5）组建优质师资队伍

本科院校未来要加强复合型高素质师资，大力引进高水平全职教师，大力加强与企业和国外名校合作，组建师德高尚、专业水平和教学水平协同发展的师资队伍。

（6）加强实验室建设，加深产教融合

本科院校要通过加强实验室建设和产教融合，建立企业业务真实情景视频再现的虚拟

仿真实训平台。

（7）加强人才培养质量跟踪数据化管理工作，优化人才培养过程

本科院校未来要建设新形势下的教育教学长效运行机制和质量保障体系，加强人才培养质量跟踪数据化管理工作，用以反馈、调整和改进人才培养过程。

综上所述，相关本科院校会计教育改革思路与进一步举措对比如表5-15所示。

表5-15　本科院校会计教育改革思路与进一步举措对比[1]

院校	未来举措				
	培养方案	校企合作	教材体系	教学环境	师资建设
中国人民大学		√	√		√
广东财经大学	√	√		√	√
嘉兴学院		√	√	√	
上海财经大学	√	√	√		
南京审计大学	√		√	√	
东北财经大学		√		√	√
广东外语外贸大学南国商学院		√		√	√
广州南方学院	√				
西安培华学院	√	√		√	√

3. 高职院校

1）改革措施

高职院校面对科技推动下的高校会计教育改革，采取的举措涵盖了人才培养模式、课程、教学、师资等多方面（表5-16），接下来从三个方面对其进行分析与审视。

表5-16　高职院校会计教育改革相关措施对比[2]

院校	相关措施					
	人才培养模式	专业课程体系	实践教学课程	"1+X"职业证书	师资建设	数智技术知识
江苏财经职业技术学院	√	√		√	√	√
秦皇岛职业技术学院	√		√			
武汉软件工程职业学院	√		√	√	√	√
长春金融高等专科学校		√	√			√
深圳信息职业技术学院	√	√		√		√

[1] 该表只是对各高校重点实施措施的总结，并不代表高校没有采取其他措施。
[2] 该表只是对各高校重点实施措施的总结，并不代表高校没有采取其他措施。

（1）人才培养模式的创新

各高职院校更加注重新时代、新形势、新技术下的德技并修和能力递进，在人才培养方案中增加大数据应用、Python 在财务中的应用等专业拓展课程。院校通过校企合作共建产业学院、数智平台和实训基地，深化协同育人机制，注重数智化人才培养。通过"书证融通"的形式，将数字化管理会计、大数据财务分析、企业财务与会计机器人应用、财务共享服务、业财一体信息化应用、审计信息化应用等"财会审"职业技能等级证书和数字化、智能化、信息化主题技能大赛等内容融入人才培养方案。

（2）教学资源的更新与重构

高职院校通过校企共同开发等形式增加了体现新技术的数字化课程，如云财务智能会计、财务大数据分析、财务数据建模与可视化、智能审计等课程。以适应"大智移云物区"下的时代环境；打造了在线课程，迭代升级教学资源；利用 AR、VR、多媒体等技术，提供了形式丰富的数字化、智能化教材；借助智能化平台，提供了开放、共享的优质学习资源；通过设立教师技能提升机制、外出学习研修等方式，提升了教师教学质量和自身能力。

（3）教学方法的改革

高职院校打造了"做、训、研、创"的多元教学模式，开展了线上线下混合教学，设置了虚拟仿真课堂，以提升教学教法的多维性；与用友、金税师、审计之友等企业及事务所共建了仿真平台和实训项目，注重锻炼学生对新技术的专业应用能力。

通过多措并举，各高职院校的人才培养取得显著成效，课程建设和教学改革逐步推进，师资队伍的科研、技术能力得到提升，教学资源不断丰富，产教融合、校企合作方向更加明确与精准。

2）共性困难

高职院校在科技赋能会计教育改革中还存在一些共性的困难有待解决（表 5-17），在此对人才培养模式、课程体系及产教融合部分给予进一步说明。

表 5-17　高职院校会计教育改革现存问题对比[1]

院校	现存问题				
	协同发力	实践课程实施条件	师资培养	人才培养体系	资金与政策支持
江苏财经职业技术学院		√	√	√	
秦皇岛职业技术学院		√	√		
武汉软件工程职业学院	√			√	
长春金融高等专科学校			√	√	
深圳信息职业技术学院	√	√			

[1] 该表只是对各高校重点实施措施的总结，并不代表高校没有采取其他措施。

(1) 会计人才培养面临供需不匹配的结构性矛盾,教师教育观念及教学能力仍待提升

科技赋能对"专业+数智技能"的复合型教师需求较高。目前,多数会计专业教师的计算机应用水平有待进一步提升,而具备数智技能的教师未能很好地融入会计专业教育。

(2) 原有课程体系亟须升级改造

如何将大数据、人工智能等技术更好地融入教学体系,如何利用信息技术丰富现有课程资源,新技术融入课程后的教学方法和教学评价等问题仍待进一步探索和优化。

(3) 产教融合有待进一步深化

目前,院校的实践教学内容虽在不断完善,但与岗位实际要求和行业标准仍存在差距,学校的人才培养和社会的人才需求之间的匹配情况仍需进一步提升。

3) 改革思路和举措

面对以上问题及困难,各高职院校主要从完善课程资源和人才培养方案、创新教学模式、加强师资建设和校企合作等方面入手(表5-18),给出了进一步的改革思路和举措。

表5-18 案例企业会计教育产学研未来计划对比[1]

院校	未来计划				
	完善课程资源	完善人才培养方案	创新教学模式	加强师资建设	加强校企合作
江苏财经职业技术学院		√	√	√	√
秦皇岛职业技术学院	√		√	√	√
武汉软件工程职业学院	√	√		√	√
长春金融高等专科学校	√	√			√
深圳信息职业技术学院		√	√	√	

(1) 加强教师团队建设

各高职院校通过打造领军式高层次人才和专业带头人队伍,形成"头雁效应",提升教师团队的综合能力;实行校企双向流动机制,为教师进企跟岗提供机会;优化教师考核评价激励制度,促进教师专业化发展。

(2) 提升教学一体化水平

各高职院校需要以职业岗位需求为导向,对课程资源、企业实践、技能竞赛、职业认证、社会服务和运行平台功能等内容进行一体化设计;组建教学资源建设团队,搭建并丰富课程教学方法与多维评价体系。

---

[1] 该表只是对各案例企业现存问题的调研总结,并不代表该企业没有遇到其他困难。

（3）加快产教融合、深化校企合作

各高职院校要创建智慧产业学院、建设智能基地平台，对接产业需求和行业发展趋势，承接企业实践业务，对外开展技术支撑服务和科研创新服务。

三、本章小结

"大智移云物区"的发展给企业活动带来了巨大影响。越来越多的企业在应用中促进新科技和会计、审计的融合。高校应用型会计教育相关政策持续强调科技在教育中的应用，鼓励高校开展各类改革，培养出在当今科技发展背景下，符合会计职业要求、为企业活动创造价值的人才。

问卷调查显示，高校应用型会计教育对新技术的应用比较充分，但还需要进一步改革以实现会计教育与新技术的深度融合：① 高校会计人才培养目标受到新技术的影响，侧重互联网与信息技术的通用能力，还呈现出新技术将持续影响并且影响程度可能进一步加深的趋势。② 高校会计类专业设置突出新技术地位、体现新旧技术的更迭。高校未来更倾向于开设融入人工智能和大数据的会计专业，目前开设最多的信息化方向将会减少。③ 课程体系中已增设新技术相关的课程，多数高校增设了1～3门新技术相关的课程，如大数据类、计算机基础类及虚拟仿真类课程。④ 教学内容与新技术融合的举措多样，高校从多个方面对教学内容进行优化。⑤ 教材体系的改革体现了新技术内容，体现了新时代培养目标，注重新技术的理论及应用。⑥ 教学方法的重构融入了新技术，构建了"讲授教学＋案例教学＋项目研发"三位一体的教学方法。⑦ 师资建设体现了新技术的要求，提高了教师在信息技术方面的能力，引进了有技术背景的教师。⑧ 教学环境支持新技术的应用，建立了虚拟仿真实验室、产学研实训平台、虚拟教研室，及现代产业学院。⑨ 教育评价以新技术为工具，强化过程评价，健全综合评价，改进结果评价，探索增值评价，以及跨界协同共建教育评价系统。

在新技术的影响下，高校的培养目标、专业设置、课程体系、教学内容、教材体系、教学方法、师资建设、教学环境，以及教育评价都在改革。

目前在国内应用型会计教育改革上具有一定代表性的15所高校中，不同类型院校的举措各有特色：以中国人民大学为代表的MPAcc培养院校将培养目标与科技赋能教育趋势相匹配，致力于培养具备良好职业道德，掌握扎实的会计和财务知识，有较强数据处理和分析能力，能解决人工智能和会计交叉领域问题，具有全球视野和创新精神的复合型人才。并以此培养目标指引课程设置，建设科学合理的课程体系，新增了智能会计方向的课程。

本科院校在科技赋能会计教育改革过程中的培养目标趋向多元化、综合化，向适应多元化社会发展和经济建设的需求转变。在课程体系注重交叉融合的同时强化德育思政元素，加强师资建设，完善育人机制，绝大部分本科院校在教学环境方面也有所改进。

高职院校则更加注重新时代、新形势、新技术下的德技并修和能力递进,通过"书证融通"的形式,将数字化管理会计、大数据财务分析等财会审职业技能等级证书和数字化、智能化、信息化主题技能大赛等内容融入人才培养方案。与此同时,高职院校还通过校企共同开发等形式增加了体现新技术的数字化课程,对教学资源进行了更新与重构。在教学方法上,高职院校打造了"做、训、研、创"的多元教学模式,与用友、金税师、审计之友等企业及事务所共建了仿真平台和实训项目,锻炼了学生对新技术的专业应用能力。

在会计教育改革现存问题方面,MPAcc院校认为跨学科的智能会计方向师资缺乏是当前科技赋能会计教育改革中遇到的一大困难。同时,两年制的课程培养时间无法为学科交叉培养提供充足的时间,智慧教室和实验室等硬件设施不足和校内外资源盘活利用不够也是限制智能会计培养发挥效能的因素。本科院校则更多提到了师资建设与教学环境,认为现有教师数量短缺,师资队伍缺乏新技术应用能力且国际化程度偏低难以满足互联网教学手段和人工智能时代对教学的新需求,同时搭建数智化实验实践教学平台也无法单靠学校自身资源实现。高职院校则在智能化的人才培养模式和多元化的课程资源方面有待进一步丰富完善。

在会计教育未来改革方向中,MPAcc院校将在课程创新、师资梯队建设和校内外资源整合三个方面发力,将科技与会计教育进一步结合,实现科技赋能会计教育。本科院校和高职院校都将校企合作作为下一步改革重要举措。未来本科院校还将加大投入以改善教学环境,加强师资建设。各高职院校则主要从完善课程资源和人才培养方案等方面入手进行进一步改革。

第六章

高校应用型会计教育产学研典型案例

2017年,党的十九大报告中明确提出:"深化科技体制改革,建立以企业为主体、市场为导向、产学研深度融合的技术创新体系,加强对中小企业创新的支持,促进科技成果转化。"产学研即企业、高校、科研机构等创新主体基于特定目的而进行的合作活动(蒋舒阳等,2021),其实质是促进技术创新所需各种生产要素的有效组合。随着高校功能从人才培养、科研深入到社会服务的不断延伸,高等教育、科技、经济一体化的趋势越来越强。在"大智移云物区"等相关技术不断发展的情况下,相关技术的知识与运用成为高校应用型会计教育产学研中的重中之重。以厦门网中网软件有限公司、新道科技股份有限公司、北京合联益诚科技有限公司等为代表的一大批优秀企业积极响应国家政策,进行了一系列产学研合作模式的探索,包括技术开发、人才培养、共建实体、校企联盟、战略联盟等,以此引领产学研合作的新业态,为推动会计教育事业的发展作出了卓越的贡献。本章将以厦门网中网软件有限公司、新道科技股份有限公司、北京合联益诚科技有限公司,以及北京知链科技有限公司的会计教育产学研实施为案例,通过探究案例企业会计教育产学研的实施方法、困境与未来方向,总结出高校应用型会计教育产学研的实施途径、个性与共性问题,以供其他企业与学校参考。

一、厦门网中网软件有限公司会计教育产学研典型案例

(一)厦门网中网软件有限公司概况

厦门网中网软件有限公司(以下简称"网中网")是专门从事会计类教学软件产品开发、服务、销售的高科技企业,深耕财会教学软件开发领域18年,技术实力雄厚。其与全国院校深度共建了近百个产教融合基地及承建了超过1 000家合作院校实训室,拥有多个课堂教学改革、实践基地建设、实验室建设等校企合作典型案例及成果,专注为院校提供集成产品研发、赛事支持、师资培训、课程设计、专业共建等一体化的财经教育解决方案,助力高等教育事业改革发展,曾获"教育部产学合作协同育人项目优秀案例"等近百个全国及地区的奖项。

网中网连续9届作为全国职业院校高职组会计技能大赛的技术支持单位,同时承担着

教育部会计教指委主办的企业价值创造大赛的技术支持工作,服务包括北京大学、中国人民大学、厦门大学、东北财经大学、中山大学、山西财政专科学校、四川财经职业技术学院等超3 000所院校的客户群,客户涵盖中职、高职、本科院校,遍布全国31个省市自治区及直辖市,具备雄厚的产品研发及市场服务能力,具有较大的行业影响力。

(二)产学研合作培养会计人才方案

为赋能财经教育建设,网中网从顶层设计入手,创新协同育人组织模式,聚焦前沿和紧缺学科专业的建设,先后推出了大数据财务、智慧税务、智能审计、业财融合、管理决策等前沿教学产品及应用,并配套从教学资源建设、实训条件升级到实习就业推荐等提供教学全过程服务支持,形成了一系列财经教育的教学解决方案,引领未来技术、产业发展与人才培养有机融合,携手全国院校打造共商、共建、共享的财经教育责任共同体。

1. 创新人才培养模式

按照校企合作办学模式,网中网组建了由会计教育专家、学校专业教师和正保会计实践教学专家组成的研发团队,依据数智化财会人才培养目标开展调研,共同研制了创新人才培养模式及流程(图6-1)。

图6-1 创新人才培养模式流程

资料来源:厦门网中网软件有限公司。

网中网围绕当地经济社会发展趋势,关注"大智移云物区"技术驱动,聚焦财会行业转型发展。根据财会岗位群,共同调研人才职业能力需求等信息,构建了职业能力框架,确定了大数据与会计专业群数智化财会人才培养标准,实现了校企共同制定数智化财会人才培养方案。

2. 服务大数据与会计专业及专业群建设

网中网将专业基础课程、专业实践课程形成的线下课程资源与慕课、微课等线上课程资源有机融合,充分利用专业群内专任教师现有的教学资源,产教融合校企合作单位提供的企业真实脱敏案例以及领军合作企业的优质资源进行课程教学资源开发。围绕专业和专业群的课程内容,引入了相关证书和竞赛资源,整合学校、正保和社会资源,建成了新型立体式教材、精品课程、资源库和智慧云课堂教学平台的"3+1"课程资源。

1) 打造智能化教学模式

网中网依托学校专属云课堂教学平台,积极构建理实一体化教学、混合式教学和翻转课堂等课堂教学模式;积极推进项目式、案例式与团队学习等行动导向式实践教学模式,建立以学生为中心的大数据与会计专业特色教学模式,培养应用型、管理型、创新型的高素质数智化财会人才。

2) 推进教学方法改革

网中网推进线上线下混合式课堂教学方法。根据"互联网+"的教学特点,依托智慧云课堂专属教学平台,进行混合式课堂教学方法改革。线上教学方法有:布置任务、布置作业和布置实践活动等。学生通过自学,完成对基本知识和理论的记忆、理解和应用,以及专业拓展等知识学习任务。线下教学方法有:检查、讲解、讨论、边讲边示范、训练等。学生在教师的引导下完成问题的分析和评价,以及提升整合在多门学科中综合解决问题的能力。

3. 数字化课程资源"3+1"建设

网中网精心打造了适应"互联网+课堂"的"互联网+"新形态教材,选用或开发了应对新政策、新方法、新技术发展变化的理实一体化教材,编写了契合会计真实业务的新型立体式教材,引进了正保"1+X"财务共享服务等职业技能等级证书的培训教材,形成了"国家规划教材+校企共建教材+自编特色教材"的教材体系。

首先,为适应结构化、模块化的专业课程教学和教材出版要求,网中网重点推动了专业核心课程以真实生产项目、典型工作任务、案例等为载体来组织教学单元。其次,网中网结合专业教学改革实际,组织了院校和行业企业、教科研机构、出版单位等,联合开发了深入浅出、图文并茂、形式多样的活页式、工作手册式等的新形态教材。再次,网中网开展了"岗课赛证"融通教材建设,结合订单培养、学徒制、"1+X"证书制度等,将岗位技能要求、职业技能竞赛、职业技能等级证书标准的有关内容有机融入教材。最后,网中网积极推动教材配套资源和数字教材建设,探索了纸质教材的数字化改造,形成了更多可听、可视、可练、可互动的数字化教材。网中网建设了一批编排方式科学、配套资源丰富、呈现形式灵活、信息技术应用适当的融媒体教材。以接口方式与正保云课堂智慧学习平台的预习、课堂互动、测试、案例、思考题和作业等进行功能打通,达到实时数据分析和信息反馈,做到学习效果、教学效果的立体化、可视化。

4. 师资建设

网中网建立了教师培训基地,通过正保智慧财经现代产业学院的"双师型"教学团队的实践教学经验,转化形成了"双师型"教师培养规范、校企合作师资培训手册、"双师型"教师培养系列课程等成果,培训任课教师成为"双师型"教师,为教师的发展服务。

根据财会专业的建设需求,网中网提供了教师研修平台,依托院校专属云课堂教学平台,共建了教师研修中心。为院校教师提供了会计专业改革、人才培养改革和包括会计、审计、税务、财务管理等专业课程在内的各类进修课程,教师可进行自主研修。为了提高合作院校教师的实践教学能力,网中网利用资源优势对教师进行了下列方式的培训。

1)面授培训

利用假期,网中网每年对教师提供不少于一周的会计实务、财务共享中心平台操作和"正保云课堂"教学平台操作的培训,提高教师的会计实务和信息技术应用能力。

2)网络培训

通过网络,网中网主要对教师进行财务共享服务、RPA机器人、企业管理咨询等职业技能的远程培训,提高教师的"X"证书的培训能力。另外,网中网定期举办线上正保财会专家大讲堂活动,对教师进行财会实务新知识、新技术的培训。

3)北京正保育才教育科技股份有限公司实践

院校教师到北京正保育才教育科技股份有限公司(以下简称"正保公司"),通过企业轮训、跟岗访学、顶岗实践和实践教学方法训练等方式进行企业实践,提高实践教学能力。

4)企业访学

网中网联合中华会计网校、正保公司商学院在全国举办了知名企业(如阿里巴巴、海尔、京东等)参访学习的高级研修活动,使院校教师得以了解大变革下社会、企业、财务等面临的机遇与挑战,了解企业真实的会计实务,把握财务创造价值的新思路。

网中网选派了会计高技能人才到校兼职承担实践教学任务,配备了企业导师驻校参与学生管理,安排了会计实务专家承担实践课程授课任务,同院校教师相互交流,共同提高。依托产业基地,校企合作,企业共建了具有辐射引领作用的高水平财经类职业教育师资培训中心,共建了大数据与会计专业群"双师型"教师的入职培训和在职研修体系。

5. 服务地方数字经济建设

网中网联合地方财税服务公司研发智能化服务平台,为当地中小企业提供了大数据与会计、企业财务创新、业务流程优化、服务质量提升和管理制度改革等方面的咨询服务。开展了区域性的财经类专业教师师资培训活动。同时,网中网承担了市级培训、其他专项培训等服务。依托正保公司产业基地,网中网建立了继续教育培训中心,实行了学分银行评价管理制度,为当地企业提供了职工开放式学习,打造了终身教育体系。面向新财会、新财税、财经大数据分析等岗位群的从业人员,网中网提供了以提升职业能力为核心的各学历层次的继续教育并培训了当地企业的会计人员,使其转型为管理型会计人才。开展了新农村财经职业培训,对退役军人、城镇转岗人员提供了财经技能培训,落实了国家乡村振兴战略和稳就业政策。

6. 构建贯穿式就业服务

网中网配备了专职就业指导老师,形成了包括职业发展指导、多元化就业课程、实习就业等内容的完善就业服务体系,从就业环境分析、职场角色转换、心理辅导、就业选择等多个角度帮助学生进行个人成长规划,提升了学生的自我规划能力和精准求职就业能力。依托正保公司 472 万家企业的客户资源,优先推荐正保智慧财经现代产业学院的学生进行实习就业,确保学生的对口就业率。网中网开展就业跟踪,收集用人单位意见反馈,形成了良性口碑,借助正保公司及用人单位的评定效果,推进院校前端专业招生,形成了良性循环,提高了院校在专业区域内及国家内的影响力。

依据人才素质结构"新冰山"模型,网中网结合会计行业发展形势与企业用人标准,制定了完善的职业赋能培养课程体系,按照就业指导与人才要求融合的培养模式,从两个方面提升了学生就业率:一是调研会计行业的上岗能力要求、职业素养标准和岗位招聘时间等人才市场情况,努力保持供需对接的一致性;二是加强学生自身的职业生涯发展教育,指导学生积极做好职业生涯规划,构建合理的专业知识体系,促进学生对口就业。

根据企业财务年底集中招聘人才的特点,网中网建立了灵活的顶岗实习和就业一体化指导机制以及推荐服务。通过实践在线管理平台,加强了实习期间的学生管理,指导了学生实习后留用。同时,网中网推行了"467"实习就业模式,即 40.00% 的学生凭借自身能力获得实习就业机会;60.00% 的学生通过推荐匹配联盟单位对口岗位;通过入职后跟进指导,协调与解决学生的实习问题,帮助 70.00% 的学生在实习后留用转正。

校企共建了学生职业技能培训和鉴定中心,强化学生的现代会计职业技能培训,同时通过学生职业能力测评系统和大数据信息收集,评价学生的学习情况、鉴定学生的职业技能等级,刻画学生的专业能力肖像、分析学生的岗位胜任能力,科学施教。以岗位能力、综合职业能力为主线,以技能竞赛平台、职业考证平台系统为支撑,为学生搭建能循序渐进地培养职业能力的技术技能平台。

(三)产学研合作培养会计人才取得的成效

针对目前高职院校会计专业实习所面临的问题,网中网整合了行业内企业的资源,把基于互联网云平台的创新型财税服务模式引入高校,并赋予教育带教职能。通过在高校建设"高校共享中心",依托集核算、报税、咨询、管理、协同于一体的校企财会产学研合作实训教学平台,把企业的真实业务引入院校,让学生足不出校即可参与企业核心业务的处理工作。经过专业培训,在财务顾问的指导下,学生不仅可以处理会计核算、纳税申报等工作,而且可以处理财务分析、纳税筹划、成本管理、预算编制、投融资测算、内控设计、风险管理等管理业务工作。

1. 合作院校多达六十多所

正保财务云共享中心于 2017 年 9 月正式在院校实施。截至目前,包括教育部合作项目,合作院校已达到六十多所,包括武汉商学院、河北地质大学、浙江旅游职业学院、深圳信息职业学院、广州番禺职业技术学院、郑州财经大学、郑州升达学院、湖北科技职业学院、辽宁经济管理干部学院、长春金融高等专科学校、台州科技职业学院等。基于正保共享中心囊括的二十多个不同行业、5 000 家不同规模企业的真实业务资源,结合高校会计专业人才培养的需要,建立了一套涵盖财税核算、业财分析、战略财务三个不同层级内容的岗位体系,通过系统化地培养与实践操作,培养财会岗位的技能和职业能力。

2. 建立新型职工培养模式

正保共享中心委派了实务经验丰富的会计入校,带教师傅对过程进行监管,建立"师傅带徒弟"的传帮带模式。学生半工半读,边学习边实践,会计将手把手地教他们,使他们从高校顺利过渡到工作岗位,成为熟手、能手。而这也将突破以往学生进企业"顶岗实习"的模式,学生不再是只从事基层岗位、廉价报酬的工作,而是被有目的、有计划地培养。以"问题"为核心,以"合作"为手段,创造"合作"环境,让学生自由组建相对固定的学习工作联合体,自行组织问题讨论,通过分享交流开拓视野和格局,在完成岗位任务时,逐步培养自主思考问题—分析问题—解决问题的思维逻辑,体验探究财务工作的情趣和乐趣。

3. 构建"1+X"证书体系

构建多元选择有机结合的"1+X"证书体系,创建"学分银行"系统平台,鼓励学生通过课内、课外实践,取得项目开发结项证书、技能竞赛获奖证书、职业技能等级证书、行业企业认证证书、社会实践证书,参与企业课题研究、公益活动等,推动产教协同育人、校企协同育人,为学生提供专业选择和个性发展空间,形成学生宽口径、多元化、个性化的发展体系。

4. 与教育部协同育人

正保网中网积极参与推进了教育部产学合作协同育人项目,促进教育链、人才链与产业链、创新链有机衔接。自 2017 年启动教育部产学合作项目至 2020 年,已参与 7 个批次,累计立项 471 项,提供平台价值超千万元,直接资金支持超百万元。支持项目的类型涵盖教学内容与课程体系改革、实践条件与实践基地建设、师资培训、创新创业教育改革等。

正保网中网产学合作项目涉及教学内容与课程体系改革、师资培训、校内实践条件建设、校外实践条件建设,在"智能财务""智慧税务""业财融合""智能审计""财务大数据应用"等方向上,支持高校的人才培养和专业综合改革。本着以对接产业发展、培养现代财务人才为目标,通过特色专业方向,引入大数据、人工智能等新技术在财务领域的应用场景,培养学生、老师的数据思维和管理能力,从而支持高校的教育教学改革,实现专业办学水平升级。

(四)产学研合作培养会计人才存在的问题和困难

1. 在虚拟仿真技术支持上存在不足

虚拟仿真就是用一个系统模仿另一个真实系统的技术。虚拟仿真实际上是一种可创建和体验虚拟世界的计算机系统。以仿真的方式给用户创造一个实时反映实体对象变化与相互作用的三维虚拟世界,并通过头盔显示器、数据手套等辅助传感设备,提供给用户一个观测与该虚拟世界交互的三维界面,使用户可直接参与并探索仿真对象在所处环境中的作用与变化,产生沉浸感。

目前,公司的产品对市面上主流的虚拟仿真技术(如 VR、AR 等)的支持力度不足。随着信息技术的发展,建设职业教育虚拟仿真实训基地既是改革传统教学育人的手段,推进人才培养模式创新的迫切需要,也是强化教学、学习、实训相融合的教育教学活动,是有效弥补职业教育实训中看不到、进不去、成本高、危险性大等特殊困难的重要措施。在虚拟仿真技术上的支持不足,是公司目前与各大院校财经专业进行产学研合作中的一个短板。

2. 财会人才培养体系上尚存不足

目前,公司的财会人才培养体系中缺乏完整的智慧税务、智能审计人才培养体系,在财会产学研合作上存在体系上不足的问题。公司正在加紧研发对应的教学实训产品,组织税务、审计领域的专家研讨,论证智慧税务、智能审计人才的培养方案,已于 2022 年完成财会大类人才培养体系的初步构建,当前正持续优化产学研协同育人体系。

(五)产学研合作培养会计人才的计划

1. 深化教学模式创新

推动学科结构、课程内容向更现代化、信息化、智能化的方向发展,将现代科学技术融入学科体系与教学内容,加强大数据分析技术、人工智能等技术在财会教学中的应用,全面培养学生的大数据、智能财会处理能力。

2. 重构专业课程、教材和资源建设

重构财会的课程体系和课程标准,精心打造适应"互联网+课堂"的"互联网+"新形态财会教材。传统财务融入大数据财务的新理念、新方法、新技术,突出时代性、前瞻性。按照国家教学资源库的标准,融入职业技能的标准,遵循"一体化设计、结构化课程、颗粒化资源"的构建逻辑,建设数门核心课程的教学资源库,实现"能学、辅教、助培"的目标。

3. 探索校企共育人才的培养模式

校企合作联动培养深化产教融合、校企合作,推进工学结合、知行合一。创新大数据财会新产学研人才培养模式,促进行业、企业参与职业教育人才培养全过程,实现专业设置与产业需求的对接,课程内容与职业标准的对接,教学过程与生产过程的对接,技能与职业岗位的对接,实现学生理论知识和职业技能、职业素养的完美对接,打造新的人才培养模式,创新地区乃至全国高校的人才培养模式。

4. 完善公司财会教学及实训体系

适应当下审计、税务工作环境的新变化,对审计、税务相关专业的培养方式也必须作出改变,理应将大数据、人工智能等信息技术与审计、税务结合,推动审计、税务教学工作向智能化、技术化发展。

5. 完善财会课程资源库

按照国家教学资源库的标准,建设及完善适应数字经济时代下数智化财会人才培养要求的教学资源库,包括课程标准、教学设计、学习指南、视频课程(微课、动画演示)、动画演示、PPT讲义、习题试题、典型案例、话题讨论、实验实训资料、案例库、辅助讲解及拓展阅读等多种形式,形成教学内容知识点化、教学形式多样化、教学管理信息化,满足线上线下混合教学模式的实施要求。

课程资源库在内容上应体现最新实务应用、当前及未来的岗位能力要求;知识点体系依据企业的经济活动和岗位的要求进行构建,形式上包括知识树、视频课程、题库、案例、讨论及思考题、线下活动设计,以及其他拓展阅读资源等方面;校企根据实际需要共建优质的课程资源库,方便一线授课教师开展教学活动。

二、新道科技股份有限公司会计教育产学研典型案例

(一)新道科技股份有限公司概况

新道科技股份有限公司(以下简称"新道科技")成立于 2011 年,是用友集团的重要成员企业,公司践行"培养数智人才 服务产业升级"的理念。作为中国领先的数智化人才培养服务的提供商,新道科技持续专注新商科、新工科、社培与厂商认证三大领域,致力于规模化培养数智化人才。新道科技整合了产业资源,以实践教学、专业共建、产业学院等形式进行校企合作,通过协同育人服务体系,搭建了智能财务、数字营销、数字人力、数字金融、工业互联网、数字开发、创新创业七大数智化人才体系,培养了新商科、新工科及新双创领域的交叉型、复合创新型人才,服务了中国教育事业,支持了中国产业升级。

多年来,新道科技致力于把数智商业融入校园,为高等教育提供新财经、新商科、新工科领域的综合教育产品与云服务解决方案。凭借先进的实践育人理念,依托用友公司"700 万+"企业客户的最新应用实践、开放的实践教学平台、强大的教育服务体系,与全国超 4 500 所院校及社会机构展开合作。新道科技自成立以来,始终高度重视研发与创新,基于 AI、云计算、大数据、区块链、5G、物联网等新技术,以实践课程为核心,培养和提升学生创业、就业的素质和能力。截至目前,新道科技已获得外观设计专利 15 项,计算机软件著作权 72 项,作品著作权 13 项,并通过了 ISO9001:2015 国际质量管理体系认证及企业信用评价 AAA 级信用认证。

(二)产学研合作培养会计人才方案

新道科技新财经教育秉承"把数智商业融入校园"的理念,充分利用云计算、大数据、人工智能等新技术,立足用友公司以"实时会计 智能财务"为核心的产业企业实践案例、数据、场景、工具、方法,满足院校深化智能财务人才培养方案和课程体系改革的需求,推动院

校学科与专业结构的优化、人才培养模式的创新、校企治理结构的再造。从科研创新、数智教改、师资发展、人才服务等多方面提升了院校专业发展质量,创新了专业教改的新内涵,开启了智能财务人才培养新范式。

数字经济时代下,产业数字化对企业经营管理提出了新要求,而财务数字化作为经营管理数字化的有效抓手,对企业数字化转型至关重要。在这一过程中,充分对接企业财务数字化转型的用人需求,提升会计人才培养质量,是校企双方共同努力的方向和着力点。新道科技基于用友公司的超过 700 万家合作企业与公共组织客户对财务人员的需求,分析并提出了会计类岗位的能力分级模型,实施了分层、分阶段、分流、分类成才的人才培养模式,以学生为中心,尊重差异,因材施教,打造了会计人才培养的"立交桥"。

1. 智能财务专业课程体系

融合大数据、人工智能、云计算等技术和知识,借助财务数智化实践与技术支撑,校企联合在课程内容、课程设置方面开展专业课程体系改革,注重专业知识与专业融合实践、新技术实践、创新实践的有机衔接。

2. 云财务管理会计师人才培养

云财务管理会计师课程体系结合"实时会计、智能财务"趋势下新型财会人员的专业定位与能力要求,充分借鉴本科院校大类招生的培养模式进行课程改革,以学生为中心,构建宽口径、厚基础、国际化、强实践、求创新的课程体系。在学科平台课程中,与学院共同构建了跨学科平台课,融合了企业全息认知与创新创业基础教育课程;在专业必(选)修课程阶段,融合了专业课程的理实一体教学,深化了教师专业课程教学范式和学生学习方式的转变,支撑了线上线下混合式课程教学模式;同时,对接了云财务产业与技术发展,增加了两个专业的方向选修模块:云财务会计师(财务共享服务、云财务智能会计、财务大数据可视化分析、大数据审计)与管理会计师(集团企业财务管控模式、全面预算管理、资金运营与司库、内控与风险管理);在学期实践周开展校企协同的认知—专业—顶岗—毕业—就业的实习实践服务。

云财务管理会计师人才培养建设了专业方向选修的模块化课程,增加了云财务及管理会计方向两个课程模块,将财务共享、事项会计、智能财务、RPA 流程机器人、全球司库、管理会计、大数据、区块链等内容融入了课程体系(图 6-2)。

3. 开设数智财经实践教学课程

1) DBE Cloud 系列

(1) DBE 财务共享服务中心实践教学平台

社会商业数字驱动,财务转型始于共享。立足用友公司服务企业数字化进程中的财务管理理念、先进方法与案例实践,新道科技融合数字化技术,构建了"新道 DBE 财务共享服务"实践教学平台,把财务共享服务搬进了校园。该平台具有实践全方位、教学多场景、仿真全实战和模拟多应用四大特点。

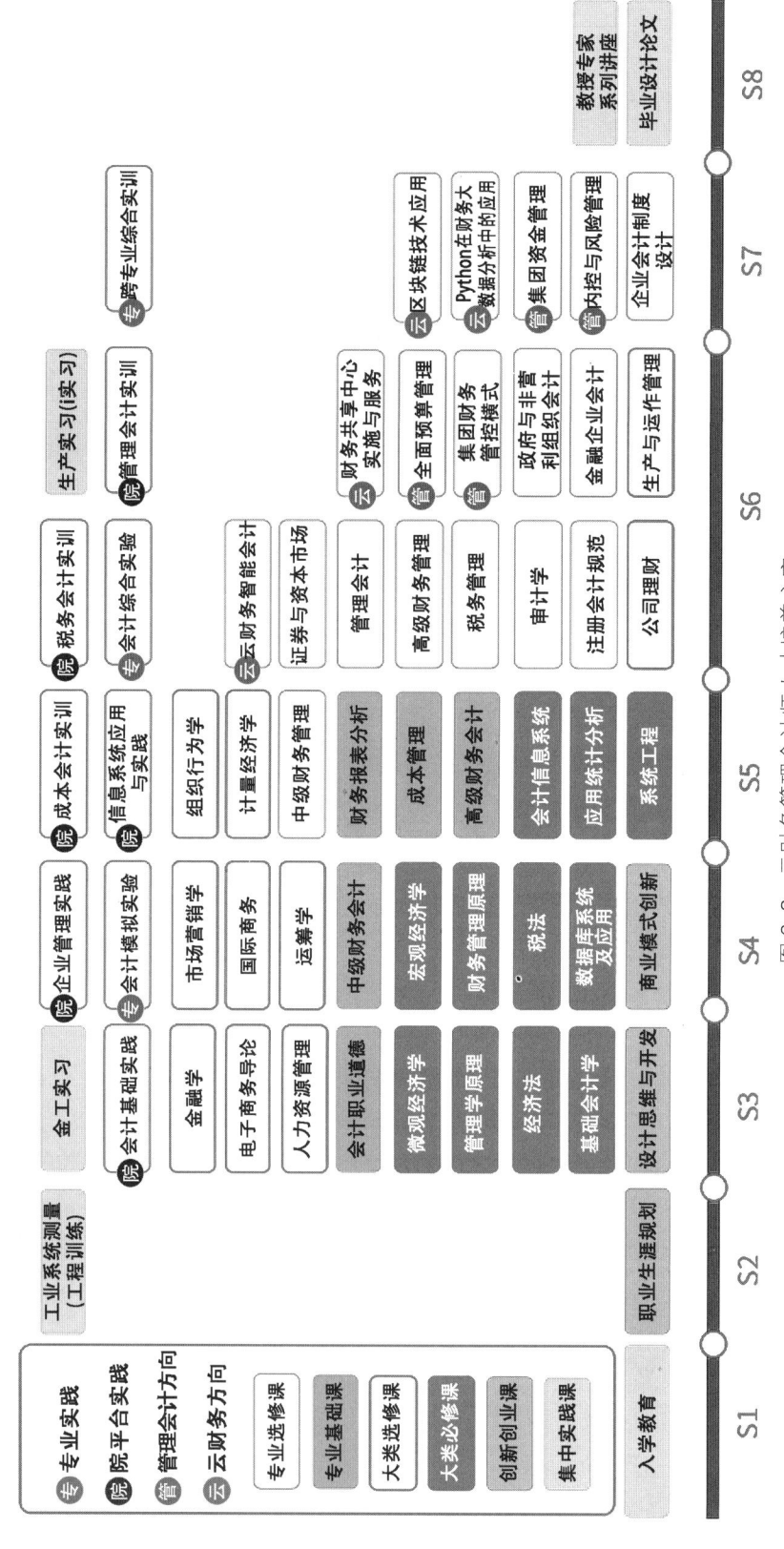

图6-2 云财务管理会计师人才培养方案

资料来源：新道科技股份有限公司。

(2) DBE 数智实践教学平台——RPA/AI

新道 DBE Cloud 数智实践教学平台——RPA/AI 是一款适用于院校培养创新型、应用型、复合型人才的智能财务认知和体验实践平台。基于"大智移云物区"等新技术的发展，汇聚用友公司在财务数智化领域的最新探索，让学生体验最前沿的智能财务理念与企业财务智能应用实践。当基础核算工作逐渐被信息系统、被流程自动化技术、被财务机器人取代时，为学生指明财务人的价值所在，并通过实际演练帮助学生理解且初步取得提供这种价值的能力。借助智能手段实现逼真场景展示，让学生感受虚拟现实工作场景，犹如身临其境。

(3) DBE 数智实践教学平台——大数据领域

新道 DBE Cloud 数智实践教学平台——大数据领域，以商业场景与大数据技术交叉融合带来的人才能力需求为定位，根据商科学生的认知与学习特点，以商科领域的相关理论方法为基础，以现代信息技术为手段，系统、全面地介绍了与企业大数据分析相关的基本知识与技能。构建了大数据认知、大数据分析基础与方法论、大数据分析工具与用例、数据挖掘与算法模型、智能分析可视化、大数据商科领域应用实践项目等内容，具体包含 Python 基础、Python 爬虫、数据挖掘与算法、财务大数据四门课程。

2）B+ Cloud 财务实践教学平台

新道 B+ Cloud 财务实践教学平台，是以企业典型业务为主线，以财务部门的各岗位技能培养为目标，用"把企业搬进校园"的产品理念为学生提供高仿真的企业工作环境、业务流程、业务数据，让学生通过任务驱动、角色扮演等方式的演练，理解企业生产经营活动与财务处理之间的逻辑关系，掌握各岗位的财务基本实践技能、熟悉各财务岗位之间以及财务岗位与企业内外部其他岗位的协同关系，并在此过程中提升学生的方法能力以及协调、组织、沟通等综合职业素养。平台课程具体包括：基础会计、管理会计、成本核算与管理、会计信息系统应用、企业财务管理、企业财务会计、税费计算与申报、审计信息化实践。

3）VBSE 系列平台

(1) TTC 学练训赛一体化平台

新道 TTC 平台是一款适用于各类院校财会类专业的训赛一体化平台。其以知识竞赛为基础，使学生通过在该平台上训练、考试一体化应用，掌握管理会计各岗位"工作过程"中的岗位技能的核心内容，让学生在真实企业的业务、数据中进行任务竞赛，以此考查学生掌握各岗位管理会计技能以及岗位之间协同能力的程度。同时，新道 TTC 平台也可以检验会计相关专业教学改革的成果，展示学生的管理会计通用技术和职业能力。

(2) i 实习—财务实习平台

i 实习—财务实习平台是一款采用仿真实习模式，全面采用"互联网+"教育大数据技术，面向岗位胜任力构建的商科实践教学产品。通过建立校内实习基地，内置多个岗位、多业务场景、多案例、多行业、多企业类型的企业真账，在学业最后阶段强化能力训练，快速对标市场需要,通过真账实战和分岗轮训,使学生具备"零距离"上岗能力。平台拥有基于大数据的岗位能力分析报告,让学生在就业市场拥有最强竞争力并可精准匹配岗位。其包含 3 类实习模式,7 类实习主题,15 个财务岗位。平台采用进阶式设计仿真实习场景,提升财会人员的 50 项核心能力,培养会计核算、财务管理能力兼备的管理型财务人员。

4. 新道"1＋X"职业技能等级证书

1) 教育部"1＋X"证书,"财务数字化应用"职业技能等级证书

"财务数字化应用"职业技能等级证书以企业的业(业务)、财(财务)、税(税务)、资(资金)四大板块的财务数字化应用工作为依据,面向独立核算模式、集中核算模式和财务共享服务模式的企业,运用当代数字技术(云计算、大数据、人工智能等),培养社会紧缺的财务人才。该证书等级标准设计科学,职业技能要求适配数字化企业的会计核算岗、财务管理岗、全面预算管理岗、短期投融资岗,以及集团资金调度岗、财务大数据分析与管理等岗位的工作需要。

2) 教育部"1＋X"证书,"业财一体信息化应用"职业技能等级证书

"业财一体信息化应用"职业技能等级证书以企业的业(业务)、财(财务)、税(税务)三大板块的业财协同应用工作及信息系统管理与实施工作为依据,面向独立核算模式和集中核算模式的企业,运用当代信息技术,培养社会紧缺的财务人才。该证书的等级标准设计科学,职业技能要求满足企业的财务基础核算岗、业财协同业务处理岗、财务管理岗、信息系统设计与维护岗、企业经营数据收集与分析岗、初级 ERP 财务顾问等岗位的职业技能要求。

5. 校企合作模式

从 1.0 实践基地建设到 2.0 专业建设,再到 3.0 产业学院共建,新道科技一直在探索和实践产教协同育人新模式。新道科技通过与院校一起创新会计人才培养模式、开发智能财务系列课程和教学资源、打造区域产业技术技能创新服务平台、建设示范性智能财务综合实践基地、开展社会服务等方式,积极拥抱"数字经济时代"下新技术给会计工作带来的新机遇和新挑战,主动对接产业用人需求,为院校会计人才培养持续贡献自己的智慧和力量。

(三)产学研合作培养会计人才取得的成效

面向新型会计人才转型的需求,新道科技全面深化了产教融合内涵建设,推进了新一代数字化、智能化技术在会计领域的交叉融合,创新了复合型、拔尖型、创新型会计人才为中心的人才培养模式,加大了课程体系、实验实践环境建设、师资发展、教学方式方法、教育信息技术、产学研创新、社会服务等的改革力度,打造了会计专业的建设发展与人才培养创新的新模式、新内涵、新标杆。

目前,新道科技携手院校共建实践教学基地超 7 600 个、共建数智产业学院超 400 所,培养学生超 600 万人,培训教学师资超 20 万人,联合出版教材超 1 000 本。新道科技平均每年提供 20 000 人次的师资培养服务,助力合作院校获得 36 项国家级、省级教学成果奖。新

道科技连续17年主办沙盘模拟经营大赛,超23万学生参赛。自2015年起,新道科技作为企业评委连续5年支持全国大学生"互联网+"创新创业大赛,培养学生超过130万人。

1. 人才培养模式创新

新道科技通过建立"课内与课外、校内与校外、专业与综合"相衔接的课程与实践体系,创建了开放式互动人才培养模式,推进了院校会计专业的数智化培养进程,协助院校以教学3.0模式为核心实施培养方案改革。基于"数字财务""实时财务""事项会计"的特征,结合人工智能等新技术驱动的财务与会计行为决策理论与新范式,按照数智融合、主辅打通、理实结合、专业交叉原则帮助院校改革现有培养方案。

2. 数字化"双元"教材开发

在高等教育领域与高等教育出版社共同启动了新形态教材共建暨数智化人才培养合作,注重传统会计与智能技术的融合,与中国人民大学、上海财经大学、厦门大学、中央财经大学、南京财经大学、江西财经大学、西安交通大学等高校持续探索以开设的智能财务(会计)方向的课程为基础,融合新道教育最新技术的"高等学校智能会计产学研融合新形态系列教材"。

3. 课程体系内涵创新

在教学3.0模式为要求的课堂教学模式的变革和创新基础之上,根据课程的逻辑联系进行优化整合,突出特色,打造品牌。以通识课程为基础,以信息系统为支持,以会计专业课程为核心,"通专结合"熔铸"数智化+财会"一流"金课",强化国家级"卓越人才培养计划"项目建设。在课程体系的构建上,打造了理论创新、数智融合和数据智能三条主线以及技术储备辅线,实现了专业融合实践和新技术实践、创新实践的有机衔接。

4. 双师能力提升

通过双师实践基地建设,赋能教师能力提升。新道科技主要采取"院校+用友·新道+N个数智转型企业"的模式,真项目真做,真场景真练的方式,校企深度合作。在基地建设和教师培养培训的过程中,学院与企业发挥各自优势,紧密合作,分工协作,达到提升教师的教育教学理论水平、专业技术素质、数智实践技能的目标。

5. 实习就业推荐

新道科技通过创建新道人才网,打造了集职业素养课程、求职、招聘信息,以及实习管理为一体的就业服务平台,让学生可以一地学习,全国就业。通过一对一职业导师的实习辅导,循环式地实习推介服务,全面提高学校及学生的服务满意度,为学生职场发展全程保驾护航。

6. "1+X"证书制度试点

新道科技联合政行企校研各界专家学者共同开发的"财务数字化应用职业技能等级标准"和"业财一体信息化应用职业技能等级标准"已获批教育部"1+X"证书制度试点职业技能等级标准,同时"财务数字化应用证书"和"业财一体信息化应用证书"入选了第三批职业技能等级证书,将与院校全面开展"1+X"证书制度试点工作以及财务数字化人才培养探索。

7. 合作成果案例

新道科技产学研合作培养会计人才的成果案例如表6-1所示。

表6-1 新道科技产学研高校合作成果案例

合作学校	具体成效
上海财经大学	与上海财经大学成立"智能财务教学改革研究中心", 支持上海财经大学取得了2018年高等教育国家级教学成果奖一等奖——《智能化环境下战略型会计人才培养创新》
江西财经大学	共同创新探索建设"智能会计"专业特色方向班, 开展了一流课程虚拟仿真教学项目,联合申报了虚拟仿真教学项目"基于行业大数据的企业投资分析及价值预测"
重庆工商大学	与重庆工商大学会计学院共建智能财务共享服务实验中心, 获得了两项重庆市教学成果一等奖、获得了教育部高等教育教学成果二等奖、获批了6项教育部产学合作协同育人项目、"基础会计"国家级金课
郑州商学院	与郑州商学院共建云财务共享服务实践基地(河南首家FSSC教学示范中心), 获得了省级财务共享服务金课、获批了12项教育部高等教育司协同育人项目/省级虚拟仿真实验项目

资料来源:新道科技股份有限公司。

(四)产学研合作培养会计人才存在的问题和困难

产学研合作模式对培养符合国家建设需求的创新型、复合型会计人才具有十分重要的意义。新道科技在产学研合作培养会计人才层面取得了一定成效,但在产学研深度融合、协同发力、实践课程、推动院校师资提升、优质适配教材开发等层面也存在一定问题与困难。

1. 产学研深度融合、协同发力存在困难

在促进专业建设改革、践行校企协同育人的过程中,因客观条件,企业与院校之间的沟通对话不足、跨主体协同不够深入、目标规划和定位路径设计不准确等,导致产学研协同育才的供需矛盾和贯通障碍突出,严重阻碍了产学研协同发力,使稳固优质的创新人才培养链条较难形成。

2. 实践课程对标教学困难

数字经济背景下,信息技术改变了会计的工作方式、职能作用、聚焦范围。为促使会计专业学生与社会岗位工作更好地衔接,快速适应工作环境,院校纷纷构建了创新型会计实践教学体系、科研平台建设与实验平台整体框架。新道科技基于数智商业创新打造了"新技术+新场景+新内容"的跨学科(专业)实践课程,基本能满足院校开展个性化实训教学,但在院校对标的具体科研要求以及某些平台特殊功能、模块方面,对标课程的教学要求仍有待提升。

3. 师资培养困难

科技创新驱动财务变革，智能财务专业成为新时期下院校探讨的发展方向，在智能财务专业建设中，大数据、人工智能、区块链等信息技术需要与财会业务深入融合，而纯大数据研究背景的师资在从事会计学专业人才培养的过程中，难以将大数据、机器学习、数据挖掘算法等与财务业务知识融为一体，最终造成数智课程与专业课程"两张皮"。因此，高校亟须既精通会计学科又精通大数据、人工智能专业知识的师资。新道科技致力于数智化人才培养，不断推动院校合格智能财务师资的培养，但在推进过程中，遇到院校教师思想保守、学习新内容意愿不强的问题，导致培养合格智能财务师资受阻。

4. 优质适配教材困难

在院校专业改革建设的过程中，院校普遍关心基于业财场景牵引的融合新技术的教学案例、与新道科技目前实践教学平台相匹配的教材以及与院校自身的新课程大纲及培养方向相关的优质系列课程教材。基于此，目前新道科技也亟须携手院校师资，共同开展基于场景、技术、平台、与大数据人才培养高匹配的优质教材。

（五）产学研合作培养会计人才的下一步计划

近年来，数字经济规模不断壮大，已成为国民经济最核心的增长引擎之一。伴随着产业数字化带来的红利机会，未来将有更多行业创新者涌入该赛道，催发更多的新经济形式及多产融合的业态。数字化经济也将进一步迸发新可能，万亿级规模体量将持续保持高速增长，使数字技术和实体产业相互促进、共同发展，达成企业降本增效、产业融合、发展宏观经济的可持续创新，注入数字原动力，正成为未来经济发展的主旋律。而财务作为企业数字神经系统的部门，其数字化转型在企业数字化转型中扮演先行者、引领者和推动者。未来的数字时代也将赋予财务新角色、新价值——业务部门的合作伙伴，更多体现为数字化管理人才、数字化应用人才、数字化技术人才。

会计人才培养也将继续以产业需求导向展开。以科技与匠心融产业于教育，采用定量与定性相结合的研究方法，对智能财务人才的发展态势、岗位能力需求和企业案例分别进行深入探究，以期输出有价值的研究成果，为院校智能财务人才培养提供借鉴。新道科技继续深化基于区域产业的大数据人才需求调研，助力院校实现会计人才精准培养与专业特色建设。

新道科技将继续探索与院校跨主体协同沟通机制，真正了解院校在培养数智化财会人才层面的目标规划与定位路径，基于院校进行专业数智化改革过程中遇到的问题，产教将深度融合校企双方具体建设定位、建设路径以及达成的成效进行深度有效沟通，并基于此提出有针对性、建设性的方案。

1. 实践课程内容不断丰富

针对实践课程，新道科技将继续与不同类型的院校深入交流，全面了解院校的科研创新平台建设、基于院校课程内容与实验平台的架构，开发基于共性需求的、融合产业需求、产业技术、业务场景的实践教学课程,在满足院校个性化实践教学体系的同时,吻合院校的科研需求,并能够开展区域产业、企业社会应用,真正做到产学研用一体的实践教学平台。并在此基础上联合院校老师,校企联合开发能够基本匹配院校需求的优质教材。

2. 人才培养方案不断完善

针对产业未来的发展趋势及新的人才需求,经调研,数智化转型企业、企业专业服务机构、数字化原生企业、会计科技开发企业对会计科技人才的需求逐步提升,新道科技提出了会计科技方向与人才培养逻辑,以培养面向未来的,更全面、智能的会计科技人才。

在数据化、智能化转型的背景下,数智技术融入课堂、赋能教育,不断重塑着教育生态,使学习环境、知识生产与传播方式、教学形式发生深刻变革。未来的竞争是人才及人才培养的竞争。在推进院校进行数智化教改及产教深度融合,培养数智化财会人才的过程中,教师是实施主力,因此,需要不断提升新时代教师的"数智力"。针对目前院校教师改革观念不强、不愿改、不敢改的问题,新道科技将继续通过一系列论坛、访企活动等让院校老师真正触摸到产业数字化转型与数字化原生企业,了解时代发展需求以及产业链,将继续探索提升教师数智力的新路径,将继续帮助院校将数智实践教学能力传授给院校老师。

三、北京合联益诚科技有限公司会计教育产学研典型案例

(一) 北京合联益诚科技有限公司概况

北京合联益诚科技有限公司(以下简称"北京合联益诚")是一家专注数字化领域,提供专业有效的虚拟仿真解决方案的科技型公司。公司总部位于北京中关村,成立于20世纪90年代,由专注向中国制造提供虚拟仿真工程服务的专家团队创建组成,是国内首批提供三维虚拟工具、管理平台技术开发与定制服务应用的推广公司。

公司拥有国内资深技术的专家团队,先后与西门子、美国参数技术公司(PTC)、安斯科技公司(ANSYS)等国际知名数字化工业软件厂商建立了合作伙伴关系,在机械制造、建筑施工、消防安全、汽车工业、交通运输、航天军工、能源电力、院校等行业开展探索。公司致力于虚拟仿真产品的研发与拓展,其产品线涉及多个学科,同时将3D技术、VR虚拟现实技术、AR增强现实技术、MR混合现实技术应用其中,并与国内多家院校建立了长期合作关系,协助多所高校申报了国家虚拟仿真实验教学项目和国家级虚拟仿真实验教学中心,获得了一致好评。

(二) 产学研合作培养会计人才方案

大学生创业的主要瓶颈是融资难和资金周转难,而创业实践对学生来说是资金消耗大、时空跨度大、不可逆的事情,线下实验一般很难进行。因此,北京合联益诚打造了"大学生创业融资方案演进"虚拟仿真一流本科课程。该课程聚焦创业融资主题,整合创业基础、基础会计、金融学、财务管理等课程相关知识,突出了区块链融资技术应用,依托课题研究

成果设计研发而成。此外,该课程同国家创新创业政策、创业不同阶段的运营特征、区块链技术背景下的融资渠道建立联结,通过虚实结合的教学组织方法,运用任务驱动、自主学习、互动探究等教学手段,对创业融资进行了全流程虚拟仿真。课程秉承融资思路适时引导、融资方案动态选择、融资效果 360 度评价等思路进行了系统架构,可有效解决创业期资金耗费不可逆风险以及创业时空跨度大、创业活动无法预演等限制。学生可依据计划创业项目或预设项目进行融资体验和资金周转模拟,来掌握先进融资技术,提升资金融通和周转能力,从而有效破解创业融资的难题,培养学生达成创业资金周转目标的能力,拓展大学生创业的实践内容。学生可将计划创业项目数据代入实验,身临其境地体悟创业融资和资金周转的全过程。通过交互操作掌握创业融资知识,优化融资方案,化解创业过程中的资金瓶颈难题,快速查看创业运营的财务结果和评价报告,并可随时联系在线指导老师,从而助推创新项目从计划到实践,并提高创业孵化成功率。

该课程具有高阶性和创新性的课程构建、独特的实验方法和全面评价体系两大特点。

1. 高阶性和创新性的课程构建

1)思政、双创政策融入

实验在环节设置上把国家的双创政策和诚实守信、按时清偿债务等内容与实验知识点融合在一起,培养学生的"双创"精神、诚信意识、责任担当和家国情怀。

2)自有项目数据代入

学生可将自有创业项目的市场调研数据代入实验,测试项目现金流的可行性,结合后期创业实践可转化为典型教学案例。

3)区块链前沿知识嵌入

将区块链技术和知识加入实验过程,为学生提供最新的利好政策和融资科技,激发大学生的创业热情。

4)多门课程协同并入

将"创业基础""基础会计""金融学""财务管理"等多门课程的知识融合在一起,解决创业过程中的融资和资金周转问题。

5)任务驱动、自主学习的实验教学过程

通过资金需求预测、资金融通、创业运营、区块链上链融资等任务,让学生主动学习和深刻理解创业过程中的预算、融资和资金周转等知识。

6)人机互动、个性化探究的实验过程

学生根据自己的创业项目或选择给定的项目,在线进行创业试运行,通过人机交互探究自有创业项目的可能结果或者给定项目的可能结果。

2. 独特的实验方法和全面评价体系

1)采用多种实验方法培养学生

采用自主设计、比较分析、控制变量、因素分析等实验方法,培养学生的综合分析能力和高阶思维方式。

2）系统评定和教师评定相结合

系统评定是对学生试验操作过程和知识点的考核。教师评定是针对学生实验报告进行评定，并对存在的问题进行指导说明。

3）过程评价和结果评价相结合

对实验的预习考核、实验操作用时和正确率、实验结果及报告质量等进行多维度评价，形成了理论与实验相结合、过程性和终结性评价相融合的综合评价体系。

4）纠错、反馈、反思三位一体

当实验操作错误时，系统将自动提示，及时纠错。实验结束后，学生可回看操作记录，反思错误原因。

综上所述，该课程最突出的特色在于通过"虚实结合"的方式，将思政、"双创"政策融入、自有项目数据代入、区块链技术嵌入融入和多门课程协同并入试验，为学生提供了线下调研、线上推演的实验机会，有效解决了创业投资耗费大、不可逆、会计数据机密性等多项线下难以进行实验的难题，将理论教学、线下调研和虚拟仿真实验教学协同优化，项目功能操作流程如图6-3所示。

（三）产学研合作培养会计人才取得的成效

北京合联益诚通过与临沂大学会计系袁堂梅教学团队进行合作，开发了"大学生虚拟仿真实验"并投入使用。在投入使用的这段时间里，临沂大学商学院在会计人才的教学培养模式、学生学习效率、学习成效（学生的创新实践能力）和一流课程建设等方面均成效显著。

1. 合作共建，以新技术促进教学模式变革

"大学生创业融资方案演进虚拟仿真实验"通过虚实结合和沉浸式的实验教学设计，使用全面的创业投融资知识，解决了创业时空跨度大、创业资金耗费大、不可回收的难题，解决了传统教学中的教学断层问题，拓宽了创业实践的教学内容，可面向不同专业和不同层次的人群实施教学，充分体现以学生为中心的教学理念，增强了学生的学习兴趣，完善了教学体系。

2. 合作开发，优化教学内容，场景化教学，建设一流课程

以学生能力提升为目标，贯彻OBE[1]理念，试行"理论性学习＋实践性训练＋研究性探究"三位一体的教学模式改革。具体是：学生在创业情境中学习知识与实践体验的交互过程，各环节实验室"任务驱动""自主学习""互动探究"等教学手段往复交错进行。创新虚拟仿真场景化教学强化了学习体验，突出了实际调研数据代入实验等探究性学习，提升了学生解决实际问题的能力。让学校对标一流课程建设目标，及时更新优化教学内容，建成

---

[1] OBE(outcome based education)教育理念，又称为成果导向教育、能力导向教育、目标导向教育或需求导向教育。OBE教育理念是一种以成果为目标导向，以学生为本，采用逆向思维的方式进行课程体系建设的理念，是一种先进的教育理念。

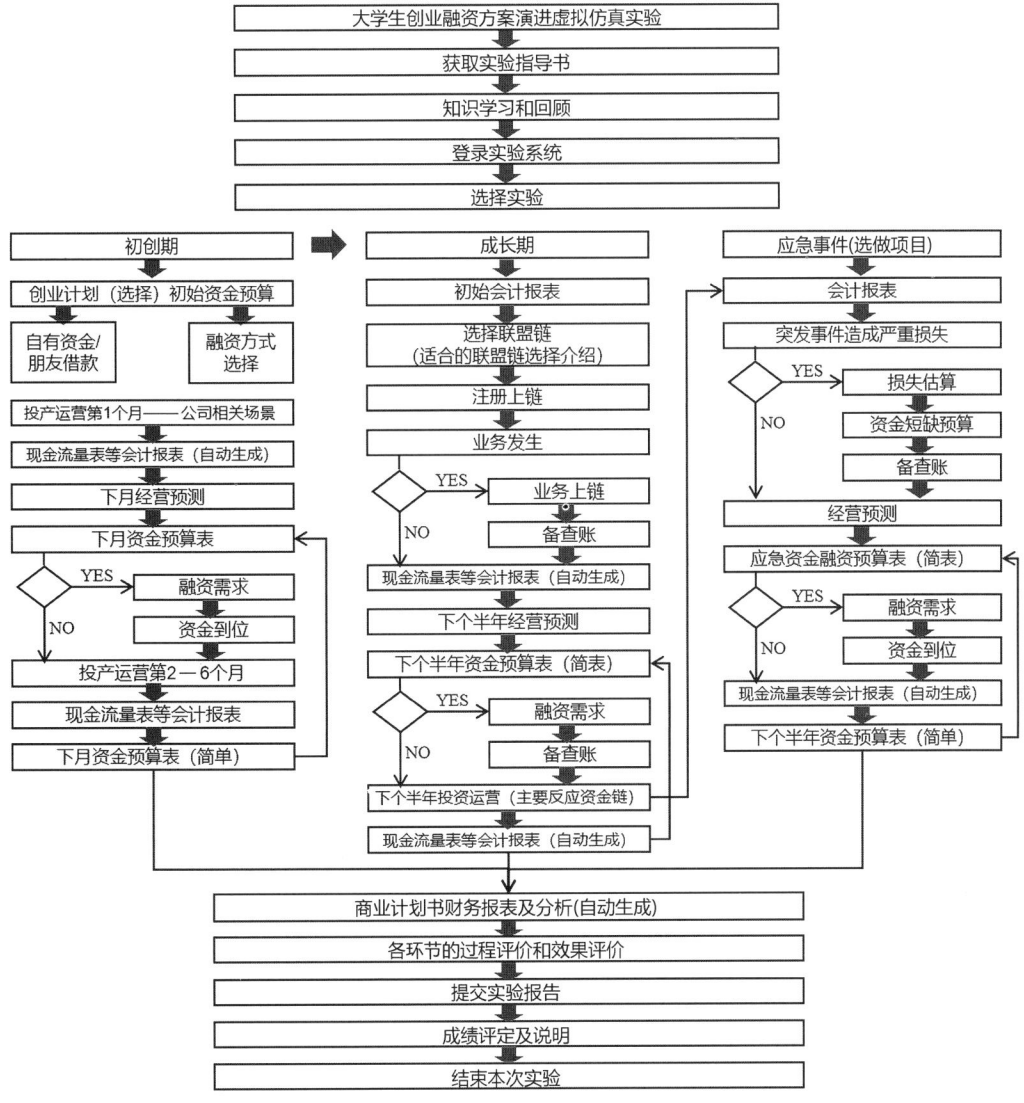

图 6-3 大学生创业融资方案演进虚拟仿真实验整体流程

资料来源：北京合联益诚科技有限公司。

了省级一流课程，并推荐其参加国家级一流课程评审。

3. 新技术引领，创新知识传承方式方法，提升学生学习效率

"大学生创业融资方案演进虚拟仿真实验"通过合理的教学设计，将会计相关知识、财务管理知识、思政元素融合，将国家政策和区块链技术融入课程，解决了"创业基础"课程的任课教师因大多不是财务方向的老师，财务知识不足，而无法给学生详细讲授创业过程中的融资管理和财务分析等内容，或者讲了但教学效果不佳等问题。通过提示、知识链接、快速查询等方法，让学生在短短的时间内融会贯通多方面的知识来解决相关问题。学生还可以通过身临其境、"干中学"的方式快速高效地进行相关知识的学习,极大地提高了学习效率。

4. 协同育人,以学生为中心,提升学生创新实践能力

本实验中,学生可将自主完成的创业计划书内容代入实验,身临其境地体悟创业融资和资金周转的全过程,最终形成创业各个时间段的三大会计报表和投融资可行性分析结果。通过交互操作,学生可以掌握创业融资知识,优化融资方案,化解创业过程中的资金瓶颈难题,快速查看创业运营的财务结果和评价报告。学生得以直观学习创业资金需求、财务分析、财务报表数据形成、融资投资等实验流程、实验参数设置,以及数据的处理等知识点,切实提高针对创业的融资和资金周转的知识和技能。本实验不仅有利于学生树立正确的价值观、创业应诚信经营的意识,而且有利于学生提升全面思考问题的能力、融资组合能力、财务基础分析能力、自主决策能力等创业技能。实验不仅使学生开阔了创业融资渠道视野,开拓了思维方式,而且在实验中学生可随时联系在线指导老师,有力助推创新项目从计划到实践,提高了学生的创业孵化成功率。

5. 广泛服务,社会培训受到广泛好评

本实验面向大学生就业中心、创新企业孵化中心、人力资源部等机构提供专业咨询和社会培训服务。每年在虚拟仿真实验项目开放时期,学校同时向社会有关企事业单位开放虚拟仿真实验教学资源,提供参观观摩、员工培训及科研咨询服务。每年至少为3～5家单位提供咨询和培训服务,经过培训的员工反响良好。经过使用和深入了解,社会培训人员认为该项目所设计的针对不同创业阶段的融资方案推演功能,具有较高的学术水平。他们还认为该实验超越了传统的简单验证性实验,在三维虚拟空间中还原了复杂的融资环境,使实验者能够进行多次、反复地实验,使用者的创业资金融通和资金周转能力得到了提升,能够有效提高学生的创业孵化成功率。

(四)产学研合作培养会计人才存在的问题和困难

1. 需要资金与政策支持

现有教学体系相对完善,在创新人才培养问题上需结合最新技术实现,需要多方投入大量精力及资金支持,新型复合人才培养的课件开发需要相关管理部门政策引导的持续性投入。

2. 人才培养经验与方法缺乏

企业掌握成熟技术、行业从业经验,实时洞悉市场前景,但缺乏人才培养经验与方法,高校研究前沿技术,但课件无法随市场活动进行快速更新,需建立长期有效的责任、目标机制,以协同高校职能部门、专业教师、学生和企业管理人员、技术人员。

3. 急需共享机制与激励

典型案例的优化需要行业顶级教授及专家的定向扶持。项目的推广及对接亟须借助互联网搭建共享应用平台,给予共享机制并持续激励。

(五)产学研合作培养会计人才的下一步计划

面对"大智移云物区"对会计领域的冲击,会计实务领域目前的行动似乎有些超前。根据理论来源于实践、高于实践、指导实践的要求,未来需要产学研各方密切协作,推动会计人才培养走上更高的层次。

1. 产学研合作,促进"新技术+会计",凸显新文科人才培养时代性

继续推进新技术课程体系改革。瞄准新技术发展,确立专业定位,优化培养方案,增强专业特色,以继续推进新技术课程体系改革。

推动教学内容深度跟进。通过财务共享、智能财务管理、RPA机器人等课程内容的不断丰富,推动教学内容深度跟进。

实现"五类一流"课程全覆盖。深度融合现代信息技术、引入体验式教学等方法。充分利用实验平台整合课程资源,最终实现"五类一流"课程全覆盖。

2. 产学研合作,推进"实践+会计",强化管工结合人才培养模式

建立交叉学科实验平台。通过交叉学科实验平台为学生提供实践支持,完善实践教学。

有效实践"双导师制"人才培养模式。"双导师制"即为在校生配备校内和校外二位导师。

加强国际合作。建成CMA方向班,开设国际化课程,实施国际认证,培养学生国际化思维。

3. 多元协同,打造新文科实验室

与企业单位深度合作,继续建立不少于3个虚拟仿真和智能财务方向的实验室。

校企联合。校企联合指强化学校与会计师事务所、软件公司、新技术开发公司等的深度合作。

校校联合。校校联合指深化与山东财经大学、重庆理工大学等合作共建。

校政联合。校政联合指学校加强与市政府、财政局合作,积极承接社会服务项目。

以公司参与打造的"大学生创业融资方案演进"虚拟仿真一流本科课程为例。为了使课程更加丰富,实现产学研培养目标,该课程在2021—2025年充分利用平台的可扩展性,根据用户需求进行横向和纵向的延伸,满足不同的实验教学需要。学校每年从虚拟仿真实验课程经费中划拨出经费,作为学校向其他高校推广应用的活动经费,陆续实现同全国兄弟院校免费共享的目标。同时,课程中心通过举办专题会议、成立论坛、接待参访等形式,与校内外及国内外兄弟院校、相关机构的实验室进行实验室建设思路、经验和成果的资源共享。此外,公司面向社会制订了推广应用计划,如表6-2所示,分别面向大学生就业中心、创新企业孵化中心、人力资源部等机构提供专业咨询服务。每年在学校虚拟仿真实验项目开放周期间,虚拟仿真实验同时也向社会有关企事业单位开放,使其参观、观摩虚拟仿真实验课程,为这类企事业单位答疑、咨询。每年至少为3~5家单位提供咨询服务,可不断补充、更新教学资源,面向社会提供免登录链接,提供教学训练所用的资源。

表6-2 面向高校、社会的教学推广应用计划

年份/年	推广高校数/所	应用人数/人	推广行业数/个	应用人数/人
2021	3	3 000	1	1 000
2022	6	6 000	2	2 000
2023	11	15 000	4	4 000
2024	18	21 000	6	8 000
2025	30	30 000	10	15 000

资料来源:北京合联益诚科技有限公司。

四、北京知链科技有限公司会计教育产学研典型案例

(一)北京知链科技有限公司概况

北京知链科技有限公司(以下简称"知链")是中国领先的区块链、金融科技和智信会计产业人才培养整体解决方案的提供商。公司以"新技术赋能教育"为核心理念,致力于打造"区块链人才培养摇篮""金融科技教育领航者"和"智信会计开创者",服务于中国区块链、金融科技和智信会计人才培养和创新发展。知链紧扣"科技强国"的顶层战略设计,紧跟产业人才需求,在产业赋能的同时推动专业学科建设发展,通过连接产业与教育,实现产业链、创新链、教育链与人才链的相互链接,打造产教融合新生态链。

知链围绕国家区块链、金融科技和智信会计产业发展战略规划与实际需要,以区块链、大数据等新技术为核心驱动和应用支撑,通过政、行、企、校、研链接与整合,融合区块链和金融科技行业数据及场景资源,把行业企业中的应用场景化、项目任务化。同时,通过产教深度融合的教学设计,提供从基础理论、专业基础、专业核心到实验实践在内的区块链和金融科技人才培养体系与核心课程,全面赋能专业转型与升级,培养创新型、专业型和复合型人才,为国家战略产业发展持续提供智力支持。知链设立了"知链新技术教育研究院",快速拥抱产业变化,提高新技术赋能教育的标准化教学能力和提升人才培养质量,优化教学方法,引领区块链、金融科技和智信会计教育发展。

(二)产学研合作培养会计人才方案

1. 创设智信会计

从会计发展历史来看,从复式簿记的起源到管理会计的发展,会计领域变革离不开新技术的驱动,以分布式账本技术为代表的区块链技术协同其他云计算、大数据、人工智能技术构建的新会计形态和模式也不断涌现,深刻地影响了会计的变革与发展。

知链根据教育部2020年4月30日制定的《高等学校区块链技术创新行动计划》,创设了

智信会计,以现有和发展中的货币为主要计量单位,运用大数据、人工智能、区块链等新技术,对企业、机关单位或其他经济组织的经济活动进行合法、连续、系统、全面地反映和监督。

2. 智信会计人才培养目标

当下,会计行业因为数字经济发展,受信息化程度、数据量、新技术、监管要求等影响,对现有会计岗位和未来会计岗位提出了新的需求。

培养智信会计人才需要紧紧围绕专业,立足于社会经济发展和现代化建设的需要,培养德、智、体、美全面发展,掌握会计、财务及经济等基本理论和知识,掌握区块链、大数据、人工智能等新技术应用条件下的会计、财务发展新方向,能够使用数字人民币进行企业的往来结算,能够进行以人民币为单位的核算和具有监督管理能力,具备分布式、数据化、程序化思维,面向企业、会计师事务所等企事业单位能够胜任会计、出纳、财务经理、公司税筹、企业审计和金融科技等工作的高素质专业人才。

3. 智信会计培养路径和课程体系

知链结合智信会计的人才培养目标,结合国家推动"双一流"建设、现代产业学院建设等高等教育发展战略,推动产学研合作培养新会计人才,制定了以能力和思维为核心的培养体系。知链按照"夯基础""知技术""会应用""智能创新"四个阶段培养智信会计专业人才。

1) 夯基础阶段

"经济学原理""管理学""基础会计学""管理会计学""审计学""成本会计学""高级财务会计"等课程使学生能够掌握管理学和经济学等学科的知识,具有良好的经济管理学科知识背景和跨学科知识储备;使学生能够系统掌握会计学专业的基本理论、方法和技能,了解会计学专业的理论前沿和发展动态;使学生熟悉国内外与财务会计和管理会计相关的法规制度和国际惯例,夯实专业知识系统。

2) 知技术阶段

各高校基本都开设了"大数据基础""人工智能基础"课程,但是很多高校还不清楚如何讲解区块链这一分布式账本的关键技术,师资短板也很明显。在这种情况下,知链研发了以区块链为核心的区块链基础原理平台。平台通过抽象模拟"区块链技术"的实现原理、应用模式及运营机制,将区块链的知识点与实训操作进行融合。学生通过场景体验、命令型实验、任务交互来完成整个课程的学习,采取游戏化、仿真模拟的方式降低学生学习区块链的难度,对零基础的学生进行知识讲解与操作实践,使学生快速理解区块链的基本概念,掌握区块链的技术特征,培养学生的区块链思维与能力。

3) 会应用阶段

知链以大数据、区块链、人工智能、数字人民币在财会领域的应用为背景,推出了"大数据财会实训课程""区块链大会计实训课程""财务机器人RPA实训课程""数字人民币实践教学平台"四门理实一体化的课程。本案例着重展开知链首创的"区块链大会计实验实训课程"和"数字人民币实践教学课程"两门课。

知链开展的"区块链大会计实验实训课程"主要以培养智信会计为主,而会应用是智信会计人才培养的重中之重。知链以未来岗位和岗位职能为核心,通过平台培养,使学生能够胜任"合约会计岗""溯源会计岗""共识会计岗",平台培养的会计岗位、职能和对应能力如图 6-4 所示。

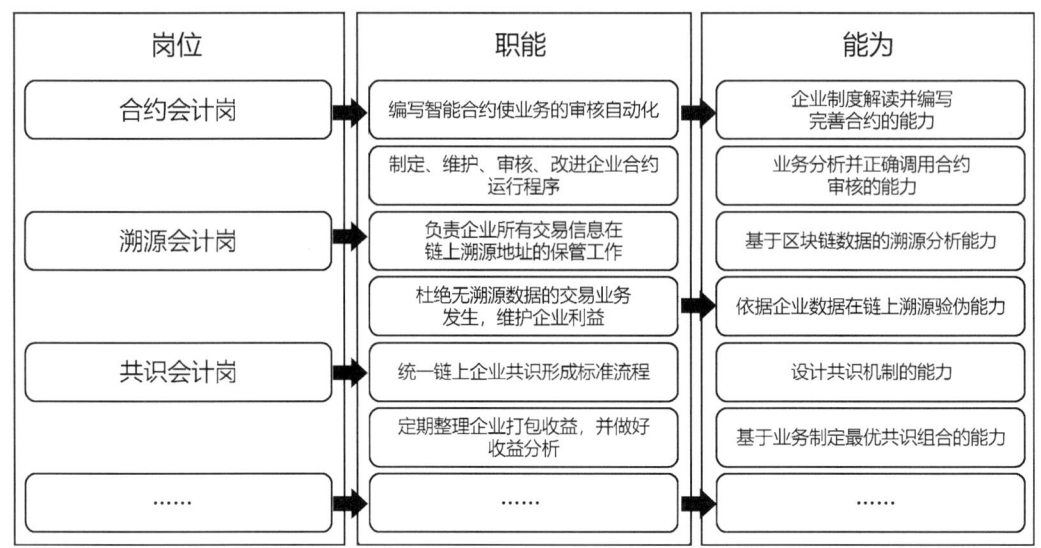

图 6-4　智信会计岗位、职能、能力关系
资料来源:北京知链科技有限公司。

明确了培养目标后,课程使用区块链技术构建了基于区块链的数字化商业环境。本课程实现了对实训业务与区块链技术的深度融合,区块链技术贯穿在整个业务实训的过程中,使学生能够真正体验"业务技"一体环境下的企业业务财务处理,覆盖了费用报销类、采购类业务、销售类业务、报税业务、成本核算。

教学方法上采用探究式教学法,学生通过本课程能够掌握全新企业业务的业务处理与财务处理方法,并对传统会计在区块链环境下的发展形式进行深度探究。在业务区块链化过程上,提取企业四大常见业务类型——采、销、税、费,使学生能够准确分析企业中的业务流程烦琐、业务信息不对称、数据篡改等会计问题,应用区块链原理进行业技融合的分析与设计,并进行链上业务的会计处理。这一教学法有利于学生掌握业务上链与链上业务处理的全过程,解决学生无法将区块链技术应用到实际业务中的问题。

为了使财会专业的学生掌握数字人民币及其应用,知链研发了"数字人民币实践教学平台"。通过数字人民币综合实践课程平台,学生可扮演 4 种不同岗位角色以进行实战练习。以投融资的产业背景为案例,让学生在其中感受数字人民币的发行、流通、投资、企业融资等多个实验场景,学习 DCEP 全流程的底层原理和实现机制。通过案例设计、实验全还原、任务交互来完成整个课程的学习,采取游戏化仿真模拟的方式降低了学生学习数字人民币的难度,全方位提升了学生的数字化思维与数字化能力。平台以虚拟仿真等先进技术为依托,从发币、流通到销毁模拟,开发完成了在线模拟工具研发,推动了数字人民币全流程流通。

4)智能创新阶段

为了增强学生的智信会计拓展能力,学生可以学习基于区块链智能合约的应用设计能力,学校可开设"区块链应用设计实战课程",通过在区块链应用设计实战平台上学习,让学生达到以下知识目标和能力目标:了解智能合约的历史起源、发展现状以及各行业的应用需求;理解并掌握智能合约的概念、作用、特征、图灵完备、运行原理、合约结构、以太坊智能合约、EOS[1]智能合约等基本知识原理;掌握智能合约模型设计的方法、智能合约在各行业的应用分析;具备智能合约设计能力、智能合约应用能力、方案设计能力、程序化思维、代码即法律思维、容错思维、模块化思维;具备使用智能合约解决各行业实际问题的能力。学生能够根据企业的业务、业财税管理制度和战略需求,利用联盟链和智能合约技术创新设计业财税的核算、监督及税务开票与报税等业务流程,搭建企业财务管理平台,适应从传统管理型企业会计到智能信任型管理会计的转型。

5)开展创新的校企合作项目

2019年以来,知链相继与重庆理工大学、河南财经政法大学、山东德州学院、燕京理工学院、山东农业工程学院、山东青年政治学院等院校共建了"区块链+会计"的虚拟仿真课程平台,推动了会计学专业超智信会计发展。借助区块链+会计课程在院校的开展,培养了学生的区块链技术应用技能;使学生熟悉了用区块链技术改造企业业务流程的原理与方法,在一定程度上培养了学生的管理技能和创新能力;锻炼了个人的领导力和决策力,培养了管理复合型人才,扩大了就业机会,提高了就业竞争力,助力了院校财会人才培养新布局。

(三)产学研合作培养会计人才取得的成效

知链作为智信会计的开创者,已与全国几十所院校合作,如重庆理工大学、河南财经政法大学、山东德州学院、燕京理工学院等,为院校财会类课程创新、专业改革等作出了系列突出贡献,助力了当地智信会计的人才培养,具体如表6-3所示。

表6-3 知链产学研高校合作成效

合作院校	具体成效
重庆理工大学	共同打造了"区块链+大会计"虚拟仿真实验课程
	产学合作,申报了"知链科技教育部2019年第二批产学合作协同育人项目",并获批通过
	资源共享,共建了"区块链+大会计研究中心"

---

[1] EOS全称"enterprise operation system",即"企业操作系统",是为企业级分布式应用设计的一款区块链操作系统。

(续表)

合作院校	具体成效
河南财经政法大学	携手打造了"基于区块链的企业费用结算虚拟仿真实验教学项目"
山东德州学院	结合企业典型业务财务在业务流、资金流、信息流中存在的业务痛点,共建了"区块链大会计虚拟仿真课程"
燕京理工学院	开设了区块链大会计虚拟仿真课程,企校共建了优质核心课程
山东农业工程学院	携手建设了"区块链+会计"虚拟仿真实验课程
山东青年政治学院	共同打造了"区块链大会计虚拟仿真平台"

资料来源:北京知链科技有限公司。

(四)产学研合作培养会计人才存在的问题和困难

1. 当前专业难以满足行业创新发展要求

目前,会计工作依然将"集中式账本"作为基础,无论是上市公司还是普通企业的财务报表都必须取得第三方专业审计人员严格审计的报告。第三方独立审计人员由于审计技术的局限性,面临着巨大的潜在风险。信息的不对称性和会计体系的漏洞被别有用心的企业相关方利用,欺诈投资者和监管者等,这些问题都是目前会计体系难以解决的。

随着区块链技术的发展,它为解决上述问题提供了可行的方法路径,进而有可能推动会计体系的颠覆性变革。然而,目前在会计专业中开设区块链系列课程的院校并不多,专业内涵创新与目前的行业创新趋势还存在巨大差距。

2. 专业师资难以满足课程创新要求

掌握大数据、区块链等新技术的会计类专业师资不足,尤其是有区块链背景的专任教师更加缺乏。由于智信会计应用场景需要大量的新兴技术,高校现有会计类专业教师大多拥有经济学、传统会计学等学科背景,缺少工科背景,高校、高职院校均存在此类情况。教师亟须通过多种方式方法弥补教学经历背景的不足。

3. 实践教学模式难以满足实践课程要求

人才培养实践教学较之于传统实践教学面临着新技术融合挑战。在会计和科技融合的背景下,人才培养实践教学过程中,新财会所需要的不是单纯的信息技术人才,或者纯粹的会计理论人才,而是同时具有信息技术和会计学、财务管理等专业知识的复合型人才。目前,实践教学在学生技术能力的培养上仍显不足,对学生实践能力的提高也有限。

4. 实践教学内容难以满足学生职业能力的培养要求

实践教学内容滞后。智信会计背景下,财会业态变化很快,实践教学内容易滞后于行业的发展趋势,教学内容不仅要有会计核算、业务分析、处理、决策方法,而且要培养学生懂得这些职能如何通过区块链等信息技术实现。实践教学内容滞后于行业发展趋势,毕业生也会因为缺乏行业、企业所需的核心技能,而欠缺就业和深造潜能,培养出的人才很难满足社会需求。

(五)产学研合作培养会计人才的下一步计划

1. 与各高校共建新会计专业

随着互联网技术的深入发展,区块链凭借其独有的信任机制,成为信息技术的一大创新。而高等院校作为培养人才的摇篮,其人才培养模式至关重要。因此,要基于区块链技术的发展背景,与各高校共建会计学专业,制定一套适合高校会计人才的培养模式。

2. 共建区块链会计及数字人民币等实践教学平台

1)培养可信财经数据处理、分析能力

区块链技术能够使各节点如实、准确地记录不可篡改的数据,形成可供会计人员处理、分析、决策的财会数据来源。而大数据与区块链技术的融合能够为企业内外部提供可信度高的数据,有利于挖掘企业经营过程中有价值的信息,为企业决策和可持续发展提供支持。

区块链改变了传统的会计手工记账、报账的模式,将海量的数据存储到各个节点。若会计人才没有系统的会计知识和数据处理的技能,不能从海量数据中挖掘出有价值的数据,就难以做好基于区块链的会计工作。要在大数据、区块链的支撑下分析企业所处的宏观环境、微观环境、企业优劣势等,学生在专业实训阶段应该使用能够采用区块链+会计的虚拟仿真实训平台,提升学生智信思维和能力培养,助力于企业制定决策方案和战略地图。

2)具备区块链的系统性财会应用知识体系

区块链是用于解决信任问题的关键信息技术。其要求会计人才不仅要具备会计知识,还要涉猎大数据、区块链等多元信息技术知识。这些知识不仅可以开阔财务人员的视野,还可帮助会计人才成为适合数字经济发展要求的交叉复合型人才。因此,会计人才应形成区块链+财会的知识储备体系,有助于为企业创造价值。

3. 精准培养智信会计人才的创新精神

区块链技术的出现是互联网发展的一大创新,它颠覆了传统的经由第三方中介才可达成的交易模式,建成了多方信任的交易机制,这就要求会计人才有创新精神。知链联合各高校为企业提供大数据、区块链、RPA为组合智信会计财务分析、预算管理、决策方案的制定等课程培训,以实现信息技术与企业发展相融合,培养会计类人才的创新精神。

五、本章小结

企业通过与学研机构展开基础研究合作,以激发内外科研力量的协同,取得突破性的创新进展。通过分析以上四个案例,发现企业与高校在展开会计教育产学研合作时,存在一定的共性措施与个性手段,并在实施时存在一定的问题。下面,撰写组将从会计教育产学研的具体措施、会计教育产学研的现存问题及会计教育产学研的未来计划三个方面进行总结。

在会计教育产学研的具体措施方面,厦门网中网软件有限公司、新道科技股份有限公司、北京合联益诚科技有限公司,以及北京知链科技有限公司的会计教育产学研所实施的措施大致涵盖了人才培养模式创新、专业课程体系结合、实践教学课程合作、"1＋X"职业证书囊括,以及丰富师资建设、数智技术知识涵盖等重要方面(表6-4)。其中,各案例企业的共性特点便是以专业知识为基础,加入了区块链、大数据等数智技术知识,并将其与会计教育充分融合,达到了会计教育产学研实施的根本目的。但是,企业在实施过程中也存在一定的差异。网中网依托自身对数字化课程资源"3＋1"的不断建设,以混合式课堂教学方法改革等手段协助其会计教育产学研的实施。此外,网中网的"服务地方数字经济建设"这一培养理念为其产学研会计教育注入了核心驱动力。新道科技以智能财务、云财务管理为抓手,通过独特的人才培养逻辑与培养体系实现了整个会计教育产学研的良性运转,尤其是在数智财经实践方面的DBE财务共享服务中心、B＋Cloud财务实践等多平台教学非常值得借鉴。合联益诚以区块链知识为重要载体,专注于虚拟仿真一流本科课程的建设,通过利用其虚拟仿真课程的高阶性和创新性与全面评价体系等特点,助力会计教育产学研的进行。知链以智信会计为切入点,把培养路径分为了夯基础、知技术、会应用及能创新四个阶段,通过极具特点的培养模式把区块链大会计虚拟仿真实训、区块链应用设计等手段贯穿于整个会计教育产学研的运行中。因此,各企业想要良好地实施产学研协调教育,在教育相关知识的同时,也应当以师资培养、人才培养模式等多方面为参考,从而打造出更加优质的会计教育产学研实施途径。

表6-4 案例企业会计教育产学研重点实施措施对比[1]

案例企业	相关措施					
	人才培养模式	专业课程体系	实践教学课程	"1＋X"职业证书	师资建设	数智技术知识
网中网	√	√		√	√	√
新道科技	√	√	√	√		√
合联益诚						√
知链科技		√	√			√

在会计教育产学研的现存问题方面,新道科技股份有限公司、网中网、合联益诚,以及知链的会计教育产学研实施过程中存在着协同发力困难、实践课程实施条件困难、师资培养困难、人才培养体系有待完善、缺乏资金与政策支持等情况。其中,实践课程的实施条件

---

[1] 该表只是对各案例企业重点实施措施的调研总结,并不代表案例企业没有采取其他措施。

与人才培养体系的完善是大多企业面临的主要问题(表6-5)。由于其环境与合作高校不同,不同企业也存在着个性问题,如缺乏优质适配教材、当前专业难以满足行业创新发展要求等。因此,如何进一步解决这些共性问题与个性问题将是完善企业会计教育产学研实施的有力途径。

表6-5 案例企业会计教育产学研现存问题对比[1]

案例企业	相关措施				
	协同发力	实践课程实施条件	师资培养	人才培养体系	资金与政策支持
网中网		√		√	
新道科技	√	√	√		
合联益诚	√			√	√
知链		√	√	√	

对于会计教育产学研的未来计划,新道科技、网中网、合联益诚,以及知链都将完善人才培养方案当作重中之重。此外,在大多案例企业把丰富实践课程列为目标的同时,各个案例企业针对自身产学研实施的特性与困境,分别把创新教学模式、完善课程资源及加强与学校合作教育列为下一步计划(表6-6)。因此,企业在解决会计教育产学研过程中的各种难题的同时,仍旧要把完善人才培养方案当作未来的核心计划。

表6-6 案例企业会计教育产学研未来计划对比[2]

案例企业	相关措施				
	丰富实践课程	完善人才培养方案	创新教学模式	完善课程资源	加强校企合作
网中网		√	√		
新道科技	√	√			
合联益诚	√	√			√
知链	√	√			√

[1] 该表只是对各案例企业现存问题的调研总结,并不代表该企业没有遇到其他困难。
[2] 该表只是对各案例企业未来计划的调研总结,并不代表该企业没有制定其他计划。

第七章

科技创新背景下会计人才的能力需求和培养建议分析

现代信息技术与社会各行业的深度融合创造了一个全新的数字经济时代,这是当代商业环境最为重要的特征之一。随着新一轮技术革命的持续推进,在以大数据、人工智能、移动互联网、云计算、物联网、区块链等为代表的数字技术的支持下,数字化工具正在快速取代简单且重复的会计基础工作。全球范围内,越来越多的企业走上了数字化之路。为提高企业财务部门的运作效率,企业在招聘会计人才时更加青睐于那些掌握数字技术且具备财会数字技术应用实践能力的会计人才。传统会计必须进行迭代重生,向大数据会计、智能财务等新会计转型,会计人才必须尽快成长为具备更高专业素养的、具备管理型能力的复合型财会人才,才能更好地满足企业的需求,推动会计领域的升级。在科技创新背景下,技术与行业的融合形成了一个全新的数字经济时代。因此,本章将从数字经济时代下企业对会计人员从业能力的要求的变化入手,参考借鉴学者们基于我国国情构建的会计人员能力框架,综合运用文本分析法、统计分析法、问卷调查法等研究方法,研究数字经济时代对我国会计人员能力的需求,构建数字经济时代的会计人员能力框架,为我国会计人才培养体系的变革提供政策建议。

一、企业对会计人才的能力需求——基于招聘信息调查分析

本部分首先介绍了企业会计人才招聘信息的选取依据,包括企业的基本信息和招聘信息。其次,撰写组通过对手工搜索的1 491家企业的会计人才的招聘信息,从行业分布状况、区域分布状况、企业性质分布状况、公司规模分布状况、岗位层级需求、薪资情况、证书背景要求状况等多个方面进行了基本描述。最后,撰写组对岗位信息、任职资格的地区差异、岗位信息的企业性质差异、行业及岗位数量的薪资水平差异进行了描述与分析,重点论述了数字经济时代下科技对会计人才的影响,以说明企业招聘对会计人才科技方面的需求的变化。

(一)数字经济时代企业会计人才招聘信息分析

1. 企业会计人才招聘信息选取依据

本部分数据来源于智联招聘网、51job网站中的财会类岗位信息,搜集时间为2022年

3月23日至2022年3月31日,搜集的信息分为企业基本信息和企业招聘信息两大类。企业基本信息包括以下二级信息：企业名称、招聘地所属省份及市区、招聘地所属地区、企业性质、所属行业和员工规模,如表7-1所示。企业招聘信息包括岗位信息、任职资格、能力要求等二级信息及15个三级信息,如表7-2所示。

表7-1 企业基本信息定义

种类	一级指标名称
	企业名称
	招聘地所属省份
	招聘地所属市区
企业基本信息	招聘地所属地区
	企业性质
	所属行业
	员工规模

企业基本信息的选取依据包括：招聘岗位所属地区、企业性质、所属行业及员工规模。会计的发展变化与区域经济的发展密不可分,这是其作为商业语言的一大特点。结合我国区域经济"南强北弱、东强西弱"的基本情况,企业招聘地所属地区的不同能够充分说明我国不同地理区域的企业对会计人员的需求差异。此外,企业性质、所属行业及员工规模等因素对会计人才招聘会产生较大影响,具体表现在企业会计人才招聘的岗位层级、求职人员能力、薪资水平等诸多方面。

企业招聘信息的选取包括：岗位信息、任职资格和能力要求。其中,岗位信息包括岗位名称、岗位层级、薪资范围及该岗位与"大智移云物区"等新技术的相关性。任职资格包括是否具有经管类相关专业背景、是否具有互联网相关专业背景或经验、是否具有实习或工作经验、相似岗位工作年限、最低学历、专业资格证书、计算机软件技术、英语能力要求;能力要求包括职业道德、通用能力、专业能力。为了更加清晰地了解企业对不同层级的会计人员的能力要求,在能力要求部分,撰写组首先对样本中的企业的招聘信息中对岗位职责的描述进行了文本分析,进一步提炼了岗位职责;其次,参考王华等(2021)、舒伟等(2021)所提出的会计人才能力框架,初步将会计人才能力分为职业道德、通用能力和专业能力三类;最后,对本次所搜集到的招聘信息进行文本分析、提炼、归类,结合数字经济背景下我国会计行业的发展现状及未来发展趋势,对会计人员能力分类进行了细化,增加了相关小类能力。

2. 企业会计人才招聘信息概述

本次样本选取了覆盖全国各省区(除港澳台地区),涉及各种行业、企业性质和规模等方面的公司。通过统计1 491家公司招聘会计人员的岗位职责和任职要求,分析了当前实务界对会计人才的具体需求。以下将从行业分布、企业规模及性质、区域分布、岗位层级、薪资情况、证书背景6个方面进行概述。

表7-2 企业招聘信息定义

种类	一级指标名称	二级指标名称
企业招聘信息	岗位信息	岗位名称
		岗位层级
		薪资范围
		该岗位与"大智移云物区"等新技术相关性
	任职资格	是否具有经管类相关专业背景
		是否具有互联网相关专业背景或经验
		是否具有工作或实习经验
		相似岗位工作年限
		最低学历
		专业资格证书
		计算机软件技术
		英语能力要求
	能力要求	职业道德
		通用能力
		专业能力

1) 行业分布

撰写组依据中国证监会在2012年修订的《上市公司行业分类指引》,将本次样本企业所属的行业共分为19个门类。为保证样本选取更具代表性,撰写组将样本企业的行业分布与全国各行业企业分布数量大致呈现了对应比例。根据2021年《中国统计年鉴》中按主要行业分法人单位数(表7-3)的原则,在分行业占比排序中,批发和零售业(28.63%)、制造业(13.09%)、租赁和商务服务业(11.55%)位列前三;建筑业(6.47%)、科学研究和技术服务业(5.91%)分别位列第五和第六;信息传输、软件和信息技术服务业(4.37%)、房地产业(3.18%)、金融业(0.48%)分别位列第八、第九和第十七。

表7-3 全国部分分行业法人单位数、比例及排名

行业	法人单位数/个	占全国总法人单位数比例	排名
批发和零售业	8 415 106	28.63%	1
制造业	3 846 747	13.09%	2

(续表)

行业	法人单位数/个	占全国总法人单位数比例	排名
租赁和商务服务业	3 394 995	11.55%	3
建筑业	1 901 819	6.47%	5
科学研究和技术服务业	1 738 335	5.91%	6
信息传输、软件和信息技术服务业	1 285 534	4.37%	8
房地产业	933 969	3.18%	9
金融业	142 488	0.48%	17

资料来源:《中国统计年鉴(2021)》。

我国围绕信息通信技术、制造业数字化、服务业数字化、数字政府等领域,先后出台了《国务院关于印发促进大数据发展行动纲要的通知》《国务院关于深化制造业与互联网融合发展的指导意见》《智能制造发展规划(2016—2020)》《国务院关于深化"互联网+先进制造业"发展工业互联网的指导意见》《国务院办公厅关于促进平台经济规范健康发展的指导意见》等一系列具有引领作用的指导性文件,对各行业的融合创新发展和数字化转型进行了系统部署。2022年6月,APEC中小企业信息化促进中心发布了《2021年中小企业数字化指数报告》,对中小企业数字化发展程度进行了评估,得出了各行业中小企业数字化综合数字化指数梯度,第一梯队包括:制造业、信息传输业、科学研究和技术服务业、软件和信息技术服务业、批发业和零售业。中国信息通信研究院发布的《中国数字经济发展报告(2022年)》中指出,数字化产业内部的细分行业包括:电信业、电子信息制造业、软件和信息技术服务业、互联网和相关服务业。同时,该报告指出,服务业数字化转型领先发展,从零售、餐饮、旅游到办公、教育、医疗等各类传统服务市场因数字赋能实现了线上线下融合,进一步带动了服务业的繁荣发展。

为凸显会计人才招聘过程中的科技需求,并基于上述政策及内容,撰写组根据行业特点及行业与新兴技术联系的紧密程度,将行业细分为与新兴技术关联度适中和较高两类,并重点关注新兴技术关联度较高的行业。新兴技术关联度较高的行业包括:制造业,信息传输、软件和信息技术服务业,金融业,租赁和商务服务业,科学研究和技术服务业。通过对样本行业分布的统计情况得出:制造业、租赁和商务服务业、批发和零售业、科学研究和技术服务业所招聘会计人才的岗位数量分别占总样本的19.32%、15.63%、14.15%和11.47%;其次是信息传输、软件和信息技术服务业,房地产业,建筑业,金融业,分别占总样本的8.58%、6.57%、5.57%和3.09%;其他行业所占总样本的比例均在3%以下,如表7-4所示。综上,本次所选取的企业在招聘过程中,对会计人才的需求量与我国分行业企业数量有一定的关联。分析发现,制造业的总法人单位数比例虽然不及批发和零售业的一半,但因为制造业企业的下属公司、机构、部门众多,并且具有体量大的行业特性,对会计人员的需求量高于批发和零售业;在租赁和商务服务业中,商务服务业包括与财会专业相关的法律服务、商旅服务、信息咨询、特许经营、金融服务、保险理财等行业,因而对会计人才的需求也比较高;金融业虽在各行业数量比例排名中位于第 17 位,但因其行业特性,对财会类专业人才具有天然的适配性,因此其对会计人才的需求量也相对靠前。

表 7-4　样本行业分布、数量及所占比例

行业	数量/个	占总样本比例
制造业	288	19.32%
租赁和商务服务业	233	15.63%
批发和零售业	211	14.15%
科学研究和技术服务业	171	11.47%
信息传输、软件和信息技术服务业	128	8.58%
房地产业	98	6.57%
建筑业	83	5.57%
金融业	46	3.09%
交通运输、仓储和邮政业	40	2.68%
居民服务、修理和其他服务业	34	2.28%
电力、热力、燃气及水生产和供应业	24	1.61%
文化、体育和娱乐业	24	1.61%
卫生和社会工作	23	1.54%
水利、环境和公共设施管理业	19	1.27%
农、林、牧、渔业	17	1.14%
住宿和餐饮业	16	1.07%
采矿业	15	1.01%
综合	15	1.01%
教育	6	0.40%
合计	1 491	100.00%

2)企业规模及性质

按照企业的从业人员数量,将企业规模分为六个档次:100 人以下、100～499 人、500～999 人、1 000～4 999 人、5 000～9 999 人和 10 000 人以上;按照招聘网中企业基本信息的界定,将企业性质分为国有企业、民营企业、外资企业,以及其他。

样本选取企业的规模、数量及占比情况如表 7-5 所示:样本中 100 人以下规模的公司占总样本数量的 45.41%,100～499 人规模的公司占总样本数量的 29.24%,500～999 人

规模的公司占总样本数量的10.87%，1 000~4 999人规模的公司占总样本数量的6.71%，5 000~9 999人规模的公司和10 000人以上规模的公司仅占总样本数量的4.16%和3.61%。

表7-5 样本企业规模、数量及占比

规模	数量/个	占总样本比例
100人以下	677	45.41%
100~499人	436	29.24%
500~999人	162	10.87%
1 000~4 999人	100	6.71%
5 000~9 999人	62	4.16%
10 000人以上	54	3.61%
合计	1 491	100.00%

样本选取企业的性质、频次及占比情况如表7-6所示：国有企业占总样本数量的37.69%，民营企业占总样本数量的46.14%，外资企业占总样本数量的12.41%，其他企业占总样本数量的3.76%，样本主要集中于民营企业。

表7-6 样本企业性质、频次及占比

企业性质	频次/次	占总样本比例
国有企业	562	37.69%
民营企业	688	46.14%
外资企业	185	12.41%
其他	56	3.76%
合计	1 491	100.00%

3）区域分布

样本选取企业的招聘地所属省份包括31个省级行政区（不包括中国香港特别行政区、中国澳门特别行政区及中国台湾地区），根据中国七大行政地理分区的方式，将招聘地划分为东北、华北、华东、华中、华南、西北和西南。

样本选取企业的会计人才招聘需求地区占比情况如图7-1所示，华东、华北以及华南地区的招聘需求数量分别占比38.30%、15.76%、14.96%，共占比69.02%；西南、华中及东北地区的招聘需求数量分别占比11.47%、10.26%和5.63%；西北地区的占比仅3.62%。总体来看，华东地区、华北地区、华南地区和西南地区对会计人才招聘需求的数量较多。

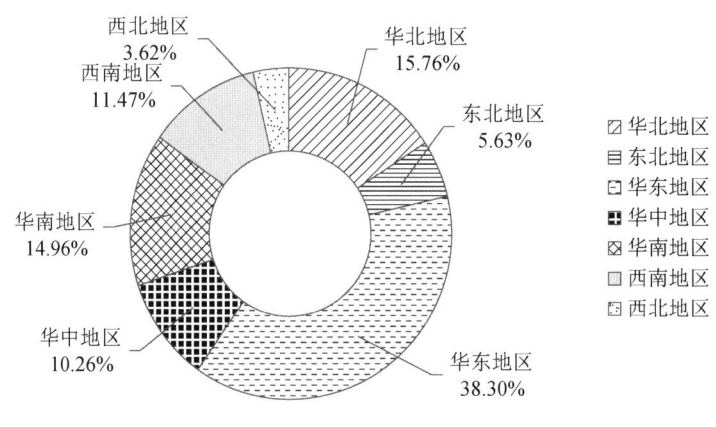

图 7-1 统计样本所在地区占比

4) 岗位层级

由于会计人员岗位通常分为高级、中级、初级三级,不同的岗位所担负的工作、责任不同,面对的对象、问题、层次不一样,决策的事项、环境、层级差别很大,对能力的要求也不同。为了进一步了解企业对不同层级会计人才的需求情况,撰写组统计了企业会计岗位不同层级的需求情况。

以王华等(2021)对会计人才岗位层级进行初级、中级、高级的分类为参考,结合样本选取的具体会计岗位,撰写组对样本中初级、中级和高级会计职位进行了以下界定:初级会计职位是指会计文员、出纳员、会计助理、财务助理、会计师等;中级会计职位是指会计主管、会计经理、财务主管、财务经理等;高级会计职位是指首席财务官、总会计师、财务副总监、财务总监、财务高级经理等。

本次样本企业招聘会计人才的岗位层级需求占比如图 7-2 所示,中级会计人员占比最高,占总样本的 41.58%,高级会计人才次之,占总样本的 35.48%,初级会计人员在总样本中所占比例为 22.94%。总体来看,企业对中级、高级人才的需求量较高。

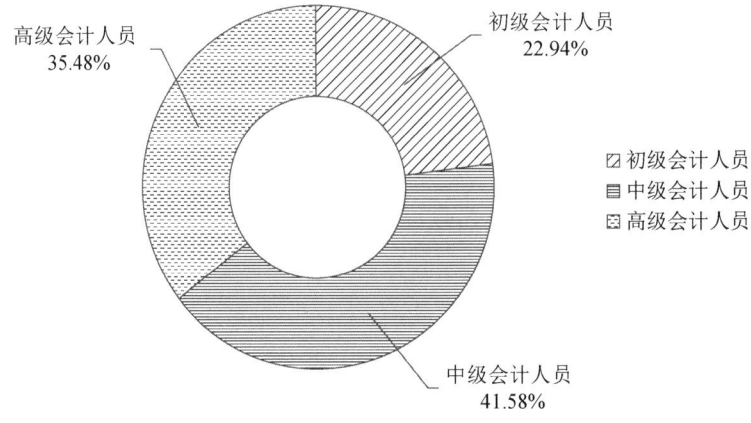

图 7-2 统计样本企业岗位层级需求占比

高校需要为企业输送大量的会计人才,然而据"YCY会计行业"观察在2022年发布的"对高等院校的会计教育的看法"的调查(表7-7),关于高校提供的会计教育和会计实务工作的人才需求之间的差异方面,有123位受调查者认为高校提供的会计教育和会计实务工作的人才需求之间的差异很大,有90位受调查者认为差异化较大,有49位受调查者则认为有差异但不明显,有7位受调查者认为没有差异。

表7-7 对高校提供的会计教育和会计实务工作的人才需求之间差异的看法

选项	人数/人	明确观点占比
差异很大	123	45.70%
差异比较大	90	33.50%
有一些差异,不大	49	18.20%
没有差异	7	2.60%
合计	269	100.00%

2022年,翰德(Hudson)发布的《2022人才趋势报告》[1]中指出,面对快速变化的外部环境,一方面,在企业数字化转型中,普通的财会人员将面临失业的风险;另一方面,企业对高精尖财会人才始终求贤若渴。实务界对会计人员素质能力的要求是会计人员谋求职业发展时应考虑的重要依据。随着高端会计人才缺口的持续增长,企业将会在未来很长时间内继续抢夺符合数字经济时代要求的会计人才。

5) 薪资情况

薪资是求职者较为关心的话题。智联招聘于2022年4月发布了2022年第一季度的《中国企业招聘薪酬报告》[2],展示了国内38个核心城市的企业的招聘薪酬水平,报告中显示在细分的48个行业中,财会、法律、人力资源等专业服务和咨询类的平均薪酬为11 604元/月,在所有行业中排名第四。为了更详细地了解我国会计行业人员的薪资情况,撰写组对样本中企业的薪资待遇做了统计分析,本次样本选取企业的会计人才招聘薪资区间及占比如图7-3所示。会计岗位招聘的薪资集中分布于5 000~9 999元/月和10 000~30 000元/月之间,两者共占比84.78%。企业会计人员月收入薪资中10 000~30 000元/月为最多数,占比57.41%,其次为5 000~9 999元/月,占比27.37%,而5 000元/月以下的占比仅为4.49%,30 000元/月以上的占比为8.58%。

---

[1] 翰德(Hudson). 2022人才趋势报告[EB/OL]. (2022-02-01)[2022-10-30]. https://hudson.contentour.com/video/VContentSet/nc_contentwbook? cid=296.

[2] 智联研究院. 2022年第一季度《中国企业招聘薪酬报告》[R/OL]. (2022-04-06)[2022-10-30]. https://max.book118.com/html/2022/1009/8060121114005001.shtm.

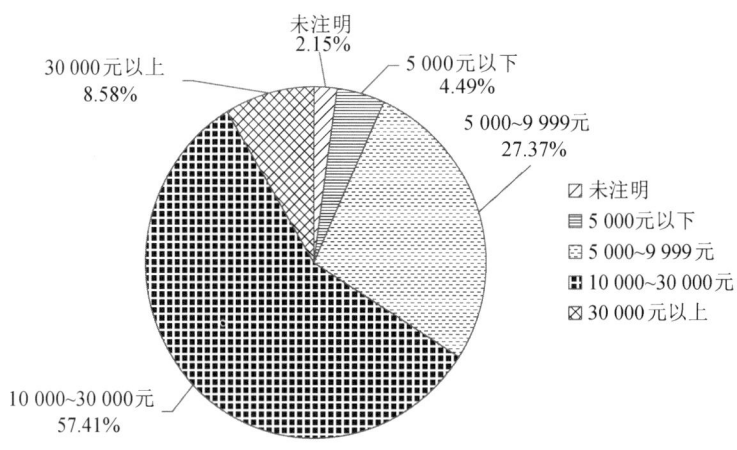

图 7-3　样本企业薪资区间及占比

6）证书背景

对于技能性较强的会计行业来说,技能与证书要求和学历要求同样重要。本次样本选取了企业对于会计证书背景的要求,从职业资格证书、国际证书、职称类证书三个方面分别进行了统计。

职业资格证书方面,相较于注册税务师资格证书,样本选取企业在招聘会计人才时更加看重应聘者是否持有注册会计师资格证书。在 1 491 家样本企业中,有 404 家企业要求会计岗位需要持有注册会计师资格证书,占总样本的 27.10%;仅有 5 家企业要求会计岗位需要持注册税务师资格证书,占总样本的 0.34%。样本选取企业对会计人才职业资格证书需求的数量如图 7-4 所示。

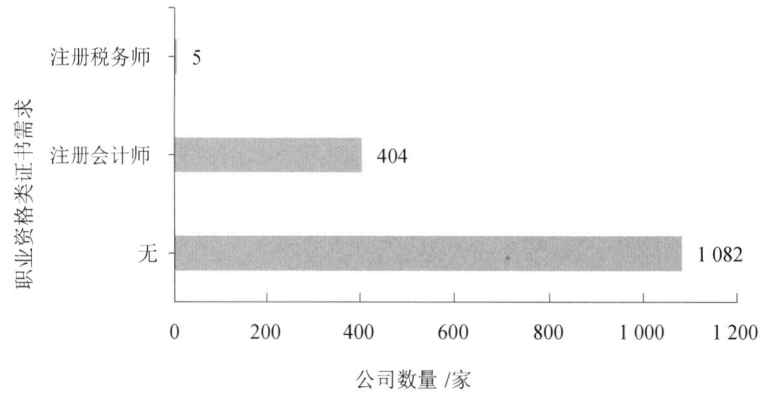

图 7-4　企业对会计人才职业资格证书需求的数量

国际证书方面,样本选取企业对会计人才国际证书需求的数量情况如图 7-5 所示,在样本企业中仅有 35 家企业在招聘会计人才时对国际证书持有者优先考虑。其中,21 家企业对持有 ACCA 的会计人才作优先考虑,占总样本的 1.41%;8 家企业对持有 CMA 的会计人才作优先考虑,占总样本的 0.54%;5 家企业对持有 CFA 的会计人才作优先考虑,占总样本的 0.34%。

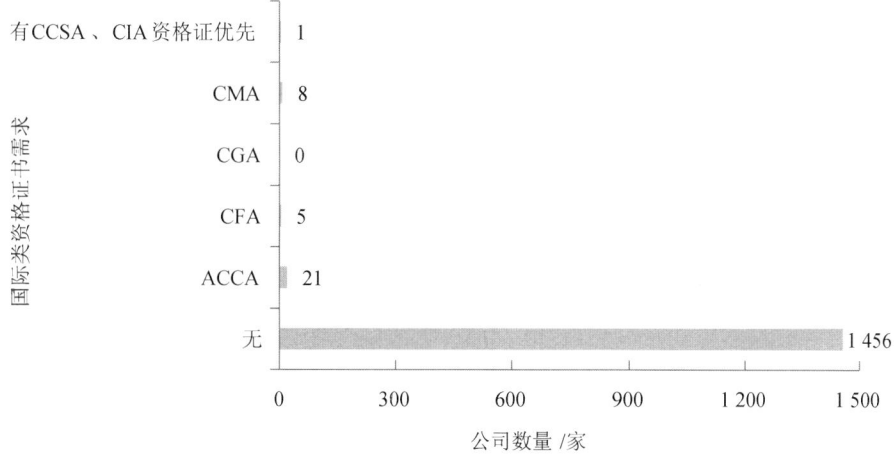

图 7-5　企业对会计人才国际证书需求的数量

职称类证书方面,样本选取企业对职称类证书需求情况如图 7-6 所示,在样本企业中,对职称类证书作出明确要求的与未作出明确要求的企业数量大致相等。其中,有 523 家企业要求会计人才需持中级会计职称资格证书,占总样本的 35.08%;有 111 家企业要求会计人才需持初级会计职称资格证书,占总样本的 7.44%;有 66 家企业要求会计人才需持高级会计职称资格证书,占总样本的 4.43%。

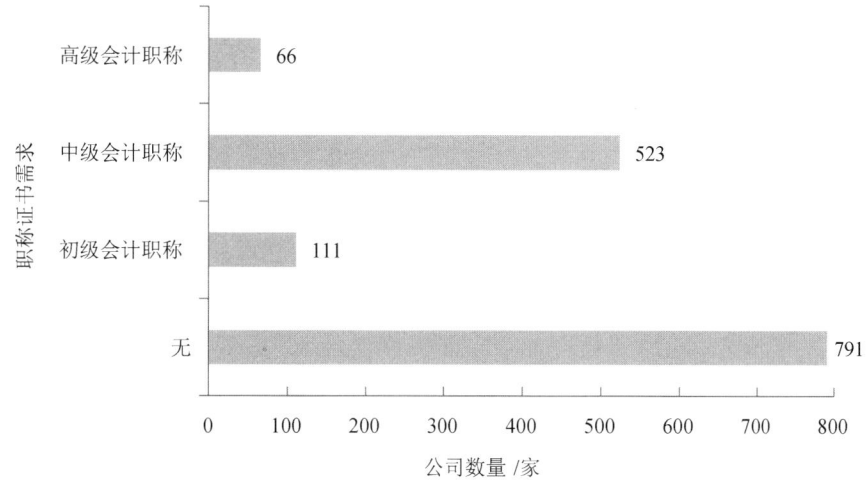

图 7-6　企业对会计人才职称类证书需求的数量

3. 企业会计人才招聘对科技的需求分析

未来的财务分析绝不仅局限于企业内部的财务数据,对存在于互联网中可实时共享的外部信息亦需要会计人员对其进行识别筛选。此外,财会人员应具备数据处理的基本能力,可以用有效的方法抓取和拼接财务信息,补全企业业务盲点,发挥财务部门在企业价值实现过程中的最大效能。基于此,撰写组在充分描述了企业会计人才招聘对岗位科技需求的整体现状后,分别从岗位层级、薪资范围、企业性质、公司规模四个方面对岗位科技需求情况进行了交叉分析,以期为数字经济时代会计人员能力的构建提供参考依据。

1) 企业会计人才招聘对科技需求的整体现状

对本次样本选取企业所发布的会计人才招聘信息情况进行统计分析后发现,如图7-7所示,仅有5.63%的用人单位在招聘时明确提出岗位与"大智移云物区"等新技术有关,其余94.37%的用人单位则未在岗位职责中明确指出其会计招聘岗位是否与"大智移云物区"等新技术有关。

在样本选取企业所发布的会计人才招聘信息中(图7-8),仅有1.14%的用人单位明确要求会计人才需要具有互联网相关的专业背景或经验,2.68%的用人单位对具有互联网相关的专业背景或经验的会计人才会优先考虑聘用,其余96.18%的用人单位则未在岗位职责中指出该岗位人才是否应具有互联网相关的专业背景或经验。

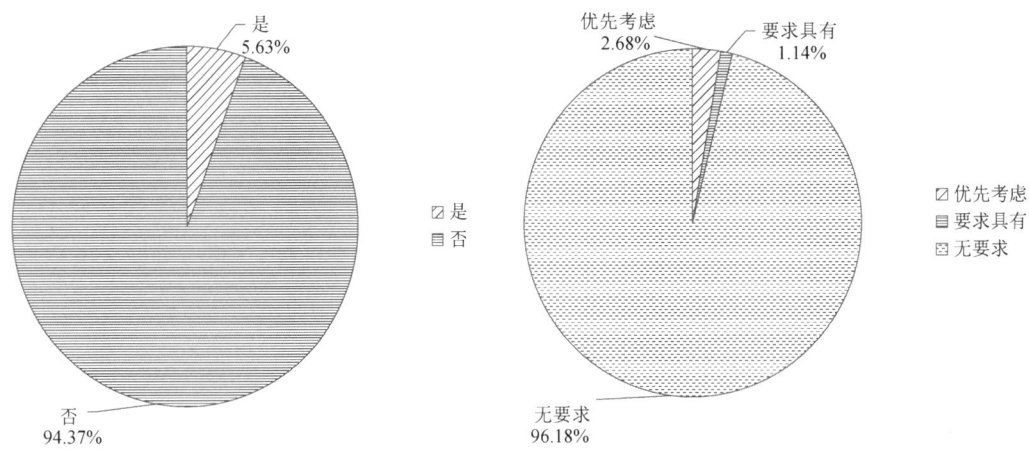

图7-7 企业招聘会计岗位是否提出与"大智移动云物区"等新技术相关的占比

图7-8 企业招聘会计岗位是否指出需具有互联网相关专业背景或经验占比

2) 企业会计人才招聘对岗位的科技需求与其他交叉分析

(1) 科技需求与岗位层级

在科技需求与岗位层级方面,在本次样本企业会计人才招聘信息中,绝大多数用人单位对于会计岗位职责是否与"大智移云物区"等新技术有关的要求较少,仅有5.63%的用人单位对于会计岗位职责与"大智移云物区"等新技术有具体要求。其中,初级岗位中对于会计岗位职责与"大智移云物区"等新技术有关有具体要求的数量占总样本数量的0.87%,中级岗位占2.82%,高级岗位占1.94%,会计人才岗位的科技需求与岗位层级分布情况如表 7-8 所示。

表 7-8　不同岗位层级与该岗位是否与"大智移云物区"等新技术有关的分布情况

岗位层级	是否与"大智移云雾区"等新技术有关	频次/次	占比
初级岗位	是	13	0.87%
	否	329	22.07%
中级岗位	是	42	2.82%
	否	578	38.77%
高级岗位	是	29	1.94%
	否	500	33.53%
合计	是	84	5.63%
	否	1 407	94.37%

（2）科技需求与薪资范围

在科技需求与薪资范围方面，样本企业发布的招聘信息中，岗位是否与"大智移云物区"等新技术相关对月薪影响较大。通过将"大智移云物区"等新技术相关的岗位的样本数量与用人单位所发布的不同薪资范围区间的岗位样本数量所占比重对比来看，薪资范围越高的用人单位对于技术的要求越高。其中，薪资范围在 5 000 元/月以下的岗位中，仅有 1.49% 的用人单位要求岗位与"大智移云物区"等新技术相关；薪资范围在 5 000～9 999 元/月范围的岗位中，有 4.79% 的用人单位要求岗位与"大智移云物区"等新技术相关；在薪资范围在 10 000～30 000 元/月的岗位中，有 4.17% 的用人单位要求岗位与"大智移云物区"等新技术相关；在薪资范围在 30 000 元/月以上的岗位中，有 12.50% 的用人单位要求岗位与"大智移云物区"等新技术相关（图 7-9）。

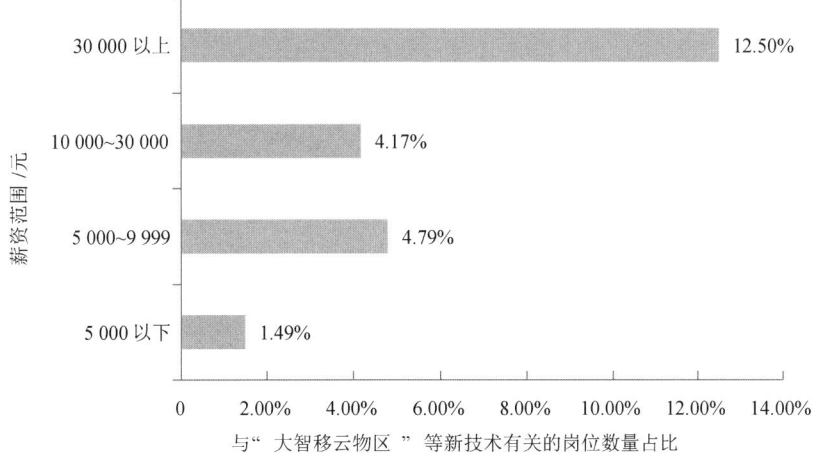

图 7-9　不同薪资范围与该岗位是否与"大智移云物区"等新技术相关的占比

(3) 科技需求与企业性质

在科技需求与企业性质方面,从样本企业招聘会计人才所发布的岗位职责与"大智移云物区"等新技术有关的岗位的总体数量上看,民营企业的需求最高,占比 52.38%;其次是国有企业和外资企业,分别占比 32.14% 和 13.10%,如图 7-10 所示。

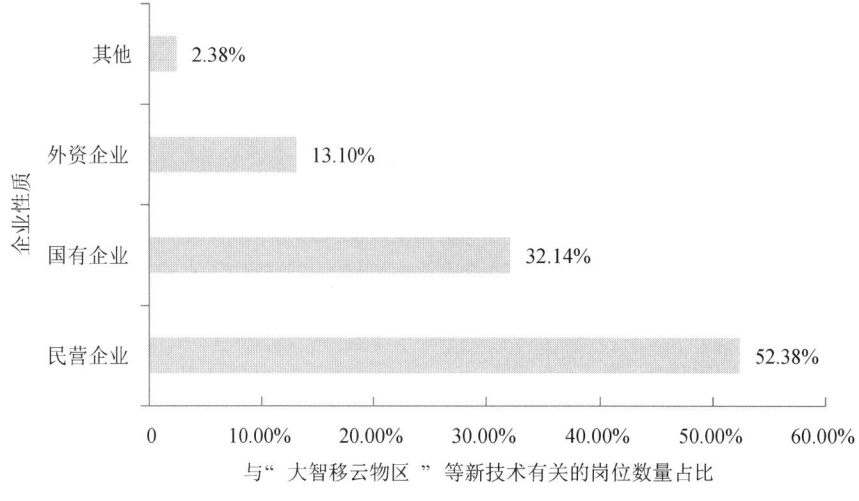

图 7-10　不同企业性质对与"大智移云物区"等新技术有关的需求占比

(4) 科技需求与地区分布

在科技需求与地区分布方面,按照地区用人单位发布的岗位中与"大智移云物区"等新技术相关岗位的需求数量占该地区样本的比例来排序,由高到低依次为华北(占 14.47%)、西南(占 14.29%)、华中(占 9.43%)、华南(占 4.04%)、华东(占 2.28%)。从相对数量上看,华北、西南两个地区的企业对与新技术相关的会计人才的需求明显高于其他地区,东北、西北地区用人单位对"大智移云物区"等新技术相关岗位的需求总量则最低,如图 7-11 所示。

(5) 科技需求与公司规模

在科技需求与公司规模方面,样本企业的规模与其科技需求呈现一定的正相关,即企业规模越大,招聘会计人才时对"大智移云物区"等科技的需求越高。在样本企业中,10 000 人以上的企业发布的岗位职责与"大智移云物区"等新技术相关的岗位占其总岗位数的 12.96%;其次是 5 000~9 999 人之间规模的企业,占比 9.68%,再次是 1 000~4 999 人和 500~999 人规模的企业,分别占比 8.00% 和 8.02%;而 100~499 人规模和 100 人以下规模的企业对"大智移云物区"等新技术相关岗位的会计人才的需求较少,占比仅分别为 5.29% 和 3.99%,如图 7-12 所示。

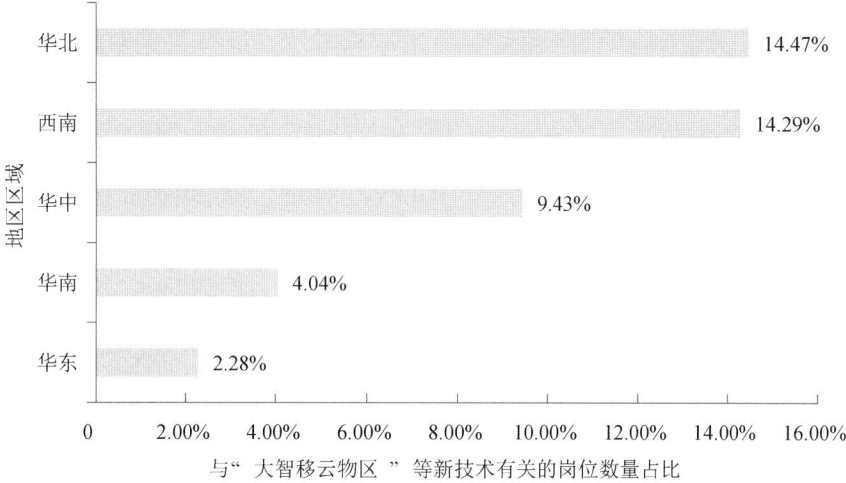

图 7-11　不同地区用人单位对岗位与"大智移云物区"等新技术有关的需求占比

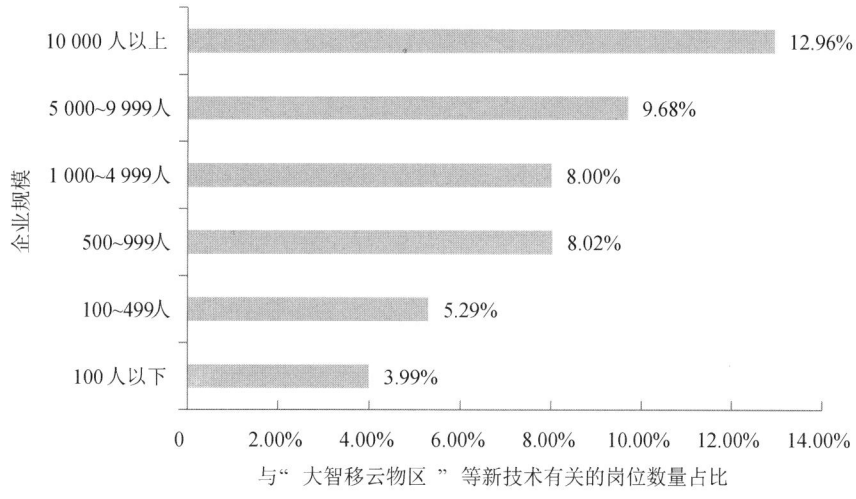

图 7-12　不同规模的企业对岗位与"大智移云物区"等科技的需求占比

(二)数字经济时代会计人才素质能力调查分析

追溯财务的发展历程,技术进步引发了财务的数次变革。会计电算化通过数据库和计算机软件取代了部分人工核算工作;ERP 的诞生和计算机网络的普及通过流程再造和专业化分工实现了财务共享;借助信息化手段,企业实现了对财务信息的快速处理和实时共享。数字技术进一步革新了财务的技术工具,悄然改变着财务的工作模式,使传统财务逐步向自动化、数字化和智能化转型,这也对财务人员的能力提出了更高的要求。为分析高速发展的数字经济环境下会计人才的市场需求,撰写组按照不同岗位层级分析了样本中 1 491 份会计职位的需求,对企业会计人员的素质能力进行了描述性统计分析。

1. 会计人才综合素质要求总体概述

用人单位除了对会计人才的学历背景、工作经验与资格证书等有要求,还对会计人才的综合素质能力提出了要求。在1 491份会计人才任职要求中,参考撰写组的《蓝皮书(2020)》对会计人员能力框架中所提出的对会计人员的职业道德、通用能力、专业能力三个方面的能力要求,撰写组将企业对于会计人才所需要的能力的出现频次进行了排序(图7-13)。

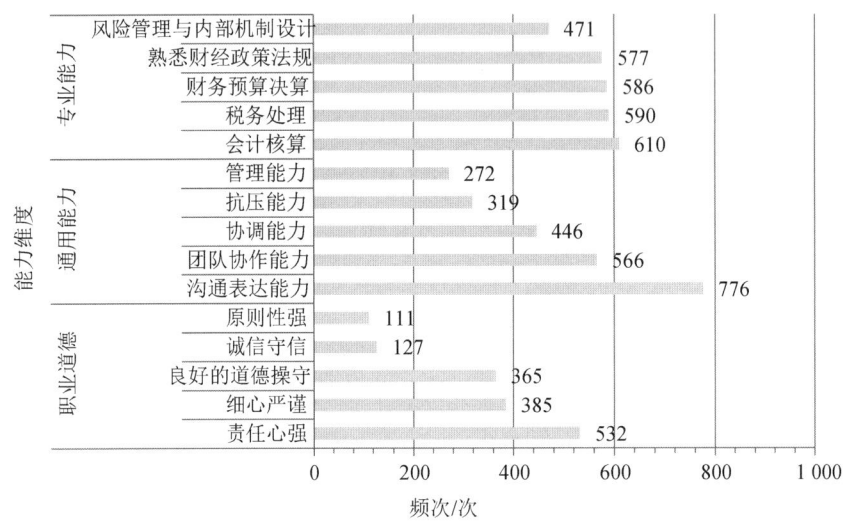

图7-13 数字经济时代下会计人才能力要求频次

职业道德方面,出现频次由高到低依次为(列示前五项,下同):责任心强、细心严谨、良好的道德操守、诚实守信、原则性强。

通用能力方面,出现频次由高到低依次为:沟通表达能力、团队协作能力、协调能力、抗压能力、管理能力。

专业能力方面,出现频次由高到低依次为:会计核算、税务处理、财务预算决算、熟悉财经政策法规、风险管理与内部机制设计。

综合企业对会计人才的能力素质要求的定位与要求,撰写组绘制了数字经济时代下会计人才高频能力要求的可视化云图(图7-14)。

1)职业道德

道德行为是专业会计师的一项核心特征。道德行为通常与"诚心笃行、做正确的事"密切相关。对专业的会计从业者来说,道德行为不仅是凭直觉来遵从个人良心行事,还包含了很多具体的行为预期,比如在行使职能时表现出足够的专业能力、给予利益相关方应有的关注、维护公共利益等。ACCA在2017年就向1万多名专业会计师(包括培训学员)和500多名高级("首席层级")管理人员调查了他们对职业道德的看法。超过八成的受访者

第七章
科技创新背景下会计人才的能力需求和培养建议分析

图 7-14　数字经济时代下会计人才高频能力要求云图

认为,强有力的道德原则和行为将在不断发展演进的数字时代变得越来越重要。随后在 2021 年,ACCA 又对数字时代下职业道德水平的重要性进行了调查研究,结果显示,绝大多数受访者(超过九成)认为职业道德重要或十分重要。7 600 余名受访者(占总受访人数的 77%)认为在数字时代下,职业道德是一项"十分重要"的技能。[1]

在职业道德方面,撰写组将企业对会计人才的职业道德要求的出现频次进行了排序,发现企业在招聘过程中对会计人才的职业道德层面中所最为看重的能力有责任心强、细心严谨和良好的道德操守,如图 7-15 所示。

2) 通用能力

通用能力是会计从业人员在专业能力以外的关乎于智商、情商、健商的各种能力,它是助力专业能力更好地发挥职能作用的技能与知识(王华等,2021)。四大会计师事务所在评估应聘者的能力时,往往会着重考察会计人员的"兴趣、沟通能力和团队合作能力",他们认为沟通与团队合作能力比应聘者的专业知识更重要。翰德(Hudson)在《2022 人才趋势报告》中提出,具备优秀的沟通能力对财务人员来说非常重要。同时,具备数字化思维和全业务视角下的数据分析能力、资本运作和商务谈判等综合能力,以及拥有跨界的视野和知识

---

[1] ACCA.专业会计师——成就未来:数字时代的职业道德与信任[EB/OL].(2017-10-01)[2022-10-30]. https://cn.accaglobal.com/insights/c87/Ethics_and_trust_in_a_digital_age-87-686.html.

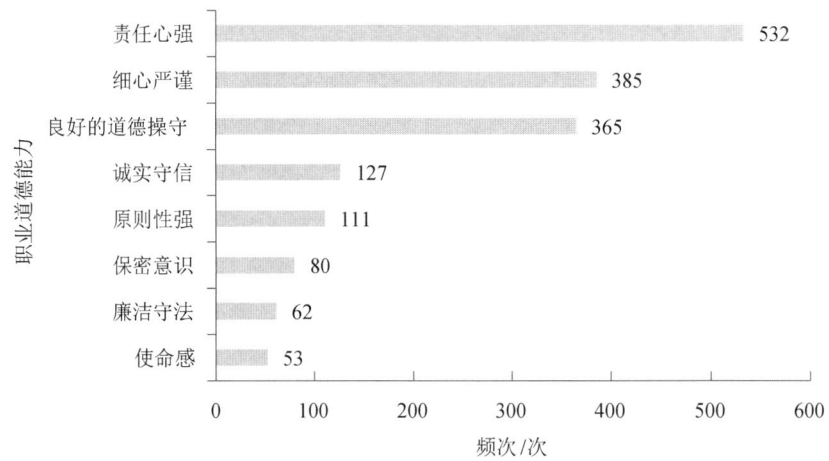

图 7-15　全样本企业对会计人才的职业道德能力要求与频次

储备的高端财会人才会成为企业竞逐的对象[1]。

通用能力要求中,撰写组将企业对于会计人才的通用能力要求的出现频次进行了排序,如图 7-16 所示,发现企业在招聘过程中对于会计人才的通用能力层面中看重的能力有沟通表达能力、团队协作能力、协调能力。具体来看,撰写组将通用能力进一步分为沟通与领导力、学习与行动和互联网与信息技术三项子能力。根据样本数据,沟通与领导力方面,用人单位最看重会计人员的沟通表达能力、团队协作能力和协调能力;学习与行动方面,用

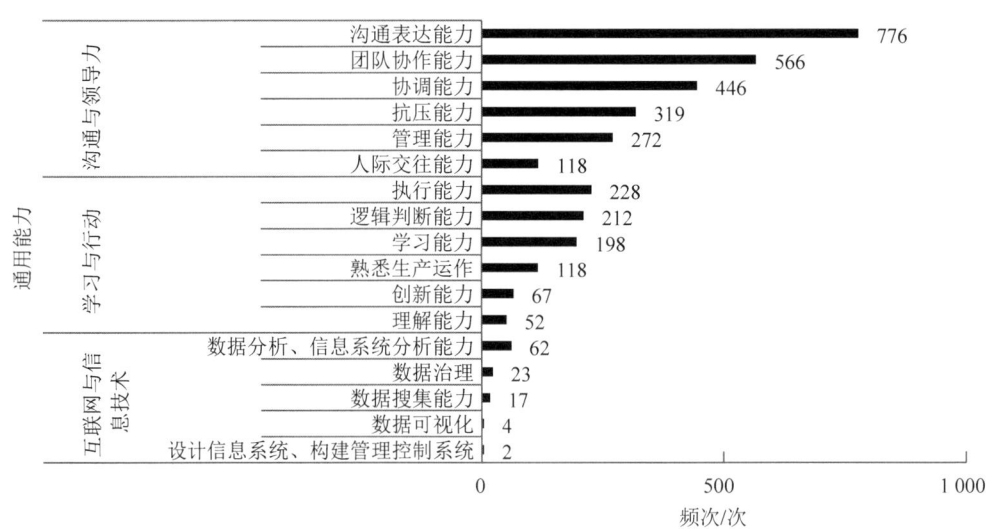

图 7-16　全样本企业对会计人员通用能力的要求与频次

---

[1] 翰德(Hudson). 2022 人才趋势报告[EB/OL]. (2022-02-01)[2022-10-30]. https://hudson.contentour.com/video/VContentSet/nc_contentwbook? cid=296.

人单位最看重会计人员的执行能力、逻辑判断能力和学习能力;互联网与信息技术方面,用人单位最看重会计人员的数据分析、信息系统分析能力和数据治理及数据搜集能力。

3) 专业能力

专业能力构成了会计职业的主题以及与其他商业学科不同的主题,并且共同组成了会计人员能力最主要的部分。会计人员是从事专业性很强的工作的人才,因此,专业能力是其能力结构的核心部分,也是其能力结构的特色所在。同时,会计人员对专业邻近领域的知识也要有所了解和熟悉,要善于将其所学的领域与其他相关知识领域紧密联系起来。

在专业能力要求中,撰写组将企业对于会计人才的专业能力要求的出现频次进行了排序(图7-17),发现企业在招聘过程中对会计人才的专业能力层面中所最为看重的能力有会计核算、税务处理、财务预算决算。具体来看,撰写组将专业能力进一步分为核算与报告、分析与决策和控制与评价。

在核算与报告方面,用人单位最看重会计人员的会计核算、税务处理和熟悉财经政策法规的能力。分析与决策方面,用人单位最看重会计人员的财务预算决算、经营分析和财务报表分析的能力。控制与评价方面,用人单位最看重会计人员的风险管理与内部机制设计、内部控制和成本费用控制与管理的能力。

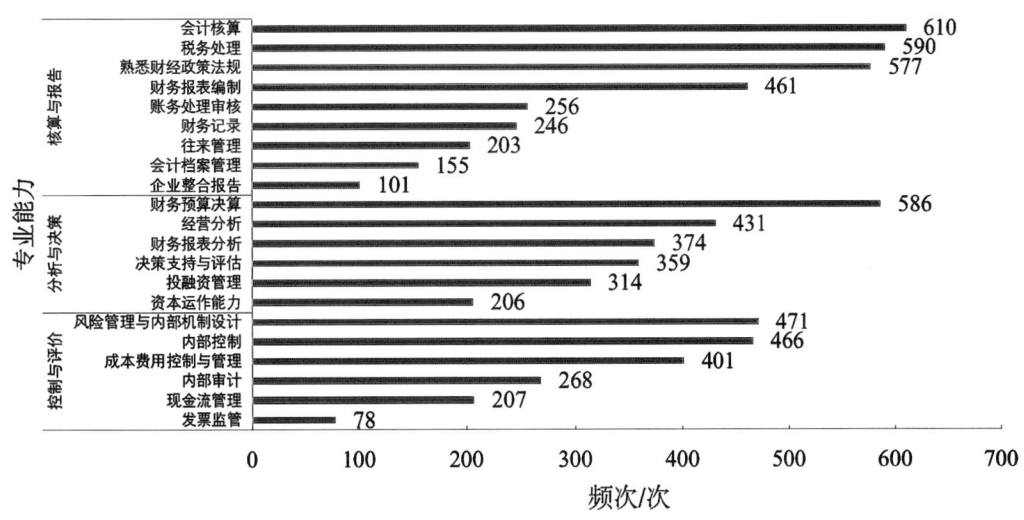

图7-17 全样本企业对会计人员专业能力的要求与频次

2. 会计人才招聘职位能力要求分析

各级次会计职位的综合能力要求分析如表7-8至表7-16所示。对于各级次会计职位,企业普遍要求应聘者需要具有责任心强、良好的道德操守、沟通表达能力、团队协作能力、协调能力、会计核算、税务处理、财务预算决算等的能力。随着企业数字化程度的进一步加深,越来越多的企业要求会计人员具备一定的互联网与信息技术相关能力,同时企业对不同层级的会计人员的能力的要求也不同。依据舒伟等(2021)提出的会计人员能力框架中的职业道德、通用能力、专业能力三个方面的能力,撰写组又将会计人员分为了初级、中级、高级三个层级,按照初级、中级和高级三个层级依次对会计招聘职位能力要求进行了分析。王华等(2021)基于互联网时代特征及其对会计的影响并结合中国企业情景,以胜任特征模型为指导,构建了反映互联网时代特征与中国文化特色的会计人员能力框架。撰写组将本次调查研究所得结果与之相对比,试图找出数字经济时代下会计人员能力的变化。

1)初级会计招聘职位能力要求分析

职业道德方面。王华等(2021)对初级会计人员职业道德调查描述中表示用人单位对遵纪守法、爱岗敬业、廉洁自律较为看重。这与会计的行业特点是紧密相关的,会计应遵守公司法、会计准则等相关财经法规,要求财务人员要有良好的职业操守。相比而言,本次调查发现,职业道德方面,用人单位着重强调并要求初级会计人员具有责任心强、细心严谨以及良好的道德操守的能力与品质。有39.18%的用人单位对初级会计人员提出了责任心强的要求,有34.21%的用人单位提出了细心严谨的要求,有28.65%的用人单位提出初级会计人员应具有良好的道德操守的要求,如表7-9所示。财务工作与数字、金钱相关,这种工作的特殊性和职责的重大性,决定了责任心强和细心严谨是所有会计工作人员必须具备的基本素质,这对于从事基础核算工作的初级职位人员来说更是如此。

表7-9 用人单位对初级会计人员职业道德维度的要求及占比

职业道德要求	出现频次/次	占总样本比例
责任心强	134	39.18%
细心严谨	117	34.21%
良好的道德操守	98	28.65%

通用能力方面。王华等(2021)统计的样本显示,软件操作能力、学习能力、沟通能力、协同能力是招聘单位对初级会计人员最重视的能力,这与会计人员的工作特点是分不开的。账务处理与报表编制以及纳税申报等都需要一定的软件操作能力,而学习能力是做好会计工作的必备能力,同时需要较强的沟通技巧和协同能力,因为会计岗位是需要与其他岗位合作共事的,特别是管理会计方面的工作。与王华教授的调查结果对比发现,用人单位依旧看重初级会计人员的这些能力,但侧重点有所不同。用人单位最看重的是沟通表达能力,其次是团队协作能力和学习能力。值得注意的是,用人单位还强调了会计人员的协调能力和互联网与信息技术相关的能力。有50.88%的用人单位对初级会计人员的沟通表达能力提出了要求,有34.80%的用人单位对初级会计人员的团队协作能力提出了要

求,有 24.27% 的用人单位对初级职位人员的学习能力提出了要求,有 6.14% 的用人单位对初级职位人员的数据分析、信息系统分析能力提出了要求,有 2.05% 的用人单位对初级职位人员的数据治理能力提出了要求,如表 7-10 所示。

表 7-10 用人单位对初级会计人员通用能力维度的要求及占比

职业道德		出现频次/次	占总样本比例
沟通与领导力	沟通表达能力	174	50.88%
	团队协作能力	119	34.80%
	协调能力	70	20.47%
学习与行动	学习能力	83	24.27%
	执行能力	54	15.79%
	逻辑判断能力	38	11.11%
互联网与信息技术	数据分析、信息系统分析能力	21	6.14%
	数据治理	7	2.05%
	数据搜集能力	5	1.46%

专业能力方面。王华等(2021)统计的样本显示,企业招聘的初级会计人员所从事的主要工作是账务处理、会计报表编制、纳税申报以及汇算清缴,分别占到总样本的 51.00% 和 48.40%,其他工作主要是现金收付、资料整理与保管。本次样本统计发现,用人单位不仅对初级会计人员的财务报表编制、会计核算、往来管理能力提出了要求,而且增加了对初级会计人员的财务记录、税务处理、熟悉财经政策法规等能力的要求。具体来看,在核算与报告方面,有 61.70% 的用人单位对初级会计人员的会计核算能力提出了要求,有 41.81% 的用人单位对财务记录能力提出了要求,有 39.77% 的用人单位对税务处理能力提出了要求;在分析与决策方面,有 18.71% 的用人单位对财务报表分析和财务预算决算提出了要求,有 16.37% 的用人单位对财务报表编制能力提出了要求;在控制与决策方面,有 14.91% 的用人单位对内部控制能力提出了要求,有 14.33% 的用人单位对成本费用控制与管理能力提出了要求,有 14.04% 的用人单位对内部审计能力提出了要求,如表 7-11 所示。

表 7-11 用人单位对初级会计人员专业能力维度的要求及占比

专业能力		出现频次/次	占总样本比例
核算与报告	会计核算	211	61.70%
	财务记录	143	41.81%
	税务处理	136	39.77%

(续表)

专业能力		出现频次/次	占总样本比例
分析与决策	财务报表分析	64	18.71%
	财务预算决算	64	18.71%
	财务报表编制	56	16.37%
控制与决策	内部控制	51	14.91%
	成本费用控制与管理	49	14.33%
	内部审计	48	14.04%

2）中级会计招聘职位能力要求分析

职业道德方面。王华等（2021）在调查中显示，用人单位对中级会计人员提出了责任心强、工作细心严谨、良好的职业操守的要求。对620名中级会计人员的调查显示，职业道德方面，用人单位除要求中级会计人员具有细心严谨、责任心强的能力与品质外，还特别强调了原则性强。其中，有38.06%的用人单位对中级职位人员提出了原则性强的要求，有25.97%的用人单位提出了细心严谨的要求，有23.87%的用人单位提出了责任心强的要求，如表7-12所示。

表7-12　用人单位对中级会计人员职业道德维度的要求及占比

职业道德	出现频次/次	占总样本比例
原则性强	236	38.06%
细心严谨	161	25.97%
责任心强	148	23.87%

通用能力方面。相较于王华等（2021）调查中所提出的沟通表达能力、协调组织能力、计算机能力和团队合作精神等通用能力，本次调查研究发现用人单位除了看重中级会计人员的沟通表达能力，还对中级会计人员的执行能力、学习能力、逻辑判断能力，以及协调能力提出了要求。但是，用人单位并未对中级会计人员在互联网与信息技术方面的相关能力提出过高的要求。相比于其他能力来说，对此项能力提出要求的用人单位较少。本次样本统计显示，有51.94%的用人单位对中级会计人员的沟通表达能力提出了要求，有39.35%的用人单位对执行能力提出了要求，有28.87%的用人单位对抗压能力提出了要求，有24.68%的用人单位对学习能力提出了要求，有4.35%的用人单位对数据分析、信息系统分析能力提出了要求，仅有1.45%的用人单位对设计信息系统、构建管理控制系统提出了要求，如表7-13所示。

表 7-13　用人单位对中级会计人员通用能力维度的要求及占比

通用能力		出现频次/次	占总样本比例
沟通与领导力	沟通表达能力	322	51.94%
	抗压能力	179	28.87%
	协调能力	100	16.13%
学习与行动	执行能力	244	39.35%
	学习能力	153	24.68%
	逻辑判断能力	103	16.61%
互联网与信息技术	数据分析、信息系统分析能力	27	4.35%
	设计信息系统、构建管理控制系统	9	1.45%
	数据治理	5	0.81%

专业能力方面。王华等(2021)统计的样本显示,用人单位招聘中级会计人员时较为看重会计职称证书、财务预决算能力、熟练使用财务软件、编制财务报表、财务管理制度的制定、熟悉财经政策法规和税务筹划与申报等能力,这些能力要求占到总样本数比例的30%以上。本次调查研究发现,用人单位不仅对中级会计人员的财务预算决算、熟悉财经政策法规的能力提出了要求,还增加了对中级会计人员的财务记录、内部控制、会计档案管理、财务报表分析、决策支持与评估、资本运作能力、现金流管理,以及风险管理与内部机制设计等能力的要求。

本次样本统计显示,在核算与报告方面,有46.45%的用人单位对中级会计人员的财务记录能力提出了要求,有40.48%的用人单位对会计档案管理能力提出了要求,有39.84%的用人单位对熟悉财经政策法规能力提出了要求;分析与决策方面,有40.00%的用人单位对财务报表编制能力提出了要求,有32.10%的用人单位对决策支持与评估提出了要求,有30.48%的用人单位对资本运作能力提出了要求;控制与决策方面,有43.39%的用人单位对内部控制能力提出了要求,有30.00%的用人单位对现金流管理能力提出了要求,有19.03%的用人单位对风险管理与内部机制设计能力提出了要求,如表7-14所示。

表 7-14　用人单位对中级会计人员专业能力维度的要求及占比

专业能力		出现频次/次	占总样本比例
核算与报告	财务记录	288	46.45%
	会计档案管理	251	40.48%
	熟悉财经政策法规	247	39.84%

(续表)

专业能力		出现频次/次	占总样本比例
分析与决策	财务报表分析	248	40.00%
	决策支持与评估	199	32.10%
	资本运作能力	189	30.48%
控制与决策	内部控制	269	43.39%
	现金流管理	186	30.00%
	风险管理与内部机制设计	118	19.03%

3）高级会计招聘职位能力要求分析

职业道德方面。王华等（2021）对高级会计人员的职业道德调查描述显示，用人单位对廉洁自律、保守秘密、诚实守信较为看重。相比而言，本次调查研究发现，职业道德方面，用人单位强调并要求高级会计人员应具有廉洁守法的能力与品质，还对高级会计人员的原则性和细心严谨较为看重。有32.60%的用人单位对高级职位人员提出了廉洁守法的要求，有23.86%的用人单位提出了原则性强的要求，有21.67%的用人单位提出了细心严谨的要求，如表7-15所示。

表7-15　用人单位对高级会计人员职业道德维度的要求及占比

职业道德	出现频次/次	占总样本比例
廉洁守法	164	32.60%
原则性强	120	23.86%
细心严谨	109	21.67%

通用能力方面。王华等（2021）在调查中提出机制设计管理能力、熟悉法律法规、协调企业内外部关系能力和团队合作能力占比较高，而此次样本统计发现用人单位不仅看重高级会计人员的协调能力，还对沟通表达能力、逻辑判断能力、抗压能力、学习能力，以及熟悉生产运作提出了要求。

本次样本统计显示，在沟通与领导力方面，有52.93%的用人单位对高级会计人员的沟通表达能力提出了要求，有38.37%的用人单位对协调能力提出了要求，有20.04%的用人单位对抗压能力提出了要求；在学习与行动方面，有37.24%的用人单位对逻辑判断能力提出了要求，有27.79%的用人单位对学习能力提出了要求，有16.82%的用人单位对熟悉生产运作能力提出了要求。值得注意的是，与初级、中级会计人员相比，用人单位对高级会计人员的互联网与信息技术能力更加关注，有8.32%的用人单位对高级会计人员的数据分析、信息系统分析能力提出了要求，有4.16%的用人单位对设计信息系统、构建管理控制系统提出了要求,如表 7-16 所示。

表 7-16　用人单位对高级会计人员通用能力维度的要求及占比

通用能力		出现频次/次	占总样本比例
沟通与领导力	沟通表达能力	280	52.93%
	协调能力	203	38.37%
	抗压能力	106	20.04%
学习与行动	逻辑判断能力	197	37.24%
	学习能力	147	27.79%
	熟悉生产运作	89	16.82%
互联网与信息技术	数据分析、信息系统分析能力	44	8.32%
	设计信息系统、构建管理控制系统	22	4.16%
	数据搜集能力	6	1.13%

专业能力方面。王华等(2021)统计的样本显示,用人单位招聘高级会计人员时较为看重预算计划与决算能力、内外部控制能力和资金运营能力、税务筹划、成本费用管理、报表分析、风险管理,以及内部审计能力。本次样本统计显示,用人单位不仅对高级会计人员的内外部控制能力、财务预算决算能力、成本费用控制与管理能力提出了要求,而且增加了对高级会计人员的风险管理与内部机制设计、现金流管理、账务处理审核、投融资管理、往来管理等能力的要求。本次样本统计显示,在核算与报告方面,有 44.80% 的用人单位对账务处理审核能力提出了要求,有 40.83% 的用人单位对税务处理能力提出了要求,有 36.86% 的用人单位对往来管理能力提出了要求;分析与决策方面,有 38.94% 的用人单位对财务预算决算和投融资管理能力提出了要求,有 24.39% 的用人单位对经营分析能力提出了要求;在控制与决策方面,有 47.83% 的用人单位对高级会计人员的风险管理与内部机制设计能力提出了要求,有 45.37% 的用人单位对现金流管理提出了要求,有 39.70% 的用人单位对成本费用控制与管理能力提出了要求(表 7-17)。

表 7-17　用人单位对高级会计人员专业能力维度的要求及占比

专业能力		出现频次/次	占总样本比例
核算与报告	账务处理审核	237	44.80%
	税务处理	216	40.83%
	往来管理	195	36.86%

(续表)

专业能力		出现频次/次	占总样本比例
分析与决策	财务预算决算	206	38.94%
	投融资管理	206	38.94%
	经营分析	129	24.39%
控制与决策	风险管理与内部机制设计	253	47.83%
	现金流管理	240	45.37%
	成本费用控制与管理	210	39.70%

3. 会计人才能力需求问卷调查分析

为了进一步了解新兴技术快速发展的数字经济时代下,实务界对会计人才的能力需求和变化,撰写组在前一节数据分析的基础上设计了相关问卷,并于2022年4月开展了科技与企业会计实务融合现状的问卷调查,就会计人才类型需求、职业道德能力需求、通用能力需求和专业能力需求四个方面对企业进行了调查。截至2022年8月31日撰写组共计回收345份有效问卷。撰写组通过调研结果分析发现:一方面,数字经济时代下,企业迫切需要既懂专业又懂技术的复合型会计人才;另一方面,数字经济时代下,企业愈发重视会计从业人员的职业道德。具体从企业对会计人员的能力需求方面来看:首先,在职业道德方面,企业对员工的责任心强、细心严谨、良好的道德操守提出了较高的要求;其次,在通用能力方面,企业更加注重会计人员的抗压能力、沟通表达能力、团队协作能力;最后,在专业能力方面,企业更加注重会计核算、熟悉财经政策法规、财务处理审核和财务报表分析等能力。具体调研结果分析如下。

1) 会计人才类型需求

数字经济时代下,我国各行业、企业正逐步推动与新一代信息技术深度融合,财务数字化将作为企业全面数字化转型的最佳切入点[1],推动企业加快数字化转型。在此背景下,企业迫切需要懂智能技术的复合型会计人才。2021年年底,赛迪顾问发布的《2022年数字化转型十大趋势》提出了数字人才将成为数字化转型的关键要素,员工数字能力的高低决定了其是否能具有职场竞争优势。《会计信息化发展规划(2021—2025年)》提出,要打造懂会计、懂业务、懂信息技术的复合型会计信息化人才队伍。如表7-18所示,2022年撰写组的问卷调查结果显示,企业对会计人才的需求程度从高到低分别为智能化会计(占77.10%)、财务管理(占77.10%)、税务会计(占73.04%)、管理会计(占68.70%)、IT审计(占65.22%)。可以看出:第一,与2019年相比,企业对会计人才类型的需求出现了新变

---

[1] 元年研究院.2022企业数字化转型十大趋势[EB/OL].(2022-2-15)[2022-5-25]. https://www.soft6.com/news/2022/02/22/1639463020.html.

化,对智能化会计的需求已跃升至第一。第二,企业对财务管理的需求在 2019 和 2020 年都排在前列,这说明财务管理依然是企业所看重的人才类型。[1] 总体来说,企业亟须兼备财务知识和数字技术的复合型会计人才,以助力企业财务数字化转型。

表 7-18 企业对各类型会计人才的需求比例排名

排名	2019 年人才类型需求	占比	2022 年人才类型需求	占比
1	税务会计	89.74%	智能化会计	77.10%
2	财务管理	89.74%	财务管理	77.10%
3	管理会计	84.62%	税务会计	73.04%
4	智能化会计	72.44%	管理会计	68.70%
5	IT 审计	72.43%	IT 审计	65.22%

2)三大能力重要程度

王华等(2021)依据胜任能力的"冰山模型"将会计人员的能力分为三大维度,即职业道德、专业能力和通用能力,这三大能力维度都是新时代下会计人员必备的胜任能力。而经过分析和调研,撰写组发现企业愈发重视会计从业人员的职业道德,并将其上升到一个全新的高度。

2017 年,ACCA 发布了《数字时代的职业道德与信任》。报告指出,全球超过八成的受访者认为,强有力的道德原则和行为将在不断发展演进的数字时代中变得越来越重要。2021 年,财政部印发的《会计行业人才发展规划(2021—2025 年)》提出,将会计职业道德作为会计人才培养教育的重要内容。同时,如图 7-18 所示,本次调研数据显示,在三大能力

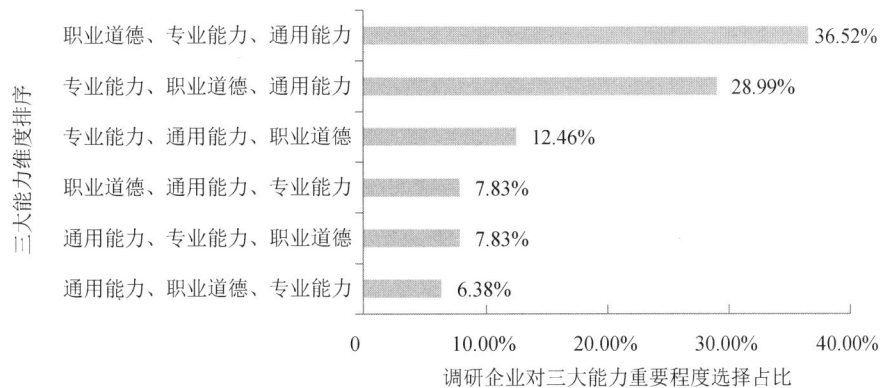

注:每一选项的排序按照重要程度由前到后,靠前为最重要。

图 7-18 三大能力维度的重要程度

---

[1] 王华,赵栓文,舒伟,等.中国会计教育改革与发展蓝皮书(2020):应用型本科人才培养[M].上海:立信会计出版社[M].2021:105.

维度的重要程度排序上,"职业道德、专业能力、通用能力"的比例居于首位(占36.52%)。可见,数字经济时代下,职业道德作为"软约束"规范着会计人员的行为和态度,逐渐成为企业最为看重的要求。

3) 职业道德相关要求

职业道德是指从业人员在职业活动中应遵循的基本道德,即一般社会道德在职业生活中的具体体现,其为会计从业者提供了明确的行为指导。本次线上问卷将职业道德分为责任心强、细心严谨、良好职业操守、保密意识、原则性强、廉洁守法和使命感等子能力。调研数据显示(图7-19),前三位依次是:责任心强(占70.43%)、细心严谨(占68.70%)及良好的职业操守(占66.96%)。由以上数据可知,责任心强是每个员工在面对工作时应具备的态度,也是职业道德中的核心能力。当员工对自己的工作具有责任心时,便会将公司的事情当成自己的事情,具有极强的执行力;反之,则很可能使企业面临极大风险。因此,越来越多的企业将责任心作为人才首要选拔标准。同时,细心严谨、良好职业操守和保密意识也是企业较为看重的工作能力。

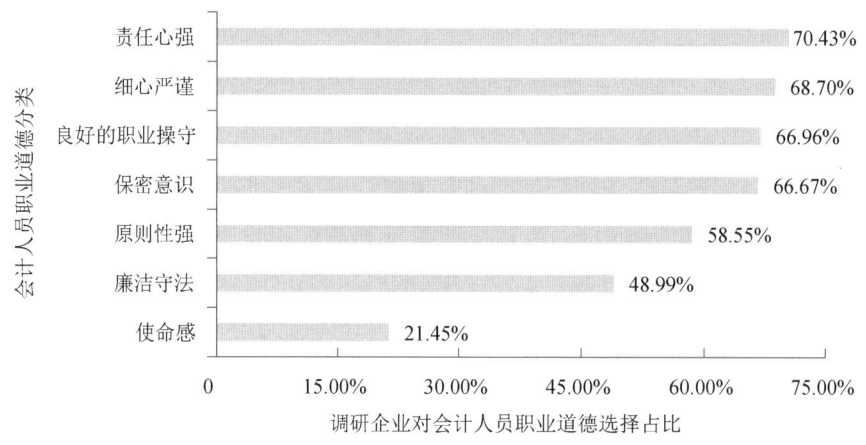

图7-19 企业对会计人才的职业道德要求及占比

4) 通用能力相关要求

通用能力是会计从业人员专业能力以外的关乎智商、情商、健商的各种能力,它是助力会计人员更好地发挥职能作用的技能与知识(王华等,2021)。本次线上问卷将通用能力分为沟通与领导力、学习与行动力、互联网和信息技术三大维度,并进一步细分为17项子能力。

调研数据显示(图7-20):沟通与领导力方面,用人单位最看重会计人才的抗压能力(占45.22%)、沟通表达能力(占43.77%)、团队协作能力(占39.42%)。财务数字化转型已成大势所趋,会计人员在应对转型中需要具备良好的抗压能力,才能将压力真正转化为动力,并积极面对转型中的挫折和挑战。同时,数字经济时代下,财务人员不能再单打独斗,孤军作战,而是需要财务深入业务,真正了解业务的"痛点",因此,沟通表达能力在业财融合中显得尤为重要。

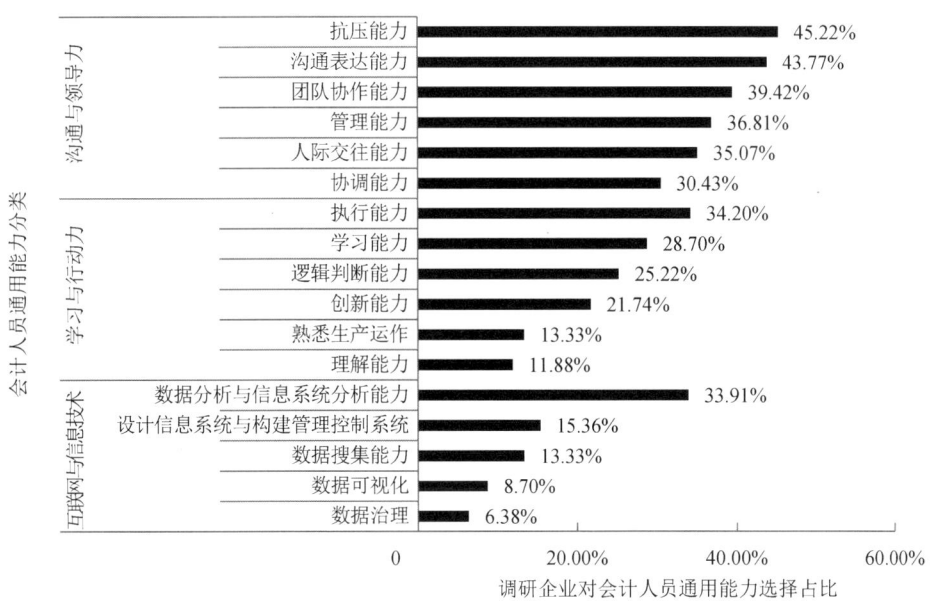

图 7-20　企业对会计人员的通用能力维度要求与占比

学习与行动力方面。用人单位最看重会计人员的执行能力(占 34.20%)、学习能力(占 28.70%)、逻辑判断能力(占 25.22%)。一个企业的成功需要出色的执行力来保证。同样,智能财务的建设也需要会计人员高效执行、转变思维理念、积极参与建设,才能促进财务朝智能化方向发展。与此同时,会计人员需要持续保持学习能力,适应新的工作形势,成为新时代复合型财务人才。

互联网与信息技术方面。用人单位最看重会计人员的数据分析与信息系统分析能力(占 33.91%)、设计信息系统与构建管理控制系统的能力(占 15.36%)、数据搜集能力(占 13.33%)。随着企业数字化转型进程的加快,会计人员还需要具备与信息技术相关的技能,包括数据分析等,以满足企业在智能财务时代的工作需求。

5) 专业能力相关要求

专业能力是会计人才能力结构的特色所在,扎实的专业技能也是优秀会计人才的必要条件。不同会计岗位(高级、中级和初级)因担负的工作、责任不同,因而对能力的要求也有所差异。本次线上问卷将专业能力分为核算与报告、分析与决策、控制与评价三大维度,并进一步细分为 21 项子能力。

调研数据显示(图 7-21),核算与报告方面,用人单位最看重会计人员的会计核算能力(占 35.94%)、熟悉财经政策法规能力(占 34.20%)、账务处理审核能力(占 32.75%)。新时代财务人才需要具备较全面的专业知识,精通各项业务处理,打好基本功。同时,财务人员也需要熟悉国家规定的各项财经政策和法规,如各种税收优惠政策,以指导会计工作的开展。

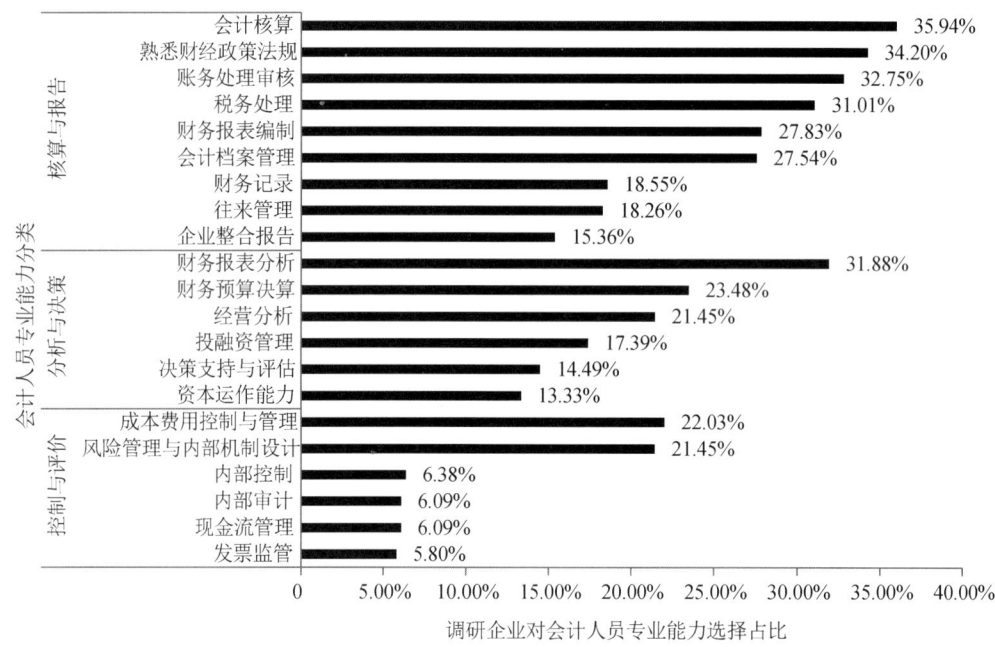

图 7-21　企业对会计人才的专业能力维度要求及占比

分析与决策方面,用人单位最看重会计人才的财务报表分析能力(占 31.88%)、财务预算决算能力(占 23.48%)、经营分析能力(占 21.45%)。随着新一代信息技术的快速发展,会计职能的重心逐渐转移到管理会计上,需要充分发挥报表分析、预算的决策支持作用和价值。

控制与评价方面,用人单位最看重会计人才的成本费用控制与管理能力(占 22.03%)、风险管理与内部机制设计能力(占 21.45%)、内部控制能力(占 6.38%)。市场竞争环境愈加严峻,成本费用管理成为企业建立竞争优势的关键环节。同时,随着政治冲突等诸多不确定因素的增加,如何防范和管理风险成为当今企业必须重视的问题。"防范化解重大风险"也是党的十九大报告所确定的三大攻坚战之一。企业迫切需要具有该能力的会计人才,助力企业全面风险管理体系的建设,进而保障企业的生存和发展,实现企业的持续增值。

(三) 数字经济时代会计人才能力框架构建

本节从数字时代会计人员的工作内容和职业能力要求的变化出发,对会计人才能力框架相关概念进行阐述,参考美国注册会计师协会、英国特许会计师协会、英国皇家特许管理会计师公会等机构的会计人员能力要求,借鉴国内外学者的对会计人员能力框架的讨论成果,通过分析招聘网站上的用人单位对会计人员能力的要求,重新梳理会了计专业人才胜任力要素,构建了以职业道德为支撑,通用能力和专业能力为主的数字经济时代下的会计人才能力框架。

1. 会计人才能力框架概述与理论基础

1) 会计人才能力框架概述

自20世纪60年代起,由AICPA、IFAC、ICAA[1]、ASCPA[2]与ICANZ[3]、ACCA、CGA[4]、CICA[5]、IMA与AAA[6]组成的工作小组均先后各自发布了不同版本的会计人才能力框架。

1967年,AICPA发布了《职业知识框架》,规定了注册会计师必备知识的范围,引发了会计界对会计人员能力需求和会计教育目标的广泛思考(邓传洲等,2004)。美国"八大"会计师事务所于1989年联名发布了《教育的视野:会计职业成功之能力》,提出了注册会计师所需具备的能力和知识框架。AECC[7]于1990年发布了《会计教育的目标:第1号立场申明》,指出了成功的会计人员应具备表达能力、信息处理能力、决策能力、基础知识(会计、审计和税务)、经营知识、职业道德及领导能力。AICPA于1999年发布了《进入会计职业的核心胜任能力框架》,该框架包括会计行业内普遍适用的能力,包括职业胜任能力、个人胜任能力、广泛的经营视野,该框架也成为会计岗位胜任力模型的标志性成果。

ACCA于1998年发布了《职能图:胜任能力框架与会员胜任能力》,ACCA的职能图定义了4大关键领域:会计与财务管理、资产管理、业务管理与筹划、资源管理;CGA于2000年发布了《加拿大注册会计师胜任能力框架》,列示了技术知识、一般管理、领导能力和职业观4个方面的能力;CICA分别于2001年、2003年发布了《特许会计师能力图》与《候选特许会计师能力图》,认为特许会计师的胜任能力包括道德行为和职业观、个性特征以及职业技能3个部分,并划分了特许会计师的6个胜任领域:组织有效性与控制和风险管理、财务、税收、业绩计量、鉴证与信息及IT。

在总结各职业团体的研究成果的基础上,IFAC于2003年发布的《成为胜任的职业会计师》中提出了一个全面的能力框架,将会计人员的素质分为六大类:态度(主要指职业行为和价值观)、行为技能、广阔的商业视野、功能性技能(如风险分析)、技术知识(如审计)、智力能力(如理解力、运用能力、分析能力)。IFAC在《国际教育报告框架》中提出:能力是指职业知识、职业技能和职业价值观;职业能力是指在现实工作环境中根据既定标准实现工作职责的能力。职业知识、职业技能、职业价值观的具体内容如表7-19所示。

---

[1] ICAA:The Institute of Chartered Accountants in Australia,澳大利亚特许会计师协会.
[2] ASCPA:Australian Society of Certified Practising Accountants,澳大利亚注册会计师协会.
[3] ICANZ:New Zealand Institute of Chartered Accountants,新西兰特许会计师协会.
[4] CGA:Certified General Accountants Association of Canada,加拿大注册会计师协会.
[5] CICA:Canadian Institute of Chartered Accountants,加拿大特许会计师协会.
[6] AAA:American Accounting Association,美国会计学会.
[7] AECC:Accounting Education Change Commission,教育改革委员会.

表 7-19 《国际教育报告框架》中会计人员能力具体内容的分析

种类	职业知识	职业技能	职业价值观
内容	基础知识 会计相关知识 内部控制知识 信息技术知识 组织经营知识	灵活变通技能 人际交往技能 沟通能力 创新能力	公正 客观 独立 遵守职业准则 遵守道德规范 承担社会责任

2014 年，CIMA 和 AICPA 联合发布了《全球特许管理会计能力框架》，以道德、诚信和专业精神为基础，以技术技能（财务会计与报告、成本会计与管理等 8 项子级能力）、商业技能（战略、市场与监管环境等 6 项子级能力）、人际技能（影响力等 4 项子级能力）和领导技能（团队建设等 5 项子级能力）四个模块为支撑，每个技能模块下包含 1—2 级具体的职业能力，每项具体的子级能力下分基础、中级、高级、专家级四个层级进行诠释（黄益雄和胡伟，2015）。2016 年，美国管理会计师协会（IMA）发布了《IMA 管理会计胜任能力框架》，从规划与报告（财务报表编制、会计记账等 9 项专业技能）、决策（财务报表分析等 6 项子能力）、技术［管理企业资源规划系统（ERP）和总账系统、运用信息系统和软件］、运营（行业知识、质量管理和持续改进等 4 项子能力）、领导（激发与激励他人等 7 项子能力）5 个模块、5 个能力级别（入门级、初级、中级、高级和专家级）构建了管理会计师的能力素质框架。2018 年，IMA 根据数字时代对管理会计人员胜任能力的要求修订了《IMA 管理会计胜任能力框架》，从战略管理、报告与控制、科技与分析、商业敏锐与运营、领导力、职业道德与价值观六个方面修订与重构了数字时代下管理会计师应具备的核心能力要求。马里兰州注册会计师协会（Maryland Association of CPAs）和商学院（Business Learning Institute）总结了会计人员在数字化时代背景下需要具备的 7 项能力，分别为战略性和批判性思维、领导力、沟通、预测和满足不断变化的需求、整合协作、通用技术和数据分析，以及功能和领域专长。[1]

如表 7-20 所示，从各指标整体来看，AICPA、CGA、IFAC、CICA、CIMA、IMA 在会计人员能力框架中的用词虽各有不同，但都涉及会计人员胜任能力、专业知识、职业道德三方面。在会计人员职业道德方面，AICPA 虽然没有明确提到职业态度或精神的词，但从二级指标中的"职业行为"可知，其对会计人员职业的道德和精神是重视的。CGA 所指的职业观也是对职业道德的另一种说法。CICA 的胜任能力中包含了道德行为职业观。从胜任能力来看，国外组织机构将胜任能力区分为个人胜任能力与专业胜任能力，个人胜任能力如组织协调能力、领导能力、沟通表达能力、决策管理能力、战略规划能力等通用能力。专业胜任能力

---

[1] The Top 7 Skills for Accounting and Finance in the Age of Automation. https://blionline.org/7-skills-for-accounting-and-finance-in-the-age-of-automation/.

则指财务会计报与告、审计、税收、内部控制等会计人员在实务工作中必备的专业技能。

表 7-20 主要国外组织机构的会计人员能力框架比较

机构名称	发布文件名称	时间	一级能力指标	二级能力指标
AICPA	《进入会计职业的核心胜任能力框架》	1999年	职业胜任能力	决策模型、风险分析、计量、报告、研究、技术
			个人胜任能力	职业行为、解决问题、人际交往、领导能力、沟通、项目管理、技术
			广泛的经营视野	战略性/批判性思维、行业/分部视野、全球性视野、资源管理、法律/法规视野、市场/客户中心、技术
CGA	《加拿大注册会计师胜任能力框架》	2000年	技术知识	财务会计与报告、管理会计、理财与财务规划、一般商业知识、IT知识、税务
			一般管理	计划、分配与管理资源、计量与监督、交流
			领导能力	组织与战略领导、团队领导与建设、员工训练
			职业观	关注客户、伦理与诚信、整合方法、问题解决、职业发展、职业自评
CICA	《特许会计师能力图》和《候选特许会计师能力图》	2001年和2003年	胜任能力	道德行为和职业观
				个性特征
				职业技能
			胜任领域	组织有效性与控制
				风险管理
				财务
				税收
				业绩计量
				鉴证与信息及IT
IFAC	《成为胜任的职业会计师》	2003年	态度	职业行为和价值观
			行为技能	人际交往能力和组织管理能力
			广阔的商业视野	对商业环境的理解和全球化视野
			功能性技能	风险分析和决策支持等
			技术知识	财务会计、审计、税务等专业知识
			智力能力	理解力、运用能力、分析能力
CIMA和AICPA	《全球特许管理会计能力框架》	2014年	技术技能	财务会计和报告
				成本会计与管理
				商业计划
				管理报告和分析

（续表）

机构名称	发布文件名称	时间	一级能力指标	二级能力指标
CIMA 和 AICPA	《全球特许管理会计能力框架》	2014 年	技术技能	公司金融和财务管理
				风险管理和内部控制
				会计信息系统
				税法遵循和筹划
			商业技能	战略
				市场与监管环境
				过程管理
				商业定位
				任务管理
				宏观分析
			人际技能	影响力
				协商与决策
				沟通
				协作与建立伙伴关系
			领导技能	团队建设
				指导与监督
				业绩驱动
				鼓舞与激励
				改变
IMA	《IMA 管理会计胜任能力框架》	2016 年	规划与报告能力	财务报表编制
				会计记账
				战略及战术规划
				预测
				编制预算
				绩效管理
				成本会计和成本管理
				内部控制
				税务会计、税务管理与筹划
			决策能力	财务报表分析
				公司理财
				经营决策分析

(续表)

机构名称	发布文件名称	时间	一级能力指标	二级能力指标
IMA	《IMA管理会计胜任能力框架》	2016年	决策能力	企业风险管理
				资本投资决策
				职业道德
			技术能力	管理企业资源规划系统（ERP）和总账系统
				运用信息系统和软件
			运营能力	行业知识
				运营知识
				质量管理和持续改进
				项目管理
			领导能力	激发与激励他人
				沟通技能
				变革管理
				人才管理
				协作和团队管理
				谈判
				冲突管理
IMA	《IMA管理会计胜任能力框架》（数字时代下的修订）	2018年	战略管理	战略及战术规划
				决策分析
				战略成本管理
				资本投资决策
				企业风险管理
				预算与预测
				公司理财
				业绩管理
			报告与控制	内部控制
				财务记录
				成本会计
				财务报告编制
				财务报告分析
				税务会计与规划
				综合报告

(续表)

机构名称	发布文件名称	时间	一级能力指标	二级能力指标
IMA	《IMA管理会计胜任能力框架》（数字时代下的修订）	2018年	科技与分析	信息系统
				数据管理
				数据分析
				数据透视
			商业敏锐与运营	行业认知
				运营知识
				质量管理与持续改进
				项目管理
			领导力	沟通技能
				鼓励与激励他人
				合作、团队工作与关系管理
				变化管理
				冲突管理
				协调力
				才能管理
			职业道德与价值观	职业道德行为
				辨别与解决不道德行为
				法律与规章要求

国外现有的会计人才能力框架几乎涵盖了各个层次会计人才的能力需求，从专业角度强调了能力理论中的道德、知识、技能等个人特性（何瑛等，2019），也为我国的会计人才能力框架的构建提供了有益启示。部分学者进行了进一步研究调查，分析结果亦显示，会计工作者除了需具备基础的专业知识技术，还需要具备良好的领导能力、人际交往能力、沟通能力、数字经济职业判断能力、自我学习能力，以及应变能力等（孟焰和李玲，2007；刘彬和韩传模，2013），且会计职业道德非常重要（陈丽花和赵曙明，2007；杨政等，2012）。会计作为重要的商业语言与信息系统，必然在工业化向信息化转型的时代中受到影响，社会的变革与提升不仅推动了会计服务的提升，而且对会计人才的胜任能力与会计教育也提出了新的要求。秦荣生（2015）通过对"互联网+"含义及特征的阐述，以大数据、云计算为依托，分析了"互联网+"给会计行业带来的便利及发展趋势。鲁学生和苏任刚（2017）分析了互联网给会计行业带来的机遇与挑战，提出了互联网下会计人才培养的几点建议。舒伟等（2021）对国内外最新的会计人员能力框架［IMA管理会计能力素质框架（2019）、CGMA管理会计能力框架（2014）、ACCA关于会计师应具备的综合技能（2016），以及

GAMA(广东省管理会计师协会)管理会计师能力框架(2019)]进行了梳理与总结,发现这些专业组织不仅强调职业道德、商业技能、领导能力等,而且特别强调数字经济时代下数据分析、数字技能的重要性。

通过对国内学者关于会计人才能力框架研究的梳理得出,我国会计人员能力框架的构建需要在借鉴国际经验的基础上考虑我国现行会计行业与会计人才培养的现状,因地制宜地构建适用于我国经济、社会发展的会计人员能力框架。下面将列示我国有关学者对的会计人员能力框架的构建,国内学者主要从基本职能、胜任(核心)能力、能力要素三个层面构建了我国的会计人员能力框架,而且对会计人员的角色定位和基本职能比较重视。此外,能力要素方面都是从知识、技能、价值观三个方面借鉴国际经验来进行构建。张继德和王霞(2014)立足于我国经济所处的特殊的经营环境,借鉴发达国家的经验,构建了一个适合中国国情的管理会计人才能力框架,如表7-21所示。

表7-21 管理会计人才能力框架

等级		A级	B级
角色		助理型人才	管理型人才
基本职能		信息归纳整理;财务状况分析、预测;成本控制;内部控制体系建设;税收筹划	辅助决策;资本运作;战略与风险分析;公司治理;企业并购、债务重组等
核心能力		分析能力;管理能力;团队能力;灵活变通能力	决策能力;领导能力;战略与风险规划能力;创新能力
能力要素	职业知识	成本管理技术;管理会计工具;数据分析技巧;财务与成本管理;内部控制;税务	业绩评价;组织管理;内部控制;公司治理;战略与风险管理;企业商业模式
	职业技能	沟通协调;问题解决能力;应变能力;策划能力	政治与经济头脑;行业前沿把握能力;团队建设能力;培养人才能力
能力要素	职业价值观	遵循财经法规和职业道德;内部信息保密承诺	维护公司正当利益;杜绝徇私舞弊;关注公共利益和社会责任
培养措施		高校培养;技术职称;入职培训;继续教育	高校培养;技术职称;专家培训;国际交流与合作

数字经济时代下,会计人才正在向管理会计转型,何瑛等(2019)基于《全球特许管理会计职业能力框架》,构建了以职业道德与价值观为数字经济支撑,专业知识及技能、行为技能、战略及商业视野、领导及影响力四项能力逐层递进的数字经济时代下会计专业人才能力框架,将数字经济时代下会计人才能力框架的五项要素进一步细化为若干胜任力因子,如表7-22所示。

王华等(2021)以胜任特征模型为指导,在广泛、深入调研的基础上,构建了反映互联网时代特征与我国文化特色的会计人员能力框架(表7-23)。

表 7-22　数字经济时代会计专业人才的胜任力因子

专业知识及技能	行为技能	战略及商业视野	领导及影响力	职业道德与价值观
财务会计与报告	语言表达	战略/批判性思维	组织领导	客观公正
成本与管理会计	应变能力	系统性思维	指导与监督	正直诚信
公司财务与资本市场	沟通交流	全球/国际视野	业绩驱动	廉洁自律
税务会计与税务筹划	人际交往	行业/部门视野	鼓舞与激励	社会责任感
风险管理与内部控制	团队协作	宏观经济视野	推动与管理技术变革	终身学习
公司治理与战略管理	组织协调	跨界思维	决策影响力	—
业务管理及规划	学习能力	创新思维	—	—
市场营销	—	—	—	—
会计信息系统	—	—	—	—
数据统计及数据分析	—	—	—	—
计算机信息技术	—	—	—	—

表 7-23　互联网时代下会计人员能力总体框架

能力	细分要素
职业道德	（无）
通用能力	互联网与信息技术
	学习与行动
	沟通与领导力
专用能力	核算、报告与分析
	预测与决策
	控制与评价

舒伟等（2021）结合我国会计职业人员的现状，同时借鉴了国内外最新的会计人员能力框架，进一步凝练了包括职业道德、通用能力和专业能力在内的涵盖 11 个一级能力指标和 13 个二级能力指标的数字经济时代下我国会计人员能力框架，并以此作为我国会计本科人才培养的能力要求（表 7-24）。

表 7-24　我国会计本科人才培养的能力要求

能力要求	一级能力指标	二级能力指标
职业道德	廉洁守法、诚实守信、细心严谨	使命感、保密意识
	良好的职业道德操守	责任心强、原则性强

(续表)

能力要求	一级能力指标	二级能力指标
通用能力	互联网与信息技术 学习与行动力 沟通与领导力	数据处理能力
		网络运用与安全维护能力
		相关法规和政策的解读能力
		综合业务能力、综合管理能力
专业能力	核算、报告与分析、 预测与决策、控制与评价	不确定环境下的职业判断能力
		管理会计能力、财务分析能力
		风险管理和战略规划能力

2) 会计人才能力框架构建理论基础

为使数字经济时代下会计人才能力框架的构建系统而逻辑,撰写组借助了关于人力资源管理的理论——胜任能力"冰山模型"。该模型把影响工作业绩的个人条件与行为特征称为胜任能力(competence),并提出了对工作胜任能力测评的方法,随后大量学者对此展开了研究。基于McClelland(1973)的研究,Spencer(1993)在总结了前20年有关胜任能力的研究的基础上,设计了胜任能力冰山模型(Iceberg Model of Central and Surface Competence),如图7-22所示。

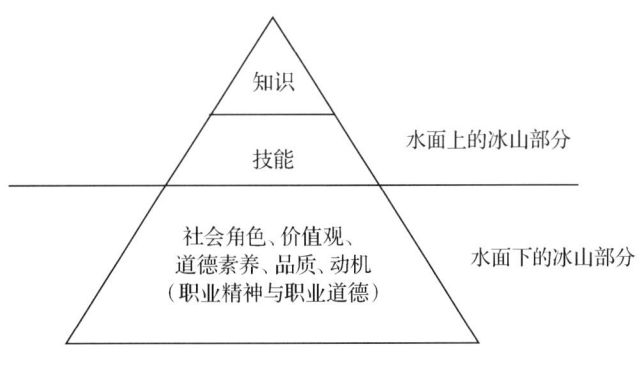

图7-22 胜任能力"冰山模型"

胜任能力"冰山模型"把个体素质比作漂浮在洋面上的冰山,其中知识和技能属于显现于水面上的冰山表层部分的素质,即显性素质,是对任职者基础素质的要求,它们与工作要求直接相关,比较容易通过测评及培训得以提高;社会角色定位、价值观和道德素养、品质和动机等属于潜藏于水下的冰山深层部分的素质,即隐性素质,不容易被观察和测评,也不太容易受外界的影响而改变,但却对人的行为与表现起着核心与关键性的作用,提升这部分素质需要长期的过程。

针对专业性强的会计师的能力构建维度而言,其知识和技能至少应具备两个方面:
① 必要的、娴熟的专业技能,包括管理会计、财务会计、审计、财务管理、资产评估等专业知

识和技能;② 足够的商业和管理的知识和技能、较强的语言文字表达、情感沟通、网络技术、软件应用、持续学习、跨界融合、合作共事、礼仪礼貌、健康习惯等通用技能。此外,更重要的是,水面以下的冰山部分——角色定位、价值观、道德素养、品质和动机等会直接影响知识与技能在工作中的体现,它们浓缩于会计师的职业道德中。其中,诚实守信、忠诚敬业、精益求精、保守秘密等是对会计师职业道德的基本要求。如果把会计师比作一架飞机,通用技能和专业技能是会计师事业发展的"两翼",职业道德则是会计师持续飞高走远的发动机。没有发动机,"两翼"只是个摆设;而没有"两翼",发动机功率再大也不能把飞机送上天空。为此,基于胜任能力的"冰山模型",以职业道德为基础,以通用技能和专业技能为要件,构建了数字经济时代下会计人才能力的三维框架。

2. 数字经济时代会计人才能力框架构建目标

当前,新一轮科技革命和产业变革深入发展,数字化转型已经成为大势所趋。《中华人民共和国国民经济和社会发展第十四个五年规划和2035年远景目标纲要》提出,要加快数字化发展,建设数字经济、数字社会、数字政府,营造良好数字生态,打造数字中国。国务院印发的《"十四五"数字经济发展规划》就不断做强、做优、做大我国数字经济提出了具体举措。财政部按照党中央、国务院决策部署,立足中国国情,坚持问题导向,加强对我国会计信息化工作的顶层设计。2021年11月,财政部印发的《会计改革与发展"十四五"规划纲要》(以下简称《规划纲要》)提出了"以数字化技术为支撑,以会计审计工作数字化转型为抓手,推动会计职能实现拓展升级"的总体目标和"切实加快会计审计数字化转型步伐"的主要任务。按照《规划纲要》的总体部署,2021年12月,财政部印发了《会计信息化发展规划(2021—2025年)》(以下简称《信息化规划》),提出了符合新时代要求的国家会计信息化发展体系,明确了"十四五"时期会计信息化工作的6个具体目标和9项主要任务。

数字时代对会计数字化转型提出了必然要求,会计人员所处的技术环境与从业环境发生了巨大变化,互联网环境与技术正深刻改变着企业的生产方式和治理方式。随着数字化转型的深入推进,数据与业务融合的需求也进一步加强,这对会计人员的能力要求产生了重要影响。加快推进会计数字化转型,一方面是贯彻落实国家信息化发展战略、推动数字经济和实体经济深度融合、建设数字中国的必然选择;另一方面,对推动会计职能拓展、提升我国会计工作水平和会计信息化水平具有重要意义。在此背景下,研究会计人员所需要的能力框架,以使其适应数字经济时代下的会计工作,显得颇为重要。因此,数字经济时代下会计人才能力框架构建的基本目标就是:以经济发展和行业发展趋势为导向,建立健全分层次、分类型的会计人才能力框架体系,提高数字经济时代下会计人才的综合素质和能力,完善新时代中国会计人才培养与评价的基础工程,打造懂会计、懂业务、懂信息技术的复合型会计信息化人才队伍,助力企业价值创造。

以基本目标为指引,会计人才能力框架的构建还需要人本目标与具体目标的支持。为实现基本目标,确立会计人员能力框架的人本目标为:实现会计人员个人价值最大化。同时,考虑到我国会计人员的知识结构与能力差异,以及会计人员评估与职称分级认定的现状,撰写组进一步明确了构建会计人员能力框架的具体目标为:① 建立数字经济时代下会计人才的能力标准;② 为会计人员能力培训提供指南,帮助财务人员完善知识体系,提升应对数字经济环境挑战的专业能力;③ 为会计人员的转型与晋级提供方向与参考依据;④ 为培养会计专业人才的高等教育体系的改革提供参考;⑤ 为会计教育理论与实务研究提供基本框架,帮助财务人员在企业价值创造中发挥更大的作用,为国家改革和产业升级作出更大的贡献。

3. 数字经济时代会计人才能力框架构建原则

《规划纲要》将"全面提升管理会计信息化水平"作为"十四五"时期全面深化管理会计应用的主要举措之一。全国教育大会精神与教育部提出了"大力推进教育数字化变革"的理念。当前信息时代下,一批数字新兴技术迅猛发展,其中尤以移动互联、云计算、大数据分析、人工智能等为典型代表。这些新兴技术的兴起与快速发展,对传统的会计行业影响深远,使会计数据呈现出实时、动态的特性,也突破了传统会计服务的地域局限性。会计行业正面临着重大洗牌。

可以预见,因会计工作的内容将会重新构建,会计机构将与业务机构逐步融合,会计功能会越来越综合,会计技术方法越来越现代化,互联网与大数据分析工具会普遍应用,会计机器人会替代程序性的会计工作。情境变化要求会计人员必须是综合素质高、创新精神强、知识融合深、技能复合广、应用能力好的全面型人才。单一"会计"知识结构的人员将不能够胜任当下和未来的管理会计工作。为切实解决数字化会计人才培养与产业人才应用间的供需平衡问题,数字经济时代下会计人员能力框架的构建应综合考虑以下原则。

1)宏观性与灵活性

数字经济时代下会计人员能力框架的构建需综合考虑宏观经济环境的变化、会计人才招聘市场的整体发展趋势,根据企业对会计人才招聘的现实需要分析会计的地位、作用、人才需求的变化。

2)科学性与战略性

数字经济时代下会计人员能力框架的构建需以会计信息需求为导向,基于科技进步趋势,充分考虑财务共享中心、业财融合、大数据分析、人工智能对会计的影响。

3)实践性与理论性

数字经济时代下会计人员能力框架的构建必须从会计岗位的任职要求出发,基于数字经济时代的商业模式等理论基础,在帮助企业在创造价值的同时实现会计人员自身价值的不断提升。

4)专用性与通用性

数字经济时代下会计人员能力框架的构建不仅需要考虑我国会计人才培养的现实需

求,还应以提高会计人才的国际竞争力为目标,分析数字经济时代下对会计人才的新要求。

4. 数字经济时代会计人才能力框架构建维度

撰写组通过对国内外会计人员能力框架的梳理和对相关理论的研究,发现会计人员能力框架评价指标基本包含职业道德、通用能力、专业能力三个方面。其中,职业道德是指同会计活动紧密联系的符合会计行业特点所要求的道德准则、道德情操与道德品质的总和。它既是会计人员在会计活动中的行为标准和要求,又是会计人员对社会所负的道德责任与义务(王华等,2021)。通用能力是指会计从业人员专业能力外的关乎于智商、情商、健商的各种能力,是助力专业能力更好地发挥职能作用的技能与知识。专业能力是会计人员能力最重要的组成部分,会计人员必须掌握专业知识,对专业邻近领域的知识也要有所了解和熟悉,善于将其所学的领域与其他相关知识领域紧密联系。同时,撰写组根据选取的1 491家样本企业在会计人才招聘过程中对科技的需求的现状,确定了数字经济时代下会计人员能力框架构建应分别从职业道德维度、通用能力维度、专业能力维度选取能力指标。

5. 数字经济时代会计人才能力框架要素确定

不同的岗位所担负的工作、责任不同,面对的对象、问题、层次不一样,决策的事项、环境、层级差别很大,因而对能力的要求也不同。以下从初级、中级、高级会计人员岗位所注重的能力依次展开。初级会计人员:注重岗位的实际操作能力、执行能力,以及为财务核算和管理决策提供会计信息数据的能力;中级会计人员:理解相关会计体系的基本原理,具备根据企业经营要求进行企业经营成果、财务状况的基本分析和对未来发展趋势的预判能力;高级会计人员:深入把握企业所处的内外部环境,参与企业战略的制定,具备在企业发展战略的基础上构建公司会计体系的能力和相关的决策能力。

基于上述所确定的框架维度,撰写组对样本中招聘信息的岗位职责进行了需求分析,再进行能力与素质的胜任力匹配,全面分析与评估了招聘要求的职业道德、通用能力和专业能力三个维度。同时,撰写组在王华等(2021)、舒伟等(2021)研究的基础上对数字经济时代下会计人员能力进行了进一步细化、汇总、分析,形成了数字经济时代下会计人才素质模型标准,如表7-25所示。

职业道德维度方面。撰写组通过对样本中企业对会计人员要求的文本分析,结合AECC、AICPA、CGA、IFAC、ACCA等机构对会计人员职业道德的要求,在舒伟等(2021)对会计人员能力框架研究的基础上将职业道德维度细分为良好的道德操守、细心严谨、诚实守信、保密意识、责任心强、廉洁守法、原则性强、使命感8项子能力。

通用能力维度方面。撰写组结合本次样本企业招聘会计人才信息的统计分析,在通用能力维度下,划分出3个二级能力要素和17个三级能力要素。其中,二级能力要素中的沟通与领导力包括沟通表达能力、人际交往能力、抗压能力、管理能力、协调能力、团队协作能力;学习与行动力包括执行能力、逻辑判断能力、理解能力、学习能力、创新能力、熟悉生产运作;互联网与信息技术包括数据搜集能力、数据分析与信息系统分析能力、数据可视化、设计信息系统与构建管理控制系统,以及数据治理。

专业能力维度方面。会计人员的专业能力会随着时代科技的创新而推陈出新,结合本次调查研究的结果,划分出3个二级能力要素和21个三级能力要素。二级能力要素包括核算与报告、分析与决策以及控制与评价三项子能力。三级能力要素包括财务记录、会计核算、往来管理、会计档案管理、账务处理审核、财务报表编制、企业整合报告、熟悉财经政策法规、税务处理、财务报表分析、经营分析、财务预算决算、投融资管理、资本运作能力、决策支持与评估、发票监管、内部控制、内部审计、成本费用控制与管理、风险管理与内部机制设计、现金流管理21项子能力。

表7-25 我国会计本科人才培养的能力要求

能力要求维度	能力要求指标	
	一级能力指标	二级能力指标
职业道德	廉洁守法、诚实守信、细心严谨	使命感、保密意识 责任心强、原则性强
	良好的职业道德操守	
通用能力	互联网与信息技术 学习与行动力 沟通与领导力	数据处理能力 网络运用与安全维护能力
		相关法规和政策的解读能力
		综合业务能力、综合管理能力
专业能力	核算、报告与分析、 预测与决策、控制与评价	不确定环境下的职业判断能力
		管理会计能力、财务分析能力
		风险管理和战略规划能力

二、企业对高校会计人才的培养建议——基于问卷调查分析

随着新一轮科技革命深入发展,基础会计核算工作逐渐为计算机所替代。新时代下,财务的价值更多体现在对业务的综合诊断和辅助决策中。这些价值的发挥对会计人员提出了更为广泛和复杂的能力要求。而高校培养的毕业生能否适应市场对新时代会计人员的能力要求,直接关系未来会计职业在组织和社会经济发展中作用的发挥(杨政等,2012)。为了进一步了解企业对高校会计人才培养的看法和建议,撰写组于2022年4月开展了企业科技与会计实务融合现状的问卷调查。截至2022年8月31日,撰写组共计回收345份有效问卷。该调查旨在从需求端了解高校供给侧的匹配情况,并从高校教学理念、教学方法、课程体系、师资队伍这四大方面寻求实务界的改革建议,以期为高校会计教育改革提供参考和方向,具体的调研结果如下所示。

(一) 基本信息介绍

调研问卷回复显示[1]：从调研者所在企业的信息来看，民营和国有企业的占比接近91%，且公司员工规模主要集中在500人以下和1 000~4 999人两个区间。企业广泛分布在各个行业，制造业占比最多。从调研者的基本信息来看，调研对象多集中在公司管理人员，中层管理者占比最多。同时，工作时间在2~15年的调研者占比最多，达到88.70%。因此，无论从调研者所在企业的信息还是调研者的基本信息来看，本次问卷调查样本具有一定的代表性，能够支持本节的调研结果。

(二) 会计人才供需匹配情况

市场是提高资源配置效率的决定性因素，能否培养出市场所需要的会计人才是检验会计教育质量的根本依据(诸波等，2019)。然而，经过分析和调查，会计人才在供给侧与市场需求侧之间存在不匹配的现象。调研显示(图7-23)，大多数被调研人员(占65.22%)认为，高校输出的会计人才基本能够满足实务需求，但仍有18.55%的调研人员认为其不能满足或完全不能满足，10.72%的调研人员表示"不清楚"。这说明实务界认为高校的会计培养仍不能完全满足企业的需求。与此同时，2022年，YCY会计行业观察对高校提供的会计教育和会计实务工作的人才需求之间的差异进行了调研。调研结果显示，超过90.00%的调研者认为高校与实务需求之间存在差异，其中45.70%的调研者认为这一差异较大。这些调研数据说明高校培养的会计毕业生与市场需求存在一定的脱节，而依据市场需求进行供给侧结构性改革是解决这一问题的必要途径。

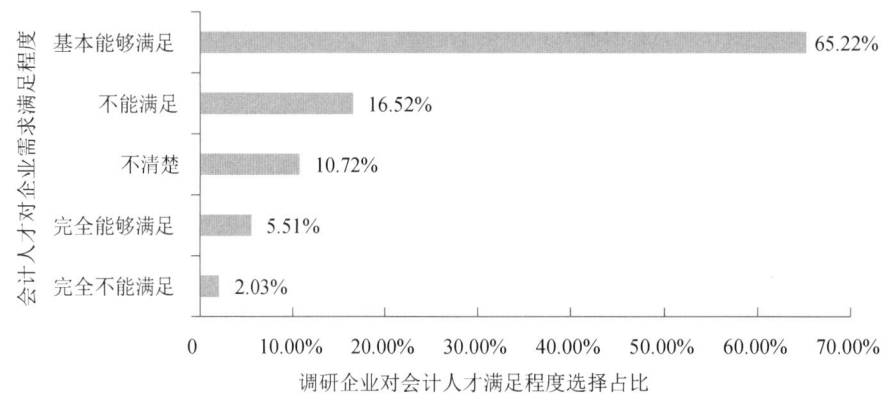

图7-23 高校培养的会计人才对企业实际需求的满足程度及占比

(三) 高校改革重点方向

数字经济时代下，社会对会计人才的能力需求发生了变化，高校会计教育改革势在必行。在此背景下，高校可以在教学理念、课程体系、教学手段、师资队伍等方面进行改革和

---

[1] 注：因本节调研属于企业科技与会计实务融合现状调查问卷(2022年2月发放)的一部分，其问卷基本情况与前文(第五章第三节)基本一致，因此本节对调研基本信息仅做简要概述。

创新,其中,教学理念的改革是改革的首要重点。调研数据显示(图7-24),高校会计教育四大改革的重要性排序依次为教学理念(3.70分)、课程体系(3.61分)、教学手段(3.00分)和师资结构(2.97分)。可见实务界认为教学理念是高校会计教育改革的首要重点工作,而目标是行动的导向。目前,高校会计人才与市场需求之间存在脱节,其本质是因为大多数高校的教育理念忽视了对企业等利益相关者的诉求,最终的培养结果自然不能令市场满意。因此,想要培养出符合时代需要的高质量会计人才,高校先要修正偏离的教学理念,才能为高校人才培养和教育改革提供正确方向。

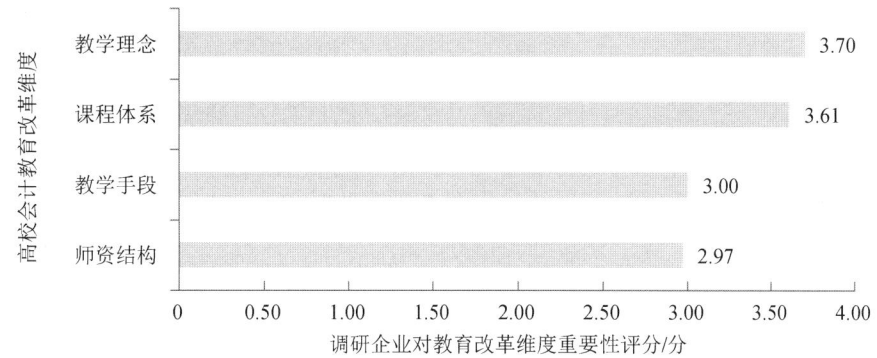

图7-24 高校会计教育改革维度及其重要性评分

(四) 教学理念改革建议

会计教育的教学理念到底应该以什么为主呢?调研显示,企业更希望高校注重学生全面发展,培养"T"字型人才[1]。如图7-25所示,企业对高校教学理念中满意度最高的前三位为:促进学生的全面发展(占76.81%)、采取多样化教学方式(占74.78%)和培养学生

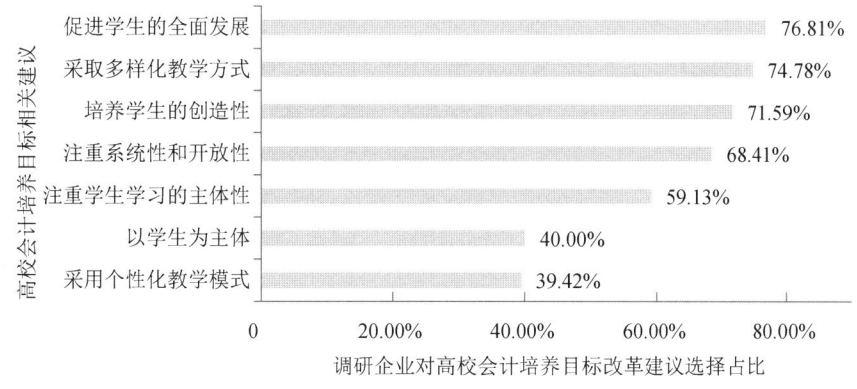

图7-25 企业对高校会计培养目标相关建议及占比

---

[1] "T"字型人才指的是会计专业学生不仅要成为会计领域里不可替代的专业人才,而且要成为拥有横向整合能力、对环境适应性极强的复合型人才。

的创造性(占71.59%)。值得注意的是,课题组在2022年对高校会计教育改革现状进行了调查。通过对比,企业对高校教育理念中满意度最高的前三位排名与学生期望的教育理念基本一致。其中,"促进学生全面发展"为学生和企业最为认可的教育理念,这说明企业更需要兼备专业能力和数字技术的复合型会计人才,而不是只会埋头记账的"财会人"。高校会计教育目标不应只定位在专业能力的培养上,还应注重信息技术能力、职业道德和通用能力等能力的培养,以促进学生的全面发展。

(五)教学方法改革建议

如果说教学理念改革是高校会计教育改革的最终目标,那么教学方法改革则是实现这一目标的路径。目前,多数高校仍采用传统教学模式,即老师在上面讲,学生在下面听,教学形式单一,并未广泛将信息技术应用到教学方法的改革中。传统的教学方式难以培养出符合时代需要的会计人才。那么,高校应如何进行教学方式的变革呢?调研显示,企业认为高校应重视案例教学,并推进信息技术与教学深度融合。

一方面,高校要充分重视案例教学。调研数据显示(图7-26),企业对高校教育方式中满意度最高的为:构建"讲授教学+案例教学+项目研发"三位一体的教学方法(占64.06%)。2022年,胡俊南等学者对"用人单位希望高校从哪些方面加强'会计+大数据'专业人才的培养"进行了调研。数据显示,"案例分析、课堂讨论等多样化的教学方式"这一项的被选择率高达76.95%。可见,案例教学以调动学生学习积极性、锻炼问题分析能力等优势而被企业高度认可。

另一方面,高校要推进信息技术与教学深度融合。王华教授认为高校要携手科技赋予教育丰富多样的内容、与时俱进的观念和科学高效的方法,重塑一个开放、共建、共享的会计教育的科技生态系统。调研数据显示(图7-26),"推进现代信息技术与教育教学深度融合,打造智慧课堂"这一选项(占56.52%)位列第二,这也说明会计教学方式的变革和创新需要信息技术的深度加持,要推动"普通教室+PPT+教师的嘴"向"宏微观大数据+智慧教室+高速5G网络+AR+线上线下结合+教师的脑"的创新(唐大鹏等,2020)。

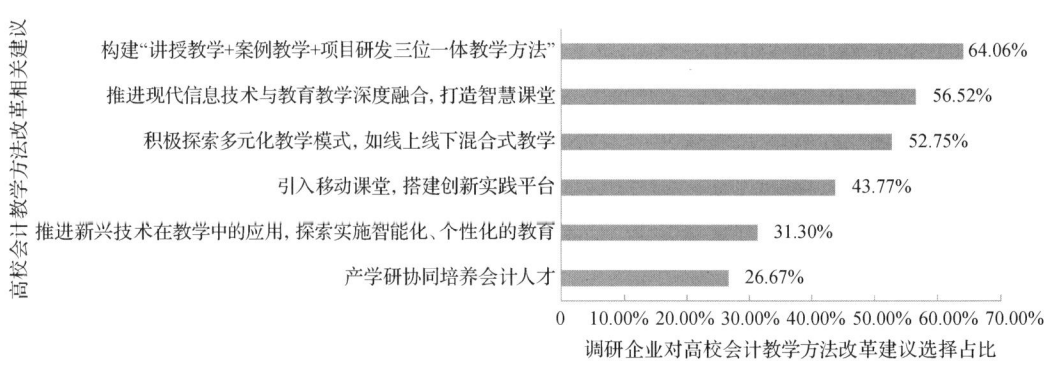

图7-26 企业对高校会计教学方法改革相关建议及占比

(六) 课程体系改革建议

课程体系是践行人才培养目标的具体行动,其质量高低直接影响高校人才的培养质量。目前,多数高校的课程体系仍侧重财务核算,缺乏信息技术、综合素质培养等方面的课程(唐大鹏等,2020)。智能财务时代下,推动技术与课程深度融合刻不容缓。调研显示,企业认为高校可通过推动技术与会计专业课程、会计模拟实践课程的深度融合,助力课程体系的重构和变革。

一方面,高校应注重会计专业课程与技术创新课程的深度融合。如图 7-27 所示,"增加融合新技术的会计专业课程,如大数据与财务决策"以 67.52% 的比例位列首位。这说明在数字经济时代下,企业期望所招录的会计毕业生既懂专业知识又懂技术知识,以引领企业的数字化转型。因此,高校应在传统课程的基础上,增加融合大数据、人工智能等技术的专业课程,如大数据审计、机器学习与智能决策等课程,以帮助学生掌握技术相关的知识,了解技术在财务领域中的应用场景,更好地指导企业实践。

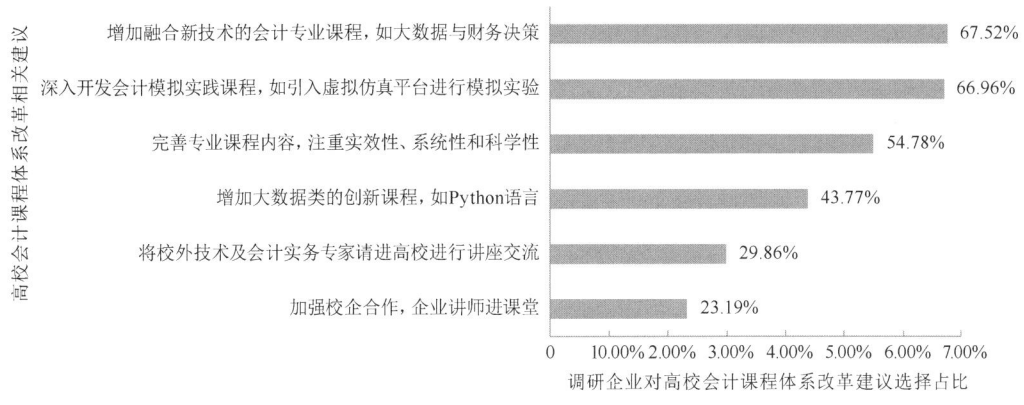

图 7-27 企业对高校会计课程体系改革的相关建议及占比

另一方面,高校也需要推动技术与会计模拟实践课程的深度融合。如图 7-27 所示,"深入开发会计模拟实践课程,如引入虚拟仿真平台进行模拟实验"以 66.96% 的比例位列第二。调研数据显示,企业对高校会计模拟实践课程的重视,其本质是对新时代应用型、复合型会计人才的重视。业财融合背景下,财务人员需要深入业务,才能为业务部门提供更好的服务,并创造价值。而高校的模拟实践课程教学能帮助学生更好地了解企业真实的业务流程,在实践操作中提升分析问题、解决问题的能力。但同时,高校需要以信息技术为加持,深入开发目前的会计模拟实践课程,如引入虚拟仿真平台,注重学生实训实践培养等,培养出懂专业、懂技术、懂业务的应用型、复合型会计人才。

(七) 师资队伍改革建议

培养时代需要的复合型会计人才,离不开一支专业性强、实践经验丰富的智能财务师资队伍。现有高校部分会计教师没有实践经历,难以传授实践经验。部分高校教师即使同时具备理论知识和实践经历,但不了解智能财务共享等知识(宫义飞等,2020),智能会计相关课程的教授更是稀缺,难以适应智能财务时代下的教学需求。调研显示,企业认为复合型财务师资队伍的建设需要存量和增量优化并行,并应以存量优化作为主线。

人力资本增量优化主要是引进人工智能、大数据等方向的师资以及实践专家,进而优化师资队伍结构。人力资本存量优化主要是为了提高现有师资队伍的教学质量。

如图7-28所示,企业对高校师资队伍建设中满意度最高的前三位为:"加强'数智'技术的培训,培育'跨界融合'的综合型教师"(占68.99%)、"教师深入企业,接触财务智能化相关工作,积累实践经验"(占65.22%)、"教师走出高校,走进外校、会议交流学习新技术"(占53.91%)。这几大途径均为人力资本存量优化的相关路径。王小红等(2019)认为,相比引入双知识背景的教师,将会计专业教师培育成既懂会计又懂大数据技术的"跨界融合"的综合型教师,可能是一种更有效的实现路径。陈俊和董望(2021)认为,从长期来看,智能财务师资队伍的建设必须坚持专业自主培养。可见,以存量优化作为师资队伍建设的主线,是理论和实务界的主流观点。

从存量优化的具体路径来看,加强"数智"技术的培训,培育"跨界融合"的综合型教师位列第一(占68.99%)。唐大鹏等(2020)认为,针对现有人力资本存量的培训是培养复合型师资队伍的重要途径,培训时要突出教师对新知识、新技能的学习。这说明,企业认为高校应重视教师的"数智"培训,通过培训加深教师对新场景、新业务以及数智企业岗位技能的了解,为加快高校数智化人才培养提供支持。

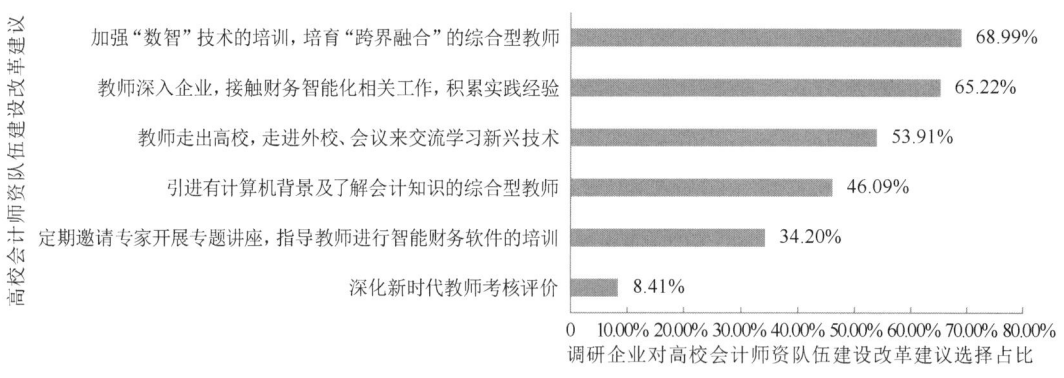

图7-28 企业对高校会计师资队伍建设改革的建议及占比

三、本章小结

本章首先对目前招聘市场会计人才的需求情况进行了统计说明;其次,对企业会计人才(初级、中级、高级会计人员)的岗位职责和任职要求进行了分析,归纳了数字经济时代下实务界对我国会计各级从业人员的能力需求情况;再次,重新梳理了会计专业人才的胜任力要素，构建了数字经济时代下会计人才能力框架，为我国会计人才培养体系的变革提供了政策建议；最后，通过调研问卷了解了企业对高校会计教育改革的看法和建议。

构建数字经济时代下的会计人才能力框架需要以企业人才需求为导向。因此，我们首先对智联招聘网、51job 网站中的 1 491 个财会类岗位信息进行了手工搜集，将所搜集的信息分为企业基本信息和企业招聘信息两大类。企业基本信息包括以下二级信息：企业名称、招聘地所属省份及市区、招聘地所属地区、企业性质、所属行业和员工规模。企业招聘信息包括岗位信息、任职资格、能力要求等二级信息及 15 个三级信息。其次，从行业分布状况、区域分布状况、企业性质分布状况、公司规模分布状况、岗位层级需求、薪资情况、证书背景要求状况等多个方面对企业会计人招聘信息进行了基本描述。最后，对岗位信息、任职资格的地区差异、岗位信息的企业性质差异、行业及岗位数量的薪资水平差异进行了描述与分析，重点论述了数字经济时代下科技创新对会计人才的影响，说明了在企业会计人才招聘的过程中对科技创新需求的变化。

我们通过样本行业分布的统计情况发现，制造业、租赁和商务服务业、批发和零售业、科学研究和技术服务业所招聘会计人才的岗位数量较多。从区域分布来看，对会计人才招聘需求数量较多的地区为华东地区、华北地区、华南地区和西南地区。华东、华北以及华南地区的招聘需求数量占比较高，共占比 69.00%；华中、东北以及西北地区的占比偏低。从岗位层级来看，企业对中级、高级人才的需求量较高。撰写组对本次样本中企业的薪资待遇做了统计分析，样本企业中会计岗位招聘的薪资集中分布于 5 000～9 999 元/月和 10 000～30 000 元/月。

构建数字经济时代的会计人才能力框架需要以企业对会计人员的能力需求为参考。因此，为分析高速发展的数字经济环境下会计人才市场的需求，撰写组按照不同岗位层级汇总分析了 1 491 份会计职位需求，将企业对于会计人才的能力需求的出现频次进行了排序。研究统计发现，职业道德方面的出现频次由高到低（列示前五项，下同）依次为：责任心强、细心严谨、良好的道德操守、诚实守信、原则性强；通用能力方面的出现频次由高到低依次为：沟通表达能力、团队协作能力、协调能力、抗压能力、管理能力；专业能力方面的出现频次由高到低依次为：会计核算、税务处理、财务预算决算、熟悉财经政策法规、风险管理与内部机制设计。

构建数字经济时代的会计人才能力框架需要以现有的框架为基础。因此，本书在原有的三维能力框架的基础上更新了数字经济时代的会计人才能力框架，借鉴了国外成熟的会计人员能力框架，并结合了我国会计职业以及人才发展的趋势，构建出能够适应目前会计教育发展的会计人员能力框架，其包括职业道德、通用能力和专业能力三个方面。每个能力下又细分具体的子能力，重点突出了数字经济时代所带来的变化以及近年来宏观环境的巨大变迁所导致的对会计人员能力的新需求。

构建数字经济时代的会计人才的发展需要以现实需求为依据。为了进一步了解高校培养的会计人才能否满足市场的能力要求、现存问题和改革建议，助力高校会计教育改革，撰写组通过2022年企业科技与会计实务融合现状调查问卷，进一步从实务界了解了高校培养的会计人才能否满足市场的能力要求、现存问题和改革建议，重点分析了会计人才的供给与需求、教学理念、教学方法、课程体系、师资队伍这五方面的关键问题。总体来说，调查分析呈现出以下结果：供给与需求方面，当下高校会计人才供给与市场需求之间出现结构性失衡，会计人才供给侧与需求侧并不匹配；改革重点方面，教学理念为改革的首要工作重点，企业认为高校应将树立正确的教学理念作为重点改革工作，充分考虑企业等利益相关者的诉求，为培养新时代会计人才提供方向；教学理念方面，高校应注重学生全面发展，培养"T"字型复合型人才，企业希望高校注重学生的职业道德、通用能力等的全面发展；教学方法方面，采用信息技术为教学赋能，重视案例教学并积极推进信息技术与教育教学深度融合；课程体系方面，高校应重构会计课程体系，推动技术与专业、实践课程深度融合；在师资队伍方面，高校坚持自主培养，以人力资本存量优化为主，加强数智培训，打造高质量智能财务师资队伍。

第八章

科技创新背景下高校应用型会计教育改革调查研究

随着全球经济的快速发展及数字经济时代技术的兴起,越来越多的企业开始应用新技术,社会各界也对会计人才提出了新的需求,如何运用新技术赋能高校应用型会计教育成为亟待解决的问题。撰写组通过对我国高校应用型会计教育应用科技现状的分析,发现部分高校和企业已经开始应用新技术,但还需进一步的改革以实现高校应用型会计教育与新技术的深度融合。为了满足新形势下社会各界对会计人才的新需求,精准把握改革方向。本章立足于高校,从教师和学生两个视角出发,对高校应用型会计教育改革现状进行调查数据分析,以期为推动我国会计高等教育改革提供一定的数据支持及思路借鉴与参考。

一、高校应用型会计教育改革现状调查——基于教师层面的分析

为了进一步探讨科技创新如何赋能高校应用型会计教育,了解在"大智移云物区"等新技术风起云涌的数字经济时代下,高校会计类(会计学、财务管理、审计学)专业改革的现状及意愿,撰写组于2022年7月份开展了高校会计教育改革现状问卷调查,从高校教育理念、教育组织设计、师资情况、教学评价情况,以及教辅资源五个方面对教师进行了调查。截至2022年8月6日共回收了2 213份有效问卷。接下来将从被调查对象的基本信息介绍、教育理念、教育组织设计、师资情况、教学评价,以及教辅资源这六个方面对改革现状进行介绍。

(一) 基本信息介绍

1. 被调查对象所在院校的层次

被调查对象所在院校的层次主要集中在省属本科院校和"双一流"大学。被调查者中,来自省属本科院校的占43.44%、来自"双一流"大学的占18.85%、来自民办本科院校的占18.03%、来自地方本科院校的占10.66%,以及来自高等职业教育院校的占9.02%(表8-1)。

表 8-1 被调查对象所在院校的层次占比

被调查对象所在院校层次	所占百分比
省属本科院校	43.44%
"双一流"大学	18.85%
民办本科院校	18.03%
地方本科院校	10.66%
高等职业教育院校	9.02%
合计	100.00%

2. 被调查对象所在院校的类型

此次线上调查问卷依据学科门类将所有院校划分为综合类、理工类、师范类、农林类、政法类、医药类、财经类、民族类、语言类、艺术类、体育类、军事类和旅游类 13 个类型。其中，来自综合类院校的占 45.90%、来自财经类院校的占 22.95%、来自理工类院校的占 12.30%、来自师范类院校的占 7.38%、来自农林类院校的占 6.56%、来自政法类院校的占 2.46%、来自语言类院校的占 1.64%，以及来自医药类院校的占 0.81%，如表 8-2 所示。

表 8-2 被调查对象所在院校类型占比

被调查对象所在院校类型	所占百分比
综合类	45.90%
财经类	22.95%
理工类	12.30%
师范类	7.38%
农林类	6.56%
政法类	2.46%
语言类	1.64%
医药类	0.81%
民族类	0
艺术类	0
体育类	0
军事类	0
旅游类	0
合计	100.00%

3. 被调查对象的职务

被调查对象的职务主要为教师及系主任,如表 8-3 所示,他们的职务为教师[1](占 68.85%)、系主任(占 15.57%)、副院长(占 9.02%)、院长(占 5.74%)、校长(占 0.82%)。教师和系主任与专业教学的关系更为紧密,对会计教育改革的了解更为深入,因而调查结果也更贴合会计行业相关教师的真实想法及需求。

表 8-3 被调查对象的职务

被调查对象的职务	所占百分比
教师	68.85%
系主任	15.57%
副院长	9.02%
院长	5.74%
校长	0.82%
合计	100.00%

4. 被调查对象对会计专业的了解程度

大部分被调查对象对会计专业比较了解,其中对会计专业完全了解的占 47.54%,对会计专业比较了解的占 40.98%,对会计专业基本了解的占 9.02%,以及对会计专业不太了解的占 2.46%(表 8-4)。被调查对象大多对会计专业比较了解,因而调查结果也更贴合会计类专业教师的真实想法及需求。

表 8-4 被调查对象对所在院校会计专业的了解程度

被调查对象对所在院校会计专业的了解程度	所占百分比
完全了解	47.54%
比较了解	40.98%
基本了解	9.02%
不太了解	2.46%
完全不了解	0
合计	100.00%

5. 被调查对象对目前专业的满意程度

大部分被调查对象对目前专业基本满意。他们对目前专业的满意程度如下(表 8-5):十分满意的占 11.48%,比较满意的占 50.82%,基本满意的占 30.33%,不太满意的占

---

[1] 此处教师指的是无行政职务的教师;文中其他处教师,指的是此次线上调查问卷的被调查者。

6.56%,不满意的占 0.81%。

表 8-5 被调查对象对目前专业的满意程度

被调查对象目前专业的满意程度	所占百分比
十分满意	11.48%
比较满意	50.82%
基本满意	30.33%
不太满意	6.56%
不满意	0.81%
合计	100.00%

(二)教育理念方面

1. 高校教育理念为以学生为主体,促进学生全面发展和培养创造性

高校以什么样的理念和方式培养人才,是培养高质量人才的关键所在。本次线上问卷对各高校(教师)的教育理念进行了调查,结果发现(图 8-1):大部分高校的教育理念为促进学生的全面发展(占 86.07%)、以学生为主体(占 76.23%)和培养学生的创造性(占 60.66%),而 40.16%的高校教育理念为注重系统性和开放性,24.59%的高校教育理念为采用个性化教学模式。以上数据表明,高校的教育理念大多以学生为主体,注重学生的全面发展和创造性的培养。

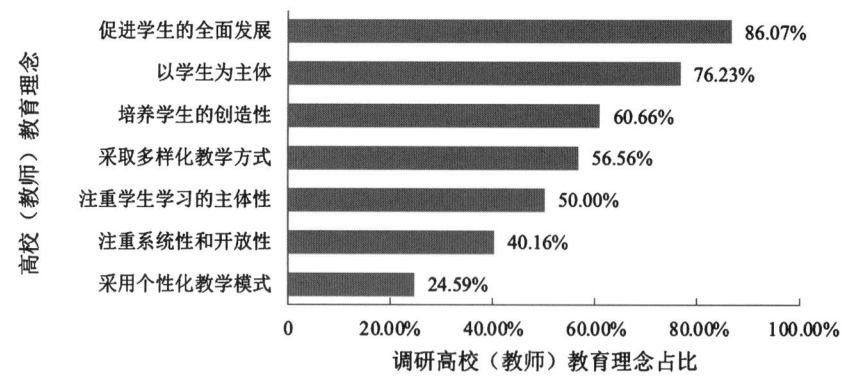

图 8-1 高校教育理念及占比

2. 教育理念存在不符合教师期望的情况

在高校教师关于目前会计专业教育与其期望的符合程度方面,调查数据显示(图 8-2):3.28%的教师认为目前的会计专业教育十分符合其期望,28.69%的教师认为符合,48.36%的教师认为比较符合,18.85%的教师认为不太符合,0.82%的教师认为不符合。上述结果表明我国高校现阶段教育理念依旧存在不同程度的问题,需要结合时代发展和社会需求不断变革。

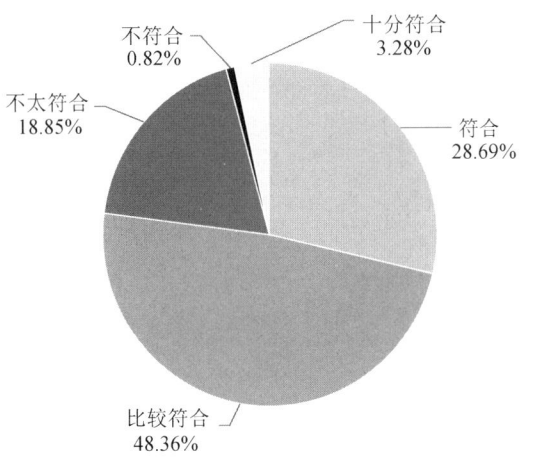

图 8-2　目前会计专业教育理念与期望的符合情况

从教师所在院校的层次角度交叉分析来看(图 8-3),"双一流"大学中,合计 13.05% 的教师认为目前的会计专业教育理念不太符合、不符合其期望;其他院校类型中,目前的会计专业教育理念不太符合教师期望的依次为:民办本科院校(占 18.18%)、省属本科院校(占

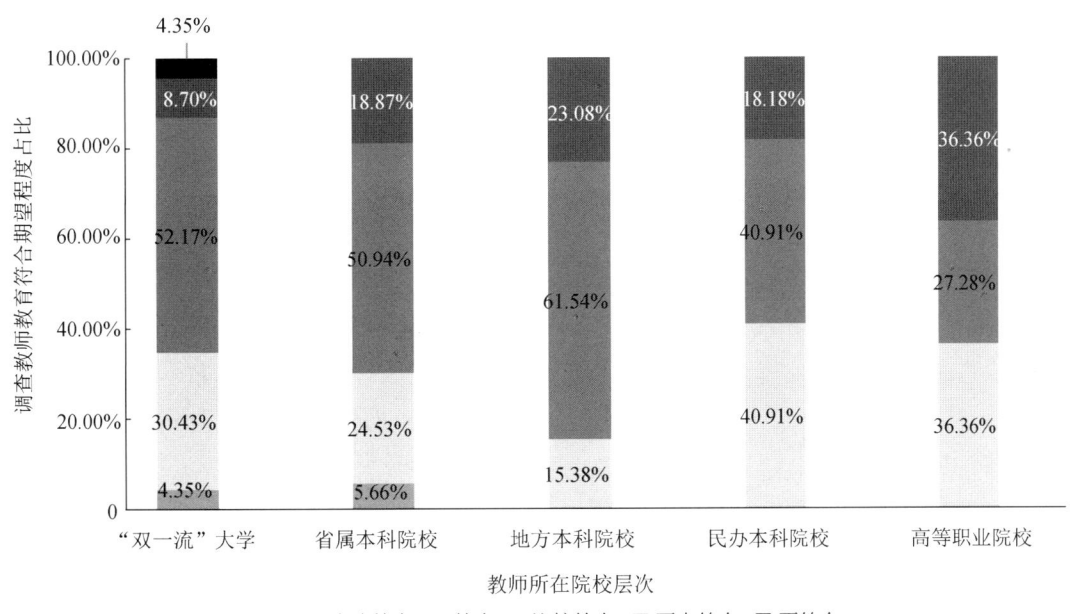

图 8-3　教师所在院校的层次及教育理念符合期望程度的交叉分析情况

18.87%)、地方本科院校(占23.08%)、高等职业教育院校(占36.36%)。由以上数据可知,"双一流"大学的教师更倾向于认为目前的会计专业教育理念比较符合其期望;而在高等职业教育院校的教师中,认为目前的教育理念不符合其期望的比例较其他层次院校的教师更高。

线上问卷调查进一步对教师认为目前的会计专业教育不太符合(占18.85%)、不符合(占0.82%)其期望的主要原因进行了调查。结果发现,教师导致认为目前的会计专业教育与期望不甚相符的主要原因有以下几点(图8-4):① 课程设置(占83.33%);② 传统思维(占58.33%);③ 教育教学方法与手段(占58.33%);④ 人才培养方案(占58.33%);⑤ 就业压力(占45.83%);⑥ 教育目标(占29.17%);⑦ 其他(占16.67%)。以上数据表明,被调查对象认为目前的会计专业教育的课程设置、教育方法、人才培养方案、教育目标等方面都存在不同程度的问题,亟须进行变革。

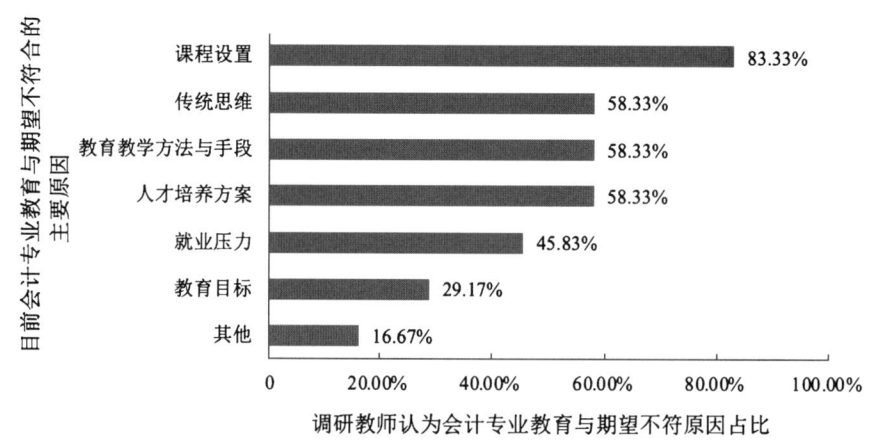

图8-4　目前的会计专业教育与期望不符合的主要原因及占比

3. 部分教师对会计教育教学改革不太了解

为了解在"大智移云物区"等新技术应用于教育的背景下的高校会计教育教学改革的现状,本次问卷先调查了教师对会计教育教学改革的了解情况。结果显示(图8-5):在"大智移云物区"等新技术应用于教育的背景下,有6.56%的教师对会计教育教学改革非常了解,34.43%的教师对其了解,38.52%的教师比较了解,18.85%的教师只是听说过,1.64%的教师完全不了解。以上数据表明,大部分被调查对象对会计教育教学改革比较了解,少部分调查对象对会计教育教学改革仅仅停留在"听说过"的程度。这说明部分教师对会计教育教学改革的重视程度不够,会计教育教学改革在高校的贯彻程度有待加强。

在"大智移云物区"等新技术应用于教育的背景下,高校会计类专业是否进行了人才培养方案的调整?结果显示(图8-6):22.95%的教师所在的高校进行了大范围调整,46.72%的教师所在的高校进行了小范围调整,20.49%的教师所在的高校进行了较小范围调整,8.20%的教师所在的高校基本没有进行调整,1.64%的教师所在的高校没有进行调整。以上数据表明,虽然当下各大高校积极响应国家政策号召,充分发挥育人职能,不断深化会计人才培养模式的创新,但是仍有部分高校对会计类专业人才培养的调整步伐进行得较缓慢。

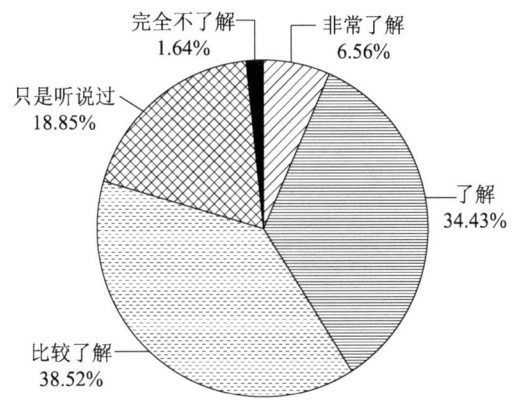

图 8-5 教师对会计教育教学改革的了解情况

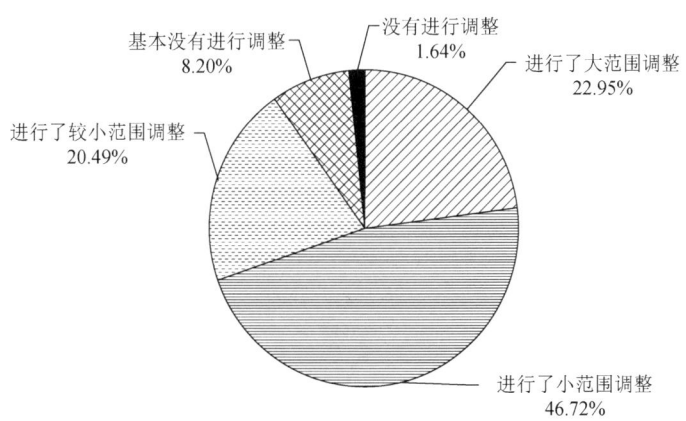

图 8-6 高校会计类专业人才培养方案的调整情况

从教师所在院校的层次角度交叉分析来看(图 8-7),高校会计类专业人才培养方案进行了大范围调整的依次为:高等职业教育院校(占 36.36%)、"双一流"大学(占 34.78%)、省属本科院校(占 24.53%)、地方本科院校(占 15.38%)、民办本科院校(占 4.55%)。合计进行了小范围、较小范围调整的院校的类型依次为:民办本科院校(占 90.90%)、地方本科院校(占 69.24%)、省属本科院校(占 66.04%)、"双一流"大学(占 56.52%)、高等职业教育院校(占 45.46%)。由以上数据可知,较其他类型的院校,高等职业教育院校进行大范围调整的比例最高,"双一流"大学次之,而民办本科院校进行大范围调整的比例最低。

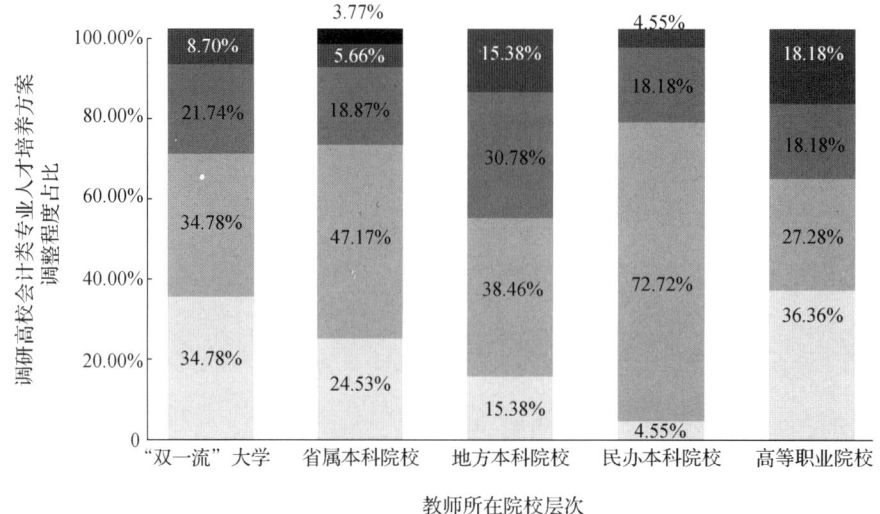

图 8-7 院校层次及高校会计类专业人才培养方案调整交叉分析情况

4. 教师认为学生的职业道德最为重要

学生的专业能力、通用能力(如互联网与信息技术、学习与行动力、沟通与领导力等)和职业道德的重要程度如何排序?通过线上调查问卷发现(图 8-8),职业道德的平均综合得分[1]最高,为 2.34 分;第二位是专业能力,平均综合得分为 1.83 分;第三位则是通用能力,为 1.66 分。

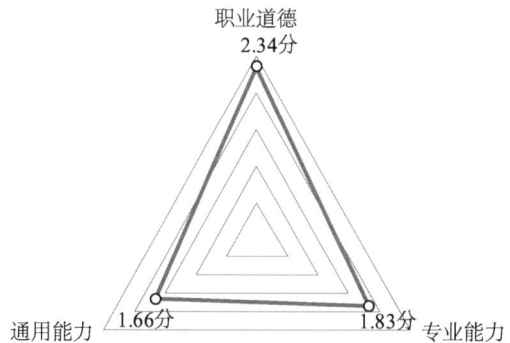

图 8-8 学生职业职业道德、专业能力和通用能力的平均综合得分

---

[1] 平均综合得分:本次调查问卷中,排序题选项的平均综合得分是由问卷星系统根据所有填写者对选项的排序情况自动计算得出的,它反映了选项的综合排名情况,得分越高表示综合排序越靠前。计算方法为:选项平均综合得分 = (∑频数×权值)/本题填写人次。 权值由选项被排列的位置决定。例如,有 3 个选项参与排序,那排在第一个位置的权值为 3,第二个位置权值为 2,第三个位置权值为 1。

第一,职业道德方面。如图8-9所示,以下职业道德会对会计人才的培养至关重要:① 良好的道德操守(占94.26%);② 责任心强(占93.44%);③ 廉洁守法(占75.41%);④ 细心严谨(占72.13%);⑤ 保密意识(占65.57%);⑥ 原则性强(占63.11%);⑦ 使命感(占36.07%)。

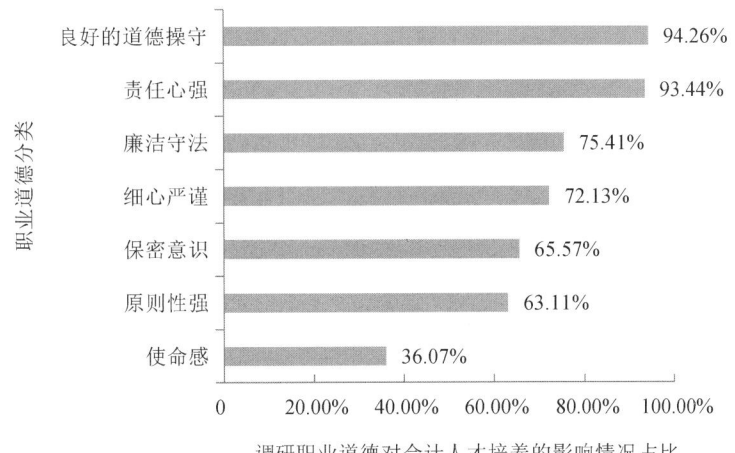

图8-9 职业道德分类及对会计人才培养的影响情况占比

第二,专业能力方面。如图8-10所示,在21个专业能力中,会对会计人才的培养产生

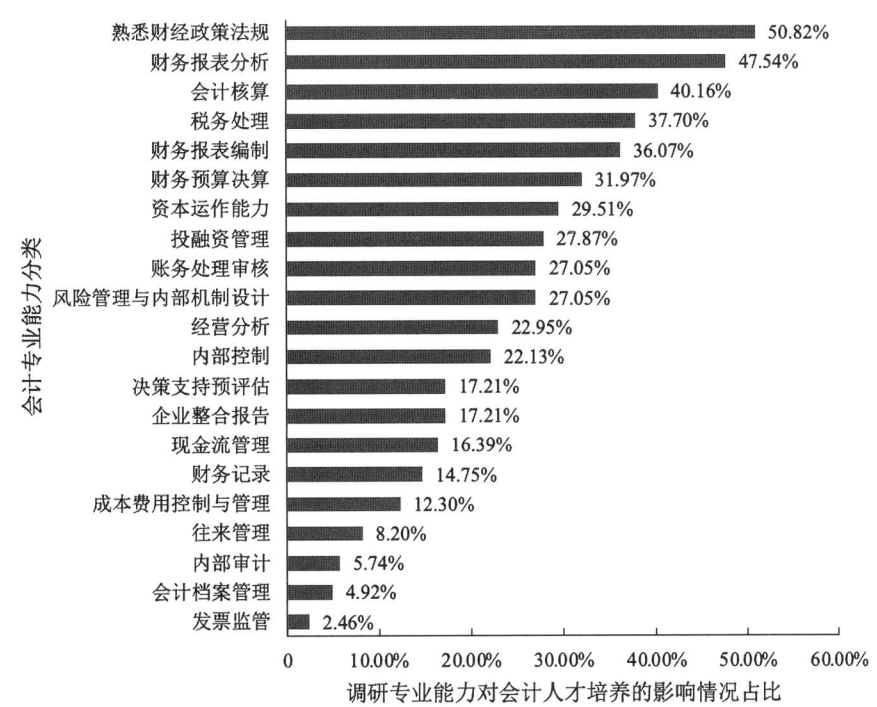

图8-10 会计专业能力分类及对会计人才培养的影响情况占比

至关重要的影响的前十个专业能力为：① 熟悉财经政策法规(占 50.82%)；② 财务报表分析(占 47.54%)；③ 会计核算(占 40.16%)；④ 税务处理(占 37.70%)；⑤ 财务报表编制(占 36.07%)；⑥ 财务预算决算(占 31.97%)；⑦ 资本运作能力(占 29.51%)；⑧ 投融资管理(占 27.87%)；⑨ 财务处理审核、风险管理与内部机制设计(占 27.05%)；⑩ 经营分析(占 22.95%)。

第三，通用能力方面。如图 8-11 所示，在 17 个通用能力中，会对会计人才的培养产生至关重要的影响的前十个通用能力为：① 沟通表达能力(占 77.05%)；② 学习能力(占 55.74%)；③ 数据分析、信息系统分析能力(占 45.90%)；④ 团队协作能力(占 42.62%)；⑤ 抗压能力(占 40.16%)；⑥ 逻辑判断能力(占 37.70%)；⑦ 管理能力(占 35.25%)；⑧ 人际交往能力(占 32.79%)；⑨ 协调能力(占 31.97%)；⑩ 执行能力(占 26.23%)。

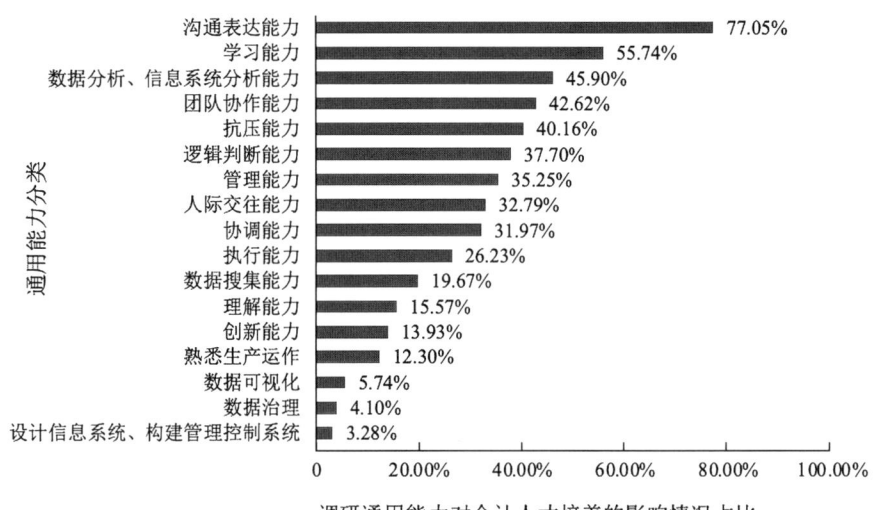

图 8-11 通用能力分类及对会计人才培养的影响情况占比

(三) 教育组织设计方面

1. 高校会计类专业建设未能适应新兴科技变化

在"大智移云物区"等新技术应用于教育的背景下，高校在会计类专业建设中面临着许多问题，问卷调查结果如图 8-12 所示，高校在会计类专业建设中面临的主要问题如下：① 缺乏"大智移云物区"会计类教材、案例等教学资源(占 78.69%)；② 师资队伍未能适应新兴科技的变化(占 61.48%)；③ 专业课程教学内容改革滞后(占 58.20%)；④ 教学条件不足，实践教学体系不完善(占 57.38%)；⑤ 课程体系不能与时俱进(占 55.74%)；⑥ 人才培养目标定位不准确、不清晰(占 32.79%)；⑦ 其他(占 6.56%)。

2. 教学模式改革应注重线上线下结合，实现理实一体化

在"大智移云物区"等新技术应用于教育的背景下，高校如何进行会计类专业教学模式

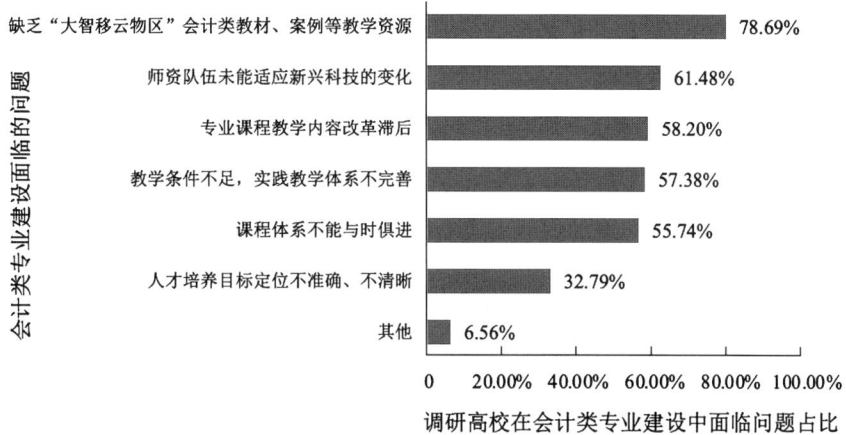

图 8-12　高校在会计类专业建设中面临的问题及占比

的改革？问卷调查结果如图 8-13 所示，主要有以下途径：① 线上线下混合（占 81.15%）；② 翻转课堂（占 59.84%）；③ 理实一体化（占 49.18%）；④ 合作学习（占 39.34%）；⑤ 行动学习（占 26.23%）；⑥ 分层主导小班教学（占 23.77%）；⑦ 其他（占 9.84%）。以上数据表明，高校会计类专业教学模式改革应当注重线上线下结合、以学生为主体及重视实践和理论的结合。

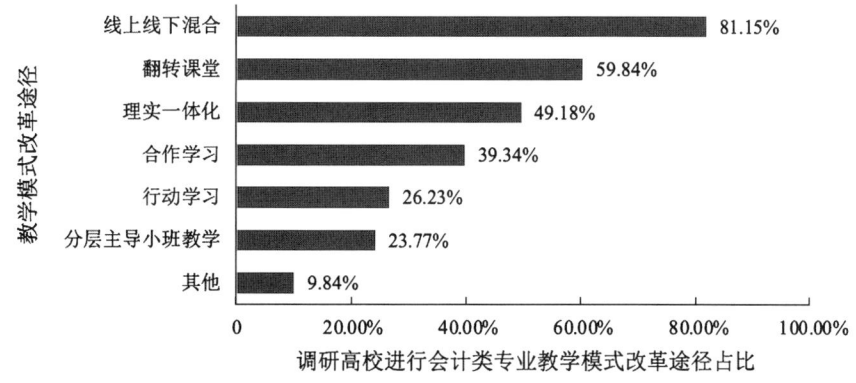

图 8-13　高校进行会计类专业教学模式改革的途径及占比

3. 课程设计虽融入新兴技术，但其教辅资料仍需完善

随着"大智移云物区"等新兴技术的快速发展，以及时代背景下会计类专业供求双方需求的变化，传统的课程体系和教学内容已经不再适应，课程体系需要重构，以促进新兴技术与会计深度融合。为了解高校会计类专业与新兴技术的融合情况，线上调查问卷就高校所开设的会计类专业课程是否融合了"大智移云物区"等新技术内容进行了调查（图 8-14）。结果显示：10.66% 的教师所在高校的会计类专业完全没有开设融合"大智移

云物区"等新技术内容的课程,39.34%的教师所在的高校开设了1~2门,37.70%的教师所在的高校开设了3~4门,11.48%的教师所在的高校开设了5~6门,0.82%的教师所在的高校开设了7门及以上。以上数据表明,大部分高校都将会计类专业与新兴技术进行了不同程度的融合。

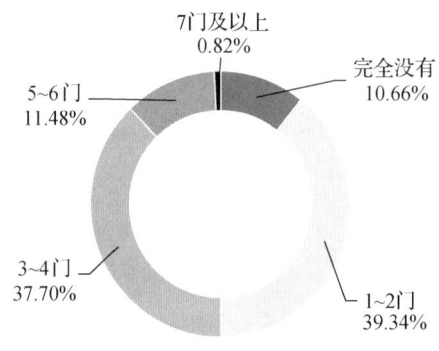

图8-14 高校所开设的会计类专业课程与"大智移云物区"等新技术内容的融合情况

从教师所在院校的层次角度来看(图8-15),完全没有开设融合课程的院校类型中,民办本科院校比例最低(占4.55%),高等职业教育院校比例最高(占27.28%);而在开设了1~2门融合课程的院校类型中,"双一流"大学比例最高,为65.22%;在开设了3~4门融合课程的院校类型中,高等职业教育院校和民办本科院校所占比例最高,均为45.45%;只有省属本科院校(占20.75%)、地方本科院校(占15.38%)、"双一流"大学(占4.34%)开设了5~6门融合课程;仅有4.55%的民办本科院校开设了7门及以上融合课程。

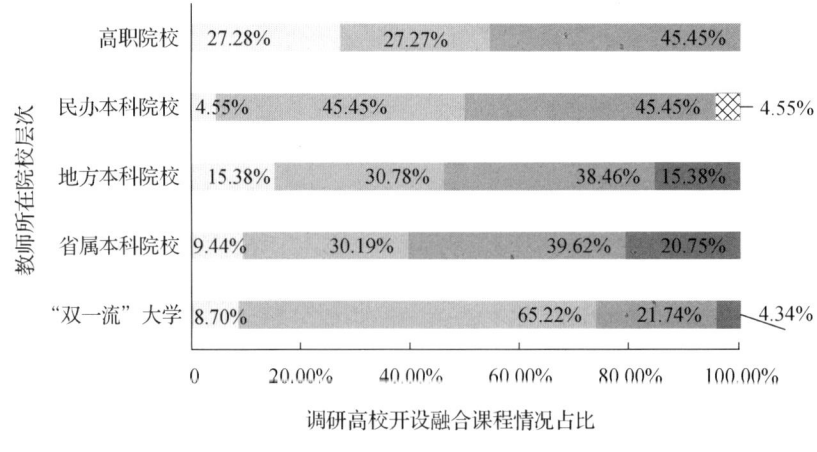

图8-15 院校层次及高校所开设的会计类专业课程与"大智移云物区"等新技术内容的融合交叉情况占比

线上调查问卷对所在高校会计类专业开设了融合课程的教师进行了进一步的调查,了解教师对于融合课程的教学流程、板块设计、方式方法等所持的态度(图8-16),结果显示:13.76%的教师认为融合课程的教学流程、板块设计、方式方法等非常合理,52.29%的教师认为合理,27.52%的教师认为一般,3.68%的教师认为不太合理,2.75%的教师未进行选择,认为不合理的为0。

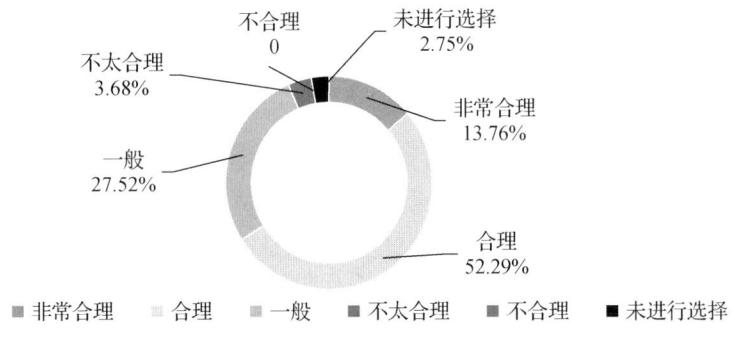

图8-16 教师对于融合课程的教学流程、板块设计、方式方法所持的态度

线上调查问卷还就融合课程的教辅情况是否完备进行了调查(图8-17),结果显示:2.75%的教师认为融合课程的教辅资料非常完备,21.10%的教师认为融合课程的教辅资料完备,33.03%的教师认为一般,33.94%的教师认为不太完备,4.59%的教师认为融合课程的教辅资料完全没有,4.59%的教师未选择。以上数据表明,虽然大部分高校的会计类专业在不同程度上开设了融合了新兴技术的课程,但存在融合课程的教辅资料不太完备的情况,教辅资源对于学习者学习课程的重要性不言而喻,融合课程教辅资源的建设亟需重视。

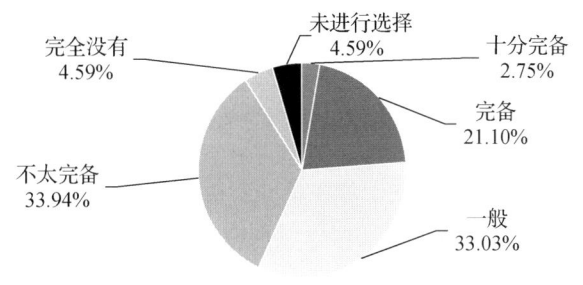

图8-17 融合课程的教辅资料情况

4. 绝大部分教师对融合课程持支持态度

关于对"大智移云物区"内容与传统课程的融合态度,线上问卷调查显示(图8-18):55.74%的教师对融合课程非常支持,37.70%的教师持支持态度,4.10%的教师认为一般,

2.46%的教师对其不太支持,选择不支持的教师为0。从教师所在院校的层次角度交叉分析来看(图8-19),"双一流"大学和高等职业教育院校对融合课程偏向持一般、支持及非常支持的态度,而省属本科院校(占1.89%)、民办本科院校(占4.55%)及地方本科院校(占7.69%)对其不太支持。

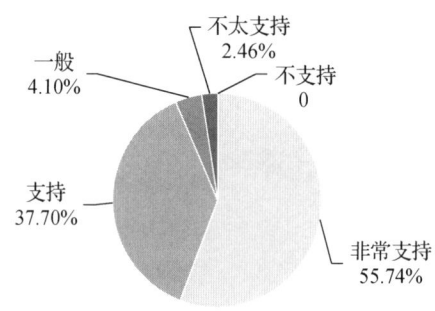

图8-18 教师对于"大智移云物区"内容与传统课程的融合所持的态度

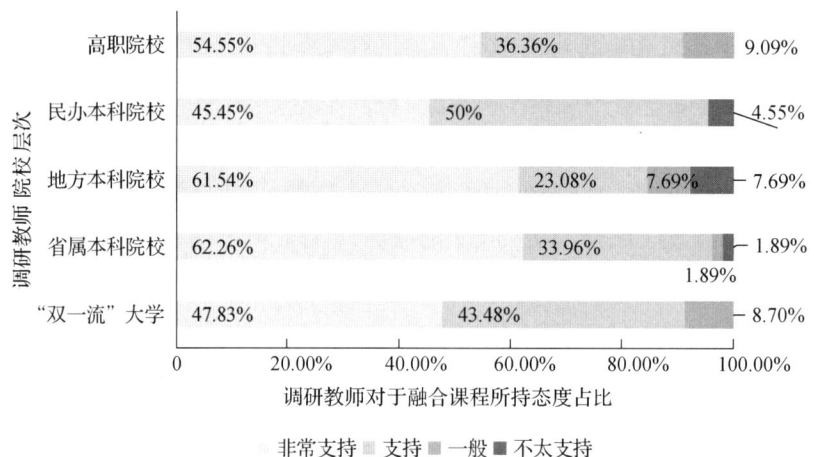

图8-19 院校层次及教师对于融合课程所持的态度

5. 大部分教师认为融合课程有利于学生掌握专业理论知识、培养创新思维

与传统课程相比,融合课程对学生掌握专业理论知识是否有利?结果如图8-20所示:28.69%的教师认为融合课程十分有利于学生掌握专业理论知识,52.46%的教师认为融合课程有利于学生掌握专业理论知识,16.39%的教师认为效果一般,1.64%的教师认为不太有利,0.82%的教师认为融合课程对学生掌握专业理论知识的效果不如传统课程。

关于创新思维的培养,问卷调查结果显示(图8-21):31.97%的教师认为相比于传统课程,融合课程十分有利于创新思维的培养,54.10%的教师认为融合课程有利于创新思维的培养,12.30%的教师认为其对创新思维的培养效果一般,1.63%的教师认为其不太有利于创新思维的培养。以上数据表明,大部分被调查对象对融合课程呈支持态度,认为与传统课程相比,融合课程更有利于学生掌握专业理论知识,同时有利于创新思维的培养。

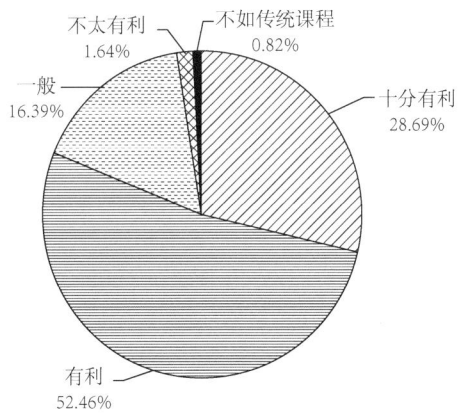

图 8-20　与传统课程相比,教师对融合课程帮助学生掌握专业理论知识的态度

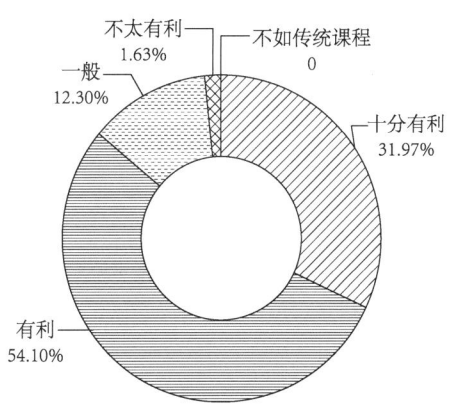

图 8-21　与传统课程相比,教师对融合课程帮助学生创新思维的培养的态度

从教师所在院校的层次角度交叉分析来看(图 8-22 和图 8-23),关于融合课程对学生掌握专业理论知识、培养创新思维是否有利这一问题,"双一流"大学、省属本科院校及地方本科院校的教师普遍认为融合课程有利于学生掌握专业理论知识、培养创新思维,少部分教师认为效果一般;而民办院校和高等职业教育院校的教师大部分认为其有利于学生掌握专业理论知识、培养创新思维,但是有少部分教师认为其不太有利于学生掌握专业理论知识、培养创新思维;少部分的高等职业教育院校教师认为融合课程对帮助学生掌握专业理论知识的效果不如传统课程。

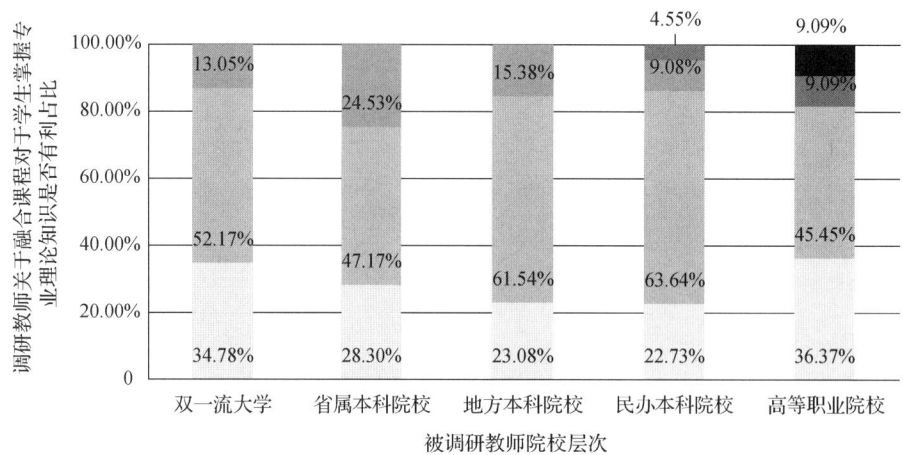

图 8-22　院校层次及融合课程对学生掌握专业理论知识是否有利的交叉分析情况

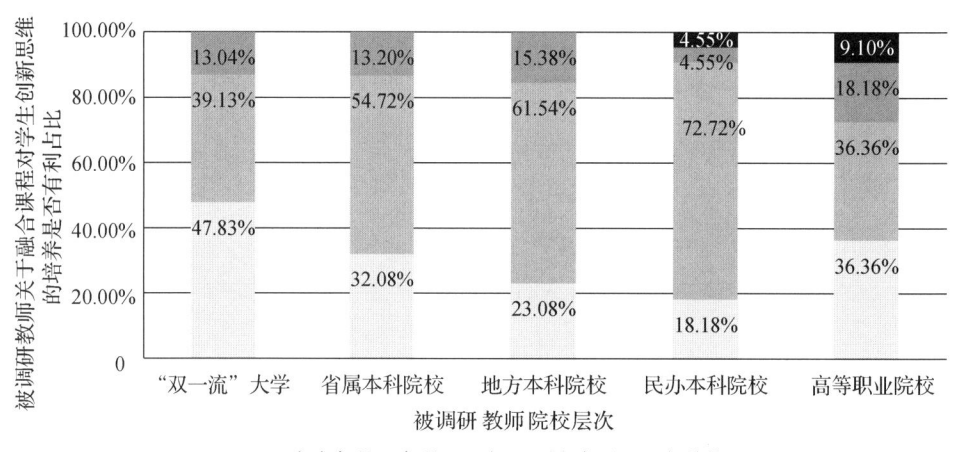

图 8-23　院校层次及融合课程对学生创新思维的培养是否有利的交叉分析情况

(四) 师资方面

1. 高校需引进专兼结合、实务经验丰富的教师

教师作为高校会计教育的"养分",会计人才的培养模式离不开教师的教学和实践指导,因此,高校师资情况对提高教学质量、实现高校会计教育的育人目标有着举足轻重的作用。为了解在"大智移云物区"等新技术应用于教育的背景下,高校师资队伍的建设情况,本次线上问卷调查了教师认为开展师资队伍建设可以用到的途径,调查结果显示主要有以下途径(图8-24):① 加强培训,提升现有教师能力(占86.07%);② 引进实务经验丰富的教师(占70.49%);③ 专兼结合,校企互通(占70.49%);④ 教师赴企业实践锻炼(占67.21%);⑤ 引进"大智移云物区"技术精通的教师(占66.39%)。以上数据表明,教师需提升自身专业能力,不断丰富自身的实践经验,理论联系实际。

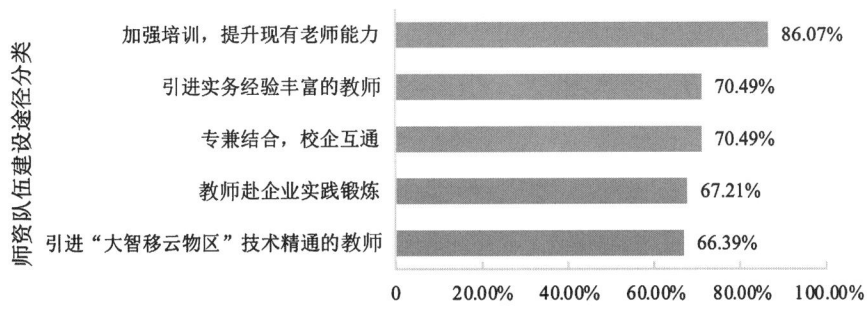

图 8-24 "大智移云物区"等背景下师资队伍建设的途径分类及占比

2. 部分教师对师资情况不太满意,认为教师业务能力亟待提升

线上问卷就教师对所在高校目前的师资队伍建设的满意程度进行了调查。调查结果显示(图 8-25):1.64%的教师对所在高校目前的师资队伍建设十分满意,25.41%的教师对所在高校的师资队伍建设比较满意,39.34%的教师对其基本满意,30.33%的教师对其不太满意,3.28%的教师对其不满意。

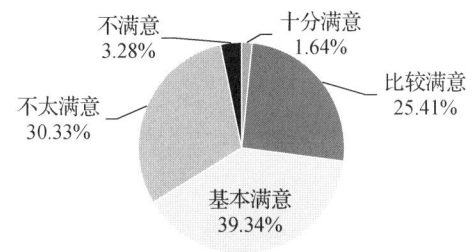

图 8-25 教师对所在高校师资队伍建设的满意度情况

线上问卷调查进一步对高校目前的师资队伍的欠缺方面进行了调查,结果显示,高校目前的师资队伍主要在以下几个方面存在欠缺(图 8-26):① 教师的业务能力(占

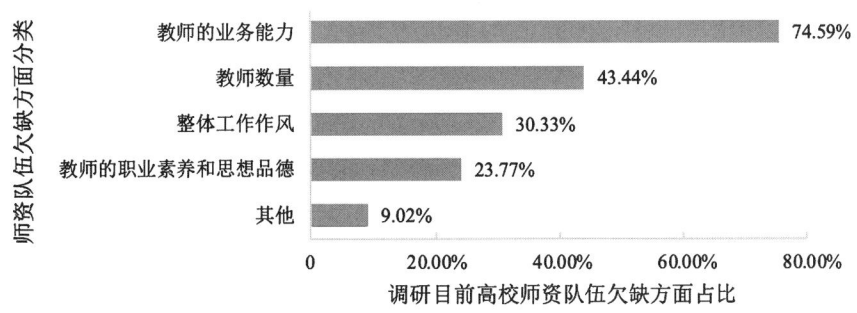

图 8-26 目前的师资队伍欠缺方面分类及占比

74.59%);② 教师数量(占 43.44%);③ 整体工作作风(占 30.33%);④ 教师的职业素养和思想品德(占 23.77%);⑤ 其他(占 9.02%)。

3. 教师培训制度以集体培训为主,教师培训制度及培训效果不太理想

线上问卷调查对教师所在高校的教师培训制度的形式进行了调查,调查结果显示(图 8-27):高校教师的培训制度主要为集体线上培训(占 68.85%)、集体线下培训(占 57.38%);也有部分高校采取单独线下培训(占 36.89%)和单独线上培训(占 26.23%)的形式。从教师所在院校的层次角度交叉分析来看(图 8-28),"双一流"大学、民办本科院校主要采用集体线下培训方式,集体线上培训次之;省属本科院校主要采用集体线上培训方式,集体线下培训次之;而地方本科院校和高等职业教育院校则主要采取集体线上培训方式,其次为单独线下培训方式。

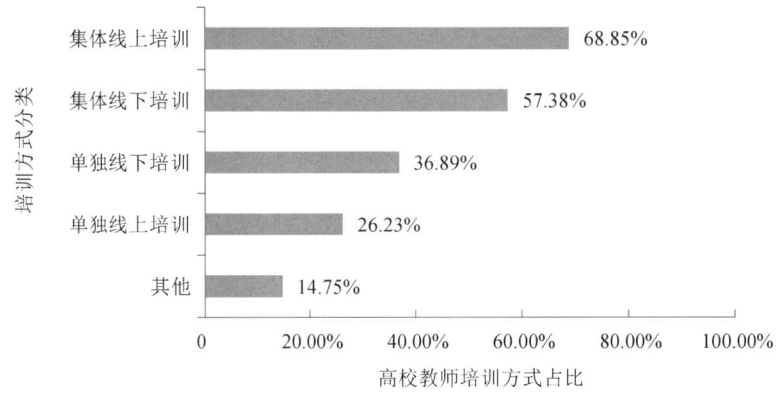

图 8-27 高校进行教师培训方式及占比

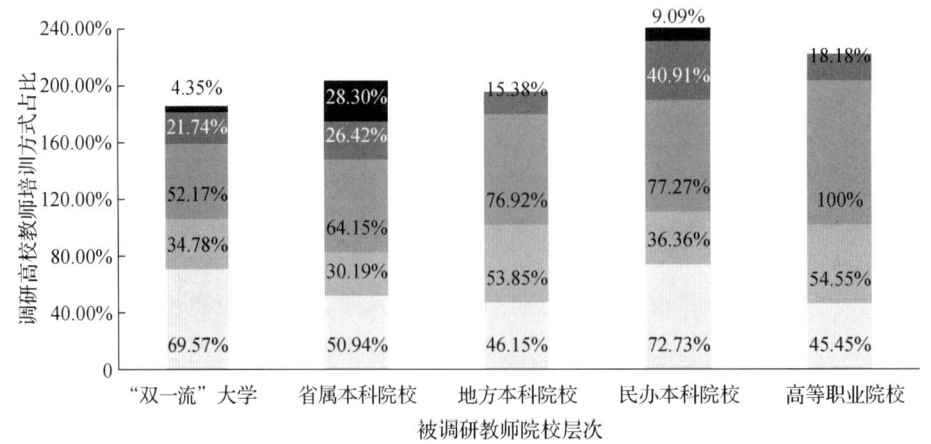

图 8-28 院校层次及高校教师培训方式交叉分析情况

教师对高校教师培训制度的满意程度如何？线上问卷调查显示（图8-29）：5.74%的教师对其所在高校的教师培训制度十分满意，28.69%的教师对其比较满意，36.88%的教师对其基本满意，22.95%的教师对其不太满意，5.74%的教师对其不满意。

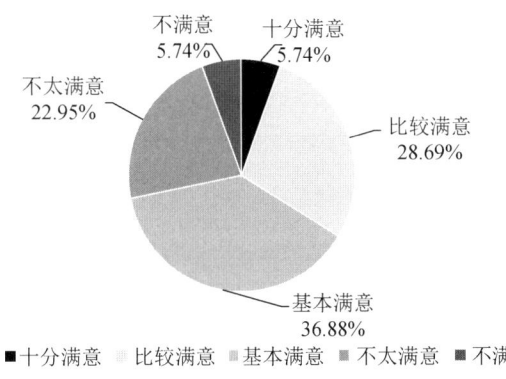

图8-29 教师对高校教师培训制度的满意程度

教师培训制度的效果如何？调查结果显示（图8-30）：3.28%的教师对教师培训制度的效果十分满意，36.89%的教师对其比较满意，33.61%的教师对其基本满意，23.77%的教师对其不太满意，2.45%的教师对其不满意。

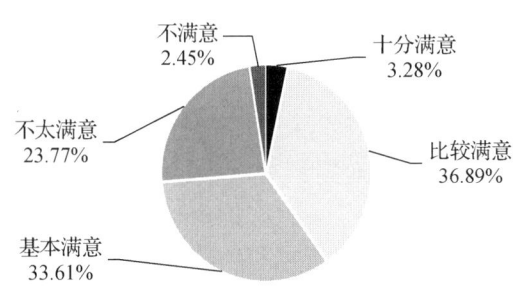

图8-30 教师对高校教师培训效果的满意程度

（五）教学评价方面
1. 教学评价仍以传统方式为主，侧重于课堂知识的掌握

何为"好学生"？为了解高校教学评价情况，本次线上问卷先调查了教师对学生的学习成果的评价方式（图8-31），发现教师对学生的学习成果评价仍以传统方式为主，主要有以下形式：① 闭卷考试（占90.16%）；② 课堂表现（占83.61%）；③ 作业评级（占81.97%）；④ 实践能力（占66.39%）；⑤ 考勤（占58.20%）；⑥ 其他（占3.28%）。从教师所在院校的层次角度交叉分析来看（图8-32），可以发现对实践能力和考勤的重视程度从"双一流"大学、省属本科院校、地方本科院校、民办本科院校到高等职业教育院校呈现递增趋势。以上数据显示,目前,高校教师对于学生的学习成果评价仍以闭卷考试、课堂表现、考勤等传统考核方式为主。其中,民办本科院校和高等职业教育院校更注重于实践能力考察。培育高质量人才作为高校育人的一大目标,如何量化评价学生的学习成果,促进学生全方面发展,有效培育出社会建设所需要的人才仍是一大难题。

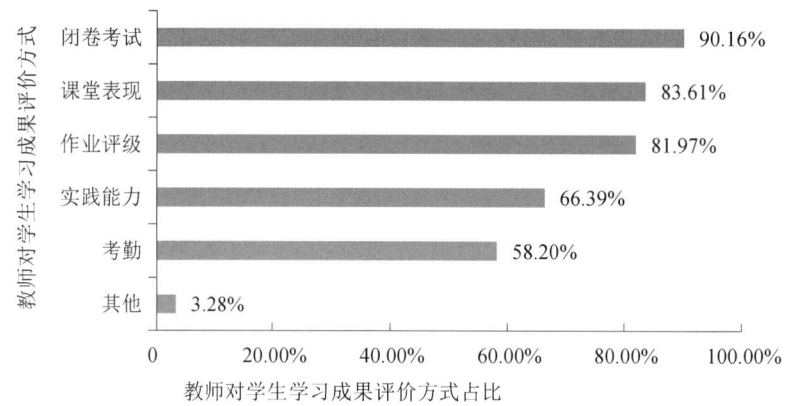

图 8-31　教师对学生的学习成果的评价方式及占比

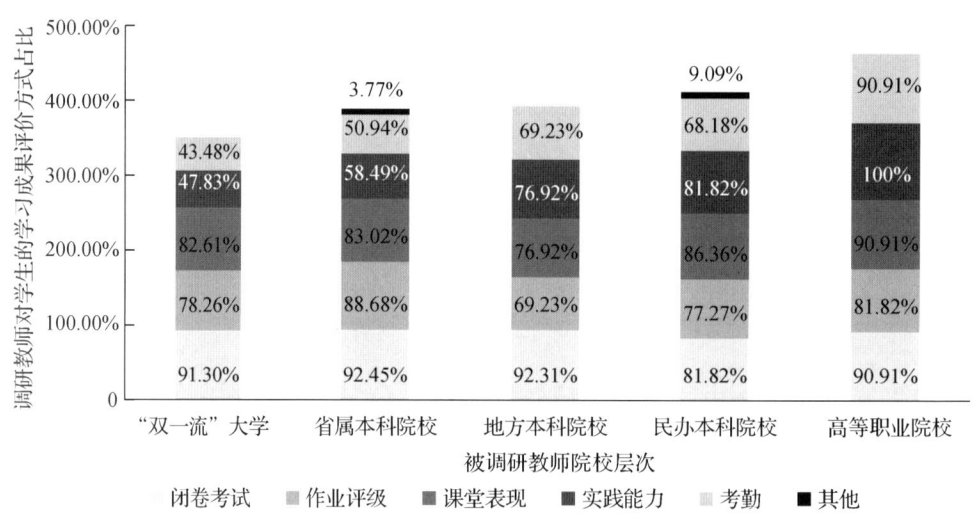

图 8-32　院校层次及教师对学生的学习成果的评价方式的交叉分析情况

线上问卷就教师在评价学生的学习成果时的侧重点进行了调查,结果如图 8-33 所示,教师在评价学生的学习成果时主要关注以下几方面:课堂的积极性(占 81.97%)、善于发现问题(占 66.39%)、认真完成作业(占 58.20%)、课堂知识的掌握(占 3.28%)。以上数据表明,教师对学生的评价主要以学生在课堂的积极性为主,且在上述关注方面中并未发现对课堂知识的实践应用这一方面。

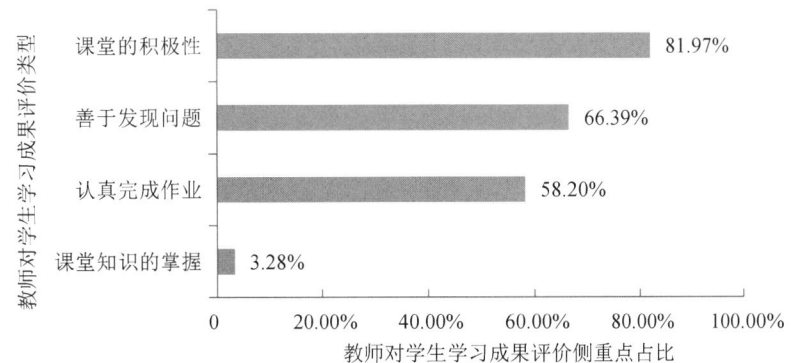

图 8-33　教师对学生学习成果评价类型及侧重点占比

2. 教师采取的教学评价方法基本能激发学生的学习热情

教师采取的教学评价方法的效果如何？能否激发学生的学习热情？结果如图 8-34 所示：16.39% 的教师认为采取的教学评价方法能够激发学生的学习热情，50.00% 的教师认为基本能够激发，33.61% 的教师认为在一定程度上能够激发，认为不能、基本不能激发的教师为 0。由此可知，教师认为所采取的教学评价方式能够在一定程度上激发学生的学习热情。

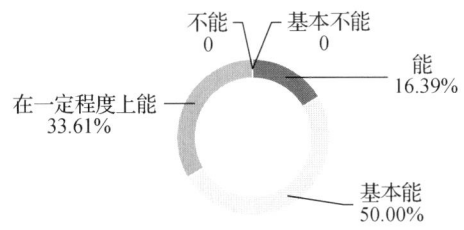

图 8-34　教师采取的教学评价方法能否激发学生的学习热情的情况

3. 案例式、探究式教学有利于培养优秀的专业人才

教学方式在一定程度上可以影响专业人才的培养，不同的教学方式对于专业人才的培养效果可能不同。线上问卷调查显示（图 8-35），教师认为以下教学方式更能够培养出优秀的专业人才：① 案例式教学（占 72.13%）；② 探究式教学（占 70.49%）；③ 师生互动式教学（占 68.85%）；④ 实践式教学（占 67.21%）；⑤ 参与式教学（占 58.20%）；⑥ 完全自学（占 1.64%）。由此可知，被调查对象认为案例式、探究式、师生互动式教学等需要学生自主性及充分参与性的教学方式更有利于人才的培养。

（六）教辅资源方面

1. 教辅资源需结合时代发展更加全面

正如刘永泽教授在技术赋能会计教育改革论坛中所说，技术在赋能会计教育改革的同时

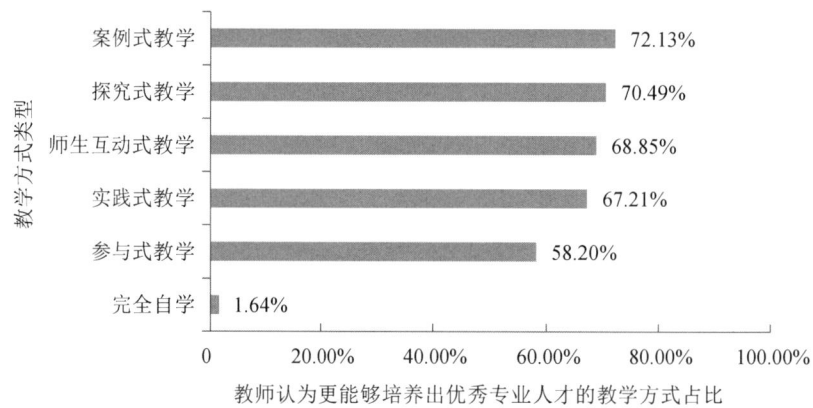

图 8-35　教师认为更能够培养出优秀专业人才的教学方式类型及占比

也在赋能会计教材改革,教材建设必须向立体化、可视化方向发展。教材选取应结合时代发展,增添新技术、与实际相关的内容使之更加全面。如图 8-36 所示,在"大智移云物区"等新技术应用于教育的背景下,教师认为教材选取应在以下方面作出调整:① 增添关于"大智移云物区"方面的新内容(占 80.33%);② 加大案例引入与运用的力度(占 79.51%);③ 增添与实际相关的教学内容(占 74.59%);④ 面对复杂环境的应变能力(占 50.00%)。

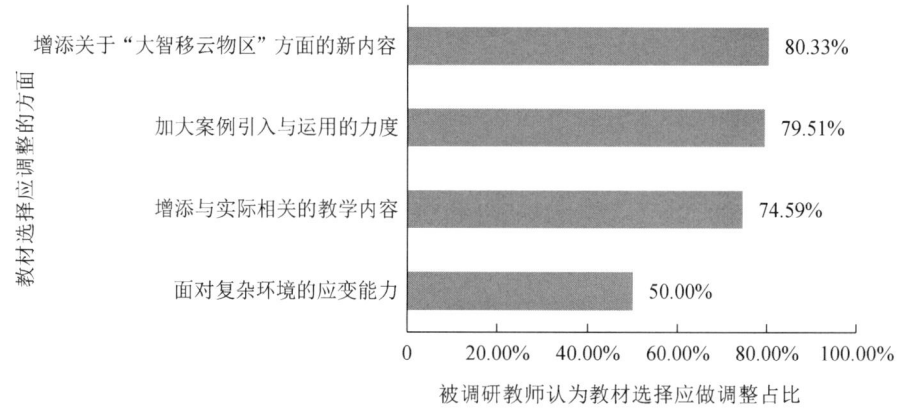

图 8-36　在"大智移云物区"等新技术应用于教育的背景下,教师认为教材选择应该作出的调整方面及占比

2. 教辅资源存在不适合学生当前学习阶段的情况,应加强教材内容规划等

高校教学所用的教材是否适应学生当前的学习阶段情况?结果如图 8-37 所示:2.46%的教师认为高校教学所用的教材十分适合学生当前的学习阶段,61.48%的教师认为比较适合,30.33%的教师认为一般适合,3.27%的教师认为不太适合,2.46%的教师认为完全不适合。

对认为高校教学所用的教材不太适合、不适合学生当前的学习阶段的教师进行进一

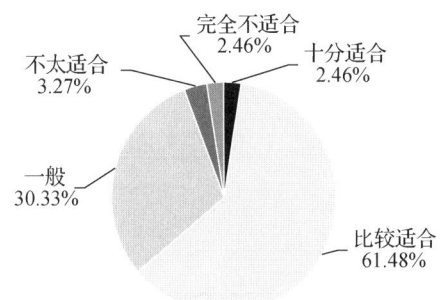

图 8-37　高校教学所用的教材适应学生当前的学习阶段的情况

步调查发现,这些教师认为高校教学所用的教材之所以不适合学生当前的学习阶段,主要是因为(图 8-38):① 教材内容规划不合理(占 42.86%);② 其他(占 28.57%);③ 教材难以理解(占 28.57%);④ 教材难易程度不适合(占 28.57%);⑤ 缺乏配套练习(占 14.29%)。

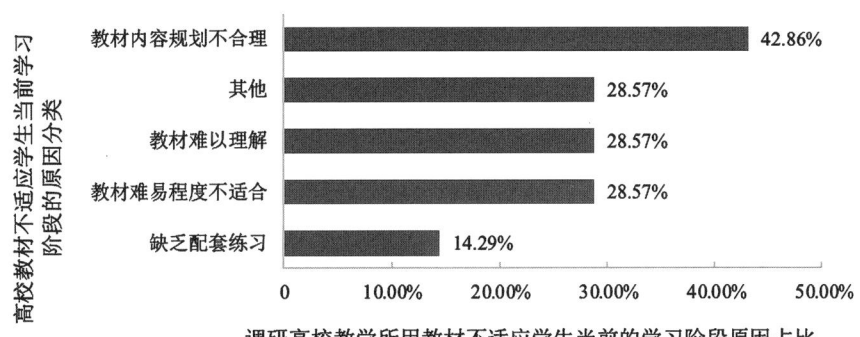

图 8-38　高校教学所用的教材不适应学生当前的学习阶段的原因

3. 教材选取应注重知识的全面性和系统性,难度适宜

就学生而言,教材的选取应该注重哪些方面? 如图 8-39 所示,教师认为教材的选取应注重以下方面:① 知识的全面性和系统性(占 84.43%);② 知识难度适宜(占 79.51%);③ 语言逻辑明白易懂(占 74.59%);④ 有相应的课后练习(占 60.66%);⑤ 其他(占 4.92%)。由此可知,教材的选取应当重点关注内容的全面性和系统性。此外,教材的选取应当考虑学生吸收教材知识的能力,以便学生更好地学习和理解教材知识。

4. 教材建设缺乏教师参与,应加强对教师建设教材的激励

为了解教辅资源的建设情况,本次线上问卷调查了如果教材不合适,教师是否会通过其他渠道选取新的教材,结果如图 8-40 所示:95.08% 的教师会通过其他渠道选取新的教材,4.92% 的教师不会。

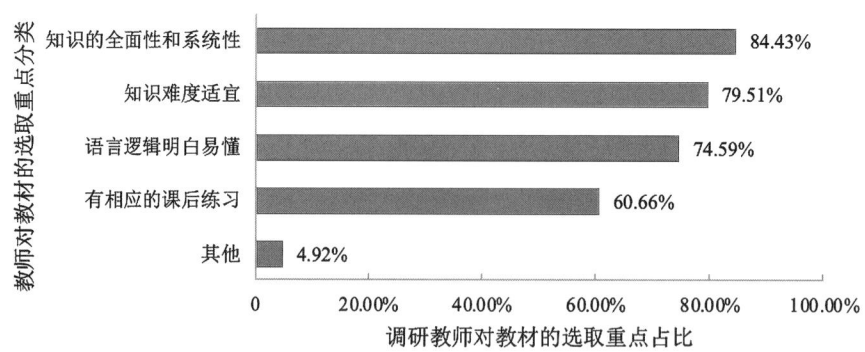

图 8-39　教材选取重点分类及占比

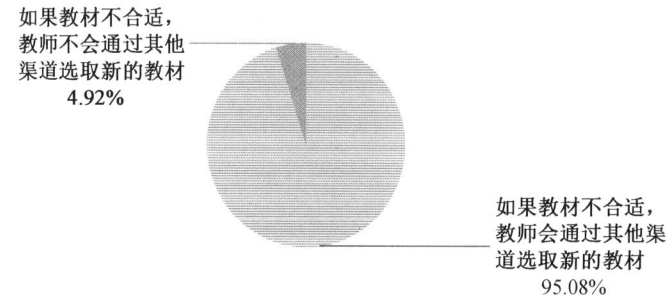

图 8-40　如果教材不合适，教师是否会通过其他渠道选取新的教材的情况

此外，本次线上调查问卷就教师目前参与教材建设积极性不够的主要原因进行了调查，结果如图 8-41 所示：高达 73.77% 的教师认为参与教材建设积极性不够是因为投入产出比低，激励不够；67.21% 的教师认为科研压力大，精力不足；49.18% 的教师认为编写队伍人员不足；还有 25.41% 的教师认为是出版社要求太高。从教师所在院校的层次来看（图 8-42），"双一流"大学（占 82.61%）及民办本科院校（占 72.73%）的教师认为教师参与

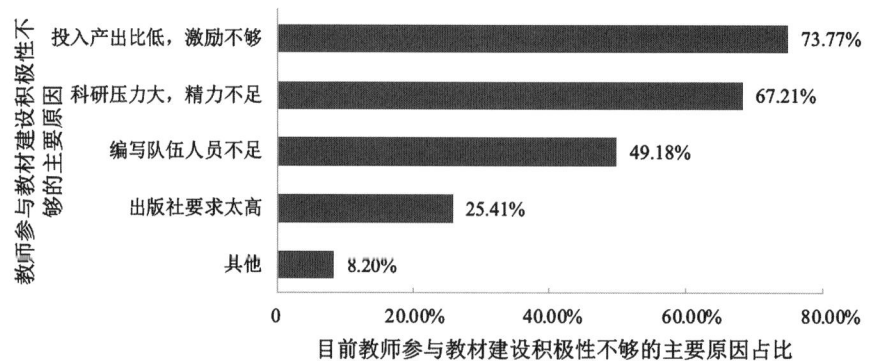

图 8-41　目前教师参与教材建设积极性不够的主要原因及占比

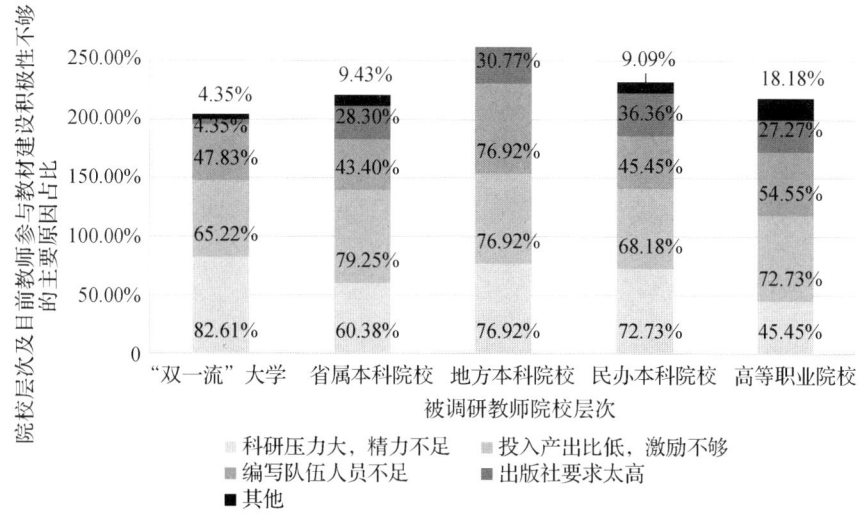

图 8-42 院校层次及目前教师参与教材建设积极性不够的主要原因的交叉分析情况

教材建设积极性不够的主要原因在于科研压力大,精力不足。省属本科院校(占 79.25%)及高等职业教育院校(占 72.73%)的教师认为其主要原因在于投入产出比低,激励不够。地方本科院校教师中认为其主要原因是科研压力大,精力不足;投入产出比低,激励不够;编写队伍人员不足的各占 76.92%。

5. 教师基本认可新形态教材建设

新形态教材是基于移动互联网技术,通过二维码或增值服务码将纸质教材、在线课程网站和教学资源库等线上线下教育资源有机衔接起来的教材形式。本次线上问卷调查了教师对于新形态教材建设的态度,结果如图 8-43 所示:33.61% 的教师对其十分认可,50.82% 的教师对其认可,14.75% 的教师对其一般认可,0.82% 的教师对其不太认可。

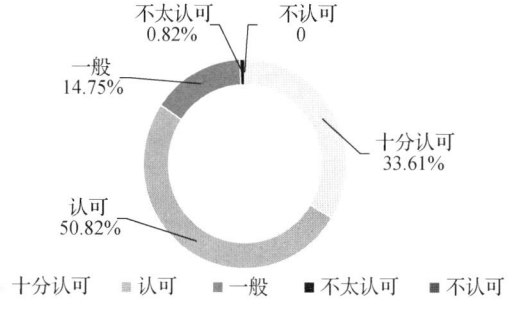

图 8-43 教师对新形态教材建设的态度

此外,线上问卷还调查了如果教师所在的高校立项支持新形态教材建设,教师是否愿意申报的情况,结果发现(图 8-44):89.34% 的教师愿意申报,10.66% 的教师不愿意申报。这表明目前大部分教师对新形态教材的建设是持支持态度且愿意申报相关项目。

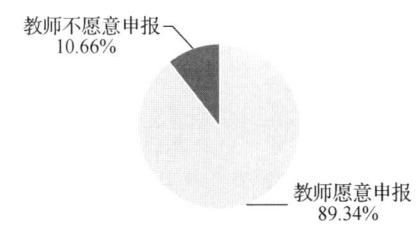

图 8-44 教师对申报新形态教材建设的态度

6. 教材建设培育需给予经费保障,完善教材建设激励机制等

为了更好地开展关于教材建设的培育工作,教师认为学校和学院最需要做到以下方面(图 8-45):① 持续开展校级立项,给予教材建设经费保障(占 81.15%);② 完善教材建设激励机制(占 77.87%);③ 与优质出版社开展合作,为教材建设搭建平台(占 75.41%);④ 做好教材建设规划,组织开展教材建设成果交流、推广工作(占 61.48%);⑤ 其他(占 2.46%)。上述数据表明,为了更好地开展教材建设的培育工作,高校应提高重视程度,保障教材建设经费,提高科研产出比,完善教材激励机制,加强对教师的激励力度。此外,高校还可以通过与优质出版社合作的方式,为教材建设提供更多的优质平台及交流推广机会。

图 8-45 关于教材建设的培育工作,学校和学院最需要的做法类型及占比

二、高校应用型会计教育改革现状调查——基于学生层面的分析

科技的发展推动行业的进步,行业的进步离不开相关教育的与时俱进,"大智移云物区"背景下,会计教育改革的方向不仅需要结合时代发展、政策指导以及社会需求,还需要清楚相关专业的学生对会计教育改革的认知与期望。为了进一步了解学生对科技创新如何赋能高校应用型会计教育的看法,撰写组于 2022 年 7 月开展了高校应用型会计教育改革现状问卷调查。截至 2022 年 8 月 6 日,共回收了 2 213 份有效问卷。以下将从问卷的基础信息、教育理念、教育组织设计、师资情况、教学评价,以及对教辅资源的想法六个方面对

学生的看法进行分析。

(一) 基本信息介绍

1. 被调查对象所在院校层次

此次调查问卷共收到 2 213 份回复。其中,来自"双一流"大学的占 6.33%、来自省属本科院校的占 37.28%、来自地方本科院校的占 6.55%、来自民办本科院校的占 49.53%,以及来自高等职业教育院校的占 0.31%,如表 8-6 所示。

表 8-6 被调查对象所在院校的层次分布及占比

被调查对象所在院校层次	小计/份	所占百分比
民办本科院校	1 096	49.53%
省属本科院校	825	37.28%
地方本科院校	145	6.55%
"双一流"大学	140	6.33%
高等职业教育院校	7	0.31%
合计	2 213	100.00%

2. 被调查对象所在院校类型

本研究报告依据学科门类将所有院校划分为综合类、理工类、师范类、农林类、政法类、医药类、财经类、民族类、语言类、艺术类、体育类、军事类和旅游类 13 个类型[1]。其中,来自财经类院校的占 45.10%,来自综合类院校的占 32.99%,来自语言类院校的占 10.26%,来自理工类院校的占 9.17%,来自农林类院校的占 1.22%,来自师范类院校的占 0.68%,来自军事类院校的占 0.14%,来自政法类院校、医药类院校、艺术类院校、体育类院校的均占 0.09%,来自民族类院校与旅游类院校的均占 0.04%(表 8-7)。由于问卷与会计类专业相关,被调查对象来自财经类院校及综合类院校的学生居多。

表 8-7 被调查对象所在院校的类型分布及占比

被调查对象所在院校类型	小计/份	所占百分比
财经类	998	45.10%
综合类	730	32.99%
语言类	227	10.26%
理工类	203	9.17%
农林类	27	1.22%

---

[1] 该院校类型的分类沿用自《蓝皮书(2020)》。

(续表)

被调查对象所在院校类型	小计/份	所占百分比
师范类	15	0.68%
军事类	3	0.14%
政法类	2	0.09%
医药类	2	0.09%
艺术类	2	0.09%
体育类	2	0.09%
民族类	1	0.04%
旅游类	1	0.04%
合计	2 213	100.00%

3. 被调查对象的专业

此次问卷的被调查对象(表8-8)的专业分别为会计学(66.24%)、财务管理(16.45%)、审计学(14.91%)、其他(2.40%)。由此可见,被调查对象主要集中在会计学专业。

表8-8 被调查对象的专业分布及占比

被调查对象的专业	小计/份	所占百分比
会计学	1 466	66.24%
财务管理	364	16.45%
审计学	330	14.91%
其他	53	2.40%
合计	2 213	100.00%

4. 被调查对象的培养类型

此次问卷的被调查对象的学生培养类型情况如下(图8-46):会计专业本科最多,为84.64%,其次是MPAcc(占10.75%)、其他专业硕士(占2.67%)、审计专业硕士(占1.67%)和大专(占0.27%)。

本节对被调查对象按MPAcc、审计专业硕士、其他硕士及本科、大专生的类型结合诸多问题进行问卷交叉分析。由于会计本科在被调查对象中居多(占84.64%),大专生所占比例较少(占0.27%),交叉分析结果存在无显著差异的现象,此节不做详细分析。

5. 被调查对象对其所在专业的了解程度

本问卷的调查对象中,对其所在专业完全了解的占6.37%、比较了解的占48.03%、基

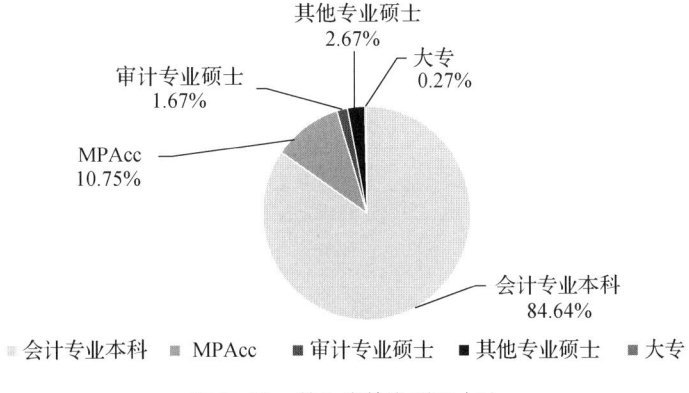

图 8-46 学生培养类型及占比

本了解的占 39.72%、不太了解的占 5.42%,以及完全不了解的占 0.46%(表 8-9)。由数据可知,大多数学生比较了解其专业,也为后续问卷填写的真实性与可靠性提供了保障。

表 8-9 被调查对象对其所在专业的了解程度分布及占比

被调查对象对其所在专业的了解程度	小计/份	所占百分比
完全了解	141	6.37%
比较了解	1 063	48.03%
基本了解	879	39.72%
不太了解	120	5.42%
完全不了解	10	0.46%
合计	2 213	100.00%

6. 被调查对象对目前专业的满意程度

此次问卷共 2 213 位调查对象,他们对所在院校的会计类专业的教学开展情况的满意程度如下(表 8-10):非常满意的占 6.69%、比较满意的占 39.22%、中立的占 41.48%、比较不满意的占 10.26%、完全不满意的占 2.35%。由调查结果可知,对目前专业持中立态度及满意态度的学生居多,对本专业不满意的学生仍是少数。

表 8-10 被调查对象对目前专业的满意程度分布及占比

被调查对象对目前专业的满意程度	小计/份	所占百分比
非常满意	148	6.69%
比较满意	868	39.22%
中立	918	41.48%

(续表)

被调查对象对目前专业的满意程度	小计/份	所占百分比
比较不满意	227	10.26%
完全不满意	52	2.35%
合计	2 213	100.00%

(二) 教育理念方面

1. 以学生为主体、促进其全面发展的教育理念被学生认可

教师在授课过程中,会将其教育理念贯穿在内,了解学生对教师授课的满意点,可更直观地了解学生认可的教育理念。调查结果显示(图 8-47):关于各高校(学生)对其所在学校的教师的满意点,51.24%的学生对其所在学校的教师"以学生为主体"的理念比较满意,还有不少同学认为老师在"促进学生的全面发展"(占 47.54%)和"采取多样化教学方式"(占 43.24%)方面做得不错。

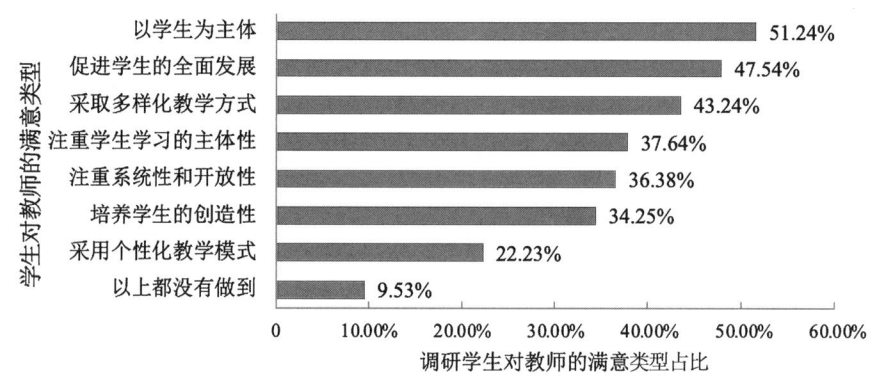

图 8-47　高校学生对教师的满意类型及占比

从学生培养类型角度交叉分析来看(图 8-48),MPAcc(占 12.43%)对于学校教师"以学生为主体"的理念最为满意;审计专业硕士对于学校教师"采取多样化教学方式"和"培养学生的创造性"的理念最为满意(各占 2.51%);大专学生对于"采用个性化教学模式"的理念最为满意(占 0.61%)。

2. 学生期望"可促进全面发展、培养创造性"的教育理念

正确的教育理念是学校管理和发展的前提与保障,也是引导学生形成正确思想的基础导向。了解学生期望的教育理念,可促使教育界结合时代发展及学生需求,优化学校教育理念。针对学生所期望的教学理念,结果如图 8-49 所示:有 71.13%的学生表示教学理念需要促进学生的全面发展,其次是需要培养学生的创造性(占 63.90%)以及采取多样化教学方式(占 63.31%)。

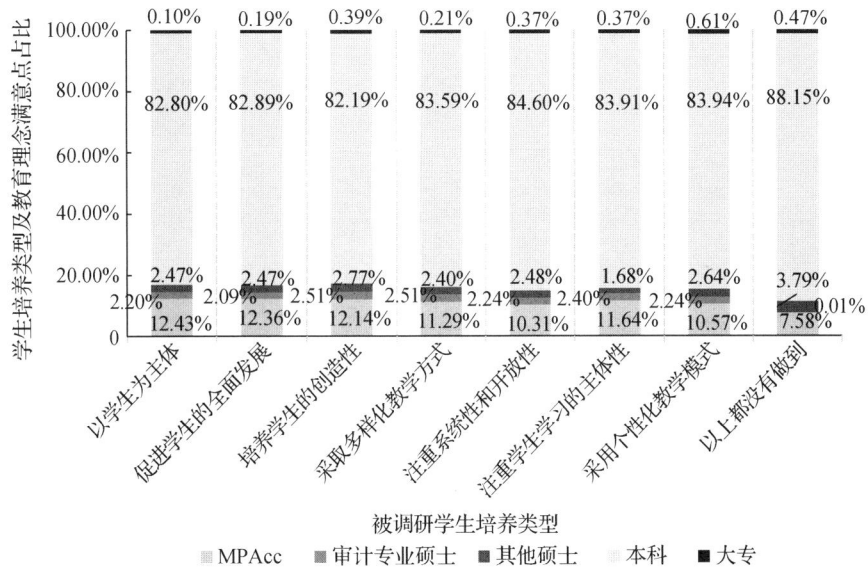

图 8-48 学生培养类型及教育理念满意点的交叉分析情况

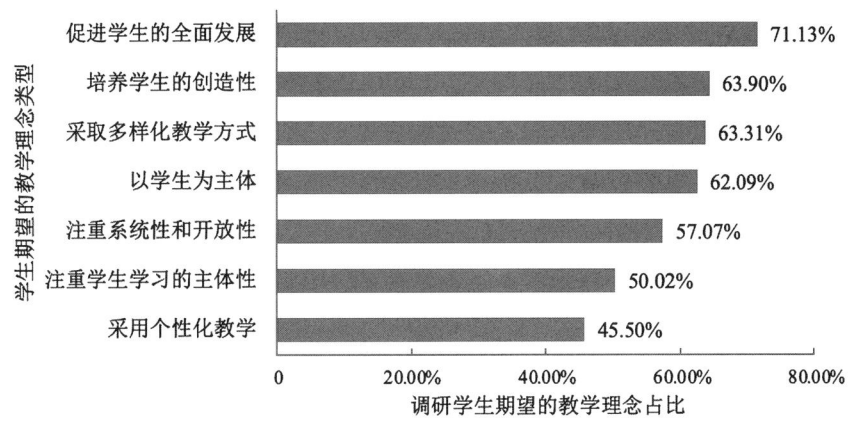

图 8-49 学生期望的教学理念类型及占比

(三)教育组织设计方面

1. 教师教学以传统面授为主,学生期望线上线下结合

近几年,随着科技的发展及外部环境等不可抗因素的影响,线上教学已成为诸多学生及教师的选择,那学生所期望的教学方式是怎样的呢？调查数据显示(图 8-50):大多数学生(占 63.22%)希望教师可以线上线下相结合进行授课,仍有 27.16% 的学生认可传统面授形式,仅有 7.59% 的学生表示期望纯线上教学。由此可知,线下教学有其不可替代的优势,线上线下相结合是多数学生的选择。

从学生培养类型角度交叉分析来看(表 8-11),所有类型学生中,选择"线上、线下相结

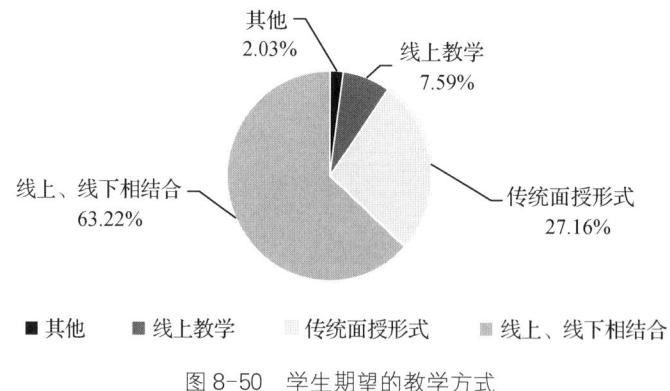

图 8-50　学生期望的教学方式

合"选项的人数最多,与整体调研结果相符。由此可知,学生对线上线下结合教学的呼声较高,教师也应在教学过程中结合线上教学的优势方便学生理解。

表 8-11　学生培养类型及期望教学方式交叉分析情况

期望教学方式	学生培养类型(小计/份)					
	MPAcc	审计专业硕士	其他硕士	本科	大专	小计
传统面授形式	59	9	11	522	0	601
线上教学	16	1	6	142	3	168
线上、线下相结合	157	26	41	1 172	3	1 399
其他	6	1	1	37	0	45
合计	238	37	59	1 873	6	2 213

在实际授课过程中,教师是否还会考虑线上教学呢？问卷调查数据显示(图 8-51):72.35%的学生表示当前教师教学仍以传统面授形式为主,也有 64.84%的同学表示本校教师采用线上线下相结合的形式进行教学,仅有 28.15%的学生表示教师采用线上教学。由此可知,在实际教学过程中,教师仍然以传统面授形式为主,线上教学虽有涉猎,但仍不全面。

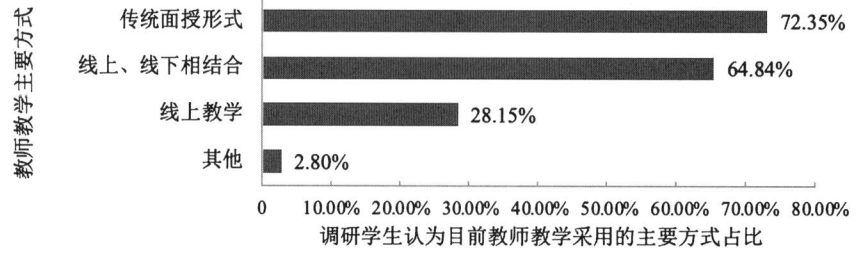

图 8-51　目前教师教学采用的主要方式及占比

2. 教育组织设计符合学生期望，但仍存在偏理论化情况

教师的授课形式在一定程度上影响学生对知识的理解能力及吸收能力，从调研数据的整体情况来看（图8-52），多数学生认为教师的教学设计结合了理论与案例（占60.51%），但仍存在偏理论化授课的情况（占54.86%）。

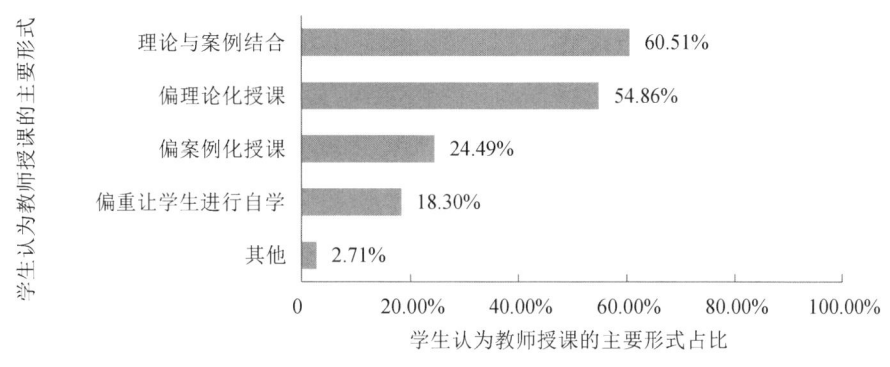

图8-52　教师授课的主要形式及占比

同样从学生的培养类型角度交叉分析来看（图8-53），MPAcc、审计专业硕士及本科的多数学生均表示教师采用了"理论与案例结合"的授课形式，各占其人数比例的71.43%、72.97%以及59.26%。而其他硕士大多（占54.24%）表示教师仍以"偏理论授课"的形式为主，大专生则表示教师以"偏理论授课"及"理论与案例结合"的方式为主（各占50.00%）。

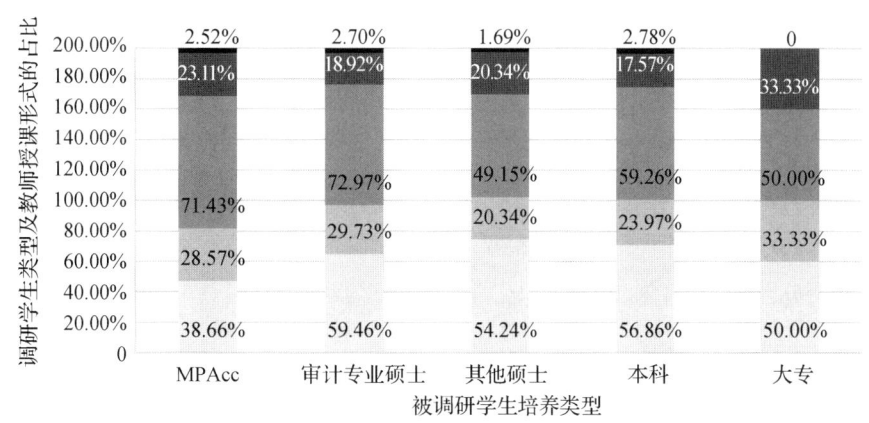

图8-53　学生类型及教师授课形式的交叉分析情况

关于期望的教学形式（图8-54），大多数学生期望理论与案例结合的教学设计（占77.77%），少部分学生（占3.57%）仍期望偏理论化授课。由调查数据可知，多数学生期望用理论结合实际案例来巩固所学知识。

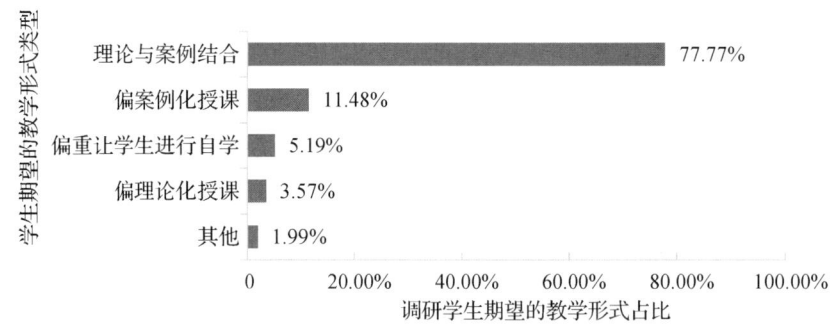

图 8-54　学生期望的教学形式

3. 教学以传统多媒体工具为主,且对学习有帮助

随着新兴技术融入各个行业,教育行业也会结合新型工具来辅助教学,那么,对数字、影音等新型工具的应用是什么情况呢?调查数据显示(图 8-55):当前,绝大多数教师在上课时(92.23%)采用 PPT 等传统多媒体工具,部分(45.14%)教师采用数字、影音等新兴工具,少部分(4.56%)教师不采用任何工具。

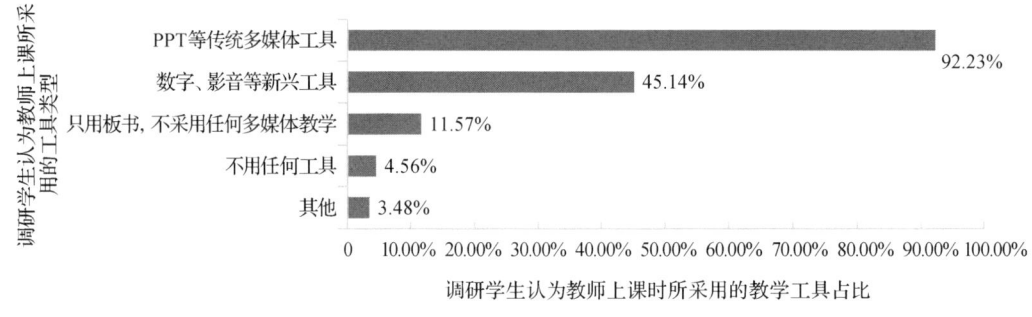

图 8-55　教师上课时采用的教学工具

多媒体工具的应用一定程度上可以辅助学生学习。在学生心目中,多媒体工具应用于教学的实际效果如何呢?对学生的调查结果显示(图 8-56):16.49%学生认为多媒体工具教学对学习的帮助十分巨大,大部分(占 58.66%)学生认为多媒体工具教学对学习是有很大帮助的。

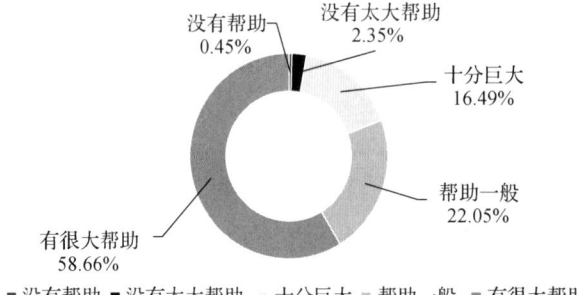

图 8-56　多媒体工具教学对学习的帮助情况

(四) 师资方面

1. 学生期望教师授课联系实际

线上教学问卷调查的结果显示(图 8-57),学生对教师授课的期望主要有以下几点:① 能够联系实际,通过案例进行分析(占 76.91%);② 知识丰富,逻辑性强(占 70.00%);③ 有相应的练习和活动巩固所学(占 63.13%);④ 不拘泥于传统的教学,力求创新(占 56.71%)。由此可知,很多同学还是希望知识和实际相结合,通过案例巩固知识。

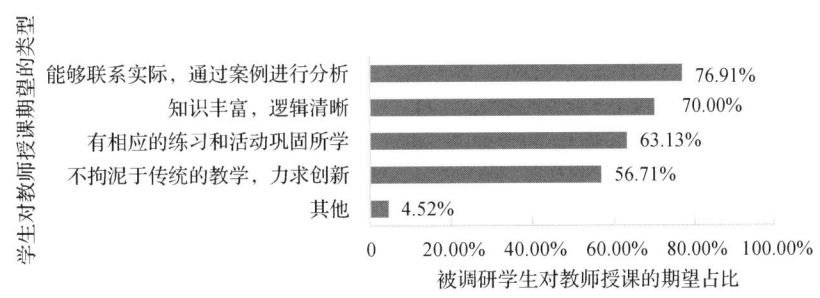

图 8-57 学生对教师授课的期望类型及占比

2. 师资队伍基本满足学生学习需求

师资队伍是满足学生学习需求的基本前提,良好的师资队伍可带领学生向好方向发展。调查结果显示(图 8-58):绝大多数学生(占 89.56%)认为目前的师资队伍能够满足学生日常学习需求,少部分学生(占 10.44%)认为师资队伍未能满足学习需求的情况。

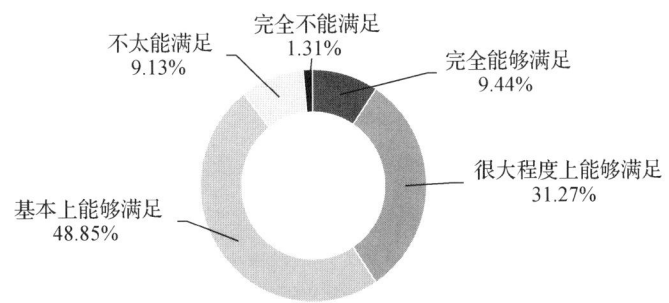

图 8-58 目前师资队伍满足学生日常学习需求的程度

(五) 教学评价方面

1. 学生期望通过学习获得专业技能,并提高专业素养

专业的学习有助于学生实现个人价值,每个人都期望从学习中有所收获、有所突破。调查结果显示(图 8-59):大多数学生希望通过专业学习获得专业知识技能(占 84.91%)以及专业素养和职业道德(占 80.66%),还有 67.42% 的学生期望通过专业学习获得面对复杂环境的应变能力,59.51%的学生期望获得人际交往能力。由此可知,多数同学期望收获专业的知识与良好的素质。

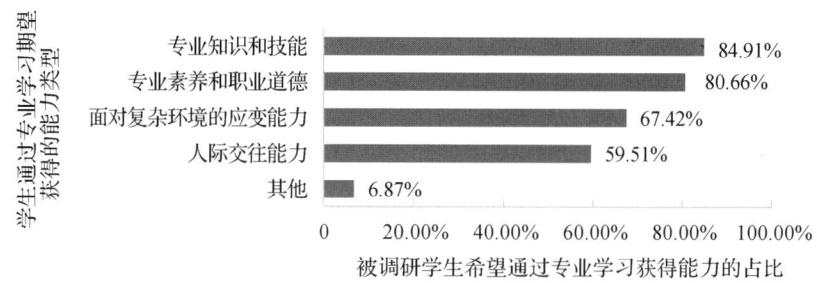

图 8-59 学生希望通过专业学习获得的能力

2. 教师大多会考查学生的考勤情况,期末成绩在总成绩中占比过半

在学生对教学的评价的调查中,教师是否将考勤作为考察依据也是很常见的问题。根据线上调查结果显示(图 8-60),37.28%的学生表示本校教师一直会考查学生的考勤情况,41.30%的学生表示大部分情况下教师会进行考察考勤,0.28%的学生表示教师不会对考勤情况进行考察。

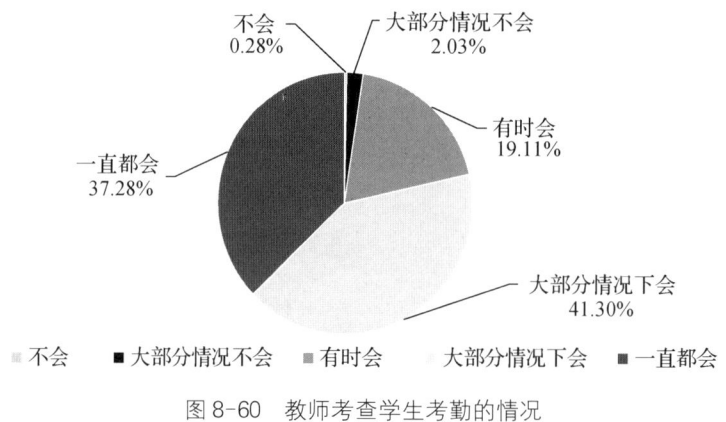

图 8-60 教师考查学生考勤的情况

除了日常考勤,期末成绩在总成绩中的占比也深受同学们关注,调查结果显示(图 8-61):54.45%的同学表示期末考试成绩占总成绩的 60.00%,29.55%的同学表示期末考试成绩占总成绩的 70.00%,剩余总共 16.00%的同学表示期末成绩占总成绩的 80.00%及以上。由此可见,期末成绩仍是教师考察学生整体成绩的重要判断依据。

3. 学生期望教师在教学中加大案例引入,实现开放式教学

了解学生对学校教师基本教学的评价后,我们了解了学生希望教师在教学方面做的调整。调查结果显示(图 8-62),主要调整方向有以下几个方面:① 加大案例引入与运用的力度(占 66.92%);② 实行开放式教学,以培养学生的能力为目标(占 63.90%);③ 给予学

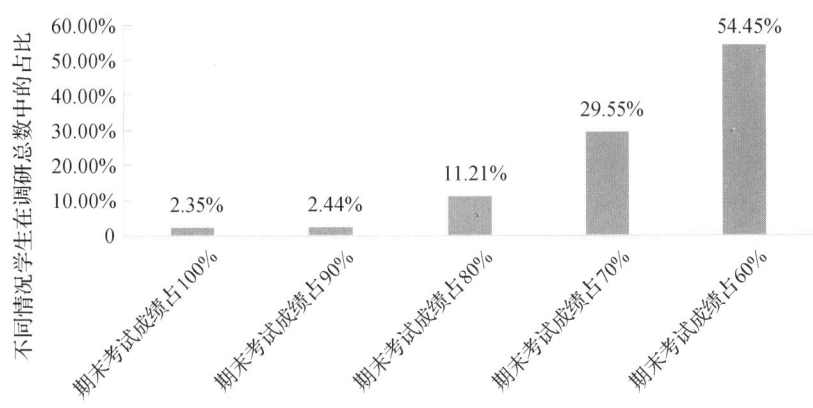

图 8-61 期末成绩在总成绩中的占比情况

生更多的时间和空间进行自学(占 48.85%);④ 加大理论教学所占学时学分比重(占 32.13%)。

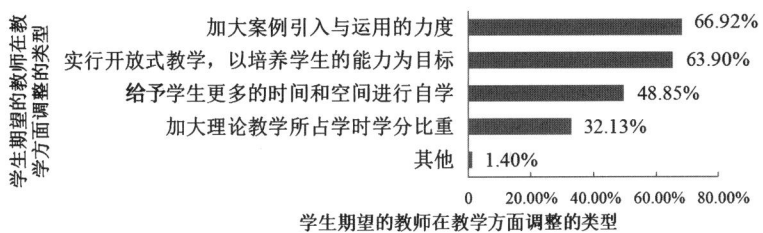

图 8-62 学生期望教师在教学方面的调整

4. 学校教学评价体系仍有不足,学生期望其更加智能化

教学评价体系的建立是学生对教师表现较为直观反映的一种渠道,线上调查结果(图 8-63)显示,94.49%的同学表示学校有相关教学评价体系,仍有 5.51%的同学表示学校未设立教学评价体系。

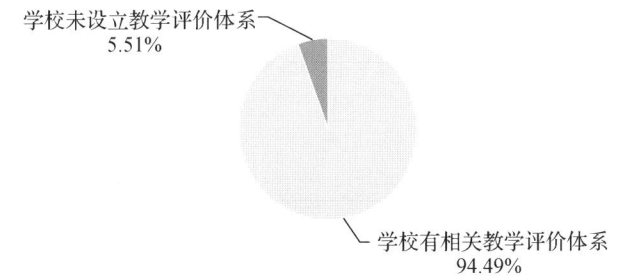

图 8-63 学校是否设立教学评价体系

虽然设立教学评价体系,但其实际效果及满意程度还需要进一步探讨。对学校设立的教学评价体系(图8-64),19.85%的学生表示十分满意,40.08%的学生表示很满意,36.11%的学生表示一般满意,仅有3.96%的学生对学校的教学评价体系的满意程度较低。

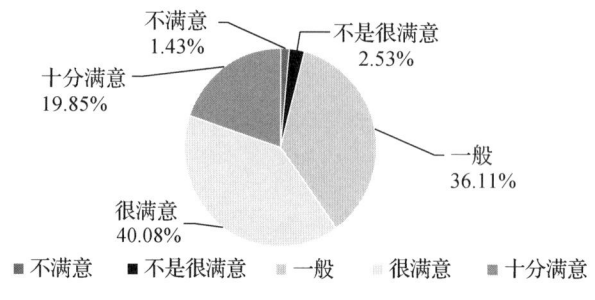

图8-64 学生对教学评价体系的评价

在对学校教师进行评价时(图8-65),39.12%的学生能够公平、公正地予以评价,31.76%的学生很大程度上认真、负责地作出了评价,24.39%的学生基本上能够按事实情况进行填写,但仍有4.74%的学生未认真填写。

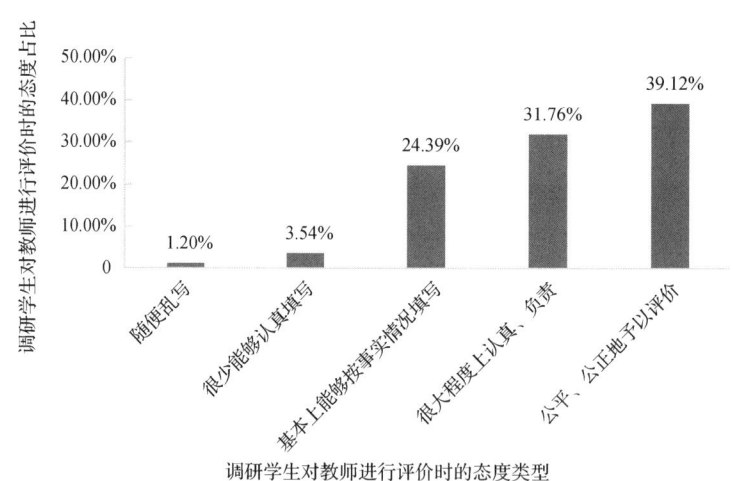

图8-65 学生对教师进行评价时的态度

随着新兴科技的崛起,教学评价体系也应与时俱进,结合智能化技术,实现对教师教学的实时互动与监督。在关于是否希望教师评价系统智能化的调查中(图8-66),大多数(占95.65%)学生希望教学评价系统智能化,实现实时互动与监督,仍有少部分学生(占4.35%)有其他顾虑。

从学生视角出发,对于教师评价系统在改善教学质量方面的效果调查中(图8-67),认为教师评价系统在改善教学质量方面效果一般的学生最多(占40.22%),有36.39%的学

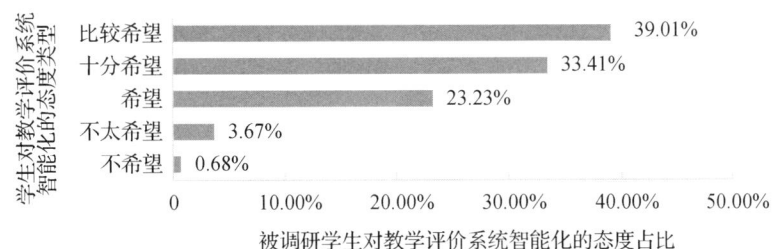

图 8-66　学生对教学评价系统智能化的态度类型及占比

生表示很有效,有 16.55% 的学生对教师评价系统能改善教学质量表示十分认可。

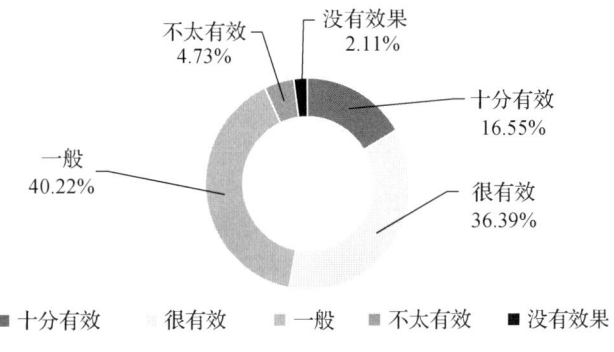

图 8-67　教师评价系统在改善教学质量方面的效果

5. 学生认为通过专业学习可获得专业知识,提升分析判断能力

通过学习本专业,学生均有不同方面的收获,调查结果显示(图 8-68),学生通过学习本专业,可从以下几个方面获得收获:专业知识技能(占 78.45%);有良好的分析判断能力(占 62.00%);具备独立的思想(占 55.35%);沟通能力(占 41.84%);对企业管理有一定的长远规划(占 36.15%);具有创新能力(占 24.54%)。

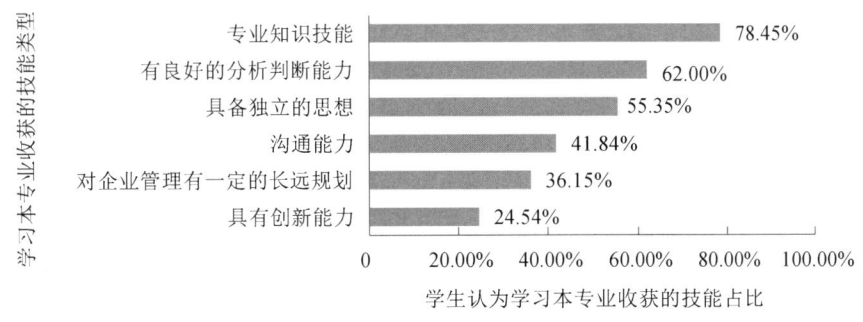

图 8-68　学生学习本专业收获的技能种类及占比

6. 学生大多比较认可无纸化教学,对其有所期待

"大智移云物区"等新兴技术的大力推广也会给教学带来一定的影响,针对无纸化教学

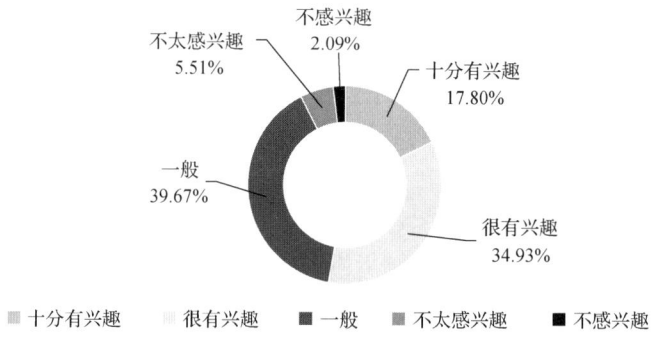

图 8-69　学生对无纸化教学的态度及占比

的调查（图 8-69），我们发现 17.80% 的学生表示十分有兴趣，34.93% 的学生表示很有兴趣，39.67% 的学生表示一般感兴趣，总共 7.60% 的学生则表示不怎么感兴趣。由此可知，大多学生对无纸化教学有所期待。

（六）教辅资源方面

1. 教材目前仍存在知识内容逻辑性差等问题

教材是学生学习的重要参考，教材的不足在一定程度上会影响学生的专业学习，根据对学生的调查结果（图 8-70），学生认为教材的不足之处（除其他外）在于：① 知识内容逻辑性、系统性差（占 44.46%）；② 没有配套的练习（占 44.33%）；③ 内容难以理解（占 36.42%）；④ 难度不匹配（占 29.46%）。由此可知，教材应重视其内在逻辑性与知识训练程度。

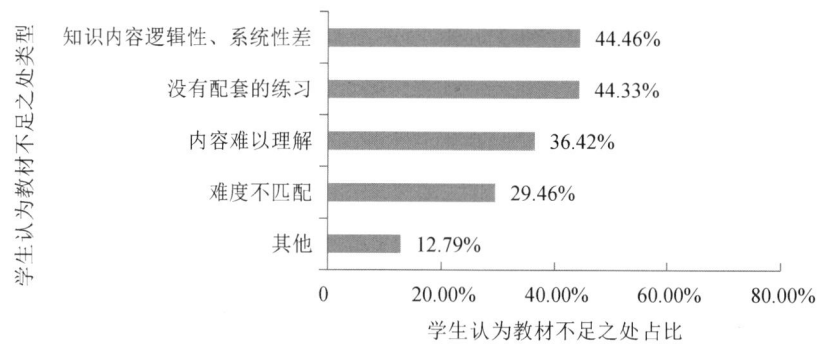

图 8-70　学生认为教材的不足之处

2. 学生会通过网络进行学习并寻找相关课程

电脑、手机等电子设备成了诸多学生学习的辅助工具，关于是否通过网络学习（图 8-71），36.47% 的学生表示一直都会通过网络学习，35.11% 的学生表示大部分情况下会，而 2.76% 的学生则表示不太会通过网络学习，0.68% 的学生表示不会通过网络学习。由此可知，大多数学生会通过网络进行知识学习，也比较认可互联网对教育行业的正面影响。

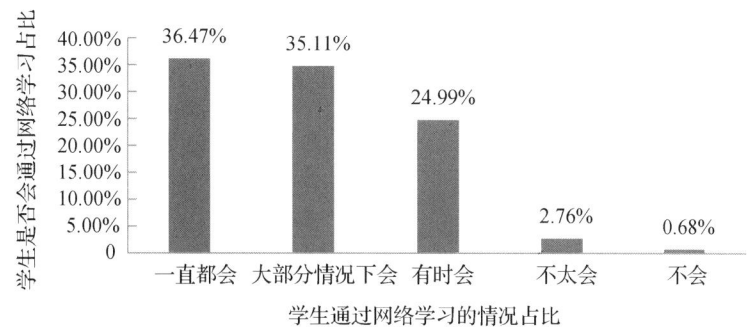

图 8-71　学生是否会通过网络进行学习

除了在网络上学习,许多学生也会利用网络来查询课程相关的资料,根据调查结果(图 8-72):34.75%的学生经常通过网络查询课程资料,34.12%的学生一般情况下会在网络上查询课程资料,仍有少部分学生(占 0.58%)不会选择在网络上查询课程资料。

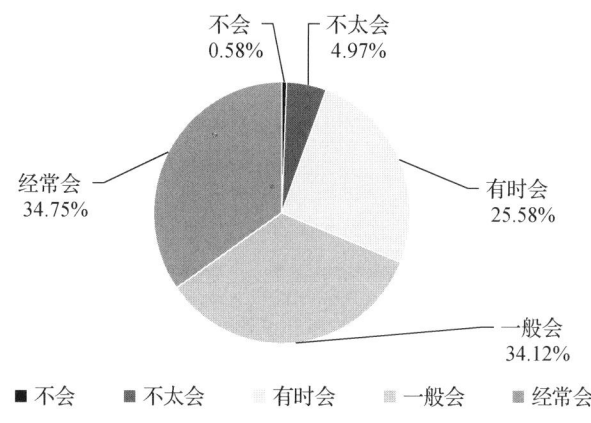

图 8-72　学生是否会通过网络查询课程资料的占比

3. 学生期望通过教材获得专业学科知识

作为重要的学习参考资料,教材成为学生获得诸多能力的希望,调查结果显示(图 8-73),学生主要想通过教材获得以下几个能力(除"其他"外):① 了解专业学科知识(占 76.28%);

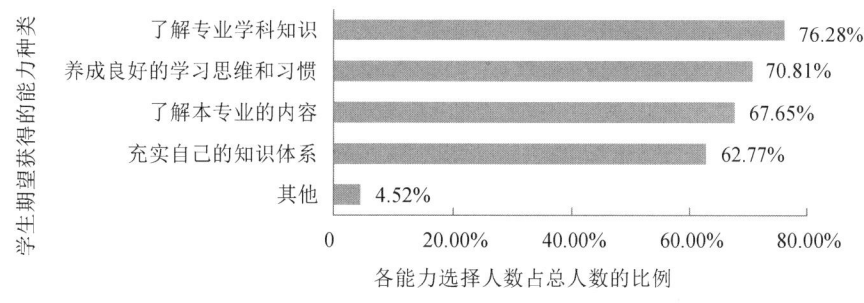

图 8-73　学生希望通过教材获得的能力种类及占比

② 养成良好的学习思维和习惯(占 70.81%);③ 了解本专业的内容(占 67.65%);④ 充实自己的知识体系(占 62.77%)。

三、本章小结

在"大智移云物区"等新技术大力推广的时代,会计教育也应与时俱进。本章基于教师层面与学生层面设计了调查问卷,对我国高校应用型会计教育改革进行了客观统计与描述。第一部分从教师视角出发,对高校的教育理念、教育组织设计、师资建设、教学评价,以及教辅资源的需求与建设五个方面进行深入剖析。教师问卷总结如表8-12所示。

表8-12 教师问卷总结

调查方面		主要结论
高校教育理念		① 高校教育理念是"以学生为主体,促进学生全面发展和培养创造性",但是存在高校教育理念不符合教师期望的情况
		② 部分教师对会计教育教学改革不太了解,且存在小部分高校对会计类专业基本没有进行人才培养方案调整的情况
		③ 有关会计人才培养的能力要求中,对职业道德方面的要求的平均综合得分最高
教育组织设计		① 高校在会计类专业建设中面临缺乏"大智移云物区"方面的会计类教材与案例等教学资源、师资队伍未能适应新兴科技的变化等问题
		② 会计类专业教学模式改革的途径主要有线上线下混合、翻转课堂等
		③ 课程设计在一定程度上融入了新兴技术,但其教辅资料存在不完备的情况
		④ 教师基本支持融合课程
		⑤ 融合课程在一定程度上有利于学生掌握专业理论知识、培养创新思维
师资情况		① 部分教师对目前的师资队伍建设不太满意,进一步探究其原因,发现部分教师认为教师业务能力存在欠缺,亟待提升
		② 教师培训主要为集体培训,部分为单独培训,存在教师对培训制度及培训效果不太满意的情况
教学评价情况		① 教学评价仍以闭卷考试、作业评级等传统方式为主,侧重于课堂知识的掌握
		② 教师采取的教学评价方法基本能激发学生的学习热情
		③ 案例式、探究式教学更有利于培养优秀的专业人才
教辅资源的需求与建设情况	教辅资源需求方面	① 教材选取调整,大多数教师认为教材应该增添关于"大智移云物区"方面的新内容、加大案例引入与运用的力度以及增添与实际相关的教学内容
		② 教辅资源存在不适合学生当前学习阶段的情况,应加强教材内容规划等
		③ 对学生而言,教材选取应注重知识的全面性和系统性,难度适宜
	教辅资源建设方面	① 教师参与教材建设的积极性不够主要系激励不够、科研压力大、精力不足等原因,但是教师对新形态教材建设基本认可
		② 为了更好地开展关于教材建设培育的工作,教材建设培育需要给予经费保障,完善教材建设激励机制等

高校教育理念方面。本次线上调查问卷首先通过调查高校教育理念,发现高校教育理念是"以学生为主体,促进学生全面发展和培养创造性",但是,存在高校教育理念不符合教师期望的情况,进一步发现主要是在课程设置、传统思维、教育教学方法与手段等方面不符合教师期望。因此,需要结合时代发展和社会需求不断变革。其次,通过对会计教育教学改革情况的调查,发现部分教师对会计教育教学改革不太了解,且存在小部分高校对会计类专业基本没有进行人才培养方案调整的情况。最后,通过对会计人才培养的能力要求的调查,发现对职业道德方面要求的平均综合得分最高。

教育组织设计方面。关于教育组织设计,线上问卷调查主要发现了以下几点:第一,高校在会计类专业建设中面临缺乏"大智移云物区"方面的会计类教材与案例等教学资源、师资队伍未能适应新兴科技的变化等问题;第二,会计类专业教学模式改革的途径主要有线上线下混合、翻转课堂等;第三,课程设计在一定程度上融入了新兴技术,但其教辅资料存在不完备的情况;第四,教师基本支持融合课程;第五,融合课程在一定程度上有利于学生掌握专业理论知识、培养创新思维。总体来看,对于教育组织设计,师资队伍建设需要加快、加强适应新兴科技带来的变化,同时,在课程设计及教辅资源等方面也需要融入新兴技术。

师资方面。关于"大智移云物区"等新兴技术应用于教育的背景下的高校师资情况,线上调查问卷主要从师资队伍建设和教师培训方式两方面展开:第一,师资队伍建设方面。部分教师对目前的师资队伍建设不太满意,进一步探究其原因,发现部分教师认为教师业务能力存在欠缺,亟待提升。第二,教师培训方式。教师培训主要为集体培训,部分为单独培训,存在教师对培训制度及培训效果不太满意的情况。

教学评价方面。关于教学评价情况,线上问卷调查主要发现了以下三点:第一,教学评价仍以闭卷考试、作业评级等传统方式为主,侧重于课堂知识的掌握;第二,教师采取的教学评价方法基本能激发学生的学习热情;第三,案例式、探究式教学更有利于培养优秀的专业人才。

教辅资源方面。本次线上问卷调查主要从教师对教辅资源的需求及建设两个方面进行了调查。在教辅资源需求方面:第一,教材选取调整,大多数教师认为教材应该增添关于"大智移云物区"方面的新内容、加大案例引入与运用的力度以及增添与实际相关的教学内容;第二,存在教辅资源不适合学生当前学习阶段的情况,应加强教材内容规划等;第三,对学生而言,教材选取应注重知识的全面性和系统性,难度适宜。在教辅资源建设方面,调查发现,教师参与教材建设的积极性不够主要系激励不够、科研压力大、精力不足等原因,但是教师对新形态教材建设基本认可。为了更好地开展关于教材建设培育的工作,教材建设培育需要给予经费保障,完善教材建设激励机制等。

第二部分从学生视角出发,结合学生对本专业的了解与期望,对高校的教育理念、教育组织设计、师资情况、教学评价,以及教辅资源五个方面进行了深入剖析。总体来说,调查结果如下(表8-13)。

表 8-13 学生问卷总结

调查方面	主要结论
高校教育理念	高校教育理念是"以学生为主体",促进学生全面发展,采取多样化教学方式,但是学生还期望教育理念可以培养创造性
教育组织设计	① 目前教师授课仍以传统面授居多,随着新兴科技的发展,传统授课方式逐渐无法满足学生需求,学生期望线上线下相结合
	② 目前多数学生表示教师的教学设计结合了理论与案例,但仍存在偏理论化授课的情况,总体来说与大多学生的期望教学方式相吻合
	③ 教师教学工具方面,当前多数教师在上课时采用 PPT 等传统多媒体工具,也有部分教师运用数字、影音等新兴工具
	④ 多数学生认可多媒体工具教学对学习的帮助
师资情况	① 绝大多数学生表示目前的师资队伍能够满足学生日常学习需求
	② 多数学生期望教师授课能够联系实际与案例进行分析,以及具备丰富的知识与清晰的逻辑
教学评价情况	① 学生主要期望通过学习获得专业知识、专业素养和职业道德
	② 学生期望教师在教学中加大案例引入与运用的力度
	③ 目前绝大多数学校设立了教学评价体系,随着新兴技术的发展,学生希望教学评价系统智能化,实现实时互动与监督
教辅资源	① 目前教材主要存在知识内容的逻辑性、系统性差、没有配套的练习等问题
	② 学生会通过网络进行学习并寻找相关课程
	③ 学生主要期望通过教材获得专业学科知识、养成良好的学习思维和习惯等能力

高校教育理念方面。调查结果显示,学生对教育理念基本满意,但在满意点上,期望与现实有所偏差。学生目前对教师的满意点最主要是"以学生为主体",而在学生的期望中,学生对"教学理念需要促进学生的全面发展"的呼声最高。同时,结合学生所期望的教育理念中排行前三的观点进行对比分析,发现 63.90% 的学生所期望的"培养学生的创造性"与实际情况之间的差距较大,目前仅有 34.25% 的学生对此比较满意。这可以说明目前的教育理念在培养学生的创造性方面仍需加强。

教育组织设计方面。调查结果显示:第一,教育组织设计仍以传统面授为主,而学生期望线上线下结合。学生表示目前教师授课仍以传统面授居多,而无论是哪种类型的学生,大多期望以线上线下相结合的方式进行授课,说明目前教师对线上授课方式仍不够重视。随着新兴科技的发展,传统授课方式逐渐无法满足学生需求。第二,目前,多数学生表示教师的教学设计结合了理论与案例,与大多学生期望的教学方式相吻合。第三,教师教学工具方面,当前多数教师的教学工具仍以 PPT 等传统多媒体工具为主,仅有少部分教师运用数字、影音等新兴工具。

师资方面。调查结果显示,绝大多数学生认为目前的师资队伍能够满足学生日常学习需求。但在教师授课方面,学生期望教师可以结合实际及相关案例进行分析,教师授课时,知识更加丰富化,逻辑更加清晰化。

教学评价情况方面。线上问卷调查结果显示:第一,学生期望通过专业学习获得专业知识技能、专业素养和职业道德;第二,学生期望教师在教学方面可以加大案例引入与运用的力度,以培养学生的能力为目标实行开放式教学;第三,学生表示希望教学评价系统智能化,实现实时互动与监督,同时学生表示对无纸化教学抱有期待。

教辅资源方面。调查结果显示:第一,学生认为教材主要存在知识内容的逻辑性、系统性差以及没有配套的练习等缺陷;第二,学生表示会通过网络进行学习、查阅资料,通过网络学习弥补教材的不足;第三,学生期望通过教材可以了解专业学科知识、养成良好的学习思维和习惯。

第九章

研究总结、展望与保障机制建议

一、我国高校应用型会计教育改革与发展研究总结

建设教育强国是中华民族伟大复兴的基础工程。高等教育是国家发展水平和发展潜力的重要标志。党的十八大提出"推动高等教育内涵式发展";党的十九大报告提出"实现高等教育内涵式发展"。多年来,在以习近平同志为核心的党中央领导下,我国建成了世界最大规模的高等教育体系,在学总人数达到4 430万人,高等教育的毛入学率从2012年的30%提高至2021年的57.8%,提高了27.8个百分点,实现了历史性跨越,高等教育进入了普及化发展阶段。[1] 党的二十大提出,要加快建设教育强国、科技强国、人才强国,坚持为党育人、为国育才,全面提高人才自主培养质量,着力造就拔尖创新人才,聚天下英才而用之。[2] 为了实现建设教育强国的目标,必须将人才培养、科技发展和高等教育三者协同发展,强调高等教育要支撑引领现代化强国建设。

会计不仅是社会经济发展中重要的经济信息系统,在经济全球化发展的过程中也扮演着非常重要的角色。改革开放40多年来,我国会计教育事业实现了巨大飞跃,为我国会计人才的培养和经济的发展作出了卓越的贡献,取得了瞩目的成就(刘永泽和孙光国,2004;张多蕾等,2019)。然而,随着数字经济的发展和新兴科技的应用,会计职业与高校会计教育均受到了巨大的冲击,面临着前所未有的挑战。会计职能的转变和产业升级产生的人才需求短缺正在迫切地呼唤着高校会计教育的变革,高校会计教育必须顺应时代发展潮流,对科技进步带来的挑战及时作出调整与改变,培养出适应当今会计职业要求的人才。

现今,我国高校应用型会计教育改革在数字经济时代科技高速发展的背景下迈入了新阶段,科技发展的趋势、科技对企业的影响、科技对高校应用型会计教育的影响和我国高校应用型会计教育的进一步改革等,都是需要持续研究的重要问题。为深入研究这些问题,

---

[1] 中华人民共和国教育部.教育这十年1+1系列发布[EB/OL].(2022-05-25).[2022-08-17]. http://www.moe.gov.cn/fbh/live/2022/54487/mtbd/202205/t20220525_630312.html.

[2] 习近平.高举中国特色社会主义伟大旗帜 为全面建设社会主义现代化国家而团结奋斗——在中国共产党第二十次全国代表大会上的报告(2022年10月16日)[M].北京:人民出版社,2022:33-34.

探讨科技创新与高校应用型会计教育之间的关系,本书在前面的章节中对会计人才培养基础与文献综述、科技创新与高校应用型会计教育政策、科技的发展和应用,以及科技对会计实务的影响进行了梳理和归纳,并且对高校会计教育应用科技的现状及典型高校案例、产学研典型案例、科技创新背景下会计人才能力需求、高校应用型会计教育改革现状进行了调查和分析,得出了以下总结。

(一) 智能科技已成为高校应用型会计教育的重要组成部分

本书从 MPAcc、会计本科以及会计高等职业教育三个层面出发,结合培养目标、培养能力、课程体系、师资队伍、教学条件和质量保障体系六个方面对会计人才培养的理论基础和相关文献进行了研究,探讨分析了国内外人才培养研究现状、问题及相应的对策。研究发现,随着经济体制改革的不断深化,科学技术的快速发展,学者们均已从对传统会计的人才培养模式和目标的探讨转向了数字经济时代下会计人才的转型和变革的探讨。撰写组通过对已收集的院校培养方案整理发现,我国会计教育改革中的三个层面的会计人才培养方向均已结合科技发展成果。各大院校普遍认为,MPAcc 的人才培养应以会计职业需求为原则,以高层次、应用型会计专门人才为导向,培养对标国际、紧跟时代发展、具有前瞻性的现代高水平复合型会计人才。会计本科的人才培养应以市场为导向,培养专业知识扎实,具有一定实践经验、具有创新思维的"会计+信息化"现代管理型会计人才。高职院校的会计人才培养应以用人单位需求为目标,培养具有前瞻性、创新型的技术技能人才。

(二) 政府是智能高校会计教育的设计师

数字经济时代,国家有关部门先后出台了多项政策,为科技创新在教育改革事业中的应用提供指导。国家出台的各项政策持续强调要推进高等院校整合优化科技资源配置,要在教育领域突出新兴科学技术的指引和领导作用。撰写组对近几年国家有关科技创新与高等教育的多项政策文件进行了梳理与概括,总结出我国高校应用型会计教育的 MPAcc、会计本科以及会计高等职业教育三个层面的未来发展趋势,以期在科技创新背景下为我国高校应用型会计教育的未来改革方向提供政策依据。在 MPAcc 层面,加强复合型会计信息化会计人才的培养目标,科学设计会计学科与新一代信息技术交叉融合的课程体系。在会计本科层面,运用新兴技术对会计人才培养目标、培养模式和师资队伍进行升级改造,并且推进教育新型基础设施的建设,提升高校会计教育信息化应用水平。在会计高等职业教育层面,促进职业教育现代化和信息化的建设,提升师资队伍信息化教学能力,在职业技能培训中注重学生的科技创新能力及会计现代服务能力的培养。

(三) 科技创新改变了会计人才市场需求

会计教育改革的根本驱动力来自国家、社会对会计人才的需求,科技创新为企业带来的挑战和机遇势必影响会计实务工作,从而进一步影响和决定着企业的会计人才需求。随着新科技的不断发展,无论是企业的生产、销售、售后服务和后勤,还是企业的人力资源管理、企业基础设施建设、研究与开发、采购都产生了巨大的变化,企业也随之迎来了新的挑战和机遇。

撰写组列举了运用新技术的典型案例企业的情况,分析了新技术在会计、审计领域的应用,发现技术的进步会不仅使得会计对企业业务活动的反映更加全面、连续、系统、及时和智能,也会使审计工作获取信息、处理信息、储存信息和传输信息的手段更加先进。撰写组同时采用问卷调查的形式,探讨了科技在企业会计中的应用现状。调研结果显示,科技在会计领域的应用目前仍主要处于信息化阶段,但会计智能化的发展速度越来越快。数字经济时代下,智能会计人才的招募和培养是首要重点,人才已成为推动企业智能财务建设的关键因素,这也进一步说明了高校会计人才培养和教育改革的重要性和紧迫性。通过科技与高校应用型会计教育的深度融合,有利于培养出适应新型会计职业要求、为企业活动创造价值的人才。

(四)高校会计教育尚未跟上科技创新的步伐

为了解高校应用型会计教育应用科技的现状,撰写组开展了线上问卷调查及高校实地调研。撰写组从培养目标、专业设置、课程体系、教学内容、教材体系、教学方法、师资建设、教学环境、教育评价、应用中的难点和痛点,以及建议等多个方面入手,分析了问卷调查数据,探讨了科技与高校会计教育的融合现状及趋势。调查发现,高校应用型会计教育在一定程度上应用着新技术,但还需要进一步的改革以期实现高校应用型会计教育与新技术的深度融合。同时,撰写组选取了目前国内会计教育改革中具有一定代表性的高校,归纳和凝练了其在科技赋能会计教育改革中的主要举措、改革过程中存在的困难以及未来改革的进一步举措。发现这些不同层面的高校都通过多种改革举措在一定程度上实现了会计人才培养的转型和升级,但是改革仍面临一些困难与不足,需要进一步探讨有效应对应用型会计教育改革难题的举措。

(五)深化的产学研活动是高校会计教育改革的重要力量支持

会计教育改革的深化离不开产学研活动的支持,随着技术开发、人才培养、共建实体、校企联盟、战略联盟等产学研模式的不断发展,产学研合作正大力推动着会计教育事业的发展。撰写组通过剖析会计教育产学研典型案例,探讨了案例企业会计教育产学研的实施方法、困境与未来方向,总结出了会计教育产学研的实施途径、个性与共性问题,以及产学研的下一步计划。研究发现,案例企业的产学研实施措施大致涵盖了创新人才培养模式、结合专业课程体系、合作实践教学课程、囊括"1+X"职业证书,以及建设丰富师资、数智技术和知识的应用等重要途径。产学研实施过程中存在着协同发力困难、实践课程实施条件困难、师资培养困难、人才培养体系有待完善、缺乏资金与政策支持等情况。案例企业的下一步计划把完善人才培养方案作为重点。

(六)高校会计教育改革的核心是会计人才培养体系的构建

撰写组从数字经济时代下企业对会计人员从业能力要求的变化入手,参考借鉴了学者们基于我国国情构建的会计人员能力框架,通过对科技创新背景下会计人才能力需求分析来构建数字经济时代的会计人才能力框架。调研发现,数字经济时代下企业迫切需要既懂专业又懂技术的复合型会计人才,更加重视会计从业人员的职业道德。在通用能力方面,企业注重会计人员的抗压能力、沟通表达能力、团队协作能力。在专业能力方面,企业注重会计核算、熟悉财经政策法规、财务处理审核和财务报表分析等能力。在此基础上,撰写组进一步借鉴了国内外学者对会计人员能力框架的讨论成果,重新梳理了会计专业人才胜任力要素,构建了以职业道德为支撑,通用能力和专业能力为主的数字经济时代下会计人才能力框架。最后,通过调研问卷了解了企业对高校会计教育改革的看法和建议。调研显示,当下高校会计人才培养的供给与市场需求之间出现结构性失衡、会计人才供给侧与需求侧不匹配的情况,企业对高校的培养目标、教学方法、课程体系和师资队伍四个方面提出了改革的建议。

为了给我国高校应用型会计教育改革提供更好的思路与建议,撰写组从教师和学生两个视角出发,对高校应用型会计教育改革现状进行调查数据分析。一方面,从高校教育理念、教育组织设计、师资情况、教学评价情况、科研与教学之间的关系、证书情况、教辅资源七个方面对教师进行调查。另一方面,从高校教育理念、教育组织设计、师资情况、教学评价情况、教辅资源五个方面对学生进行调查。教师层面的调查显示,高校教师认同"以学生为主体"的教育理念;认为教育组织设计需要改革,融入新兴技术;在师资队伍方面,需要提高教师的业务能力;教学评价则需要改进以传统方式为主的情况;认为教辅资源应该增添关于"大智移云物区"方面的新内容。学生层面的调查显示,学生期望高校教育理念培养其创造性;在教育组织设计上期望线上线下结合、理论与案例结合的教学方式,期望师资队伍具有联系实际与案例的能力,希望教学评价系统智能化,期望教辅资源的逻辑性和系统性有所提高。

二、我国高校应用型会计教育改革与发展研究展望

随着数字经济和新兴技术的发展,社会各界对会计人才提出的要求越来越高,高校应用型会计教育改革的进程势必会大大加快。通过本书在前面章节的系统分析,我们从新时代高校应用型会计教育改革的主线以及高校应用型会计教育改革的深化路径两方面提出相应展望。

(一)新时代我国高校应用型会计教育改革的主线

1. 方略主线:坚持党的领导,以高质量会计人才培养为核心

党的二十大提出,加快建设国家战略人才力量,努力培养造就更多大师、战略科学家、一流科技领军人才和创新团队、青年科技人才、卓越工程师、大国工匠、高技能人才。[1]

---

[1] 习近平.高举中国特色社会主义伟大旗帜 为全面建设社会主义现代化国家而团结奋斗:在中国共产党第二十次全国代表大会上的报告[M].北京:人民出版社,2022:36.

作为会计人才的供给端,培养出支撑我国现代化建设的高质量会计人才是高校应用型会计教育的核心。

会计高等教育的不同层面如 MPAcc、会计本科和会计高等职业教育,有着不同的人才培养模式。MPAcc 教育致力于现代高水平复合型会计人才的培养,会计本科人才培养以现代管理型会计人才为目标,会计高等职业院校以用人单位需求为导向培养具有前瞻性、职业性和创新性的技术技能人才。随着时代发展和科技进步,会计人才培养也在发生变化,这体现了时代和社会的新需求。尽管如此,不变的是中国会计教育改革始终坚持"以高质量会计人才培养为核心"的方略主线。高校应从国家、社会对会计人才的需求出发,推进会计人才培养的全面改革,注重人才培养的全过程。

2. 价值主线:坚持守正创新,以技术赋能教学为中心

正如党的二十大报告中提到的"推进教育数字化",高校应用型会计教育必须加快数字化转型的步伐。一部分嗅觉敏锐、先知先觉的高校已经行动起来,开展了技术赋能的高校应用型会计教育改革,建立起较为成熟的教学体系。这些高校以技术赋能教学为中心,系统设计了培养方案、课程体系、教材体系、教学环境、师资建设等方面的改革措施,并在实施过程中发现并解决问题。除了部分走在前面的高校,其他高校仍需要在推进改革的道路上努力追赶,落后的原因之一来自高校自身实际情况的限制。根据问卷调查结果,高校在进行改革的时候会遇到各种困难和阻力,如缺乏技术赋能教学的相关指导、缺乏硬件和软件、缺乏教学资源等。

3. 主体主线:坚持以人为本,以提高培养能力为关键

为提高会计人才的培养能力,高校除了在教学过程中融入新技术,还在教育理念、教育组织设计、师资建设、教学评价,以及教辅资源建设方面进行改革。调查分析发现,高校师生对教育改革的情况基本满意,同时对改革提出新期望。高校教师认为,教育组织设计需要进一步融入新技术,师资队伍需要提高教师的业务能力,教学评价需要改进,教辅资源应该增添关于"大智移云物区"方面的新内容。高校学生期望高校教育理念培养其创造性,在教育组织设计上开展线上线下结合、理论与案例结合的教学方式,师资队伍具有联系实际与案例的能力,教学评价系统智能化,教辅资源的逻辑性和系统性能有所提高。

4. 客体主线:坚持知行合一,以促进产教融合为辅助

在高校应用型会计教育改革的过程中,会计实务界是重要的客体,会计人才的培养必须根据实务界对会计人才能力的切实需求出发。党的二十大提出,统筹职业教育、高等教育、继续教育协同创新,推进职普融通、产教融合、科教融汇,优化职业教育类型定位。[1] 高校应用型会计教育必须加强与实务界的合作,持续促进产教融合。

---

[1] 习近平.高举中国特色社会主义伟大旗帜 为全面建设社会主义现代化国家而团结奋斗:在中国共产党第二十次全国代表大会上的报告[M].北京:人民出版社,2022:34.

促进产教融合有助于产业链、人才链、创新链,以及教育链的有机结合,从而提高会计人才培养的质量。高校要坚持以促进产教融合为辅助的客体主线,助力其会计人才培养能力的提升。促进产教融合的措施有校企合作对人才培养模式进行创新、实践教学课程合作、高校引进"1+X"职业证书考试等。通过对案例的分析,发现高校产教融合存在协同发力困难、实践课程实施条件困难、师资培养困难、人才培养体系有待完善、缺乏资金与政策支持等问题。

(二)我国高校应用型会计教育改革的深化路径

1. 完善会计人才培养体系

首先,以职业道德为支撑,在通用能力和专业能力为主导的数字经济时代下会计人才能力框架指引下,完善MPAcc、会计本科和会计高等职业教育等不同层面的人才培养方案。并以各自的培养目标指引专业设置,建设科学合理的课程体系,在教学过程中强化德育思政元素。其次,高校还应加强教材、教学资料和师资的建设,改进教学环境,打造多元化教学模式。最后,高校应建设新形势下的教育教学长效运行机制和质量保障体系。其中,质量保障体系要向"教学科研主导、强调过程评价"的方向进行调整;健全协同育人机制,优化实践育人机制,形成人才培养质量持续改进机制。

2. 促进科技与教学深度融合

高校在教学中应用科技能力的强化,应体现在高校的培养目标、学科体系、课程体系、教材体系、教学方法、师资建设、教学环境,以及教育评价的改革上。高校会计人才培养目标要随着技术的发展而作出相应改变,其设定要参考数字经济时代下会计人才能力框架。在学科体系上,构建适应经济发展、产业结构调整、新技术革命、国家治理体系和治理能力现代化等新形势的会计学科专业体系;把握数字化、网络化、智能化融合发展的契机,促进会计学科与其他学科的交叉融合。[1] 在课程体系上,各高校要加快创新和重构会计学相关的课程体系,应重点增设技术与会计融合的相关课程,实现基础课和专业课结构的平衡,理论课与实践课的平衡。

3. 不断提高会计人才培养能力

在教材体系上,加速推动新时代教材建设,适时修订专业教材,实现职业化教材转型,组织专门的团队编写与数字经济时代会计人才培养目标一致的优质教材,并引导教师编写实验类教材、教学案例和习题集,同时健全教材的监管和评价机制(王华等,2021)。在教学方法上,应以信息技术为加持,积极探索多元化的教学模式,如"讲授教学+案例教学+项目研发"三位一体教学、线上线下混合式教学等。此外,要支持新技术的应用,建立虚拟仿真实验室、产学研实训平台、虚拟教研室及现代产业学院等在师资队伍建设上,要体现新

---

[1] 中华人民共和国财政部. 会计行业人才发展规划(2021—2025年)[EB/OL]. (2021-12-23)[2022-06-30]. http://kjs.mof.gov.cn/zhengcefabu/202112/t20211227_3778132.htm.

技术的要求,提高教师信息技术方面的能力,一方面引进有技术背景的教师,另一方面要提高自主培养能力,以人力资本存量优化为主,加强数智培训,打造高质量智能财务师资队伍。教育评价方面,应以新技术为工具,强化过程评价,健全综合评价,改进结果评价,探索增值评价,以及跨界协同共建教育评价系统。

4. 拓宽产教融合发展渠道

进一步加深产教融合,促进产学研合作,从1.0实践基地建设到2.0专业建设,再到3.0产业学院共建,高校与企业共同探索和实践产教协同育人新模式。通过产教融合,完善基础知识建设,不断更新课堂教学内容,使学生掌握全面扎实的专业知识。通过打造智能财务系列课程和教学资源、打造区域产业技术技能创新服务平台、建设示范性智能财务综合实践基地等方式深化产学研活动。想要加快产教融合,可以在高职院校实施学徒制、创建智慧产业学院、建设智能基地平台,对接产业需求和行业发展趋势,承接企业真实业务,对外开展技术支撑服务和科研创新服务。

三、新时代我国高校应用型会计教育改革保障机制建议

当前,我国高等教育正处于内涵发展、质量提升、改革攻坚的关键时期和全面提高人才培养能力、建设高等教育强国的关键阶段。[1] 高校必须主动适应国家战略发展新需求和世界高等教育发展新趋势,牢牢抓住"全面提高人才培养能力"这个关键点,以"回归常识、回归本分、回归初心、回归梦想"为基本遵循,建设高水平高校应用型会计教育,形成高水平会计人才培养体系,奋力开创高校应用型会计教育新局面。为了保证我国高校会计教育改革的顺利进行,我们提出坚持政府顶层设计、突出高校主体应用、强化实务引领作用和筑牢学术根基的保障机制建议。

(一)坚持政府顶层设计

1. 政府主管部门要加强对教育教学改革的领导

第一,政府主管部门要坚持以习近平新时代中国特色社会主义思想为指导,全面贯彻党的教育方针,加强对教育教学改革的领导。以科学发展观统领全局,为会计教育改革制定政策、明确方向及目标。政府主管部门要及时修订和完善《会计专业标准》,实现对高校分类指导的效果。2018年1月,教育部发布的《会计专业标准》对高校会计学人才培养提出了基本要求,成为高校设置会计学专业、指导专业建设、评价专业教学质量的基本依据。然而,该标准尚未完全反映数字经济时代下会计教育和会计专业的新形态(王华等,2021)。笔者建议政府主管部门在修订和完善《会计专业标准》时要以塑造综合素质为标

---

[1] 中华人民共和国教育部.关于加快建设高水平本科教育全面提高人才培养能力的意见[EB/OL].(2018-9-17)[2022-06-30]. http://www.moe.gov.cn/srcsite/A08/s7056/201810/t20181017_351887.html.

准,结合数字经济时代对会计人员能力的新要求,以造就智商、情商、数商、健商"四高"的会计人才为方向,结合不同层次、不同目标定位的高校,提出相应的标准,实现分类指导的效果(舒伟等,2021)。政府主管部门还应积极推进会计课程改革示范点,为其他高校会计教育改革提供一定的经验,取长补短,结合各高校自身发展情况合理推进高校应用型会计教育改革。

2. 政府主管部门要加大学科交叉融合和跨界整合的力度

党的二十大提出,加强基础学科、新兴学科、交叉学科建设,加快建设中国特色、世界一流的大学和优势学科。政府主管部门对我国新文科建设发展理念研究与实践、新文科专业优化研究与实践、新文科人才培养模式改革研究与实践三个方面的工作进行了明确,并强调在经管法领域开展的新文科建设实践,要适应新科技革命所带来的新经济业态、新生活方式、新运营模式的需要,要综合运用大数据、人工智能等信息技术对经管法专业在人才培养理念、模式、内容及手段方面进行升级改造,坚持以提升学生解决实际问题的能力为导向,强化课程体系的实践性和应用,加快培养具有强烈本土化意识和国际视野的经管法人才。我们建议,政府主管部门要加大学科交叉融合和跨界整合的力度,引导各类高校发挥办学优势,在不同领域各展所长,建设优势特色专业,培育新的学科专业增长点,提高创新型、复合型、应用型人才的培养质量,形成全局性改革成果。

3. 政府主管部门要建立国家数字化教育平台

党的二十大报告中提出的"推进教育数字化"的目标。利用现代技术加快推动人才培养模式改革,实现规模化教育与个性化培养的有机结合。创新教育服务业态,建立数字教育资源共建共享机制,完善利益分配机制、知识产权保护制度和新型教育服务监管制度。推进教育治理方式的变革,加快形成现代化的教育管理与监测体系,推进管理精准化和决策科学化。我们建议政府主管部门利用数字经济时代的新技术对我国高校应用型会计教育改革进行实时监控与指导,根据国家战略和市场人才需求,对高校应用型会计教育体系进行不断改革,查漏补缺,与时俱进。

(二)突出高校的改革主体作用

1. 明确指导思想,服务国家

习近平总书记在党的二十大报告中指出:"培养什么人、怎样培养人、为谁培养人是教育的根本问题。育人的根本在于立德。"[1]高校要以习近平新时代中国特色社会主义思想为指导,深入贯彻党的二十大和二十届历次全会精神,深入落实习近平总书记关于教育的重要论述和全国教育大会、中央人才工作会议、全国研究生教育会议所传达的精神,立足中华民族伟大复兴战略全局和世界百年未有之大变局,立足新发展阶段、贯彻新发展理念、

---

[1] 习近平.高举中国特色社会主义伟大旗帜 为全面建设社会主义现代化国家而团结奋斗:在中国共产党第二十次全国代表大会上的报告[M].北京:人民出版社,2022:34.

构建新发展格局,全面贯彻党的教育方针,落实立德树人的根本任务。[1]高校要想国家之所想、急国家之所急、应国家之所需,面向世界科技前沿、面向经济主战场、面向国家重大需求、面向人民生命健康,为国家经济社会发展提供坚实的会计人才支撑和智力支持。

2. 坚持用习近平新时代中国特色社会主义思想铸魂育人

高校要注重"三全育人"模式。高校需要结合所在地的发展模式、创新实践、规则制度、文化习俗,以及人才、资本、信息、技术等要素的嵌入,明确自身的会计本科人才培养目标定位,按照"教是核心,学是根本"的理念,围绕"需要怎样的会计人才""如何培养会计人才""如何评价会计人才质量"三个层次对培养方案进行科学设计。不断完善"三全育人"的格局,努力培养德智体美劳全面发展,具备人文关怀、尊重科学、理解经济规律、具备管理理念等通用能力的应用型、复合型、外向型和创新型会计人才(舒伟等,2021)。

3. 加快建设高质量教育体系

党的二十大提出,深化教育领域综合改革,加强教材建设和管理,完善学校管理和教育评价体系,健全学校家庭社会育人机制。[2]首先,作为中国会计教育改革的主体,高校要深化综合改革,可以从教材建设、学校管理、教育评价和育人机制等方面入手。其次,高校应明确改革的四条主线,坚持"以高质量会计人才培养为核心"的方略主线,坚持"以技术赋能教学为中心"的价值主线,坚持"以提高培养能力为关键"的主体主线以及"以促进产教融合为辅助"的客体主线。最后,中国会计教育改革的深化改革应从全面完善会计人才培养体系、促进科技与教学深度融合和拓宽产教融合发展渠道这三条路径开展。

(三)强化实务引领作用

1. 实务界站在引领业财融合发展的第一位

在实践中创造职业需求、决定所需人才标准,应充分发挥导向性作用,积极响应国家号召,承担相应的社会责任,为促进产教融合提供最有力的支持。高校应用型会计教育要满足实务界的需要,培养面向实务界的会计人才,这就要求必须疏通会计人才供求双方的联系渠道,由政府主管部门、高校和实务界共同推动及完成高校应用型会计教育的变革。因此,实务界务必加强与高校的沟通和交流,把对会计人才的需求通过一定的渠道定期反映到高校,进而高校进行需求分析与归纳,在培养过程中进行调整与完善,并取得实务界的支持。在此基础上,实务界积极推动会计人才职业大数据平台的建设,及时反映会计行业的就业情况及存在的问题,从而形成长效、联动的会计人才培养适需机制(舒伟等,2021)。

2. 实务界要参与教育教学的各个环节,深化产教融合

促进专业与产业、企业、岗位对接,逐步形成专业共建、人才共育、过程共管、资源共享、

---

[1] 中华人民共和国教育部.关于深入推进世界一流大学和一流学科建设的若干意见[EB/OL].(2022-01-26)[2022-06-30]. http://www.moe.gov.cn/srcsite/A22/s7065/202202/t20220211_598706.html.

[2] 习近平.高举中国特色社会主义伟大旗帜 为全面建设社会主义现代化国家而团结奋斗:在中国共产党第二十次全国代表大会上的报告[M].北京:人民出版社,2022:34.

责任共担的校企合作新局面。企业参与高校教学活动,强化社会资源整合利用,深化人才交叉融合培养的教学改革,着力解决会计人才培养的"最后一公里"问题。科技企业、科研院所与高校实施学科专业共建,教师通过担任产业教授和校外导师等方式,推动更深入和更紧密的校企合作,产业链、技术链、人才链、创新链环环相扣、有机衔接,促进产教融合走深走实。

(四) 筑牢学术根基

1. 各研究团体要为教育改革提供理论基础、改革框架

各有关研究机构和包括中国会计学会暨各分会、专业委员会等在内的学术界为教育改革提供理论基础、改革框架,研究改革路径,是教育改革不断深化的内生动力。中国会计学会会计教育专业委员会年会一直紧跟时代潮流,探讨会计教育的前沿热点,对我国会计教育改革起到了风向标的作用。作为中国会计学会会计教育专业委员会的重要策划之一,《蓝皮书(2020)》对会计教育的现状、环境、政策制度,以及调研情况等进行了梳理,明确了当下会计教育改革的必要性,分析了在数字经济时代下我国会计教育的改革方向,设计了课程体系重构的基本原则与实施思路,提出了保障课程体系重构顺利进行和有效实施的相关建议,为我国会计教育改革提供了借鉴与思路。学术界要加强会计基础理论研究,争做国际学术前沿的并行者乃至领跑者,开展战略性、全局性、前瞻性的问题研究,创新科研组织模式,建立重点研究基地,打造一批新型高校智库,为重大会计政策的制定提供支持。[1]

2. 各研究团体要加快构建会计教育改革理论体系

各研究团体要坚持马克思主义指导地位,不断创立改革理论、探讨改革模式和探求改革路径,构建中国特色、中国风格、中国气派的会计教育改革理论体系。习近平在中国人民大学调研考察时说过"加快构建中国特色哲学社会科学,归根结底是建构中国自主的知识体系",这对中国高等教育的研究指明了方向,指明了具体的路径。中国高等教育知识体系的构建,是中国特色的高等教育学科体系、学术体系、话语体系、教材体系的重要基础,是中国高等教育高质量发展的理论基础。它能够为中国特色高等教育高质量发展的新路提供一个非常重要的、坚实的知识基础,高等教育研究应该朝着这个方面去发力。[2]学术界要坚持特色一流,扎根中国大地,深化内涵发展,彰显特色优势,积极探索中国特色、中国风格、中国气派的高校应用型会计教育改革。

3. 各研究机构要充分参与人才培养环节

各研究团体只有深入人才培养环节,对不同角色如国家、高校、实务界等展开研究,突出各个角色在会计教育改革中的作用和地位,才能为高校应用型会计教育改革提供源源不

---

[1] 中华人民共和国财政部.会计行业人才发展规划(2021—2025年)[EB/OL].(2021-12-23)[2022-06-30]. http://kjs.mof.gov.cn/zhengcefabu/202112/t20211227_3778132.htm.

[2] 中华人民共和国教育部.教育这十年"1+1"系列发布[EB/OL].(2022-05-25)[2022-08-17]. http://www.moe.gov.cn/fbh/live/2022/54453/sfcl/202205/t20220517_627959.html.

断的动力。首先,国家对高校会计教育改革起着指导、促进和保障的作用。学术界可以通过梳理国家有关部门出台的政策、激励机制、评价考核和保障机制等,总结教育改革的发展趋势。其次,高校是会计高等教育改革的主体,要把建设高水平教育作为新时代学校建设改革发展的重点任务。通过归纳和分析一些具有代表性的高校在科技赋能会计教育改革中的主要举措、在改革过程中存在的困难以及未来改革的进一步举措,总结经验,探讨解决问题的方法。学术界对高校改革情况的研究,可以博采众长,提出深化改革的建议。最后,满足实务界对会计人才的需求是高校应用型会计教育培养人才的基本目标。会计实务是最能体现科技发展趋势及其对会计职能带来的影响。只有对实务界和会计实务进行深入的研究,才能总结出社会、企业需要什么样的人才,从而探讨如何培养出这样的人才,以实现会计人才供给侧与需求侧的相匹配。

为顺应时代人才新需求和新兴科技发展趋势,我国高校会计教育必须牢牢抓住"全面提高会计人才培养能力"这个关键点,吸收新技术赋予的新能量。通过教育主管部门、高校、实务界和学术界四个层面的共同努力,为建设高水平会计教育、形成高水平会计人才培养体系、开创会计教育新局面不懈奋斗。

主要参考文献

［1］ABAYADEERA N, MIHRET D G, HEWA DULIGE J. Teaching effectiveness of non-native English-speaking teachers in business disciplines: intercultural communication apprehension and ethnocentrism［J］. Accounting education, 2018, 27(2): 183-207.

［2］ALBRECHT W S, SACK R J. Accounting education: Charting the course through a perilous future［M］. Sarasota, FL: American Accounting Association, 2000.

［3］AL-HTAYBAT K, ALBERTI-ALHTAYBAT L V, ALHATABAT Z. Educating digital natives for the future: accounting educators' evaluation of the accounting curriculum［J］. Accounting education, 2018, 27(4): 333-357.

［4］ALLES M G. Drivers of the use and facilitators and obstacles of the evolution of big data by the audit profession［J］. Accounting horizons, 2015, 29(2): 439-449.

［5］ANDIOLA L M, MASTERS E, NORMAN C. Integrating technology and data analytic skills into the accounting curriculum: Accounting department leaders' experiences and insights［J］. Journal of Accounting education, 2020, 50: 100655.

［6］ANJUM A, SPORNY M, SILL A. Blockchain standards for compliance and trust［J］. IEEE Cloud Computing, 2017, 4(4): 84-90.

［7］APOSTOLOU B, DORMINEY J W, HASSELL J M, et al. Accounting education literature review (2018)［J］. Journal of accounting education, 2019, 47: 1-27.

［8］ARCHER W, DAVISON J. Graduate employability［J］. The council for industry and Higher Education, 2008, 1: 20.

［9］ARQUERO J L. Accounting education: charting the course through a perilous future［J］. Accounting education series, 2001, 16: 603-606.

［10］ARTHUR W B. Complexity and the economy［J］. Science, 1999, 284 (5144): 107-109.

［11］BAJARI P, CHERNOZHUKOV V, HORTAÇSU A, et al. The impact of big data on firm performance: an empirical investigation［C］//AEA Papers and Proceedings. 2019, 109: 33-37.

［12］BANERJEE A. Blockchain technology: supply chain insights from ERP［M］//Advances in computers. Elsevier, 2018, 111: 69-98.

［13］BARRIE S C. A research-based approach to generic graduate attributes policy［J］. Higher education research & development, 2012, 31(1): 79-92.

［14］BEHN B K，EZZELL W F，MURPHY L A，et al. The pathways commission on Accounting higher education：charting a national strategy for the next generation of accountants［J］. Issues in accounting education，2012，27(3)：595-600.

［15］BERRY R，ROUTON W. Soft skill change perceptions of accounting majors：Current practitioner views versus their own reality［J］. Journal of accounting education，2020，53.

［16］BEUKES B，KIRSTEIN M，KUNZ R，et al. Innovators to laggards – how South African students adopted and perceived technologically enhanced learning［J］. Accounting education，2018，27(5)：513-530.

［17］BIRRELL B J. The changing face of the accounting profession in Australia［J］. CPA Australia，2006，p20.

［18］BLANKLEY A，KERR D，WIGGINS C. An examination and analysis of technologies employed by accounting educators［J］. The accounting educators' journal，2018(28)，75-98.

［19］BLANTHORNE C. Designing a theme-based ethics course in accounting［M］//Advances in accounting education：teaching and curriculum innovations. Bingley：Emerald Publishing Limited，2017，20：135-140.

［20］BLIN F，MUNRO M. Why hasn't technology disrupted academics' teaching practices? Understanding resistance to change through the lens of activity theory［J］. Computers & education，2008，50(2)：475-490.

［21］BOLKAN S，GOODBOY A K. Transformational leadership in the classroom：fostering student learning，student participation，and teacher credibility［J］. Journal of instructional psychology，2009，36(4)：296-306.

［22］BOYCE G，NARAYANAN V，GREER S，et al. Taking the pulse of accounting education reform：liberal education，sociological perspectives，and exploring ways forward［J］. Accounting education，2019，28(3)：274-303.

［23］BOYLE D M，BOYLE J F，HERMANSON D R. The intersection of academia and practice：publishing in leading US accounting organizations' journals［J］. Issues in accounting education，2020，35(2)：1-17.

［24］BRINK W D，STOEL M D. Analytics knowledge，skills，and abilities for accounting graduates［M］//Advances in accounting education：teaching and curriculum innovations. Emerald Publishing Limited，2019.

［25］BROWN-LIBURD H，JOE J R. Research initiatives in accounting education：toward a more inclusive accounting academy［J］. Issues in accounting education，2020，35(4)：87-110.

［26］BUTLER M G，CHURCH K S，SPENCER A W. Do，reflect，think，apply：experiential education in accounting［J］. Journal of accounting education，2019，48：12-21.

［27］CAPLAN D，MORTENSON K G，LESTER M. Can incentives mitigate student overconfidence at grade forecasts?［J］. Accounting education，2018，27(1)：27-47.

［28］CARNEGIE G D，MCBRIDE K M，NAPIER C J. Accounting history and theorizing about organizations［J］. The British accounting review，2020，52(6)：100932.

[29] CHRISTENSEN J, HARRISON J L, HOLLINDALE J, et al. Implementing team-based learning (TBL) in accounting courses[J]. Accounting education, 2019, 28(2): 195-219.

[30] COETZEE S A, LEITH K, SCHMULIAN A. Accounting students access to social media related resources and the risk of tacit social exclusion[J]. Accounting education, 2019, 28(5): 465-483.

[31] COHN L H, ADAMS D H. Cardiac surgery in the adult[M]. New York: McGraw-Hill Education, 2017.

[32] DAVENPORT T, GUHA A, GREWAL D, et al. How artificial intelligence will change the future of marketing[J]. Journal of the academy of marketing science, 2020, 48.

[33] DEWEY J. The school and society and the child and the curriculum[M]. Illinois: University of Chicago Press, 2013.

[34] DOLCE V, EMANUEL F, CISI M, et al. The soft skills of accounting graduates: perceptions versus expectations[J]. Accounting education, 2020, 29(1): 57-76.

[35] DOUGLAS S, GAMMIE E. An investigation into the development of non-technical skills by undergraduate accounting programmes[J]. Accounting education, 2019, 28(3): 304-332.

[36] DZURANIN A C, JONES J R, OLVERA R M. Infusing data analytics into the accounting curriculum: a framework and insights from faculty[J]. Journal of Accounting education, 2018, 43: 24-39.

[37] EAMES M, LUTTMAN S, PARKER S. Accelerated vs. traditional accounting education and CPA exam performance[J]. Journal of accounting education, 2018, 44: 1-13.

[38] EFRAT R, PLUNKETT S W. Evaluating the impact of the Vita Program on attitudes and motives regarding volunteering and civic engagement[M]//Advances in accounting education: teaching and curriculum innovations. Bingley: Emerald Publishing Limited, 2020.

[39] ELDER-VASS D. The causal power of social structures: emergence, structure and agency[M]. Cambridge: Cambridge University Press, 2010.

[40] ELLIS J B, RILEY M E, SHORTRIDGE R T. Incorporating face-to-face peer feedback in a group project setting[J]. Journal of accounting education, 2015, 33(4): 317-331.

[41] FELSKI E A, EMPEY T B. Should blockchain be added to the accounting curriculum? Evidence forma survey of students, professionals and academics[J]. The accounting educators' journal, 2020, 30, 201-218.

[42] FOGARTY T J. Forces of change — Another perspective: a reply to Pincus et al. (2017)[J]. Journal of accounting education, 2018, 43(C): 40-42.

[43] FORTIN A, VIGER C, DESLANDES M, et al. Accounting students' choice of blended learning format and its impact on performance and satisfaction[J]. Accounting Education, 2019, 28(4): 353-383.

[44] FREEMAN M S. The CPA exam is changing: are the professors ready?[J]. The accounting educators' journal, 2018, 28, 1-32.

[45] FREEMAN M, BURKETTE G. Storytelling in the accounting classroom[J]. The accounting educators'

journal, 2019, 29(1): 29-39.

[46] FREY C B, OSBORNE M A. The future of employment: how susceptible are jobs to computerisation? [J]. Technological forecasting and social change, 2017, 114: 254-280.

[47] GARDNER H. Intelligence reframed. [M]. New York: Basic Books, 1999.

[48] GITTINGS L, TAPLIN R, KERR R. Experiential learning activities in university accounting education: A systematic literature review[J]. Journal of accounting education, 2020, 52: 100680.

[49] GONZÁLEZ J M G, ARQUERO MONTAÑO J L, HASSALL T. Pressures and resistance to the introduction of skills in business administration and accounting education in Spain: a new institutional theory analysis[J]. Journal of vocational education and Training, 2009, 61(1): 85-102.

[50] GUSKIN A E. Facing the future: The change process in restructuring universities[J]. Change: the magazine of higher learning, 1996, 28(4): 27-37.

[51] GUSKIN A E. Reducing student costs and enhancing student learning. The challenge of the 1990s. AGB Occasional Paper No. 27. [J]. Association of governing boards of universities & colleges, 1996: 35.

[52] HAGEL J. Are You a scorekeeper or a business partner? [J]. Journal of accountancy, 2015, 220(3): 22-23.

[53] HAUPTMAN P H. Mobile technology in college instruction: faculty perceptions and barriers to adoption[M]. Lincoln: The University of Nebraska-Lincoln, 2015.

[54] HEALY M, DORAN J, MCCUTCHEON M. Cooperative learning outcomes from cumulative experiences of group work: differences in student perceptions[J]. Accounting education, 2018, 27(3): 286-308.

[55] HOLMES A F, ZHANG S, HARRIS B. An analysis of teaching strategies designed to improve written communication skills[J]. Accounting education, 2019, 28(1): 25-48.

[56] HOWCROFT D. Graduates' vocational skills for the management accountancy profession: exploring the accounting education expectation-performance gap[J]. Accounting education, 2017, 26(5-6): 459-481.

[57] HOWIESON B. Accounting practice in the new millennium: is accounting education ready to meet the challenge? [J]. The British Accounting Review, 2003, 35(2): 69-103.

[58] HUBER M M, LEACH-LÓPEZ M A, LEE E, et al. Improving accounting student writing skills using writing circles[J]. Journal of accounting education, 2020, 53: 100694.

[59] ILLICH I. Deschooling society[J]. Harper and Row, Publishers, Inc. 1970.

[60] JACKLING B, NATOLI R. Employability skills of international accounting graduates: internship providers' perspectives[J]. Education training, 2015, 57(7): 757-773.

[61] JAMES K, OTSUKA S. Racial biases in recruitment by accounting firms: The case of international Chinese applicants in Australia[J]. Critical perspectives on Accounting, 2009, 20(4): 469-491.

[62] JANVRIN D J, WATSON M W. "Big Data": a new twist to accounting[J]. Journal of accounting education, 2017, 38: 3-8.

［63］JILL M D, WANG D, MATTIA A. Are instructor generated YouTube videos effective in accounting classes? A study of student performance, engagement, motivation, and perception[J]. Journal of Accounting Education, 2019, 47: 63-74.

［64］JONES G, ABRAHAM A. Education implications of the changing role of accountants: perceptions of practitioners, academics and students[J]. 2007,4(1): 89-105.

［65］JORDAN E F, SAMUELS J A. Research initiatives in accounting education: improving learning effectiveness[J]. Issues in accounting education, 2020, 35(4): 9-24.

［66］KAMINSKI K A, GOLEMON D L, MCEACHARN E M. The switch: a study of promoting introductory managerial accounting as the first accounting course for business and non-business majors [J]. The accounting educators' Journal, 2020, 30, 173-200.

［67］KAVANAGH M H, DRENNAN L. What skills and attributes does an accounting graduate need? Evidence from student perceptions and employer expectations[J]. Accounting & finance, 2008, 48 (2): 279-300.

［68］KHEMAKHEM H, FONTAINE R. A practitioners' perspective on management accounting graduates' competencies: a canadian field study[J]. The Accounting educators' journal, 2020, 30, 157-171.

［69］KOKINA J, GILLERAN R, BLANCHETTE S, et al. Accountant as digital innovator: roles and competencies in the age of automation[J]. Accounting horizons, 2021, 35(1): 153-184.

［70］KOTB A, ABDEL-KADER M, ALLAM A, et al. Information technology in the British and Irish undergraduate accounting degrees[J]. Accounting education, 2019, 28(5): 445-464.

［71］KREMIN J, PASEWARK W R. Research initiatives in accounting education: providing access to education and obtaining credentials[J]. Issues in accounting education, 2020, 35(4): 47-60.

［72］KULESZA M, Weaver P Q. 2017 uniform CPA exam revisions: how are educators responding? [M]//Advances in accounting education: teaching and curriculum innovations. Bingley: Emerald Publishing Limited, 2019.

［73］LAWSON R A, BLOCHER E J, BREWER P C, et al. Focusing accounting curricula on students' long-run careers: Recommendations for an integrated competency-based framework for accounting education[J]. Issues in accounting education, 2014, 29(2): 295-317.

［74］LEE L, SHIFFLETT E, DOWNEN T. Teaching excel shortcuts: a visualization and game-based approach[J]. Journal of accounting education, 2019, 48: 22-32.

［75］LIMA RODRIGUES L, PINHO C, BUGARIM M C, et al. Factors affecting success in the professional entry exam for accountants in Brazil[J]. Accounting education, 2018, 27(1): 48-71.

［76］LIU Q, VASARHELYI M A. Big questions in AIS research: measurement, information processing, data analysis, and reporting[J]. Journal of information systems, 2014, 28(1): 1-17.

［77］LOO I D, BOTS J. The life of an accounting information systems research course[J]. Accounting education, 2018, 27(4): 358-382.

［78］MARTIN J R. The school home: rethinking schools for changing families[M]. Boston: Harvard University Press, 1995.

[79] MCBRIDE K, VERMA S. Exploring accounting history and accounting in history[J]. The British accounting review, 2021, 53(2): 100976.

[80] MCCARTHY M, KUSAILA M, GRASSO L. Intermediate accounting and auditing: does course delivery mode impact student performance?[J]. Journal of accounting education, 2019, 46: 26-42.

[81] MCCLELLAND D C. Testing for competence rather than for "intelligence".[M]. American psychologist. 1973,28(1): 1-14.

[82] MESA W B. Accounting students' learning processes in analytics: a sensemaking perspective[J]. Journal of accounting education, 2019, 48: 50-68.

[83] MILLER W F, SHAWVER T J, MINTZ S M. Measuring the value of integrating GVV into a standalone accounting ethics course[J]. Journal of accounting education, 2020, 51: 100669.

[84] MOON J S, WOOD D A. Research initiatives in accounting education: research relevance and research productivity[J]. Issues in accounting education, 2020, 35(4): 111-124.

[85] NEELY A. Exploring the financial consequences of the servitization of manufacturing[J]. Operations management research, 2009, 1(2): 103-118.

[86] O'HAVER R. The importance of supplemental resources in accounting education[M]//Advances in accounting education: teaching and curriculum innovations. Emerald Publishing Limited, 2020, 24: 129-140.

[87] OPDECAM E, EVERAERT P. Choice-based learning: lecture-based or team learning?[J]. Accounting education, 2019, 28(3): 239-273.

[88] OPDECAM E, EVERAERT P. Seven disagreements about cooperative learning[J]. Accounting education, 2018, 27(3): 223-233.

[89] PALATNIK B R, ABBOTT J I. Credentials for teaching accounting: faculty's opinions[J]. The accounting educators' journal, 2018.

[90] PAVER J, WALKER D A, HUNG W C. Adjunct faculty characteristics that may predict intention to integrate technology into instruction[J]. Community college journal of research and practice, 2014, 38(10): 859-872.

[91] PENG J, ABDULLAH I. Building a market simulation to teach business process analysis: effects of realism on engaged learning[J]. Accounting education, 2018, 27(2): 208-222.

[92] PINCUS K V, STOUT D E, SORENSEN J E, et al. Forces for change in higher education and implications for the accounting academy[J]. Journal of accounting education, 2017, 40: 1-18.

[93] PRECOURT E, GAINOR M. Factors affecting classroom participation and how participation leads to a better learning[J]. Accounting education, 2019, 28(1): 100-118.

[94] PRENSKY M. Digital natives, digital immigrants part 2: do they really think differently?[J]. On the horizon, 2001,9(6): 1-9.

[95] RAKOW K C. Incorporating financial literacy into the accounting curriculum[J]. Accounting education, 2019, 28(4): 384-400.

[96] REBELE J E, STOUT D E, HASSELL J M. A review of empirical research in accounting education:

1985—1991[J]. Journal of accounting education, 1991, 9(2): 167-231.

[97] RICHARDSON V J, SHAN Y. Data analytics in the accounting curriculum[M]//Advances in accounting education: Teaching and curriculum innovations. Bingley: Emerald Publishing Limited, 2019.

[98] SHEEHAN N T, SCHMIDT J A. Preparing accounting students for ethical decision making: developing individual codes of conduct based on personal values[J]. Journal of Accounting Education, 2015, 33(3): 183-197.

[99] SILVA R, RODRIGUES R, LEAL C. Play it again: how game-based learning improves flow in accounting and marketing education[J]. Accounting education, 2019, 28(5): 484-507.

[100] SIN S, JONES A, PETOCZ P. Evaluating a method of integrating generic skills with accounting content based on a functional theory of meaning[J]. Accounting & finance, 2007, 47(1): 143-163.

[101] SPENCER L M, SPENCER S M, WILEY. Competence at work: models for superior performance[M]. Wiley, 1993.

[102] SLEDGIANOWSKI D, GOMAA M, TAN C. Toward integration of big data, technology and information systems competencies into the accounting curriculum[J]. Journal of accounting education, 2017, 38: 81-93.

[103] STANLEY T, XU J. Work-Integrated Learning in accountancy at Australian universities – forms, future role and challenges[J]. Accounting education, 2019, 28(1): 1-24.

[104] STOUT D E. On the value of reading and reading more: a personal reflection and educational resource[J]. The accounting educators' journal, 2020, 30, 87-113.

[105] TAN H C. Using a structured collaborative learning approach in a case-based management accounting course[J]. Journal of accounting education, 2019, 49: 100638.

[106] TAPSCOTT D, TAPSCOTT A. How blockchain will change organizations[J]. MIT sloan management review, 2017, 58(2): 10-13.

[107] TAYLOR M, MARRONE M, TAYAR M, et al. Digital storytelling and visual metaphor in lectures: a study of student engagement[J]. Accounting education, 2018, 27(6): 552-569.

[108] THARAPOS M, MARRIOTT N. Beauty is in the eye of the beholder: research quality in accounting education[J]. The British accounting review, 2020, 52(5): 100934.

[109] THAYER-BACON B J. Democracies always in the making: historical and current philosophical issues for education[M]. R&L Education, 2013.

[110] THAYER-BACON B J. Redefining work and education in the technological revolution[J]. Studies in philosophy and education, 2019, 38(6): 581-590.

[111] THAYER-BACON B J. Relational "(e)pistemologies"[M]. Peter Lang Pub Incorporated, 2003, 119-122.

[112] THOMSON K, JONES J. Being and becoming a professional accountant in Canada: mimicry and menace in the transitions of migrant accountants[J]. Critical perspectives on international business, 2015, 11(2): 156-172.

[113] TSAHURIDU E, CARNEGIE G D. Accounting as a social and moral practice[J]. International federation of accountants knowledge gateway, 2018, 30.

[114] UWIZEYEMUNGU S, BERTRAND J, POBANZAOU P. Patterns underlying required competencies for CPA professionals: a content and cluster analysis of job ads[J]. Accounting Education, 2020, 29(2), 109-136.

[115] VAN DER KOLK B. Ethics matters: the integration of ethical considerations in management accounting textbooks[J]. Accounting education, 2019, 28(4): 426-443.

[116] VAN ROOYEN A A. Social media is so easy to share[J]. Accounting education, 2020, 29(4): 356-371.

[117] WAMBA S F, GUNASEKARAN A, Akter S, et al. Big data analytics and firm performance: effects of dynamic capabilities[J]. Journal of Business Research, 2017, 70: 356-365.

[118] WATTY K, MCKAY J, NGO L. Innovators or inhibitors? Accounting faculty resistance to new educational technologies in higher education[J]. Journal of Accounting Education, 2016, 36: 1-15.

[119] WANG T, CUTHBERTSON R. Eight issues on audit data analytics we would like researched[J]. Journal of information systems, 2015, 29(1): 155-162.

[120] WATTY K, MCKAY J, NGO L. Innovators or inhibitors? Accounting faculty resistance to new educational technologies in higher education[J]. Journal of accounting education, 2016, 36: 1-15.

[121] WELLS P K. How well do our introductory accounting text books reflect current accounting practice?[J]. Journal of accounting education, 2018, 42: 40-48.

[122] WYHE G V. A history of US higher education in accounting, part I: situating accounting within the academy[J]. Issues in Accounting Education, 2007, 22(2): 163-181.

[123] WYNDER M. Visualising accounting concepts: insights from cognitive load theory for English as a second language students[J]. Accounting education, 2017, 27(1): 1-23.

[124] ZEFF S A. Instilling historical perspective and a critical faculty in the first undergraduate course in financial accounting[J]. Issues in accounting education, 2018, 33(3): 95-100.

[125] ZEKANY K E. Curricular study of AACSB accounting programs: what core accounting courses are required to earn an accounting generalist degree?[J]. The accounting educators' journal, 2020, 30.

[126] 艾宇涵.大数据时代会计管理面临的问题与对策[J].国际商务财会,2021,(14):55-57+62.

[127] 白君贵,白璐.会计硕士(MPAcc)教学管理模式创新与高层次人才培养[J].长春教育学院学报,2011,27(11):83-84.

[128] 白晓飞.大数据背景下对会计实践的思考与探索[J].商业会计,2021,(12):79-81.

[129] 卢海.当会计金融遇上人工智能,会产生哪些颠覆性变化?[EB/OL].(2021-08-17)[2023-05-12].https://www.gsm.pku.edu.cn/info/1316/23541.htm

[130] 毕秀玲,陈帅.科技新时代下的"审计智能+"建设[J].审计研究,2019,(06):13-21.

[131] 蔡显军,陈清蓉,温素彬,等.新文科背景下智能会计人才培养改革与实践:以南京审计大学为例[J].会计之友,2022(03):135-140.

[132] 曾爱军.本科院校管理会计人才培养模式探讨[J].管理观察,2015(12):96-98.

[133] 陈冬华,李真.乡土与城邦[J].会计研究,2015(1):4-14,96.

[134] 陈国青,曾大军,卫强,等.大数据环境下的决策范式转变与使能创新[J].管理世界,2020,36(2):

95-105+220.

[135] 陈虎,陈健.会计大数据分析与处理技术:助推数据赋能财务新未来[J].财务与会计,2022,(10):33-38.

[136] 陈海雯."大智云移区"背景下高职会计专业课程改革探析[J].中国职业技术教育,2020(17):77-82.

[137] 陈吉凤,侯力纲,刘春晖."案例"助力会计专业硕士培养模式变革:第四届中国MPAcc教育发展论坛综述[J].会计研究,2013(2):91-93.

[138] 陈俊,董望.智能财务人才培养与浙江大学的探索[J].财会月刊,2021(14):23-30.

[139] 陈丽花,赵曙明.会计职业胜任能力培养现状分析[J].南大商学评论,2007(04):82-102.

[140] 陈强.高职创新创业教育与会计专业教育融合的研究[J].教育与职业,2012(12):110-112.

[141] 陈向明.从北大元培计划看通识教育与专业教育的关系[J].北京大学教育评论,2006(3):71-85,190.

[142] 陈莹.德国双元制高等教育体系研究[J].外国教育研究,2015,42(6):119-128.

[143] 陈桂东.云计算视野下对审计业务的变革探索[J].中国乡镇企业会计,2019,(08):250-251.

[144] 陈元媛.区块链技术改进集团化企业内部审计的途径探讨[J].财会通讯,2018,(19):87-89.

[145] 程淮中.高职会计职业认知与基本技能训练课程设计与实施:基于德国学习领域课程模式的一种解说[J].财会通讯,2009(12):142-144.

[146] 程丽娟.我国会计本科人才培养的实践与思考[J].中国人才,2010(22):270-271.

[147] 程平,王健俊.基于CDIO的"互联网+会计"财务智能化应用能力培养:以重庆理工大学MPAcc教育为例[J].财会月刊,2018(12):23-31.

[148] 程平,王爽.基于SECI的"互联网+MPAcc"大数据智能管理会计人才培养[J].财会月刊,2018(19):34-38.

[149] 程瑶."互联网+"时代会计本科教育教学变革思考[J].财会通讯,2019(1):40-44.

[150] 崔卫生.论高等教育发展与科技革命的关系逻辑[J].高教探索,2019(9):20-25.

[151] 诸波,张明薇,干胜道.论高校会计本科教育供给侧结构性改革:基于大数据的会计人才需求调查[J].财会月刊,2019,(07):55-60.

[152] 翟翠娟,王夏静.高职教育模式改革的思路研究:以会计教学为例[J].中国教育学刊,2015(S1):185-186.

[153] 翟胜宝,王帅.会计硕士专业学位研究生培养方案与模式创新研究:基于校企联合培养研究生示范基地建设的经验[J].科技视界,2013(26):6,41.

[154] 邓传洲,赵春光,郑德渊.职业会计师能力框架研究[J].会计研究,2004(6):31-35.

[155] 丁俊,汤泉,倪爱东,等."实境耦合式"高职会计专业人才培养模式探讨[J].财会通讯,2017(34):33-36.

[156] 董刚,杨理连,张强.高职院校内涵式发展质量评价体系的构建[J].高等工程教育研究,2013(5):113-117.

[157] 董南雁,张俊瑞,苏洋.我国国际化会计人才的概念框架、培养模式与质量提升[J].会计研究,2020(1):38-48.

[158] 方飞虎,潘上永,王春青.高等职业教育专业群建设评价指标体系构建[J].职业技术教育,2015,36(5):59-62.

[159] 房颖,叶莉.大数据资源如何影响客户服务绩效?:基于客户信息质量与客户导向能力的链式中介作用[J].财经论丛,2021(12):103-113.

[160] 付建华.财务数智化基础研究[J].会计之友,2021,(18):2-8.

[161] 冯向东.学科、专业建设与人才培养[J].高等教育研究,2002(3):67-71.

[162] 高樱.应用型本科会计人才培养研究[J].财会通讯,2013(13):33-35.

[163] 郭赞伟.职业院校会计专业人才培养模式改革研究[J].西部素质教育,2019,5(01):201-202.

[164] 顾明远.第三次工业革命与教育改革[J].基础教育论坛,2013(33):5-8.

[165] 宫义飞,李佳玲,李沛樾,等.智能财务时代下管理型会计人才培养路径选择[J].会计之友,2020(16):44-50.

[166] 光明网.新文科建设:走深走实,行稳致远[EB/OL].(2021-05-10)[2023-04-19].https://m.gmw.cn/baijia/2021-05-10/34831619.html

[167] 郭永清.论我国高级会计人才培养体系的构建[J].会计研究,2008(10):80-83.

[168] 韩理洲.孔子思想与21世纪的人才培养[J].西北大学学报(哲学社会科学版),1998(1):62-66.

[169] 韩宗宾,李荣.高职会计人才培养与教学改革模式新探[J].财会通讯,2009(27):95-97.

[170] 何昊.基于美国教改经验的中国会计教育革新问题研究[J].会计之友,2013(1):119-121.

[171] 何太明,付巧云.谈会计学专业课程体系的现状及改进:基于23所高等院校的调查[J].南京审计学院学报,2007(2):90-93.

[172] 何伟光,唐玉溪.一流本科教育:迈向人工智能时代的变革[J].中国电化教育,2019(3):120-126.

[173] 何瑛,宋康宁,张宇扬.数字经济时代会计专业人才能力框架与培养路径[J].北京邮电大学学报(社会科学版),2019,21(3):104-112.

[174] 何玉润,李晓慧.我国高校会计人才培养模式研究:基于美国十所高校会计学教育的实地调研[J].会计研究,2013(4):26-31+95.

[175] 何玉润,毛新述.会计学专业创新人才培养模式研究:基于以培养目标为核心的教学改革[J].商业会计,2012(24):110-112.

[176] 胡颖森,黄瑞.高职财经类专业课程改革初探[J].财会月刊,2012(15):90-92.

[177] 胡宇萱.全面推动高校人才培养方式的创新与发展[J].中国高等教育,2019(22):57-59.

[178] 扈中平."人的全面发展"内涵新析[J].教育研究,2005(05):3-8.

[179] 黄福涛.外国高等教育史[M].上海:上海教育出版社,2003.

[180] 黄玲青,唐闪光.高职院校教学质量评价体系构建研究[J].教育与职业,2011(29):21-22.

[181] 黄清泉.扩招背景下面向新型学习者的教学质量保障行动策略探究:以高职会计专业为例[J].中国职业技术教育,2021(32):84-90.

[182] 黄琛琛.人工智能对审计工作的影响研究[J].会计师,2017,(09):54-55.

[183] 黄长胤.审计智能化的基本架构和发展路径研究[J].财务管理研究,2020,(11):86-90.

[184] 纪丽芳.基于教育会计环境需求的宁夏高校本科会计人才培养目标重构[J].教育财会研究,2012,23(5):55-59.

[185] 菅娉娉,史宏捷.高职院校师资队伍建设问题探析[J].中国成人教育,2012(15):27-29.

[186] 靳庆鲁,朱凯,曾庆生.数智时代财会人才培养的"上财模式"探索与实践[J].中国大学教学,2021(11):28-34,45.

[187] 蒋舒阳,庄亚明,丁磊.产学研基础研究合作、财税激励选择与企业突破式创新[J].科研管理,2021,42(10):40-47.

[188] 康萍,王雯婷.云计算对内部控制及审计的影响与应对策略[J].商业会计,2016,(21):42-44.

[189] 况玉书,刘永泽.人工智能时代高等会计教育变革与创新[J].财经问题研究,2019(7):96-103.

[190] 李倩.新形势下企业财务变革与管理会计转型问题研究[J].老字号品牌营销,2022,(16):137-139.

[191] 李彪.互联网平台的垄断特性、社会影响及规制策略[J].人民论坛·学术前沿,2021(21):37-43.

[192] 李定清.基于需求导向的卓越会计人才培养的探索与实践[J].经济研究参考,2016(41):79-82.

[193] 李萍.高等职业教育会计职业能力再思考[J].财会通讯,2009(19):40-41.

[194] 李立成,岳峰,肖吉军,等.会计硕士(MPAcc)一体两翼人才培养模式研究:基于研究生教育高质量发展视角[J].中国管理信息化,2021,24(7):206-209.

[195] 李立国.什么是现代大学[J].中国人民大学教育学刊,2013(02):20-30.

[196] 李立国.工业4.0时代的高等教育人才培养模式[J].清华大学教育研究,2016,37(1):6-15,38.

[197] 李曼丽.中国大学通识教育理念及制度的构建反思:1995—2005[J].北京大学教育评论,2006(03):86-99,190.

[198] 李明辉.论会计专业本科生能力的培养[J].南京审计学院学报,2004(1):90-94.

[199] 李宁,刘娟.会计核心能力转型背景下的人才培养体系构建[J].黑龙江高教研究,2018,36(11):153-156.

[200] 李强,宋怡璇.国内外会计硕士(MPAcc)培养模式比较研究[J].吉林省教育学院学报,2017,33(11):87-91.

[201] 李晓慧.会计教学体系研究:来自英国大学的借鉴[J].会计研究,2009(10):77-82,95.

[202] 李学芳,黄卉敏.由教育目标看我国会计教育改革:兼论会计教育目标的多样性[J].财会学习,2021(36):163-165.

[203] 李勇坚.互联网平台寡头垄断:根源、影响及对策[J].人民论坛,2021(Z1):12-15.

[204] 李勇建,陈婷.区块链赋能供应链:挑战、实施路径与展望[J].南开管理评论,2021,24(5):192-201,212,202-203.

[205] 李玉菊,朱俞青.一流专业人才培养的科教融合创新实践[J].江苏大学学报(社会科学版),2021,23(6):124-131.

[206] 李芸达,陈国平,范丽红,等.现代职业教育背景下会计技能教学改革与创新[J].会计研究,2015(2):87-92+94.

[207] 厉以贤.现代教育的理论探讨[J].北京师范大学学报,1987(2):40-46.

[208] 梁毕明,李阳,王丽南,等.新时代会计理论与实践创新研究:中国会计学会2019年学术年会观点综述[J].会计研究,2019(08):95-97.

[209] 林崇德,罗良.建设创新型国家与创新人才的培养[J].北京师范大学学报(社会科学版),2007(1):29-34.

[210] 林健,胡德鑫.国际工程教育改革经验的比较与借鉴:基于美、英、德、法四国的范例[J].高等工程教育研究,2018(2):96-110.

[211] 林艳红.高职会计高素质人才培养问题研究[J].教育与职业,2016(6):92-93.

[212] 林志军,熊筱燕,刘明.中国会计教育中知识及技能要素的发展[J].会计研究,2004(09):72-81.

[213] 刘博宇,黄敏,李森林.虚拟实验在高校计算机实践教学中的应用[J].电脑知识与技术,2019,15(19):180-181.

[214] 刘彬,韩传模.内涵式人才培养模式下会计职业能力教育体系的构建[C]//中国会计学会.2013年中国会计学会会计教育年会暨第六届会计学院院长论坛论文集.[出版者不详],2013:8.

[215] 刘光强,干胜道,姜骞."区块链+"视阈下智慧管理会计应用逻辑[J].财会月刊,2020,(16):69-75.

[216] 刘纯超,周滢,陈彩霞."1+X证书制度"导向下现代学徒制会计人才培养模式研究:基于"国家职业教育改革实施方案"背景[J].财会通讯,2020(4):165-168.

[217] 刘国城,董必荣."互联网+"时代我国高校本科会计教育的困境与变革[J].南京审计大学学报,2017,14(1):102-109.

[218] 刘慧凤,姜苏娱.我国会计教育研究文献评述:基于比较研究视角[J].会计研究,2015(06):80-86,97.

[219] 刘慧娟.高职与本科会计专业"3+2"分段人才培养课程衔接研究[J].中国职业技术教育,2016(35):90-92.

[220] 刘京京,张万红.第三次工业革命对人才培养模式的牵引[J].教育研究与实验,2013(2):8-11.

[221] 刘梅玲,黄虎,刘凯等.智能财务建设之智能财务会计共享平台设计[J].会计之友,2020,(15):142-146.

[222] 刘乐义.业财融合对企业财务管理的影响分析[J].财经界,2022(25):132-134.

[223] 刘念,简兆权,王鹏程.大数据分析能力与制造企业服务创新绩效:一个链式中介模型[J].科技管理研究,2021,41(24):125-135.

[224] 刘勤.技术发展赋能会计变革[J].会计之友,2021(19):8-13.

[225] 刘勤,李俊铭.智能技术对会计实务的影响:文献回顾与分析[J].会计之友,2022(17):16-22.

[226] 刘勤,杨寅.改革开放40年的中国会计信息化:回顾与展望[J].会计研究,2019(2):26-34.

[227] 刘秋月.高职院校会计人才培养模式的改革与创新[J].财会通讯,2006(2):23-24.

[228] 刘文琦.应用型人才培养导向下本科教学质量评价体系研究:以会计专业为例[J].教育学术月刊,2015(12):69-74.

[229] 刘迎春,熊志卿.应用型人才培养目标定位及其知识、能力、素质结构的研究[J].中国大学教学,2004(10):56-57.

[230] 刘永泽,池国华.中国会计教育改革30年评价:成就、问题与对策[J].会计研究,2008(8):11-17,94.

[231] 刘永泽,翟胜宝.会计专业本科人才培养目标及对策研究:基于改革开放30年来会计专业本科人才培养目标的变迁[J].上海立信会计学院学报,2009,23(6):43-48.

[232] 刘永泽,孙光国.我国会计教育及会计教育研究的现状与对策[J].会计研究,2004(2):75-81.

[233] 刘永泽,赵合喜.会计硕士专业学位(MPAcc)培养模式的思考[J].会计之友,2012(6):112-115.

［234］刘智运.创新人才的培养目标、培养模式和实施要点[J].中国大学教学,2011(1):12-15.

［235］柳青.美国以能力培养为导向的会计课程改革:以布里罕杨大学为例[J].财会月刊,2008(20):91-94.

［236］龙月娥.我国高校会计本科人才培养的实现路径[J].财务与会计,2017(14):59-60.

［237］龙子午,王云鹏.大数据时代对CPA审计风险与审计质量的影响探究[J].会计之友,2016,(08):112-114.

［238］鲁芳."双一流"建设背景下会计本科教育改革探索[J].财会月刊,2017(15):91-94.

［239］鲁学生,苏任刚."互联网+"背景下高职会计专业建设思考[J].金融理论与教学,2017,(5):96-99.

［240］吕海舟,杨培强.应用型跨界人才培养的产教融合机制设计与模型建构[J].中国大学教学,2017(2):35-39.

［241］孟焰,李玲.市场定位下的会计学专业本科课程体系改革:基于我国高校的实践调查证据[J].会计研究,2007(3):55-63,94.

［242］孟焰,袁淳,刘俊勇,等.以行动学习为主线培养知行合一的高级会计实务人才:中央财经大学培养会计硕士专业学位研究生的实践[J].学位与研究生教育,2013(12):12-16.

［243］聂秋华.推进教学现代化建设[J].中国大学教学,2004(10):30-32.

［244］平静.现代学徒制背景下的高职院校师资队伍重构[J].思想政治课教学,2021(3):81-83.

［245］秦娇.就业"难"背景下高校会计人才培养的策略[J].教育发展研究,2017(S1):82-84.

［246］秦荣生.贯彻落实会计改革与发展规划 开创会计人才高质量培养新局面[J].财务与会计,2022(5):13-15.

［247］秦荣生.人工智能与智能会计应用研究[J].会计之友,2020,(18):11-13.

［248］秦荣生.大数据时代的会计、审计发展趋势[J].会计之友,2014,(32):81-84.

［249］秦荣生."互联网+"时代会计行业的发展趋势[J].中国注册会计师,2015,(12):20-24.

［250］邱德玉,王云儿.美国大学课程思想的演进及借鉴[J].中国高等教育,2011(23):60-62.

［251］权小锋,舒越."大智移云"环境下会计硕士案例教学创新[J].现代企业,2020(11):130-131.

［252］乔鹏程,马锦.区块链下的企业财务管理变革研究[J].西藏民族大学学报(哲学社会科学版),2020,41(5):109-115,128.

［253］任君庆,胡晓霞.打造高水平双师队伍高质量实施"双高"建设[J].职教论坛,2019(4):30-32.

［254］任友群,冯仰存等.融合创新,智能引领,迎接教育信息化新时代[J].中国电化教育,2018,(1):7-14.

［255］任友群,万昆,赵健.推进教育信息化2.0需要处理好十个关系[J].现代远程教育研究,2018(6):3-11.

［256］任羽中,曹宇."第四次工业革命"背景下的高等教育变革[J].中国高等教育,2019(5):13-16.

［257］邵瑞庆.关于我国会计本科教育改革的思考[M].上海:立信会计出版社,2008.

［258］邵瑞庆.我国会计本科教育应确立的理念与改革思路[J].会计之友(下旬刊),2009(6):62-65.

［259］盛明泉,翟胜宝.会计专业硕士(MPAcc)培养方案创新研究[J].会计之友,2011(9):120-128.

［260］施久铭.核心素养:为了培养"全面发展的人"[J].人民教育,2014(10):13-15.

［261］舒伟,曹健,王华,等.我国会计本科人才培养的现状、挑战及对策[J].会计研究,2021(8):177-189.

[262] 宋建波,荆新,王化成.开展会计硕士(MPAcc)教育质量认证的研究[J].会计研究,2012(10):11—20,95.

[263] 宋克慧,田圣会,彭庆文.应用型人才的知识、能力、素质结构及其培养[J].高等教育研究,2012,33(7):94-98.

[264] 宋建琦.区块链技术在企业联网审计中的应用研究:以智元科技公司为例[J].会计之友,2020,(07):156-160.

[265] 苏翠红.大数据应用视角下高职院校多元教学质量评价体系建构:评《数据挖掘在高职教学质量评价体系构建中的研究与应用》[J].教育理论与实践,2022,42(14):2.

[266] 孙安宁.马克思主义人才观的传承与创新[J].人民论坛,2012(17):182-183.

[267] 孙芳城,黄辉,蒋水全.会计转型与经济发展:机遇与挑战:中国会计学会高等工科院校分会第24届学术年会综述[J].会计研究,2018(3):94-96.

[268] 孙刚.大数据驱动下业财融合导向的管理会计人才培养机制创新[J].财会月刊,2021(2):88-93.

[269] 孙建华.会计硕士专业学位培养模式创新:基于高端会计人才需求导向[J].财会月刊,2013(16):122-124.

[270] 孙薇,张敏.会计硕士(MPAcc)复合型人才培养研究[J].黑龙江高教研究,2016(12):132-135.

[271] 孙毅颖.对高职院校科研问题争论引发的思考[J].中国高教研究,2012(12):92-95.

[272] 孙铮,李增泉.会计高等教育的改革趋势与路径[J].会计研究,2014(11):3-15,96.

[273] 孙娜,曹桂莲.智能财务之路:热点、风险与趋势探索——基于问卷调查的分析[J].财务管理研究,2021,(11):114-119.

[274] 谭吉玉,刘高常.会计专业人才培养与课程体系开发[J].高等财经教育研究,2018,21(2):62-67,76.

[275] 汤湘希,陈金勇,谭艳艳.五国六地财会专家聚南湖共议会计、审计、财务新问题:2011中澳会计与财务国际学术研讨会综述[J].会计之友,2012(8):2,1,129.

[276] 唐大鹏,王伯伦,刘塑晨."数智"时代会计教育重构:供需矛盾与要素创新[J].会计研究,2020(12):180-182.

[277] 唐秋烨.高校会计学专业课程体系改革的思考[J].学术论坛,2011,34(12):228-232.

[278] 田高良,张俊瑞,汪方军.基于国际化人才培养定位的ACCA教学模式创新与实践[J].大学教育,2014(4):50-52.

[279] 田冠军.我国会计教育改革与国际化问题探讨[J].新会计,2009(12):59-60,58.

[280] 万晓文.美国会计教育研究的回顾及启示:兼论我国会计教育改革[J].山西财经大学学报(高等教育版),2009,12(2):16—20.

[281] 汪榜江.高职会计技能教育的立体化实现路径[J].职业技术教育,2017,38(2):19-23.

[282] 王爱国,牛艳芳.智能会计人才培养课程体系建设与探索[J].中国大学教学,2021(6):34-39.

[283] 王超,金荣.基于企业需求视角的高职会计专业人才培养的思考[J].中国职业技术教育,2019(1):55-60.

[284] 王海洪,肖洋洋.大智移云技术对会计影响的文献综述[J].会计之友,2018,(24):61-64.

[285] 王海民,郑佩荣.对我国会计硕士专业学位教育几个问题的思考[J].会计研究,2005(7):69-72,97.

[286] 王华,蔡祥,张程睿,等.互联网时代会计人员能力框架分层构建[J].财会月刊,2021(2):16-24.

[287] 王华,赵栓文,舒伟,等.中国会计教育改革与发展蓝皮书(2020):应用型本科人才培养[M].上海:立信会计出版社,2021.

[288] 王化成,刘桂香.数智时代的财会人才需求与教育变革[J].新理财,2021(09):37-40.

[289] 王涵,王绪安,周能等.基于区块链的可审计数据分享方案[J].广西师范大学学报(自然科学版),2020,38(02):1-7.

[290] 王军.直面行业国际化发展新挑战助推领军人才更好更快成长[J].中国注册会计师,2007(9):3-10.

[291] 王开田,胡晓明.商能并重学识贯通培养高素质会计人才[J].中国高等教育,2018(6):36-37.

[292] 王开田.近代会计进化论:第二次科技革命与近代会计的历史演进[J].当代财经,2005(7):97-102.

[293] 王平祥.世界一流大学本科人才培养目标及其价值取向审思[J].高等教育研究,2018,39(3):58-63.

[294] 王秋霞,莫磊.会计专业群本科层次职业人才培养模式的实践探索:以广西财经学院为例[J].中国职业技术教育,2019(23):81-87.

[295] 王小红,徐焕章,陈钰洁.大数据时代对传统会计本科人才培养模式影响的研究[J].教育教学论坛,2019(7):183-186.

[296] 王勋.高等职业教育会计专业课程改革的思考[J].会计之友(上旬刊),2009(1):59-60.

[297] 王艳.会计教育理念与创新能力培育:基于经管类非会计专业会计教育的视角[J].会计研究,2016(2):89-94,96.

[298] 王奕俊,杨悠然.人工智能背景下专业人才培养的发展路径与方向:基于会计职业相关数据的实证研究[J].中国远程教育,2020(1):35-45,76-77.

[299] 王永德,董淑兰,张国富.中国会计教育:理念、改革与实践:中国会计学会会计教育专业委员会2015年年会暨第八届会计学院院长论坛综述[J].会计研究,2015(11):93-95.

[300] 王宇佳.当代高职院校的会计教育教学改革[J].山西财经大学学报,2022,44(S1):155-157.

[301] 王长莲,林钟高,刘萌.数字化转型背景下会计本科人才培养目标研究[J].安徽工业大学学报(社会科学版),2021,38(5):72-76.

[302] 巫绪芬,魏朱宝,李道芳.能力本位的会计专业人才培养创新模式探究[J].中国大学教学,2010(2):28-30.

[303] 吴画斌,许庆瑞,陈政融.数字经济背景下创新人才培养模式及对策研究[J].科技管理研究,2019,39(8):116-121.

[304] 吴莅芳,李文博.刍议中高职衔接"3+3"人才培养模式下课程体系建设存在的问题及对策:以会计专业为例[J].中国职业技术教育,2017(1):70-72,80.

[305] 吴花平,刘自豪.基于区块链的内审数据安全框架构建研究[J].会计之友,2022,(06):155-161.

[306] 吴启迪.抓住机遇 深化改革 提高质量 积极促进专业学位教育较快发展[J].学位与研究生教育,2006(5):1-4.

[307] 吴让军,简单.智慧财务背景下高职会计专业"三横四纵五层次"人才培养模式探索与实践:以内江

职业技术学院为例[J].职业技术教育,2020,41(23):38-42.

[308] 吴水澎.对会计教育改革与发展几个问题的再认识[J].财会通讯,2005(2):10-12.

[309] 吴岩.建设中国"金课"[J].中国大学教学,2018(12):4-9.

[310] 吴中春.能力导向的大学本科会计教育问题研究[J].南京审计学院学报,2009,6(4):100-103.

[311] 吴向东.论马克思人的全面发展理论[J].马克思主义研究,2005(01):29-37.

[312] 武汉大学国家发展战略研究院智库团队人工智能与职业教育转型研究课题组.人工智能时代职业教育转型的路径选择[J].教育研究,2020,41(6):115-124.

[313] 武莉莉,任洁华."互联网+"时代提升财经类职业院校人才培养质量的思考[J].职教论坛,2020(4):143-147.

[314] 肖川.论创新教育[J].教育研究,1999(11):11-14,79.

[315] 肖旭,戚聿东.产业数字化转型的价值维度与理论逻辑[J].改革,2019(08):61-70.

[316] 肖玉香.基于目标导向的会计本科实践教学体系构建[J].会计之友,2012(21):124-125.

[317] 谢康,夏正豪,肖静华.大数据成为现实生产要素的企业实现机制:产品创新视角[J].中国工业经济,2020(5):42-60.

[318] 谢鑫建.高职财经类专业"专创融合"课程改革反思[J].财会学习,2021(32):170-172.

[319] 谢瑜,杜鹏.供应链大数据业务投资决策和模式探讨[J].统计与决策,2020,36(3):175-179.

[320] 谢志华.会计的未来发展[J].会计研究,2021(11):3-19.

[321] 熊吕茂,薄明华.创新教育的基础特征[J].当代教育科学,2003(13):63.

[322] 熊婷,程博.会计专业教育存在的问题与发展对策:基于高职视角[J].财会通讯,2010(24):98-100.

[323] 徐经长.人工智能和大数据对会计学科发展的影响[J].中国大学教学,2019(9):39-44.

[324] 徐荣华.应用型本科人才培养目标下会计实践教学的几点思考[J].亚太教育,2016(25):85-86.

[325] 徐文杰.会计专业能力与会计职业能力辨析[J].财会通讯,2009(28):140-141.

[326] 徐希,王丹舟,庞飞.会计硕士(MPAcc)教育国外实践及启示[J].财会通讯,2014(13):119-120.

[327] 徐筱彧.中澳会计类专业本科教育比较[J].财会通讯,2013(1):111-112.

[328] 徐玉德,马智勇.我国会计教育与人才培养四十年成就与未来展望[J].财务与会计,2019(6):43-47.

[329] 许萍,曲晓辉.高级会计人才能力框架研究[J].当代财经,2005(11):101-105.

[330] 薛丽达,张菊香,董必荣,等.会计学"课程思政"教学改革研究:基于管理会计指引体系的思考[J].财会通讯,2021(24):159-162.

[331] 薛清梅.课堂参与、学业表现和学习体验:基于会计硕士专业课程的实验研究[J].学位与研究生教育,2015(5):23-28.

[332] 邢春玉,李莉,张莉.内部审计:从数字化到智能化[J].财会月刊,2021,(2):100-105.

[333] 杨春雷,郑石桥.物联网对审计取证的影响:一个理论框架[J].财会通讯,2021,(1):12-14+45.

[334] 闫慧.大数据时代企业财务会计与管理会计融合发展路径探讨[J].商业经济研究,2021(15):132-134.

[335] 阎立钦.推进教育改革和发展必须加强教育科研[J].教育研究,2000(4):3-4.

[336] 杨强,刘泽栋.新一代信息技术在核电企业财务智能化中的应用[J].财会月刊,2021,(19):68-77.

[337] 易玄,刘冬荣.环境变迁、需求变化以及大学会计教育改革:来自我国大学的实证[J].湖南科技大学学报(社会科学版),2012,15(4):156-161.

[338] 杨冬.从科学范式到工程范式:高质量新工科人才培养的逻辑向度与行动路径:基于知识生产模式转型框架[J].大学教育科学,2022,(1):19-27.

[339] 杨浩,付艳芳.新时代高职院校混合式教学质量评价指标体系构建[J].职业技术教育,2021,42(35):67-72.

[340] 杨浩.高职院校混合式教学质量评价指标体系构建与应用实践[J].中国职业技术教育,2019(11):69-75.

[341] 杨爽,辛伟童.人工智能背景下高职院校会计人才培养研究与实践[J].经济研究导刊,2022(0):87-89.

[342] 杨润辉.区块链技术在财务共享领域的应用[J].财会月刊,2020,(9):35-40.

[343] 杨晓慧.高等教育"三全育人":理论意蕴、现实难题与实践路径[J].中国高等教育,2018(18):4-8.

[344] 杨学成,李业勤.区块链视角下供应链多主体数据共享意愿博弈研究[J].科技管理研究,2021,41(23):181-192.

[345] 杨寅,赵健,吕晓雷.中国企业智能财务应用现状及发展趋势分析:基于调查问卷数据的例证[J].财会通讯,2021,(11):140-146,151.

[346] 杨政,殷俊明,宋雅琴.会计人才能力需求与本科会计教育改革:利益相关者的调查分析[J].会计研究,2012(1):25-35+97.

[347] 姚燕平.创新教育呼唤教育创新[J].教育研究,2000(3):32-36.

[348] 尹振涛,陈媛先,徐建军.平台经济的典型特征、垄断分析与反垄断监管[J].南开管理评论,2022,25(3):213-226.

[349] 应里孟,阳杰.智能+会计:模式创新与职业重塑[J].财会月刊,2020(24):69-76.

[350] 应益华.互联网时代会计目标及职能重构与本科会计人才培养探索[J].商业会计,2016(4):111-114.

[351] 余娜.基于"双师型"素质教师发展视角下的高职院校师资队伍建设培养目标探索:评《高职院校师资队伍建设有序培养研究与实践》[J].热带作物学报,2021,42(12):3772.

[352] 余兴无.中外会计本科人才培养模式的比较研究[J].生产力研究,2008(24):170-173.

[353] 于兰英,田书源."大智移云"信息技术对内部审计的影响研究[J].商业会计,2020,(19):44-46.

[354] 苑泽明,李田,孙钰鹏.互联网新技术时代会计高等教育的改革路径:基于供需错配的分析视角[J].会计研究,2018(8):80-86.

[355] 岳永红,郭敬伟,刘亚朋.基于德国双元制师资培养模式的高职师资队伍建设思考[J].教育与职业,2019(17):73-77.

[356] 张超,肖聪,朱卫东等.财务智能可视化分析与文献综述[J].财会月刊,2019,(3):24-32.

[357] 张楚廷.全面发展实质即个性发展:重温马克思全面发展学说的启示[J].北京大学教育评论,2004(2):70-74.

[358] 张传明.基于知识经济条件下的会计教育改革研究[J].高等农业教育,2009(7):23-26.

[359] 张春.高职院校会计专业岗位化课程体系和教学内容改革研究[J].财会通讯,2011(6):149-151.

[360] 张春玲.多元智能理论及其对素质教育的启示[J].中国教育学刊,2002(3):9-12,60.

[361] 张多蕾,刘永泽,池国华,等.中国会计教育改革40年:成就、挑战与对策[J].会计研究,2019(2):18-25.

[362] 张俊超.民办高校国际注册会计师专业(方向)教育教学改革浅析[J].科教导刊(中旬刊),2012(16):61,125.

[363] 张俊瑞,范苏扬.数据说话:基于知网的MPAcc专业学位论文现状分析与质量评价[J].财会月刊,2022(06):14-24.

[364] 张俊瑞,刘东霖.我国人才市场对财经类人才需求状况的调查分析[J].会计研究,2005(9):75-79,96.

[365] 张俊瑞,苏洋,王海洋.转型经济背景下杨纪琬先生中国会计改革思想:继承与发展[J].会计研究,2017(11):14-21,96.

[366] 张俊瑞,王永妍.踔厉奋发:MPAcc人才培养经验借鉴与趋势前瞻[J].财会月刊,2022(4):23-33.

[367] 张俊瑞,吴珉瑄.长路无涯:"丝路会计硕士(MPAcc)联盟"人才培养的探索、特色与展望[J].财会月刊,2022(8):16-28.

[368] 张俊瑞.我国高等财经教育国际化道路的选择[J].山西财经大学学报(高等教育版),2005(2):28-31.

[369] 张玲.加德纳多元智能理论对教育的意义到底何在?[J].华东师范大学学报(教育科学版),2003(1):44-52.

[370] 张敏,王银屏,李昂.智能会计(财务)专业培养方案:一个框架构建:基于AACSB认证视角[J].中国大学教学,2021(6):25-33.

[371] 张倩,刘淑花,章金霞,等.国际化卓越会计人才培养定位及模式研究[J].实验室研究与探索,2014,33(11):269-273,304.

[372] 张首楠.社会需求视角下的高职会计专业人才培养目标研究[J].财会通讯,2012(3):44-46.

[373] 张卫平,沈艾林.高职会计专业人才培养目标的定位[J].会计之友(上旬刊),2009(12):78-79.

[374] 张晓峰.对传统教育评价的变革:基于多元智能理论的教育评价[J].教育科学研究,2002(4):28-30.

[375] 张新民,祝继高.会计学本科专业核心课程建设:突围之路[J].会计研究,2015(08):80-85,97.

[376] 张艳秋.英国会计教育模式及其对我国会计教育改革的启示[J].会计之友,2004(1):71-72.

[377] 张耀峰,鲁晓成,胡伟.会计硕士专业学位研究生培养模式的探索与实践:基于"特需项目"背景[J].当代教育理论与实践,2017,9(2):60-63.

[378] 张英明.数字经济背景下的财务转型研究[J].会计之友,2021,(11):31-36.

[379] 张仪.高职院校会计学专业财税一体化课程建设与实践[J].山西财经大学学报,2022,44(S1):158-160.

[380] 张凤元,吴淑琦,叶陈云.区块链技术下审计的机遇与挑战[J].会计之友,2018,(3):153-155.

[381] 张萼.政府会计制度改革对事业单位财务管理的影响[J].管理观察,2019,(30):175-176.

[382] 张嘉,李沣.大数据与云计算技术下企业内部审计探索[J].中小企业管理与科技(上旬刊),2021,

(4):89-90.

[383] 张庆龙,何佳楠,何斯佳.财务机器人规模应用与会计人员工作不安全感[J].财会月刊,2021,(12):75-82.

[384] 张月玲,王晓菁.区块链技术环境下联网审计框架探析[J].财会通讯,2019,(4):82-86.

[385] 赵建新.会计职业道德教育与高职会计人才培养[J].财会通讯,2012(18):16-18.

[386] 赵顺娣,许良虎,王绍娟.独立学院会计本科专业人才培养模式创新研究[J].财会通讯,2011(12):134-136.

[387] 郑琦.论马克思人的全面发展理论[J].黑龙江社会科学,2009(06):5-8.

[388] 郑石桥.社会保险审计本质:一个理论框架[J].商业会计,2021,(24):4-8.

[389] 魏明.习近平的人才观:择天下英才而用之[EB/OL].(2014-06-20)[2023-06-09].http://theory.people.com.cn/n/2014/0620/c40555-25175679.html

[390] 宋岩.决胜全面建成小康社会 夺取新时代中国特色社会主义伟大胜利——在中国共产党第十九次全国代表大会上的报告.[EB/OL].(2017-10-27)[2023-06-11].http://www.gov.cn/zhuanti/2017-10/27/content_5234876.htm.

[391] 焦新.深入贯彻全国职业教育大会精神 扎实推动职业教育高质量发展[EB/OL].(2021-10-13)[2023-08-12].http://www.jyb.cn/rmtzgjyb/202110/t20211013_627121.html.

[392] 钟志贤.多元智能理论与教育技术[J].电化教育研究,2004(3):7-11.

[393] 钟子亮,周咏梅.会计硕士专业学位(MPAcc)的知识结构与能力要求研究[J].高教论坛,2012(8):109-112.

[394] 周汉勇,袁堂梅.英美澳会计教育的共同特点与我国会计教育改革取向[J].临沂师范学院学报,2010,32(4):42-45.

[395] 周宏,张巍,宗文龙,等.企业会计人员能力框架与会计人才评价研究[J].会计研究,2007(4):83-89,96.

[396] 周洪宇,鲍成中.第三次工业革命与人才培养模式变革[J].教育研究,2013,34(10):4-9,43.

[397] 周守亮,唐大鹏.智能化时代会计教育的转型与发展[J].会计研究,2019(12):92-94.

[398] 周竹梅.财务会计教学模式的改革[J].教育理论与实践,2004(14):58-60.

[399] 朱明秀,马德林.会计硕士专业学位论文质量控制体系研究[J].会计师,2020(9):86-88.

[400] 朱永新,杨树兵.创新教育论纲[J].教育研究,1999(8):8-15.

[401] 左咏梅.基于云计算环境的大数据审计平台构建研究[J].中小企业管理与科技(下旬刊),2020,(9):95-97.